장춘익의 사회철학 1

비판과 체계: 하버마스와 루만

KB192344

◆ 일러두기

· 책, 논문집은 겹낫표(『 』), 글(부, 장 등의 꼭지)과 논문은 홑낫표(「 」), 외국 논문, 기사는 큰따옴표(" ")로
  묶었다.
· 강조하는 단어와 문장은 굵은 서체로 표기하였고, 주요 개념어는 원어 병기를 해두었다.
· 번역어 선택과 관련하여 시기별 고민 과정을 드러내기 위해, 같은 원어이나 각 논문마다 달리 표기된 번
  역어는 통일하여 교정하지 않았다.
· 책의 말미에 제시된 '논문 출처'에서 본문에 수록된 장춘익의 논문 출처와 발간 시기를 확인할 수 있다.
· 외래어표기는 국립국어원의 기준을 따르고 있으나, 일부 대중에게 익숙한 표기와 기존에 발행된 도서 또
  는 논문의 제목과 인명의 표기는 그대로 두었다.

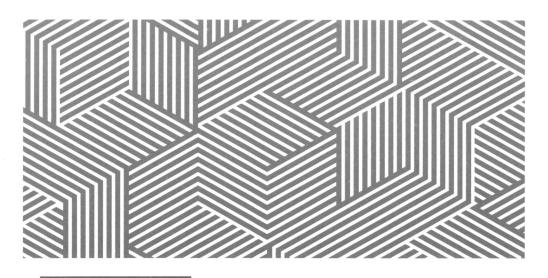

장춘익의 사회철학 1

비판과
체계

장춘익 지음

∴하버마스와 루만

21세기북스

간행위원회 머리말

『장춘익의 사회철학』 두 권은 장춘익 선생님(1959~2021)이 남긴 학술적인 글들을 모은 책이다. 정확하게 말하면, 1992년 여름 독일 프라이부르크대학교에서 철학박사 학위를 받고 귀국한 후 한림대학교 철학과에서 28년 6개월간 재직하는 동안 선생님이 우리말로 쓴 학술지 논문, 공저 도서의 원고, 연구보고서의 원고, 역서 머리말 중에서 학술적 작업으로 간주되는 글들을 모아, 중복되는 경우에는 최종본을 선택하여 편집한 책이다.

저자 자신의 의견을 듣지 못한 채, 글들을 두 권으로 나누고 장별로 구성하여 소제목을 다는 일은 간행위원들에게 적잖이 부담스러운 일이기도 했다. 발간 순서대로 배치하는 것이 무난한 방안일 수 있었지만, 장춘익 선생님이 쓰신 글들이 그저 '남겨진' 글이 아니라 앞으로도 '읽히는' 글이 되게 해야 한다는 것이 간행위원회의 확고한 생각이었다. 그 결과 각 글이 다루는 사상가와 주제 등을 고려하여 현재의 두 권의 모습으로 구성되었다. 간행위원회는 무엇보다도 철학과 사회과학을 공부하는 후학들과 학생들이 선생님의 글들을 접할 수 있기를 기대하고 있다. 왜냐하면, 선생님의 글들은 정확한 원전 이해와 균형 잡힌 해석을 제공하면서도 가독성이 매우 높기 때문이다. 선생님의 글은 헤겔, 하버마스, 루만 등 난해하기로 유명한 대학자들의 사상을 누구보다 쉽고 정확하게 소개하고 있을 뿐 아니라, 합리성, 평등, 공동체, 평화, 기술지배 등 철학과 사회과학의 주요 주제들을 치밀하게 파고드는 매력을 갖추고 있다.

『장춘익의 사회철학 1-비판과 체계: 하버마스와 루만』에는 선생님의 중요 연구대상이었던 사상가들에 입문하는 데 좋은 길잡이가 될 글들을 모았다. 장춘익 선생님은 서울대학교 학부와 대학원 석사과정에서 헤겔과 마르크스에 대한 연구로 사회철학을 시작했으며, 『자율적인 주체와 이성적인 사회. 헤겔, 마르크스, 하버마스의 이론과 실천』(Selbstreflexiv-selbstbestimmende Subjektivität und durchsichtig-vernünftige Gesellschaft: Theorie und Praxis bei Hegel, Marx und Habermas, Peter Lang, 1994)이라는 논문으로 독일에서 철학박사 학위를 받으셨다. 귀국한 이후 2006년 하버마스의 주 저작인 『의사소통행위이론』의 한국어 번역본을 내놓을 때까지 하버마스의 주요 저작들을 탐구하는 논문들을 많이 썼기 때문에, 선생님은 국내에서 일차적으로 하버마스 연구자로 인식되었다. 그런데 선생님은 이미 1990년대에 여러 글에서 루만의 다양한 저작들을 참조하고 인용했으며, 2012년에는 루만의 주 저작인 『사회의 사회』 한국어 번역본을 내놓았고, 이를 통해 한국에서 하버마스에 비해 덜 주목받았던 루만의 체계이론적 사회학을 알리는 데 큰 기여를 하였다. 선생님은 이후 루만의 주요 개념들을 소개하고 비판적으로 평가하는 논문들은 물론이고, 한국에 제대로 소개되지 않았던 겔렌이나 짐멜의 저작들을 루만 사유의 지평에서 다각도로 탐색하거나, 하버마스와 루만 사회이론을 상호 비교하는 관점을 담은 흥미로운 논문들을 여러 편 남겼다. 하버마스에 대한 선생님의 연구는 2018년 『의사소통행위이론』에 대한 네이버 강연에 이어 2020년 하버마스의 최근 대작을 소개하고 비판하는 논문으로 다시 한번 결실을 보았다.

하버마스와 루만은 서로 대립적인 두 경향을 대표하는 학자들로 간주되며 실제로도 두 사람은 치열한 논쟁을 벌였음은 잘 알려져 있다. 그래서 자율적 주체를 통한 합리적 사회의 실현이라는 전망을 가지고 하버마스의 비판적 사회이론을 연구한 한국의 대표적인 사회철학자가 왜 루만의 체계이론적 사회학을 소개하고 제법 많은 관련 연구 논문들을 남기게 되었는지에 대해서 학계의 동료들은 궁금해하기도 한다. 이 궁금증에 대한 해답을 찾는 일은 이 책에 담긴 글들을 읽고 연구할 독자들의 몫이라고 간행위원회는 생각한다. 다만 1권의 제목인 '비판'

과 '체계'가 각각 하버마스와 루만을 대표하거나 그들에게 제한된 개념이 아니라는 것만은 분명히 밝혀두고 싶다.

'비판과 체계'는 선생님이 특별한 존경을 표현했던 사상가인 칸트와 마르크스를 비롯하여 독일 사회철학 전체를 아우르는 핵심 개념이다. '비판'은 근대적 주체 혹은 근대 시민사회의 한계를 규정하기 위한 핵심 개념으로, '체계'는 이성과 학문의 질서를 수립하는 원리 혹은 분화된 근대사회를 총체적으로 설명하기 위한 핵심 개념으로 꾸준히 사용되어왔다. 널리 알려져 있듯이, 하버마스는 파슨스와 루만의 체계이론과 매체이론을 자신의 비판적 사회이론에 부분적으로 수용했다. 이 책의 1부 '하버마스'에 모은 글들에서 확인할 수 있듯이 선생님은 하버마스가 규범적 혹은 비판적 관점뿐만 아니라 경험적 분석과 제도적 차원에 주목했다는 점을 높이 평가하며, 하버마스의 비판적 사회이론 성립에 기여한 루만의 공로를 정당하게 평가하고 있다. 루만 역시 하버마스와의 논쟁을 거친 후 일차 관찰자의 맹점에 대한 이차 관찰로서의 비판을 비롯해 규범적 함축을 갖는 여러 개념들에 대한 체계이론적 해명을 시도하였다. 이 책의 2부 '루만'에 담겨 있는 글들, 현대사회의 합리성, 도덕의 반성이론으로서의 윤리학, 여론 등의 주제를 중심으로 루만의 사유를 탐색한 선생님의 글들은 이러한 상호과정을 충분히 드러내고 있다.

1권은 사상가별로 접근하는 경향이 강한 철학 전공자들을 고려하여 주로 하버마스를 다룬 글들과 주로 루만을 다룬 글들을 각각의 사상가의 이름을 소제목으로 하여 1부와 2부로 구성하였다. 그리고 두 사상가와 다소간의 연관 속에서 헤겔, 마르크스, 짐멜 등을 다루는 글들을 모아 '철학사적 지평'이라는 제목 아래 3부로 구성하였다. 장춘익 선생님 고유의 사회철학적 사유에 호기심을 갖는 독자라면, 이러한 분류 및 구성 순서와 무관하게 이 책의 맨 뒤에 제시된 각 글의 출처 및 발간 시기를 참조하여 읽어도 좋을 것이다.

1부에서 첫 번째와 두 번째로 배치된 「하버마스: 비판적 사회이론의 정립과 정치적 실천의 회복을 위한 노력」과 「포괄적 합리성과 사회 비판: 하버마스의 『의사소통행위이론』 읽기」는 하버마스를 다룬 글들 중 가장 입문자가 접근하기 쉬운 것들로 1994년과 2018년에 각각 집필되었다. 이 두 글을 통해 하버마스에 대한 장춘익 선생님의 대중적 소개방식이 약 25년의 세월이 지나면서 어떻게 바뀌었는지를 살펴볼 수도 있다. 2018년의 글은 네이버 강연 원고로서 지금도 동영상을 찾아서 볼 수 있다. 1부의 마지막에 배치된 「실천이성의 계보학: 하버마스 후기 철학의 방법론적 변화에 관하여」는 2020년에 선생님이 오랜만에 쓴 하버마스에 관한 논문이자 생전에 발표한 마지막 논문이다. 2019년에 90세의 하버마스가 쓴 『또 하나의 철학사』를 다룬 글로서, 이 글의 맨 마지막에는 장춘익 선생님이 일관되게 견지해왔던 사회철학적 관점이 압축적으로 표현되어 있다.

2부에서 첫 번째로 배치된 글은 학술지 논문이 아니라 2012년에 처음 쓰고 2014년에 고쳐 쓴 『사회의 사회』의 옮긴이 서문이다. 루만을 다룬 다른 글들이 주요 개념이나 논쟁적 주제에 대한 다소 전문적인 학술논문의 성격을 띠는 데 반해, 이 글은 루만의 사회이론에 입문하고자 하는 사람들을 위해 쓴 간결하고 정확한 소개의 성격을 갖는다. 2부의 마지막에 배치된 「루만 안의 겔렌, 루만 너머의 겔렌」은 하버마스와 루만에게 공히 직간접적 영향을 미친 겔렌이 어떤 점에서는 루만보다 뛰어난 통찰을 갖고 있었는지를 보여주는 흥미롭고 논쟁적인 글이다. 2017년에 나온 이 글을 통해 독자들은 선생님의 루만 연구의 잠정적 결론을 어느 정도 파악할 수 있을 것이다.

3부에는 주로 하버마스에 관한 글을 많이 썼던 1990년대에 비판적 사회이론의 방향을 모색하면서 헤겔, 마르크스 등을 다룬 세 논문을 먼저 실었고, 루만 연구의 과정에서 갖게 된 도덕사회학에 대한 관심을 짐멜을 통해 전개해보고자 했던 2019년의 두 논문을 뒤에 실었다. 앞의 세 글에서는 변증법과 역사유물론이 쇠퇴하고 포스트구조주의가 유행하기 시작한 1990년대의 지적 상황에 대한 선생님의 대응을 확인할 수 있고, 뒤의 두 글에서는 규범적 지향을 뚜렷이 갖고 있는 사회철학자가 다소 탈규범적인 사회학 이론을 어떻게 다루는지 확인할 수 있다.

이 책을 읽는 독자들이 금방 확인할 수 있듯이 장춘익 선생님은 여러 위대한 사상가들의 사유를 쉬운 우리말로 소개할 뿐 아니라, '비판과 체계'로 압축될 수 있는 복합적인 사회철학적 문제의식을 일관되게 견지해왔다. 그럼에도 불구하고 대저작들의 번역에 많은 시간을 들인 탓인지, 오롯이 본인의 글들을 모은 책을 생전에 펴내지 못하였다. 저자 자신이 관여할 수 없는 조건에서 간행위원회는 30년 가까운 세월 동안 변화한 번역어 선택이나 문장 서술 방식 등에 대해 통일성 있는 수정을 가할 수는 없었다. 그래서 2006년 발간된 『의사소통행위이론』에서 '토의'로 번역한 Diskurs가 1990년대의 여러 논문들에서 '담론'이나 '대화' 등으로 다르게 번역되는 문제를 비롯해 시기별로 다른 단어 선택과 관련해 되도록 수정을 하지 않았다. 번역어 선택과 관련된 선생님의 고민 과정을 그런 식으로 드러낼 수 있다는 판단도 있었고, Diskurs를 비롯한 주요 개념들은 각 논문에 대부분 원어가 병기되어 있기 때문이기도 하다. 다만 인명 표기를 비롯해 논란이 적은 단어들의 경우 독자들에게 익숙한 최근의 우리말 표기법에 따라 수정하였다. 그리고 저자의 의도를 훼손하지 않는 범위에서 가독성을 높이기 위한 목적에서 간행위원회와 한마음으로 선생님의 학문적 업적을 존중하는 북이십일 편집부의 제안을 반영하였다.

장춘익 선생님의 정신과 학문세계가 이제 두 권의 『장춘익의 사회철학』으로 독자들을 만나게 되기까지 동료 철학자들, 후학과 제자들, 또한 한림대학교 동료들의 소중한 마음과 손길이 더해졌다. 하버마스에서 출발해서 실천적 정치철학의 가능성을 탐색해온 영산대학교 장은주 교수, 정의와 평등에 대한 영미권 이론에 밝은 한림대학교 철학과 주동률 교수, 루만의 체계이론을 중심으로 다양한 사회철학적 주제들에 관심을 기울여온 인천대학교 인천학연구원 정성훈 교수, 그리고 칸트의 실천철학과 프랑크푸르트학파 비판이론을 중심으로 연구해온 강병호 한국연구재단 연구교수는 실질적으로 논문의 내용적 평가와 구성, 그리고 편집 작업을 주도하였다. 특히 정성훈과 강병호는 개별논문들에 대한 최종 교정을 담당하였다. 독일 미학 및 문학 연구자인 한양대학교 탁선미 교수는 이 책에 실린 논문들을 확보하여 정리하였으며, 간행위원회 작업을 조직하였다. 간행위원회 5인 모두 장춘익 선생님과 이삼십 년 이상의 긴 시간 동안 학문적 동료로서 또는 공동작업자로서 학연을 맺어오면서 그의 사회철학적 관심과 문제의식을 이해하였기에 이러한 협력이 가능하였다.

간행위원회 외에도 이 책이 독자를 만나기까지 마음과 손길을 더해주신 여러 분들을 간략하게 언급하고 싶다. 북이십일 김영곤 대표는 이 책이 국내 인문학계에서 가지는 학문적, 사회적 가치를 바로 이해하고, 간행위원회의 출판 제의에 적극적으로 호응하였다. 사회와철학연구회, 철학연구회, 한국철학사상연구회, 한림대학교 인문학연구소 등 관련 학회와 연구소들 그리고 민음사, 나남, 새물결 출판사는 선생님의 글들이 이 책에 다시 모일 수 있도록 적극적으로 협조하였다. 그 외에도 인쇄물로만 남은 논문들을 다시 입력하고, 교정하는 일에 여러 후학들이 자발적으로 참여하였다. 이 자리를 빌려서 깊은 감사의 마음을 전하고 싶다.

사회철학자로서 지식인으로서 장춘익 선생님이 늘 지향했던 소통과 연대의 정신에서 이 책이 세상의 빛을 보게 되었다. 이제 이 책에 담긴 선생님의 치열한 사유와 성찰들로부터 새로운 학문적 소통과 가치의 연대가 이어진다면, 우리 간행위원들은 더할 나위 없이 기쁠 것이다.

2022년 2월
간행위원회(장은주, 강병호, 정성훈, 주동률, 탁선미)

목차

1부
하버마스

1장 하버마스

비판적 사회이론의 정립과 정치적 실천의 회복을 위한 노력

1. 들어가는 말

위르겐 하버마스(J. Habermas)는 지난 20여 년간 가장 많은 논의의 대상이 된 사회철학자이다.[1] 그는 마르크스 사회이론의 재구성으로부터 최근의 근대문화에 관련된 논쟁과 시민사회 이론에 이르기까지 중요한 사회철학적 논쟁들에서 하나의 강력한 입장을 대변해왔다. 우리의 사회철학계에서도 하버마스는 중요한 수용의 대상이었는데, 수용의 방식은 수용의 조건에 의해 큰 영향을 받았다. 1970년대와 1980년대 초에 하버마스는, 서구 마르크시즘의 한 대변자로서, 마르크스에 대해 직접 논의하기 어려웠던 조건에서 마르크스로의 우회로서 수용되었다. 그 후 1980년대 초부터 본격화된 마르크스 연구와 사회주의 연구는 하버마스를 서구 자본주의의 조건에 적응한 사상가

---

1) 하버마스에 관한 논의를 모아놓은 책 중 중요한 것으로는 다음을 참고. D. Held · J. B. Thompson (ed.), *Habermas. Critical Debates*, London: Basingstoke, 1982; R. J. Bernstein (ed.), *Habermas and Modernity*, Cambridge; A. Honneth · H. Joas (ed.), *'Kommunikatives Handeln. Beiträge zu Jürgen Habermas'Theorie des kommunikativen Handelns'*, Frankfurt: M., 1988; A. Honneth et al. (ed.), *Zwischenbetrachtungen. Im Prozeß der Aufklärung*, Frankfurt: M., 1989.

로 규정하는 매우 비판적인 수용에만 자리를 남겨두었다. 1980년대 말부터 는 포스트모더니즘 논쟁, 사회주의권의 혼란 등의 영향으로 하버마스의 사회 철학은 다시 적극적인 수용의 대상이 되었고 그에 관해 다양한 논의가 이루 어지고 있다.

하버마스에 관한 논의를 어렵게 만드는 것은 — 그간의 수용조건이 만들 어 놓은 일정한 수용의 경향성을 제외하자면 — 무엇보다도 그의 이론이 매 우 복잡한 구성을 갖는다는 데 있다. 그가 자신의 주장의 설득력을 한 분과학 문의 폐쇄된 완결성에서가 아니라 "여러 이론적 단편들의 다행스러운 합치 점"에서 찾으려 하기 때문에[2] 그의 이론은 하나의 실마리만 제대로 잡으면 나머지 것들은 쉽게 풀리는 구조를 갖고 있지 않다. 이 글은 하버마스가 추구 하는 저 다행스러운 합치가 무엇을 위한 것이고 어떤 구도를 가지고 있는지 를 그의 의사소통행위 이론을 중심으로 간략하게 정리함으로써 하버마스에 관한 논의에 작은 기여를 하고자 한다. 이런 목적 때문에 필요하다고 생각되 는 경우, 예를 들거나 국내 학자들의 글에 대해 비판적 언급을 하는 것도 꺼 리지 않았다.

2. 비판적 사회이론의 확립의 필요성

하버마스의 철학적, 사회학적 노력은 '비판적 사회이론'의 확립에 모아진 다. 그가 비판적 사회이론의 확립을 위해 그렇게 광범위하고 밀도 있는 노력 을 쏟아온 이유는 마르크스주의적인 철학 전통이 이른바 제1세대 프랑크푸

---

2) J. Habermas, "Die Philosophie als Platzhalter und Interpret", *Moralbewuβtsein und kommunikatives Handeln*, Frankfurt: M., 1983.

르트학파의 철학자들에 이르러 나타나게 된 이론적, 실천적 곤경을 배경으로 해서만 이해될 수 있다.

　마르크스의 사회, 역사이론은 사람들 사이의, 그리고 사람의 자연에 대한 관계가 지배로부터 자유롭고, 소외되지 않은 '명백히 이성적인 관계'로[3] 실현될 수 있는 조건을 탐구하는 데 있었다. 그는 이 조건을 사회의 물질적 생산과정이 사람들이 자유롭게 맺은 사회관계의 산물이 됨으로써 '의식된 계획적 통제'하에[4] 놓이게 될 때, 즉 사회주의 사회에서 충족된다고 생각하였다. 그런데 만일 마르크스가 사람들이 상황을 만들기도 하지만 마찬가지로 상황이 사람을 만든다는[5] 그의 통찰에 충실하려 한다면, 그가 생각하는 사회주의 사회는 개인들의 반성적 능력이나 도덕적 행위를 통해서보다는 자본주의사회 스스로 자기 지양의 객관적 조건과 주체적 조건을 만들어 낼 때만 가능할 것이다. 그는 이 문제의 해결을 자본주의 경제가 한편에서는 그것의 기능적 위기를 피할 수 없고, 다른 한편 잉여노동의 효율적 착취를 위한 자본주의 경제의 대규모 노동력 조직방식이 결국 자본주의 경제에 대해 적대적인, 잘 조직된 대규모의 노동자계급을 산출한다는 것을 보임으로써 해결하려 하였다.

　학문 이론상으로 볼 때 그의 사회이론, 특히 그의 이데올로기 비판은 이후의 학문이론에서는 당연시될 수 없는 요구를 내세우고 있다. 그는 비판적 관점이 사실 자체를 직시하게 해주고 다른 한편 사실에 충실한 서술은 이데올로기의 지반을 흔들리게 해준다고 믿었던 것으로 보인다. 즉, 그에게는 경험적 분석과 비판적 관점이 상호 상승작용을 하는 관계에 있다. 이 점은 대표적

---

3) K. Marx, "Das Kapital", MEW 23, 94쪽. 김영민 역, 『자본 Ⅰ-1』(개역판), 1993, 109쪽부터 참고.
4) 위의 책 참고.
5) K. Marx · F. Engels, "Die deutsche Ideologie", MEW 3, 38쪽. "Der achtzehnte Brumaire des Louis Bonaparte", MEW 8, 115쪽 참고.

인 국민경제학자들에 대한 그의 비판에서 잘 드러나는데, 그에 의하면 국민경제학자들이 노동력과 임금의 교환처럼 그들의 균등교환의 이론에 맞지 않는 명백한 경험적 사실들을 간과하는 것은 궁극적으로 그들의 관찰력 부족에서가 아니라 자본주의 경제에 대한 그들의 수용적 태도에서 기인한다.[6] 또 마르크스는 데이비드 리카도(D. Ricardo)의 학문적 정직성을 높이 평가하면서 그의 엄격한 학문정신이 그의 이데올로기와 거의 갈등을 일으키고 있음을 지적하고 있다.[7]

그런데 19세기 말부터는 마르크스의 자본주의 이론의 단순한 적용으로는 설명하기 어려운 현상들이 나타난다. 한편으로 국가의 향상된 경제관리 능력은 무정부적 생산에 의한 자본주의 경제의 기능적 위기에 대해 말하기 어렵게 만들었고, 다른 한편으로 사회복지의 향상은 많은 노동자에게 결국 모든 것을 걸어야 하는, 그러나 그 결과는 불투명한, 체제전복을 위한 계급투쟁보다는 체제 내에서 생활조건을 개선하려는 운동이 오히려 현실적인 것으로 보이게 하였다. 그러므로 마르크스가 생각한 자본주의사회에서 사회주의사회로의 객관적, 주체적 조건이 모두 불확실하게 되었다.

또 마르크스의 사회이론은 그 내용의 측면에서뿐만 아니라 그것의 학문이해방식에서도 의심스러운 것으로 나타났다. 마르크스 이후로 발달한 사회과학, 특히 베버(M. Weber) 이래 급속히 발달한 경험주의적 사회학은 모든 규범적 관점을 그것이 보수적인 것이든 진보적인 것이든 학문성과와는 무관한 것으로 여기게 되었다. 사회과학자의 가치중립이 사회과학적 설명의 학문

---

6) 등가교환의 원리에서 출발하는 국민경제학자들의 입장의 이데올로기적 성격에 관한 마르크스의 비판은 "Einleitung zu den 'Grundrissen der Kritik der politischen Ökonomie'", MEW 42, 특히 22쪽 참고.
7) "Theorien über den Mehrwert", MEW 26-2, 특히 111쪽 참고.

성을 확보하는 데 필수적이라고 보는 베버의 견해를 수용한다면 비판적 관점과 학문성 사이의 상호 상승효과는 기대할 수 없는 것이 된다. 베버의 경우 실천의 중요성을 축소시키지는 않았지만 실천을 최종적으로는 합리적 정당화의 대상이 아니라 결단의 대상이 되는 가치의 실현을 위한 것으로 규정하였다.

그런데 마르크스주의 바깥에 서 있는 사람들이 마르크스주의의 불확실한 지반에 대해 말하는 것을 마르크스주의 안에 서 있었던 사람들이 그대로 자신들의 문제로 받아들였던 것은 아니다. 마르크스주의자들은 국가의 향상된 경제관리 능력에도 불구하고 자본주의 경제위기의 제거는 근본적으로 불가능하다고 믿었다. 이른바 수정주의자와 정통주의자 사이의 격렬한 논쟁도 자본주의에서 사회주의로의 이행이 점진적으로 이루어지는가 아니면 혁명적 실천과 프롤레타리아의 독재에 의해 이루어지는가에 관련되었지 자본주의 사회의 기본모순의 유무에 관한 것은 아니었다.[8]

그러므로 19세기 말부터 마르크스의 자본주의 분석에 대해 제기되기 시작한 의문 중에서 마르크스주의자들을 가장 곤혹스럽게 하였던 것은 사회주의로의 이행의 객관적 조건이 불확실해진 것보다는 오히려 주체적 조건이 불분명해졌다는 사실이라고 할 수 있다. 이러한 상황에서 사회주의혁명의 주체적 조건에 관한 논의를 통하여 마르크스의 사회이론을 거의 원형 그대로 지켜내려 했던 마지막 인상적인 시도는 초기 루카치(G. Lukács)에 의해 이루어진다. 루카치는 ― 헤겔의 즉자(Ansich)와 대자(Fürsich)의 구별에 의존하여 ― 노동자계급이 실제로 가지고 있는 의식과 노동자계급에 역사적으로 '귀속될 수 있는' 의식을 구별하고 전자가 후자에 일치될 수 있을 때, 즉 노동

---

8) 수정주의와 정통주의의 공통점과 차이점에 대해 비교적 균형 있는 서술로는 L. Kolakowski, *Die Hauptströmungen des Marxismus*, Bd. 2, 1978 참고.

자들이 자신들의 객관적 계급 위치에 맞는 의식을 갖는 자각적인 계급이 될 때 사회주의혁명의 주체적 조건이 성취된다고 생각하였다.[9]

처음에 사회주의에 대한 전망을 공통분모로 하여 결집되었던 프랑크푸르트학파의 학자들[10]을 참담할 정도로 당혹감에 빠뜨린 역사적 배경은 세 가지 사실로 집약될 수 있다. 첫째, 인류의 문명을 삽시간에 야만상태로 몰아넣은 나치의 집권이 결정적으로 노동자들의 지지표에 의해 가능했다는 사실이다. 이것은 언젠가 노동자계급이 자신들의 역사적 소명에 맞는 행위를 할 것이라는 루카치적인 낙관적 믿음을 갖는 것을 더 이상 가능하지 않게 하였다. 둘째, 소련의 사회주의가 스탈린 치하에서 극심한 권력적 독재로 경색되어 버렸다는 사실이다. 스탈린의 국내정치와 대외전략은 더 이상 사회주의의 초기 건설단계에서의 불가피한 부작용으로 정당화될 수 없는 것들이었다. 그러므로 초기 프랑크푸르트학파에게는 사회주의로의 이행 전망이 불확실해진 데 더하여 사회주의 사회가 갖는 실천적 지향점으로서의 성격도 불투명하게 되었다. 마지막으로 지적되어야 할 사항은 초기 프랑크푸르트학파의 대표적 인물들의 다수가 나치의 손길을 피해 망명지로 택했던 미국에서 경험한 문화산업의 양상이다. 그들은 문화영역에서도 상품교환의 논리가 철저히 관철되어 있고 그러한 상품화된 문화가 대중들에게 거부되기는커녕 오히려 환영되

---

9) G. Lukács, 박정호·조만영 역, 『역사와 계급의식』, 서울: 거름, 1986, 제3장을 참고.

10) 프랑크푸르트학파의 기원은 상이한 마르크스주의의 흐름 간의 차이들을 토의를 통하여 해소함으로써 '진정한' 마르크스주의에 이르려는 희망 아래 Felix J. Weil의 재정적 후원으로 1922년 Thüringen의 Ilmenau에서 제1회 마르크스주의자 학술주간(Erste Marxistische Arbeitswoche)이 열렸던 사실에 소급된다. 이 모임에는 G. Lukács, K. Korsch, R. Sorge, F. Pollock, K. A. Wittfogel, B. Fogarasi 등이 참여하였다. 프랑크푸르트학파의 기원에 관해서는 M. Jay, *The Dialectical Imagination* (『변증법적 상상력』), 1973; Boston-Toronto: H. Dubiel, *Wissenschaftsorganisation und politische Erfahrung*, Frankfurt: M., 1978; 문헌병, 『프랑크푸르트학파의 사회비판이론』, 서울: 동녘, 1993 등을 참고.

는 것이어서, 비판적 문화가 대중들에게 호소력을 가질 가능성은 거의 없음을 보았다. 이것이 지식인으로서 그들에게 준 좌절의 정도는 앞의 두 가지 사실들에 못지않은 것이었다.

이런 경험을 배경으로 하여 쓰인『계몽의 변증법』[11]에서의 호르크하이머(M. Horkheimer)와 아도르노(Th. Adorno)는 "왜 인류가 진정으로 인간적인 상태에 진입하는 대신에 새로운 종류의 야만에 빠져드는가"[12] 하는 물음을 던진다. 그들은 이 물음에 대한 답을 더 이상 마르크스의 설명틀 ─ 자본주의사회에서의 지배와 착취가 교환가치 증식에 초점이 맞추어진 생산방식에 기인하며 이것의 철폐는 이 생산방식이 자신의 전개 과정에서 자기 지양의 객관적, 주체적 조건을 산출함으로써 이루어진다는 설명틀 ─ 에 의존하여 얻을 수 없다고 믿은 것으로 보인다.

마르크스주의조차 "현존하는 것을 위해 봉사하는 단순한 수단"으로,[13] 즉 지배수단으로 전락했다면 자본주의사회에서 벌어지는 지배 현상은 자본주의 체제에서 처음 비롯되는 것이 아니라 그보다 훨씬 더 깊은 유래를 가진 것으로 보아야 할 것이다.

그들이 찾은 지배의 근원은 이성의 '도구적' 성격이었다. 그들에 따르면 이성은 원래 자기 이외의 대상들이 주는 공포로부터 그것의 지배를 통해 해방되기 위하여 발달되었다. 그런데 대상의 효과적 지배는 주체가 자신의 사고와 행동을 효율적으로 통제함으로써만 가능하다. 그들에 의하면 외부자연이

---

11) M. Horkheimer · Th. Adorno, "Dialektik der Aufklärung", Adorno GS 3, Frankfurt: M., 1984.
12) 위의 책, 11쪽.
13) 위의 책, 12쪽. 이 말은 그것의 직접적 맥락이 실증주의적 학문관에 대한 비판이지만, 더 큰 맥락에서 보면 공식적인 마르크스주의에 대한 호르크하이머와 아도르노의 생각에도 들어맞는다.

주는 공포와 강요로부터 자기를 해방시키기 위하여 자기 지배를 불가피하게 대가로 치러야 하는, 신화시대부터 인간의 이성에 내재하는 이러한 이율배반성으로부터 계몽적 이성조차 자유롭지 못하다. 계몽적 이성이 자신의 이런 이율배반성에 대해 망각할 경우, 계몽적 이성이 추진하는 해방의 프로그램은 완전한 지배의 프로그램으로 반전될 수 있다. 호르크하이머와 아도르노는 이러한 계몽적 이성의 변증법[14]으로서 한편에서 파시스트적인 자본주의 체제, 다른 한편에서의 스탈린주의, 그리고 실증주의적 학문관이나 문화산업 양상의 기저에 있는 근본적인 맹목성을 포착해내려 하였다.

그런데 그들의 도구적 이성에 대한 비판이 철저해지면 철저해질수록 그것은 실천적인 측면에서 곤경을 가져왔다. 만일 사회개혁을 지향하는 정치적 행위조차도 지배의 논리와 맹목성에서 자유롭지 못하다면 사회개선을 위한 어떠한 실천이 생각될 수 있다는 것인가? 아도르노의 경우 지배논리와 손잡고 있는 동일화논리에 의해 손상되지 않은 경험에 대해 말하고 그에 의존한 반성의 가능성을 지적하지만 그로부터 어떻게 영향력 있는 정치적 실천으로 나갈 수 있는지는 매우 의심스럽다. 1960년대 말 유럽에서 사회변혁 운동이 고조되었을 때 아도르노가 진보주의적 정치행위에 대해 심하게 비판적이었고 그런 맥락에서 맹목화(Verblendung) 테제를 내놓은 것은 이런 의문을 더욱 강화시켜 준다.[15] 결국 초기 프랑크푸르트학파의 대표적 사상가들이 자본주의사회의 부정적 성격에 대해 내린 진단은 그것의 개선을 위한 행위전략으로 이어지지 않는다.

---

14) 『계몽의 변증법』에서의 '변증법'은 헤겔적 의미의 변증법 — 모순의 전개를 통한 새로운, 고양된 결과의 산출 — 이 아니라 계몽적 이성해방의 노력이 지배로 '반전' 혹은 '역행'하는 것을 의미한다.
15) Th. Adorno, "Marginalien zu Theorie und Praxis", Adorno GS 10-2, 759쪽부터 참고.

초기 프랑크푸르트학파의 사상을 계승하려는 사람들에게 호르크하이머와 아도르노 등이 보여주는 실천적 곤경 못지않게 부담을 준 것은 이론적 곤경이었다. 그들은 사실 그들의 이론적 곤경을 처음부터 분명히 의식하고 있었다. 그들은 계몽적 이성의 자기 파괴적인 맹목성을 지적하지만 또한 자유로운 사회의 건설이 계몽적 이성을 버리고는 가능하지 않다는 것을 의심하지 않았다. 그들에게는 맹목적인 계몽적 이성에 대한 대안이 문명비판과 같은 비합리적인 관점들, 그들의 표현대로 하자면 '진보의 적들'의 반계몽적인 관점일 수는 없었다. 그러므로 『계몽의 변증법』에서 호르크하이머와 아도르노의 시도 성패는 자기 스스로에 대해 반성할 줄 아는 도구적 이성보다 포괄적인 이성의 가능성 여부에 달린 셈이다.

그러나 그들은 다른 한편 헤겔적인 사변적 이성의 분해과정을 불가피한 것으로 보았고, 헤겔 이후에 그런 포괄적인 이성이 어떻게 확보될 수 있는지를 알지 못하였다.

이런 이론적 곤경에서 그들이 택한 방식은 도구적 이성과 동일화 논리에 대한 내재적 비판이었다.[16] 그러나 내재적 비판이란 자신의 독단적 관점을 전제하지 않는다는 장점이 있지만, 비판될 것을 바로 그것을 무기로 하여 비판해야 한다는 점에서 매우 불안정한 지반에 서 있는 것이다. 경직된 개념적 사고를 개념을 통해 자기반성으로 유도하려는 의도를 가진 아도르노의 철학적 사고가 보여주는 극단적 난해함과 역설적인 모습은 상당 부분 바로 내재적 비판의 불안정성에 기인한다.

루카치에서 아도르노에 이르는 마르크스주의에 대한 반성이 빠지게 된 이

---

16) 이것이 호르크하이머의 *Zur Kritik der instrumentellen Vernunft* (『도구적 이성 비판』), Frankfurt: M., 1967과 아도르노의 *Negative Dialektik* (『부정변증법』), Frankfurt: M., 1966의 중심과제였다.

런 이론적, 실천적 곤경에 접하여 하버마스는 후기자본주의사회에 대해 정당화할 수 있는 비판적 관점을 확보해내고 사회개선의 행위로 구체화할 수 있는 비판적 사회이론의 가능성을 제시하려 한다. 하버마스의 의사소통행위이론은 비판적 사회이론의 가능성을 확보하려는 그의 시도가 초기에 가졌던 여러 가지 문제점을 해결하려는 과정에서 정형화되었다.

3. 비판적 사회이론의 과제

초기의 하버마스는 호르크하이머나 아도르노와 마찬가지로 내재적 비판의 방법을 사용하려 한다. 물론 그의 내재적 비판은 처음부터 도구적 이성에 대한 철학적 비판을 사회기제와 그것의 의미를 대비시키는 사회비판과 접맥시키려는 경향이 분명하다. 그의 최초의 저서인 『공론장의 구조변동』[17]에서 그는 시민사회 초기에 여론에 부여된 역할이 자본주의화가 진행되고 시민계층의 사회적 성격이 달라지면서 어떻게 달라지는지를 추적하고 있다. 그러나 그는 내재적 비판의 한계를 곧 깨닫게 된 것 같고 그 자체로 정당화된 비판의 관점을 확보하려는 시도를 하게 된다. 가령 하버마스는 『인식과 관심』[18]에서 지식의 형태를 근본적인 행위관심과 연결시킨다. 과학적 지식은 대상지배를 위한 기술적 관심에서 그 기원을 갖고, 문화과학적 지식은 상호이해를 추구

---

17) J. Habermas, *Strukturwandel der Öffentlichkeit. Untersuchungen zu einer Kategorie der bürgerlichen Gesellschaft* (『공론장의 구조변동』), Darmstadt: Neuwied, 1962. 새로운 판으로는 Frankfurt: M., 1990. 'Öffentlichkeit'는 통상 번역어로 쓰이는 '공론' 또는 '공개성'보다는 '여론이 형성되는 과정과 매체들'의 의미에 가깝다. 그래서 맥락에 따라 '여론형성 기제', '여론'으로 번역할 것을 제안해본다.
18) J. Habermas, *Erkenntnis und Interesse. Mit einem neuen Nachwort*, Frankfurt: M., 1973(초판: 1968). 강영계 역, 『인식과 관심』, 서울: 고려원, 1983.

하는 실천적 관심에서 그 기원을 가지며, 마지막으로 행위주관이 가지고 있는 해방적 관심은 비판적 지식의 토대가 된다.[19] 그러나 이러한 방식으로 비판적 사회이론의 가능성을 정초하려는 하버마스의 시도의 한계는 분명하다. 소멸될 수 없는 해방적 관심을 전제하는 것은 뒷받침되기 어려운 근본주의라는 비난을 면하기 어렵기 때문이다. 의사소통행위이론은 비판적 사회이론을 확립하려는 하버마스의 시도가 근본주의의 문제로부터 벗어나게 하는 데 결정적인 기여를 한다.[20]

하버마스의 의사소통행위이론이 비판적 사회이론의 확립을 위한 시도에서 핵심을 이루는 것이라면, 그에 대한 올바른 접근은 그것이 비판적 사회이론의 확립을 위하여 어떤 기여를 할 수 있는가 하는 물음에서부터 가능할 것이다. 나는 다음에서 먼저 비판적 사회이론을 확립하기 위한 시도가 해결해야 할 과제를 네 가지로 정리해 보고, 하버마스가 말하는 의사소통적 행위의 특성을 살핀 후, 그의 의사소통행위이론이 그 과제들에 어떠한 대답을 준비하고 있는지를 살피고자 한다.

첫째, 비판적 사회이론은 사회현상에 대한 기술(記述)에 만족하지 않고 비판하고자 한다. 그런데 비판이 숨겨진 특정한 이해관계를 전제로 한 것이거나 독단이 아니기 위해서는 비판하는 관점이 정당화될 수 있어야 할 것이다. 정당화할 수 있는 비판적 관점을 갖기 위해서는 규범적 문제에까지 적용될 수 있는 합리성 개념이나 혹은 규범적 구속력을 갖는 합리성 개념이 확보

19) 위의 책, 234쪽부터 참고. 강영계 역, 193쪽부터.
20) 하버마스의 의사소통행위이론을 — 마르크스주의적 관점으로부터 언어로의 도피가 아니라 — 그가 초기에 제1세대 비판이론가들과 공유했던 이론적 문제점에 대한 해결책으로 보는 대표적인 해석은 A. Wellmer, "Kommunikation und Emanzipation. Überlegungen zur 'sprachanalytischen Wende' der kritischen Theorie," U. Jaeggi · A. Honneth(ed.), *Theorie des Historischen Materialismus*, Frankfurt: M., 1977.

되어야 할 것이다. 이러한 합리성 개념은 가치와 사실의 경계선을 분명히 긋고 합리적 논증이 가능한 지식의 영역을 사실에 관한 판단에만 한정함으로써 합리성과 규범적 구속력 사이의 어떠한 섞임도 배제하는 학문이론을 배경으로 해서 보면 철학적으로 쉽사리 확보될 수 없을 것이다. 또 문화상대주의자들이 주장하는 것처럼 특정한 문화에 속한 관찰자가 다른 문화에 속한 행위자의 관점을 이해할 수 없다거나, 소박한 이데올로기 비판가들이 말하듯이 어떤 사람의 관점은 그가 속한 계급의 계급이해에 의해 근본적으로 제약되는 것이라면, 정당화할 수 있는 비판적 관점은 어떻게 가능할 것인가?

둘째, 비판자의 관점과 행위자의 관점이 서로에게 이해될 수 있어야 한다. 비판자의 관점이 아무리 그 자체로 정당화된 것이라 하더라도 그것이 행위당사자들에게 전혀 이해될 수 없는 것이라면 그것은 적어도 행위자에 의해 이루어져야 하는 사회개선에는 아무 쓸모가 없을 것이다.

셋째, 비판적 관점으로 건드려질 수 있는 사회적 사실들이 사회성원들 자신에게 그의 개선을 위하여 행위하려고 할 만큼 중요한 것이어야 한다. 가령 비판적 관점이 사회의 특정 소수에게만 문제 될 수 있는 심미적 문제 혹은 종교적인 도덕의 문제에 관련되어 있다면 그것은 사회개선을 실천적 목표로 삼는 사회이론의 성립에 거의 쓸모없게 될 것이다.

넷째, 비판적 관점이 실천될 수 있는 가능성이 있어야 한다. 설령 위의 세 조건이 다 만족되더라도 — 즉, 행위자들 모두 비판자의 관점을 이해하고 비판자가 지적한 사항을 중요한 것으로 받아들이며, 그들이 자각한 문제의 개선을 바란다고 하더라도 — 실천을 위한 실마리가 보이지 않는다면 결국 마르크스의 사회이론을 계승하려는 비판적 사회이론은 성립될 수 없을 것이다.

이 네 가지 조건을 다른 언어로 표현하자면, 사회현상의 기술에 그치지 않으려는 비판적 이론의 관점은 철학적으로 정당화될 수 있어야 하고, 행위이론상으로 구체화될 수 있어야 하며, 사회학적 확대가 가능해야 하고, 마지막으로 실천적 함축을 가져야 한다.[21] 하버마스의 의사소통행위 개념은 이러한 조건을 충족시키는 사회이론을 세우려는 그의 시도의 중심축을 이룬다.

4. 의사소통행위의 개념

하버마스에게 의사소통적인 행위(kommunikatives Handeln)란 목적지향적 행위(zweckorientiertes Handeln)와 대립되는 개념이 아니라 전략적 행위(strategisches Handeln)와 대립되는 개념이다. 두 행위양식의 구별은 개별행위의 내용에 관련되는 것이 아니라 자신과 타인의 행위를 결합시키는 방식에 관련된다. 상대에게 영향력을 행사하여 목적을 수행하려는 전략적 행위와 달리 의사소통행위는 언어적 상호이해를 통한 합의가 그 수행의 조건이 되는 행위를 말한다. 행위수행의 조건으로서의 합의를 이루기 위한 대화(Diskurs) ― 이것을 널리 통용되는 번역관례에 따라 '담화'라 부르기로 하

---

21) 이 네 가지 조건을 충족시켜야 하는 비판적 사회이론의 위상을 이 논문의 초고를 읽고 신광영 교수는 다음과 같이 일목요연하게 정리해주었다.
① 현상의 기술 ② 이해가능성 ③ 중요성의 인식 ④ 실천적 함의

①	②	③	④	
X	O	O	O	종교이론
X	O	X	X	상식의 세계
O	X	X	X	체제옹호적 이론
O	O	O	X	체제중립적 이론
O	O	O	X	분석적 마르크스주의
O	O	X	X	민속방법론
X	O	O	O	정통 마르크스주의 이론
O	X	O	X	서구 마르크스주의 이론
O	O	O	O	하버마스의 비판이론

자[22] — 가 갖는 독특한 구조는 의사소통행위를 다음과 같은 네 가지 점에서 다른 종류의 행위들과 구별시켜 준다. 첫째, 담화는 담화 당사자 간의 '상호이해'를 조건으로 한다. 그러므로 담화에서 도달된 합의는 설령 그것의 명제적 내용에서는 차이가 없는 경우라도, 원칙적으로 대화 없이 또는 독백을 통하여 도달될 수 있는 지식과는 다른 효과를 갖는다.

둘째, 담화에 참여한 사람들은 원칙적으로 '균등한 논증부담'을 갖는다. 각각의 담화 참여자는 상대에게 그의 주장을 정당화할 것을 요구할 수 있지만 그것은 어디까지나 상대가 원할 경우 자기 자신의 주장에 대해서도 같은 수준의 논증부담을 질 준비를 전제로 해서만 정당화할 수 있는 요구이다. 그러므로 담화란 상대에게 일방적으로 그의 주장에 대한 완전한 증명을 요구하기 위하여 행해지는 것이 아니다.[23] 이와 관련하여 또 한 가지 분명히 해둘 사항은 진리에 대한 합의가 불가능하다고 해서 담화에서의 합의가 불가능한 것이 아니라는 사실이다. 담화의 목적은 이해관계가 얽힌 행위들을 연결할 때 행위 당사자들이 충분히 납득할 수 있고 동의할 수 있는 방식을 찾는 데 있지

22) 하버마스의 의사소통행위이론에서 문제 되는 대화는 행위자들이 서로의 행위를 연결해야 하는 상황에서 각자의 주장에 대한 상호비판을 통하여 합의(또는 합의에 도달하지 못하는 이유)를 찾기 위한 것이기 때문에, 보통 행위연관성과 상호비판의 구조가 적은 '담화'보다는 '토의'가 오히려 더 적절한 번역어가 될 것이다.

23) 담화에 균등한 논증부담이 전제되어 있다는 하버마스의 주장은 많은 비판을 받아왔다. 우선 하버마스의 입장을 옹호하는 대화 상황을 만들어보면, 화자 A가 상대 B에게 한국의 인구수를 말했고, 자신의 주장의 근거로 신문에 난 인구조사 결과를 보여주었다고 하자. 이때 B가 A에게 신문에 난 것을 어떻게 믿는지 반문하면서 한국의 인구를 모두 직접 세어보지도 않고 어떻게 그런 주장을 하냐고 말했다고 하자. 그러면 A는 얼마 전 B가 자신에게 프랑스인 중에 동성연애자의 비율이 얼마쯤 된다며 그 이야기를 잡지에서 읽었다고 말했던 것을 떠올리면서, B라면 더 나은 증거를 댈 수 있느냐고 반문할 수 있을 것이다. 하버마스 주장의 요체는 균등한 논증부담이 실제로 모든 담화에서 발견된다는 데 있지 않다. 가령 교사와 학생, 피의자와 경찰은 균등한 논증부담을 지지 않는다. 균등한 논증부담은 '정당화되지 않은' 불균등한 논증부담에 대한 비판의 기준을 제공하는 데에서 그 의미를 갖는다.

궁극적 진리를 찾는 데 있지 않다. 또 합의에 이르지 못했다고 해서 담화가 실패한 것도 아니다. 중요한 것은 의견의 일치 혹은 불일치에 합리적 과정을 통해서 도달한다는 점이다.

셋째, 담화에서 도달된 합의는 행위에 대한 '구속력'을 갖는다. 이것은 한 담화참여자 A가 합의된 행동을 하지 않았을 때 그의 상대 B가 보이는 반응에서 잘 나타난다. B는 그다음부터는 원래 정상적인 담화 시에 확인할 필요가 없는 전제 — A가 이번에는 합의사항을 지킬 것인지 — 를 확인하려 할 것이다. 만일 이번에도 A가 합의를 이행하지 않을 경우 B는 A와 더 이상 진지한 담화를 하려고 하지 않든가 아니면 A가 합의를 이행하도록 하는 다른 장치를, 가령 증인을 세우고 합의 불이행 시 벌금을 물리는 조치를 마련하려 할 것이다.

넷째, 담화에서 도달된 합의는 담화 참여자들의 행위에 '합리적인 동기'를 부여한다. 이때 합리적이라 함은 과학적으로 사고한다는 의미가 아니라 행위자가 자신이 하는 행위에 자신 스스로 납득할 수 있는 이유에 의거해 동의하였다는 의미이다. 이러한 합리성 개념은 행위자 자신이 자신의 행동 이유를 알지 못하거나 자신이 동의할 수 없는 외적 또는 내적 압박에 의해 어떤 행동을 하였을 때 그의 행동을 비합리적이라고 부르는 일상언어의 용례에 비추어 보면 비교적 설득력 있게 들린다. 담화의 이러한 측면은 사회화 과정에서 어린이가 합리적으로 사고하고 자율적으로 행동하는 개인으로 성장하기 위해서는 담화적 교육이 불가결함을 보여준다.

요약하자면, 하버마스가 보는 담화의 핵심적인 성격은 담화 참여자들이 서로 상대방의 주장을 비판할 수 있으며, 각자는 자기주장의 타당성을 논지를 통해서만 획득할 수 있고 그렇게 해서 도달된 합의는 행위에 구속력을 가지며 행위자에게 합리적 동기를 부여한다는 데 있다.[24] 그의 담화이론을 이해하는 데 절대로 간과해서는 안 될 사항은 담화가 그 자체로서가 아니라 행위 연결방식으로서 문제가 된다는 사실이다. 의사소통적 행위의 일부로서의 담화가 지향하는 합의는 행위의 '조건'으로서 추구된다. 행위 연관 없이 합의를 그 자신의 '목적'으로 하는 담화는 그러므로 의사소통적 행위의 이론에서 중심에 서 있는 담화형태가 아니다.[25]

---

24) 하버마스는 자신의 이러한 담화이론을 정당화하기 위하여 형식화용론(Formalpragmatik)과 언어행위이론(Sprechakttheorie)에 의존하는데 의존의 이유는 약간씩 다르다. 아펠(K. O. Apel)의 형식화용론은 담화에, 화자가 실행적 모순(performativer Widerspruch)을 범하지 않으려는 한, 타당성 요구와 상호비판을 통한 정당화의 구조가 내재함을 밝힌다. 한편 오스틴(J. Austin)과 설(J. Searle)을 계승하는 하버마스의 언어행위이론은 구속력을 갖는 합의에 이르는 언어사용의 형태를 구분해 낼 수 있는 수단을 제공한다. 하버마스는 발화행위(locution), 발화수반행위(illocution), 발화수단행위(perlocution)의 구별을 (오스틴, 설과 꼭 일치하지는 않는 방식으로) 각각 언표, 비언표적 함축을 포함하는 언어행위, 언어의 도구적 사용의 의미로 구별한다. 그의 구분식으로 하자면 정상적인 대화에서 가령 "한국에서 제일 높은 산은 백두산이다"라고 말했을 때 화자는 언표된 내용자체 외에 "나의 주장이 맞다"라는 타당성 요구를 하고 있다. 이런 타당성 요구의 종류는 담화의 종류에 따라 이해가능성, 진리성, 진실성, 정당성의 요구로 구별된다. 그러나 어떤 진술을 언표된 내용의 타당성을 주장(이 타당성 요구는 언표와 함께 그러나 언표되지 않은 채 즉각 전달된다)하기 위해서가 아니라 어떤 숨겨진 목적에서 행했다면 가령 상대의 주의를 돌리기 위해서나 혹은 상대가 그 말을 들으면 상대에게 미칠 영향을 계산하여 행했다면, 그것은 언어의 도구적 사용이다. 의사소통행위의 일부로서 하버마스의 담화이론에서 중시되는 언어행위는 타당성 요구를 포함하는 언어행위로서의 발화수반행위(illocution)이다. 하버마스, 『의사소통행위이론』 2권, 109쪽부터, 특히 117쪽부터 참고. 하버마스의 담화개념을 주로 분석한 이진우 교수의 논문 「위르겐 하버마스-비판적 사회이론과 담론의 실천」, 『탈현대의 사회철학』, 서울: 문예출판사, 1993, 220-224쪽은 illocution과 perlocution에 대한 하버마스 식의 구분을 불분명하게 처리한 아쉬움을 남긴다. 위의 책, 236쪽 참고.

25) J. Habermas, "Erläuterungen zum Begriff des kommunikativen Handelns", *Vorstudien und Ergänzungen zur Theorie des kommunikativen Handelns*, Frankfurt: M., 1984. 하버마스의 의사소통행위 개념을 합의를 목적으로 하는 담화와 구별하지 않는 오해의 대표적인 예는 M. Bauermann, "Understanding as an Aim and Aims of Understanding", G. Seebass · R. Tuomela (ed.), *Social Action*, Dordrecht, 1985.

5. 비판적 사회이론의 구성 및 실천적 함축

이제 하버마스의 의사소통적 행위의 개념을 비판적 사회이론을 확립하기 위한 시도가 충족시켜야 하는 요구사항들과 관련하여 살펴보자.

(1) 앞에서 보았듯이 하버마스는 행위수행의 조건으로서의 합의를 추구하는 담화가 담화 참여자 사이의 상호비판의 구조를 가지며, 그러한 합의는 구속력을 가짐을 상당히 설득력 있게 제시한다. 각 주장의 논거에 대한 상호비판을 통해 합의가 찾아지는 과정과 그렇게 해서 도달된 합의는 '합리성'의 일상언어적 의미에 비추어 볼 때 '합리적'이라고 불릴 수 있다. 또 그러한 합의가 행위 당사자들에게 '구속력'을 갖는 한에서 하버마스는 구속력을 갖는 합리성 개념을 찾아냈다고 말할 수 있다. 그러고 보면 하버마스는 구속력을 갖는 합리성 개념을 특정한 내용을 갖는 규범적 관점을 정당화하는 방식으로 확보하려는 것이 아니다.

만일 그랬다면 그는, 그가 자주 비난을 받듯이, 거의 가망 없는 일을 하려고 한 셈일 것이다. 하버마스가 한 것은 그가 의사소통적 합리성이라 부르는 담화에 내재하는 상호비판과 균등한 논증부담의 요구가 담화 당사자들에게 규범적 구속력을 가짐을 보인 것이다.

(2) 논거에 대한 상호비판을 통해 이루어지는 합의는 명시적으로는 아니더라도 담화 당사자들의 테두리를 넘어서는 타당성 요구를 가진다. A가 B에게 그의 주장을 자신에게 납득이 되도록 설명해줄 것을 요구할 때, 자기 이외의 다른 사람들에게는 어떻게 생각되어도 무관하고 오직 자신에게만 설득력 있는 논지를 요구하는 것이 아니다. A가 B로부터 원하는 것은 '자신에게도' 설득력 있는 논지이다. 또 A가 자신이 보기에 타당한 논지를 B가 고집스럽게 거절한다고 생각될 때 대화를 파기하지 않으려고 B에게 제삼자 C를 대화

에 참여시키자고 제안할 경우가 있는데, 이것도 B가 자신의 논지의 타당성이 지금의 대화 당사자의 테두리를 넘어서는 것임을 전제하고 있음을 보여준다. 하버마스는 사회관찰자는 행위자들에게는 없는 어떤 특권적 관점을 갖는 것이 아니라 담화에 들어 있는 이러한 자기 초월적 구조를 체계적으로 사용하는 것뿐이라고 한다.[26] 담화의 자기 초월적 구조는 사회관찰자가 행위자들의 담화에 '잠정적' 참여자로서 관여하고 행위자들도 관찰자의 관점을 진지하게 수용하는 것을 가능하게 한다.

(3) 하버마스는 또한 비판적 관점이 중요하지 않은 일부 사회현상에만 관련되는 것이 아님을 보여주고 있다. 비판적 관점은 그것이 하버마스가 말하는 것처럼 일상언어적 의사소통으로부터 얻어진 것이라면 언어적 의사소통을 자신의 재생산 논리로 갖는 영역에 관여될 수 있다. 언어적 의사소통은 하버마스에 의하면 문화, 사회 그리고 인격성의 영역에서 일어나는 문화적 재생산, 사회통합 그리고 사회화 과정의 논리이며 이 논리가 다칠 경우 사회적으로 중요한 부작용들이 발생한다. 이렇게 언어적 의사소통을 재생산의 논리로 갖는 영역 전체를 총칭하여 그는 생활세계(Lebenswelt)라고 부른다. 비판적 관점은 생활세계에 언어적 의사소통과는 다른 논리가, 가령 돈이나 권력의 논리가 침투하는 것을 고발한다.

의사소통적 합리성에 기초하는 비판적 관점의 중요성을 하버마스는 이렇게 공시적인 사회관찰을 통해서뿐만 아니라 통시적인 사회이론을 통해서도 입증하려 한다. 사회형태의 발전과정을 설명할 때 하버마스는 생산관계에 맞추어 사회관계 전체가 조직된다는 마르크스의 사회이론을 수정하여 물질적 생산력의 증대뿐 아니라, 사람들 사이의 상호행위(Interaktion)를 규정하는

---

26) Habermas, 위의 책, 158쪽부터 참고.

규범의 합리적 발전과 제도화가 또 하나의 역사발전의 축이었음을 확인한다. '사적 유물론의 재구성'으로 제시된 그의 이러한 사회진화론은 아마도 하버마스의 논지 중에서 마르크스주의자들에게 가장 불만스러웠을 것이다. 그러나 하버마스의 사회진화론은 흔히 알려진 것보다는 훨씬 마르크스적이다. 그는 마르크스와 마찬가지로 한 사회유형이 자신의 한계에 부딪히게 되는 원인을 그 사회체제로는 해결할 수 없게 된 생산력과 생산관계의 모순에서 찾는다. 그러나 하버마스가 보기에 생산력과 생산관계의 모순은 새로운 사회유형을 태동시키는 데 있어 하나의 필요조건일 뿐 언제나 그 방향으로 이끌어 가는 것은 아니다. 지식의 축적과 그것을 바탕으로 한 새로운 사회조직의 능력이 발휘되지 않으면 생산력과 생산관계의 모순에 봉착한 한 사회형태가 혼란과 퇴행을 거듭할 수도 있다. 하버마스가 보기에는 지식의 축적과 축적된 지식이 사회조직 능력으로 발휘되는 것은 사회구성원들을 사회화하고 사회에 통합시키는 방식에 의해 결정적 영향을 받는다.[27] 그래서 하버마스는 특히 상호행위의 형태를 단계적으로 제도화해온 법체계의 발달과정에 큰 의미를 부여한다.[28]

언어적 의사소통과 그에 내재한 상호비판의 구조가 갖는 사회적 중요성을 뒷받침하는 사실로 하버마스가 드는 것에는 또 근대문화, 특히 근대 이후의 도덕의식이 있다. 근대사회와 함께 일반화되기 시작한 보편주의적 도덕관점은 칸트의 정언명령 — 네 자신의 행동준칙이 동시에 보편적 입법의 원리가 될 수 있도록 행동하라 — 에서 정형화되었다. 이 보편주의적 도덕관점

---

27) 하버마스가 사적 유물론을 재구성할 때의 기본방향에 관해서는 다음을 참고. J. Habermas, *Zur Rekonstruktion des Historischen Materialismus*, Frankfurt: M., 1971.
28) 이 경향은 그의 이전의 저서들(1976; 1981)에서 이미 분명하게 나타났고 *Faktizität und Geltung* (『사실성과 타당성』), Frankfurt: M., 1992에서 결실을 맺는다.

은 — 이 점에서 하버마스는 대부분의 마르크스주의자들과 큰 차이를 보이는데 — 정치적, 경제적 근대화와 함께 일반화되었지만 단순히 그것의 부산물이 아니다. 보편주의적 도덕의식은, 그것이 한번 획득되면 전통주의나 기타 낮은 단계의 도덕의식으로 되돌려질 수 없는 한, 근대 이후의 사회에서 사회통합의 주관적 조건을 형성한다. 하버마스에 따르면 보편주의적 도덕관점은 윤리적 행위의 영역에서 담화 이외의 다른 행위 연결방식은 부적절한 것이 되게 한다. 그에 의하면 보편주의적 도덕관점에 입각한 생활세계의 재편성은 근대사회에서 실현되지 못한 요구이고 이 요구의 불충족은 흔적 없이 은폐될 수 없다.[29] 그 때문에 (마르쿠제나 아도르노가 인간의 의식이 남김없이 사물화되어 비판적 관점조차 더 이상 성립하지 않는다고 진단했던) 후기자본주의사회에서까지 끊임없이 사회체제의 정당성 문제가 제기된다. 마르크스의 '자유로운 생산자의 연합'으로서의 사회주의 이념도 하버마스에 따르면 바로 보편주의적 도덕관점에 서 있다. 자신의 사회이념의 규범적 근거를 성찰하지 못함으로써 자신의 이념실현이 사적 소유가 폐지된 경제체제의 도입만으로 실현될 수 있으리라고 믿었다는 것이 마르크스에 대한 하버마스의 대표적 비판 가운데 하나이다.

(4) 하버마스의 의사소통적 행위이론의 장점은 그것의 실천적 함축에 모아진다. 그의 이론의 실천적 함축을 파악하기 위하여 반드시 언급되어야 할 것은 그의 베버 수용이다. 하버마스는 베버를 따라 근대 이후 사회가 경제, 행정 그리고 문화의 영역으로 분화되었다고 확인한다. 같은 주장을 하버마스

---

29) 이에 관해서는 다음을 참고. J. Habermas, *Legitimationsprobleme im Spätkapitalismus*, Frankfurt: M., 1973; "Die Moderne, ein unvollendetes Projekt,", *Kleine Politische Schriften I ~IV*, Frankfurt: M., 1981a; *Der philosophische Diskurs der Moderne*, Frankfurt: M., 1985에서 특히 XII절 "Der normative Gehalt der Moderne" 등.

는 ― 체계이론과 현상학적 사회학이론을 결합하여 ― 사회가 언어를 매개로 행위가 연결되는 '생활세계'의 영역과 돈이나 권력처럼 비언어적 매체를 통해 행위가 연결되는 '체계'의 영역으로 분리되었다고 표현한다. 그는 '체계'의 논리가 '생활세계'로 침범하여 그곳에 적합한 행위 연결방식인 언어적 합의가 돈이나 권력으로 대치되는 것, 곧 체계에 의한 '생활세계의 식민지화'가 바로 근대 이후 사회의 부정적 사회현상의 원인으로 보고, 이것이 바로 마르크스에서부터 루카치를 거쳐 아도르노에 이르기까지 '소외'로 파악되었다고 한다.

'소외'를 이런 식으로 파악하면 소외개념을 경험적인 개념으로 만들 수 있다는 장점이 생긴다. 하버마스의 소외개념은, 노동력이 상품이 되는 사회에서는 불가피하다는 식으로 파악됨으로써 구체적으로 그 정도의 차이를 구별할 수 없게 하는 소외개념과 달리, 생활세계에서 언어적 의사소통이 손상된 정도에 따라 구체적으로 파악될 수 있다. 또 그의 소외개념은 근본주의적인 문제점으로부터도 자유롭다. 그에 의하면 체계와 생활세계로의 사회분화는 '소외'와 같은 문제를 야기할 수 있는 구조를 갖기는 하지만 소외는 어디까지나 체계와 생활세계 사이에 영향을 주고받는 두 가지 서로 다른 방향의 가능성 중 하나이다. 소외의 발생 그리고 그 정도는 생활세계에서 주체들이 활발한 의사소통을 통하여 문제를 해결하고 그럼으로써 체계논리의 침입에 저항하는 실천적 역량에 달려 있다.

그러나 하버마스가 생각하는 실천은 마르크스가 생각했던 공산주의 사회, 모든 사회관계가 자유로운 생산자들의 연합이라는 원칙하에 새로이 조직된 사회를 지향하지는 않는다. 이런 하버마스의 입장은 다시 그의 베버 수용과 연관해서만 이해될 수 있다. 하버마스는 앞에서 언급된 사회분화 과정을 그 자체로는 사회의 '합리화' 과정이라고 파악한다.[30] 그러므로 사회분화를 해치는 방식으로 자본주의사회를 변혁하려는 시도는 합리성의 손상을 가져온다. 하버마스 식으로 하자면 자본주의사회의 변혁은 독자적 논리에 따르는 경제나 행정영역의 자립성을 손상시키는 방식으로서가 아니라 경제나 행정논리의 월권 현상을 방지하는 방식으로 이루어져야 한다. 그래서 그는 실천의 문제를 자본주의사회의 구조 자체에 의해 결정지으려 하지 않고 경제와 행정영역과 생활세계 사이의 ― 실천적 역량에 따라 양상이 달라질 수 있는 ― 경계설정 문제(Grenzproblem)로 규정한다.[31]

하버마스에 의하면 체계와 생활세계 사이의 경계설정의 노력은 돈이나 권력의 매체에 의해 행위가 연결되는 '체계'로부터 나올 수 없다. 그것은 언어적 의사소통을 자기 재생산의 논리로 갖기 때문에 반성 능력을 갖춘 '생활세계'로부터 나와야 한다. 그러므로 하버마스 식으로 하자면 자본주의사회가 가져오는 사물화 경향 등에 대한 저항의 원천은 구성원 간의 활발한 의사소통이 진행되어 체계논리의 침입을 감지해내고 거부할 수 있는 생활세계이다. 진보적 실천의 주체를 자본주의 경제에서 구조적인 피해를 입는 특정한 계급에 두는 것은 하버마스의 시각에서 보자면 너무 좁게 잡은 것이며 또 노동자계급의 상당 부분이 복지국가의 행정과 문화산업의 소비자가 된 현실에서 대규모 실천적 힘으로 전화될 가능성도 별로 없다.

하버마스는 실천문제를 생활세계와 체계 사이의 경계설정 문제로 추상적

---

30) 사실 『프로테스탄티즘 윤리와 자본주의의 정신』에서의 베버는 서양에서 관찰되는 사회분화 과정을 보편성을 갖는 합리화 과정이라고 볼 수 있는지에 대해 주저하였다. 하버마스가 이런 베버의 입장을 보편주의적 입장으로 강화시켜 해석할 수 있었던 것은 그의 피아제(J. Piaget) 수용에 기인한다. 자기중심적으로 막연하게 통일된 세계가 인지가 발달하면서 합리화되어 '되돌릴 수 없게' 탈중심화된다는 피아제의 이론을 베버의 사회분화 이론과 결합시켜 하버마스는 베버가 관찰한 사회합리화 과정에 보편성을 부여하고 있다.
31) J. Habermas, 앞의 책, 1985, 422쪽.

으로 규정하는 데 머무는 것은 아니다. 실천에 관한 그의 논의는 여론형성 기제(Öffentlichkeit)와 시민사회(Zivilgesellscaft)의 이론[32] 그리고 국가의 정당성에 관한 논의를 통해 구체화된다. 생활세계의 구성원들은 자신들의 필요 또는 그들이 감지한 체계로부터의 피해 등을 의사소통의 과정을 거쳐 일반 이익에 관련된 형태로 여론화한다. 이때 여론은 원자화된 개인들의 평균적 의견만이 아니다.

생활세계는 원자화된 개인의 집합이 아니라 수많은 크고 작은 이익단체, 문화기구, 학술모임, 사회운동단체 등을 포함하기 때문에 여론은 때로는 전문가들을 자신의 편으로 갖기도 한다. 정치체제는 여론화된 문제를 무시할 수 없다. 정당들이 선거를 통해 정권 다툼을 해야 하며 일단 집권을 하더라도 많은 정책이 시민의 협력을 얻어야만 실행될 수 있는, 즉 정당성(Legitimität)을 얻고 유지해야 하는, 정치적 조건하에서 여론은 정책결정자들이 가장 중시하는 것 중의 하나이다. 많은 경우 여론은 정보와 조직 면에서 월등하게 앞선 정책결정자 편의 전문가들에 의해 조종되는 것이 사실이다. 그러나 여론은, 이렇게 평소 분산되고 쉽게 조종되는 것으로 보이지만, 적어도 지난시기의 몇몇 정치적 위기상황들에서처럼 급속히 집중화되어 그것의 커다란 위력을 보여주기도 한다. 국가가 경제문제를 포함한 거의 모든 사회적 문제에 대해 책임자로 등장한 오늘날의 사회적 조건에서 실천의 핵심은 생활세계에서 감지된 문제를 정치적 여론화 과정을 거쳐 정책에 반영시키는

---

32) 하버마스는 여론의 특징을 그 내용이나 주제에서가 아니라 여론화 과정, 즉 어떤 문제가 사회적 문제로 주제화되는 과정에서 찾는다. 이 과정을 그는 크고 작은 규모로 일어나는 언어적 의사소통에서 본다. 그가 여론 중에서 특히 중시하는 것이 정치적 여론이다. 하버마스에게 시민사회란 "사회적인 문제 상황들이 사적인 생활 영역들에서 일으키는 반향을 수용하고 응축하며 소리를 키워서 정치적 여론으로 넘기는 다소간 자발적으로 생겨난 연합체나 조직, 운동 등"(J. Habemas, 1992, 443쪽)으로 구성된다.

일이 된다.

하버마스가 의사소통을 강조한다고 해서 대화를 통해 모든 사회적 문제가 해결될 수 있다고 믿은 것은 아니다. 왜곡되지 않은 의사소통 과정을 통해 형성된 여론은 기존의 정책에 대해 단순히 무력한 대안으로서가 아니라 '정당화된' 힘으로 맞선다. 실천의 문제는 힘의 문제로부터 자유로울 수 없다. 하버마스의 실천개념은 권력 대 정당성의 대결로가 아니라 권력 대 정당화된 권력의 대결로 귀결된다. 하버마스의 실천개념은 또 생활세계에 의한 체계의 정복을 지향하는 것도 아니다. 생활세계의 건전한 존립은 언어적 의사소통뿐 아니라 성공적인 물질적 재생산에도 의존한다. 그렇기 때문에 자본주의적 경제와 행정국가가 문제를 만드는 구조를 가지고 있다고 해서 그것들의 효율성 논리를 전적으로 손상시켜서는 안 된다. 하버마스가 지향하는 체계와 생활세계의 관계는 체계와 생활세계 간의 교환이 반성 능력을 갖춘 생활세계에 의해 조종되는 매우 유동적이며 일시적 행위로 종결될 수 없는 상태이다.[33]

6. 비판적 고찰

앞에서 살펴보았듯이 하버마스의 의사소통행위이론의 공적은 이론 면에서는 기능주의적 사회이론에 대한 대안을 제시하고 실천 면에서는 정치적 실천의 중요성을 다시 확보해 낸 데 있다. 하버마스는 그의 이론을 세우기 위하여 여러 철학이론과 사회과학이론을 채용하였다. 그러한 만큼 그에 대한 비판의 종류도 무척 다양하다. 여기서는 그에게 가해지는 비판 가운데 마르크

---

33) J. Habermas, 앞의 책, 1985, 422쪽부터 참고.

스주의적 입장에서 가해지는 비판만을 검토해 보기로 한다. 하버마스의 노력이 학문적으로 정당화될 수 있고 실천으로 연결될 수 있는 비판적 사회이론을 확립하는 데 집중되는 한 마르크스 이론은 그의 이론에 가장 중요한 비교점이 된다. 나는 먼저 마르크스주의자들로부터의 비판 중 부당하다고 생각되는 네 가지를 재비판하고, 이어서 위에서 논의된 것을 바탕으로 새로운 비판점을 제기하고자 한다.

첫째, 하버마스는 노동을 너무 수단적으로 이해하며 마르크스의 노동개념에 포함된 다른 측면을 보지 못하고 있다고 비판된다.[34] 이 비판은 하버마스의 노동개념이 마르크스의 노동개념의 한 해석이라면 정당하다. 그러나 하버마스의 노동개념은 일차적으로 비판적 관점의 원천을 찾기 위하여 상호행위와 구별되는 행위유형으로서 '분석적' 차원에서 구성된 것이다. 그러므로 구체적인 노동이 그 유형과 경우에 따라 다소간 상호행위적인 성격을 갖는다는 것은 하버마스의 이론에 모순될 것이 없다. 또 사회분화론을 받아들이는 그에게는 사회 전체를 노동과 같은 한 가지 범주로 파악하는 것이 불가능한 것으로 여겨질 것이다. 그러므로 만일 누가 마르크스의 노동개념이 갖는 종합성을 그에게 강조하면, 하버마스는 아마도 그것을 인정하더라도 그런 종합적인 개념이 더 분화되어야만 쓸모 있는 개념이 된다고 답변할 것이다.

---

34) 하버마스의 노동개념에 대한 비판은 J. P. Arnason, "Marx und Habermas", Honneth·Jaeggi(ed.), 1980; A. Giddens, "Labour and Interaction", Thompson·Held(ed.), 1982; A. Honneth, "Arbeit und instrumentales Handeln", Honneth·Jaeggi(ed.), 1980; H. Müller, *Praxis und Hoffnung*, Bochum, 1986. 등을 참고. 이 비판은 하버마스 수용 시에 여러 국내학자들이 제기하는 비판의 공통분모를 이루는 것처럼 보인다. 가령 이국배, 「하버마스에게 마르크스주의란 무엇인가?」, 『시대와 철학』 3호, 1991, 93쪽; 최종욱, 「하버마스의 '의사소통행위론'」, 한국철학사상연구회 편, 『현대사회와 마르크스주의철학』, 서울: 동녘, 1992, 296쪽; 황태연·엄명숙, 『포스트사회론과 비판이론』, 서울: 푸른산, 1992, 51쪽부터 등.

둘째, 하버마스는 자본주의 경제가 후기자본주의사회의 부정적 현상들의 가장 중요한 발생처임을 말하면서도 문제의 근본적인 해결책을 회피한다고 비판받는다.[35] 그러나 이 비판도 비판자 스스로 충분히 효율적인 사회적 물질재생산을 보장하면서도 지배현상을 동반하지 않는 경제체제를 알지 못하는 한에서 하버마스에 대한 결정적인 비판이 될 수는 없다. 이러한 경제체제의 실현을 위하여 충분히 자세하고 신뢰할 수 있는 설계도를 제시할 수 없는 한, 체계논리의 월권에 대한 생활세계의 저항이 문제의 근원을 해결하지 못하는 수동적인 대응이라는 비판은 오히려 근본주의적이라는 비판을 면할 수 없다.

셋째, 또 언급되어야 할 것은 하버마스의 사적 유물론의 재구성 시도에 대한 비판이다. 전형적으로 그에게 가해지는 비판은 그가 생산관계를 의사소통관계로 대치하였다는 비판이다.[36] 이 비판도 거의 정당하지 못하다. 하버마스가 사적 유물론의 재구성을 시도하면서 의사소통의 문제를 끌어들인 데는 세 가지 이유가 있다. (1) 분석적 차원에서 사회형태의 발전수준을 구별하는 데 생산수준의 발달보다 사회구성원들 사이의 상호 관계의 형태가 더 적합하다. (2) 의사소통의 개념은 마르크스가 생산관계하에 포괄시킨 사회적 기제 중에서 생산력의 변화만을 그 발생원인으로 볼 수 없는, 즉 사적유물론의 관점에서 보자면 우연적인 요인도 작용하여 발전하였던, 그러면서도 사회형태의 발전에 중요한 의미를 갖는 근대법과 같은 사회적 기제를 설명하는 데 유용하다. (3) 실천적인 측면에서 의사소통의 개념은 구조적인 문제를 가진 자

35) C. J. Weiß, "Verständigungsorientierung und Kritik", *Kölner Zeitschrift für Soziologie und Sozialpsychologie*, 1983; Th. McCarthy, "Komplexität und Demokratie", *Kritik der Verständigungsverhältnisse*, Frankfurt: M., 1983.
36) 국내 학자로서는 가령 설헌영, 「역사변증법과 비판이론」, 『시대와 철학』 6호, 1993, 43쪽; 최종욱, 1992, 297쪽.

본주의나 관료적 사회주의의 어느 것도 선택의 대상이 되지 못하는 사회주의자들에게 현대사회에서 아직 고갈되지 않은 민주주의적 발전의 원천을 지적해준다. 그러므로 하버마스의 사적 유물론의 재구성을 그것이 얼마나 마르크스 이론에 충실한가로 평가할 수는 없다. 그의 시도는 사적 유물론에 대한 분석적 차원에서의 고려, 사회형태의 발전을 생산력의 발전과 사회구성원의 상호 관계를 규정하는 규범 발전의 두 가지 축에서 보아야 한다는, 사회학, 역사학 등에서 제시되는 새로운 성과들, 규범 수준의 발달이 뒤바뀔 수 없는 일정한 단계를 거친다는 심리학에서의 발견 그리고 마지막으로 그의 실천적 의도 등이 결합된 포괄적인 시도이다.

마지막으로 언급될 것은 그의 이론이 서구 자본주의의 성과에 지나치게 사로잡혀 있다는 비판이다. 이 비판은 그가 서구 자본주의 국가들을 주로 분석대상으로 삼고 있다는 의미라면 정당하다. 그러나 그가 서구 자본주의의 성과를 자랑스러워하는 것은 결코 아니다. 서구사회 이외의 모델을 제시하지 못하는 배후에는 오히려 독일 사회주의자들의 역사적 좌절의 경험이 깔려 있다 — 가령 1960년대 몇몇 동유럽 국가에서 시도된 민주적 사회주의를 건설하려던 시도의 좌절, 그리고 1970년대 초 독일에서 사회민주당이 정권을 잡고 부분적인 계획경제를 시도하였으나 실패하였던 경험 등이 있다.

물론 하버마스의 이론에 결점이 없는 것은 아니다. 그의 이론을 구성하고 있는 많은 부분 이론들 중 어느 하나도 논쟁으로부터 자유로운 것이 없는 정도이다. 여기서 나는 앞에서 논의된 것을 바탕으로 이해될 수 있을 비판 네 가지만을 제기하고자 한다.

첫 번째 비판은 그의 구속력을 갖는 합리성 개념에 관련된다. 하버마스가 추구하는 비판적 사회이론의 성립을 위해서는 규범성을 갖는 합리성 개념이 요청되며, 이런 합리성 개념을 하버마스는(이론적 담화에서와 달리 실천적 담화에서는) 도달된 합의가 그 자체로 구속력을 갖고 있다는 사실에서 찾으려 한다(4절 참조). 이론적 담화에서 어떤 진술이 참이라고 합의되었다고 해서 그것이 그 진술을 바탕으로 어떤 특정 행위가 일어나야 함을 구속하지 않음은 명백하다. 가령 화자 A와 B가 북한산의 높이가 837미터임에 합의하였을 때, 이 합의는 A와 B가 이 지식을 바탕으로 어떤 행위를 해야 하는지를 전혀 구속하지 않는다. 그러나 만약에 A와 B가 먼저 북한산의 높이가 800미터 이상이면 등산을 하기로 약속하였다면, 북한산 높이의 확인은 곧 이들의 행위에 구속력을 갖는다. 상호비판과정을 통해 도달된 '합의'가 갖는 이러한 구속력을 근거로 해서 하버마스는 권력이나 돈의 위력으로 상대에게 '영향'을 주는 것과 구별되는 하나의 독자적인 행위 연결방식을 확보했다고 생각한다. 그런데 실천적 담화에서 합의가 그 자체로 구속력을 갖는 것일까 아니면 합의를 지키게 하는 구속력은 합의 밖에 있는 것일까? 나에게는 후자의 답이 더 설득력 있어 보인다. 실천적 담화에서의 합의가 구속력을 갖는 것은 행위를 서로 조정해야 하는 '필요'와 조정의 수단을 대화를 통한 '합의' 이외에는 다른 것이 될 수 없게 하는 '상황', 가령 법적 장치, 세력관계 혹은 정서관계 등이다. 이러한 필요와 상황이 없어지면 합의의 구속력은 각자의 선의에 의존하게 될 뿐이다. 즉, 합의의 구속력은 합의를 지키지 않았을 경우의 제재나 손실 — 가령 정치적 담화에서는 지지기반의 손실, 친구나 가족 간의 담화에서는 정서적 손실 — 등을 고려하지 않고는 설명되기 어렵다. 이렇게 보면 실천적 담화에서 도달된 합의의 구속력은 합의 자체에서 나오는 것이라기보다는 실천적 상황의 당위성으로부터 나온다. 그런데 대화를 문제 해결 방식으로 기능하게 하는 상황의 당위성은 대화를 통해서가 아니라 세력관계, 정서관계, 전통, 지식의 변화 등을 통해 만들어진다. 그러므로 하버마스의 의사소통행위이론은 경험적 지반에서 연구된 권력이론, 문화이론 등의 보충이 있어야만 한다. 이 분야의 이론들이 하버마스의 의사소통행위이론과 얼마나 상보적 관계에 설지는 아직 미지수이다.

두 번째 비판은 그의 생활세계의 성격규정에 관계된다. 하버마스는 생활세계의 재생산의 '고유한' 논리를 언어적 의사소통에서 찾는다. 그런 한에서 체계논리의 침입과 그로 인한 생활세계의 식민지화에 관해 이야기될 수 있었다. 그런데 실제 우리의 생활세계에는 언어적 의사소통 이외에 많은 행위연결의 논리가 혼재해 있고 그중 많은 것들은 생활세계 밖으로부터 생활세계에 침투한 것이 아니라 생활세계에 있어 왔던 논리이다. 가령 지금 생활세계에서 여전히 목격되는 권력관계의 상당 부분은 정치 영역의 논리가 생활세계에 침입해 들어온 결과물로 보기 어렵다. 또 모든 권력문제가 곧 정치문제라면 모를까 그렇지 않고는 생활세계에서 목격되는 권력관계를 생활세계에 대해 이물질적인 것으로 규정하긴 어렵다. 이와 비슷한 논의는 돈의 논리와 연관해서도 펼쳐질 수 있을 것이다. 요컨대 하버마스의 생활세계 개념은 생활세계 내 갈등의 복잡한 인과관계를 구체적으로 포착해내기에는 너무 추상적이다.

세 번째 비판은 실천문제와 관련된다. 오늘날 하버마스의 이론은 우리가 사회적 물질재생산을 충분히 효율적으로 보장하면서도 지배현상을 동반하지 않는 경제체제를 알지 못하는 한에서 마르크스의 사회이론에 대한 유일한 대안일지도 모르겠다. 그러나 그의 실천개념은 한편에서 아주 구체적인 듯이 보이지만, 다른 한편 매우 불확정적이다. 가령 하버마스는 실천문제를 체계와 생활세계 간의 경계설정 문제로 규정하고, 체계의 침입에 저항하되 경제와 행정의 효율성과 자립성을 해치지 말아야 한다고 하는데 그 선이 어디까지인지는 불투명하다. 가령 경제의 경우 그 선은 단순재생산에서부터 국제경쟁력의 제고에 이르기까지 다양할 수 있다. 물론 하버마스 식으로 하자면 그 선은 행위자들의 토의를 거쳐 결정되어야지 이론가에 의해 부과될 수 없는 것이다. 그러나 생활세계의 구성원들은 서로 다른 방식으로 경제와 행정의 영역에 관련되어 있고, 따라서 문제에 대한 인식과 이해관계를 달리하기 때문에 여간해서 합의에 도달하기 어렵다. 합의에 의한 문제 해결로 보이는 것들도 많은 경우 실제로는 서로 견딜 수 있는 선에서의 타협이다. '합의'를 실천적 문제의 해결방식으로 확립하려는 하버마스의 이론은 '타협'의 조건을 다루는 권력이론 등에 의해 보충되어야 한다.

마지막으로 마르크스의 공산주의 이념의 한계는 우리가 현재 동원할 수 있는 이론, 실천적 역량에 비추어 볼 때 그어지는 역사적 한계이지 하버마스에게 눈에 띄는 것처럼 원칙적인 한계는 아니다. 앞으로는 사회가 해결해야 할 문제들의 성격과 행위주체들의 역량, 사용 가능한 수단 등에 따라 마르크스가 생각했던 사회주의의 이념에 근접하는 새로운 사회조직 원리가 요청되고 구현될 수 있을지도 모른다. 국가, 계층, 민족, 성 간의 불균등 관계, 환경의 파괴와 의미상실이 주는 위협 등은 한편에서 하버마스가 말하는 것처럼 분명 활발한 의사소통을 요청하지만, 다른 한편 교환가치에 바탕을 둔 경제체제에서 사용가치에 초점을 맞춘 경제체제로의 전환 외에는 최종적인 해결책이 없을 것으로 생각되게 한다. 지금 이런 경제체제를 현실성 있게 그려낼 수 없는 상황에서 마르크스의 공산주의 '이념'에 비추어 하버마스의 이론을 비판하는 것도 독단이지만, 또한 그런 경제체제는 원칙적으로 불가능하다고 말하는 것도 피해야 할 독단이다.

2장 포괄적 합리성과 사회비판
하버마스의『의사소통행위이론』읽기

1.『의사소통행위이론』이라는 책

『의사소통행위이론』[37]은 하버마스 자신이 '괴물'[38]이라고 불렀을 정도로 매우 다양한 이론적 자원이 동원된 아주 복잡한 지적 건축물이다. 그럼에도 이 책이 추구하는 바를 한마디로 요약한다면, 자본주의사회, 그것도 후기자본주의사회를 겨냥한 비판적 이론이라고 할 수 있을 것이다. 그가 시도하는 비판은 자본주의사회에 대해 전적으로 다른 대안을 추구하는 마르크스 식의 희망찬 부정도 아니고, 실질적 대안 없이 고통을 호소하는 초기 비판이론 식의 절망적 부정도 아니다. 하버마스는 **사회합리화**의 관점에서 자본주의적 근대화를 분석하며, 자본주의사회가 근대에 풀려난 합리성을 일면적으로만 구현하였음을 지적하고자 한다. 합리성의 일부만이 철저하게 구현된 불균형의 상태, 혹은 특정 합리성 요소에 의한 다른 합리성 요소의 왜곡과 훼손에서 자

---

37) J. Habermas, *Theorie des kommunikativen Handelns*, 2 Bd. Frankfurt: M., 1981.(하버마스, 장춘익 옮김,『의사소통행위이론』, 전 2권, 파주: 나남출판, 2006.) 이하 괄호 안의 수는『의사소통행위이론』의 권수와 쪽수를 표시한다.
38) J. Habermas, *Die neue Unübersichtlichkeit: Kleine Politische Schriften V*, Frankfurt a.M., 1985, 178쪽.

본주의사회의 문제점을 보려는 것이다.

> 이 연구로 나는 비판적 사회이론의 규범적 토대를 밝히는 의사소통행
> 위이론을 도입하고자 한다. 의사소통행위이론은 (……) 자본주의적 근대
> 화의 선택적 유형을 다시 통합 학문적으로 연구할 수 있게 하는 틀이 되
> 고자 한다.(2, 608)

자본주의사회를 일면적 사회합리화의 결과로 파악하려는 작업은 크게 보
아 두 가지 이론적 과제에 마주하게 된다. 첫째, 자본주의사회에서 철저하게
구현된 합리성을 합리성의 전모가 아니라 일면일 따름인 것으로 규정할 수
있게 하는 **포괄적인 합리성** 개념을 제시할 수 있어야 한다. 둘째, 그런 포괄적
합리성을 사회의 재생산에서 실제로 충족되어야 할 요구로서 입증하고, 사회
의 주요 문제들을 바로 일면적 합리화의 결과로 확인할 수 있어야 한다. 하버
마스는 이 두 가지 과제를 '**의사소통행위**'를 단서로 해서 풀어나가고자 한다.
한편으로 의사소통행위로부터 의사소통적 합리성이라는 포괄적 합리성 개
념을 추출해내고, 다른 한편으로 자본주의사회의 여러 사회병리적 현상들을,
의사소통행위들이 꼭 필요한 부분에서 다른 행위들에 의해 대체되는 것으로
설명하는 것이다. 책의 제목이 『의사소통행위이론』인 것은 이런 이유에서였
을 것이다.

이번엔 책의 부제를 잠깐 살펴보자. 1권의 부제는 '행위합리성과 사회합리
화'이다. 이것은 1권의 작업이 의사소통행위로부터 추출된 포괄적인 합리성
개념을 바탕으로 사회합리화를 새롭게 파악하려는 것임을 가리킨다. 이 과제
는 막스 베버와의 대결을 불가피하게 할 것이다. 베버는 사회학 이론사에서
자본주의사회를 사회합리화의 귀결로 파악한 가장 중요한 경우이기 때문이

다. 2권의 부제는 '기능주의적 이성 비판을 위하여'이다. 이것은 2권의 과제가 또 하나의 사회합리화론인 체계기능주의[39]와 대결을 벌이는 것임을 시사한다.

2. 의사소통행위와 의사소통적 합리성

'의사소통행위'와 '토의'

의사소통행위란 상호이해를 통한 동의에 기초해 수행되는 행위를 말한다. 여기서 '상호이해'는 이 용어의 최소의미, 즉 하나의 언어적 표현을 동일하게 이해한다는 뜻에 한정되지 않는다. 의사소통행위에서의 '상호이해'란 화자와 청자가 하나의 제안된 화행이 어떤 조건에서 수용될 수 있는지를 안다는 뜻이다.[40] 그리고 상호이해를 통한 '동의'란 화행의 수용조건이 충족되었음을 인정하는 것이다. 하버마스는 이것을 '타당성 주장'이란 개념을 가지고 설명한다. 타당성 주장이란 하나의 발언의 "타당성을 위한 조건들이 충족되어 있다는 주장"과 같은 것이다. 보통 타당성 주장은 암묵적으로 제기되지만, 만일 명시적으로 제기된다면 다음과 같은 형식이 될 수 있다고 한다.

'p'를 명제적 진술, 'h'를 하나의 행위에 대한 기술, 그리고 's'를 체험 문장이라고 해 보자. 그러면 그 타당성 주장은 "'p'는 참이다", 혹은 "'h'는 정당하다", 혹은 또 "내가 지금 여기서 's'를 말할 때, 내가 말하는 것이 곧

---

39) "기능주의 사회과학은 사회합리화 과정을 살피기 위한 기준점으로 체계합리성을 선택한다. 합리화될 수 있는 '지식'은 사회체계들의 자기조절능력에서 표현된다는 것이다."(2, 477)
40) 이것은 진리조건적 의미론, 즉 한 문장의 의미는 그 문장이 참이 되는 조건과 같다는 입장의 화용론적 버전이라고 할 수 있다.

내가 뜻하는 것이다"와 같은 형식을 갖는다.(1, 86)

여기서 가장 먼저 주목해야 할 것이 타당성 주장의 스펙트럼이다. 하버마스는 타당성 주장이 명제의 진리성에 대해서만이 아니라 행위 방식의 규범적 정당성에 대해서도, 그리고 자기표현의 진실성이나 가치기준 적용의 적합성에 대해서도 제기될 수 있다고 여긴다. 이때 타당성 주장의 해결은 학문공동체 안에서의 진리 찾기와 같은 것이 아니다. 행위조정의 한 방식으로서의 상호이해와 동의가 문제 되는 것이고, 그래서 참여자로서의 화자와 청자가 (그리고 경우에 따라 청중도) 공통의 배경지식과 배경확신을 바탕으로 동의를 이룰 수 있으면 되는 것이다. 화자의 타당성 주장에 청자가 동의하지 않을 경우, 화자는 자신의 타당성 주장을 뒷받침할 수 있는 근거들을 제시해야 한다. 한편 근거제시의 부담은 화자만 지는 것이 아니다. 화자의 주장에 '아니오'로 답하는 청자 역시 자신의 편에서 왜 화자의 타당성 주장을 받아들일 수 없는지에 대한 근거를 제시할 수 있어야 할 것이기 때문이다. 이렇게 타당성 주장이 명시적으로 검토되는 경우를 하버마스는 토의(Diskurs)라고 부른다. 그러니까 토의는 행위를 유보하고 문제가 된 타당성 주장을 해결하는 논증적 대화인 것이다. 타당성 주장의 스펙트럼에 따라 그는 토의를 다음의 표와 같이 분류한다.(1, 65)

<표-1> 논증의 유형

관련 대상 논증의 형식	문제가 되는 발언의 종류	논란이 되는 타당성 주장
이론적 토의	인지적-도구적	명제의 진리, 목적론적 행위의 효율성
실천적 토의	도덕적-실천적	행위규범의 정당성

미학적 비판	평가적	가치기준의 적합성
치료적 비판	표출적	표현의 진실성
설명적 토의	-	상징적 구성물의 이해가능성 내지는 형상화의 적절성

　토의에서 명백히 드러나듯이, 의사소통행위는 최종적으로 타당성 주장을 근거를 통해 뒷받침할 수 있다는 데에 의지한다. 여기서 최종적이라 함은 궁극적 근거를 제시할 수 있다는 뜻이 아니다. 그것은 의사소통행위이고자 하는 한, 즉 상호이해 외에 다른 행위조정 메커니즘으로 전환하고자 하지 않는 이상, 근거를 통해 타당성 주장을 뒷받침하는 것 외에는 다른 길이 없다는 의미이다. 논증적 대화로서 토의에서 명시적으로 드러나는 의사소통행위의 바로 이런 특성, 즉 타당성 주장을 제기하고 근거를 통해 뒷받침하는 데에서 하버마스는 그가 의사소통적 합리성이라 칭하는 합리성을 본다.

행위 유형으로서 의사소통적 행위

　이번에는 의사소통행위를 다른 행위 유형들과 비교해보자. 먼저 목적론적 행위는 행위자가 "주어진 상황에서 성공을 기약하는 수단을 택하고 적절한 방식으로 적용함으로써 어떤 목적을 달성하거나 혹은 소망하는 상태를 실현"하는 것이다. 행위자가 성공 가능성을 계산하면서 다른 행위자의 결정에 대한 예측을 포함할 경우, 목적론적 행위 모델은 전략적 행위가 된다. 효율성 혹은 효용의 극대화란 관점하에 가능한 행위들 사이에서 결정하는 것이 관건이다. 하버마스는 경제학, 사회학, 사회심리학에서 의사결정이론 및 게임이론적 접근법들이 주로 이런 행위 모델을 기초로 삼는 것으로 여긴다. 규범에 의해 규제되는 행위는 특정 규범이 효력을 갖는 하나의 집단 안에서 규범을 준수하거나 혹은 위반하는 행위로, 일반화된 규범적 기대의 충족이 문제가 된다. 이것은 역할이론이 기반으로 삼는 행위유형이다. 극적(劇的) 행위는 행위자가 상대의 눈앞에서 자신을 표현하는 것으로, 자신의 주관성을 노출함으로써 관객에게 자신에 관한 어떤 인상을 불러일으키는 것이다. 뚜렷하게 이 행위 유형을 모델로 삼는 사회과학은 없다고 할 수 있다. 이들 행위들과 구별하여 하버마스는 의사소통행위를 언어 및 행위능력이 있는 둘 이상의 주체가 그들의 "행위계획과 행위를 일치된 의견 아래 조정하기 위하여 행위상황에 관해 상호이해를 추구"하는 행위로 규정한다.(1, 154~155)

그런데 이렇게 의사소통행위를 대표적인 사회적 행위유형들과 병치시키는 것은 자칫 오해로 이끌 수 있다. 의사소통행위는 목적론적 행위, 규범에 의해 규제되는 행위, 극적 행위와 완전히 다른 종류의 행위란 말인가? 이런 행위 유형들과 완전히 다른 유형의 행위라면, 그런 행위가 과연 사회적 중요성을 갖는 행위유형일 수 있을까? 그리고 그런 행위유형으로부터 추출된 합리성 개념을 가지고 유의미한 사회비판의 전망을 열 수 있을까?

내가 이해하기론, 의사소통행위는 대표적인 사회적 행위 유형들과 별도로 떨어져 있는 행위 유형이 아니다. 의사소통행위는 목적론적 행위일 수도 있고, 규범 규제적 행위일 수도 있으며 극적 행위일 수도 있는데, 다만 그런 행위들이 상호이해를 지향하는 방식으로 수행되는 경우를, 즉 타당성 주장의 해소를 통한 동의에 기초해 수행되는 경우를 말할 따름이다. 이것이 무엇을 뜻하는지는 그렇지 않은 경우와 비교해보면 분명해진다. 가령 목적론적 행위는, 상대방의 결정에 영향을 미쳐 원하는 효용을 얻는 식으로 수행될 수도 있다. 이 경우 중요한 것은 최소비용으로 원하는 결과를 얻는 것이지, 상대의 동의가 아니다. 설령 동의를 유도한다고 하더라도, 그것은 최소비용을 위한 수단으로서 선택되는 것이다. 규범에 의해 규제되는 행위에 대해서도 유사한 이야기를 할 수 있다. 이 행위유형에서는 원칙적으로 상호 간의 규범적 기대가 충족되기만 하면 된다. 그러니까 통용되는 규범의 내면화를 통해서든 관습을 통해서든 제재의 위협을 통해서든, 규범적 기대에 맞는 행위가 이루어지면 된다. 극적 행위에서는 연출을 통해 상대방에게 자신을 특정한 방식으로 내보이는 것이 문제다. 이것 역시 정직한 표현이 아니라 잘 계산된 연출을 통하여 상대편의 심리를 조종함으로써 자신에 관해 어떤 인상을 갖도록 유도하는 식으로 수행될 수도 있다.

그러니까 사회적 행위들이 이해지향적으로 행해지는가 아니면 성공지향적으로 행해지는가에 따라 의사소통적 행위와 비의사소통적 행위가 나뉘는 것이다. 그래서 의사소통행위와 대립되는 개념은 성공지향적 행위 또는 전략적 행위이지 목적론적 행위나 규범 규제적 행위 혹은 극적 행위가 아니다.

이제 의사소통행위의 중요한 특징이 하나 더 강조되어야겠다. 바로 성찰성이 그것이다. 의사소통적 행위에서는 지식이나 규범의 적용 혹은 자기표현이 직접적으로 실행되지 않는다. 화자는 경우에 따라 지식의 진리성, 규범의 정당성, 표현의 적절성에 근거를 제시하려고 하기에, 자신의 주장에 대해 스스로 비판적 검토를 행하는 자세를 보인다. 자신의 타당성 주장을 상호주관적 검토에 맡길 태세가 되어 있다는 의미에서 스스로의 입장을 상대화할 줄 안다고 말할 수도 있겠다.

의사소통적 행위와 언어

의사소통행위가 반드시 문법적으로 발달된 언어를 통해서만 수행되어야만 하는 것은 아니다. 초보적 상징언어의 단계에서도 의사소통행위는 수행될 수 있다. 또 문법적으로 분화된 언어를 사용한다고 해서 다 의사소통적 행위인 것도 아니다. 언어는 전략적으로 사용될 수도 있다. 하지만 합리성의 수준이 높은 의사소통적 행위가 가능하려면, 즉 타당성 주장들이 분화되고 비판적 검토가 활발하게 이루어지는 단계에 진입하려면, 문법적으로 분화된 언어를 사용하지 않고는 불가능하다. 그러니까 문법적으로 발달된 언어의 사용은 의사소통적 합리성의 발전을 위한 필요조건이라고 할 수 있다.

그렇다면 언어는 분화된 타당성 주장을 실어 나를 수도 있고 전략적으로도 사용될 수 있는 중립적인 매체일 따름인가? 하버마스는 그렇게 생각하지 않는다. 그에게는 언어의 의사소통적 사용이 "원형적 양상이고"(1, 427) 전략적 사용은 기생적 지위를 가질 따름이다. 그는 이런 주장을 오스틴과 설의 화행이론에 의지해서 강화한다. 간단히 요약하자면 화행은 발화적, 발화수반적, 발화수단적 요소를 갖는다. 발화적 요소는 발언 그 자체를 말하고, 발화수반적 요소는 발언에 직접 연결되며 화자와 청자 모두에게 분명한 타당성 주장을 말하며, 발화수단적 요소는 화자에 의해 의도되었으나 청자에겐 알려져서는 안 되는 발언효과를 말한다. 하버마스가 보기에 발화수단적 요소는 ― 거짓말도 상대가 진실이라고 믿을 때만 효과를 낼 수 있듯이 ― 발화수반적 요소 덕분에 가능하다. 이제 하버마스는 의사소통적 행위를 발화수반적 행위의 개념을 사용해서 다시 좀 더 엄격하게 정의한다. "발화수반적 목표를 그리고 오직 그러한 목표만을 추구하는 경우"(1, 435)만 의사소통적 행위라는 것이다.

만일 화행이 이런 특성을 갖는다면, 언어는 의사소통적으로도 전략적으로도 사용될 수 있는 중립적인 매체가 아니라 타당성 주장의 제기와 근거 제시를 촉진하는 성격을, 즉 상호작용의 합리화를 촉진하는 성격을 가졌다고 할 수 있을 것이다.

의사소통적 합리성
의사소통행위가 사회적 행위들의 주요 유형들과 별개 유형의 행위가 아니라 그것들의 상호이해지향적 버전이라면, 의사소통적 합리성 역시 각 행위 유형과 결부되는 합리성 형식, 즉 목적합리성, 도덕적 – 실천적 합리성, 미학적 – 실천적 합리성과 전혀 다른 합리성은 아닐 것이다. 그럼에도 저 합리성 유형 외에 별도로 의사소통적 합리성에 대해 말하는 것은 어떤 의미를 갖는가?

하버마스의 구상은 다음과 같은 것으로 보인다. 이해지향적으로 행위할 때는, 즉 타당성 주장의 해소를 통해 행위를 조정할 때는, 현재 한 종류의 타당성 주장이 부각되기는 하지만 다른 종류의 타당성 주장들이 사라지는 것은 아니다. 비중은 다르더라도 다른 종류의 타당성 주장들도 동시에 문제가 되며, 다른 맥락에서는 다른 종류의 타당성 주장들이 주제로 부각될 수 있음이 함께 의식되고 있다. 의사소통적 합리성이란 바로 합리성 요소들을 동시에 고려하는 합리성, 혹은 다른 합리성 요소들에 대해서 맹목적이지 않은 개별 합리성이다.

그렇다고 의사소통적 합리성이 합리성 유형들의 채 분리되지 않은 상태나 이질적 합리성들이 적당히 혼합된 상태를 말하는 것은 아니다. 의사소통적 행위와 논증적 대화는 타당성 유형들의 분화를 촉진한다. 근대문화에 이르면 진리, 정당성, 진정성이라는 타당성 기준들이 서로로부터 완전히 분리된다. 의사소통적 합리성은 타당성 기준들의 이런 분리를 취소시키는 것이 아니라 분리하면서 동시에 함께 유지하는 데서 성립한다. 의사소통적 합리성이 포괄적 합리성이라는 것은 이런 뜻이다.

주의할 것은, 타당성 유형들을 함께 유지한다는 것이 단순한 맥락 상대주의를 뜻하는 것이 아니라는 점이다. 이 점을 우리는 그의 화행이론을 통해 분명히 할 수 있다. 피아제의 인지발달심리학과 오스틴 및 설의 언어행위이론에 의지하는 그의 화행이론에 따르자면, 서술적 화행은 실재하는 사실들의 객관 세계를, 규범적 화행은 정당한 질서들로 이루어지는 사회세계를, 그리고 표출적 화행은 주체가 특별한 접근권을 갖는 주관세계를 전제한다. 각 화행의 타당성 주장은 전제된 각각의 세계와 관련해서는 각각의 타당성 기준만을 따른다. 이 점에서 타당성 기준들은, 적어도 근대문화에서는, 원칙적으로 완전히 분리되어 있다. 동시에 이것은 다음의 두 가지를 의미한다. 첫째, 각 타당성 기준이 해당 관련 세계를 넘어 다른 세계들로 확장될 경우 심각한 왜곡이 일어날 수 있다. 가령 사회세계와 주관세계를 객관주의적 태도로 대하면 물화 현상이 일어날 수 있고, 반대로 객관 세계를 사회세계나 주관세계로 동화시키면 이상주의에 빠질 수 있는 것이다. 둘째, 세 가지 세계에 동시에 관련되는 사안에서는 ― 그리고 이론적 논의가 아니라 현실의 사안에서는 많은 경우 세 가지 세계가 동시에 관련되어 있다 ― 세 가지 타당성 기준이 동시에 고려되어야 한다. 의사소통적 합리성의 이점은 바로 세 가지 타당성 기준을 분리하면서 동시에 통합한다는 데에 있다.

청자가 어떤 화행제안을 수용하면, 언어 및 행위능력이 있는 (최소한) 두 주체 사이에 **동의**가 이루어진다. 그런데 이 동의는 주제로 부각된 단 하나의 타당성 주장에 대한 상호주관적 인정에만 근거하지 않는다. 그러한 동의는 동시에 세 차원에서 이루어진다. (……) 화자의 의사소통의 의도에는 다음의 사항들이 들어있다. ① 자기와 청자 사이에 정당한 것으로 인정된 상호 관계가 성립하도록, 주어진 규범적 맥락과 관련하여 **올바른** 화행을 수행함, ② 청자가 화자의 지식을 받아들여 공유하도록, **참된** 진술(내지는 **들어맞는** 존재 전제)을 함, ③ 청자가 말해진 것을 믿도록, 생각, 의도, 감정, 소망 등을 **진실하게** 표현함 등이다.(1, 452)

3. 행위합리성과 사회합리화

하버마스는 언어적 의사소통에 들어 있는 합리성의 잠재력이 근대에 들어오면서 분명하게 가시화되었다고 생각한다. 합리성의 세 가지 양상, 즉 인지적-도구적 합리성, 도덕적-실천적 합리성, 미학적 합리성이 완전히 분리되고, 각각 객관적 과학, 보편주의적 규범의식, 자율적 예술로 구체화되고 제도화된다. 이것이 하버마스가 말하는 근대적 의식의 구조 혹은 문화적 근대화의 내용이다.

하버마스는 일단 사회합리화를 이런 근대적 문화의 합리성 잠재력이 생활질서들 속에서 구체화되는 것으로 구상한다. 하버마스는 이 세 가지 합리성 양상을 모두 동등하게 고려하는 사회합리화의 유형을 '반(反)사실적으로' 상정하고,[41] 그에 비추어 실제의 사회합리화를 비판적으로 검토해보고자 한다.

> 합리화의 선택적 유형은 문화적 전승의 세 구성요소 가운데 (최소한) 하나가 체계적으로 다루어지지 못할 때, 혹은 (최소한) 하나의 문화적 가치영역이 불충분하게, 즉 전체 사회에 대해 구조형성적 효과를 갖지 못한 채 제도화될 때, 혹은 (최소한) 하나의 생활영역이 다른 생활질서들을 그것들에 낯선 합리성 형식에 굴복시킬 정도로 과도한 비중을 차지할 때 발생한다.(1, 364-365)

사회합리화에 대한 이런 파악 방식의 설득력을 하버마스는 베버의 사회

---

41) 반사실적으로 상정한다고 해서 현실과 동떨어져 단순하게 이상주의적 사고를 한다고 이해되어서는 안 된다. 나중에 보겠지만, 의사소통행위를 통해 재생산되는 생활세계에서는 합리성 요소들 사이의 균형이 실제로 요구된다는 것이 하버마스의 주장이다.

합리화론, 특히 그의 의미상실 명제와 자유상실 명제를 재구성함으로써 보여 주고자 한다. 베버는 한편으로 서구의 근대화를 사회합리화로 파악하면서 자본주의 경제와 관료제적 행정을 그 귀결로 파악한다. 그런데 다른 한편으로는 역설적이게도 근대사회가 이런 사회합리화의 끝에 이르러 의미상실과 자유상실의 상태에 직면하게 되었다고 진단한다. 하버마스는 베버의 이런 역설적 판단이 사회합리화를 목적합리성의 사회적 구현과 동일시하였기 때문이라고 설명한다. 베버는 문화이론을 펼칠 때는 복합적인 합리성 개념을 사용하였는데, 사회합리화를 파악할 때는 오직 목적합리성만을 고려한다는 것이다(1, 381). 그런 까닭에 베버는 자본주의 경제와 관료제적 행정이 합리성 잠재력의 일부만을 구현한다는 것을 파악할 수 없었다. 그러니까 하버마스의 관점에서 볼 때, 베버가 말하는 의미상실과 자유상실의 상태는 사회합리화의 역설적 결과가 아니라 목적합리성에 비해 도덕적 – 실천적 합리성과 미학적 – 실천적 합리성이 불균형적으로 낮은 수준에서 구현되었기 때문에 발생하는 것이다. 하버마스가 보기에 베버는 사회합리화의 '역설적' 성격이 아니라 '부분적' 성격에 대해 말했어야 하며, 사회합리화의 변증법을 "세계의 합리화와 함께 열린 인지적 잠재력들의 불균등한 제도적 구현" 같은 데서 찾았어야 한다.(1, 366-367)

4. 기능주의적 이성의 비판

생활세계와 체계: 2단계 사회 구상

하버마스가 '생활세계'란 개념을 현상학으로부터 차용하긴 하지만, 바로 현상학적 생활세계 개념과의 차이를 파악하는 것이 그의 생활세계 개념, 그리고 나아가 그의 2단계 사회 구상을 이해하는 데 결정적으로 중요하다. 하버마스는 '생활세계'를 의사소통행위의 상보(相補) 개념으로 도입한다. 생활세계는 의사소통행위의 지평과 배경이면서 동시에 의사소통행위를 통해 재생산된다. 의사소통행위의 상호이해라는 기능의 측면에서 보자면, 생활세계는 상호작용 참여자들이 상황에 대한 이해를 도모할 때 그들이 사용하는 문화적 지식들의 저장고이면서, 동시에 그런 문화적 지식들은 의사소통행위를 통해 갱신된다. 의사소통행위의 행위조정 기능 측면에서 보면, 비판 가능한 타당성 주장에 대한 상호인정을 추구할 때 생활세계는 집단에 대한 소속감으로 작용하며, 동시에 의사소통행위를 통해 사회적 통합과 연대성이 산출된다. 의사소통행위의 사회화 기능의 측면에서 보자면, 생활세계는 자라나는 어린이가 가치관을 내면화하고 일반화된 행위능력을 획득하게 하는데, 동시에 주체는 바로 사회화 과정을 통해 자신의 고유한 정체성을 형성한다. 이렇게 의사소통행위에 내재하는 문화적 재생산, 사회적 통합, 그리고 사회화의 기능에 맞추어 하버마스는 생활세계가 문화, 사회, 인성이라는 구조적 요소를 갖는 것으로 규정한다.(2, 224)

하버마스는 생활세계 개념을 의사소통행위의 상보 개념으로 도입하는 것의 장점을 바로 이렇게 생활세계의 구조적 복합성을 파악할 수 있다는 데에서 본다. 하버마스는 이런 자신의 생활세계 개념에 비해 상호이해의 문제에 초점이 맞추어진 현상학 및 이해사회학의 생활세계 개념은 문화주의적으로 축소된 것으로 여긴다. 또 뒤르켐(E. Durkheim)으로 소급되는 사회이론 전통은 사회통합의 측면으로 축소된 생활세계 개념을, 미드(G. H. Mead)로 소급되는 사회이론 전통은 개인의 사회화 측면으로 축소된 생활세계 개념을 바탕으로 한 것으로 여긴다.(2, 226~227) 하버마스는 의사소통행위를 통한 생활세계의 재생산이 생활세계의 구조적 요소들의 유지에 기여하는 바를 다음

과 같이 정리한다.(2, 230)

<표-2> 재생산 과정이 생활세계의 구조적 요소의 유지에 기여하는 것

구조적 요소 / 재생산 과정	문화	사회	인성
문화적 재생산	합의 가능한 해석 도식 ("타당한 지식")	정당성	교육효과를 갖는 행동유형, 교육목표
사회통합	의무	정당한 질서에 따른 사람들 사이의 관계	사회적 소속감
사회화	해석 성과	규범 규제적 행위를 위한 동기 형성	상호작용의 능력 ("개인적 정체성")

의사소통행위의 주요 기능들에 상응하여 생활세계의 복합적 구조를 규정하는 것의 장점은 분명하다. 생활세계의 합리화를 의사소통적 합리성과 연결시킬 수 있고, 반대로 생활세계의 왜곡을 의사소통적 합리성의 훼손으로부터 설명할 수 있을 것이기 때문이다. 생활세계의 합리화를 의사소통적 합리성의 증가로 본다면, 하나의 생활세계는 그것의 각 구조적 요소가 미리 부과되는 어떤 불변의 동의 없이 상호작용 참여자들의 타당성 주장의 교환과 해소를 통해서 재생산되는 만큼 합리적이라고 말할 수 있을 것이다. 그래서 하버마스는 생활세계의 합리화의 소실점(消失點)을 다음과 같이 생각해볼 수 있다고 한다.

> **문화**의 경우에는 유동화되고 성찰적이 된 전통이 지속적인 수정의 대상으로 된 상태, **사회**의 경우에는 정당한 질서가 규범의 제정과 정당화 과정에서의 형식적 절차에 의존하는 상태, 그리고 **인성**의 경우는 고도로 추상적인 자아정체성을 끊임없이 스스로 조절하면서 안정화시키는 상태.(2, 235)

그런데 하버마스는 이렇게 복합적 구조를 가진 생활세계 개념을 발전시켜 놓고도, 이런 생활세계 개념이 사회이론으로서는 제한적으로만 유효하다고 말한다. 의사소통행위로부터 출발해서 사회를 생활세계로 파악하는 것은 상징적 구조의 재생산을 설명하는 데에는 이점을 갖지만, 물질적 재생산과 관련된 부분, 특히 행위주체들의 관점에서 시야에 들어오지 않는 기능적 연관들은 포괄하지 못한다. 그런 기능적 연관들을 파악할 수 있는 사회 개념을 하버마스는 체계이론으로부터 차용한다. 그러니까 하버마스는 체계이론적 사회이론의 설명력을 부분적으로, 그러나 아주 분명하게 수용하는 것이다. 그리고 이제 하버마스는 생활세계 개념과 체계 개념을 결합하여 "사회는 사회적으로 통합된 집단의 행위연관이 체계로서 안정화된 상태"(2, 243)라는 정식에 이른다.

하지만 하버마스가 두 사회 개념을 단순히 수평적으로 결합하는 것은 아니다. 하버마스 사회이론의 묘미는 바로 두 사회 개념을 결합하는 방식에 있다. 그의 시대 진단도 이 두 사회 개념의 결합에 의지한다.

하버마스는 체계의 복잡성 증가와 생활세계의 합리화 사이의 연관성을 사회진화적 관점에서 고찰하는데, 그 내용은 '이차적 분화'와 '제도적 정박'으로 요약할 수 있다. '이차적 분화'란 "체계와 생활세계는, 전자의 복잡성과 후자의 합리성이 증가하면서 각각 체계와 생활세계로서 분화될 뿐만 아니라, 동시에 서로 분리된다"라는 것을 뜻한다(2, 245). 그런데 체계와 생활세계가 서로 분리되어 무관하게 있을 수는 없다. 체계도 사회적 행위들의 체계인 한, 체계의 행위들과 생활세계의 행위들이 어떤 식으로든 조정되어 있어야 한다. 그런데 그 조정방식이 체계의 행위들을 의사소통적 행위들로 변환시키는 것일 수는 없다. 물질적 재생산과 관련된 행위들을 모두 의사소통적 행위로 수행한다는 것은 사회가 어느 정도의 복잡성 수준에만 이르러도 가능하지 않은 일이기 때문이다. 그럼에도 그것이 시도된다면 낮은 기능적 효율성이나 가장된 투명성이라는 대가를 치르게 될 것이다.[42] 그렇다고 생활세계의 행위들이 체계의 행위들로 동화되는 방식으로 조정될 수도 없다. 생활세계의 구조적 요소들(문화, 사회, 인성)이 의사소통적 행위 외의 다른 방식을 통해서 재생산되기는 어렵기 때문이다. 그럼에도 혹시 그런 일이 벌어진다면 이번엔 생활세계에 심각한 병리현상들이 생겨날 것이다.

　사회진화 과정에서 체계와 생활세계가 분리되면서, 그러나 분리를 취소시키지 않는 식으로 다시 결합하는 방식을 하버마스는 체계의 제도적 정박에서 본다. 체계복잡성 수준의 증가는 체계의 성공적인 제도적 정박을 통해서만 가능했다고 말할 수도 있을 것이다. 그래서 하버마스는 심지어 체계분화의 수준이 제도화되는 방식을 사회구성체의 구별 기준으로 택하는 시도까지 한다.(2, 264) 이 흥미로운 고찰을 여기서 길게 따라가볼 수는 없다. 근대사회와 관련해서만 아주 간단히 말해보자. 가령 화폐라는 조절 매체는 "사적 법인격체들 사이의 관계"라는 형태로 제도화된다. 그러면 화폐를 통한 거래는 합법적이기만 하면 되는 것이고, 거래의 성공지향적 행위와 생활세계의 이해지향적 행위 사이의 갈등은 회피될 수 있다. 그런데 사회성원 일반에게 사적 법인격체의 지위를 부여하는 법제도는 탈관습적 법을 통해서만 가능하다. 그리고 탈관습적 법은 규범적 의식이 탈관습적 단계에 이르렀을 때만 가능하다. 탈관습적 단계의 규범의식은 도덕에서는 가령 신념윤리와 책임윤리로, 법에서는 제정원칙에 따르는 형식법으로 구체화된다. 하버마스에 의하면 이런 규범의식의 발달은 의사소통적 행위의 합리성 잠재력이 풀려남으로써만, 즉 생

---

42) 하버마스는 관료제적 사회주의를, "의사소통적 관계들의 물화 대신에, 관료제에 의해 메마르게 되고 강압적으로 인간화된 의사(擬似) 정치적 교류의 영역에서 의사소통적인 것으로 위장된 관계들이 등장"(2, 591)하는 것으로 여긴다.

활세계의 합리화를 통해서만 가능하다. 그래서 하버마스가 보기에 사회진화 과정에서 체계가 그저 제힘으로 복잡성을 증가시키고 마침내 생활세계로부터 분리되기에 이른 것이 아니다. 생활세계의 합리화가 선행되고, 그런 생활세계에 제도적으로 정박되면서 체계의 복잡성 수준이 증가할 수 있었다는 것이다. 그래서 하버마스는 생활세계의 합리화와 체계 복잡성 증가라는 이중의 관점에서 사회진화를 설명하면서, 전자에 진화적 우선성을 부여한다. 생활세계의 합리화가 체계복잡성의 증가를 가능하게 하였다는 것이다.

사회합리화를 이렇게 생활세계와 체계의 이차적 분화로 파악함으로써 하버마스는 자본주의사회에 대한 마르크스의 희망찬 전면 부정, 베버의 아이러니한 입장, 그리고 호르크하이머와 아도르노의 초기비판이론의 절망적 전면부정에 이르게 하는 이론적 약점들을 극복할 수 있다고 믿는다.

일단 나에게는 이 세 입장 가운데 어느 것이 옳을 수 있을지는 관심사가 아니다. 나의 관심사는 이들이 공유하는 이론적 약점이다. 마르크스, 베버, 호르크하이머, 아도르노는 한편에서 사회합리화를 행위연관들의 도구적, 전략적 합리성의 증가와 동일시한다. 다른 한편 그들은 자유로운 생산자들의 연합이란 개념에서든, 윤리적으로 합리적인 생활방식의 역사적 모범사례들에서든, 혹은 회복된 자연과의 자매애적 교류라는 이념에서이든, 어떤 포괄적인 사회적 합리성을 염두에 두고 있다. 경험적으로 기술된 합리화 과정의 상대적 위상을 측정할 때 기준이 되는 합리성 말이다. 이러한 좀 더 포괄적인 합리성 개념은 생산력, 목적합리적 행위의 하부 체계, 도구적 이성의 총체적 담지자 등과 동일한 차원에서 입증되어야 할 것이다. 하지만 실제로는 그렇게 되지 않는다. 나는 그 이유의 하나를 행위이론상의 제한성에서 찾는다. 마르크스, 베버, 호르크하이머, 아도르노가 바탕으로 삼고 있는 행위 개념들은 사회적 행위에서 사회합리화가 일어날 수 있는 모든 측면을 포착할 수 있을 만큼 충분히 복합적이지 않다. 다른 하나의 이유는 행위이론적 기본 개념과 체계이론적 기본 개념의 혼동에서 찾을 수 있다. 행위태도와 생활세계적 구조의 합리화는 행위체계의 복잡성 증가와는 같은 것이 아니다.(1, 241)

시대 진단과 기능주의적 이성의 비판

물화 명제의 재구성

사회합리화에 대한 구상이 다르긴 하지만, 베버의 경우처럼 하버마스의 시대진단도 사회합리화의 역설적 결과에 초점이 맞추어져 있다.

> 합리화된 생활세계는 하부체계들의 발생과 성장을 가능하게 하지만, 하부체계들의 자립화된 명령이 역으로 생활세계 자체에 파괴적으로 작용한다는 의미에서 역설적이다.(2, 292)

하버마스는 근대사회의 중요한 사회적 문제들이, 하부체계들이 밀어낸 조절 위기들이 생활세계로 침투함으로써 생겨나는 것으로 본다. 이런 일이 벌어지는 것은 기본적으로 체계들이 생활세계에 제도적으로 정박되어야 한다는 사실로부터 비롯된다. 체계들이 생활세계에 제도적으로 정박된다는 것은 생활세계의 '사회'라는 구성요소의 재생산과 충돌하지 않게 만든다는 것을 뜻한다. 다른 말로 하자면, 정당한 질서에 따른 사람들 사이의 관계와 양립할 수 있어야 하는 것이다. 그런데 그런 제도화가 항상 성공적으로 이루어지는 것은 아니다.

체계들은 오직 자신의 매체를 통해서만 환경과 관계한다. 그래서 체계의 관점에서 체계와 생활세계와의 교환관계를 보자면, 생활세계의 요소들은 각각 화폐와 권력이라는 매체에 맞게 추상화되어야 한다. 행위자들이 가령 경제체계에 대해서는 한편으로 조직성원으로서 기여하고 임금을 통해 보상받는 피고용인 역할을, 그리고 다른 한편 재화와 서비스의 소비자 역할을 수행하는 것이 그런 것이다. 행위자들은 또 행정체계에 대해서는 한편으로 행정서비스의 수혜자 역할과 다른 한편으로는 권력의 정당성을 조달하는 시민공중의 역할을 수행한다. 문제는 이런 교환 구도 자체가 아니라, 이런 교환이 체계에 의해 일방적으로 주도되면서 생활세계 재생산의 고유한 논리가 손상되는 경우다. 가령 경제의 압력에 의해 사회화 과정이 피고용인 역할에 최적화된 능력의 획득에만 초점이 맞추어지도록 유도되거나, 권력이 비판적 공론의 형성을 저지하면서 정당성을 조달하는 경우를 들 수 있을 것이다. 앞의 〈표-2〉를 이용해서 말하자면, '사회'라는 구조적 요소의 재생산과 관련된 가운데 세로 행의 자원들이 의사소통행위들을 통해 조달되는 것이 아니라 체계의 개입에 의해 유도되는 것이다. 이런 경우 "생활세계의 병리현상들"이 생겨난다.(2, 590)

하버마스는 초기비판이론이 의식의 '물화'로 파악했던 것을 이렇게 생활세계의 병리적 현상들로 재구성한다. 이에 따라 초기비판이론의 도구적 이성의 비판은 체계논리의 확장에서 아무런 문제점도 볼 줄 모르는 기능주의적 이성에 대한 비판으로 전환된다.

그렇다면 물화의 문제는 절대화된 목적합리성, 야만적으로 된 도구적 이성이 자기보존을 위해 봉사하는 데에서 비롯되기보다는, 고삐 풀린 기능주의적 체계보존의 이성이 의사소통적 사회관계 속에 들어 있는 이성의 요구를 물리쳐버리고 생활세계의 합리화를 공전하게 만드는 것에서

비롯된다.(1, 578)

　사회를 생활세계로 구상하는 입장에 대해 제한적 타당성만을 인정하듯이, 생활세계의 고유논리를 보지 못하는 체계기능주의에 대해서도 하버마스는 방법상의 취약성을 지적한다.

　　나는 극단적 형태로 제시된 체계기능주의의 방법적 취약성을 다음과 같은 점에서 본다. 체계기능주의는 (……) 사회 전체를 의사소통적으로 구조화된 생활세계에 내렸던 닻에서 풀려난 체계로 병합시킨 것으로 보이게 한다. 아도르노에게 이런 "관리된 사회"는 가장 경악스러운 전망이었는데, 루만에게 그것은 평범한 전제가 되었다.(2, 485)

문화적 빈곤화

　하버마스의 시대진단을 거론할 때 종종 간과되는 점이 한 가지 있다. 하버마스가 '생활세계의 식민지화'로 정식화되는 현상들을 체계의 생활세계 안으로의 침투로부터만 설명하지 않는다는 사실이 그것이다. 하버마스는 물화의 상보 현상으로 '문화의 빈곤화'를 든다(2, 504). 문화의 빈곤화는 한편으로 전통문화가 유효성을 상실한 상태에서 다른 한편으로 전문가 주도의 근대문화 발전이 일상의 실천과 충분히 매개되지 못함으로써 생겨난다. 그런 상황을 극복하려는 노력, 즉 문화적 발전을 일상실천과 매개하려는 노력을 하버마스는 '계몽의 기획'이라고 칭한다.

　　전승된 문제들이 이제 진리, 규범적 정당성, 진정성 혹은 미(美)라는 특수한 관점에 따라 갈라지고, 각각 인식문제, 정의(正義)문제, 취향문제로 취급될 수 있게 되면서, 가치영역들이 과학, 도덕, 예술로 분화된다. 그리고 이에 상응하는 문화적 행위체계들에서는 과학적 토의, 도덕이론 및 법이론적 연구 그리고 예술생산 및 예술비평이 전문가들의 사안으로서 제도화된다. (……) 이런 전문화의 결과로 전문가 문화와 광범위한 대중 사이의 거리가 커진다. 전문적 취급과 성찰을 통해 문화에서 증가하는 부분이 **곧바로** 일상실천의 소유로 되지는 못한다. 오히려 문화적 합리화와 함께, 자신의 밑바탕을 이루던 전통이 평가절하된 생활세계는 빈곤해질 위협에 처한다. 이 문제는 18세기에 처음으로 아주 날카롭게 감지되었다. 그것은 계몽의 기획을 불러일으켰다.(2, 505)

그러니까 생활세계는 한편으로 물화의 위협에, 그리고 다른 한편으로 문화적 빈곤화의 위협에 노출되어 있으며, 이 두 경향은 서로를 강화한다.

생활세계의 중심 역할을 하는 상호이해 과정은 문화적 전승의 **전체 폭**을 필요로 한다. 의사소통적 일상실천에서 인지적 해석, 도덕적 기대 그리고 표출과 평가는 서로 섞이며, 수행적 태도에서 일어나는 타당성 전이를 통해 하나의 합리적 연관성을 형성한다. 이런 의사소통의 기간 (基幹)구조는 서로 맞물리면서 강화하는 두 경향, 즉 **체계들에 의해 유발되는** 물화와 문화적 빈곤화의 추세에 의해 위협에 처한다.(2, 506)

생활세계의 식민지화

하버마스는 "물질적 재생산이라는 체계의 압박이 눈에 띄지 않은 채 사회통합의 형식 자체에 개입"하는 것을 생활세계의 '부속화'(Mediatisierung)라고 표현한다. '허위의식'이나 '물화'는 생활세계의 그런 부속화를 의식철학적 개념으로 표현한 것이다. 그런데 생활세계가 문화적으로 빈곤해지고 행위자들의 의식이 파편화되면, 체계의 압력이 생활세계에 은밀하게 개입할 필요조차 없게 된다. 노골적으로 개입해도 별 저항에 부딪치지 않을 것이기 때문이다. 하버마스는 이런 상황을 '체계에 의한 생활세계의 식민지화'라고 표현한다.

> 오늘날 "허위"의식의 자리에 파편화된 의식이 들어서서 물화 메커니즘에 대한 계몽을 방해한다. 이와 함께 비로소 **생활세계의 식민지화** 조건이 충족된다. 자립화된 하부 체계들의 명령은 이데올로기적 가리개를 벗어버리고, 식민지 지배자가 부족사회에 들어가듯이, **외부로부터** 생활세계에 침투해서 동화를 강요한다.(2, 546)

하버마스는 생활세계의 식민지화가 등장할 수 있는 여건을 다음과 같이 정리한다. 이것을 보면 하버마스의 비판이론이 후기자본주의사회를 겨냥하고 있음이 뚜렷이 드러난다.

- 생활세계의 구조적 요소들(문화, 사회, 인성)이 상당 부분 분화될 정도로 전통적 생활형식들이 해체된다.
- 하부 체계들과 생활세계의 교환관계가 분화된 역할들(……)을 통해 조절된다.
- 피고용자들의 노동력이 처분 가능한 것으로 되고 유권자들의 표가 동원 가능한 것으로 되는 실제추상(Realabstraktion) 과정을 당사자들이 체계에 적합한 방식에 따라 이루어지는 보상을 받는 대가로 감수한다.
- 이때 보상은 복지국가의 방식에 따라 자본주의적 성장의 증가분으로

부터 지원된다. 그리고 그것은 (……) 소비자와 수혜자 역할에 맞추어 이루어진다.(2, 547)

5. 비판적 사회이론과 실천

체계의 생활세계로의 침투라는 의미에서의 물화, 그리고 한편으로 — 전통문화는 상당 부분 무력화된 여건에서 — 전문가 문화와 일상실천의 유리라는 의미에서의 문화적 빈곤화가 생활세계 식민지화의 원인이라면, 비판적 사회이론이 지향하는 실천의 방향은 분명하다.

> 의사소통적으로 구조화된 행위영역들을 경제행위 체계와 행정행위 체계의 물화하는 고유역학으로부터 지켜주는 제도들을 확장하는 일, 그리고 근대적 문화를 (……) 일상실천과 재결합하는 일이다.(2, 507)

그런데 그렇게 할 수 있는 저항의 잠재력은 어디서 얻을 수 있을까? 하버마스는 이 물음에 대한 대답 역시 의사소통적 합리성 개념으로부터 얻는다. 호르크하이머와 아도르노가 도구적 이성의 총체화하는 경향 혹은 계몽이 야만으로 전환되는 '계몽의 변증법'을 다소 숙명적인 것처럼 그린 반면에, 하버마스는 생활세계의 식민지화가 미리 결정된 사항은 아니라고 한다.

> 생활세계에서 체계명령과 고유논리를 따르는 의사소통적 구조가 **충돌한다.** 의사소통행위가 매체에 의해 조절되는 상호작용으로 전환되는 것, 그리고 상호주관성의 구조가 다치고 왜곡되는 것은 결코 (……) **미리 결정된** 과정이 아니다.(2, 600)

게다가 하버마스에 따르면 의사소통적 합리성은, 인간이 언어적으로 의사소통하는 한, 완전히 소멸될 수 없다.

> 의사소통적 이성은 도구적 이성과 달리 맹목화된 자기보존에 **저항 없이** 포섭되지는 않는다. (……) 화해와 자유의 유토피아적 관점은 개인들의 의사소통적인 사회관계 속에 들어 있다. 그것은 인류의 언어적 재생산 메커니즘 속에 이미 내장되어 있다.(1, 578)

그런데 생활세계는 체계에 대해 수동적 저항에 머물 수밖에 없는 것일까? 체계분화 자체는 사회합리화의 결과로 본다는 점에서 하버마스의 사회이론은 분명 생활세계에 의한 체계의 정복 혹은 지배를 추구하지 않는다. 그렇다고 그의 이론의 실천적인 함의가 수동적 저항에 그치는 것 같지는 않다. 그의 2단계 사회구상으로부터 추론해보자면, 실천의 관건은 체계들을 의사소통적 합리성을 해치지 않는 방식으로 생활세계에 정박시키는 것이다. 이것은, 합리화된 생활세계를 전제한다면, 특히 체계의 작동을 보편주의적인 규범의식을 기초로 하는 법에 의해 규제한다는 것을 뜻한다. 다른 말로 하자면 생활세계의 문법에 따라 조달된 정당성에 기초하여 체계에 대한 규제가 이루어져야 하는 것이다. 이것은 정치적으로 보자면 기본적으로 능동적이고 활발한 시민 공중의 역할을, 그리고 잘 작동하는 민주적 법치를 요구한다. 그래서 하버마스 이론으로부터 나오는 실천의 방향을 단 한 단어로 표현하자면 '토의민주주의'라고 할 수 있을 것이다.

6. 에필로그

이론이 대상을 다루지만, 또한 대상이 이론에 말을 걸기도 한다. 사회이론이라면 더욱 그렇다. 사회이론 그 자신도 사회의 현상이기 때문이다. 마르크스는 상품으로 된 노동력, 추상적 역량으로 된 노동력에 대해 말하면서 그런 개념이 단순히 이론적 추상물이 아니라 실제추상이라고 명명하였다. 이미 현실에서 그런 추상화가 일어났다는 것이다. 하버마스는 자신이 한편으로 의사소통행위의 고유논리에, 그리고 다른 한편으로 생활세계의 상징적 구조들의 재생산에 주목하게 된 것 역시 사회적 현실에 의해 자극된 것이라고 생각한다. 아래는 1200여 쪽에 달하는 『의사소통행위이론』의 마지막 문장이다.

> 어쩌면 이러한 도발적 위협, 말하자면 생활세계의 상징적 구조들 **전체**를 의문에 부치는 도전이, 왜 바로 **우리가** 생활세계의 상징적 구조들에 접근할 수 있게 되었는지를 납득할 수 있게 해주는 것인지도 모르겠다.(2, 618)

3장 하버마스의 근대성이론
진보적 실천의 가능성과 한계에 관한 모색

1. 들어가는 말

근대성, 즉 근대사회와 문화의 정체성(正體性)에 대한 물음은 이른바 탈근대론자들에 의해 처음 학문적 논쟁의 주요 주제로 떠오른 것은 아니다. 자신들의 사회와 문화의 특수성과 보편성을 가려내는 일은 계몽주의 이래 많은 사상가들의 중요한 사유과제였다. 그것은 아직 남아 있는 비이성적 요소에 맞서기 위해서든, 또는 이성의 이름으로 행해진 비이성적인 것들을 가려내기 위해서든 꼭 필요한 일이었다. 근대성에 관한 오래된 담론의 역사를 염두에 둔다면, 근래의 탈근대론도 근대성에 관한 한 부류의 담론으로 이해될 수 있다. 다만 탈근대론이 갖는 특이한 점이라면, 그것은 종래의 근대성에 관한 대부분의 담론과 달리 근대성의 긍정적 측면을 거의 최소화한다는 데에 있다. 하버마스가 근대성에 관해 집중적인 논의를 펼치게 된 데에는 의심할 바 없이 이러한 탈근대론의 자극이 가장 큰 요인으로 작용하였다. 그러나 하버마스의 근대성이론은 탈근대론에 대한 단순한 대응물로 형성된 것은 아니다. 탈근대론이 그에게 자극적이었던 것은 그것이 그가 일찍부터 추구해온 과제, 즉 비판적 사회이론을 새롭게 정초하는 일에 대한 심대한 도전으로 여겨졌기 때문이다. 그러므로 하버마스의 근대성이론을 이해하기 위해서는 그의 논의를 근대 – 탈근대 논쟁의 맥락에서만이 아니라 그가 정초하려는 비판적 사회이론과 연관시켜 고찰하는 것이 중요하다. 이 글은 하버마스의 근대성이론을 비판적 사회이론을 정초하려는 그의 작업의 일부로서 살펴보려 한다. 나는 그의 근대성이론을 이렇게 위치 지을 때 그것이 갖는 특징과 함께 제한성을 파악할 수 있다고 생각한다.

이 글은 다음의 두 가지 주장을 강화하고자 한다. 첫째, 나는 사람들이 일상적 차원에서 정치적 차원에 이르기까지 관찰자적 관점에 머무르지 않고 진지한 참여자적 관점에서 비판적 태도를 가지려는 경우, 하버마스가 '근대의 기획'으로 파악하는 것 이외의 다른 지향점을 선택하기 어렵다고 생각한다. 나는 이 점을 그의 근대성이론의 가장 큰 장점으로 부각시키려 한다. 둘째, 그의 이론은 비판의 기준이 되는 규범의 정당화에는 어느 정도 성공하였지만, 진보적 실천으로 향하는 동기를 활성화하는 문제는 공백으로 남겨두고 있다. 규범의 합리성에 대한 인식이 곧 그 규범의 실천으로 향하는 동기를 전적으로는 부여하지 못한다면, 실천을 위해서는 규범의 정당화 차원뿐 아니라 동기화의 차원도 역시 중요하다. 이 점에서 하버마스의 근대문화론은 수정과 보완이 필요하다.

이 글은 다음과 같이 구성되었다. 먼저 하버마스가 정초하고자 하는 비판적 사회이론의 성격을 간략히 정리하고, 근대성이론을 그것의 한 부분으로서 위치 지을 것이다(2절). 다음에는 그의 사회근대화론을 짧게 언급한다(3절). 하버마스의 사회근대화론은 그것이 근대문화론과 함께 그의 근대성이론의 중요한 한 부분이라는 점을 분명히 하기에 충분한 정도로만 다루어질 것이다. 이에 비해 그의 근대문화론은 약간 상세히 다룰 것이다(4절). 하버마스의 근대문화론은 주로 그가 말하는 '근대의 기획'과 연관하여 설명하고, 그가 보편주의적 도덕에서 자신의 비판적 사회이론의 준거점을 찾고 있음을 강조할 것이다. 그리고 탈근대론과 관련된 하버마스의 입장을 간략히 정리하고 평가할 것이며, 이론과 실천의 차원에서 그의 입장이 가지는 장점과 함께 그의 이론이 어떤 수정과 보완을 필요로 하는지를 언급하고자 한다. 마지막으로 논의를 확장하여 탈근대론이 우리에게 수용되는 방식에 대하여 비판적으로 언급하고자 한다(5절).

2. 비판적 사회이론 기획의 일부로서의 근대성이론

하버마스가 정당화하고자 하는 비판적 사회이론이란 학문성과 동시에 실천적 함의를 갖는 사회이론이다. 이런 점에서, 바로 마르크스와의 차이 때문에 자주 비판됨에도 불구하고, 그가 정당화하고자 하는 비판적 사회이론의 가장 중요한 전형(典型)은 역시 마르크스의 정치경제학비판이다. 그러나 하버마스는 마르크스적인 정치경제학비판을 그대로 답습할 수 없는 충분한 이유가 있다고 생각한다. 하버마스에게는 비판적 사회이론의 학문성을 주장할 수 있기 위해서 무엇보다도 그것의 규범적 토대를 정당화하는 일이 중요하다. 그리고 비판적 사회이론은 나아가 실천의 방향과 가능성 및 범위를 제시할 수 있어야 한다. 하버마스는 한편으로 많은 마르크스주의자들처럼 실천의 급진성을 위해 학문성을 희생시키려 하지 않으며, 다른 한편 회의적·냉소적인 비판가들처럼 비판의 철저성을 유지하기 위해 실천가능성을 외면하지도 않으려 한다. 하버마스가 생각하는 비판적 사회이론이 성립할 수 있기 위해서는 다음의 네 가지 조건이 충족되어야 한다. 첫째, 비판의 규범적 기준이 정당화될 수 있어야 하며, 둘째, 사회비판이 행위자의 관점일 수 있어야 하고,

셋째, 비판이 사회적으로 충분히 중요한 사실들에 연관되어야 하며, 넷째, 비판이 실천적 행위로 구체화될 수 있어야 한다.(장춘익 1994, 이 책의 1권 1장 28쪽 이하 참고)

위의 조건들을 만족시키는 비판적 사회이론을 정초하려는 하버마스의 작업은 다음의 세 가지 차원을 갖는다. 첫째는 철학적 차원으로, 비판적 사회이론이 행하는 비판의 규범적 기준을 정당화할 수 있기 위해 규범의 문제에까지 적용될 수 있는 포괄적인 합리성 개념을 확보하는 작업이다. 둘째는 행위이론적 차원으로, 규범에 대한 추종이나 동의를 중요한 구성요소로 갖는 행위의 유형을 구별해내는 일이다. 이것은 규범적 비판이 실제로 중요한 행위유형에 관련되며 행위자의 관점으로 매개될 수 있음을 보이기 위해서 필요하다. 마지막으로 사회·역사이론 및 문화이론의 차원으로, 행위유형에 상응하는 사회영역들을 구별해내고 실천의 방향, 가능성 및 한계 등을 확인해내는 일이다. 하버마스의 작업들을 이 세 가지 차원으로 분류하여 배열하면 대강 〈표-3〉과 같이 정리될 수 있다. 비판적 사회이론을 정초하려는 하버마스의 작업들을 이와 같이 분류할 수 있다면, 하버마스의 근대성이론은 이런 비판적 사회이론을 정초하려는 그의 계획의 세 번째 차원에 해당한다.

〈표-3〉

철학적 차원	메타이론 합리성 개념에 관한 언어철학적 고찰
행위이론적 차원	협의의 의사소통행위이론 도덕의식의 발달과정
사회·역사·문화이론적 차원	사회근대화론(체계-생활세계론) 근대문화론 역사유물론 재구성

〈표-4〉

	과학성	비판적 관점	진보적 실천
경험주의	○	X	X
비판이론	△	○	△
후기구조주의	△	○	△
비판적 사회이론	○	○	○

* ○ : 강함   △ : 약함   X : 없음

나는 그의 근대성이론이 각각 몰가치적 경험주의, 비관주의적 비판이론, 그리고 무정부주의적 후기구조주의에 대항하여 다음의 삼중(三重)의 성과를 달성하고자 하는 것으로 이해한다. 첫째, 과학성을 유지하되 사회비판적 관점을 확보하고, 둘째, 비판적 관점을 유지하되 실제의 삶과 문화에서 비판의 잠재력을 확인해내며, 셋째, 철저한 민주주의를 주장하면서도 방향성 있는 진보적 실천을 옹호하는 일이다. 하버마스가 자신이 중시하는 입장들과의 사상적 논쟁에서 근대성이론을 통해 달성하고자 하는 바를 〈표-4〉와 같이 정리할 수 있다.

하버마스의 근대성이론은 두 가지 방향을 갖는다. 그 하나는 **사회적 근대화론**이고 다른 하나는 **근대문화론**이다. 베버의 사회학을 수용한 탓이기도 하지만, 무엇보다도 비판적 사회이론을 정초하려는 그의 계획 때문에, 하버마스는 사회적 근대화와 문화적 근대화 모두 합리성의 범주로 포착하고자 한다. 그가 생각하는 비판적 사회이론이 성립하기 위해서는 근대사회에서 실현 가능해진 합리성의 여러 측면들 가운데 성취된 합리성의 측면과 실현이 좌절된 합리성의 측면을 가려내고 사회적 실재에 기초하여 정당화될 수 있는 실천의 방향을 제시할 수 있어야 하기 때문이다. 다음은 먼저 하버마스의 사회근대화론을 살펴본다.

3. 사회근대화론

하버마스는 근대화를 합리화과정으로 파악하는 베버의 사회학을 밑그림으로 하여, 연대성과 상호작용의 성격 변화에 주목한 뒤르켐과 미드(G. H. Mead)의 이론, 그리고 근대화를 독자적인 체계들의 분화로 파악하는 파슨스(T. Parsons)의 이론을 결합한다. 이런 이론적 재구성 작업은 단순히 고전적 사회이론들의 아류적 결합이 아니다. 그것은 언어철학적 고찰을 바탕으로 도출된 포괄적인 합리성 개념에 정합적인 사회이론을 얻기 위한 것이다. 이런 이론적 재구성 작업을 통해 하버마스는 근대사회의 특징을 각기 독자적인 행위조정의 논리를 갖는 '체계'와 '생활세계'의 분리에서 파악한다.

'체계'와 '생활세계'는 하버마스에게 일차적으로 구체적인 사회영역을 공간적으로 나누는 사회지리적 영역 개념이 아니다. 그것은 행위조정의 양식에 대응하는 일종의 이념형적인 영역 개념이다. 체계는 화폐나 권력과 같은 비언어적 매체에 의해 조정되는 행위영역을 지칭하는 개념이고, 생활세계는 언어적 이해과정을 통해 행위가 조정되는 영역이다. 만일 하버마스가 말하는 체계를 사회지리적인 공간개념으로 이해하여 실제의 행정 및 경제의 영역과 동일시할 경우, 하버마스의 이론은 행정과 경제의 영역이 오직 권력과 화폐의 논리에 따라 움직인다고 보는 것이 된다. 이런 주장은 경험적으로 명백히 오류이다. 행정과 경제의 영역에서도 하버마스가 말하는 생활세계적 요소나 문화가 작용하고 있기 때문이다. 그러나 하버마스가 이런 주장을 하는 것 같지는 않다. 만일 체계와 생활세계를 행위조정의 논리에 상응하여 구성된 이념형적 영역 개념으로 이해하면, 실제의 행정과 경제의 영역에서 체계의 요소와 생활세계적 요소가 공존하고 있다고 말하는 것에 전혀 모순이 없다. 비슷한 이야기를 '생활세계'에 대해서도 할 수 있을 것이다. 실제의 생활세계에서는 언어적 상호이해뿐 아니라 정서적 교감, 공통의 관습, 신체적 표현, 그리고 화폐와 권력까지도 행위조정의 중요한 수단으로 작용한다. 그러나 하버마스의 이론이 이 사실을 부정하는 것은 전혀 아니다. 그에게 중요한 것은 다만 언어적 상호이해를 생활세계의 고유한 논리로서 정당화하는 것이다. 여기서 고유하다는 것은 유일하다는 것을 뜻하는 것이 아니라 다른 행위조정 방식에 의해 부작용 없이 대치될 수 없다는 것을 의미한다.

하버마스의 사회근대화론에서 아주 중요한 점은 그가 체계와 생활세계의 분리 자체를 사회진화의 결과물로서 합리적인 것으로 여긴다는 사실이다.(하버마스, 2006[1981]: 245) 만일 체계와 생활세계의 분리가 합리적인 것이라면, 이것은 비판적 사회이론의 제한성과 가능성을 다음과 같이 동시에 규정한다. 첫째, 규범적·해석적 관점만으로는 포괄적인 설명력을 갖는 사회이론을 세울 수 없다. 행위자들이 따르는 규범이나 그들의 동기에 초점을 맞춘 이론이 비언어적 매체에 의해 행위가 조정되는 체계영역에서의 행위연관들에 대해서는 설명력을 가질 수 없기 때문이다. 둘째, 이와는 반대로 언어적 의사소통을 통하여 행위가 조정되는 생활세계에서의 행위연관에 대하여서는 경험주의적 접근이 설명력을 가질 수 없다. 행위자들 사이의 합의나 행위의 동기에 접근하기 위해서는 원칙적으로 관찰자적 관점이 아닌 행위자적 관점을 취하여야 한다. 셋째, 실천의 차원에서 체계의 논리에 생활세계가, 또는 생활세계의 논리에 체계가 편입되는 것은 합리성의 훼손을 가져오기 때문에 지지될 수 없다. 이것은 탈정치화를 지향하는 기술관료적 개혁이나 체계의 독자성을 부정하는 급진적 혁명 모두를 거부하게 한다.

하버마스의 사회근대화론은 규범주의적 이론과 탈규범주의적 이론 사이에서 비판적 사회이론의 학문적 위상을 확보하고 진보적 실천의 가능범위를 규정한다. 이렇게 비판적 사회이론을 거시이론적 차원에서 정당화하는 것과 달리, 실재하는 비판의 잠재력을 확인하고 진보적 실천의 방향을 제시하는 일은 근대문화론을 통해서 이루어진다.

4. 근대문화론

근대문화와 근대의 기획

하버마스의 근대문화론이 비판적 사회이론을 정당화하려는 작업의 일부라는 사실은 무엇보다 그의 근대문화론이 **근대의 기획**에 초점을 맞추고 있다는 데서 잘 드러난다. '근대의 기획'이란 어느 대표적인 근대적 사상가의 특별난 비밀스러운 계획이 아니라 근대문화에 내재하며 실제로 그 실현이 추구되어온 이상으로서 하버마스가 재구성한 것이다. 그는 문화적 근대화의 가장 중요한 특징을 문화영역이 각기 독자적인 논리를 따르는 가치영역으로 분화된 데에서 찾는다. 하버마스에 의하면 근대와 함께 문화의 영역은 과학과 도덕, 그리고 예술의 영역으로 분화되었으며 각각의 가치영역은 명제적 진리성(Wahrheit), 규범적 정당성(Richtigkeit), 그리고 예술적 진실성(Authenzität)의 기준에 따라 조직된다. 이런 가치영역의 분화현상은 과학적 지식의 산출을 목표로 하는 연구기관들, 근대적 법률체계의 발달, 그리고 예술성을 추구하는 창작활동과 비평 등에서 제도화된 형태로서 가시적으로 드러난다. 또 각 가치영역이 독자적인 논리를 따른다는 것은 사람들이 실제로 판단하는 방식에서 쉽게 확인될 수 있다. 적어도 근대적 교육을 받은 사람들은 어떤 주장이 과학적으로 타당하기 때문에 도덕적으로 옳다든지 심미적으로 아름답다고 주장하지 않으며, 훌륭한 도덕가가 곧 정확한 과학적 판단능력이나 빼어난 예술적 능력을 지녔을 것이라고 생각하지도 않는다. 또 어떤 작품의 예술성이 작품 내용의 과학성이나 도덕성에 따라 평가되지도 않는다.

하버마스는 가치영역의 분화에 관한 통찰을 베버로부터 빌려오지만, 그의 의사소통행위이론은 베버의 기술적(記述的) 확인을 넘어서는 분석적·체계적인 관점을 제공한다. 하버마스에 의하면 행위조정을 위한 진지한 대화에는 상호비판의 구조가 내재해 있다. 즉 말하는 사람은 자신의 말의 타당성을 주장하며 상대가 의문을 표시할 경우 자신의 주장에 대한 근거를 제시할 의무를 지니고, 듣는 사람은 상대의 타당성 요구에 대해 수긍하거나 반박한다는 것이다. 이때 타당성 요구에 대한 수긍이나 반박은 하버마스에 의하면 바로 진리성, 정당성, 진실성의 세 가지 기준에 따라 이루어진다. 만일 이러한 구조가 하버마스의 견해대로 언어적 의사소통에 내재하는 것이라면, 근대와 함께 이루어진 가치영역의 분화는 특정한 역사적 시기의 특정한 현상에 그치는 것만은 아니다. 그것은 근본적으로는 언어적 의사소통에 내재한 합리성의 발현인 것이다. 마르크스에서 생산노동이 사회의 물질적 관계 변화의 배후에 있는 최종적인 인간학적 사실이라면, **이에 더하여** 하버마스에게는 언어적 의사소통이 문화영역의 변화 뒤에 있는, 노동으로 환원될 수 없는, 최종적인 인간학적 사실이다.[43]

가치영역의 분화가 일어나고 각 가치영역이 독자적인 논리에 따라 조직되면서 함께 생겨나는 중요한 현상은 바로 문화의 전문화(專門化)이다. 전문화의 장점이라면 각 가치영역의 발전속도가 빨라진다는 사실이다. 그렇지만 문

---

43) 하버마스는 노동 또는 생산 패러다임을 언어 또는 의사소통의 패러다임으로 전환할 것을 제안한다. 그러나 이때 패러다임의 대치는 어디까지나 비판적 사회이론의 규범적 토대를 노동이 아닌 언어적 의사소통에서 찾는다는 것이다. 하버마스가 노동을 언어로 대치한다든지, 사회적 현실을 설명하는 데에 노동을 간과한다든지 하는 등의 비판은 전혀 공정한 비판이 아니다.

화의 전문화는 각 분야에 대한 일반인의 접근을 어렵게 함으로써 상대적으로 일상적 생활세계를 문화적으로 빈곤하게 만드는 부정적 결과를 일으킨다. 전문화 자체가 이런 이율배반적인 결과를 가질 수 있는 것에 더하여, 자본주의화 과정으로서 진행된 사회근대화과정은 세 가지 가치영역 가운데 과학과 기술의 영역의 발전만을 선택적으로 촉진하였다. 이에 반하여 계몽주의 전통에서 고도로 발전된 보편주의적 도덕의식과 예민해진 심미적 주관성은 충분한 사회적 실현을 이루지 못하였다. 여러 가지 사회병리적 현상들로 노출되는 이런 경향 역시 베버에 의해 이미 정확히 지적되었지만, 하버마스의 의사소통행위이론은 그것을 체계적으로 진단할 수 있는 이론적 틀을 제시한다. 언어적 의사소통행위는 진리성 이외에도 정당성과 진실성의 기준에 따르는 타당성 요구가 모두 만족되는 상태를 지향한다. 그래서 언어적 의사소통능력이 있는 행위주체들은 정당성과 진실성의 측면이 상대적으로 축소되고 왜곡된 상황을 문제시할 수 있다. 하버마스 식으로 하면, 비판적인 시대진단을 하는 철학자는 어떤 초월적 관찰자의 관점을 가질 필요 없이 실제의 언어적 의사소통에 의존하여 충분히 객관적인 관점을 재구성해낼 수 있다.

하버마스가 말하는 근대의 기획이란 세 가치영역의 독자적인 논리를 해치지 않으면서, 전문가 문화를 생활세계와 이론적, 실천적으로 통합시키는 목표를 말한다. 그것은 "객관적 과학, 도덕과 법의 보편주의적 토대, 자율적 예술을 각각의 고유한 내면적 의미에 따라 발전시키고, 동시에 그렇게 축적된 인지적 잠재력을 그 폐쇄적 형태로부터 해방시켜 실천, 즉 생활관계의 이성적 구성을 위해 사용하는 것"(Habermas, 이진우 편, 1993: 52, 1981)이다. 그런데 전문가 문화를 생활세계에 통합시킨다고 할 때 하버마스가 말하려는 것은 수준 높은 문화의 혜택을 문외한들에게도 나누어 주어야 한다는 식의 대중교육론과는 거리가 멀다. 전문가 문화와 생활세계의 접합은 전문가 문화가 우리의 삶에 유의미한 형태로 매개된다는 것을 의미하며, 이것은 세 가지의 타당성 요구들 사이의 균형을 성취하는 것을 뜻한다. 바로 생활세계에서의 언어적 의사소통에 비추어 볼 때 비로소 인지적 - 도구적 합리성이 다른 타당성 요구에 비해 압도적으로 실현된 상황을 문제상황으로 규정할 수 있는 것이다.

이런 이론을 바탕으로 하버마스는 근현대사회의 병리적 현상의 원인을 근대의 기획이 사회의 근대화과정에서 부분적으로 그리고 왜곡된 형태로밖에 실현될 수 없었던 데에서 찾는다. 그러므로 과학과 기술의 영역이 합리성을 독점하는 근대사회에서 물화된 삶을 거부하는 예술이나 모든 규범의 정당성을 보편화 가능한 원칙에 따라 평가하려는 도덕의식이 비판적 저항운동의 문화적 원천이었음은 우연이 아니다. 여기서 분명히 강조되어야 할 점은 근대의 기획을 수행하는 것이 단지 문화내적인 문제가 아니라는 점이다. 근본적으로 자본주의적 사회조직방식이 바뀌지 않으면 — 그러나 일찍부터 하버마스에게 관료적 사회주의는 자본주의의 대안으로 여겨지지 않았다 — 근대의 기획은 완수될 수 없다. 바로 이 점에서 하버마스의 사상은, 이론적 준거점을 달리하면서도, 마르크스적인 사회이론의 연장선상에 있다.

진보적 실천의 규범적 토대로서의 보편주의적 도덕

근대문화의 세 가지 가치영역 가운데 하버마스가 가장 큰 비중을 두는 것은 보편주의적 도덕이다. 그가 예술에 대해 꾸준히 관심을 기울여왔던 것이 사실이지만,[44] 예술은 그의 이론에서 부차적인 중요성만을 가져왔다. 그가 근대적 예술에 대해 논의할 경우도, 그것은 예술 자체에 대한 관심보다는 그

---

44) 하버마스의 이론에서 예술이 차지하는 위상에 관해서는 M. Jay, *Permanent Exiles: Essays on the Intellectual Migration from Germany to America*, 1985: 126 이하 참고.

것을 근대문화의 한 양상으로 규정하고 나서 논의의 중심을 근대적인 도덕으로 이동시키기 위한 것처럼 보인다. 이에 대해서는 납득할 만한 이유를 생각할 수 있다. 그에게는 권력과 화폐에 의한 행위조정 방식에 맞설 수 있는 실천의 논리를 확보하는 것이 과제이다. 그런데 예술은 주관이 인지적 객관성이나 실천적 의무의 압박에 서지 않은 상태에서 세계와 자신의 내면에서 포착한 바를 적절히 형태화하는 것을 지향하기 때문에, 그 자체로 사회적 실천의 논리를 제공하기 어렵다. 예술이 개인의 삶의 태도에 깊은 영향을 줄 수 있는 것은 사실이라 하더라도, 예술로부터 합리성과 구속성, 그리고 충분한 안정성을 갖는 행위조정의 논리를 획득하는 것은 어렵다. 이런 하버마스의 시각에서 보자면 예술로부터 비판적 관점과 진보적 실천을 도출하려는 시도들은, 그것이 현실에 대해 거리를 갖는 자율적 예술에 토대를 갖든, 아니면 그런 예술의 존재이유를 부정하고 예술을 삶과 접합시키려는 전위예술운동의 경우이든 간에, 실패할 수밖에 없는 것이었다. 더욱이 과학성 논쟁의 시기를 거친 하버마스에게는 사회비판의 객관적 기준을 제시하는 것이 중요한 문제다. 그가 보기에 예술은 물화된 삶에 대한 저항의 원천일 수는 있지만, 사회비판의 객관적 기준을 제공할 수는 없다. 이에 반해 보편주의적 도덕은 구속력을 갖는 행위조정의 논리로서 충분히 정당화될 수 있다고 하버마스는 생각한다.

하버마스는 피아제(J. Piaget)와 콜버그(L. Kohlberg)의 발달심리학을 수용하여 개인의 도덕의식에 일정한 발달단계가 있다고 생각한다. 그는 사람들의 도덕의식이 문화적 근대화와 함께 탈관습단계에 도달하였다고 한다. 이런 수준의 도덕의식에 이른 사람들에게는 더 이상 전통이나 관습의 권위가 규범의 정당성을 보장해주지 못한다. 규범은 이성적 토론에 의해서만 정당화되며, 한번 정당화된 규범도 다시 수정될 수 있다. 물론 하버마스도 이런 수준의 도덕의식이 근대 이전에는 전혀 없었다고 말하는 것은 결코 아니다. 다만 탈관습단계의 도덕의식이 근대에 이르러 비로소 집단적인 현상이 되었다는 것이다.

도덕의식이 일정한 발달단계를 거친다고 보는 하버마스에게 근대사회에서 볼 수 있는 강한 보편주의적 경향이 단순히 근대화과정에서 신흥 부르주아계급이 표방했던 이데올로기만은 아니다. 보편주의적 도덕이 전통적 질서를 해체하는 데에 기여하여 신흥 부르주아계급의 정치적 이익에 기여한 것은 사실이지만, 그것의 타당성은 부르주아사회에 한정되지 않는다. 말하자면 그에게는 보편적 도덕이 마르크스에서처럼 단순히 보편적 상품거래의 부산물이 아니다.

하버마스에게 도덕의식은 정서적 훈련이나 결단의 문제만이 아니라 일종의 인지적 능력이다. 그래서 만일 이론적 차원에서 인지적 능력의 후퇴를 강요할 경우 합리성의 훼손이 일어나듯이, 실천적 차원에서도 도덕의식 수준의 후퇴를 강요하면 역시 합리성의 훼손이 일어난다. 그러므로 상당수의 사회구성원이 탈관습적·보편주의적 도덕의식단계에까지 이른 근현대사회에서 성공적인 사회통합은 그런 의식에 합당한 사회관계의 성립을 통해서만 가능하다. 그러나 자본주의적 경제와 행정국가의 관료화는 보편주의적 도덕의식에 입각한 행위조정 방식을 화폐와 권력으로 대치하는 경향을 갖는다. 그렇지만 이러한 경향은 소리 없이 진행되는 것이 아니라 의미상실, 부실한 사회통합, 동기 상실 등 사회병리적 현상들을 야기한다. 이렇게 하버마스는 자본주의사회의 재생산 논리에 흔적 없이 흡수되지 않는 보편주의적 도덕의식에서 자본주의 비판의 규범적 토대를 찾는다. 그가 보기에는 사회주의이념도 그 규범적 토대가 다른 곳에 있지 않다. 마르크스가 자본주의사회를 내재적으로 비판할 수 있었던 것도 보편주의적 규범과 자본주의적 현실과의 모순 때문이었다. 그러나 잘 알려졌듯이 하버마스는 자본주의사회 전체를 죄악시하거나 급진적인 체제변혁을 지향하는 제로섬 게임을 하려고 하지는 않는다. 그는 보편주의적 규범이 자본주의사회에서 완전히 거부된 것이 아니라 부분적으로 실현되었다고 생각한다. 그는 특히 근대적인 사법제도 등에서 부분적인 '이성의 실현'을 본다. 또 그는 정치권력이 필요로 하는 정당성을 담보로 행정과 경제체계에 영향을 미칠 수 있는 여론의 형성과정에도 많은 기대를 건다.

보수주의로서의 탈근대주의 비판

하버마스의 근대문화론이 가장 많이 논의되는 것은 역시 근대-탈근대 논쟁의 맥락에서이다. 하버마스가 근대비판자나 탈근대론자들과 벌이는 논쟁은 근대문화와 사회의 성격에 관한 이론적 논쟁이지만, 동시에 진보적인 정치적 실천을 옹호하려는 시도이기도 하다. 그래서 그의 논의는 상당히 논쟁적이다.[45] 그는 근대문화에 대해 비판적인 입장을 구보수주의, 신보수주의, 그리고 후기구조주의의 세 가지로 나눈다.[46] **구보수주의**는 하버마스에게 별 관심의 대상이 되지 않는—그렇지만 한국의 진보적 지식인에게는 여전히 힘겨운 상대인—전통주의적인 입장이다. 이들은 근대문화에 대항하여 전통과 종교의 권위를 보호하고자 한다. 이들이 보기에 근현대사회에서 윤리의 타락이나 의미상실, 동기 상실 등의 현상은 근대문화가 불충분하게 실현되어서가 아니라 바로 전통과 종교의 권위를 부정하는 근대문화 때문에 생겨난

---

45) 하버마스가 근대문화에 대해 논의할 때 얼마나 정치적 실천의 문제를 중심에 두고 있는지는 그가 후기구조주의자들을 한때 '청년보수주의자'로 명명하였던 데에서 잘 드러난다. 무정부주의적 경향이 강한 후기구조주의를 보수주의로 규정하는 것은, 어색한 명칭이 말해주듯이, 무리가 있다. 그러나 하버마스는 그 입장이 결국 총체적인 이성비판으로 귀결되고 이것은 진보적인 실천을 곤경에 빠뜨린다는 점에서 그렇게 명명한 듯하다.
46) 이러한 분류에 관해서는 J. Habermas, 1981(이진우 편, 1993)와 J. Habermas, 1985(이진우 역, 1994: 21 이하) 참고.

것이다. 이런 주장에 대하여 하버마스는 전통과 종교의 권위에 순응적인 태도보다 보편주의적 태도가 더 합리적이라고 반박한다. 그런데 보편주의적 도덕이 합리적이라는 하버마스의 견해를 수긍한다고 하더라도, 사람들이 과연 그런 도덕에 따라 행동하기 위한 의지를 갖게 되는지는 별개의 문제이다. 실제로 전통과 종교의 힘이 줄어들기만 하지 않고 지역에 따라서는 더 커지기도 하는 현상은 어떤 규범의 선택과 실천에서 합리성이 결정적인 기준이 아닐 수 있음을 보여준다. 앞으로 볼 것처럼, 『의사소통행위이론』까지의 하버마스는 어떤 규범의 합리성에 대한 자각이 곧 그런 규범을 실천하도록 동기를 부여할 것이라고 여겼던 것 같다. 그래서 그는 보편주의적 도덕의식을 가장 합리적인 것으로 입증하는 데에만 자신의 노력을 거의 전적으로 기울였던 것이다.

신보수주의는 구보수주의와 달리 근대문화 전체에 대해서 비판적이지는 않다. 신보수주의자들은 근대문화가 근대사회 형성에 기여한 역사적 공로를 긍정적으로 평가한다. 하지만 그들은 현재와 미래에서 근대문화의 생산적인 역할을 더 이상 인정하지 않으려 한다. 그들은 현실의 근대사회를 넘어서려는 근대문화의 요구에 대해 비판적이다. 그들은 근현대사회가 더 이상 커다란 변화는 불가능하도록 결정화(結晶化)되었으며, 따라서 근본적으로 새로운 세계관에 따라 변혁적 실천의 방향을 제시하는 것은 철학을 포함하여 어떤 학문에도 더 이상 가능하지 않다고 한다.(Gehlen, 1988: 134 이하 참고) 그러므로 그들은 사회를 근본적으로 다시 조직하려는 지식인들의 노력은 비현실적이 되었다고 주장한다. 근대사회와 근대문화 간의 충돌가능성에 대해 말할 때도 그들은 자기만족을 추구하는 근대문화의 추상성에 그 원인을 돌린다. 그래서 사람들이 이런 추상적인 근대문화 때문에 허무주의에 빠지지 않도록 하기 위해서는 차라리 종교와 같은 전통적 가치를 부활시키는 것이 낮다고 그들은 조언한다(벨, 김진욱 역, 1990: 45 이하). 이에 대해 하버마스는 그들이 사회적 갈등의 원인을 부당하게도 문제를 제기하는 지식인에게 전가한다고 비판한다. 하버마스는 근대문화에 의해 사회화 과정을 겪은 사람들이 부작용 없이 다시 전통적인 태도로 돌아갈 수는 없다고 한다. 한번 들어간 곳으로는 억지를 쓰지 않고 다시 나올 수 없게 되어 있는 지하철 검표기의 일방통행식 차단기의 경우처럼, 한번 도달한 보편주의적 도덕도 마음대로 이전의 단계로 되돌릴 수는 없다는 것이다. 그러므로 하버마스 식으로 하자면, 병리적 현상에 대처하기 위해서 문화를 현실 사회에 순응시키려는 것은 잘못된 전략이며, 오히려 현실 사회가 근대문화에 맞게 재조직되어야 한다. 신보수주의자들이 기능적 합리성에 순응하지 않는 도덕이나 예술의 자기주장을 사적인 영역에로 제한하려 하는 반면, 하버마스에게는 그것을 생활세계에 접목시켜 비판적 공론을 형성하도록 만드는 것이 중요하다.

후기구조주의자로 하버마스가 분류하는 사람들은 신보수주의자들과 달리 근대문화뿐 아니라 근대사회에 대해서도 적대적이다. 그들은 근대문화를 근대사회와 공범관계에 있는 것으로 본다. 그러나 하버마스가 보기에는 이들도 문화적 근대를 잘못 이해하고 있다. 그들은 일반성에 복속되지 않은 탈중심화된 주체의 편에 서서 모든 일반적 제약과 규칙을—그것이 규범의 차원에서 오는 것이든 효율성의 원칙에서 오는 것이든—비판한다. 하버마스의 시각에서 이것은 예술적·표출적 진실성의 기준으로 다른 합리성의 유형을 거부하는 것이다. 그것은 결국 근대문화의 한 측면을 가지고 근대로부터의 탈출을 시도하는 것이다. 근대적인 도덕과 법을 긍정적으로 평가하는 하버마스에게 특히 푸코는 아주 중요한 상대이다. 푸코는 근대적인 도덕과 법이 실제로 얼마나 권력의 도구였는지를 파헤치고 고발한다. 그에게는 보편적 규범이나 법이란 지배에 대립되는 장치가 아니라 지배의 다른 전략에 불과하다. 하버마스는 푸코의 작업에 경의를 표하지만 그의 결론에는 동의하지 않는다. 하버마스는 근대적인 도덕과 법이 지배권력의 확립에 기여하였다는 사실에서부터 그것이 지배권력의 수단 이상의 것이 아니라는 결론을 도출하는 것은 잘못된 추론이라고 여긴다.

하버마스의 탈근대론 비판은 논의를 정치적 담론으로 집중화시킨 공로가 있지만, 또한 그 때문에 지나치게 논쟁적이고 일면적이다. 그는 탈근대적인 문화현상과 이론을 단서로 삼아 그것을 야기한 현실적 조건에 접근해 들어가기보다는 적대적 대결의 태도를 보인다. 그에게는 가령 하비(D. Harvey)처럼 탈근대적 문화현상의 원인을 ― 상품과 자본의 순환속도가 극대화됨에 따라 지역과 문화 간의 경계가 무너지면서 야기된 ― 시공간 의식의 변화에 연결시키든지(하비, 구동희·박영민 역, 1994), 제임슨(F. Jameson)처럼 후기자본주의사회에서 일어난 지각(知覺) 변화의 지도를 그리려는 시도(Jameson, 1991: 51 이하 참고)가 없다. 정치적 차원에서 하버마스의 비판의 정당성을 인정한다 하더라도, 하버마스의 눈을 통해 탈근대론적 문화현상을 균형 있게 이해하기는 어려울 것으로 보인다.

합리성과 실천: 하버마스 이론의 수정과 보완의 필요성

하버마스가 탈근대론을 강력히 비판하지만, 그 스스로는 탈근대론자들의 맹렬한 비판대상이 되어왔다. 탈근대론자들의 비판 가운데 두 가지만 들자면, 하버마스의 이론은 더 이상 유효하지 않은 거대담론일 뿐이며, 그의 보편주의는 다양성을 해치는 획일화를 대가로 치른다는 것이다. 이런 비판들에 대해 하버마스는 충분히 옹호될 수 있을 것으로 보인다. 거대담론을 버리고 작은 담론을 중시해야 한다는 주장도 역시 작은 담론이 아니라 거대담론이다. 또 하버마스의 이론이야말로 생활세계에서 이루어지는 일상언어적 의사소통을 자신의 준거점으로 삼으려 한다. 무엇보다도 중요한 점은 그가 지지하는 보편주의가 삶의 형태의 다양성과 상반되지 않는다는 점이다. 칸트 이래의 보편주의는 다양한 삶의 방식들이 상이성에도 불구하고 평화적으로 공존할 수 있는 원리로서 추구된 것이다. 그것은 자유주의적 전통에서 서로 다른 입장에 대한 '관용'이라고 불렀던 것을 철학적으로 변용시킨 것이라고 할 수 있다.

앞서 잠시 지적했듯이, 보편주의적 도덕의 합리성을 비판적 사회이론의 토대로 삼으려 한 하버마스 이론의 난점은 나의 생각으로는 다른 데에 있는 것 같다. 그것은 어떤 규범의 합리성에 대한 인식이 곧 그 규범을 매개로 하는 연대성을 창출하며 사회적 실천으로 이끌 것이라는 보장이 없다는 사실이다. 비합리적인 규범이 기존의 연대성을 결정적으로 깨뜨릴 수 있는 것은 사실이지만, 그렇다고 합리적인 규범이 강한 연대성을 창출할 수 있을 것인지는 의심스럽다. 물론 합리성이 연대성의 한 근원일 수 있으며 실천의 동기가 될 수 있다는 사실을 전적으로 부정하려는 것은 아니다. 그러나 대부분의 경우 어떤 합리적 규범이 연대성을 창출하고 우리를 실천에 나서게 하는 것이 아니다. 오히려 이미 형성되어 있는 연대성에 합리적 규범이 더해질 때 비로소 우리는 강한 실천적 동기를 갖는다. 가령 이미 가족애, 동료애, 동포애가 있는 상태에서, 그들을 도울 정당한 이유가 생겼을 때 우리는 실천에 나서게 된다. 실제로 오늘날까지 많은 진보적인 사회운동이 ― 보수적 사회운동과 마찬가지로 ― 종교적 토대를 가지고 있음은 우연이 아니다. 이것은 합리적 규범이 연대성을 창출하는 것이 아니라 기존의 연대성이 합리적인 것으로 재형태화 되는 것이다. 만일 이렇게 타인들과 낯설거나 친숙하게, 멀거나 가깝게 느끼는 것이 실천의 동기화에 결정적으로 중요한 것이라면, 합리적 규범의 부재보다도 연대성의 상실이 오히려 현대사회에서 더 근본적인 문제가 될지도 모른다. 연대성을 형성시키는 토대가 되는 생활·문화공동체가 파괴되어가기 때문이다. 초기 비판이론가들은 물론 하버마스도 인정하지 않겠지만, 어쩌면 스포츠와 대중문화가 현대사회에서 연대성의 형성을 위한 대리(代理) — 그러나 책임자는 기약 없이 부재중이다 — 역할을 담당하고 있는지도 모른다.

또 우리는 대부분의 경우 어떤 규범의 합리성을 인식하더라도 우리의 주장을 관철시킬 충분한 힘과 열정이 있을 경우에만 적극적으로 실천에 나선다는 사실도 지적되어야 한다. 근대화과정 초기의 상승하는 시민계급, 그리고 사회주의운동 시기의 노동자계급과 비판적 지식인들의 '영웅적인' 예는 언제나 반복될 수 있는 것이 아니다. 오히려 많은 경우 힘과 열정이 부족한 우리는 현실에서 종종 합리성과 행복의 이율배반적 관계에 당혹스러워한다. 가령 고등교육을 받은 많은 여성의 경우 자신의 자율성에 대해 민감한 의식이 있다. 그러나 자신의 요구 때문에 고통을 겪는 배우자나 가족들을 보면서 그 자신 고통스러워지고, 더욱이 단기간에 자신의 요구를 관철시킬 전망이 보이지 않으면 마침내 여러 사람의 행복을 위해 자기 하나가 희생되는 것이 낫겠다는 생각에 이른다. 자신의 안락함을 희생하여 타인을 돕지 못하거나 자신의 삶에서 체험하는 부당함에 대해 힘차게 저항하지 못하는 것은 대부분의 경우 무엇이 옳은지를 몰라서 그러는 것이 아니다.

『의사소통행위이론』 이후부터 하버마스는 규범의 합리성과 실천동기 사이의 관계에 대하여 자기수정의 필요성을 분명히 의식한 것으로 보인다(Habermas, 1983: 96 참고). 그가 예술의 중요성에 눈을 돌리거나, 칸트적인 도덕성에로 편중되었던 그의 규범이론이 헤겔적인 인륜성의 방향으로 다소 중심이동하는 것도 이런 맥락에서 이해될 수 있다. 그러나 그의 그런 자기수정의 노력이 어떤 구체적 결실로 이어질지는 아직 불분명하다. 시민계급에 속한 많은 사람이 자신들이 축적해왔던 합리적 규범과 자율성의 요구를 버리고 나치 같은 전체주의에 스스로 편입되었던 이유를 경제적 차원을 넘어 심리적 차원에까지 추적해간 프롬(E. Fromm)의 인상적인 노력(프롬, 이상두 역, 1975 참고)은 하버마스에게 제대로 계승되지 못한 것으로 보인다.

5. 우리의 탈근대주의 수용의 문제점

탈근대론은 서구적 합리성에 대한 근본적인 반성이라는 명목하에 우리에게 무척 매력적인 주제가 되었다. 나는 탈근대론자들이나 후기구조주의자들이 인식적 차원에서 이룬 공로를 평가절하할 생각은 전혀 없다. 문제는 우리가 그것을 수용하는 방식이다.

우리에게 탈근대론은 이성비판으로 수용되었다. 그런데 우리에게 이성비판이 왜 그렇게 매력적인 것인가? 그것은 자기정체성을 어떤 식으로든 전통에서 찾아야 한다는 예감을 가져왔던 사람들에게, 자신에게 익숙한 전통주의적 태도 때문에 합리주의와 계몽주의적 세계관이 실상은 부담스러웠던 이들에게, 그리고 지성인으로서 사회주의에 공감을 표명하였지만 자신의 실제 삶과의 괴리를 느껴왔던 사람들에게, 심리적 카타르시스를 체험하게 하는 씻김굿의 역할을 하기 때문이 아닐까? 이런 질문을 하는 것은 정말 우리에게 이성의 폭력이 그렇게 진지한 문제로 느껴져서 이성비판을 환영하는 것인지가 궁금해서이다. 이성비판이 자신에게 진지한 문제인지를 검토하는 간단한 방법이 있다. 자신들이 매일매일의 삶에서 실제로 무엇 때문에 분개하는지를 며칠간만 기록해보는 것이다. 과연 자신과 타인들이 너무 이성에 따라 행동하기 때문에 고통을 겪었는지, 아니면 여기저기에서 목격하는 비합리적인 일

처리, 부당한 대우, 폭력적 언사 등이 고통을 준 것은 아니었는지를. 가벼운 자동차 접촉사고에도 핏대를 올리며 싸우는 현장을 보고 과연 너무 많은 이성을 안타까워하였는지를.

　서구적 이성의 한계를 지적하면서 동양전통에서 대안을 모색하든지 또는 서구사상과 동양사상 사이의 상보적 관계를 제시하는 주장도 아직은 어설픈 변증법을 넘어서지 못한 것 같다. 데카르트(R. Descartes)와 헤겔(G. W. F. Hegel)에서 몇 구절 인용하여 서구이성의 일면성을 지적하고 동양사상의 몇몇 단면을 미화하여 대안적인 사고를 제시하려는 것은 지나친 단순화이다. 이미 철학과 과학에서 데카르트나 헤겔의 이성개념이 답습되지 않은지 오래인데 굳이 그들의 이성개념을 서구이성의 표본으로 삼는 것은 무슨 까닭인가? 그것은 서구사상가들을 모두 데카르트주의자와 헤겔주의자로 만드는 일이 아닌가? 한 걸음 양보하여 하이데거(M. Heidegger)처럼 존재자를 대상화하는 이성이 데카르트와 헤겔에서뿐 아니라 고대 희랍철학부터 니체(F. W. Nietzche)에 이르기까지의 철학사를 관통하고 있다고 하자. 서구문화 스스로 이런 반추적 사유를 하고 있다는 사실을 우리의 서구이성비판자들은 왜 외면하는가? 동양적 사고가 한 대안일 수 있다는 우리의 주장들이 대부분 그런 제안을 하는 몇몇 서양학자들의 발언을 금지옥엽처럼 중시하는데, 그것은 혹시 김치가 맛있다고 하는 서양사람들이 우리에게 반가운 것과 크게 다르지 않은 심리적 반응이 아닐까?

　동양의 전통은 다양성을 존중하였고 조화를 추구한 반면에 서구이성은 획일화를 조장하였다는 주장도 나에게는 실감되지 않는다. 우리야말로 가정생활과 교육에서부터 정치에 이르기까지 획일화되어 있지 않은가? 그것이 우리의 전통을 버리고 서구를 모방해서 그런 것인가? 그렇다면 우리가 모방했다는 서구가 현재 개인들 사이의 삶의 방식의 차이와 상이한 문화에 대해 훨씬 더 관용적이라는 사실을 어떻게 설명할 것인가? 획일화를 서구적 이성 탓으로 돌리는 사람들은 도대체 어느 시기의 어떤 서구를 말하는 것인가? 그런 주장이야말로 모든 것을 회색으로 칠하는 획일화가 아닌가?

　권력의 횡포와 환경문제에 이르기까지 이성을 근현대사회의 모든 문제들의 배후에 있는 가장 근본적인 원인으로 보는 것은 곤란한 발상이다. 그것은 대부분 이성에 **반하여**, 드물게는 이성의 **이름으로** 폭력을 행사한 자들과 이성을 **위하여** 진지한 저항노력을 해온 사람들을 부당하게 공범자로 만드는 것이다. 그것은 또 자연파괴의 실제 원인들의 이름들을, 즉 인간 삶의 자연적 조건에 대한 무지, 이익극대화를 위하여 끊임없는 확대재생산을 꾀하는 상품경제, 그리고 상품경제가 주는 삶의 안락함 때문에 진정으로 그에 대해 저항할 의사가 없는 심리적 상태 등을 언급하지 않으려는 것과 마찬가지이다. 만일 이성비판이 심오한 차원에서 이루어지는 것이라면, 적어도 폭력적 지배와 자연파괴의 문제에 관하여서는, 그 사유의 수준을 약간 낮출 필요가 있을 것 같다. 우리가 우리의 자식이 얻어맞고 왔을 때 그냥 사람에게 맞았다는 답에 만족하지 않고 누가 어떤 이유에서 때렸는지 묻듯이, 권력의 지배와 자연파괴의 문제에 대해서도 무차별적으로 이성을 범인이라고 하지 말고 서로 비중을 달리하는 다양한 원인들을 밝혀내야 한다. 그럴 때만이 개인적 차원과 집단적 차원에서 각각 행할 수 있는 구체적 실천들을 모색할 수 있을 것이다. 바로 구체적이면서 방향성 있는 실천을 모색하려는 이들에게 그래서 하버마스의 이론은 탈근대론보다 더 나은 선택인 것으로 보인다.

4장 하버마스의 의사소통행위이론에 관한 몇 가지 비판적 고찰

1. 들어가는 말

하버마스의 의사소통행위이론은 언어이론으로부터 거시적 사회분석까지 포괄하는 광범위한 이론체계이다. 그의 이론체계는 내용상 광범위하며 강한 실천적 주장을 포함하기에 다양한 종류의 비판의 대상이 되어왔다. 그런 만큼 이제 하버마스에 대한 비판은 먼저 어떤 의도에서, 그리고 무엇을 비판하려 하는지를 분명히 해두고 출발해야 하는 것 같다.

우선 분명히 해두고 싶은 점은 내가 제기하는 비판이 단편적일 뿐 균형 잡힌 것은 아니라는 사실이다. 나는 하버마스의 이론의 전체를 문제 삼지 않으며, 또 나의 비판이 그의 이론의 아킬레스건을 건드린다고 주장할 생각도 없다. 나는 다만 나에게는 의문스러우나 기존의 비판에서 충분히 다루어지지 않았다고 생각되는 점을 몇 가지 지적하고자 한다. 내가 초점을 맞추는 사항들은 다음과 같다.

첫째, 나는 언어적 의사소통행위에서 상호비판의 구조를 밝혀낼 수 있다는 하버마스의 주장을 문제 삼지 않는다. 그러나 나는 그러한 언어적 의사소통이 간과되어서는 안 될 이면(異面)을 가지고 있다고 생각한다. 언어적 의사소통의 이면을 드러내 보이려고 하는 이유는 하버마스가 생각하듯이 언어적 합의에 의한 행위조정 방식이 비언어적 매체에 의한 행위조정 방식에 의해서만 위협받는 것이 아님을 밝히기 위해서이다. 이것은 오늘날의 상품사회에서 언어적 의사소통이 위협받고 있는 양상을 이해하기 위해서 꼭 필요하다는 생각이다.

둘째, 나는 언어적 의사소통에서 보여지는 상호비판의 구조가 진지한 언어사용의 수행적 전제라고 해서 그것이 곧 실천적 지향점으로서 기능할 수 있다는 생각에 반대한다. 평등한 사회관계는 — 누구도 지속적인 지적·신체적 우위를 가질 수 없는 조건에서 — 전략적 행위를 하는 사람들의 상호충돌 과정을 거쳐 의식적·무의식적으로 선택되고 안정화될 수 있다. 굳이 선후관계를 따지자면, 나의 생각으로는 평등한 사회관계가 언어적 의사소통 등을 통해 규범적으로 먼저 선택되고 뒤이어 전략적으로 구체화되는 것이 아니라, 규범적 선택이 특정한 전략적 선택의 토대 위에서 이루어진다. 이로써 나는 규범적 사고를 전략적 사고에 부속시키려고 하는 것은 아니다. 다만 평등한 관계로의 규범적 지향은 전략적 사고를 토대로 이루어진 규범의식의 진화라는 것이다. 이점을 분명히 하기 위하여 나는 홉스(T. Hobbes)와 헤겔을 상기시키고 하버마스가 피아제와 콜버그 등의 심리학을 수용하는 방식을 문제 삼는다.

2. 언어적 의사소통이 생활세계의 고유한 논리인가

하버마스는 행위조정 방식을 언어적 합의를 통해 이루어지는 경우와 비언어적 매체인 권력과 화폐를 통한 경우로 나눈다. 언어와 비언어적 매체를 나누고 양자의 관계를 살필 때 하버마스의 관심사는 분명하다. 그는 언어적 의사소통의 논리를 생활세계의 재생산의 고유한 논리로 밝히고, 비언어적 매체에 의해 언어적 의사소통이 침식되는 것을 — 그리고 같은 정도로 중요한 문제는 아니지만, 언어적 의사소통이 효율성의 원칙을 침해하는 것을 — 합리성의 훼손인 것으로 경고하려는 데에 있다. 하버마스가 언어적 의사소통의 논리를 생활세계의 고유한 논리로 정당화하는 방법은 다음의 두 가지이다. 첫째, 발생적 측면에서, 권력과 화폐는 '비용'이 많이 드는 언어적 행위조정에 의존하지 않아도 좋은 행위영역들의 조정 매체로서 독립되었다. 이 분화과정에서 언어적 의사소통은 단순히 잔여 부분으로 머무는 것이 아니라 그것의 고유한 논리로 '순화'된다. 둘째, 일상언어분석을 통해 그는 언어적 의사소통이 상호비판의 구조를 가지고 있음을 밝힌다. 그에 따르면 언어적 의사소통의 경우 대화 참여자 각자는 서로의 주장의 타당성에 대한 상호비판을 통하여 '합의'를 지향한다. 실제의 대화 상황에서 자유로운 상호비판이 충분히 이루어지지 않더라도, 그리고 논지에 의한 합의가 오히려 드문 경우에 속한다고 할지라도, 저 지향성만은 언어적 의사소통의 실행적 전제라고 한다. 이렇게 하여 하버마스는 마르크스가 전제해버렸고 비판이론가들이 안타깝게도 손에 잡지 못하였던 이성적 사회의 이념의 소재지를 언어적 의사소통에서 확인하려 한다.

나는 일상언어적 의사소통에 — 모든 경우는 아니지만, 그리고 하버마스에게는 언어적 의사소통의 모든 경우가 그럴 필요는 없는데 — 상호비판의 구조가 들어 있다고 인정하고 논의를 시작하려 한다. 내가 의문을 제기하는 것은 첫째, 언어적 의사소통을 통한 합의가 생활세계의 고유한 논리라고 보는 점과 둘째, 언어적 합의에 행위를 위한 구속력이 내재한다는 주장이다. 하버마스의 첫 번째 주장은 '생활세계'에 대한 '체계'의 침입을 합리성의 훼손으로 진단하는 근거가 된다는 점에서, 그리고 두 번째 주장은 전략적 고려에 의한 행위조정 방식과는 다른 유형의 행위조정 방식을 제시한다는 점에서, 이 둘은 의사소통행위이론의 핵심적인 주장들에 속한다. 나의 생각으로는 언어적 합의는 생활세계 속에서 작동되는 여러 행위조정 방식의 하나이며, 언어적 합의가 행위구속력을 갖기 위해서는 특별한 언어 외적 조건을 필수로 한다. 언어적 의사소통을 생활세계 고유의 행위조정 방식으로 확인하려는 하버마스의 위의 두 논지는 다음과 같이 비판될 수 있다.

첫째, 비언어적 매체 — 여기서는 권력만을 다루기로 한다 — 가 언어적 의사소통에서 분화하여 체계영역의 행위조정 매체로서 독립하였다지만, 정확히 말하면 권력이 체계의 권력과 생활세계 내의 권력으로 분화된 것이지 권력이 모두 체계영역으로 이동한 것이 아니다. 정치적, 법적 권력만이 체계의 영역으로 독립하였을 뿐 다양한 미시적 권력들은 여전히 생활세계에 남아 있다. 가령 성, 인종, 지식, 경험, 연령, 성격, 그리고 — 영상매체 시대에 새로운 권력관계로 떠오르는 것으로 보이는 — 신체조건과 미모의 차이 등에서 생기는 비공식적 권력관계는 생활세계에서 개인들의 행위에 심대한 영향을 미친다. 그것들은 아직 체계의 영역으로 나가지 못한 권력이 아니라 생활세계 내의 권력이다. 그런 한에서 그것들이 생활세계에 대해 이질적인 것이라고 말할 근거가 없다. 도대체 언어적 의사소통의 고유한 논리를 인정한다 하더라도, 언어적 의사소통이 생활세계의 고유한 재생산 논리라는 주장은, 선결문제의 오류를 범하지 않고는, 타당하기 어렵다.

둘째, 하버마스는 언어적 의사소통과 권력을 주로 대립적 관계로만 파악하기 때문에, 권력이 바로 언어적 의사소통의 전과정 — 언어적 합의를 촉구하고 각자에 적실성을 갖는 주장을 제기하도록 요구하며, 합의를 지키도록 강제하는 과정 — 에서 중요한 규제자(Regulator)의 역할을 하고 있음을 간과하고 있다. 권력관계가 언어적 의사소통에서 가질 수 있는 규제자적 역할은 다음의 세 가지로 생각해볼 수 있다.

가) 실천적 담론에 진지하게 임하도록 하기 위해서는, 어떤 타인의 이해를 건드리는 행위의 경우, 그 사람과의 합의를 기반으로 해서만 수행할 수 있게 하는 권력관계가 전제되어야 한다. 그렇지 않을 경우 한 측이 합의를 위한 의사소통 과정을 일방적으로 중단할 수 있다.

나) 합의 이외의 다른 수단을 택할 수 없다는 것과 함께, 합의를 위해 주어진 시간이 제한되어 있다는 사실도 의사소통 과정에서 중요한 구성요소이다. 토론을 위해 무한히 많은 시간이 주어져 있다면 논의의 범위와 심도에 제한을 둘 필요가 없을 것이다. 그러나 행위를 위한 논의이기 때문에, 그리고 행위는 적시에 수행되든가 아니면 포기되어야 하기 때문에, 적실성을 갖는 논지만 제시할 것이 요구된다. 언어적 의사소통이 영원한 진리 찾기가 아니라 행위조정을 위한 의사소통행위인 한 적절한 시기에 합의가 이루어지든가 위임이 이루어져야 할 것이다. 그러므로 대화에서 행위압박을 잠시 정지시켜 놓는 것도 중요하지만 행위압박을 적절히 유지하는 것도 중요하다. 물론 행위압박이 지나치게 클 경우 행위조정 방식이 비언어적 매체로 이동될 수 있다. 행위의 필요성이 크고 논의를 위해 주어진 시간이 적으면 적을수록 의사소통을 통한 합의보다는 명령과 복종의 관계가 효과적인 행위조정 방식이 된다.[47] 이러한 행위조정 방식이 생활세계에 낯설다면, 그 이유는 그것이 생활세계의 '고유한' 논리에 대해 '이질적'이어서가 아니라, 생활세계에서의 일반적 행위조정 방식보다 상대적으로 강한 수직적 성격을 갖기 때문일 것이다.

---

47) 그러므로 흔히 '군사적'이라고 칭해지는 명령과 복종의 관계는 군대에서 가장 잘 보일 뿐이지 군대에 고유한 것이 아니다. 그것은 행위조정의 긴박성이 큰 곳에서는 어디에서나 볼 수 있는 현상이다. 가령 감독이 경기 중의 선수에 대해 갖는 관계도 그러할 것이다.

언어적 의사소통은 생활세계 밖의 논리의 침입에 의해서 침식될 수 있을 뿐 아니라 생활세계 내에서도 다른 행위조정 방식과 경쟁관계에 있다. 대화가 진지하게 이루어지기 위해서는 행위압박과 함께, 언어 이외의 다른 매체로 일방적으로 전환하지 못하도록 하는 권력관계가 필요하다. 하버마스는 '진지한' 대화를 분석의 대상으로 삼았는데, 대화를 진지하게 만드는 것은 바로 행위압박과 합의 이외에 다른 수단을 택할 수 없게 하는 특정한 권력관계이다.

다) 마지막으로 어떤 특정한 권력관계는 언어적 합의의 구속력을 유지하는 데에 결정적이다. 즉 상대가 합의를 이행하지 않을 경우, 그 이행을 강제할 수 있는 힘이 없다면 합의는 행위조정의 토대로서 지나치게 불안정한 것이다. 경제영역에서 계약이 안정적인 행위조정 방식이 되기 위해서 계약의 이행을 보장하는 법적 장치가 필요하듯이, 일반적인 언어적 의사소통에서도 합의의 구속력을 뒷받침할 수 있는 권력 — 대화참여자의 동등한 권력이, 이상적 대화상황의 조건에서의 동등한 권리만이 아니라, 대화상황 밖에서의 어느 정도의 동등한 권력 — 이 중요하다. 이때 동등한 권력이 반드시 어떤 공식적인 강제력의 측면에서만 고려될 필요는 없다. 권력관계는 신뢰나 정서적 관계에 토대를 둔 것일 수도 있다. 보통 합의를 어긴다는 것은, 그래서 상대의 신뢰나 정서적 호의를 잃는다는 것은, 미래에 가능한 상대와의 관계의 가능성을 고려할 때 꺼리어지는 일이다. 나는 사람들이 합의를, 그것이 자신이 합의한 것이기 때문에, 지키려 하는 성향이 있다는 것을 부정하는 것은 아니다. 또 합의를 지키는 것이 결국은 언제나 전략적 계산에 기초하고 있다고 주장하려는 것도 아니다. 다만 언어적 합의가 충분히 안정적인 행위조정의 방식이 되기 위해서는 적절한 권력관계가 필수적 전제라는 것이다.

나는 하버마스가 권력의 기능을 완전히 도외시했다고 생각하지는 않는다. 행위압박으로부터 자유로운 담화를 생각하였을 때에는 바로 권력 불균형으로 인한 의사소통의 중단, 축소, 무효화 등의 가능성을 염두에 둔 것이었을 것이다. 그러나 그는 다른 한편 — 이상적 담화상황에 대한 비판에 직면하여 — 담화를 의사소통행위와 구별할 때는 행위압박을 의사소통행위의 중요한 측면으로 들고 있다. 그런데 행위압박이 의사소통의 중단, 축소, 무효화를 야기하지 않기 위해서는 바로 당사자들 사이의 특정한 권력관계가 필요하다. 이 특정한 권력관계가 담화를 통해 생성되는 것이 아니라, 반대로 합의를 추구하고 합의에 구속력을 부여하는 담화를 가능하게 한다.

여기서 한 가지 물음이 생긴다. 언어적 의사소통이 수평적 권력관계를 가져오는 것은 아니지만, 적어도 수평적 관계를 바람직한 사회관계로 규정해 주지 않는가? 권력관계 자체에서는 어느 것이 가장 정당한 것인지 읽어낼 수 없다. 권력 자체에는 정당성의 기준이 없으므로, 정당화 문제에서는 다시 하버마스에 의존할 수밖에 없지 않은가?

3. 수평적 인간관계에 대한 지향성이 언어적 의사소통을 통하여 형성되는가

하버마스가 언어적 의사소통에서 보려는 사회관계의 모형은 수평적, 민주적 관계이다. 언어적 의사소통의 수행적 전제로서 부정할 수 없는 수평적 관계는 이성적인 사회관계의 모형을 제시한다. 그런데 언어적 의사소통에 수행적 전제로서 그러한 구조가 있다고 인정하더라도, 그것이 현실적인 불평등관계를 문제 삼을 수 있는 강도를 가지리라는 것은 별개의 문제이다. 과연 우리는 언어적 의사소통에서 반사실적으로(counterfactual) 전제된 상호비판의 구조를 배경으로 해서 현실의 불평등을 불평등으로서 감지하게 되는 것일까? 나는 수평적 관계에 대한 실제경험과 전략적 고려의 측면을 강조하고자 한다.

가) 수평적 관계는, 정도는 다르지만, 대부분의 사람들에게 거의 원초적 경험에 속한다. 어릴 때의 놀이공동체, 유희, 협조적 노동의 경험, 그리고 학생 시절의 경험 등이 그러한 것에 속할 것이다. 수평적 관계에 대한 체험은 새로운 경험을 이해하고 평가하는 데에 하나의 중요한 지평으로서 작용할 수 있다. 아마도 한국의 대학생들이 민주적 사회관계에 대한 강한 열망을 가질 수 있었던 것을 설명하기 위해서도 그들에게 무슨 내용이 가르쳐졌는가보다는 그들이 20여 년 동안 경험한 수평적 관계에 더 주목해야 할지 모른다. 연애결혼이 결혼 후의 수평적 관계형성에 더 유리한 것도 하나의 예가 될 것 같다. 강력한 혁명사상이 자주 종교공동체나 노동공동체에서 발원하였음도 우연이 아니다. 평등한 관계에 대한 열망은 언어적 의사소통에서 나오는 것이라기보다는 평등한 관계에 대한 체험에서 나오는 것으로 보인다. 그런데 혹시 하버마스는 평등한 관계에 대한 체험이 바로 언어적 의사소통을 통해 형성된 것이라고 할 것인가?

나) 타인의 지혜와 호의를 전적으로 신뢰하여 나의 문제에 관한 결정을 그에게 일임한다는 것은 어린이 시절이 지나면 비현실적인 희망이 될 것이다. 물론 신에 대한 절대적 복종과 의존을 강조하는 종교적 태도가 있기는 하다. 그러나 복종과 의존의 대상이 신이라는 점은 바로 현실의 타인이 그런 대상이 될 수 없다는 사실에 대한 반증이 될 것이다. 나에게 전적으로 호의를 가진 사람이더라도 나의 욕구를 잘못 파악할 수 있다. 욕구의 종류가 다양해질수록, 그리고 인간관계의 복합성이 증가할수록 타인의존적 태도는 자신의 욕구충족을 위해 좋은 방법이 아님이 분명해진다. 게다가 타인이 나에게 호의가 아닌 적의를 가질 수도 있다. 이런 불확실한 상황에 적절히 대응하는 방법

은 자신의 권리에 대한 의식을 가지며, 타인의 행동이 나의 권리와 충돌할 때 적극적으로 권리조정에 나서는 태도이다. 대부분의 사람이 이러한 태도를 취한다고 할 때 수평적 관계에 대한 지향은 전략적으로도 가장 선호될 만하다. 잠시 홉스를 상기해보자. 홉스는 철저히 이기적인 인간들이 어떻게 안정적인 사회관계를 성립시킬 수 있을지의 문제에 관심을 가졌다. 그는 개개인들이 본성상 철저하게 이기적이며 타인의 생명을 전혀 존중하지 않지만, 누구도 지속적인 지적·신체적 우위를 가질 수 없는 조건에서, 바로 자신의 생명을 가장 잘 보전하는 방법이 타인과 평화로운 관계를 맺는 것임을 알게 될 것이라고 주장한다. 사회적으로 지배적인 위치에 있는 사람들과 저항하는 위치에 있는 사람들이 수평적 관계에 대해 상반되는 태도를 보이는 경향이 있는 것은 일차적으로는 도덕성의 문제이기보다는 전략의 문제일 것이다. 수평적 관계를 규범적으로 정당한 것으로 여기는 실천적 태도는 저 현실적, 전략적 태도가 행위의 원칙으로 '안정화'되고 전승된 ― 그리고 그것을 위하여 신성화된 ― 결과물이 아닐까?

4. 하버마스의 후기자본주의 사회비판의 문제점: 하버마스는 개인과 사회의 적응관계를 한 방향으로만 설정하고 있다

후기자본주의사회 비판에서 하버마스는 동기 상실의 문제를 중요하게 거론한다. 자본주의경제의 위기는 경제영역으로부터 정치영역으로, 그리고 다시 생활세계영역으로 미루어짐으로써 개인들의 동기구조를 왜곡시키거나 동기 상실을 야기한다는 것이다. 이로써 하버마스는 후기자본주의사회에서 저항이 흔적 없이 사라지지 않았음을, 총체적으로 관리된 사회일 수 없음을 보여주려 한다. 더욱이 하버마스는 이 저항이 단순히 부적응의 산물이 아니라 합리성을 자신의 편으로 하고 있는 저항으로 규정하고자 한다.

하버마스의 이런 진단은 후기자본주의사회의 역학이 개인의 자율성에 기초한 민주적 사회관계를 어렵게 하며, 이것은 개인들의 보편주의적 문화, 특히 보편주의적 도덕의식과 충돌한다는 가정에 기초하고 있다. 하버마스는 이 충돌을 피하거나 완화하기 위한 길이 한 가지일 수밖에 없다고 생각한다. 그것은 사회가 개인들의 도덕의식에 합당하게 재편되는 것이다. 왜냐하면 도덕의식의 발달이 뒤바뀔 수 없는 일정한 순서를 가지며, 따라서 탈관습적 단계에 도달한 개인들에게는 민주적 사회관계 외에 다른 사회관계는 불가피하게 동기 상실이나 병리적 현상을 가져온다는 것이다. 사회가 개인들의 관계로 이루어지는 이상, 개인들의 불가피한 특질에 맞게 사회관계가 바뀌어야 하는 것이다.

사회관계가, 사회의 안정적 질서가 가능한 조건에서, 개인들의 특질에 적응해야 한다는 데에는 이의가 없다. 그러나 바뀔 수 없는 개인의 특질에 언제나 사회가 적응해야 한다는 주장을 할 수는 없다. 가령 개인들의 공격성의 경우에는 그것이 개인의 특질에 어긋나서가 아니라 사회질서와 평등한 권리를 위해 누르도록 훈련받는다. 그러므로 개인들이 사회의 유지를 위해 불가피하게 필요한 제도에 적응해야 하는 측면도 중요하다.

사회적 관계가 민주적으로 재편되어야 한다는 하버마스의 주장에 아무런 이의도 없다. 다만 그러한 재편의 이유를 사회가 개인들의 불가피한 특질에 적응해야 하는 데에서가 아니라, 민주적 관계에서 개인들의 권리가 가장 잘 보호될 수 있다는 점에서 찾아져야 한다는 생각이다. 물론 탈관습단계의 도덕의식에 맞는 사회관계와 개인의 권리를 가장 잘 보호할 수 있는 사회관계는 같은 종류의 것일지 모른다. 그러나 민주적 사회관계를 지지하는 이유는 서로 다르다. 개인들의 보편적 권리는 도덕의식의 수준과 상관이 없이 보장되어야 한다. 굳이 사회가 개인에 적응하는 측면을 말하자면, 그것은 개인들의 도덕의식이 아니라 권리주장에 적응할 것이다. 거꾸로 개인들의 권리의식은 민주적 관계에 적응할 수 있어야 한다. 추측이지만, 우리의 보편주의적 도덕의식과 민주적 제도는 사회제도와 우리의 권리주장이 상호 적응한 결과물이지 제도가 도덕의식에 적응한 것이라고 보기 어렵다. 도덕의식의 발달과 사회관계의 변화는 오히려 다음의 이중적 변환과정으로 보아야 할 것 같다.

<표-5>

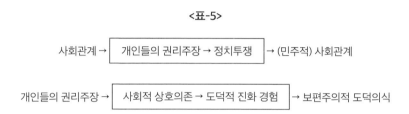

개인과 사회 간의 적응의 방향을 일방적으로 설정한 탓에 하버마스는 후기자본주의사회에서 제도가 의식을 앞선 경우를 진지하게 고려하지 않고 있다. 그러나 오늘날 사회문제를 경험적 차원에서 볼 때는 개인들이 이미 제도적 차원에서 요구되고 있는 민주적 관계에 적응하지 못하는 경우도 많다. (가령 남녀고용평등법의 경우). 오늘날 사회제도를 더 민주적으로 재편성하는 것도 중요하지만, 개인들을 민주적인 제도에 적응시키는 것도 무척 중요한 일인 것으로 보인다(예: 서구에서 극우파의 문제).

5. 하버마스가 발달심리학을 수용하는 방식에 문제점이 있다

정당성의 기준을 확보하는 일을 주관심사로 하는 하버마스는 피아제나 콜 버그를 수용할 때 주로 그들이 말하는 최종수준의 도덕의식(=탈관습단계)이 실천적 담론의 화용론적 분석을 통해 밝힐 수 있는 규범에 대한 태도(보편주 의적 관점)와 합치한다는 데에 주목한다. 하버마스는 콜버그에 의지하여 언 어적 의사소통에서 실행적 전제로서 확인되는 규범에 대한 반성적 태도가 바 로 최종수준의 도덕의식이고, 그런 점에서 가장 합리적이라는 사실을 강화하 고자 한다.

그런데 피아제나 콜버그가 말하는 도덕의식 발달과정이 언어적 의사소통 에 내재한 논리가 점차 발현되는 것으로 해석될 수 있는지는 의문이다. 그들 에게는 언어적 의사소통보다는 실질적 조건 — 도덕적 딜레마, 합리적 사고 능력 등이 더 문제가 되는 것으로 보인다. 여기서 헤겔이 상호인정의 원칙의 발생 과정을 설명하는 것을 상기해보는 것은 흥미로울 수 있을 것 같다. 상호 인정은 실질적인 상호의존 관계에 대한 반성에서 생긴다. 반성도 명상이 아 니라, 상호의존 관계에 맞지 않는 자기중심적, 주관적 도덕의식이 현실과 부 딪히면서 생겨나는 반성이다. 즉 주관의 의지결정 방식이 상호의존의 실질적 관계에 합당하게 변모됨으로써 비로소 상호인정의 도덕수준에 도달하는 것 이다. 헤겔의 이러한 설명은 홉스와 칸트의 종합이라 할 수 있을 것이다. 홉 스는 안정된 사회관계의 성립을 위해서는 계약이행을 강요할 수 있는 절대 적인 권력이 상존해야 한다고 생각하였다. 이때 절대적 권력은 도덕적 정당 화의 대상이 아니다. 반면에 칸트는 개인들이 합리적으로 고려해보면 보편화 가능성의 원리를 도덕성의 검증과 사회제도 설정의 기본원리로 받아들일 수 있을 것이라고 생각하였다. 헤겔의 발생적 방법의 매력은 홉스적 전제에서 출발하여 칸트 식의 결론으로 가는 데에 있다. 헤겔의 이 생각은 도덕의식의 발달과정을 문제 해결의 과정으로 파악하는 피아제나 콜버그의 이론과 아주 잘 결합될 수 있다. 이제 이렇게 설명하면 어떨까. 사회화 과정에서 습득된 기초적인 옳음·그름의 코드가 경험되는 사회적 관계망의 복합성이 증가하면서 자기중심적 해석에서 일반적 규칙의 습득, 그리고 ― 불확실한 상황에 대비하여 ― 탈관습적 단계의 윤리로 발전한다고. 나는 상호의존이 기계적으로 상호인정의 윤리를 가져온다고 말하려는 것은 아니다. 다만 상호의존은 상호인정의 실질적 조건이라는 것이다.

6. 합의는 실천적 문제 해결의 한 가지 제한된 방식이다

합의는 실천적 문제를 해결하는 데에 아주 차원 높은 방법인 것은 사실이다. 더욱이 누구도 진리에 접근할 수 있는 특권적 위치를 주장할 수 없는 탈형이상학의 시대에는 합의 외에 규범의 정당성의 최종 근거를 찾을 길은 없을 것으로 보인다. 그러나 정당화의 측면에서가 아니라 문제 해결의 측면에서 보자면 합의는 좀 더 광범위한 문제 해결 전략의 한 부분일 따름이다. 합의는 행위가 서로의 이해관계를 건드리는, 그리고 권리관계가 불분명한 사람들 사이의 이성적인 행동조정 방식이다. 이해관계가 연관되지 않거나 권리관계가 없는 사람들 사이에 합의란 불필요한 것이다. 가령 사람들은 적선을 요구하는 거지와 합의해야 한다고 생각하지 않는다. 또 자신이 난민을 돕기 위한 돈을 낼 때, 보통의 경우 타인의 동의를 구해야 한다고 생각하지 않는다. 나의 생각으로는 실천의 영역에서, 특히 윤리적 실천의 경우, 합의를 토대로 하지 않은 행위들이 차지하는 비중은 무시할 수 없다. 합의는 타인의 권리를 협상 없이 인정하는 입장과 협상 없이 자신의 권리를 주장하는 입장의 사이에 있는 것으로 보인다. 나에게는 정치적 실천에서와 달리 윤리적 실천에서는 협상 없이 타인의 권리를 인정하는 것이 적잖이 중요한 것으로 여겨진다.

<표-6>

합의 없는 권리주장	합의에 의한 권리조정	합의 없는 권리인정

7. 언어적 의사소통이 화폐와 권력의 논리에 의해서만 위협받는 것은 아니다

하버마스는 상호비판의 구조를 갖는 언어적 의사소통방식이 주로 화폐와 권력의 논리에 의해서 위협받는 것으로 서술하고 있다. 이것은 그의 의사소통행위이론의 정치철학적 목적 ― 자본주의적 경제와 행정국가의 작용이 팽창되는 것에 대항하여, 이성적 사회관계를 지향하는 정치적 실천을 정당화하고 확장하려는 목적 ― 에 비추어 볼 때 납득될 수 있는 일이다. 그러나 상호비판의 구조를 갖는 진지한 의사소통은 화폐와 권력의 논리에 의해서만 위협받는 것은 아니다. 언어적 의사소통은 오늘날에는 새로운 의사소통방식에 의해 도전을 받는 것 같다.

언어적 의사소통에는 가장 이상적일 경우일지라도, 상당한 부대적인 부담이 따른다. 의사소통이 부족하면 결핍으로 느껴지지만, 친한 친구 사이에도 오랜 시간 같이 있으면 불편한 감정이 든다. 사람들에게 혼자 있을 수 있는 시간과 공간이 필요하고 때로 익명으로 머물고 싶은 욕구가 있는 것은 아마도 이 때문일 것이다. 오늘날 상호행위의 즐거움은 주면서 상호행위에 따르는 부담은 없애는 여러 가지의 교류방식이 가능해졌다. 전자오락, 컴퓨터 통신 등이 주는 매력의 한 중요한 측면은 바로 상호작용의 기쁨을 주면서 부대적인 부담은 적은 데에 있는 것으로 보인다. 실제로 자동차를 부수지도 않고 부상도 당하지 않으면서 자동차 추격의 전율을 맛볼 수 있는 매력, 그리고 대화를 하면서 동시에 어느 정도 익명으로 있을 수 있는 통신의 매력은 적지 않은 것이다. 아마 이런 교류방식의 결정판이 가상현실 속에서의 성유희(cibersex, ciberpornography)가 될 것 같다. 의사소통의 부대부담 없이 교류할 수 있다는 것은 마치 대금을 거의 치르지 않고 원하는 상품을 구입할 수 있는 경우에 비교할 수 있다. 이런 교류방식에 대해 의사소통행위이론은 단지 왜곡된 형태일 뿐이라고 일축해버릴 것인가? 아니면 혹시 언어적 의사소통에서 화폐와 권력에 의해 조정되는 행위영역이 분화되어 나갔듯이, 즐거운 교제방식도 어느 정도 분화되어 나가는 것인가? 만일 그렇다면 언어적 의사소통의 매력에서 무엇이 남는가?

8. 언어적 의사소통의 강조가 상품화 경향에 대한 충분한 대응책일 수 있는가

평등한 사회적 관계는 그것 자체가 하나의 가치로서 선택될 수 있다. 그러나 실제로 평등한 관계에 대한 강한 지향성은 욕구충족의 문제와 중요한 상관관계를 가지고 있는 것으로 여겨진다. 자녀들이 성장하면서 부모와 겪게 되는 갈등에도 그런 구조가 있을 것이다. 그런데 현대의 상품생산사회는 평등한 사회관계의 실현을 통하지 않고도 많은 욕구를 충족시킬 수 있는 장치들을 만들어낸 것으로 보인다.

첫째로 '미래할인' 정책을 들 수 있다. 미래에 사용될 자원을 지금 당겨서 사용하고 지금 야기된 환경문제 등의 해결을 미래에 넘김으로써 많은 상품의 생산비용을 낮출 수 있다. 이것은 기업의 이익을 늘려주지만 동시에 상품의 가격을 낮춤으로써 불평등의 구조하에서도 많은 사람에게 상품에의 접근을 허용한다. 둘째, 오늘날 자본주의사회는 자신의 체제유지를 위하여 거의 마술적인 효과를 내는 합성공식을 만들어내었다. 그것은 상품에 효율성(efficiency)과 미학(aesthetic), 그리고 성(eroticism)을 결합시키는 것이다. 값싸고 질이 괜찮으며 미감을 만족시키고 거기에다 성적인 감정까지 자극하는 상품들의 세계는 대다수의 사람에게 무척 매력적이다.

이런 상품사회에 대해 진정으로 저항할 수 있는 잠재력은 어디에 있는가? 하버마스가 지적하였듯이 마르크스 식의 상품 물신성 비판은 상당 부분 유효성을 상실한 것 같다.[48] 그렇다고 하버마스의 의사소통행위이론이 적절한 비판적 관점을 제시해줄 수 있는지는 불분명하다. 미래할인 전략의 실상을 인식할 수 있는 능력, 그리고 미학적 차원과 욕구 차원에서 상품화 경향에 저항할 수 있는 능력의 뒷받침이 있어야 비로소 진지하게 대안을 고려하는 언어적 의사소통이 가능할 것으로 보인다. 정당화의 문제에 치우친 하버마스의 이론에서는 저항이 감소하는 경향을 심리학적·미학적 차원에서 분석하였던 프롬이나 마르쿠제의 시도가 제대로 계승되지 못한 것으로 보인다.

---

48) 마르크스는 등가성에 기초하고 있는 상품교환관계가 그것의 객관적이고 공정한 것 같은 외양 때문에 실제의 사회적 착취관계를 은폐하는 기능을 하고 있음을 폭로하였다. 하버마스는 발달된 자본주의에서 생산력의 핵심이 더 이상 노동력이 아니라 과학이기에 마르크스 식의 상품 물신성 비판은 더 이상 유효하지 않다고 지적하였다.

9. 실천적 담화분석: 비판적 사회이론의 규범적 토대의 정초인가 확인인가

　　방법상 하버마스는 한편에서 자연주의적 오류를 범하지 않으면서 다른 한편 결의주의도 피하기 위하여 노력한다. 그는 언어적 의사소통에 내재하는 상호비판의 구조를 밝히고 이것을 진지한 언어행위자라면 어쩔 수 없이 택할 수밖에 없는 규범으로 정당화함으로써 문제를 해결할 수 있다고 생각하는 것으로 보인다. 그러니까 그의 방법적 전략은 우리가 규범의 문제에 관하여 달리 선택할 수 없음을 보여주는 것이다. 그러나 이런 방식으로 결의주의를 완전히 극복할 수 있을 것 같지는 않다. 사실 하버마스는 이미 상호비판·평등을 이념적 토대로 하는 사회이론을 전개하고자 하였으며 다만 그 이념의 소재지를 언어적 의사소통에서 찾을 수 있었던 것이다. 그리고 평등한 관계에 대한 규범적 결정이 이미 이루어졌다면, 그것은 단순히 언어에 대한 반성을 통해서가 아니라, 평등한 삶에 대한 경험과 그를 통해 형성된 평등한 관계에 대한 선호 때문일 것이다. 언어적 의사소통에서 볼 수 있는 상호비판의 구조가 언어적 의사소통에서 나온 것이라기보다, 언어는 평등한 관계를 담을 수 있는 중요한 그릇일 뿐이다. 평등한 관계를 선호하는 것은 거의 불가피할지도 모른다. 그러나 그 불가피성이 언어사용의 불가피성에서 찾아져야 하는지는 불분명하다.

　　비판의 끝에, 하버마스의 의사소통행위이론의 중요한 장점을 상기하는 것이 최소한의 공정성을 지키는 일일 것 같다. 하버마스의 의사소통행위이론은 자연권 사상가들이 계약이론을 통해서, 칸트가 실천이성의 자기규정으로서, 헤겔이 일반의지의 구체화로, 그리고 마르크스가 공산주의적 사회관계로, 아도르노가 화해로 파악하고자 했던 사회이념의 소재지를 구체적으로 밝혀내고 있다. 이런 점에서 하버마스는 계몽주의적 정치철학 전통의 아주 중요한 계승자이다. 또 그의 의사소통행위이론은 후기구조주의자들의 입장에 비해 사회제도의 합리성을 평가하며 정치적 실천의 방향을 제시할 수 있다는 점에서 커다란 장점을 갖는다. 그의 이론의 이러한 장점은 비판적 사회이론이 한편으로는 메타이론 차원으로, 다른 한편으로는 극도로 거시적인 사회이론으로 추상화되는 대가를 치르고 성취된 것은 사실이다. 그러나 나는 이것이 불가피한 일이었다고 생각하지 않는다. 이성적인 사회관계의 현실적 구현을 모색하는 이들에게 하버마스에 대한 비판은 하버마스 개인의 책임을 묻는 일이될 수 없고, 하버마스와 하버마스의 비판자 모두가 해결해야 할 과제를 상기하는 일이 될 것이다.

5장 법과 실천적 합리성
하버마스의 법 대화이론

1. 들어가는 말: 법의 사실성과 규범성

법이 통치의 주요 수단이었던 것은 이미 고대부터의 일이지만, 법이 사회 구성원의 권익을 보호하는 한에서만 정당성을 가질 수 있다는 생각은 근대에 이르러 비로소 어느 정도 보편화되었다. 근대의 여러 자연법사상은 이렇게 달라진 법 이해를 체계화하려는 초기의 시도들이었다. 그러나 자연법사상은 법 현실에 대한 기술(記述)로서는 아주 취약한 이론이었다. 비현실적인 자연 상태를 가정한다는 점 외에도, 자연법사상은 법의 제정 및 적용을 둘러싼 현실적 이해관계와 법의 실제적인 기능연관을 거의 도외시하였다. 그래서 자연법사상은 곧 사회적 사실로서의 법에 주목하는 입장들에 의해 법의 계급적 성격을 은폐하는 이데올로기로서 비판되든지, 혹은 사상가가 원하는 대로 지어낸 허구로서 조롱받게 된다. 그렇지만 법을 '사실'로서만 보고 법의 규범적 측면을 도외시하는 입장도 법 현실을 충분히 설득력 있게 설명해낸 것은 아니었다. 실제로 법의 제정 및 적용과정에서 사회의 권력관계나 입법자 및 재판관의 이해관계와 이데올로기가 강하게 작용하는 것은 사실이더라도, 또한 법의 규범적 정당성이 진지하게 문제 된다는 것도 부정될 수 없기 때문이다.

이렇게 규범주의나 반규범주의적 시각 어느 하나로 법 현실을 충분히 설명할 수 없었지만, 근대 이래의 여러 법이론은 두 입장을 결합할 수 있는 포괄적인 이론 틀을 찾아내지 못한 채 두 입장 사이에서 동요하였던 것으로 보인다. 법실증주의와 관련된 거센 논쟁이 지나간 후 오늘날 더 이상 조악한 반규범주의나 상상적인 자연법 이론이 주장되지 않는 것은 사실이다. 그러나 현대 법철학의 흐름을 개관해보면[49] 법에 대한 규범주의와 반규범주의는 해석학 대 기능주의 또는 철학적 정의론 대 사회학적 사실주의 사이의 대립 등의 형태로 계속되고 있음을 쉽게 알 수 있다.

하버마스의 대화이론적 법이론은 법의 규범적 성격과 법의 기능적 성격 모두를 법의 본질적 측면들로 설명해내는 포괄적인 이론이고자 한다. 좁은 의미에서 법의 대화이론은 법의 제정 및 적용과정에서 사용되는 논증의 구조에 대한 이론이다. 그러나 넓은 의미에서의 법의 대화이론은 민주적 법치국가와 심의적 정치(deliberative Politik)를 지지하는 이론이다. 하버마스의 법이론의 핵심적인 주장은 다음의 몇 가지로 요약될 수 있다. 첫째, 법의 정당성의 원천은 법의 제정 및 적용과정에서 작용하는 실천적 합리성에 있다. 둘째, 법은 현대사회의 조건에서 가장 중요한 사회통합의 역할을 담당하며 그 역할이 다른 것에 의해 대치될 수 없다. 셋째, 통치가 정당성을 갖기 위해서는 제도화된 공정한 절차에 따라 법의 제정 및 적용이 이루어지고, 시민사회에서 자유로운 논의를 통하여 형성된 공론이 법에 반영되며, 행정적 권력이 법에 의해 구속될 수 있어야 한다. 만일 하버마스의 이런 주장이 맞다면 그것은 한편에서 법치국가의 의미를 과소평가해온 마르크스주의에 대해, 그리고 다른 한편에서 법을 사회의 한 기능체계로만 보려는 체계이론이나 새로

---

49) 최근 국내에서 출간된 법철학의 개관서로는 한국법철학회 편, 1996 참고.

운 지배의 방식으로만 보려는 일부 후기구조주의의 입장에 대해 아주 중요한 교정이 될 것이다.

이 글은 하버마스의 위와 같은 주장을 뒷받침하는 논지들의 얼개를 분명하게 드러내는 것을 주된 목표로 하고 있다. 이 글에서 하버마스의 법이론은 보완의 필요성에도 불구하고 전체적으로 상당히 설득력 있는 것으로 서술될 것이다.

2. 합법성과 정당성

하버마스의 법이론은 베버의 정치사회학과 법사회학으로부터 다음의 세 가지 주장을 받아들인다. 첫째, 정치적 지배는 피지배자가 — 어떤 질서가 자신에게 가져올 이익과 손실에 대해 고려하거나 그 질서에 부합하는 행위양식을 단순히 습관적으로 반복하는 것, 또는 그 질서에 정서적으로 동조하는 것을 넘어서 — 지배질서의 정당성에 대해 내적 믿음을 가질 때 안정적일 수 있다. 둘째, 근대사회의 한 중요한 특징은 정치적 지배형태가 전통적 지배로부터 법적 지배로 전환된 데에 있다. 셋째, 법적 지배의 정당성은 법의 합리성으로부터 나온다(Weber, 1988: 475부터; 1980: 특히 496부터). 이 세 가지 주장은 — 뒤에 언급될 파슨스의 주장과 함께 — 하버마스의 법이론의 기본 구조를 형성하는데, 하버마스는 베버의 앞의 두 주장에 대해서는 유보 없이 동의하지만 세 번째 주장은 비판적으로 수용한다. 하버마스는 법의 정당성이 법의 합리성에 기초하고 있다는 데에는 동의하지만, 법의 합리성을 베버와 크게 다르게 파악한다.

서구의 사회 및 문화의 변천 과정을 합리화의 과정으로 보는 베버는 법의 변천 과정도 일종의 합리화 과정으로 본다. 그가 생각하기에 법의 합리화는 두 가지 방향을 가질 수 있는데, 그 하나는 질료적 합리화(materiale Rationalisierung)이며, 다른 하나는 형식적 합리화(formale Rationalisierung)이다. 질료적 합리화는 법규범들이 공동체의 공유된 가치를 가장 잘 구현할 수 있도록 편성하는 것이다. 이에 반해 형식적 합리화는 법규범들이 일관성과 체계성을 갖도록 조직하는 것이다(Weber, 1980: 468부터 참고). 자연법 이론처럼 질료적 합리성과 수준 높은 형식적 합리성이 공존하는 경우도 있었지만, 베버는 질료적 합리화는 근대사회의 조건과 점차 양립하기 어렵다고 생각한다. 질료적 합리화는 어떤 가치를 의문의 여지 없이 공유할 때만 가능한데, 그의 세속화 명제에 따르면 근대인들에게 이것은 더 이상 가능하지 않게 되었기 때문이다. 그래서 베버는 근대적 법이 발전하면서 법의 합리성은 법 전문가에 의해 관리되는 법의 형식적 일관성에 의해 구현된다고 생각한다. 법은 사회의 다른 영역으로부터 거의 독립된 독자적인 체계가 된다.

물론 베버도 법의 형식적 일관성이 그 자체로 법의 합리성의 모든 것이라고 생각한 것은 아니다. 베버가 법의 형식적 일관성을 법의 합리성의 가장 중요한 측면으로 본 것은 그가 근대사회를 진단할 때 사용하는 합리성 개념, 즉 목적합리성과 긴밀하게 연관되어 있다. 근대적인 법은 일관되게 조직된 규칙 체계이기 때문에, 또 내용적 규정보다는 형식적 규정이기 때문에 개인들에게 행위의 규칙부합성을 쉽게 판단할 수 있게 하며 목적합리성에 따라 자유롭게 행위할 수 있는 영역을 최대한 허용하게 된다. 그래서 형식적 법은 목적합리적 행위영역을 확대시키고 베버적 의미의 근대화 과정을 촉진한다.

이런 베버의 법이론은 합법성과 정당성에 관련하여 심각한 이론적 부정합성을 보인다. 형식적 법이 내적으로 일관성을 가지며 목적합리적 행위를 촉진한다는 점에서 합리적이라고 하지만, 그것은 법의 기능적 장점을 설명할 수 있을 뿐 법적 지배의 정당성을 설명할 수 없다. 법의 정당성이란 당위적 성격을 갖는 것인데, 목적합리성으로부터 당위를 추론한다는 것은 사실과 당위를 엄격히 구별하는 베버 자신의 학문이론과 부합할 수 없는 것이다. 베버의 법이론의 부정합성을 벗어나는 길은 두 가지로 생각될 수 있다. 하나는 법의 합리성과 법의 정당성 사이의 내적인 연관을 부정하는 것이다. 가령 법실증주의나 기능주의적 법이론에서처럼 법을 정당성의 물음으로부터 완전히 분리하고 법에서 찾아질 수 있는 합리성을 법규들의 논리적 일관성이나 기능적 작용에 제한하는 것이다. 다른 하나의 길은 형식적 합리성 개념으로 포착되지 않는 법의 합리성을 밝혀내고 이것을 법의 정당성의 근거로 설명해내는 것이다. 하버마스가 베버의 법이론의 부정합성으로부터 벗어나기 위해 택하는 것은 이 두 번째 길이다.

법의 합리성이 법의 정당성의 근원일 수 있으려면, 그런 합리성은 목적합리성과 달리 그 자체로 규범적 성격을 갖는 것이어야 한다. 목적합리성은 어떤 목적을 달성하는 데에 유용한 수단을 제시하거나 혹은 목적들을 일관성 있게 배열할 수 있지만, 그런 방식으로 행동해야 하는 당위를 제시할 수는 없기 때문이다. 그러나 규범적 성격을 갖는 합리성에 대해 말하는 것은 곧 가치 객관주의라는 비판을 받기 쉽다. 가치 선택의 문제를 전적으로 개인의 결단에 달린 것으로 보는 베버 식의 가치 주관주의가 우리를 실천적 곤경에 처하게 한다면, 어떤 가치의 정당성을 객관적으로 입증할 수 있다고 생각하는 가치 객관주의의 입장도 극복하기 어려운 이론적인 난점을 갖는다. 종교와 전통의 신성한 권위가 사라진 오늘날 사실과 가치, 존재와 당위의 구별을 흐리게 한다는 비판을 받지 않으면서 객관적 가치를 주장하는 것은 별로 가능해 보이지 않기 때문이다. 그러므로 합리성과 규범성의 내적 연관성을 주장하려면 가치 주관주의와 함께 가치 객관주의의 난점도 피할 수 있어야 한다.

하버마스가 규범성을 갖는 합리성 개념에 대해 말하면서도 가치 객관주의의 난점에 빠지지 않을 수 있다고 생각하는 것은 그가 생각하는 합리성 개념이 규범의 내용과 관련된 것이 아니라 규범의 정당화 절차에 관련된 일종의 절차적 합리성이기 때문이다. 하버마스는 그의 의사소통행위이론에서 이론적 대화뿐 아니라 실천적 대화에서도 어떤 절차적 합리성이 작용하고 있음을 밝힌 바 있다. 진지하게 대화에 참여하는 사람들은 서로에게 그들의 주장을 정당화하도록 요구할 수 있으며, 각자는 자신의 주장을 논지로써만 정당화해야 한다는 요청에 선다는 것이다. 여기서 강조되어야 할 점은 하버마스가 의사소통적 합리성이라고 명명하는 이 절차적 합리성이 합리성과 동시에 규범적 성격을 갖는다는 점이다. 즉, 그것은 대화 참여자가 자신의 주장을 정당화할 때 논지를 사용해야 한다는 측면에서 합리적이고, 다른 방식이 아닌 논지로써만 정당화해야 한다는 측면에서는 규범적이다. 이 절차적 합리성은 이론적 진리에 관련하여는 많은 것을 말해주지 못한다. 어떤 이론적 문제에 관하여 완전한 합의가 이루어지더라도 그것에 의해 어떤 이론의 진리성이 보증되지는 않는 것이다. 가령 대화 참여자들이 모두 틀린 지식을 공유한다면, 그들은 틀린 결론에 합의할 수 있을 것이기 때문이다.

그러나 의사소통적 합리성은 도덕적 정당성의 문제와 관련하여서는 새로운 전기를 마련해준다. 사람들의 의지와 무관하게 있는 어떤 자연적 도덕 질서를 생각하지 않는다면, 도덕적 물음에서는 합의가 곧 정당성을 보증한다. 물론 이것은 합의만 하면 타인에게 위해를 끼치는 일마저 모두 정당화된다는 것은 아니다. 어떤 규범은 그에 의해 직·간접적으로 영향을 받을 수 있는 모든 사람이 합의하는 경우에만 정당하기 때문이다. 그러므로 "틀린 지식을 가진 사람끼리의 합의가 진리일 수 없다"라는 것은 이른바 진리 합의설에 대한 반박이 될 수 있지만, "도덕적으로 악한 사람끼리 합의한 것이 도덕적으로 선할 수는 없다"라는 주장은 도덕을 대화이론적으로 정당화하는 것에 대한 진지한 반박이 되지 못한다.

규범성을 갖는 절차적 합리성 개념을 바탕으로 하버마스는 합리성과 정당성에 관련된 베버의 법이론의 딜레마를 해결할 수 있다고 믿는다. 하버마스의 구상은 다음과 같은 것이다. 그는 법제정과 적용과정이 일종의 실천적 대화의 성격을 가진다고 전제하고 출발한다. 이 전제는 법제정이나 적용과정에서 협상과 전략의 측면을 더 강조하고자 하는 이에게는 의심스러운 것이지만, 일단 여기서는 문제 삼지 않기로 한다. 그는 실천적 대화에서 절차적 합리성이 합의된 결과에 정당성을 부여하듯이, 법 제정과정 및 적용과정에서 구현된 절차적 합리성이 법적 지배의 정당성의 원천이라고 주장하려 한다. 이런 식으로 하버마스는 베버의 딜레마를 그의 식으로 변형한 물음, 즉 '어떻게 정당성이 합법성을 통하여 가능한가'의 물음에 답을 제시할 수 있을 것이라고 기대한다. 그가 자신의 법이론의 가설로 내세웠으며 그의 법이론의 핵심적인 주장이 되는 명제는 다음과 같다.

> 정당성이 합법성에 의해 가능한 것은 규범의 산출을 위한 절차가 도덕 – 실천적인 절차적 합리성의 의미에서 이성적이며, 이성적인 방식으로 실행되는 한에서이다. 정당성이 합법성으로부터 나올 수 있는 것은 법적 절차가 독자적인 절차적 합리성에 따르는 도덕적 논증과 결부되어 있기 때문이다.(FG 552)[50]

---

50) 5장에서는 앞으로 'FG'를 Habermas, 1992a의 약칭으로 쓴다.

하버마스의 법 대화이론은 주로 이 주장을 정당화하기 위한 것이다.

3. 법과 도덕

법적 대화와 도덕적 대화

법의 대화이론은 포괄적인 법이론으로서 법적 대화에 대한 분석에 한정되지 않는다. 그러나 법의 대화이론은 법의 제정 및 적용에 관련된 대화의 성격으로부터 출발하여 법체계의 기본적인 특성을 설명하고자 하기 때문에, 법적 대화의 분석이 법의 대화이론의 가장 중요한 이론적 토대이다.

법적 대화 분석의 중요한 전제는 법적 대화를 일종의 실천적 대화로 본다는 점이다. 하버마스에게 실천적 대화는 의사소통행위의 반성적 형태로서, 행위조정을 위한 동의가 즉각적으로 이루어지지 않을 때 행위를 유보하고 합의를 찾기 위해 논의하는 것을 말한다.[51] 실천적 대화에서 논의의 대상이 되는 것은 각 대화자가 문제 상황에 대해 내린 판단의 정확성, 행위조정을 위해 제시한 규범의 정당성, 그리고 규범을 적용한 방식의 적절성 등이 된다. 대화 과정에서 각 대화자는 논의의 대상에 대한 자신의 주장을 논지로써 정당화해야 하며 상대의 주장에 대해 정당화를 요구할 수 있다. 그래서 실천적 대화는 일종의 논증(argumentation)의 구조를 갖는다. 실천적 대화로서의 법적 대화가 논증의 구조를 갖기 때문에, 법적 대화의 분석은 주로 법적 논증의 구조에 대한 분석이 된다.[52]

---

51) 의사소통행위와 실천적 대화의 구별에 관해서는 홍윤기, 1996, 93쪽 참고.
52) 하버마스는 막상 법적 논증의 구조를 자세히 분석하지는 않는다. 법적 논증의 자세한 분석은 알렉시(R. Alexy), 1991에서 볼 수 있다. 또 김영환, 1996 참고.

법의 대화이론이 법적 논증의 구조를 밝힐 때 하버마스가 가장 중요한 비교의 대상으로 삼는 것은 도덕적 논증이다. 도덕적 논증과의 공통점과 차이점을 밝힘으로써 법적 논증의 성격을 드러내는 것이다. 법적 논증과 도덕적 논증은 모두 규범의 타당성과 관련되어 있으므로 실천적 대화이다. 그렇다면 우선 해결되어야 하는 과제는 두 대화를 서로 다른 실천적 대화로 구별해내는 것이다.[53] 하버마스는 비교의 관점을 정확히 하기 위하여 실천적 대화를 두 차원으로 나누어, 규범의 정당화와 관련된 근거설정 대화(Begründungsdiskurs)와 규범적용의 적합성과 관련된 적용대화(Anwendungsdiskurs)를 구별한다.[54] 법적 대화나 도덕적 대화 모두 이

---

53) 법적 대화와 도덕적 대화가 실천적 대화의 서로 다른 형태이며 법적 대화가 단순히 도덕적 대화의 특수한 경우가 아니라는 주장은 하버마스에 의해 처음 대변된 것은 아니다. 가령 Alexy, 1991이나 M. 크릴레, 1992, 42쪽부터 참고. 하버마스가 실천적 대화를 도덕적 대화의 특수한 경우로 규정했다고 비판하는 알렉시의 이른바 특수 경우 명제(Sonderfall-These)도 하버마스가 생각하는 것과 달리 법적 대화를 도덕적 대화의 특수한 경우로서가 아니라 실천적 대화의 특수한 경우로 규정하고 있다. FG 283; Alexy, 1991, 426쪽부터 참고.
54) 근거설정 대화와 적용 대화를 구별할 때 하버마스는 주로 귄터(K.Günther)에 의존하고 있다. 귄터의 주요 관심 대상은 규범 자체의 정당성에 관련된 근거설정 대화보다는 규범 적용의 적합성에 관련된 적용대화이다. 그에 따르면 적용대화에서는 상황의 중요한 성격이 모두 서술되었는지, 상황에 관련된 규범들이 모두 고려되었는지, 그리고 그 상황에서 고려의 대상이 되는 규범들 사이에 적절한 우선 순위가 설정되었는지가 논의된다. Günther,1988: 257쪽부터 참고. 그가 말하는 적용담화는 철학사에서 판단력이나 지혜의 문제로 다루어져 온 것인데, 철학자에 따라 그것에 부여한 비중이 달랐다. 가령 아리스토텔레스는 상황에 따른 지혜로운 판단력에 큰 비중을 둔 반면, 칸트는 도덕원칙만 분명히 알면 적용의 문제는 아주 수월한 것이라고 생각하였다. 불투명하게 남겨진 판단력의 문제를 체계적으로 해명하려 한 귄터의 시도는 매우 흥미로우나 그 성과에 대해서는 논란의 여지가 많다. 대표적 비판으로 Alexy, 1993 참고. 나는 귄터의 예에서 판단력에 대한 연구의 현단계를 볼 수 있다고 생각한다. 귄터는 판단력에서 무엇이 문제 되는지를 해명했다고 하더라도, 문제 상황의 서술이 완전한지를 어떻게 확인하며, 문제 되는 규범들이 모두 고려되었는지를 어떻게 알 수 있는지, 그리고 규범들 사이의 우선 순위를 어떻게 설정하는지에 대해서는 아무런 답을 제시하지 못하고 있다. 판단력의 문제는 철학자나 법학자 모두에게 여전히 해명되지 않은 채 있는 것이다.

두 가지 차원을 갖는데, 하버마스는 두 대화를 주로 근거설정 대화로서 비교한다.

하버마스는 우선 실천적 대화를 도덕적 대화와 동일시하지 않도록 주의한다. 만일 실천적 대화가 곧 도덕적 대화라면 법적 대화는 도덕적 대화의 한 형태에 불과할 것이기 때문이다. 그래서 하버마스는 실천적 대화의 원칙을 도덕적 대화의 원칙보다 더 추상적인 차원에 설정하고 도덕적 대화와 법적 대화는 실천적 대화의 원리가 각각 다르게 구체화된 것으로, 즉 실천적 대화의 하위대화로서 서로 구별되며 동등한 지위를 갖는 것으로 설명하고자 한다. 하버마스는 **실천적 대화의 원칙**(D)을 다음과 같이 정식화하며, 이것은 도덕과 법에 대해 중립적이라고 생각한다.

> (D) 어떤 행위규범은 그것에 의해 직·간접적으로 영향을 받을 사람들이 모두 합리적 대화에 참여하여 동의할 수 있을 경우에 타당하다.(FG 138)

이 원칙은 두 가지 점에서 극히 추상적이다. 우선 참여자의 자격이 구체화되어 있지 않고 규범의 정당화 과정에서 고려되는 사항이 무엇인지도 정해져 있지 않다. 하버마스는 도덕적 대화와 법적 대화가 따르고 있는 원칙들의 차이를 바로 이 두 가지 점의 차이에서 찾는다.

도덕적 대화가 따르는 원칙은 칸트의 정언명령과 유사한 것으로서, 모든 사람의 이해가 균등하게 고려되는 한에서만 어떤 규범이 정당화될 수 있음을 천명한다. 이 원칙은 모든 사람의 이해를 고려한다는 점에서 보편주의적이다. 그래서 하버마스에서 도덕원칙은 칸트에서처럼 **보편화 원칙**(U)으로서 정식화된다.

(U) 어떤 규범이 타당한 것은 사람들이 일반적으로 그것에 따라 행동할 경우 각 개개인의 이익의 충족과 관련하여 발생할 결과와 부작용이 모두에 의해 비강제적으로 받아들여질 수 있을 경우이다.(Habermas, 1992b: 12)

보편주의적 성격 외에 도덕원칙의 또 하나의 중요한 특징은 그것의 일면성이다. 도덕원칙은 규범의 타당성을 **오직** 도덕적 측면에서만, 즉 사람들의 이해가 균등하게 고려되었는가의 측면에서만 검사한다. 실용적인 목적을 위한 혹은 특정 공동체가 지향하는 가치의 실현을 위한 규칙은 도덕적 숙고의 대상이 아니다.

근거설정 대화로서의 법적 대화는 대화 참여자들이 자신들에게 구속력을 갖는 법을 제정할 때의 대화이다. 이때 대화 참여자들은 도덕적 대화에서처럼 모든 사람이 아니라 법적으로 동등한 참여권을 갖는 사람들, 즉 "자유의사에 따라 참여한 결사체의 자유롭고 평등한 구성원으로 서로를 인정하는 법동료들"(FG 141)이다. 근거설정 대화로서의 법적 대화는 동등한 참여권을 갖는 법동료들이 스스로에게 부과하기로 동의하는 규정들을 찾거나 혹은 어떤 규정이 그럴 자격이 있는지를 검토하는 토의의 과정이다. 그래서 법적 대화가 따르는 원칙은 모든 사람의 이해를 고려하라는 보편화 원칙이 아니라 모든 법동료들의 동의를 얻어야 한다는 **민주주의의 원칙**이다. 민주주의적 원칙은 일상적인 실천적 토의에서 볼 수 있는 불편부당성의 요구, 즉 상호 인정과 상호 비판의 구조가 법 제정과정에 적용된 경우이다. 그런데 법의 정당성이 법 제정절차의 공정성에 의존한다면, 법의 정당성을 위해서는 법 제정절차의 공정성이 확인될 수 있어야 하고 또 공정한 절차가 실제로 구속력 있게 지켜져야 한다. 그래서 법 제정절차는 구체화된 절차이어야 하고, 그 자체가 법적으로 구속력 있게 규정되어 있어야 한다. 결국 하버마스 식의 대화이론으로부터 볼 때 정당성을 갖는 법을 제정하는 절차는 일상적인 실천적 토의의 구조가 법제정에 적용되어 구체화된 것으로서 법적으로 규정된 절차이다. 법의 정당성의 형성과정에 대한 이런 견해를 담아 하버마스는 민주주의 원칙 (Dm)[55]을 다음과 같이 정식화한다.

> (Dm) 어떤 법률이 정당성을 갖는 것은 그것이 법적으로 규정된 토의적 법 제정과정에서 모든 법동료들의 동의를 얻을 수 있는 경우이다.(FG 141)

법적 대화가 법동료 사이에 법적으로 규정된 절차에 따라 법을 제정하는 토의적 과정이라는 점 이외에도 도덕적 대화와 크게 구별되는 점이 있다. 그것은 법적 대화를 통하여 확정되는 규범의 당위적 성격이 도덕적 대화에서 문제 되는 당위에 한정되지 않는다는 점이다. 법이 " ~ 해야 한다"라고 규정할 때 그것은 언제나 도덕적인 당위만이 아니라 실용적, 윤리·정치적 당위에 관계되기도 한다. 법은 도덕적인 이유에서 살인을 금지하지만 실용적인 이유에서 교통규칙을 규정하기도 하며, 공동체의 공통가치를 보전하기 위하여 문화재 관리나 교육에 관한 규정을 할 수 있다. 그래서 하버마스는 법을 도덕의 제한된 형태로 보거나 또는 도덕을 사적인 사안에, 그리고 법을 공적인 사안에 관련시키는 것에 모두 반대한다. 법은 도덕보다 복합적인 차원의 것이다.

---

55) 나는 하버마스가 민주주의 원칙을 실천적 대화의 원칙(D)이나 보편화 원칙(U)처럼 명확히 정식화한 경우를 찾지 못하였다. 내가 민주주의 원칙으로 인용하는 문장은 하버마스가 민주주의에 대해 언급하는 여러 문장 가운데 하나일 뿐이며, 그것을 'D'와 구별하기 위하여 'Dm'이라고 명명한 것도 내가 임의로 한 것이다.

도덕적 대화와 법적 대화의 구별되는 점에 대하여 위에서 언급된 사항을 다음과 같이 간략히 표로 나타낼 수 있다.

〈표-7〉

	도덕적 대화	법적 대화
대화의 원칙	보편화 원칙(U)	민주주의 원칙(Dm)
논의의 대상	도덕적 정당성	도덕적 정당성, 실용성, 윤리·정치적 적합성

법과 도덕의 상보적 관계

근대적 법의 가장 중요한 특징은 종교적 기원을 갖는 전통법이나 관례에 따르는 관습법과 달리 제정을 통하여 유효해지는 실정법이라는 점이다. 제정과 변경이 용이하다는 점에서 실정법은 사회적 변화에 적절히 대응할 수 있다는 커다란 장점을 갖는다. 그러나 실정법의 이러한 장점은 그것의 도구적 장점일 뿐, 그것이 곧 법에 정당성을 부여하는 것은 아니다. 사람들이 법의 정당성에 대해 믿음을 가질 수 있기 위해서는 전통법에 정당성을 부여하였던 신성한 가치에 상응하는 것이 있어야 한다. 그러나 어떤 특정한 신앙이나 형이상학을 의문 없이 공유할 수 없는 근대인들이 어떤 내용적 가치를 공유한다는 것은 기대하기 어렵다. 하버마스는 법 대화이론을 통해 밝힐 수 있는 실천적 합리성이 바로 실정법으로서의 법에 정당성을 부여하는 근거라고 생각한다. 전통법이 — 법에 의해 만들어진 것이 아니라 법에 선행하여 타당한 것으로 여겨지는 — 신성한 가치에 의존하여 정당성을 획득하였다면, 법적 대화에서 작용하는 실천적 합리성도 법에게 처분불가능한 정당성의 근원이다. 여기서 처분불가능성(unverfügbarkeit)이란 실천적 합리성이 법에 의해 가능해진 것이 아니며 오히려 실천적 합리성에 의해 법의 정당성이 가능하다는 의미이다. 만일 실천적 합리성이 법의 처분불가능한 정당성 원천이라면 법실증주의나 법기능주의의 주장은 일면적인 것으로 반박된다. 법과 도덕의 상보관계에서 법이 도덕에 의해 보완되는 측면은 바로 이 정당성의 측면이다.

> 탈형이상학적 법의 실정성은 또한 (……) 법질서가 오직 합리적으로 정당화된, 따라서 보편주의적인 기본원칙에 비추어 구성되고 개선될 수 있다는 것을 의미한다.(FG 97)

법이 정당성의 측면에서 도덕에 의해 보완된다면, 도덕은 기능성의 측면에서 법에 의해 보완된다. 법이 도덕에 비해 가질 수 있는 기능적 장점은 무엇보다도 안정적인 행위조정을 가능하게 한다는 점이다. 도덕이 안정적인 행위조정 기능을 제대로 수행할 수 없게 된 것은 도덕의식 수준의 변화와 밀접한 연관이 있다. 만일 사람들이 의문의 여지 없이 타당한 배후지식과 신념으로 작용하는 특정한 전통이나 세계관을 공유한다면, 그래서 이것이 어떤 도덕적 문제에 대해 쉽게 일치된 판단을 내리게 해준다면, 도덕도 충분히 안정적인 행위조정 기능을 수행할 수 있을 것이다. 그러나 탈관습 단계의 도덕의식에게 그런 배후지식과 신념은 기대될 수 없다. 탈관습 단계의 도덕의식에게는 원칙적으로 반성의 범위에 제한이 없다. 그런 점에서 판단의 합리성은 극대화된다. 그러나 확고하게 공유된 지식과 신념에 의존할 수 없을수록 합의는 어렵고, 또 달성된 합의도 지극히 잠정적인 성격만을 갖는다. 탈관습 단계로 이행하면서 도덕의 안정적인 행위조정 기능은 감소하는 데 반하여, 개인의 자유의사에 따른 행위영역이 확대됨으로써 행위조정의 필요는 증대한다. 하버마스가 보기에 근현대 사회로의 전환은 바로 증가된 행위조정의 필요를 충족시킬 수 있는 새로운 제도에 의해 가능하였는데, 그것이 바로 근대적인 실정법이다.

하버마스는 법이 도덕의 행위조정 기능을 세 가지 측면에서 보완한다고 생각한다. 첫째는 인지적 측면이다. 규범들을 정당화하고 어떤 행위와 연관된 모든 사항들을 고려하여 규범을 적절히 적용한다는 것은 종종 개인들의 인지적 능력을 벗어난다. 이런 개인들이 규범의 정당성과 규범 적용의 적절성에 대해 서로 합의하기는 아주 어려운 일이다. 법은 개인들로부터 이런 인지적 부담을 어느 정도 덜어준다. 의회의 입법과정과 법원의 판결, 그리고 전문적 법해석 작업을 통한 법의 체계화 등은 개인이 스스로 판단해야 하는 부담을 경감시켜 준다.

둘째, 법은 동기적 측면에서 도덕을 보완한다. 도덕이 행위조정 기능을 안정적으로 수행할 수 있으려면 개인들은 타인들과 합의한 규범에 따라 문제를 해결할 의향을 가져야 하고, 합의된 바를 경우에 따라 자신의 이익에 반하여서라도 이행할 수 있는 의지력을 가져야 한다. 그러나 이것은 개인들에게 언제나 기대될 수 있는 것은 아니다. 그런데 이렇게 규범에 대한 합의에 이르기도 어렵거니와 합의에 따라 행위하는 것도 불확실하다면, 각 개인에게 규범을 준수할 것을 요구하기도 어렵게 된다. 어떤 사람에게 합의된 규범을 준수하도록 정당하게 요구할 수 있는 것은 그 규범이 실제로 일반적으로 준수될 것이 예상되는 한에서만 가능하기 때문이다. 법은 강제력을 바탕으로 어떤 규범이 일반적으로 준수되게 할 수 있기 때문에 도덕의 이런 동기상의 약점을 보완한다. 물론 법적 규범을 준수하게 하는 것이 법의 강제력만은 아니다. 개인은 법적 규범을 그것의 타당성에 동의하기 때문에 준수할 수 있다. 다만 강제력은 그런 자발적인 동기를 갖지 않을 경우 제재에 대한 두려움 때문에라도 어떤 규범을 준수하게 하는 것이다.

법이 도덕을 보완하는 세 번째 측면은 책임의 적절한 할당과 관련된다. 전통적인 도덕이 도덕적 고려의 대상을 한정된 범위에 제한하였다면, 보편주의적 도덕은 그런 경계를 허물어뜨렸다. 이와 함께 개인들은 가족과 이웃뿐 아니라 민족, 인류, 심지어 생태계에 대해서까지 많은 도덕적 책임에 직면하게 되는데, 그 책무를 수행할 수 있는 개인의 능력은 지극히 제한되어 있다. 법은 공익단체나 복지단체처럼 개인이 해낼 수 없는 책무를 담당할 기관이나 조직에 법적 지위를 부여하고 활동을 가능하게 함으로써, 개인에게는 적절한 정도의 도덕적 책무가 배분될 수 있게 한다.(FG 146부터)

4. 법과 사회통합

앞에서 간략히 살펴보았듯이, 하버마스는 법적 대화의 논증구조에 주목하여 법제정 및 적용과정이 절차적 합리성의 요구하에 있음을 밝혔다. 이로써 하버마스는 법의 형식적 합리성으로부터 법적 지배의 정당성을 설명하려 하였던 베버의 법이론의 부정합성을 교정하고, 합법성으로부터 정당성이 가능할 수 있는 근거를 제시하였다. 이렇게 베버의 비판적 수용을 통하여 법의 정당성 차원을 입증한 후, 현대사회에서 법의 기능적 역할을 규정할 때 하버마스는 파슨스에 의존한다.

파슨스는 사회가 안정적으로 존속하기 위해서 네 가지 주요 기능을 성공적으로 충족시켜야 한다고 보고, 사회가 각각의 기능을 실현하는 부분체계로 구성되어 있다고 보았다. 네 가지 기능이란 물질적 생존을 위해 외부환경에 적응(adaptation)할 수 있어야 하고, 집단적 목표의 달성(goal attainment)이 가능해야 하며, 사회구성원이 될 사람들이 사회의 가치, 규범, 의사소통 양식 등을 익히게 함으로써 사회구성원의 유형을 유지(pattern maintenance)

할 수 있어야 하고, 사회구성원들을 공통의 사회로 통합(integration)시키는 것이다(Parsons, 1971: 10부터). 이 각각의 기능에 해당되는 부분체계는 경제, 정치, 유형 유지, 사회공동체(societal community)이다. 경제체계에서는 개인들의 경제행위가 조정되고 정치체계에서는 권력의 배분이 이루어진다면, 사회공동체는 개인들을 공통의 가치에 따라 통합시킨다. 이 가운데 파슨스가 가장 주목하는 것은 통합의 기능을 하는 사회공동체이다.[56]

파슨스는 특히 근현대 사회의 사회통합 방식에 관심을 기울인다. 사회통합을 위하여서는 일반적으로 공유된 가치가 있어야 하는데, 현대사회처럼 고도로 분화된 사회에서 일반적으로 공유될 수 있는 가치는 매우 추상적인 것이 될 수밖에 없다. 또 현대사회처럼 대규모의 복합적인 사회에서는 사람들이 공통의 규범을 자발적으로 준수한다는 보장이 없기 때문에, 사회통합을 위하여 꼭 필요한 규범은 강제적인 구속력을 가져야 한다. 파슨스는 바로 법을 사회구성원들의 행위에 대해 구속력을 갖는 일반적 규범체계로 여긴다. 이런 파슨스의 견해에 따르면 도덕만이 법의 본질도 아니며 강제력도 법의 본질의 전부가 아니다. 법은 두 가지 요소가 하나의 체계로 통합된 것이다(Parsons, 1971: 18). 이러한 특징 때문에 파슨스는 법이 고도로 분화된 현대사회에서 사회통합을 위하여 필수 불가결한 것이라고 여긴다.

하버마스는 파슨스의 이런 견해를 거의 전적으로 수용한다. 하버마스의 법이론의 사회이론적 차원을 이해하기 위해서는 파슨스의 법이론에 하버마스의 이원적 사회이론을 결합하면 된다. 하버마스의 이원적 사회이론을 아주

---

56) 이것은 파슨스가 통합의 기능을 그 자체로 다른 기능보다 더 중요시해서 그런 것은 아니다. 가령 경제가 기능하지 않는다면 사회가 유지될 수 없을 것임은 명백하다. 파슨스가 사회통합의 기능에 주목하는 것은 다만 그것이 경제학이나 정치학과 다른 학문으로서 사회학적 이론의 관심사이기 때문이다. 파슨스는 사회학을 "공통의 가치에 따라 통합된 행위체계들에 관하여 분석적 이론을 전개하려는 학문"으로 정의한다. Parsons, 1968, 768쪽 참고.

간략히 정리하면 다음과 같다. 근대 이전의 미분화된 사회에서는 개인의 사회화나 문화의 재생산, 그리고 사회적 행위의 조정이 모두 '언어적 이해'[57]에 의해 이루어졌다. 언어적 의사소통에 의해 재생산되는 사회영역을 하버마스는 '생활세계'라고 부르는데, 이런 용어법에 따르면 미분화된 사회는 그 전체가 인격, 문화, 사회(Gesellschaft)의 세 요소를 갖는 일종의 생활세계였다. 근대사회에서 나타난 사회적 분화란 좁은 의미의 사회, 즉 상호작용의 영역(Gesellschaft)으로부터 경제적 재생산과 권력 배분의 기능을 담당하는 영역이 분리되는 것을 말한다. 정치와 경제의 영역은 언어적 이해가 아니라 권력과 화폐를 매개로 재생산되는 영역으로서 '체계'라고 불린다. 사회에서 정치와 경제가 분리되고 남은 부분을 하버마스는 시민사회(Zivilgesellschaft)라고 부른다. 하버마스가 생각하는 사회분화를 다음과 같이 표로 나타낼 수 있다.[58]

<표-8>

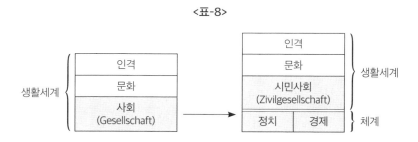

사회를 이원적으로 파악하는 하버마스의 가장 큰 관심사는 어떻게 사회

---

57) 여기서 언어적 이해는 말이나 문장의 뜻을 안다는 의미의 이해가 아니라 서로의 행위를 조정하기 위한 합의의 의미에 가깝다. 이때 이해는 견해가 같은 것에 대한 합의뿐 아니라 견해가 다른 것에 대한 합의도 포함한다.
58) 사회분화에 관해서는 FG 77; 하버마스, 2006, 224쪽 이하 참고.

의 분화를 해치지 않으면서도, 더 이상 언어적 이해에 의존하지 않는 체계의 영역을 규범적으로 구속하느냐 하는 문제이다. 하버마스는 바로 법이 생활 세계에서 형성된 규범적 요구를 체계에로 구속력 있게 전달하는 역할을 담당한다고 생각한다. 하버마스가 법을 정의할 때 자주 사용하는 용어 — '전달띠'(Transmissionsriemen)(FG 102), '경첩'(Scharnier)(FG 77), '변환기'(Transformator)(FG 78), '매개체'(Medium)(FG 386) — 에서 명백히 알 수 있듯이, 사회이론적 차원에서 법을 고찰할 때 하버마스는 거의 전적으로 법의 이 전달 기능에 주목하고 있다.

하버마스가 보기에 법은 언어적 의사소통에 내재하는 상호인정의 요구가 구속력 있는 규범으로서 제도화된 것이다. 법은 도덕과 함께 언어적 의사소통에 의해 정당화되지만, 도덕과 달리 구속력을 갖기 때문에 화폐나 권력의 작용에 대하여 적절히 제한을 가할 수 있다. 그래서 분화된 사회의 조건에서, 즉 체계가 생활세계로부터 상당한 정도로 자립화된 조건에서 규범적 사회통합의 역할을 할 수 있는 것은 도덕이 아니라 법이다. 하버마스가 파슨스의 견해를 자기식으로 정리한 다음의 구절은 그의 법이론의 가장 적절한 요약이기도 하다.

> 법은 연대성이, 즉 우리가 구체적인 삶의 관계들로부터 알고 있는 상호인정의 수준 높은 구조가, 익명화되고 체계논리에 따라 매개된 복합적인 사회관계들에 추상적인, 그러나 구속력 있는 형태로 전이되게 하는 전달띠(Transmissionsriemen)이다.(FG 102-103)

분화된 사회의 조건에서 법이 생활세계에서 연원하는 상호인정의 요구를 구속력 있는 규범으로 구체화하는 방식은 크게 세 가지이다. 첫째, 시장과 관료적 조직을 법에 의해 제도화하는 것이다. 이로써 시장과 관료적 조직은 법의 규제하에 놓이게 되고, 법으로 전환된 생활세계의 규범적 요구의 규제하에 있게 된다. 둘째, 사회적 상호행위에 법적 성격을 부여함으로써 갈등상황 시에 법에 호소할 수 있도록 하는 것이다. 이것은 관습이나 신뢰 등이 더 이상 갈등 해결의 기반이 되지 못할 때, 갈등을 공정한 절차에 의해 해결할 수 있게 한다. 마지막으로 국민(Staatsbürger)의 지위를 법적으로 제도화하고 보편화하는 것이다. 여기서 국민의 지위란 정치적 참여권의 소유를 의미한다. 정치적 참여권이란 선거권에 한정되는 것이 아니라 시민사회에서 여론을 형성하고 자유롭게 결사체를 만들 권리를 말한다.(FG 101) 법에 의해 국민의 동등한 정치적 참여권이 보장되고, 또 법규범이 그런 국민에 의해 정당화됨으로써, 그리고 행정과 경제가 법을 통해 제도화됨으로써 상호인정의 규범에 기초한 사회통합이 가능한 것이다.

5. 법과 민주주의: 심의적 정치

앞에서 살펴보았듯이 하버마스는 법이 사회통합의 역할을 담당할 수 있기 위해서는 형식적 일관성이나 목적합리성만이 아니라 규범적 정당성을 가져야 한다고 생각한다. 그런데 탈형이상학의 시대에는 다른 모든 규범과 마찬가지로 법의 정당성도 실천적 토론을 통하여서만 정당화될 수 있다. 그러므로 법이 사회통합의 역할을 제대로 해내기 위해서는 실천적 토론을 통해 형성된 공통의 견해에 의해 법의 정당성이 확보되어야 한다. 자유로운 토론에 의해 공통의 견해가 형성되고, 공통의 견해가 법의 제정 및 적용과정에 반영되며, 행정이 법규범에 의해 구속되는 정치를 하버마스는 심의적 정치

(deliberative Politik)라고 한다.

하버마스가 생각하는 심의적 정치는 이원적이다. 심의적 정치의 한 차원은 의회와 같은 기구가 법적으로 제도화된 절차에 따라 의견을 형성하고 결정을 내리는 것이며, 다른 한 차원은 정치적 공론의 장에서 다양한 방식으로 형성되는 여론이다. 하버마스가 심의적 정치를 이렇게 이원적으로 생각하는 것은 두 가지 차원이 각각 다른 역할과 장점을 가지기 때문이다. 의회와 같은 기구에서 법적으로 규정된 절차에 따라 의사형성 및 결정이 이루어지는 것은 비정형적인 여론형성과정에 대해 두 가지 장점을 갖는다. 하나는 공정한 절차를 강제적으로 따르게 함으로써 일상생활에서처럼 권력이나 금전과 같은 사적인 힘들에 의해 공정한 의사형성과정이 왜곡되는 것을 최대한 방지한다는 점이다. 의회의 결정이 정당성을 갖는 것은 바로 그 결정에 이르는 과정에서 공정한 절차가 지켜졌음이 보장되기 때문이다. 다른 하나의 장점은 비정형적 여론형성과정에서와 달리 의회는 제한된 시간 안에 결정을 내릴 수 있다는 점이다. 비정형적 여론형성과정에서는 사람들이 일정한 시간이 지난 후에 하나의 견해에 합의한다는 보장이 전혀 없다. 그러나 의회에서의 절차는 심의의 과정 후에 결정에 이를 수 있게 구성되어 있다. 의회가 갖는 이 장점 역시 매우 중요하다. 왜냐하면 적절한 시점에 구속력 있는 결정이 내려지지 못하면 결국 실천적 합리성에 따른 방식이 아닌 다른 방식에 따라 행위가 조정될 것이기 때문이다.

그러나 의회와 같은 기구가 비정형적인 여론형성과정에 비해 중요한 장점을 갖는다고 해서 비정형적인 여론형성과정이 부차적인 의미만을 갖는 것은 아니다. 제도화된 정치적 기구들이 이미 정치적 해결을 필요로 하는 것으로 공인된 문제들을 다룬다면, 새로운 문제가 감지되고 주제화되며 경우에 따라 정치적 해결을 필요로 하는 문제로 격상되는 것은 바로 비정형적 의사형성과정을 통해서이다.(FG 435) 비정형적 의사형성과정에서 사람들은 다양한 필요와 문제에 관해 의견을 주고받는데, 그 가운데 자연스럽게 혹은 적극적인 사람들의 의식적인 노력에 의해 어떤 문제가 공동의 관심사로 떠오른다. 의회와 같은 정치적 기구는 여론에 의해 공통의 문제로 부각된 것을 정치적 문제로 수용하여 해결책을 제시한다. 그렇다고 의회와 같은 기구가 언제나 여론에 순응하기만 하는 수행 도구에 불과하다는 것은 아니다. 여론은 어디까지나 정치적 체계에 대해 영향력을 행사하는 것이지 그 자체로 정치적 구속력을 갖는 것은 아니다. 그래서 하버마스는 여론이 스스로 '통치'할 수 없고 정치적 체계만이 '행위'할 수 있다고 한다.(FG 364) 하버마스가 생각하는 심의적 정치는 다음과 같은 과정을 포괄하는 정치 양식이다. 그것은 자유로운 의사형성과정을 통하여 여론이 형성되고, 여론이 공정한 절차를 통하여 정당한 법의 형태를 갖추며, 행정적 권력이 정당한 법에 의해 구속되는 것이다.(FG 432)

6. 절차주의적 법 이해

이제까지 살펴본 하버마스 법이론의 가장 핵심적 주장은 법적 지배의 정당성이 법의 제정 및 적용 과정에서 작용하는 실천적 합리성으로부터 유래한다는 것이었다. 이런 절차주의적 법 이해를 근거로 하버마스는 자유주의와 공동체주의 혹은 자유주의와 복지국가주의 사이의 법이론 논쟁에서 벗어날 수 있다고 생각한다.

자유주의자들의 법 이해의 중요한 특징은 다음의 세 가지로 요약될 수 있다. 첫째, 법적 규제의 가장 중요한 역할은 개인의 불가침의 권리를 보호하는 데에 있다. 둘째, 사적 영역과 공적 영역은 엄격히 구분되며, 공적인 것만이 법적 규제의 대상이 될 수 있다. 셋째, 명확한 권력의 분립은 민주적 법치의 가장 중요한 제도적 요건이다. 이런 자유주의의 입장은 다음의 난점을 갖는다. 첫째, 자유주의자들은 개인의 권리의 평등성만을 말할 뿐, 권리행사에 필요한 사회적 조건의 불평등성은 간과한다. 둘째, 자유주의자들은 종래에 사적인 문제로 여겨져 오던 것이 법적 규제의 대상으로 전환되는 것을 적절히 파악할 수 없다. 가령 가정이 사적인 영역이라는 이유로 가정폭력과 같은 문제를 법적 규제의 대상으로 여기는 것을 어려워하는 것이 그런 예이다. 셋째, 자유주의자들은 권력 분립이 불명확해짐에도 불구하고 민주적 법치가 가능할 수 있다는 사실을 파악하지 못한다. 하버마스는 절차주의적 법 이해가 이런 자유주의적 입장의 약점을 교정할 수 있다고 생각한다. 절차주의적 입장에서 일차적으로 중요한 것은 법제정 및 적용의 과정에서의 실천적 합리성이지 권리영역의 구별이나 구체적인 권력분립 방식이 아니다. 개인의 권리를 무엇으로 규정할 것인지, 어떤 문제가 공동의 해결을 필요로 하는 문제인지, 그리고 구체적으로 어떤 정치제도를 선택할지는 의사소통의 과정을 통하여 결정될 사항이다. 그래서 만일 시민사회에서 자유로운 논의 과정을 거쳐 공동의 해결 노력을 필요로 하는 문제로 인식된다면, 가정폭력은 얼마든지 정치적 문제가 되며 법적 규제의 대상이 될 수 있다. 또 행정, 입법, 사법 사이의 제도적 경계가 불분명해지는 것도 그 자체로 법치국가의 정당성을 위협한다고 할 수는 없다. 의회의 법규범 제정 기능이나 사법부의 판결 기능이 부분적으로 행정기관이나 자치단체에 이양되더라도, 중요한 것은 법규범의 제정이나 적용 과정에서 얼마나 실천적 합리성이 지켜지는가 하는 것이다.

하버마스는 다른 한편 법을 공동체의 가치 실현을 위한 수단으로 여기는 공동체주의자나 복지국가주의자들의 법 이해에 대해서도 유보적인 태도를 보인다. 국민의 복지를 구성하는 요소는 무척 다양하다. 그런데 어떤 것들이 복지의 구성 요소인지, 그리고 어느 요소가 다른 요소들에 대해 얼마나 우선성을 갖는지는 제삼자의 눈으로 관찰될 수 있는 것이 아니다. 그것은 시민사회에서 자유로운 논의를 통하여 공동으로 해석되어야 하는 것이다. 만일 복지의 구성 요소와 복지 요소 간의 우선성을 정하는 데에 국민이 참여하지 않는다면 국민은 단순히 관료주의적 국가가 제공하는 서비스를 소비하는 수동적인 고객으로 전락할 수 있다. 하버마스는 복지국가의 이런 후견주의적 경향이 심의적 정치의 활성화를 통하여 방지될 수 있다고 생각한다. 심의적 정치가 활성화될 때 복지는 개인의 자율성을 대가로 치르고 얻어지는 것이 아니라 개인의 자율성을 회복시키는 것이 된다. 심의적 정치를 법이론적으로 파악한 것이 절차주의적 법 이해이다. 그래서 하버마스는 과거에 자유주의적 법 이해의 문제점을 교정하기 위하여 사회국가적 법 이해가 등장하였듯이, 사회국가적 법 이해를 교정하기 위하여 절차주의적 법 이해로 전환할 것을 제안한다.[59]

7. 나가는 말: 마르크스인가 하버마스인가

마르크스의 정치경제학 비판을 이끌었던 기본 이념이 '생산자들의 자유로운 연합'이었다면, 하버마스의 법이론은 '동등한 권리를 갖는 법동료들의 자기규정'을 지향하고 있다. 이 기본적인 지향점의 차이에서 마르크스와 하버마스를 비교하는 것은 흥미롭기도 하고 오해의 여지가 많은데, 여기서는 한

---

59) 절차주의적 법 이해로의 전환에 관해서는 FG 468쪽부터 참고.

가지 주의해야 될 점만을 지적하는 데에 그치고자 한다. '생산자들의 자유로운 연합'과 '법동료들의 자기규정'은 구체성의 수준이 다른 이념이다. 전자는 정치뿐 아니라 경제조직 방식을 포함하는 하나의 구체적인 사회이념이지만, 후자는 법치국가의 절차적 측면에 초점을 맞춘 지극히 추상적인 이념이다. 그래서 사회주의와 법치국가의 이념을 수평적으로 비교하는 것은 곤란하다. 굳이 비교하자면 다음과 같이 말할 수 있을 것 같다. 마르크스의 사회이념이 사회통합을 위한 충분조건으로서 제시되었다면, 하버마스의 법치국가는 현대사회의 조건에서 사회통합을 위한 필요조건으로 제시된 것이다.

마르크스의 이론과의 여러 가지 차이점에도 불구하고 하버마스가 마르크스 및 그에 앞선 계몽주의 전통에서 받아들이는 가장 중요한 이념은 역시 '자율'이다. 이때 문제 되는 자율은 사적(私的)인 차원에서의 자율보다는 공적(公的)인 차원에서의 자율이다. 사적인 자율이란 타인에게 피해를 주지 않는 한 본인이 원하는 것을 스스로 결정하여 행할 수 있는 자유를 말하지만 공적인 자율은 자신들이 따르게 될 규칙을 정하는 과정에 참여할 수 있는 권리와 능력을 말한다. 이 공적 자율의 이념과 관련하여 다시 마르크스와 하버마스를 비교할 수 있는데, 마르크스는 주체가 자율적일 수 없게 만드는 물질적 조건을 변혁시키려 하였다면, 하버마스는 자율을 가능하게 하는 정치적, 문화적 조건을 강조한다. 그래서 하버마스에게는 심의적 정치와 함께, 개인들이 토론을 통해 문제를 해결할 수 있는 능력을 갖도록 교육하는 사회화 과정, 그리고 활발한 의견교환이 이루어지는 자유로운 정치문화가 중요하다.

나에게는 자율의 이념에 바탕한 사회상을 제시하려는 마르크스의 노력과 하버마스의 노력이 양자택일을 요구하는 대립된 견해인 것으로 보이지 않는다. 자본주의와 사회주의 체제에 대한 역사적 경험은 오히려 우리에게 두 가지를 생산적으로 결합해야 한다는 교훈을 주는 것으로 보인다. 자율이 허상이 되지 않게 하기 위해서는 여전히 물질적 조건의 변화가 필요하며, 정치적 후견주의를 방지하기 위해서는 하버마스가 강조하는 심의적 정치가 필요한 것이다.

6장 동의와 당위

하버마스의 담론윤리학

1. 들어가는 말: 담론윤리학의 과제

하버마스의 담론윤리학 또는 의사소통적 윤리학[60]은 그의 비판적 사회이론 기획의 일부로서 구상되었다. 하버마스의 비판적 사회이론은 마르크스의 정치경제학 비판과 달리 자신의 규범적 토대를 분명하게 정당화하고자 하며, 초기의 비판 이론가들과 달리 적극적인 실천의 가능성을 모색하고자 한다. 이런 지향점을 갖는 비판적 사회이론이 도대체 성공의 전망을 가지려면 여러 가지 조건을 충족시켜야 하는데, 무엇보다도 비판의 기준이 되는 규범을 정당화할 수 있어야 하며, 행위 주체들이 그 규범에 따라 행위하고자 하는

---

60) 하버마스의 윤리학은 여러 명칭으로 불린다. '담론윤리학', '논의윤리학' 또는 '담화윤리학'은 'Diskursethik'에 대한 충실한 번역인 반면 '의사소통적 윤리학'은 하버마스의 윤리학을 다른 담론 윤리학과 구별하기에 적절한 용어다. 근래에 정호근은 '의사소통의 윤리학'(정호근, 1997)으로, 황태연 (하버마스, 1997a)은 '논의윤리학'으로, 이진우(하버마스, 1997b)는 '담론윤리학'으로 번역하였다. 하버마스의 윤리학에 대한 다양한 명칭에 관해서는 정호근 (1997: 113)을 참고, 이 글에서는 하버마스의 윤리학을 널리 관용화 된 예에 따라 '담론윤리학'부른다. 또 하버마스의 담론윤리학은 아펠(K. O. Apel)의 철학에 힘입은 바 크지만, 이 글에서는 그런 연관을 고려하지 않았다. 그러니까 이 글에서 하버마스의 담론윤리학으로 지칭된 것은 그가 독특하게 담론윤리학에 기여한 부분을 말하는 것이 아니라 그의 윤리학적 주장 전체를 일컫는다.

충분히 강한 동기를 가질 수 있어야 한다. 그러나 규범의 타당성과 동기화 가능성을 제시하는 일이 필요하다고 해서 곧 쉽게 준비될 수 있는 것은 아니다. 동기화의 문제는 일단 차치하더라도, 규범의 보편적 타당성에 대한 회의적인 시각이 강하였던 현대 윤리학의 전통을 고려한다면, 하버마스 식의 비판적 사회이론은 상당히 독선적인 규범 이론에 의존하고 있을 것이라는 의심을 받을 수 있다. 그럼에도 불구하고 하버마스는 담론윤리학이 보편적 동의가 가능하며 사회 비판의 토대로 삼을 수 있는 규범을 제시할 수 있다고 생각한다.

하버마스의 담론윤리학은 다음과 같은 주장으로 집약된다. **어떤 행위규범은 그 규범에 의해 영향을 받는 사람들이 합리적인 토론을 통하여 자유롭게 동의할 경우에만 타당성을 가질 수 있다.** 실제로 하버마스가 담론윤리학과 관련하여 말하고 있는 것들은 일견 간략해 보이는 저 주장을 정당화하고 다른 윤리학적 입장과 논쟁적 대결을 벌이는 것이 거의 전부다. 그러나 그가 저 간략한 주장에 결부시키는 윤리학적 의미는 대단히 크다. 하버마스는 저 주장을 정당화하는 것을 통해 윤리학적 논쟁의 지형에서 **의무론적, 인지주의적, 형식주의적, 보편주의적** 입장을 옹호할 수 있다고 생각한다.[61] 이들 각각의 입장이 모두 치열한 논쟁의 대상이 되어왔던 점을 염두에 둔다면, 위와 같은 자기 이해를 갖는 하버마스의 담론윤리학이 여러 윤리학적 입장으로부터 심한 비판의 대상이 되리라는 것은 처음부터 거의 정해진 일이다.

담론윤리학이 성공의 전망을 가지려면 나의 생각으로는 규범의 **합리성, 당위성, 실질성**을 입증할 수 있어야 한다. 이 글은 이 조건들의 의미를 분명히 하고 이 조건들을 단서로 하여 하버마스의 담론윤리학의 주장을 간략히 정리하고 비판적으로 검토하는 것을 목표로 한다. 이 글은 먼저 저 조건들을 명시

---

61) 하버마스, 1997b, 11쪽부터 참고. 담론윤리학의 이런 자기 이해에 대한 간략한 설명은 정호근 1997을 참고.

하고(2절), 다음에는 담론윤리학의 주장의 핵심이라 할 수 있는 보편화 원칙(U)과 실천적 담론의 원칙(D)의 성격과 의미를 세밀하게 살필 것이다(3절). 보편화 원칙과 담론 원칙의 의미를 분명히 하는 과정에서는 주로 합리성과 당위성의 조건이 염두에 두어진다면, 보편화 원칙과 근대문화의 관계를 다루는 부분(4절)에서는 실질성의 조건이 중시된다. 마지막에는 하버마스의 담론윤리학의 보편주의적 성격을 살피고 이에 관련된 논쟁을 간략히 살펴볼 것이다(5절).

2. 담론윤리학의 성공 조건: 규범의 합리성, 당위성, 실질성

사회 비판을 위한 비자의적인 규범적 기준을 제시하고자 하는 하버마스는 가치회의주의나 가치상대주의에 맞서 도덕의 어떤 객관성을 입증할 수 있어야 한다. 하버마스는 이 과제를 도덕의 합리성을 입증하는 일로 파악한다. 한편에서 객관성을 갖지 않는 것으로 보이는 수많은 가치 현상들, 그리고 다른 한편 과학적 객관성을 합리성의 전형으로 삼는 지적인 경향을 고려할 때, 저 과제의 해결을 위한 노력은 거의 한 가지 선택밖에 가질 수 없는 것으로 보인다. 그것은 합리성 개념을 과학적 객관성을 넘어서도록 **충분히 넓게** 그리고 규범성을 합리성 개념에 포괄되도록 **충분히 좁게** 잡는 것이다. 하버마스가 말하는 **절차적 합리성**은 바로 그렇게 넓게 잡은 합리성이며, 그가 말하는 **도덕원칙** 또는 **실천적 담론**의 원칙은 바로 그렇게 좁게 잡힌 규범 개념이다. 그런데 이것은 한편에서 합리성 개념을 지나치게 느슨하게 설정하고 다른 한편에서 도덕의 영역을 축소시킴으로써, 미리 구하는 답을 정해놓고 합리성 개념과 도덕성 개념을 거기에 맞춘 것이라는 비판을 받을 수 있다. 담론윤리학이 이런 비판을 면하고 비판적 사회이론의 규범적 기반을 제공할 수 있으려면 다음의 세 가지 조건이 충족되어야 한다. 첫째, 도덕적 판단에 비자의성을 부여하는 합리성 개념이 다른 합리성 개념들과 대비하여 충분한 설득력을 가질 수 있음을 보여줄 수 있어야 한다. 만일 이 조건이 충족되지 않는다면 도덕적 판단의 합리성은 도덕주의자들이나 인정하는 어떤 비의적(秘意的)인 것에 불과할 것이다. 합리성이 '이성의 공개적 사용'에 의해 검증되어야 하는 것이라면, 비의적 합리성은 진정한 합리성이라고 할 수 없다.

둘째, 비판의 기준이 되는 규범의 당위성이 관련된 사회구성원들에게 회피될 수 없는 것이어야 한다. 만일 비판의 기준이 되는 규범에 의해 요구된 당위가 그 규범을 선택한 사람들에게만 해당된다면, 그 규범에 기초한 정당화나 비판은 다른 규범을 선택하였거나 혹은 아예 규범을 부정하는 사람들에 대하여서는 타당성을 가질 수 없다.

셋째, 비판의 기준이 되는 규범이 실제로 사회적 행위를 조정하는 근본적인 규범의 역할을 한다는 것을 보여주어야 한다. 만일 비판의 기준이 되는 규범이 사회적 삶에서 별로 중요하지 않은 현상에 대해서만 의미를 갖는다면, 그런 규범은 사회 비판을 위한 규범이 될 수 없다. 사회 비판은 비판의 기준이 되는 규범이 '실재하는 이성'으로 있으면서 동시에 현실과 긴장 관계를 만들 수 있을 때만 의미를 가질 수 있다.

나는 위의 세 가지 조건을 각각 규범의 **합리성, 당위성, 실질성**의 조건이라 명명하고자 한다. 나의 생각으로는 담론윤리학의 증명 과제를 정확하게 파악하기 위해서는 특히 첫 번째 조건과 두 번째 조건의 구별이 매우 중요하다. 담론윤리학의 주장을 구체적으로 살펴보기에 앞서 먼저 이 두 가지 조건을 분명하게 구별해보자. 일반적인 합리성 이해에 따르자면 합리성과 당위성은 엄연히 서로 다른 개념이다. 두 가지 개념이 서로 다르다는 것은 그것들이 지켜지지 않았을 경우에 받게 되는 평가에서 잘 드러난다. 우리는 어떤 사람이 어느 목표에 이르는 가장 짧은 길을 택하지 않았을 경우, 설령 그가 다른 이유에서 일부러 먼 길을 택한 것이 아니라 가장 짧은 길을 간절히 원했다 하더라도, 그를 나쁜 사람이라고 비난하지는 않는다. 그는 어리석었을 따름이다. 반대로 우리는 도덕적인 사람이 다른 지식의 문제에 관해서도 가장 합리적인 답을 가지고 있을 것이라고 기대하지는 않는다. 도덕적인 사람의 경우 적어도 자기가 알고 있는 것에 관한 한 거짓되게 전달하지는 않겠지만, 그가 정확한 지식을 가지고 있을 것이라는 보장은 전혀 없다. 그러니까 우리는 비합리적인 사람을 곧 부도덕한 사람이라고 하지 않으며 또 부도덕한 사람은 곧 비합리적으로 사고하고 처신하는 사람이라고 생각하지 않는다. 물론 합리성에 대한 일상적인 이해에서 일반적으로 합리적인 것은 비합리적인 것보다 선호된다는 것은 분명하다. 어떤 계획을 실행하고자 하는 사람은 좀 더 정확한 지식을 선호할 것이며 시장에 참여하는 사람은 자신의 이익을 위하여 좀 더 효율적인 거래를 선호할 것이다. 그러나 합리적인 것에 대한 이런 선호가 합리적인 것의 당위성을 뒷받침해줄 수는 없다. 만일 그런 선호가 거의 당위적인 것으로까지 여겨진다면, 그것은 기껏해야 합리적인 것을 택하라는 명법이 일반화되어 있는 **사실**을 적시하는 것이지 그 명법의 **당위적 타당성**, 즉 그 명법을 따라야 하는 도덕적 이유를 말해주는 것은 아니다. 합리성에 대한 이런 일반적인 이해에 따르자면 좀 더 합리적인 규범이 그렇지 못한 규범에 대해 갖는 장점은 매우 제한적일 수밖에 없을 것으로 보인다. 규범의 그러한 합리성은 어떤 정해진 목표나 선호와 관련하여 실용적 장점을 가질 뿐 도덕적 장점을 갖는다고 말할 수 없을 것이다.

그런데 만일 규범의 합리성이 규범의 실용적 타당성을 증명하는 것 외의 다른 것이 아니라면, 그것은 규범 명제 안에 들어 있는 사실 명제의 타당성을 따지는 일이 될 것이다. 그러나 이것은 규범의 규범다운 측면, 즉 당위성의 측면을 합리성 바깥에 놓는 규범 비합리주의에 귀착된다. 그렇지 않고 규범의 합리성을 실용적 타당성으로 이해하면서 당위의 합리성에 대해 말하려 한다면, 그것은 당위 명제를 남김없이 사실 명제로 해소할 수 있다고 믿는 환원주의에 이르게 된다. 만일 규범의 합리성에 대한 이런 이해가 가장 설득력 있는 것이라면, 비자의적 규범에 기초한 사회 비판을 지향하는 하버마스의 사회이론은 처음부터 실패할 운명을 가지고 있다. 그렇다고 규범의 합리성을 증명하는 다른 방식이 있을 수 있는가?

더 논의를 진행하기 전에 규범의 합리성을 증명한다는 것이 무엇을 의미하는지를 한 가지 예를 통하여 분명히 해보자. 가령 부모가 아이에게 심부름을 시킨다고 해보자. 만일 아이가 할 수 없는 일을 시킨다면 부모의 명령은 목적 합리성 개념에 비추어볼 때 불합리한 것이다. 그런데 규범의 합리성에서 문제가 되는 것은 이런 실행 가능성의 문제만이 아니다. 설령 심부름이 실행 가능한 것이라 하더라도 도대체 부모가 자신의 아이에게 그런 심부름을 시켜도 좋은지 물을 수 있다. 또 심부름의 내용에는 별문제가 없다 하더라도 도대체 부모가 자신의 아이에게 심부름을 시키는 행위를 해도 좋은 것인지에 대해 물을 수 있다. 이 두 가지 경우 문제가 되는 것은 심부름 내용의 혹은 심부름시키는 행위의 도덕적 정당성이다. 만일 규범의 합리성을 실용적 타당성에만 한정하려 하지 않는다면 바로 도덕적 정당성의 문제가 합리적으로 결정될 수 있음이 보여져야 한다. 물론 이때 합리적이라 함은 사실 명제의 타당성과 다른 의미를 가져야 한다. 그렇지 않을 경우 앞에서 언급된 것처럼 규범에 대한 비합리주의나 환원주의를 피할 수 없게 된다.

3. 규범의 합리성과 당위성

규범의 합리성과 당위성: 칸트 식의 설명

사실 명제의 타당성과 구별되는 도덕의 합리성을 증명하고자 하는 시도들은 거의 모두 칸트로 소급된다. 그래서 담론윤리학처럼 도덕의 합리성을 새롭게 증명하려는 시도를 이해하기 위해서는 칸트에게서 도덕의 합리성이 어떻게 파악되었는지, 그리고 도덕의 합리성에 대한 칸트 식의 증명을 왜 오늘날 그대로 받아들일 수 없는지를 간략히 살펴볼 필요가 있다. 잘 알려진 대로 칸트는 규범의 가장 중요한 성격을 명령적 속성에서 찾았고, 도덕의 고유한 성격을 규명하기 위하여 명령을 가언 명령과 정언명령으로 구별하였다. 그의 구별에 따르자면 가언 명령은 이미 정해진 목표나 선호를 만족시키는 데에 적합한 수단을 채택하거나 또는 작은 목표들을 더 큰 목표를 위하여 조정하도록 요구하는 명령이다. 이에 반해 정언명령은 무조건적인 명령이다. 잘 알려졌다시피 칸트는 도덕의 고유한 성격을 정언명령에서 찾는다. 그런데 도덕에 대한 이런 규정과 함께 도덕의 합리성을 증명하는 과제는 아주 어려워진다. 가언 명령의 경우 명령의 타당성은 결국 행위자에게 수용된 삶의 목표나 선호와 그것들을 충족시키기 위한 수단 사이의 적합성 문제로 귀결되기 때문에 사실적 타당성의 문제와 다르지 않은 것이 된다. 그러나 정언명령은 무조건적인 명령이기 때문에 그 타당성을 검토할 때 전혀 사실적 타당성에 의존할 수 없다. 그런데 도대체 사실적 타당성에 의존하지 않는 어떤 종류의 타당성이나 합리성에 대해 다소간이라도 유의미하게 말할 수 있는가?

칸트는 이 문제를 순수실천이성의 개념을 도입함으로써 해결하려 하였다. 만일 어떤 경험적 동기로부터도 자유로운 순수한 실천이성이 있다면, 그 이성이 명령하는 것은 다른 이유에서가 아니라 바로 이성의 명령이기 때문에 합리적이다. 칸트의 이런 해명에 대하여 순수실천이성의 명령이 왜 합리적이냐는 물음을 던질 수는 없다. 그것은 이성을 넘어서는 또 다른 이성의 관점을 가져야 하는 것이기 때문에 대답될 수 없는 질문이다. 그렇다고 칸트가 과연 그런 순수한 실천이성이 있는지를 증명해야 하는 부담으로부터도 자유로운 것은 아니다. 그런 순수실천이성이 없다면 도대체 정언명령이라는 것은 성립할 수 없기 때문이다. 그런데 무조건적인 명령은 순수실천이성으로부터 나오며 도덕의 고유성이 성립하기 위해서는 순수실천이성이 있어야 한다는 순환적 증명을 제외하면, 칸트가 순수실천이성의 존재를 위해 제시하는 증명다운 증명은 한 가지다. 그것은 의무의 현상에 의존한 설명인데, 칸트는 우리에게 다른 조건 없이 따라야 하는 의무들이 있고, 그런 의무는 순수실천이성으로부터 나온 것 외의 다른 것이라고 설명될 수 없다는 것이다. 그러나 이 증명도 사실상 순환적 성격으로부터 자유롭지 못하다. 의무의 무조건성에 관한 그의 설명은 의무의 성격에 대한 체계적 해명이 아니라 거의 개념 규정에 가깝기 때문이다.

칸트 자신은 순수한 실천이성의 존재를 하나의 사실처럼 제시할 수 있다고 생각하거나 순수실천이성의 구조와 작용 방식을 상세히 파악할 수 있다고 믿은 것으로 보이지 않는다. 그렇다면, 설령 진정한 도덕적 명령은 순수실천이성으로부터 나온다고 하더라도, 어떤 명령이 그런 도덕적 명령이고 어떤 것이 그렇지 않은지를 어떻게 알 수 있는가? 도덕의 합리성에 관한 칸트 이론의 장점이면서 가장 흥미로운 점은 이 물음에 대한 대답에서 찾을 수 있다. 칸트는 우리가 실천이성의 특성을 자세히 알 수 없더라도 규범의 도덕적 타당성을 가리는 데에는 문제가 없다고 생각한다. 그는 실천이성이 이론이성과 구별되기 전에 도대체 이성으로서 가질 것으로 생각되는 가장 기본적인 성격, 즉 보편성에 대한 요구에만 의존해서도 규범의 도덕적 타당성을 검사할 수 있다고 생각한다. 그는 어떤 규범이 도덕적 명령의 자격이 있는지는 그 규범이 과연 보편화 가능한지를 물어보면 알 수 있다고 한다. "네 의지의 준칙(準則)이 보편적인 법칙 수립(樹立)이라는 원리로서 타당할 수 있도록 행위하라"(칸트, 1995: 33)는 원칙은 바로 규범의 도덕적 타당성을 검사하는 원칙이다.

위에서 살펴본 바에 따르자면 칸트에서 도덕의 합리성은 순수한 실천이성으로부터 기원하고 규범의 보편성에 의해 확인된다. 주의할 점은 도덕의 합리성에 대한 칸트의 이 두 가지 설명이 뗄 수 없이 결합되어 있다는 점이다. 그가 도덕의 합리성을 도덕의 보편성에서 찾았던 것은 어디까지나 보편성이 실천이성을 포함한 이성의 가장 기본적인 성격이라고 파악했기 때문이다. 그래서 도덕의 기원에 대한 그의 주장은 버린 채 도덕의 합리성을 확인하는 방식, 즉 보편화 원칙만을 받아들이는 것은 아무 문제 없이 될 수 있는 것이 아니다. 칸트에게서 보편화 원칙은, 후에 일부 칸트주의자들이 수용하는 것처럼,[62] 동일한 사안에 대해 동일한 판단을 내리라는 논리적 정합성의 요구 이상의 것이다. 만일 보편화 원칙이 논리적 요구일 뿐이라면, 그것을 어긴 사람에게 도덕적 비난을 할 필요는 없을 것이다. 보편화 원칙이 규범의 도덕적 타당성을 검사하는 기준이 될 수 있으려면, 먼저 보편화 원칙을 따라야 하는 이유가 설명되어야 한다.

오늘날 순수실천이성의 실체적 존재를 인정하기 어렵다는 것은 긴 논의를 필요로 하지 않는다. 그렇다면 도덕의 기원에 대한 칸트의 설명은 그대로 유지될 수 없을 터인데, 그럼에도 불구하고 도덕의 합리성에 대해 말할 수 있는 다른 방식이 있는가? 도덕의 합리성을 도덕의 보편성에서 확인하는 것은 분

---

62) 가령 헤어는 규범의 타당성을 검사하는 데에는 보편화 원칙을 논리적 원칙으로만 이해하여도 충분하다고 하였다. R. M. Hare, 1993, 35쪽 참고.

명 도덕의 합리성에 대한 우리의 직관에 가장 잘 부합하는 것으로 보인다. 그러나 순수실천이성의 존재를 인정하지 않으면서 도덕의 보편성을 도덕의 합리성으로 규정하려는 것은 곧 도덕의 합리성을 사실 판단의 합리성에 동화시키는 오류에 빠지는 것 아닌가?

이런 곤경에서 벗어나는 방법 가운데 나에게 가장 유망해 보이는 것은 다음의 두 가지 증명을 제시하는 것이다. 우선 판단의 보편성에 대한 요구가 사실 판단에만 제기되는 것이 아니라 규범적 판단을 포함한 훨씬 넓은 범위의 판단에 대해 제기된다는 점을 밝히는 것이다. 이 증명은 비록 사실 판단이 다른 종류의 판단에 비해 논란의 여지가 적은 보편성을 갖는다고 하더라도 보편성에 대한 요구가 곧 사실적 타당성에 대한 요구와 같은 것이 아니라는 점을 보여줄 것이다. 이것은 또—일반적으로 합리성에 대한 가장 기본적인 요구가 곧 보편성에 대한 요구와 같은 것이라면—규범적 판단도 합리성의 요구하에 놓여 있음을 보여주는 것이 된다. 그러나 이것만으로는 부족하다. 우리는 왜 규범 가운데 보편성을 갖는 규범을 따라야 하는가? 이에 대답하기 위해서는 칸트가 무조건적인 명령을 내리는 것으로 설정한 순수실천이성에 대한 등가물이 필요하다. 그런데 더 이상 실체적인 순수실천이성을 가정할 수 없는 조건하에서 이것은 이제 다른 방식이 될 수 없다. 그것은 다소간 보편성을 갖는 규범이 인간적 삶의 어느 중요한 영역에서는 불가결하다는 점을 오늘날 지지될 수 있는 학문적 방식을 통하여 밝히는 것이다. 칸트가 도덕을 회피할 수 없는 '이성의 사실'(Faktum der Venunft, 칸트, 1995: 34) 위에 세우고자 하였다면, 이제 형이상학 이후 시대에는 도덕원칙을 회피될 수 없는 '사회적 삶의 사실' 위에 세우는 것이 필요한 것이다. 이것은 칸트가 정언명령으로 파악하려 했던 도덕의 성격을 순수실천이성의 존재를 가정하지 않고도 구해내는 한 방식이 될 것이다. 만일 규범이 보편성에 대한 요구로부터 자유롭지 못하며 규범이 삶의 어떤 영역에서는 선택 사항이 아니라는 점을, 즉 앞에서 합리성과 당위성으로 규정된 규범의 특징을 실체적인 이성을 가정하지 않고 오늘날 받아들일 수 있는 학문적 방식을 통하여 입증할 수 있다면, 비판적 사회 이론을 위한 가장 중요한 철학적 기반이 마련될 수 있다. 이제 담론윤리학이 이 과제를 어떻게 수행해내는지를 검토해보기로 하자.

규범의 합리성과 당위성: 하버마스 식의 설명

하버마스는 사실 판단에 한정되지 않고 규범적 판단을 포함하는 광범위한 영역의 판단에 통용될 수 있는 합리성 개념을 일상 언어 분석의 방법을 통해서 얻는다. 잘 알려진 그의 분석의 결과만을 간략히 말하자면 다음과 같다. 어떤 판단을 내리거나 어떤 판단에 따라 행위하는 것이 합리적이라 함은 경우에 따라 제기될 수 있는 반론에 대하여 그 판단을 정당화할 수 있는가에 달려 있다(하버마스, 2006). 여기서 정당화한다는 것은 어떤 판단을 수긍할 수 있는 근거에 의해 뒷받침하는 것을 의미한다. 좀 더 정확히 말하자면, 판단의 정당화의 성공 여부는 판단의 합리성의 조건은 아니다. 어떤 사람이 자신이 생각했던 근거가 틀린 것으로 판명될 경우 자신의 판단을 수정할 태세가 되어 있다면 그는 여전히 합리적으로 판단하는 사람이라고 말할 수 있다. 이렇게 보면 합리성이란 판단의 진리성보다는 판단을 수긍할 만한 근거에 따라 정당화하거나 반박하는 과정, 즉 논증의 과정 자체에 내재하는 절차적 합리성이 된다. 하버마스는 규범적 판단도 논증의 대상이 되며, 그런 한에서 합리성의 요구 하에 선다고 생각한다.

이런 하버마스의 견해는 논란의 여지가 많다. 극단적인 경우를 가정해서, 논증을 통해서 결정할 때마다 모조리 틀린 근거에 의해 판단을 내리는 특수한 집단이나 종족이 있다고 하자. 그들은 합리적으로 판단한 것인가? 만일 그렇지 않다고 대답한다면 그것은 판단의 합리성이 결국 판단의 진리성에 의존한다는 것을 의미하는 것 아닌가? 그런데 판단의 합리성이 궁극적으로 판단의 진리성에 의존하는 것이라면 논증 과정에 합리성이 내재한다고 말하는 것은 잘못이다. 논증은, 참인 판단으로 이끌 가능성이 크다는 점에서 기껏해야 진리 발견의 수단적 가치를 가질 뿐이다. 나는 이런 반론이 큰 설득력을 가지지 않는다고 생각한다. 논의를 통하여 언제나 틀린 결론에 이르는 부족의 예로 돌아가 보자. 만일 그들이 언제나 틀린 판단을 참이라고 결론짓는다 하더라도, 그것이 그들이 동원할 수 있는 최상의 근거를 통해서 도달한 결론이라면, 즉 그들이 그들에게 가능했던 **더 나은 근거를 억누르거나 외면하면서 그런 결론을 내린 것이 아니라면,** 그들은 합리적으로 판단했다고 말할 수 있다. 합리성이 판단의 진리성에로 축소될 수 없음은 언제나 틀린 판단을 하는 부족을 관찰하는 관찰자 자신을 살펴보면 또한 분명해진다. 그는 자신의 판단이 참이라고 믿고 있는데, 그런 믿음이 합리적인 것은 그가 자신의 판단이 충분한 근거에 의해 뒷받침되었다고 믿기 때문인 것이다. 요점을 분명히 하기로 하자. 논증에 합리성이 내재한다고 해서 논증이 판단의 진리성을 보증해 주는 것은 결코 아니다. 특히 사실 판단의 경우 판단의 타당성은 결국 그 판단이 ― 어떤 의미로 규정된 것이든 ― 사실에 부합하는가에 따라 결정되는 것이다. 그러나 그렇다고 해서 판단의 진리성을 논증의 합리성의 근거로 삼는 것은 합리성 개념을 지나치게 협소하게 설정하는 것이다. 판단의 합리성은 그 판단이 수긍할 만한 근거에 의해 정당화되었다든가 혹은 ― 더 약화해서 표현하자면 ― 현재로선 수긍할 만한 근거에 의해 반박될 수 없다는 점에서 찾는 것이 합당하다.[63] 판단의 합리성을 이런 의미로 이해하면 논증을 거

---

63) 나에게는 가치다원주의의 시대의 조건을 고려할 때 정당화 요구를 스캔런(T. M. Scanlon)이 했듯이 약한 형태로 표현하는 것이 더 설득력 있어 보인다. Scanlon, 1982, 111

처 동의된 규범적 판단도 충분히 합리성을 갖는다고 말할 수 있다. 더욱이 규범적 판단의 경우 — 사람들의 관심과 상관없이 이미 가치를 지니고 있는 사실들이 있다는 소박한 가치실재론의 입장을 취하지 않는다면 — 사실 판단에서처럼 원칙적으로 사람들의 동의 여부와 무관한 타당성의 문제가 제기되지 않는다. 규범 판단에서 동의는 곧 규범의 타당성의 가장 중요한 근거가 된다. 그러니까 동의는 사실 판단의 경우 명제의 타당성을 확인하는 것이지만 규범 판단의 경우 명제의 타당성을 산출하는 것이다.[64]

어떤 판단의 합리성을 그것이 수긍할 만한 근거에 의해 정당화되었다는 점에서 찾는다면, 합리성의 성립을 위하여 중요한 것은 판단의 타당성을 결정하는 데에 영향을 미칠 수 있는 모든 근거가 남김없이 논의에 부쳐지고 검토되는 일이다. 하버마스는 논증의 참여자들이 일반적으로 불가피하게 받아들여야 하는 화용론적 전제들을 재구성함으로써 그런 조건들을 밝혀낼 수 있다고 생각한다. 잘 알려졌듯이 하버마스는 그런 조건들을 '이상적 담화 상황'으로 명명하다가 후에는 '논증의 전제'라고 부른다. 하버마스는 일반적인 논증의 전제를 규범적 판단의 정당화를 위한 규칙으로 적절히 구체화해내면 구체적인 규범적 판단의 옳고 그름을 판별할 때 기준이 되는 원칙을 얻을 수 있다고 생각한다. 실제로 하버마스의 담론윤리학은 사회 비판을 위한 구체적인 규범을 제시하기보다는 규범적 판단을 합리적인 것으로 만들게 하는 논증의 전제와 규칙을 밝히는 데에 주력하고 있다.

쪽부터 참고.

64) 그러므로 하버마스가 도덕적 인지주의를 정당화하기 위하여 진리의 문제를 합의의 문제로 만들었으며, 사실판단과 규범판단의 차이를 간과하였다는 오래된 비판은 별로 공정하지 못한 것이다. 근래에 하버마스는 논증에서 합의가 사실판단과 규범판단의 타당성에 대해 각각 다른 의미를 갖는다는 것을 다음과 같이 표현하고 있다. "합리적 수용 가능성은 사실 판단의 경우 명제의 진리성을 다만 말해줄 뿐이라면(nur anzeigt), 도덕적 규범의 타당성에는 구성적 기여(konstitutiver Beitrag)를 한다." Habermas, 1996, 55쪽 참고.

논거에 의한 정당화의 대상이 된다는 점에서 규범적 판단도 합리성을 가질 수 있다는 점은 어렵지 않게 인정될 수 있을 것으로 보인다. 그러나 규범적 판단의 이런 합리성은 그것이 이론적 판단과 공유하는 합리성일 뿐이다. 그것은 칸트에서 도덕적 합리성이 보편화 가능성과 함께 가졌던 다른 측면, 즉 이성의 명령이라는 측면을 포함하지는 못한다. 어떤 규범이 합리적이라 하더라도, 우리가 왜 그 규범을 따라야 한단 말인가? 규범의 정당화 과정이 이미 우리가 따라야 할 규범을 찾는 과정이었으므로 규범의 당위성에 관해 새삼스럽게 묻는 것은 의미가 없는 것일까? 만일 규범의 타당성을 정하기 위하여 **언제나 모든** 사람이 진지하게 논증에 참여하며 논증의 규칙을 지킨다면 저 물음은 의미가 없을지 모른다. 논증에 참여하면서 논증의 전제와 규칙을 받아들이지 않는다는 것은 자기모순이기 때문이다. 논증 내에서는 정당화된 규범에 따르는 것은 이미 전제되어 있고, 다만 중요한 것은 과연 정당화 과정에서 잘못이 없는가의 문제다. 그러나 논증의 이러한 성격으로부터 바로 논증의 전제와 규칙, 그리고 그에 따라 정당화된 규범의 무조건성을 도출하는 것은 행위자를 모두 논증참여자로 대치하였다는 비난을 받을 수 있다. 만일 논증에 참여하는 것 자체가 개인들에게 선택 사항이라면, 규범의 당위성이 단순히 전제될 수만은 없다. 이 경우 개인들은 자신이 참여하지 않은 논증에서 정당화된 규범을 인정하지 않을 수 있는 것은 물론이고, 자신이 참여한 논증에서 정당화된 규범조차도 — 논증에 참여하기로 한 것을 취소함으로써 — 거부할 수 있다. 축구 경기 규칙이 경기에 참여하는 사람들에게는 준수되어야 하는 규칙이지만 축구 경기를 하지 않는 사람에게는 임의의 규칙에 불과하듯이, 논증의 규칙도 그 밖에서 보면 임의의 규칙일 뿐이다. 그러므로 논증참여 자체가 선택 사항이 될 수 없다는 점을 보여주지 않는다면 논증과 논증규칙은 칸트가 말하는 '이성의 사실'이나 '정언명령'의 등가물이 되지 못한다.

칸트가 그랬던 것처럼 순수실천이성과 같은 초월적인 근거에 의지하지 않으면서 논증의 전제와 규칙이 거의 무조건적 당위성을 갖는다는 것을 보여주는 유력한 한 가지 방법은 다음과 같은 것이다. 그것은 논증이 축구 경기와 달리 사회구성원 모두가 명시적 혹은 묵시적으로 참여하는 것이며, 거기에는 그렇게 할 수밖에 없는 이유가 있음을 보여주는 것이다. 하버마스는 의사소통행위, 특히 정당성을 갖는 규범에 의한 행위조정이 개인의 정체성 형성과 사회적 삶의 재생산에서 필수적이며, 또 논증은 규범의 정당성을 확인하거나 수정하는 방법으로서 다른 것에 의해 대치될 수 없음을 보여주고자 한다.(하버마스, 1997a: 157) 만일 이런 그의 시도가 성공을 거두었다면, 논증의 전제나 규칙을 전면적으로 거부하면서 정상적으로 사회적 삶을 영위한다는 것은 가능하지 않은 것이 된다. 결국 논증의 규칙으로서의 보편화 원칙을 따라야 하는 이유는 논증 외의 다른 선택이 불가능하다는 삶의 **사실성**에서 찾아진다.

위에서 논의한 것을 요약하자면, 하버마스의 담론윤리학은 순수실천이성과 같은 초월적 근거에 의존하지 않고 규범의 합리성과 당위성을 설명하고자 한다. 그는 규범의 합리성은 언어 이론과 논증이론을 통하여, 규범의 당위성은 계보학적, 발생적 방법을 포함하는 사회, 문화 이론을 통하여 설명한다. 다음에는 먼저 하버마스가 논증이론을 바탕으로 담론윤리학의 기본 주장을 도출하는 방식을 살펴볼 것이다. 그의 발생적, 계보학적 고찰은 간략히만 다루어질 것이다.

4. 담론윤리학의 기본 주장

실천적 담론의 원칙(D)

하버마스는 담론윤리학이 증명하고자 하는 규범적 원칙을 다음과 같은 실천적 담론의 원칙(D)으로 정식화한다.

(D): 어떤 **행위규범**은 **당사자**들이 모두 **합리적 담론**에 참여하여 동의할 수 있을 경우에 **타당하다.**(하버마스, 1992b: 138)

하버마스는 이 간략한 원칙이 사회 구성원 간의 상호 존중과 연대적 책임을 정당화하는 도덕을 형이상학 이후 시대의 사유에 합당하게 재정식화해낸 것이라고 생각한다. 형이상학 이후 시대의 사유에 합당하다는 것은 저 원칙이 철학자만이 특권적 접근을 갖는 어떤 초월적 근거로부터 도출된 것이 아니라 현대 학문의 가류주의적(可謬主義的) 정신에 따라 정당화된다는 의미다. 규범의 최종적인 타당성 기준을 실천적 담론의 원리와 같은 '세계내적' 근거에서 찾는 것은 바로 칸트적 윤리학을 형이상학 이후 시대의 사유에 합당하게 재정립하려는 시도다. 하버마스가 어떻게 저 원칙을 정당화하는지를 살피기에 앞서 저 원칙의 의미를 먼저 분명히 하도록 하자. 저 원칙에서 '규범'이란 어떤 유형의 상황에서 사람들이 수행해야 하며 수행할 수 있을 것으로 기대되는 행위, 즉 "시간적, 사회적, 사안적으로 일반화된 행동 기대"를 말한다.(하버마스, 1992b: 138-139) '당사자'란 어떤 규범이 효력을 가질 때, 즉 그 규범에 따라 사회적 행위가 조정될 때 자신의 이익에 영향을 받게 될 사람들이다. '합리적인 담론'이란 공정한 의사소통의 조건에서, 즉 충분한 정보와 균등한 주장 표현의 기회가 보장된 조건에서, 어떤 주장의 타당성을 오직 논거에 따라 결정하는 논의를 말한다. 마지막으로 저 원칙의 의미와 담론 윤리학의 주장을 살피는 데 아주 중요한 개념은 '타당성'인데, 하버마스는 이 개념의 의미를 불명확하게 남겨두고 있다. 그에 의하면 저 원칙에서 "'타당하다'는 것은 아직 도덕성과 정당성을 구별하지 않은 채 규범적 타당성이라는 불특정한 의미"(하버마스, 같은 곳)를 표현한다는 것이다. 그런데 나의 생각으로는 하버마스가 '타당하다'는 것의 의미를 불특정한 상태로 둔 이유를 정확히 이해하는 것이 바로 저 원칙의 성격을 파악하는 데에 중요하다. '타당하다'는 것이 무엇을 의미하며 그 의미가 저 원칙에서 불특정한 상태에 있는 이유를 간략히 살펴보자.

합리적인 담론에서 어떤 규범의 옳고 그름은 그것을 지지하거나 반박하는 논거에 따라 결정된다는 데에는 아무런 모호한 점이 없다. 그런데 저 원칙에서 말하는 규범의 '타당성'이 '지지하는 논거를 가짐'의 의미일 뿐일까? 그렇다면 저 원칙은 일종의 동어 반복이 된다. 합리적인 담론에서 동의란 곧 근거에 의한 동의이므로 저 원칙은 "근거에 의해 동의된 규범은 근거를 가진다"라는 주장으로 번역될 수 있을 것이기 때문이다. 그러니까 저 원칙이 동어 반복이 되지 않으려면 '타당성'이 '근거를 가지고 있음'과는 달리 이해되어야 한다. 내가 생각하기에 저 원칙에서 말하는 '타당성'은 '논거를 가지고 있음'이 아니라 '규범의 준수가 서로에게 기대될 수 있음'의 의미로 이해되어야 한다. '논거를 가지고 있음'과 '규범의 준수를 서로에게 기대할 수 있음'은 같은 말이 아니다. 어떤 규범이 '논거를 가지고 있음'이 그 규범의 준수를 기대할 수 있게 하기 위해서는 다른 조건이 충족되어야 한다. 그것은 가령 사람들이 스스로 동의한 규범에는 자발적으로 따르게 만드는 인간학적 사실이나 혹은 사람들에게 그런 경향을 심어준 문화일 수 있다. 또 그것은 사람들이 동의한 규범에 물리적 강제력을 부여하는 특정한 사회제도일 수 있다. 하버마스가 저 원칙에서 '타당하다'는 것의 의미를 불특정한 상태로 남겨둔 것은 바로 동의된 규범의 준수를 서로에게 기대할 수 있게 하는 조건이 경우에 따라 다르기 때문인 것이다. 그러나 규범 준수의 근거가 어떤 것이 되든 저 원칙에서 '타당성'은 '규범의 준수를 서로에게 기대할 수 있음'의 의미로 이해하는 것이 합당한 것으로 보인다.

저 원칙(D)이 실천적 담론에 '내재'한다는 점도 설명이 필요하다. 이것은 실천적 담론에 참여하는 사람들이 실제로 그 원칙을 충실히 준수한다는 것을 의미하지는 않는다. 이런 점에서 담론윤리학이 주목하는 저 원칙은 하버마스가 말하듯이 장기의 규칙과는 다르다.[65] 장기의 규칙은 그것을 지키지 않으면 도대체 게임이 성립하지 않는데, 실천적 담론의 경우 저 원칙을 충실히 따르는 것은 오히려 예외라고 할 수 있다. 그래서 장기의 규칙에 비하자면 저 원칙은 비사실적인 규칙이다. 그럼에도 불구하고 저 원칙은 실천적 담론에서 지켜져야 하는 규범으로서 실제로 작용하고 있다. 실천적 담론의 '당사자'들은 논거를 통해 정당화되는 것이 규범의 '타당성'의 조건임을 전제하지 않고서는 담론에 진지하게 참여할 수 없다. 저 원칙이 당사자들에 의해 타당한 것으로 전제되지만 실제로 충실히 준수되지 않기 때문에 생기는 긴장, 즉 타당성과 사실성의 긴장 때문에 담론윤리학은 강한 실천적 함축을 가질 수 있는 것이다.

하버마스는 D를 직접 증명하기보다는 D가 좀 더 특수화된 형태의 원칙을 증명함으로써 간접적으로 증명하고자 한다. 하버마스가 이런 증명 방식을 택하는 것에는 납득할 만한 이유가 있다. 하버마스에 따르자면 실천적 담론에는 한 가지 전형만 있는 것이 아니다. 그는 실천적 담론을 도덕적 담론, 윤리

---

65) 담론 규칙과 장기 게임 규칙의 차이에 관한 하버마스의 언급은 하버마스, 1997a, 141-142쪽(Habermas, 1983, 101쪽) 참고.

적 담론, 실용적 담론의 세 종류로 나눈다.[66] 도덕적 담론은 언어와 행위 능력을 가진 모든 사람에게 구속력을 갖는 규범을 찾기 위한 논의다. 이에 반해 윤리적 담론은 특정한 공동체의 가치를 확인하고 창출하는 논의며, 실용적 담론은 정해진 목적의 효과적인 실현을 위하여 사회구성원들이 따라야 할 행위 규칙을 정하는 논의다. 각각의 실천적 담론은 실천적 담론으로서 공통점을 가질 것으로 추측되지만, 또한 참여자와 주제가 다르기에 차이점을 가질 것이다. 하버마스는 D를 어느 한 종류의 실천적 담론의 원칙이 아니라 세 종류의 실천적 담론이 가진 공통의 원칙으로서 이해한다. D를 이렇게 이해하면 하버마스가 왜 D를 직접 증명하지 않고 앞으로 볼 것처럼 도덕원칙을 통하여 우회하여 증명하는지를 납득할 수 있다. 즉 그는 각각의 실천적 담론에서 작용하는 원칙들이 서로에 대해서 갖는 특수한 측면을 완화시키거나 불특정화시킴으로써 각 담론에 공통적인 원칙에 이르고자 하는 것이다. 그러니까 D는 각 실천적 담론마다 다른 담론 참여자의 조건이나 주제 등을 확정하지 않음으로써 세 가지 종류의 실천적 담론을 포괄할 수 있는 충분히 추상적이고 간략한 형태의 원칙으로서 도출되는 것이다.

하버마스가 D를 증명하기 위하여 상세히 검토하는 좀 더 특수화된 형태의 실천적 담론 원칙의 형태는 도덕원칙 또는 보편화 원칙이다. 그러므로 도덕원칙은 하버마스가 구상하는 담론윤리학의 증명 체계에서 최종적인 지위를 갖지는 않는다. 그러나 그의 이런 증명 의도와 관계없이, 그가 파악하는 도덕원칙이 과연 도덕원칙으로서 타당한가는 그의 담론윤리학과 관련하여 가장 치열한 논쟁거리를 제공한다. 그가 도덕원칙을 어떻게 파악하는지를 살펴본 후 도덕원칙과 D 사이의 관계를 다시 살펴보기로 하자.

---

66) 하버마스, 1997b, 123부터(Habermas, 1992a, 100쪽부터); Habermas, 1992b, 197쪽부터.

도덕원칙 또는 보편화의 원칙(U)

하버마스의 담론윤리학에서 실천적 담론의 원칙(D)이 행위규범의 타당성에 관한 일반적 원칙이라면 도덕의 문제에 특화된 원칙은 보편화 원칙(U)이다.

> (U): 어떤 규범이 타당한 것은 사람들이 일반적으로 그것에 따라 행동할 경우 각 개개인의 이익의 충족과 관련하여 발생할 결과와 부작용이 모두에 의해 비강제적으로 받아들여질 수 있을 경우다.(1992a: 12)

하버마스는 이 보편화 원칙을 실천적 담론의 원칙과 구별하는 것이 중요하다고 하는데, 그의 담론윤리학에 관련된 논쟁을 보면 두 원칙 사이의 구별이 쉽게 이해되는 것 같지는 않다. 우선 U가 D와 구별되는 점으로 눈에 띄는 것은 U의 경우 D에 비해서 논의의 당사자와 논의되는 사안이 분명하게 규정되어 있다는 사실이다. U에서 당사자는 법이나 기타 다른 요건에 의해 참여의 권리를 부여받은 특정한 사람들이 아니라 의사소통 능력을 가진 모든 사람들이다. 그리고 논의되어야 하는 사안은 사람들이 일반적으로 그 규범에 따라 행동할 경우 생기는 결과를 모든 사람이 비강제적으로 받아들일 수 있는가 하는 것이다. 하버마스는 이 U를 때로는 도덕원칙(Moralprinzip)으로, 때로는 논증규칙(Argumentationsregel)으로 명명하는데, 왜 그렇게 명명하는지를 살펴보면 U의 의미도 분명해질 것이다.

U가 논증규칙이라는 것은 그것이 그 자체로 구체적인 내용을 가진 규범이 아니라 규범의 타당성을 검토하기 위한 규칙이라는 것을 의미한다. 구체적인 내용을 갖지 않는 한 U는 행위 구속력을 갖는 규범이라고 할 수 없다. 그렇다고 U가 어떤 종류의 도덕적 구속성도 갖지 않는 것은 아니다. U는 비

록 구체적인 행위 구속력을 갖는 규범은 아니지만 도덕적 규범의 타당성을 가려내는 담론에서는 반드시 지켜져야 하는 규범이다. 이런 점에서 그것은 단순히 논증규칙이 아니라 도덕적 원칙이다. 이런 U의 이중적인 위상은 칸트의 의지 규정의 원칙에서 유래한 것이다. 앞에서 언급되었듯이 칸트에서 "네 의지의 준칙이 항상 동시에 보편적 법칙 수립의 원리로서 타당할 수 있도록 행위하라"라는 원칙은 한편에서 규범들의 타당성을 검사하는 논증규칙의 역할을 하면서 다른 한편 이성의 명령으로서 그 자체로 타당한 규범이다.

물론 칸트의 의지 규정 원칙과 하버마스의 U가 논증규칙의 측면에서 완전히 일치하는 것은 아니다. 결정적인 차이는 동의의 '당사자' 규정에 있다. 칸트의 의지 규정 원칙은 어떤 규범의 일반화를 '네가' 의욕할 수 있는지를 묻는 데에 반해 U는 모든 사람이 동의해야 한다고 규정하고 있다. 이 점에서 담론윤리학은 칸트주의적 윤리학의 약점이었던 독백주의적 성격으로부터 벗어나 있다.[67] 또 원칙의 타당성에 대한 설명에서도 U는 칸트의 의지 규정의 원칙과 다르다. 칸트는 저 의지 규정의 원칙을 이성의 명령으로서 그 자체 타당한 것으로 여기는 반면 하버마스는 U가 그것보다 더 일반적인 원칙의 한 특수화된 형태라고 생각한다. 여기서 U보다 더 일반적인 규칙이란 실천적 담론의 원칙 D다. 그러니까 U는 D가 도덕적 상황에 맞게, 즉 모든 사람

---

67) 하버마스는 의무론적 윤리학의 토대를 독백주의적 이성으로부터 상호 주관성으로 전환시킨 것을 자신의 윤리학의 큰 공로로 여기고 있다. 하버마스는 자신의 윤리학의 이런 장점은 칸트뿐만 아니라 롤스의 정의론에 대해서도 주장될 수 있다고 생각한다. 실제로 하버마스의 담론윤리학의 이런 이론적 공로는 인정되어야 할 것으로 보인다. U의 상호 주관적 성격은 보편화 원칙이 어떤 특수한 이해를 정말 일반적인 것으로 여기는 광신적 판단이나 다른 사람의 필요와 이해를 독단적으로 결정하는 후견주의와 결합될 가능성을 차단한다. 그러나 실제 도덕적 상황에서 사람들은 모든 사람과 토론할 수는 없고, 따라서 어느 정도 독백론적으로 사유하고 결정할 수밖에 없다는 점도 간과되어서는 안 된다. 물론 이것은 도덕이 본래 개인의 문제라는 것을 말하는 것이 전혀 아니다.

의 이익이 공정하게 고려되어야 하는 상황에 맞게 구체화된 것이다. 그러므로 하버마스의 담론윤리학에서 U는 그 자체로 타당한 것이 아니다. 그 자체로 타당한 것은 D뿐이고 U는 D가 규범의 도덕적 타당성을 가리는 원칙으로서 구체화된 것이다. 지금까지 U의 위상에 관해 말한 것을 다음과 같이 표현할 수 있을 것으로 보인다. U는 최상 규범(Supernorm)이 아니다. 그것이 최상 규범이라면 다른 구체적인 규범들은 그것의 구체화된 형태이거나 적용의 예가 되어야 할 것이다. U는 구체적인 규범들의 도덕적 타당성을 가릴 때 지켜져야 하는 원칙으로서, 규범이긴 하지만 실제의 도덕적 문제 상황에 관계된 것이 아니라 논증 상황에 관계된 규범이다. 그래서 U는 일종의 메타규범(Metanorm)이라고 할 수 있다. 이제 하버마스가 U를 어떻게 정당화하는지 살펴보자.

논증규칙으로서의 U의 위상을 분명히 하고 U의 타당성을 증명을 위하여 하버마스는 논증규칙으로서의 U를 논증의 전제, 논증의 내용 그리고 담론윤리학이 증명하고자 하는 규범을 구별하는 것이 중요하다고 말한다(하버마스, 1997a: 144). 그러나 U에 관련된 논쟁을 보면 하버마스가 중요하다고 한 이 구별 역시 정확히 무엇을 의미하고 왜 중요한지 그렇게 쉽게 이해되지 않는 것으로 보이는데, 나는 다음과 같이 이해하고 있다. 논증의 전제란 논증에 참여하는 사람들이 이미 보편적으로 시인하고 있는 규범적 전제를 말한다. 이 전제는 실천적 담론에서뿐만 아니라 이론적 담론에서도 작용하는 보편적인 논증의 전제다. 이런 전제를 발견해내는 방법으로는 하버마스는 보편화용론을 들고 있다. 보편화용론은 언어 사용 시에 우리가 이미 시인하는 보편적인 전제를 재구성해내고자 한다. 그런 논증의 전제를 발견해내는 데는 또 아펠에서 빌린 '수행적 모순(perfomativer Widerspruch)'의 개념도 유용하게 쓰인다. 논증의 전제는 수행적 모순을 범하지 않고는 부정할 수 없는 전제로서 확인된다.68) **논증의 규칙**이란 일반적인 논증의 전제가 특수한 논증의 상황과 관련하여 원칙으로 구체화된 것으로서, 그 규칙에 따라 이루어진 논증의 결과만이 타당한 것으로 인정된다. **논증의 내용**은 논증 과정에서 그 타당성이 검토되는 구체적 규범들을 말한다. 마지막으로 담론윤리학이 증명하고자 하는 규범이란 도덕적 담론에서만이 아니라 일반적으로 실천적 담론에서 규범의 타당성을 가릴 때 따라야 하는 최종적 원칙을 말한다.

이제 하버마스가 논증규칙으로서의 U를 어떻게 도출하는지 살펴보자. 하버마스에게 도덕적 논증 상황이란 어떤 규범이 언어 능력을 갖춘 모든 사람으로부터 옳은 것으로 인정될 수 있는지를 근거를 통하여 결정하는 상황이다. 여기서 도덕적 규범의 타당성을 따질 때 동원되는 근거란 그 규범에 따라 행위할 경우 사람들의 이해에 미칠 영향과 관련된 것이라고 하자. 하버마스는 앞서 언급된 논증의 전제와 도덕적 논증의 상황으로부터 U로 표현된 원칙, 즉 "어떤 규범은 사람들이 일반적으로 그것에 따라 행동할 경우 각 개개인의 이익의 충족과 관련하여 발생할 결과와 부작용이 모두에 의해 비강제적으로 받아들여질 수 있을 경우 타당하다"라는 원칙이 도출된다고 생각한다.

이 U는 어디까지나 도덕적 논증의 상황에서만 유효한 원칙이다. 그러니까 도덕적 논증의 상황이 아니라면 문제가 되는 규범은 언어 능력을 가진 모든 사람에 의해 동의될 수 있어야 타당한 것은 아니다. 윤리적 담론이나 법적 담론 혹은 실용적 담론에서는 어떤 규범이 특정한 가치나 법체계 혹은 특정

---

68) 하버마스는 알렉시가 논증의 전제를 다음과 같이 정식화한 것을 수용한다.
(1) 모든 언어 능력과 행위 능력을 지닌 주체는 논의에 참여할 수 있다.
(2) a. 모든 사람은 모든 주장을 문제시할 수 있다.
　　 b. 모든 사람은 모든 주장을 논의에 끌어들일 수 있다.
　　 c. 모든 사람은 자신의 자세, 희망, 욕구를 표현할 수 있다.
(3) 어떤 화자도 논의의 내부나 외부에서 행사되는 어떤 강제에 의해 (1)과 (2)에서 확정된 권리를 이용하는 데 방해받을 수 없다. 하버마스, 1997a, 138부터.

한 목적을 공유한 사람들에게 받아들여질 수 있는지만 검토되면 된다. 그래서 저 U는 모든 실천적 담론의 원칙으로 통용될 수는 없다. U를 모든 실천적 담론에 통용되는 원칙으로 만들기 위해서는 U에서 도덕적 논증의 상황에 특수한 측면들, 즉 논증에 참여하는 당사자의 범위 등을 다른 논증 상황에도 적용될 수 있도록 불특정화시켜야 한다. 바로 이렇게 하여 얻어진 것이 D다. 그러니까 D는 도덕적 담론만이 아니라 모든 실천적 담론에서 유효한 원칙으로 구상된 것이다. 사실 하버마스는 도덕원칙을 U로 정식화해낸 후 당황스러울 정도로 급속하게 D를 U보다 "절약적 형태"로서 도입하는데,[69] U와 D의 이런 관계는 하버마스가 U를 거쳐서 D에 이르는 증명 방식을 택한다는 점을 상기할 때만 이해될 수 있는 것이다.[70]

앞에서 설명된 U와 D의 관계는 다음과 같이 요약될 수 있다. 하버마스는 U를 거쳐서 D를 도입한다. 그러나 이렇게 U가 D에 선행하는 것은 증명 전략상 그런 것이지 U가 D보다 더 근본적인 규범이라는 것은 아니다. 오히려 규범의 타당성을 가리는 최종적인 원칙은 D며, U는 이 규범이 도덕적 논증 상황에서 구체화된 것이다. D는 논증 상황에 따라 U 외의 다른 원칙으로 구체화될 수 있는데, 가령 정치적 문제에 관련된 논증의 상황에서 D는 민주주의 원칙으로 구체화된다.[71]

---

69) "이제 이 보편화 원칙이 어떻게 논증 전제들로부터 선험화용론적 연역을 통해 논증될 수 있는가가 밝혀졌으므로 논의윤리학 자체는 절약적 원칙'D'로 표현될 수 있다."하버마스, 1997a, 143쪽부터.
70) 하버마스의 담론윤리학에 대한 한 흥미로운 해석에서 벤하비브(S. Benhabib)는 D 외에 다시 도덕원칙으로서 U를 말하는 것은 불필요하다고 말하는데, 이것은 D와 U의 관계를 정확히 파악하지 못한 데서 비롯된 것으로 보인다. Benhabib, 1992, 37쪽 참고.
71) 이에 관해서는 장춘익 1997(이 책 1권 5장)을 참고.

5. 보편화 원칙과 근대성

앞에서 살펴본 것처럼 하버마스는 논증의 전제가 도덕적 논증의 상황에서 구체화된 원칙으로서 U를 도입하였다. 여기서는 하버마스가 U를 도입하는 방식에 별문제가 없다고 가정하자. 또 도덕적 논증에서 U는 논증의 진지한 참여자들이 부정할 수 없는 원칙이라고 가정하자. 그렇더라도 논증이론만 가지고는 아직 U의 타당성이 완전히 증명된 것은 아니다. U는 논증의 전제가 도덕적 상황에서 규범의 타당성을 검사하는 원칙으로 구체화된 것이었는데, 이때 논증의 전제 자체가 규범적 내용을 갖는 것이었다. 이렇게 U의 규범성은 논증의 전제의 규범성으로부터 비롯된 것인데, 그렇다면 담론윤리학은 규범의 근거를 다시 규범으로부터 도출하였다는 비판을 받을 수 있다. 담론윤리학이 이런 비판으로부터 자유로우려면 논증이론 내에서 논증의 불가피한 전제를 밝히는 것에서 그치지 않고 논증에 참여하는 것의 불가피성을 밝혀야 한다. 이외에도 담론윤리학이 논증이론 밖으로 나와야 하는 또 하나의 이유가 있다. 비판적 사회 이론의 일부로서 기획된 담론윤리학은 사회의 삶에서 실질적 중요성이 있는 도덕원칙을 제시할 수 있어야 한다. 도덕원칙의 실질적인 중요성이란 규범의 도덕적 타당성을 따질 때 그 원칙에 의존하는 것이 불가피하며, 적어도 명시적으로는 다른 수단이 그것의 자리를 대신할 수 없다는 의미다. 만일 이런 실질적인 중요성을 갖는 도덕원칙이 지켜지지 않는다면 사람들이 그것의 옳음 때문에 따르고자 하는 공통의 규범이 확보될 수 없다. 사회적 삶에서 그런 규범이 하는 역할이 다른 것에 의해 대치될 수 없는 기능과 중요성을 갖는다고 가정할 때, 사회구성원들은 실질적 중요성을 갖는 도덕원칙의 훼손을 비판할 정당한 이유를 갖는다. 사회 비판의 규범적 토대는 이렇게 실질적인 중요성을 갖는 규범만이 될 수 있다. 어떤 도덕원칙이 이런 실질적 중요성을 갖는지 여부는 **논증이론 내에서** 증명될 수 없다. 그것은 사회적 삶에서 타당한 규범에 의한 행위조정이 필수적이며, 규범의 타당성을 확인하거나 수정할 때 논증 말고 다른 방법이 사용될 수 없음을 보여줌으로써만 설명될 수 있다. **논증 내의 불가피성이 아니라 논증참여의 불가피성이 밝혀져야 하는 것이다.**

하버마스는 논증참여의 불가피성을 의사소통행위에 의해 짜여진 생활세계의 성격에서 찾는다. 하버마스는 생활세계에서 문화적 전통의 전수, 사회통합 및 사회화는 협의 지향적인 행위인 의사소통적 행위에 의해서 이루어지며 다른 방식에 의해 대치될 수 없다고 생각한다. 그에 의하면 "전통을 습득하고 사회적 집단에 소속되고 사회화의 상호작용에 참여함으로써만 자신의 동일성을 획득하고 주장할 수 있는 개인들에게" "정신분열증과 자살로 퇴행" 하는 것을 감수하지 않으려 한다면, 의사소통적 행위와 전략적 행위 사이에 선택할 수 있는 실질적인 가능성은 없다.(하버마스, 1997a: 157) 특히 사회통합과 관련해 중요한 의사소통행위는 행위 당사자들에게 정당한 것으로 인정된 규범에 의해 조정되는 행위다. 사회 통합에서 정당성을 갖는 규범의 역할을 결정적으로 중요한 것으로 보기 때문에, 하버마스는 심지어 사회를 사람들 사이의 규범적 관계의 총합으로, 즉 "정당하게 조절된 사람들의 상호 관계의 총합"(Habermas 1996: 54-55)으로 정의하기도 한다.[72] 생활 세계의

---

72) 사회 전체를 이렇게 규범적 관계로 정의하는 것은 문제가 많기는 하다. 여기서는 하버마스의 이런 사회 개념의 적절성 여부를 논하지 않을 것인데, 다만 하버마스가 이때 말하는 '사회'가 사람들 사이의 관계 전체를 의미하는 것이 아니라는 점만 분명히 해두자. 분명 사람들 사이의 관계가 모두 규범에 의하여 조정되지는 않지만, 규범에 의해 조정되는 행위의 영역이 있고 그 영역에서 행위조정이 다른 방식에 의해 완전히 대치될 수 없다는 하버마스의 주장은 설득력 있어 보인다. 하버마스의 이런 '사회' 개념은 '사회적 공동체'를 규범에 의해 통합된 사람들의 관계로 규정한 파슨스(T. Parsons)의 개념 사용 방식을 수용한 때문인 것으로 생각된다. Parsons, 1971, 10쪽부터 참고.

재생산을 위하여 의사소통행위가 불가피하다면, 논증의 불가피성도 해명된다. 논증은 행위조정 역할을 하는 지식이나 규범의 타당성이 문제 되었을 때 행위를 유보하고 그것의 타당성을 재확인하거나 수정하는 역할을 한다. 그래서 하버마스는 논증을 의사소통행위의 반성적 형태로 규정한다. 하버마스는 논증의 이런 역할을 다른 것이 대신할 수 없다고 생각하기에 의사소통행위의 불가피성으로부터 논증의 불가피성을 도출하는 것이다.

물론 이때 논증이 불가피하다고 해서 논증의 전제가 충실히 지켜지는 논증이 언제 어느 곳에서나 있었다는 주장을 하는 것은 전혀 아니다. 그것은 다만 규범의 정당성 확인이나 창출은 아무리 초보적인 형태일지라도 논증을 필요로 한다는 것을 의미할 뿐이다. 다음의 인용문에는 하버마스의 이런 생각이 잘 집약되어 있다.

> (의사)소통적으로 행위하는 주체는 세계 안에 존재하는 어떤 것에 대해 서로 협의함으로써 타당성 주장, 단언적 타당성 주장과 규범적 타당성 주장을 지향할 수밖에 없다. 따라서 논증적 수단을 통한 (의사)소통적 행위의 지속을 암묵적으로 지향하지 않는 사회 문화적 생활 양식이란 존재할 수 없다. 논증 형식의 발달이 아무리 부진하다 할지라도, 논의적 협의 과정의 제도화가 아무리 적게 진행되었다 하더라도 그렇다. 우리가 논증을 특수하게 조정되는 상호작용으로 고찰하는 한, 논증은 합의지향적 행위의 반성 형식으로 파악될 수 있다. 논증은 협의 지향적 행위의 전제들로부터 우리가 절차적 차원에서 발견한 화용론적 전제들을 끌어온다.(하버마스, 1997a: 154)

이제 하버마스가 자신의 이런 생각을 U와 관련하여 어떻게 구체화하는지 살펴보자. U가 불가피하며 실질적 중요성을 갖는다는 것에 대한 근거를 하버마스는 주로 근대문화의 특성에서 찾는다. 어떤 규범의 타당성에 관한 논란이 생겼을 때 사람들은 기존의 규범의 타당성을 재확인하든가 혹은 새로운 규범을 창출해야 하는데, 이때 논의의 당사자들은 그들이 동의할 수 있는 좀 더 기본적인 견해를 근거로 문제 되는 규범의 타당성을 검토하게 된다. 합의의 기반이 되는 공통의 견해를 배경적 합의(Hintergrundkonsens)라고 하는데, 근대문화 이전에 전통과 종교는 바로 의심의 여지 없이 타당한 것으로 여겨지는 배경적 합의의 역할을 해왔다. 그러나 근대문화의 조건하에서 사람들은 더 이상 실질적 내용을 갖는 배경적 합의를 공유하지 못한다. 그러므로 규범의 타당성에 대한 합의는 언제나 임시적 성격을 가지며 언제나 다시 의문의 대상이 될 수 있다. 이런 조건하에서 규범의 타당성에 대한 동의를 이성적인 것으로 만드는 것은 더 이상 사람들에 의해 공유된 어떤 가치나 신념일 수 없다. 그럼에도 불구하고 근대문화의 조건에서도 규범의 타당성에 대한 동의를 이성적인 것으로 만드는 것이 있다면, 하버마스는 그것을 바로 논의 자체의 이성적 성격에서 찾을 수 있다고 생각한다. 논의 참여자들의 모든 견해가 자유롭게 개진되고 진지하게 검토되며 더 나은 논거 외에 다른 어떤 강제력도 작용하지 않는 논의의 과정 자체가 바로 논의 결과를 수용하는 것을 이성적인 것으로 만든다는 것이다. 그러므로 근대문화의 조건하에서 규범의 타당성을 확보하기 위해서는 논의가 활성화되고 논의의 이성적 구조 자체가 훼손되지 않도록 하는 것이 중요하다. 근대문화의 조건에서 규범의 도덕적 타당성이 이성적 논의 외에 달리 결정될 수 없다는 점에서 U는 실질적인 중요성을 갖는 것이다. 물론 이때 하버마스가 말하는 근대문화는 일종의 이념형이다. 실제의 근대사회에서 종교와 전통은 사람들의 규범의식에 상당한 영향력을 미치고 있으며, 오히려 규범의 도덕적 타당성을 철저하게 U에 따라 결정하는 것은 현재에도 희소한 경우라고 말할 수 있다.

6. 담론윤리학의 보편주의

담론윤리학의 보편주의의 세 측면

앞에서 살펴본 하버마스의 담론윤리학은 칸트로 소급되는 보편주의적 윤리학의 전통에 서 있다. 하버마스 스스로 그렇게 이해하듯이, 담론윤리학은 롤스(J. Rawls)에 이르기까지 독백론적으로 구상되었던 보편주의적 윤리를 상호 주관성의 토대 위에 세운 것이다. 이런 방법론적 장점을 갖는다고는 하지만, 담론윤리학 역시 보편주의 윤리학으로서 칸트나 롤스 등의 윤리학에 가해졌던 비판의 대상이 되었다. 우선 하버마스의 담론윤리학의 보편주의적 성격을 정확히 규정하고, 다음에는 하버마스의 담론윤리학이 보편주의의 취약점으로 지적되어온 문제들에 대해 어떤 대답을 할 수 있을지를 간략히 살펴보자.

U가 규범의 도덕적 타당성을 결정하는 원칙으로서 근대문화의 조건에서 유효하다는 점을 분명히 하면 그의 윤리학의 보편주의적 성격도 제대로 이해될 수 있다. U는 근대문화, 그것도 이념형으로서의 근대문화의 조건하에서만 보편적 타당성을 가질 수 있다. 그러니까 하버마스의 보편주의는 근대문화를 갖지 않는 사회에서도 U가 통용된다는 것을 의미하지는 않는다. 더욱이 U는 앞서 언급된 것처럼 초규범(Supernorm)이 아니라 일종의 메타규범(Metanorm)이다. 그러니까 어떤 두 사회가 이미 근대문화의 단계에 있고 U를 공유한다고 해서 구체적인 내용을 갖는 규범마저 공유할 것이라고 미리 결론을 내릴 수 없다. 물론 U가 단순히 논의의 과정에만 관계되고 규범의 구

체적 내용에는 아무런 영향을 미치지 않을 것이라고 생각하기는 어렵다. 가령 심한 인종 차별적 내용을 가진 규범이 U에 따라 논의되었을 때 타당한 것으로 인정될 가능성은 희박하다. 그러나 불행한 이웃에 얼마만큼 도움을 주는 것이 마땅한지를 U에 따라 논의하면 어느 집단이나 같은 결론에 이를 것이라고 기대될 수도 없다. 아무튼 하버마스의 보편주의가 U의 보편성을 주장하는 것이라면 그것은 U가 근대문화에서, 그것도 메타규범으로서만 공유된다는 것을 의미한다.

그런데 하버마스의 담론윤리학이 근대문화의 조건하에서 U가 타당하다는 것을 주장하는데 그쳤다면 그것의 보편주의적 성격과 관련하여 크게 논란을 벌일 것은 없었을 것이다. 그러나 그의 담론윤리학은 U에 대해서는 제한적 타당성, 즉 근대문화의 조건에서의 타당성을 말하지만, D에 대해서는 보편적 타당성을 주장하는 것으로 보인다. 그의 의사소통행위이론은 앞에서 언급되었듯이 언어적 의사소통을 인간학적인 기본 사실로 여긴다. 그는 인간의 사회적 행위가 규범에 의해 조정되는 것은 어느 시대 어느 문화에도 공통적이었다고 생각하며, 특히 사회구성원들이 그것의 타당성을 인정하여 다소간 자발적으로 따르는 규범이 사회적 행위조정에서 갖는 기능은 다른 것에 의해 완전히 대치될 수 없다고 생각한다. 그는 어떤 규범의 타당성이 문제시될 경우 그것을 당사자들이 납득할 수 있는 방식에 따라 재정립하거나 혹은 수정하는 것은 논증을 통해서만 이루어질 수 있다고 생각한다. 또 그는 이런 담론 또는 논증이 어느 시대 어느 문화에나 있었던 일이라고 생각한다. 실천적 담론의 원칙(D)이 모든 사회에 공통적이라는 것은 이런 의미다. 물론 이 경우 논증은 이상적 담화 상황이나 U에서 표명된 것과 같은 도덕적 논증의 의미는 아니다 그것은 앞서 언급되었듯이 의사소통행위의 반성적 형태로서(하버마스, 1997a: 177) 행위를 잠시 중단하고 공유된 배경적 합의를 근거로 하여

기존의 규범의 타당성을 재확인하거나 혹은 수정하는 것을 말한다. 그것은 거의 의례(儀禮)나 전수(傳授)의 성격을 갖는 것에서부터 전문가들의 토론에 이르기까지 다양한 형태의 것을 포괄하는 개념이다. 또 하버마스가 사람들이 규범의 타당성이 문제 되었을 경우 언제나 논증을 통하여 문제를 해결한다고 주장하는 것도 전혀 아니다. 공통으로 인정하는 타당한 규범에 의해 행위를 조정할 수 없을 경우 행위조정은 규범이 아닌 다른 방식으로 전환될 수도 있다. 하버마스가 말하는 것은 다만 타당한 규범에 의한 행위조정은 사회적 삶에서 필수 불가결하며, 논증은 규범의 타당성을 재확인하거나 재창출하는 방법이라는 점이다. 규범의 기능과 규범의 타당성을 확보하는 방식으로서의 논증에 대한 이런 하버마스의 견해는 지지될 수 있을 것으로 보인다. 그리고 하버마스의 그런 견해를 받아들이면 D가 시대와 문화에 관계없이 보편적으로 타당하다는 그의 주장 역시 수용할 만한 것이다.

D의 보편성과 U의 제한적 보편성을 주장하는 하버마스의 담론윤리학의 보편주의는, D와 U의 의미를 제대로 이해하기만 한다면 동의될 만하다. D의 보편성에 대한 강한 거부감은 대부분 하버마스가 말하는 담론을 엄격한 논증의 의미로 이해하든가, 혹은 D와 U를 구별하지 못한 데에서 기인한다. 그러나 그의 보편주의는 이에 그치지 않고 논란의 여지가 많은 세 번째 측면을 갖는다. 하버마스는 규범의식이 일정한 단계를 따라 발전한다는 콜버그 등의 발달심리학 이론을 사회의 발전과정에도 적용한다. 현대 서구인이 아동으로부터 자율적인 개인으로 성장하는 과정에서 겪는 규범의식의 발달 과정이 집단적 의식의 수준에서도 확인된다는 것이다. 이것은 어떤 사회든 시간의 차이가 있겠지만, 계속 존속하고 발전한다면 결국 탈관습적 도덕의식으로 나아가게 된다는 주장과 다를 바 없지 않은가? 만일 그렇다면 U의 제한적 보편성은 사실상 다른 사회가 아직 근대문화의 수준에 이르지 못했기 때문에 그런

것일 뿐, 결국은 무제약적인 보편성을 갖는 원칙이 될 것이다. 하버마스는 분명하게 이런 결론을 내리지는 않으려는 것으로 보인다. 베버가 자신이 개념화한 합리성이 서구를 넘어선 보편성을 갖는지의 여부에 대해 불명확한 태도를 보였던 것처럼, 하버마스에서도 도덕원칙의 보편성 정도에 관한 그의 명시적 태도와 이론적 함축은 일치하지 않는다. 나는 하버마스가 명시적으로는 U의 제한적 보편성을 말하지만 실제로 그의 담론윤리학과 문화이론은 무제한적 보편성을 시사한다고 생각한다.

정의, 선, 유대성 그리고 환경: 보편주의에 대한 비판과 담론윤리학의 대응

규범적 판단의 독자적 지위와 규범의 고유한 행위조정 기능을 부정하는 탈규범주의와 일부 탈구조주의의 입장을 제외한다면, 보편주의적 윤리학에 일반적으로 가해지는 비판은 크게 두 부류로 나눌 수 있을 것으로 보인다. 한 부류는 보편주의적 윤리의 **추상성**을 겨냥한다. 보편주의는 한 사회의 문화 및 가치와 유리된 도덕을 주장하는데, 이것은 실효성도 없을 뿐만 아니라 윤리적으로 정당화되기도 어렵다는 것이다. 이 부류의 대표적인 입장은 칸트 윤리학에 대한 헤겔의 비판에서 시작되어 오늘날의 공동체주의에 이르는 입장으로부터의 비판이다. 문화인류학과 언어 게임 이론에 의해 계몽되어 도덕의 상대주의를 주장하는 입장도 이 부류에 속한다. 보편주의에 대한 다른 한 부류의 비판은 보편주의의 **협소성**을 문제시한다. 이 부류의 대표적인 입장은 환경철학으로부터의 비판이다. 환경철학, 특히 생태중심주의적 환경철학은 보편주의적 도덕이 도덕적 고려의 대상을 인간에 한정한다고 지적한다. 보편주의에 대한 또 하나의 중요한 비판은 여성주의로부터 오는데, 여성주의는 보편주의의 추상성과 협소성을 동시에 지적한다. 여성주의에 의하면 도덕적 주체의 객관성, 합리성, 자율성을 강조하는 보편주의는 남성적 가치에 경도되어 있다.(Dean, 1995) 그러한 보편주의는 실제의 도덕적 경험에 충실하지도 못하다는 점에서 추상적이며, 비남성적 주체들에 대해 공정하지 못하다는 점에서 협소하다. 나는 하버마스의 담론윤리학이 보편주의에 가해지는 모든 비판으로부터 방어될 수 있다고는 생각하지 않는다. 다음에서 나는 다만 하버마스의 담론윤리학이 칸트적 윤리학의 전통에서는 상당히 설득력 있는 유형이라는 점을 간략히 지적하고자 한다.

보편주의에 대한 공동체주의자들의 비판은 칸트의 윤리학에 대한 헤겔의 비판으로 거슬러 올라간다. 헤겔은 칸트적인 보편주의적 도덕이 구체적인 삶과 유리된 추상적인 것으로서 사회의 분열상을 반영하는 것이라고 규정하였다. 헤겔에 의하면 그런 도덕은 현실에 맞지 않아 무력할 뿐이거나 혹은 힘을 가진 자들에 의해 대변된다면 현실에 대해 폭력적이다. 그래서 헤겔은 보편주의적 도덕을 전면적으로 부정하지는 않았지만 어디까지나 공동체의 인륜과 매개된 것으로서만 의미를 가질 수 있는 것으로 규정하였다. 오늘날 이 문제는 의무론자와 공동체주의 및 해석학적 입장 사이에서 정의(justice)와 선(good) 사이의 우선성 문제로 주제화되었다. 의무론자들은 도덕의 제1관심사를 정의의 문제로 여기며 선의 문제는 개인 또는 집단의 선호와 유사한 문제로 여긴다. 이에 반해 공동체주의자들은 정의의 문제가 한 공동체의 구체적인 가치와 선을 떠나서 논의될 수 없다고 생각한다. 그들에 따르면 무엇이 정의로운지 혹은 그렇지 않은지는 공동체의 가치와 좋은 삶의 상에 따라서만 평가될 수 있다. 그래서 그들은 공동체의 가치와 좋은 삶의 모습과 유리된 채 추상적으로 규정된 정의의 기준은 오히려 폐해를 낳을 수 있다고 주장한다. "정의가 선이 아니라 악"(Sandel, 1982: 34)이라는 말은 과장되기는 하였어도 공동체주의의 입장을 집약적으로 보여준다.

공동체주의의 비판에 대하여 하버마스의 담론윤리학은 공동체주의자들이 강조하는 사회적 연대성을 오히려 담론윤리학이 더 잘 포착해낼 수 있음을 보여주고자 한다. 하버마스는 담론윤리학이 칸트적인 의무론적 윤리학을 상호 주관성의 토대에서 다시 구성함으로써 단순히 의무론적 윤리학을 방법론적으로 수정한 것에 그친 것이 아니라고 생각한다. 그는 오히려 헤겔적인 통찰을 칸트적인 의무론과 결합시킨 것이 담론윤리학의 중요한 성과라고 생각한다(하버마스, 1997b: 24). 이로써 하버마스가 말하고자 하는 것은 자신의 담론윤리학이 **정의**와 **연대성**(solidarity)의 상관관계를 적절히 규정했다는 것이다. 정의가 다른 사람들에 의해 대신 될 수 없는 개인의 평등한 자유와 연관된다면 연대성은 같은 생활세계 속에서 밀접한 관계를 맺고 있는 동료들의 복지와 생활세계 자체의 보호와 관련된 것이다(하버마스, 1997b: 88). 실천적 담론이 거기에 기초해 있고 또 실천적 담론을 통해 재생산되는 상호 주관적 관계는 서로 의사소통행위를 하는 구체적인 사람들 사이의 연대성에 의해 유지된다. 그런 한에서 구체적인 생활세계의 연대성의 망(網)을 떠나서는 어떤 유의미한 실천적 담론도 기대될 수 없다. 그러나 그렇다고 해서 실천적 담론에서 다루어지는 내용이나 담론의 규칙이 모두 구체적인 공동체에만 한정된 타당성을 갖는다고 말할 수는 없다. 실천적 담론에 참여하는 사람들의 자격은 다양하게 규정될 수 있다. 그것은 누구에 의해서도 대치될 수 없는 인격체로서, 혹은 구체적인 가치를 공유한 사람들로서, 혹은 특정한 법체계에 의해 참여의 권리를 부여받는 자로 규정될 수 있다. 이에 따라 실천적 담론은 도덕적 담론이나 윤리적 담론 혹은 법적 담론이 된다. 이들 담론 가운데 적어도 도덕적 담론은 어떤 규범의 타당성을 검토할 때 구체적인 공동체를 넘어서는 보편적 타당성을 추구한다. 그렇지만 이 보편성이 공동체의 연대성에 무관한 것은 아니다. 개인의 보편적 권리와 존엄성을 지키는 것은 오히려 공동체 안에서 상호 인정과 호혜성의 관계가 훼손되지 않도록 하기 위하여 필수적이다. 또 그것은 공동체의 이름으로 일부 구성원들이나 다른 공동체에 부당한 희생을 강요하는 것이 정당화되지 못하도록 한다. 또 보편주의가 형식주의적이며 추상성을 갖지만, 추상성 자체가 반드시 결점이라고 할 수는 없다. 가치다원주의의 상황에서, 공동체의 가치가 서로 충돌하는 상황에서는 오히려 더 이상 구체적인 가치에 의해 제한되지 않는 추상적인 차원의 규범적 판단이 필요하다.

담론윤리학의 보편주의가 문화제국주의적 경향을 갖는다는 비판도 그렇게 설득력 있지 않다. 규범의식도 일종의 지적 판단이라면, 그것은 다른 종류의 지적 판단과 어떤 정합성을 이루어야 한다. 만일 어떤 규범이 실현 불가능한 것으로 인식된 것을 행하도록 명령하거나 이미 미적으로 거부된 것을 지키도록 요구한다면 그 규범은 지속적인 타당성을 가질 수 없다. 물론 이것은 규범적 판단이 사실 판단이나 미적 판단으로 환원될 수 있다는 말은 아니다. 다만 다른 지식이 변함에 따라 규범적 판단도 지적 판단으로서 영향을 받는다는 말이다. 그러니까 어떤 원시 부족에서 근대적 도덕과는 전혀 다른 윤리가 훌륭하게 기능했다고 해서 곧 도덕 상대주의를 주장할 수는 없다. 사실에 관한 지식과 미적 판단이 달라지면서, 또 사회 내 갈등의 성격이 달라지고 사회의 외연이 확장되면서 사람들의 규범의식에 변화가 오는 것은 어느 정도 필연적일 것이다. 한 사회의 구성원이 한편에서 근대적 과학을 습득하고 자신의 고유한 삶에 대한 자각이 강해진 조건하에서, 그리고 다른 한편 사회의 경계가 불확실해지고 규범적으로 고려해야 할 타인이 전 인류에까지 확장된 조건에서, 과연 보편화 원칙 외에 다른 도덕원칙이 정당화될 실질적 가능성이 있을까?

여성주의나 환경윤리학의 입장에서의 비판은 담론윤리학의 한계를 가장 잘 드러내주는 것으로 보인다. 그러나 그 비판들도 모두 적절한 것은 아니다.

하버마스의 담론윤리학은 롤스처럼 합리적으로 판단하는 개인의 능력에 의존하기보다는 담론의 합리적 절차를 중시한다. 그러므로 반드시 합리적 능력을 가진 사람을 유리하게 하는 윤리학이라고 말할 수는 없다. 또 실천적 담론에서 고려되어야 할 이해와 필요를 당사자들이 해석한다는 점에서도 도덕원칙은 '다른 목소리'를 포괄하는 데에 유리하다. 환경윤리학이 보편주의의 윤리학에 대해 가하는 비판은 진지하게 고려되어야 할 측면이 있다. 생태중심주의적 입장에서 보면 보편주의 윤리학은 직접적인 윤리적 고려의 대상을 인간에 한정하는 것으로 보인다. 만일 보편주의 윤리학이 다른 생명체나 혹은 생태계 전체를 윤리적 고려의 대상으로 삼는다면, 그것은 생태계의 보전이 자신과 다른 사람, 기껏해야 미래 세대의 이익과 관련이 있기 때문이지 생태계 자체의 가치 때문이 아니다.(Eckersley, 1990) 나는 보편주의에 대한 생태중심주의의 이런 비판이 전적으로 부당하다고 생각하지는 않는다. 그러나 보편주의가 원칙적으로 환경윤리학으로 발전할 수 없는지는 좀 더 숙고해볼 사항이다. 환경윤리학은 생태계를 단지 수단적인 것이 아니라 그 자체로 고유한 가치를 갖는 것으로 여길 것을 요구하는데, 이것은 분명 우리의 가치 정향의 변화를 요구하지만 반드시 새로운 도덕원칙을 요구하는지는 분명치 않다. 생태계에 대한 우리의 어떤 태도가 올바른 것인지 논의하는 것은 생태계 구성원 전체가 아니라 언어 능력을 가진 우리들이기 때문이다.

7. 나가는 말

하버마스의 담론윤리학은 비판적 사회이론의 전통에서 소홀히 되어온 철학적 과제, 즉 사회 비판의 규범적 기초를 제시하는 과제를 해결하려는 것이었다. 그래서 담론윤리학은 일차적으로 이 과제와 관련하여 평가되어야 하지만, 또한 윤리학으로서의 설득력도 검토되어야 한다.

나는 담론윤리학이 실천적 담론의 원칙(D)이나 보편화 원칙(U)을 도출하는 방식에 별문제가 없다고 생각한다. 그러나 하버마스 자신이 인정하듯이 D나 U 모두 형식적 원칙들에 그친다. 하버마스는 이런 한계를 도덕 이론이 감수해야 하는 것이라고 생각한다. 구체적인 내용을 갖는 규범은 생활세계의 당사자들에 의해 제시되고 검토되어야 한다는 것이다.[73] 도덕 이론의 이런 자기 제한이 불가피하다면 비판적 사회이론의 자기 제한도 불가피하다. 비판적 사회이론은 D와 U가 지켜지지 않는 상황에 대해서 비판할 수 있지만 바람직한 사회나 좋은 삶의 상에 비추어 현실을 비판할 수는 없다. 그래서 하버마스의 비판적 사회이론도 "의미 있는 것의 실현(Vollendung des Sinns)이 아니라 부조리한 것의 제거(Eliminierung des Unsinns)"[74]를 목표로 하는 일종의 부정의 이론이 된다. 하버마스의 이런 담론윤리학과 비판적 사회 이론은 좋은 삶과 바람직한 사회의 구성 요소를 찾으려는 사람들에게 불만족스러울 수밖에 없고 앞으로도 계속 비판의 대상이 될 것이다. 그러나 나는 이론의 이런 자기 제한에 동의하는 편이다. 나는 담론윤리학과 비판적 사회 이론이 좋은 삶과 바람직한 사회의 상을 제시하는 것에 대해 '부정의 변증법'처럼 금욕적일 필요는 없다고 생각한다. 그러나 그것이 제시하는 것은 정의와 유대성의 유지와 창출을 위하여 훼손되어서는 안 될 기본적인 구조에 한정되어

---

73) 하버마스는 롤스가 제시하는 정의의 원칙마저도 철학자에 의해서가 아니라 참여자들에 의해 결정되어야 하는 것이라고 생각한다. 다른 한편 담론의 참여자들은 정의의 문제만이 아니라 각자가 추종하는 가치에 대해서도 진지하게 토론을 벌일 수 있다고 생각한다. 이점에서 하버마스는 철학자의 역할에 관해서는 롤스보다 더 소극적으로, 참여자의 역할에 관해서는 롤스보다 더 적극적으로 규정하는 셈이다. 하버마스와 롤스에 대한 이런 비교는 MacCarthy, 1994 참고.
74) 이것은 벨머가 도덕적 진보의 성격을 규정한 말이다. Wellmer, 1986, 137쪽 참고.

야지, 가장 바람직한 삶과 사회의 구성 요소의 온전한 목록을 제시하는 것이기는 어렵다.[75] 그렇다고 이론의 이런 제한이 미리 실천의 한계를 규정하는 것은 아니다. 이론의 저 한계를 보완하는 것은 이론의 월권이 아니라 실천에의 참여다.

---

75) 나는 좋은 삶의 구성 요소를 제시하는 데에 있어 지나치게 금욕적이지 않으면서 또한 독선적이지 않은 좋은 예를 최근에 주동률의,「좋은 삶이란 어떤 것인가」, 1998에서 볼 수 있었다. 하버마스의 담론윤리학으로부터 좀 더 적극적으로 좋은 삶의 구조와 기본적인 사회제도에 대한 함축을 끌어내는 시도로서는 Cohen · Arato, 1992 참고.

7장 실천이성의 계보학
하버마스 후기 철학의 방법론적 변화에 관하여

1. 들어가는 말

2019년 하버마스는 90세의 나이에 그의 생애 최대 분량의 저작 『또 하나의 철학사』(*Auch eine Geschichte der Philosophie*) 1, 2권을 세상에 내놓았다.[76] 이 저작으로부터 회고해보면, 하버마스 스스로 비판이론의 '패러다임 전환'[77]을 가져온 것으로 평가했던 『의사소통행위이론』 이후에도 그의 방법론에 중요한 변화 내지 보완이 있었음을 확인할 수 있다. 나는 그 변화를 '탈초월화'(Detranszendentalisierung)로부터 '계보학'(Geneaologie)으로의 중심 이동으로 규정하고자 한다. 두 방법 모두 실천적 합리성을 해명하고 강화하는 데 기여하고자 한다는 점에서는 공통이다. 다만 탈초월화가 실천적

---

76) 1권과 2권을 합쳐 대략 1700쪽 남짓이다. '괴물'이라고 불리기까지 했던 『의사소통행위이론』 1, 2권이 1200쪽에 못 미쳤던 것을 생각해보면, 노년의 하버마스는 1/3 정도 덩치가 더 커진 슈퍼 괴물을 탄생시킨 셈이다. 앞으로 본문에서 언급할 시에는 『또 하나』로, 인용 쪽수 표기 시에는 'Auch'로 약칭.

77) 비판이론의 기초를 '목적합리적 행위'로부터 '의사소통적 행위'로, 혹은 '의식철학'으로부터 '의사소통이론' 내지 '언어철학'으로 전환한 것을 의미한다. 『의사소통행위이론』 1권, 495, 562(*Theorie des kommunikativen Handelns 1*, 455, 518) 참조. 앞으로 『의사소통』, 'TKH'로 약칭.

합리성을 현재의 여러 이론 조각들로부터, 즉 전방으로부터 혹은 공시적으로 설명하려 한다면, 계보학은 후방으로부터 혹은 통시적으로 해명하려는 노력이라고 할 수 있을 것이다. 탈초월화는 형식화용론과 생활세계론을 중심으로 한다. 한편으로 규범적 타당성 주장 역시 명제적 진리성에 대한 주장과 마찬가지로 논증을 통해 해소되는 구조를 갖는다는 것이, 그리고 다른 한편 의사소통행위를 통해 재생산되는 생활세계에서 실천적 합리성이 사회화와 사회통합에 불가피하게 영향을 미친다는 것이 탈초월화 논증의 핵심이다. 말하자면 칸트가 말하는 실천이성의 논리와 실천이성의 사실성을 의사소통행위이론 버전으로 변환하는 것이다. 이에 반해 계보학은 실천적 합리성을 역사적·사회문화적 학습과정의 산물로 파악하고자 한다. 탈초월화가 실천적 합리성의 불가피성을 말하고자 한다면, 계보학은 실천적 합리성의 부정이 가능하긴 하지만 이성적이지 않음을 보여주고자 한다. 나는 두 방법론의 차이가 중요한 이론적, 실천적 문제의식의 변화에서 비롯된다고 생각한다. 본 논문의 목적은 하버마스가 어떤 이론적, 실천적 필요에서 계보학적 방법에 점차로 더 큰 비중을 두는지, 그의 계보학적 방법의 특징이 무엇인지, 왜 계보학적 접근에서 신앙과 지식 내지 종교와 철학의 관계에 주목하는지, 그런 계보학적 고찰의 이론적, 실천적 결실이 무엇인지를 밝히는 것이다. 내가 보기에 하버마스가 계보학적 고찰로 눈을 돌리게 된 것은 이론적인 측면에서는 의사소통행위이론 및 토의윤리학의 제한성에 대해 자각하게 되었고 인간의 자기이해를 심각하게 위협하는 과학주의적 사고를 새로운 방식으로 비판할 필요성이 절실해졌기 때문이다. 실천적 측면에서 그의 계보학은 종교가 여전히 생생한 힘을 발휘하는 현실에서 민주주의를 어떻게 구상할 것인가의 문제에 대한 답을 찾고자 한다. 본 논문의 서술은 이론적 문제에 보다 중점을 둘 것이다.

2. 계보학적 전환?

'계보학'을 니체와 푸코의 철학적 방법론과 동일시하는 사람들에게는 다소 당혹스럽게도, 그들 철학과 가장 날카롭게 대립각을 세워온 하버마스가 '계보학'을 자신의 철학의 방법으로 타진하기 시작한 것은 이미 1980년대 중후반부터, 그러니까 『의사소통』이 출간된 지 그리 오래되지 않은 시점부터이다.[78] 이후 계보학은 『타자의 포용』[79]에서부터 두드러지기 시작해서 『자연주의와 종교 사이에서』,[80] 늦어도 『포스트형이상학적 사고 2』[81]에 이르러서는 화용론에 버금가는, 혹은 그보다 더 중요한 방법론으로 등장한다. 이 책에서 하버마스는 실천이성 내지 보편주의적 도덕이 "신성한 것의 언어화"(Versprachlichung des Sakralen)를 통해 형성되었음을 밝히고 오늘날도 여전히 철학은 종교가 가지고 있는 의미론적 잠재력을 이성적 언어로 번역하려는 노력을 할 필요가 있다는 점을 강조한다. 그리고 이를 위해 "신앙과 지식의 계보학에 대한 탐구"가 필요하다고 한다. 이후 신앙과 지식의 계보학은 하버마스 철학의 지속적인 주제가 되며 그의 철학 전체를 결산하는 『또 하나』에서 저작 전체의 목표로 선언된다.[82]

---

78) 보통 종교에 대한 하버마스의 관심이 뚜렷하게 드러난 첫 텍스트로 거론되는 「신앙과 지식」(Glauben und Wissen, 2001) 훨씬 이전 『포스트형이상학적 사고』 (*Nachmataphysisches Denken*, 1988)에서 하버마스는 훗날 자신의 계보학에서 전개하는 핵심적 주장, 즉 보편주의적 도덕의 기본 개념들이 유대·기독교적 전승을 철학적으로 전유한 결과라는 주장을 펼친다. 특히 23쪽을 참조. 종교에 대한 하버마스의 관심을 다룬 국내 논문으로는 정대성, 2011을 참고.

79) *Die Einbeziehung des Anderen*, 1996. 7장에서는 앞으로 인용 표기 시 'EA'로 약칭.

80) *Zwischen Naturalismus und Religion*, 2009. 7장에서는 앞으로 표기 시 'ZNR'로 약칭.

81) *Nachmetaphysisches Denken Ⅱ*, 2012. 7장에서는 앞으로 '포스트 2'로, 인용 표기 시 'ND2'로 약칭.

82) 『또 하나』의 서문에서 하버마스는 자신은 이 책의 제목을 "포스트형이상학적 사고의 계보학을 위해: 신앙과 지식에 대한 담론을 단서로 하는 또 하나의 철학사"("Zur Genealogie

이렇게 하버마스가 계보학에 눈길을 돌린 지 오래되었고 그것의 방법론적 비중이 점진적으로 증가하여 마침내 그의 철학을 결산하는 저작에서 주된 방법론으로 자리잡는데, 그러나 그가 그 용어를 정확히 어떤 의미로 사용하는지에 대해선 비교적 늦게야 비평들에 대응하기 위해서 설명을 시도한다. 계보학 유형을 '전복적'(subversive) 계보학, '옹호적'(vindicatory) 계보학, '문제화'(problematizing) 계보학으로 분류하고 하버마스의 계보학을 '옹호적' 계보학에 해당한다고 평하는 한 비판적 지적[83]에 대해 하버마스는 다음과 같이 말한다.

> "내가 의도하는 계보학은 정당화 기능을 갖지 않는다. 그것은 오히려 그동안 타당한 것으로 여겨졌던 이론적 인식들과 실천적 통찰들의 배경 전제들이 발생했던 맥락의 우연성에 대한 성찰적 의식을 촉진하고자 한

---

nachmetaphysischen Denkens. Auch eine Geschichte der Philosophie, am Leitfaden des Diskurses über Glauben und Wissen")로 하고자 했으나 출판사의 권유 때문에 『또 하나의 철학사』로 간략하게 표기하게 되었다고 한다. 하지만 그렇게 해서 책 전체의 제목에 반영되지 않은 '계보학'은 책의 첫 번째 장의 제목 —"포스트형이상학적 사고의 계보학 문제에 관하여"("Zur Frage einer Genealogie nachmetaphysischen Denkens") — 에서 바로 등장한다. 이 계보학적 작업의 내용에 대해서는 책의 부제에 표기되어 있다. 1권의 부제는 "신앙과 지식의 서구적 구도"("Die Okzidentale Konstellation von Glauben und Wissen")이고, 2권의 부제는 "이성적 자유. 신앙과 지식에 대한 담론의 흔적들"("Vernünftige Freiheit. Spuren des Diskurses über Glauben und Wissen")이다. 그러니까 신앙과 지식에 대한 서구적 담론의 역사를 통해 보편주의적 도덕 내지 이성적 자유에 대한 관념이 어떻게 형성되고 변화되었는지, 그리고 현재는 그런 관념이 어떤 도전에 처해 있으며 어떤 전망을 가질 수 있는지를 살펴보겠다는 것이다.

83) Allen(2013), 237쪽 이하 참고. 앨런의 이 구별은 쿠프만(Colin Koopman)에서 빌려온 것이고, 쿠프만을 따라 니체의 계보학은 전복적인 것으로, 푸코의 계보학은 문제화하는 것으로 분류하면서 후자를 지지한다. 쿠프만은 다시 윌리엄스(Bernard Williams)의 옹호적 계보학과 전복적 계보학 구별을 참조하고 있다. Allen, 2013, 237쪽, 주1; Koopman, 2013, 18쪽 참고.

다."[84]

하버마스는 물론 자신의 계보학이 니체·푸코류의 계보학과 다르다는 점도 분명히 밝힌다.

"이러한 시도는 니체의 '계보학' 이해와 여러 측면에서 구별된다. 우선 지배적 사고형식의 억압적 성격을 파고들려는 전복적 의도에 따르지 않는다. 나는 포스트형이상학적 사고에 대한 대안은 없다고 생각한다."[85]

'옹호적'인 것도 아니고 '전복적'인 것도 아니라면 하버마스는 어떤 계보학을 생각하는 것일까? 앞의 인용문에 이어지는 문장에서 보면 하버마스는 자신의 계보학을 앨런(Allen)이 말하는 '문제화' 계보학에 가까운 것으로 이해하는 것으로 보인다.

"하지만 계보학은 (……) 지배적인 철학의 자기이해를 교정하고자 한다. 계보학은 편협한 계몽주의의 세속주의적 자기오해에 관하여 세속적 사고를 계몽하려는 **문제화 의도**를 추구한다."[86]

이후 자신의 계보학의 방법론적 성격에 대해 이 정도로 상세하게 언급하는 것은 단 한 번, 그것도 바로 『또 하나』에서인데, 하지만 당혹스럽게도 하버마스는 여기서 사뭇 다른 설명을 내놓는다.

---

84) ND2, 143쪽.
85) ND2, 142쪽.
86) ND2, 142쪽.

"마지막으로 **옹호적** 계보학은 각각 자신의 관념들의 발생맥락의 우연성에 관여한다는 점에서만, 또 '현행의' 세계이해 및 자기이해의 소박성과 거리를 취한다는 점에서만 이 두 유형과 일단 공통성을 갖는다. 그 소박성은 세계이해 및 자기이해의 구조들이 학습과정의 결과로 의식되면 사라진다. (……) 포스트형이상학적 사고가 생겨나게 된 학습과정의 재구성은 이 사고의 전제들의 설득력에서 무엇을 빼앗지는 않지만, 이 학습과정의 소득만이 아니라 **비용**도 가시화되게 하는 식으로 그것의 발생맥락에 대한 이해를 **확장**한다."[87]

여기서 보면 하버마스는 자신의 계보학을 이번에는 옹호적 계보학으로 이해하는 것처럼 보인다. 그런데 그 뒤의 서술을 보면 하버마스는, 비록 비평에 대응하기 위해 저 세 가지 유형에 맞추어 『포스트 2』와 『또 하나』에서 한 번씩, 그것도 서로 충돌하는 설명을 하였지만, 실상 자신의 계보학 앞에 세 가지 수식어 가운데 어떤 것도 붙이길 원치 않았던 것으로 보인다.

하버마스가 '계보학'을 거의 언제나 수식어 없이 사용하지만, 그가 택했을 만한 수식어가 무엇일지 짐작해볼 수 있기는 하다. 위의 인용문 마지막의 '확장'이란 단어가 그 힌트이다. 그의 계보학은 포스트형이상학적 사고가 하나의 학습과정의 산물임을 밝힘으로써 포스트형이상학적 사고가 스스로에 대해 재학습하도록, 그리하여 '세속주의적',[88] '과학주의적'[89] 주장으로 표현되

---

87) Auch1, 71쪽. 마지막 강조는 필자.
88) '세속적'(säkular)과 '세속주의적'(säkularistisch)을 하버마스는, 전자는 세속인 혹은 비신앙인이 종교적 타당성 주장들에 대해 불가지론적 태도를 취하는 경우로, 후자는 종교적 타당성 주장들에 대해 과학적으로 입증될 수 없다는 이유로 논쟁적 태도를 취하는 경우로 구별한다. ND2, 324쪽 참조.
89) '과학주의적'(szientistisch) 태도를 하버마스는 "학문적 사고에 구속력 있는 합리성 척도를 찾을 때 오직 법칙적 자연과학들의 이론형성과 절차들만을 모범으로 삼아야 한다는 견

는 자기오해를 넘어설 수 있게 하려 한다. 그런 점에서 그의 계보학은 포스트형이상학적 사고의 자기이해를 단순히 옹호하려는 것도, 전복하려는 것도, 문제시하려는 것도 아니라 확장하고자 하는 것이다. 이렇게 보면 '확장적 계보학'(erweiternde Genealogie. ND2, 106)이 어쩌면 그의 의도를 가장 잘 드러내는 규정이라고 할 수 있을 텐데, 하지만 하버마스는 그 표현마저도 『포스트 2』에서 단 한 번 사용하고 말았을 뿐이다.

그런데 하버마스의 계보학을 이렇게 '확장적 계보학'으로 규정하게 되면, 과연 그에게 계보학의 도입이 방법론의 '계보학적 전환'이라고 말할 수 있을 정도로 결정적인 의미를 갖는 것일까 하는 의문이 든다. 나의 생각으론 하버마스에게 계보학적 방법은, 『포스트 2』와 『또 하나』에서 전면에 나서 있긴 하지만, 합리적 재구성의 방법에 대한 대안이라기보다는 그에 대한 보완이다. 실제 하버마스는 계보학에 대해 말할 때 언제나 다시금 재구성에 대해서도 말하고 있다.

> "**계보학적 관점**에서는 실제 등장한 학습과정들을 가능케 했던 역사적
> 으로 우연적인 구도들이 눈에 들어오지만, **합리적 재구성**의 관점에서는
> 이 역사가 또한 문제 해결들의 연속으로 서술될 수 있다."[90]

그런데 실천적 합리성을 해명하는 데 왜 화용론과 생활세계론 외에 계보학이 필요해졌는가? 또 그 계보학은 왜 특별히 신앙과 지식에 대한 담론의 역사에 주목하는가? 포스트형이상학적 사고의 수준에서 움직이는 오늘날의 철학이 아직도 종교와의 관계를 진지하게 고려해야 하는 이유는 무엇인가?

해"(Auch1, 28쪽)라고 정의한다.
90) ND2, 141-142쪽.

그런 작업을 하는 계보학은 정확히 어떤 성격의 것인가? 이런 물음들에 답하기 위해선 먼저 계보학적 작업을 필요케 했던 이론 내적 문제에서 출발하는 것이 좋을 것으로 보인다. 나는 그 문제를 '도덕적 관점'을 정당화하는 과제, 특히 도덕의 특별한 구속력을 설명하는 과제에서 화용론과 생활세계론만으로는 미진했던 데에서 찾는다.

3. '도덕적 관점'의 정당화 문제

아주 널리 오해되는 것과 달리, 하버마스는 보편주의적 도덕의 구속력을 논증에 내재하는 반사실적이지만 불가피한 전제들[91]로부터 도출하지 않았다.

> "일반적인 논증 전제들의 내용은 아직 도덕적 의미에서 '규범적'이지
> 않다. 포괄성은 토의에 대한 접근의 무제약성만을 뜻할 뿐 어떤 의무부
> 과적 행위규범의 보편성을 뜻하지 않는다. 토의 **내에서** 의사소통적 자유
> 의 균등 분배와 토의를 위한 정직성 요구는 **논증** 의무와 권리를 뜻하지
> 결코 **도덕적** 의무와 권리를 뜻하지 않는다. 마찬가지로 강제로부터의 자
> 유도 논증과정 자체와 관련되지, 이 실천 **밖의** 인간관계들과 관련되는

---

91) 하버마스는 그 전제들을 다음과 같이 네 가지로 요약한다. "유의미한 발언을 할 수 있을
누구도 참여에서 배제되어선 안 된다", "모두에게 동등한 발언 기회가 주어져야 한다", "참여
자는 그들이 말하는 것을 뜻해야 한다", "비판 가능한 타당성 주장들에 대한 '예·아니오' 입장
표명이 더 나은 근거들의 설득력에 의해서만 동기를 부여받도록, 의사소통은 내외의 강제들
로부터 자유로워야 한다."(EA, 60) 각 전제를 한 단어로 표현하면 '포괄성'(Inklusivität), '기
회균등'(Chancengleichheit), '정직성'(Aufrichtigkeit), '비강제성'(Zwanglosigkeit)이라고
할 수 있다.

게 아니다."[92]

이에 따르면 논증은 행위규범을 **산출**하는 과정이 아니라, 토의에 붙여진 행위규범들 가운데 어떤 것을 **선택**하는 과정이다. 그런 점에서 논증은 인식적(epistemisch) 의미를 가질 뿐 그 자체로 특정 행위규범을 따르도록 동기를 부여하는 건 아니다. 이미 동기가 부여된 행위규범들이 주어져 있고, 논증은 그것들 가운데 어떤 것이 논증의 전제들과 절차를 가장 잘 충족시킬지를 검토하는 것이다. 그런 점에서 논증전제들의 불가피성과 도덕적 구속력은 일단 확실하게 구별되어야 한다.

> "도덕적 구속력은 말하자면 불가피한 논증전제들의 초월적 강제로부터만 나올 수는 없다. 도덕적 구속력은 오히려 실천적 토의의 특수한 대상들에, 즉 토의에 **도입된** 규범들에 달라붙어 있고, 논의에서 동원되는 근거들은 그런 규범들과 관계하는 것이다."[93]

물론 논증과정에서 행위규범의 내용이 변화될 수 있을 것이다. 하지만 이는 논증을 통과하면서 생기는 변화이지 행위규범 자체가 논증을 통해서 생성되는 것은 아니다. 그런 점에서 논증을 통한 규범의 정초는 '약한 의미'로 이해되어야 한다. 하버마스가 도덕적 관점의 표현으로 여기는 보편화 원칙(Universalisierungsgrundsatz) 'U'도 그렇게 이해되어야 한다.

> "이런 상황을 강조하기 위해 나는 'U'가 (약한, 즉 선결정하지 않는) **규범 정당화 개념과 결합하여** 논증전제들의 규범적 내용으로부터 설명될

---

92) EA, 62쪽.
93) EA, 63쪽.

수 있다고 말한다."[94]

이제 논증이론 혹은 화용론적 분석만으로 도덕적 관점을 다 설명할 수 없다는 사실이 분명해졌다. 그렇다면 도덕적 관점은 논증과정을 통과할 수 있는, 그렇게 해서 보편주의적 도덕의 형식으로 전환 혹은 번역될 수 있는 규범적 실체 내지 규범적 의식이 논증에 앞서 주어져 있을 때만 설득력을 가질 수 있다. 바로 이 지점에서 하버마스는 화용론적, 논증이론적 설명을 보완해줄 '계보학적' 관점의 필요성을 제기한다.

> "여기서 윤곽을 그려본 설명 전략은 설득의 부담을 계보학적 문제설
> 정과 나눈다. (……) 'U'로써 우리는 말하자면 포스트전통사회 속에서 이
> 해지향적 행위와 논증의 형식들 속에 보존되어 남아 있는 규범적 실체의
> 잔여물을 반성적으로 확인하는 것이다."[95]

생활세계이론에 의지해서 도덕적 관점을 설명하려는 시도도 화용론적 설명과 마찬가지로 한계를 갖는다. 의사소통행위이론은 칸트가 도덕적 관점을 실천이성의 사실(Faktum der Vernunft)이라고 한 것을 탈초월화해서 생활세계적 사실로 확인할 수는 있다. 생활세계 내에서 사람들은 실제로 규범과 관련하여 타당성 주장을 제기하고 필요 시 그에 대해 근거를 제시하는 방식으로 살아가며, 그런 한에서 참여자적 관점에서 도덕적 관점은 부작용을 유발하지 않으면서는 훼손될 수 없는 삶의 구성적 요소라고 말할 수 있는 것이다.

그런데 이런 설명은 도덕적 관점이 일종의 '초월적 가상'이 아닐까 하는

---

94) EA, 63쪽.
95) EA, 63쪽.

물음으로부터 자유로울 수 없다. 즉 현상적으로는 가치들과 규범들의 공유가 이루어지더라도, 그것들이 타당해서 공유되는 것이 아니라 공유되기 때문에 타당한 것으로 여겨질 따름일 수 있는 것이다. 물론 그런 '초월적 가상'이 계속 유지되기만 한다면, 그 자체가 위험한 건 아닐 것이다. 도덕적 관점이 관찰자 관점에서는 인지적 성격을 부정당하더라도 참여자 관점에서는 실제로 실천을 규제하는 기능을 수행할 것이기 때문이다. 그런데 근대성의 전진은 도덕적 관점의 그런 초월적 가상으로서의 지위조차 위태롭게 하는 것처럼 보인다. 종교적, 형이상학적 세계관의 붕괴 이후 다원주의적으로 된 사회적 여건하에서는, 더 나아가서 아예 "규범적 의식 자체의 사멸"(ND2, 188)까지도 염려해야 하는 사회적 여건하에서는, 도덕적 관점을 정당화하기 위해 더 이상 생활세계적 확실성에만 의존할 수 없다.

4. 이차적 언어화: 의사소통행위이론의 수정

도덕적 관점의 인지적 성격, 혹은 실천적 합리성을 정당화하는 데는 규범과 관련해서도 명제적 진리에 대해서와 마찬가지로 타당성 주장이 제기된다고 말하는 것으로 충분할 것처럼 보인다. 그런데 『의사소통행위이론』에서 하버마스는 그런 소극적 해석에 머물지 않았다. 그는 타당성 주장들의 구속력의 기원을 뒤르켐을 따라 신성한 것이 갖는 구속력에서 유래한 것으로 보았다. 이런 시각에서는 도덕적 구속력이 명제적 진리나 표현적 진정성의 구속력과 동근원적인, 아니 더 원형적인 것이 된다. 신성한 것의 요체가 집단의 정체성 내지 규범적 합의인 만큼, 다른 타당성 주장들의 구속력은 말하자면 도덕적 구속력이 전이된 것이다. 하버마스는 뒤르켐이 "시공간에 구애받지 않는 타당성이라는 진리에 대한 반사실적 규정을 신성한 것의 개념 속에 들어 있는 이상화의 힘으로 소급"(『의사소통 2』, 121)한다고 해석하면서 그에 대해 다음과 같이 동의를 표명한다.

> "뒤르켐이 신성한 것의 의미를 단서로 해명하는 규범적 합의는 집단 구성원들에게는 이상화된, **시공간적 변화를 초월하는** 동의의 형식으로 있다. 이것은 모든 타당성 개념에 대한 모델을, 특히 진리의 이념에 대한 모델을 제공한다."[96]

『포스트 2』에서 하버마스는 그간의 언어이론의 발달을 고려하여 이런 입장을 수정하는데, 특히 인간의 의사소통의 발생을 상징적 제스처를 통해 의도와 행위를 조정하는 데서 찾는 토마셀로(M. Tomasello)의 사회인지적(social-cognitive) 내지 사회화용론적(social-pragmatic) 언어발생 이론을 참고한다.[97] 토마셀로의 언어발생 이론을 받아들이면 세 가지 타당성 주장들의 구속력을 동근원적인 것으로 보았던 하버마스의 견해는 유지될 수 없다. "공동 목적의 협력적 실현을 위한 사회인지적 필요들로부터는 사실들, 의도들, 요구들에 대한 의사소통만이 설명될 수 있을 뿐, 규범적 행동기대들에 대한 의사소통은 설명되지 않기"(ND2, 10) 때문이다. 이를 하버마스는 다음과 같이 정리한다.

> "기초적인 화행은 진술(……)의 진리성과 관련해서도 발화자의 (……) 의도의 진정성과 관련해서도 끊임없이 의문에 부쳐질 수 있다. 말

---

96) 『의사소통 2』, 122쪽.
97) 토마셀로, 2015, 62쪽 이하 참조.

은 이 두 인지적 타당성 주장과 **내적으로** 결합되어 있는 것으로 보인다. 이에 반해 동기를 구속하는 정당성 주장은 화행이 규범적인 맥락에, 즉 구속력 있는 것으로 혹은 정당화될 수 있는 것으로 이미 상정된 맥락에 **착상되어** 있는 경우에 비로소 작동한다."[98]

정확히 이런 구별을 위해서 만들어진 것은 아니었지만, 이런 구별을 표현하는 데 도움이 될 개념적 장치를 하버마스는 그 전에 마련해두었다. '동의지향적' 화행과 '이행지향적' 화행, 내지는 '강한' 의사소통행위와 '약한' 의사소통행위가 그것이다.[99] 하버마스에게 이제 진리와 진정성이 발휘하는 구속력은 더 이상 규범적 구속력을 단서로 해서 설명될 필요가 없다. 반면에 규범에 고유한 구속력의 연원은 더욱 확실하게 언어적 의사소통 자체와 구별되어야 한다. 진리와 진정성이 문제가 되는 언어적 의사소통은 신성한 것의 언어화를 통해서 생겨나는 것이 아니라 신성한 것에 대한 의사소통과 나란히 발생한다. 그러니까 신성한 것의 언어화는 성스러운 것에 대한 의사소통이 이미 그와 병행하고 있는 언어적 의사소통의 형식으로 전환되는 것이고, 그래서

---

98) ND2, 13쪽.

99) 『의사소통행위이론』에서 행위를 '성공지향적' 행위와 '이해지향적' 행위로 나누었던 하버마스는 나중에 반론들에 대응하는 과정에서 후자를 다시 '강한' 의사소통행위 내지 '동의지향적'(einverständnisorientiert) 행위와 '약한' 의사소통행위 내지 '이해지향적'(verständnisorientiert) 행위로 나눈다. 강한 의사소통행위로서의 동의지향적 행위는 처음 성공지향적 행위와 구별될 때의 이해지향적 행위와 같은 것으로, 타당성 주장에 대한 상호적 동의를 추구한다. 이와 구별되는 약한 의사소통행위로서의 이해지향적 행위는 동의에 이르지 못하더라도 서로의 주장과 의도에 대해 아는 것으로, 더 정확히는 서로 안다는 것을 아는 것으로도 족할 수 있는 의사소통행위이다. 강한 의사소통행위는 "세 가지 타당성 주장 모두에서 비판될 수 있을 경우"에만 해당되는데, 특히 규범적 타당성 주장에 초점이 맞추어져 있다. 하버마스는 진리성과 진정성에 대한 주장과 달리 규범적 타당성에 대한 주장은 화자에게 (또는 청자에게) 상대적인 근거가 아니라 양자에게 동일한 근거에 의해서만 해소될 수 있다고 생각한다. 하버마스, 2008, 153쪽 이하, Habermas, 1999, 122쪽 이하 참조.

진리성에 대한 타당성 주장이 규범적 구속력의 영향력을 받는 게 아니라 역으로 후자가 전자의 영향을 받는다. 즉 신성한 것에 관한 의사소통에서 이미 문제가 되었던 선악의 문제가 언어적 의사소통의 형식으로 전환되면서 '진·위' 코드처럼 '옳은·그른'으로 이항화되는 것이다.

> "일상적 의사소통과 비일상적 의사소통의 분화에 비추어볼 때 신성한 것의 언어화는 오늘날 나에게 달리 보인다. 규범적 내용들은 먼저 의례로 밀봉된 상태로부터 풀려나온 후 일상언어의 의미론으로 전이되어야 했다. 신성과 재앙의 힘들을 대하는 것은 언제나 이미 '선'과 '악'의 의미론적 양극화와 결부되긴 하였다. 하지만 의례적 의미들이 신화적 서사의 형태로 언어화됨으로써 비로소 이러한 (……) 선악 대립은 일상언어에서 형성된 진술들과 표현들의 이항적 코드화('진·위', '진정성·비진정성')에 동화되고 제3의 타당성 주장으로, 즉 규제적 화행과 결부된 타당성 주장('옳은·그른')으로 형성될 수 있었다."[100]

이런 변화를 하버마스는 "신성한 것의 이차적 언어화"(eine sekundäre Versprachlichung des Sakralen. ND2, 12)로 표현한다. 이렇게 되면 타당성 주장들의 구속력 모두를 신성한 것의 언어화로부터 설명했던 의사소통행위이론의 수정은 불가피해진다.

> "나는 『의사소통행위이론』에서 성급하게도 너무 포괄적인 가정에서 출발했다. 언어적 상호이해가 행위조정 기능을 담당하는 데는 합리적으

---

100) ND2, 14쪽.

로 동기를 부여하는 근거들의 구속력이 결정적 역할을 하는데, 나는 **일반적으로** 이 구속력이 처음 의례적으로 보장된 근본적 동의가 언어화하는 데서 비롯된다고 가정하였다."[101]

　이렇게 한편으로 신성한 것의 언어화 문제는 다른 타당성 주장들의 구속력을 설명하는 것과 관련해서는 중요성을 상실하지만, 다른 한편으로 규범적 타당성 주장의 구속력을 설명하는 데에는 더욱 중요한 의미를 갖게 된다. 타당성 주장들 모두가 신성한 것의 언어화에서 비롯된 것으로 보던 때에는, 신성한 것의 언어화는, 일단 언어적 의사소통이 주된 소통 방식으로 자리를 잡고 나면, 더 이상 없어도 되는 사다리와 같았다. 언어적 의사소통이 지속되는 한 세 가지 타당성 주장이 제기되고 그런 주장을 근거를 통해 뒷받침하는 것이 불가피할 터였기 때문이다. 그런데 다른 타당성 주장들의 구속력은 언어 내적으로 생성된 것인 반면 규범적 구속력은 언어적 의사소통으로 유입된 것이라고 한다면, 언어적 의사소통 속으로 규범적 자원이 유입되지 않으면 '옳은·그른'이란 이항코드에 따른 구별은 공전해버릴 수도 있다. "성스러운 것의 마력이 비판 가능한 타당성 주장들의 구속력으로 고양되고 동시에 일상화되는"(『의사소통 2』, 132) 것은 규범적 정당성과만 관련되기에, 하버마스는 신성한 것의 언어화에 대해 이제 "보다 좁은 의미에서"(ND2, 15), 그러나 더욱 진지하게 말해야 한다.

---

101) ND2, 13쪽.

5. 포스트형이상학적 사고의 계보학

왜 포스트형이상학적 사고의 계보학인가

이제 하버마스에게 도덕적 관점을 정당화하는 문제는 의사소통행위이론에서보다 더욱 급진적인 문제가 되었다. 사실 하버마스가 의사소통행위이론에서 화용론과 생활세계 이론에 의지할 때 그에게는 소위 "왜 도덕적이어야 하는가?"(why be moral?) 하는 물음은 진지한 고려의 대상이 아니었다. 비록 아펠(K. O. Apel)의 초월화용론을 포함해 모든 초월주의로부터 거리를 취하긴 했어도, 하버마스는 여전히 도덕적 관점의 사실적 불가피성에 의지할 수 있었다. 사회화와 문화적 재생산, 그리고 사회통합이 의사소통행위를 통해 수행되는 한, 사회가 규범적 타당성 문제로부터 자유로울 수는 없는 것이기 때문이다. 그러니까 도덕적 관점의 훼손을 걱정할 순 있어도 도덕적 관점의 사멸까지 염려할 필요는 없었던 것이다.

"왜 도덕적이어야 하는가?"의 물음으로 집약되는 상황, 즉 도덕적 관점 자체에 비판적인 반도덕주의만이 아니라 아예 도덕적 관점의 이론적, 실천적 무용성을 말하는 탈도덕주의(amoralism)[102]마저 유력한 입장이 된 상황에서 하버마스는 계보학적 관점의 필요성을 느낀 것으로 보인다.

> "순수한 실천이성은 더 이상 맨손에 정의 이론의 통찰들만 가지고 탈
> 선하는 근대화에 맞설 수 있다고 그렇게 자신할 수 없다. 정의 이론에는
> 사방에서 쇠약해지고 있는 규범적 의식을 자신으로부터 갱신시키기 위

---

102) 가령 루만에게 규범은 학습하지 않으려는 태도(Nichtlernen)가 미화된 것이고 이론가는 기능체계들을 관찰할 때 규범적 관점이 아니라 고차적인 탈도덕적 관점(höhere Amoralität)을 취할 것이 추천된다. Luhmann, 1984, 437쪽; 루만, 2014, 862쪽; Luhmann, 1997, 751쪽 참조.

한 언어적 세계해명의 창조성이 결여되어 있다."[103]

그렇다면 형이상학과 종교로 돌아갈 수밖에 없는가? 하버마스에게 그 길은 막혀 있다. 형이상학적 사고[104]에서 포스트형이상학적 사고로의 진전이 학습과정의 산물인 한, 후자가 스스로를 설득해서 전자로 돌아갈 수 있는 방법은 없다.

그런데 이성이 스스로 충분한 동기부여를 하지 못한다는 것을 인정한 후, 한편으로 형이상학과 종교로 귀환하지 않으면서, 다른 한편 반도덕주의 내지 탈도덕주의에 맞설 수 있는 방법은 무엇일까? 하버마스의 포스트형이상학적 사고의 계보학적 고찰은 이 물음에 대한 답을 찾기 위한 것이다. 앞으로 전개될 논의를 미리 요약해서 말하자면, 이 계보학은 두 가지를 수행한다. 하나는 — 종교에 의존하진 않지만 — 종교가 가지고 있는 의미론적 자원을 포스트형이상학적 사고의 전제들을 해치지 않으면서, 즉 이성의 언어로 번역해서, 사용할 수 있는 가능성을 모색하는 것이다. 이는 보편주의적 도덕이 적어도 서구에서는 출발부터 종교적 내용들을 철학적으로 전유하면서 형성되었고 현재에도 그런 전유과정이 종결된 게 아니라는 걸 보여주는 일이 될 것이다. 다른 하나는 탈도덕적주의 — 하버마스는 이제 반도덕주의보다 탈도덕주의를 더 중요한 위협으로 여기는 것으로 보인다 — 가 실은 사회문화적 학습과정에 대한 자기성찰을 제대로 하지 못한 포스트형이상학적 사고의 양상이라는 것을 보여주는 것이다. 첫 번째 작업을 위해 하버마스가 특히 주목하

---

103) ZNR, 218쪽.
104) 하버마스는 형이상학적 사고의 특징을 모든 것을 하나의 원리 내지 하나의 존재와 관련시키는 '동일성 사고'(Identitätsdenken), 존재와 사고를 동일시하는 '이상주의'(Idealismus), 관조적 삶에 구원적 의미를 부여하는 '강한 이론 개념'(der starke Theoriebegriff)으로 요약한다. Habermas, 1988, 36쪽 이하 참조.

는 것은 소위 기축시대에 종교와 형이상학이 동시에 발생하였다는 사실이고, 후자의 작업을 위해 특히 주목하는 것은 포스트형이상학적 사고가 흄(David Hume)의 길과 칸트의 길로 갈라지는 분기점이다.

종교와 형이상학의 동시 발생

하버마스는 자신의 계보학에서 특별히 기축시대, 즉 대략 B.C. 800 – 200년 사이에 세계 문명권 도처에서 종교와 형이상학이 동시에 발생한 점에, 특히 서구의 길에서는 고대 말기 한편으로 기독교 교리론이 형이상학의 개념들로 구축되고 다른 한편으로 철학은 종교적 전승들로부터 중요한 내용들을 전유하였던 상호 학습 내지 "의미론적 삼투"(semantische Osmose) (Auch1, 15)에 주목한다. 종교와 철학의 이 상보관계에서 하버마스가 더 비중 있게 다루는 것은 물론 철학에 의한 종교의 변용보다는 철학이 종교로부터 전유한 부분이다. 그가 보기에 오늘날에도 유효한 실천철학의 주요 개념들은 철학이 고대 말기 종교적 내용들을 철학의 언어로 번역하는 과정에서 생겨났다. "인격과 개성, 자유와 정의, 연대와 공동체, 해방, 역사, 위기 같은 개념들"이 그런 것들이다.[105]

"그래서 나에게 이 담론(=신앙과 지식에 관한 담론. 필자)은 포스트형이상학적 사고의 계보학을 위한 단서 역할을 한다. 이 계보학은 어떻게 철학 — 이기독교 교리론이 철학의 개념들로 구축되는 것에 상보적으로 — 자기편에서는 종교적 전승들의 본질적 내용들을 전유하고 정당화 가능한 지식으로 변형하였는지를 보여주려고 한다. 칸트와 헤겔로부터

---

105) ND2, 102쪽.

이어지는 세속적 사고가 이성적 자유라는 주제와 오늘날까지도 모범이
되는 실천철학의 기본 개념들을 갖게 된 것은 바로 이런 의미론적 삼투
덕이다."[106]

토의윤리학 내에서 설명하기 어려웠던 규범적 구속력의 연원 문제는 이제
계보학으로 넘겨진다. "신적 명령의 무조건성에 비추어서 비로소 일반적으
로 도덕과 법에 대해 **규범적 구속력 개념**이 형성되었고, 이 개념이 실천이성
에 의한 자유의지의 지도라는 관념 속에 반영된다"(Auch2, 259)는 것이다.
그러니까 '규범적 구속력'은 철학 혹은 실천이성이 스스로의 힘으로 생성한
것이 아니라 종교로부터 전유한 것이다. 하버마스는 이 점에서 칸트가 도덕
의 당위성을 설명할 때 '이성의 사실' 내지 '의무감'에 의지한 것이 부족한 설
명이었다고 지적한다. 그런 의무감 혹은 사실의 유래를 설명하지 못했기 때
문이다(Auch2, 369). 하버마스의 계보학은 그것의 유래를 다음과 같이 특정
한다.

"기독교 자연법으로부터 이성법으로 가는 역사적 이행에서 우리는 의
무론적으로 구속하는 정의라는 보편주의적 개념이 구원적 정의라는 기
축시대의 보다 복잡한 개념으로부터 생겨났으며 그래서 신성 복합체에
그 연원을 두고 있을 것이라는 점을 읽어낼 수 있다."[107]

물론 철학이 종교로부터 규범의 본질적 내용들을 전유한다고 해서 종교적
내용이 그대로 철학으로 옮겨진다는 얘기는 아니다. 철학은 한편으로 종교적

---

106) Auch1, 14-15쪽.
107) Auch2, 369-370쪽.

내용을 전유하지만 다른 한편 그것을 '정당화 가능한'(begründungsfähig) 지식으로 변형하면서 특정 신앙공동체에 갇혀 있는 종교적 규범의식의 제한성을 탈각시킨다. 하버마스가 보기에 보편주의적 도덕은 서구의 길에서는 그런 식으로 발생하였다.

> "한편으로 인권의 보편주의는 (……) 유대·기독교적 구원 관념들의
> 보편주의적 내용을 세속적으로 번역한 덕이다. 평등주의적－보편주의적
> 이성법은 초험적 신 관점을 행위갈등들에 대한 불편부당한 판정이라는
> 도덕적 관점으로 인간중심적으로 전환하지 않고는 형성될 수 없었을 것
> 이다. 다른 한편 이런 변형 없이는 특수한 신앙공동체에 집중된 시각이
> 다른 신앙공동체들에 대해 두었던 관용의 제한을 극복하는 것이 가능하
> 지 않았을 것이다."[108]

그런데 도덕적 관점의 종교적 연원을 밝힌다고 해서 현재 도덕적 관점이 정당화되고 강화될 수 있는 것일까? 발생(Genesis)과 타당성(Geltung)은 구별되어야 하는 것 아닌가? 이런 물음에 대한 답은 하버마스가 신앙과 지식, 종교와 철학의 위와 같은 영향관계를 "어떤 이성적인 길도 그 뒤로 돌아가지는 않을" 하나의 '학습과정'(ND2, 106)으로 본다는 데서 찾을 수 있다. 물론 학습과정이 성공적으로만 진행되리라는 법은 없다. 계보학적 고찰은 바로 학습과정의 우연적 조건들을 함께 밝히는 것이고, 다른 혹은 일면적인 학습과정의 가능성도 보여줄 수 있어야 한다. 하버마스가 보기에 반도덕주의 혹은 탈도덕주의는 포스트형이상학적 사고가 가진 잠재력이 제한적으로만 구현

---

108) ND2, 140쪽.

된 학습의 결과이다.

흄의 길과 칸트의 길

계보학적 관심 이전에 하버마스에게 이론적 논쟁의 주적이 신보수주의와 포스트구조주의였다면, 계보학적 관심에서 가장 주된 비판의 대상은 '강성 자연주의'[109] 내지 '과학주의적' 입장이다. 하버마스가 과학주의를 문제 삼는 이유는 두 가지로 요약될 수 있다. 하나는 실천적 합리성에 대한 위협이 과학 주의에서 완전히 새로운 수준에 이르렀다는 것이다. 신보수주의나 후기구조 주의는, 전자처럼 보편주의적 도덕의 추상성을 비판하든 후자처럼 그것 뒤에 은폐된 권력관계를 폭로하든, 어떤 규범적 기준을 전제하고 있었고 그런 한 에서 근대문화에 대한 논쟁을 통해서나 혹은 그런 비판의 수행적 자기모순을 지적하는 식으로 그에 대해 대응할 수 있었다. 그런데 과학주의는 급속히 발 전하는 "생물유전학, 뇌연구, 로봇공학"(ZNR, 147) 등의 성과에 힘입어, 규범 적 논의에서 모든 진지성을 빼앗아버린다. 규범적 의식 자체가 뇌작용에 수 반되는 일종의 가상 내지 환영으로 취급되기 때문이다. 하버마스가 계보학에 서 과학주의를 문제 삼는 다른 하나의 이유는 철학 안에서마저 과학주의 경 향이 강해졌다는 것이다. 하버마스는 철학 역시 전문화의 길을 걸어 학문의

---

109) '강성 자연주의'(harter Naturalismus) 또는 '과학주의적 자연주의'란 인격과 관련된 문제들마저 남김없이 객관주의적으로, 즉 관찰될 수 있는 사실들로 환원하여 설명하려는 입 장을 말한다. 이에 대해 하버마스는 '연성 자연주의'(weicher Naturalismus)를 옹호하고자 한다. 이 입장은, 인간 정신의 모든 작동이 두뇌활동 등 유기체적 기반에 의존한다는 점 자체 는 부정하지 않으나, 인간 정신의 상호주관적 구조와 인간 행위의 규범적 성격은 그런 관찰 가능한 사실들로 환원해서는 적절히 설명될 수 없고 문화적 진화의 산물로 파악되어야 하는 것으로 여긴다. 하버마스에게 포스트형이상학적 사고에 대한 계보학 탐구는 바로 연성 자연 주의에 따른 작업으로 '탈초월화'를 보완하는 내지는 넘어서는 것으로 이해된다. ZNR, 7쪽, 157쪽, ND2, 51쪽 참조.

분업에서 작은 한 자리를 차지하는 데 만족할 것이 아니라 "우리의 자기이해와 세계이해에 대한 합리적 재구성"(Auch1, 12)에 기여해야 한다고 생각한다. 가령 급속히 증가하는 과학적 지식들과 관련해서 철학은 개념분석적 작업으로 물러서는 식으로 자신의 기능을 찾을 것이 아니라 과학적 지식의 증가가 "우리, 즉 근대의 동시대인이며 개별 인격으로서의 우리 인간에게 무엇을 의미하는지"(Auch1, 12) 묻는 노력을 포기해서는 안 된다는 것이다.

하버마스의 계보학은 이런 과제를 과학주의의 길이 형이상학 이후 지식 발달의 필연적이고 유일한 귀결이 아님을 보여주는 식으로 해결하고자 한다. 이를 위해 하버마스가 주목하는 것은 형이상학적 사고에서 포스트형이상학적 사고로 돌이킬 수 없게 넘어가는 지점이다. 하버마스는 이 지점을 그저 훗날 과학주의로 연장될 수밖에 없는 하나의 통과점이 아니라 하나의 중요한 분기점으로 본다. 하버마스가 보기엔 이 분기점에서 신앙과 지식 사이의 긴장이 최고도에 이르고 마침내 하나의 전환점을 맞게 된다.

> "로마제국 시기 기독교와 플라톤주의의 만남과 함께 극적 긴장이 시작되는데, 중기 스콜라철학에서 첨예화되고 흄과 칸트 사이의 논쟁에서 다음과 같은 물음으로 그 정점 및 전환점에 이른다. 세계상과 '체계'로부터의 작별 후, 합리적으로 전유되고 철학적으로 '번역된' 성서 내용들은 **해체**되어야 할 것인가 아니면 **재구성**되어야 할 것인가? 이와 함께 우리의 인식 가능성의 범위에 대한 물음이 제기된다. 우리는 한쪽 편의 좁게 재단된 합리성 개념으로 우리에게 분명 접근 가능한 인식 가능성들을 희생시키는가 아니면 다른 쪽 편의 포괄적인 이성 개념으로 허위의 인식

가능성들을 사취할 따름인가?"[110]

하버마스가 보기에 흄과 칸트는 모두 세속적 사상가라는 점에서, 그리고 학문적 인식의 모델을 수학적 자연과학들에 찾는다는 점에서 공통적이며 "명백히 포스트형이상학적 사고의 최초 대표자들"(Auch1, 166)들이다. 하지만 저 물음과 관련하여 둘은 완전히 다른 길을 간다. 흄은 종교적 유래를 가진 실천철학의 기본 개념들을 **해체**함으로써 형이상학의 잔재들을 떨구어 버리는 데 주력하는 반면, 칸트의 초월철학은 그것들을 "포스트형이상학적 사고의 전제들하에서, 즉 모순 없이 그리고 형이상학에 의지하지 않고, 세속적 방식으로 **재구성**"(Auch1, 166)하려 한다. 칸트는 신적 입법의 구속력, 양심 등 종교적 유산을 이성의 영역으로 끌어오려고 하는 반면, 흄은 규범의식을 감정과 취향으로 환원한다.(Auch2, 210-211) 그래서 흄에게 규범의식은 심리학적으로 설명될 수 있어도 이론적으로 정당화될 수는 없는 하나의 환상일 따름이다. 흄에겐 인과 개념도 하나의 환상이지만 인식으로 이끈다는 점에선 생산적이었던 반면에, 실천철학의 개념들은 어떤 인지적 역할도 하지 못하는 순전한 환상일 따름이다(Auch2, 258-259). 이런 점에서 하버마스에게 흄은 규범적 사고에 대해 조용하지만 가장 강력한 비판자이다.

"나는 흄을 눈에 띄지 않게, 하지만 가장 일관되게, 내가 포스트형이상학적 사고의 계보학에서 학습과정의 발걸음들이라고 한 것을 비판하는 18세기의 저자로 이해한다. 그것도 그런 발걸음들을 되돌리려고 해서가 아니라 그 성과들을, 즉 칸트가 이성적으로 재구성한 실천적 의식을 **이**

---

110) Auch2, 768-769쪽.

해될 수 있는 환상으로 설명하기 위해서 그렇게 한다. 그는 이런 회의적 길을 거쳐 종교적, 형이상학적 세계상 대신에 **과학으로서의 철학**을 확립하고자 한다."[111]

그런데 하버마스의 계보학은 흄의 길과 칸트의 길이 그저 가능한 두 선택지였음을 말하려는 것인가 아니면 둘 가운데 어느 길이 더 나은 길임을 말하려는 것인가? 칸트의 길도 가능한 하나의 길이었다는 정도의 이야기인가 아니면 칸트의 길이 더 나은 길이라는 것인가? 하버마스의 문제의식에 비추어 볼 때 이 물음에 대해 후자 편으로 답하기 위해서는 규범적 판단의 인식적(epistemisch) 성격을 성공적으로 해명할 수 있는가의 문제가, 다른 말로 하자면 '포괄적인 이성 개념'(ein komprehensiver Begriff der Vernunft)[112]을 설득력 있게 해명할 수 있는가의 문제가 관건이다. 이렇게 되면 바로 포괄적 합리성 개념을 해명하고자 했던 하버마스의 의사소통행위이론은 포스트형이상학적 사고가 칸트적 길에서, 즉 종교의 의미론적 잠재력을 '정당화 가능한 지식'(begründungsfähiges Wissen)으로 번역하려고 노력하는 노선에서, 해결해야 했던 철학적 과제에 대한 하나의 대응이다. 실제 하버마스 자신도 이제 의사소통행위이론을 그렇게 이해하는 것으로 보인다.

"포괄적인 의사소통적 이성 개념 자체가 내가 거칠게 윤곽을 추적해

---

111) Auch2, 210쪽.
112) 하버마스는 '포괄적 합리성' 개념과 '포괄적 이성' 개념을 혼용하지만 때로 강조점이 약간 다르기는 하다. '포괄적 합리성'이 명제적 진리, 규범적 정당성, 미학적 진정성을 모두 포함하는 합리성을 말한다면, '포괄적 이성'은 기술적(記述的) 진술들의 정당화에 한정되지 않고 자신과 세계에 대해 성찰적 지식을 추구하는 사유를 말한다(Auch1, 16, 143, 169쪽 참조). 전자가 의사소통행위이론에서의 규정이라면 후자는 계보학적 탐구 이후 많이 등장하는 규정이다.

본 번역과정의 결과로 이해될 수 있다. 이 번역과정은, **잠정적인 종착점에서 보면**, 설득력 있는 근거들의 지평에서 (……) 규범적인 것에 관해 충분히 강한 개념을 유지하려는 시도로 드러난다."[113]

6. 동시대적 존재로서의 종교의 의미

하버마스는 『자연주의와 종교 사이에서』의 서문을 마르크스의 『공산당 선언』의 첫 문장을 연상시키는 스타일로 시작한다.

> "두 가지 상반되는 경향이 시대의 정신적 상황을 특징짓는다. 자연주의적 세계상들의 확산과 종교적 정통주의들의 증가하는 정치적 영향력이 그것이다."[114]

이 문장에서 하버마스 후기 철학의 지향점을 읽어내보자면, 이론적으로는 강성 과학주의 내지 과학주의적 자연주의를 비판하는 것이고 실천적으로는 종교의 증가하는 영향력에 대해 적절한 대응방식을 찾는 것이 된다. 이때 종교의 동시대성 대한 하버마스의 관심은 소위 세속화 테제가 예상했던 것과 달리 종교가 점차 소멸해가는 것이 아니라 오히려 재활성화되고 있다는 "사회학적 사실'(ND2, 187)을 확인하는 데 그치는 것이 아니다. 종교에 대한 하버마스의 실천적 관심은 시민들이 서로 다른 '포괄적 도덕적 교설들'(comprehensive moral doctrines)을 가졌음에도 하나의 '정치적 정의

---

113) Auch2, 589쪽.
114) ZNR, 7쪽.

관'(political conception of justice)에 합의할 수 있는 가능성을 모색했던 롤스의 정치철학적 관심사와 유사하다. 다만 하나의 작지 않은 차이가 있다. 롤스가 말하는 '공적 이성'은 종교적 시민들에게 정치적 공론장에서 자신들의 주장을 펼칠 때 "포괄적 교설들에 따른 근거들로만이 아니라 적절한 정치적 근거들"[115]로 뒷받침하도록 촉구하나, 하버마스는 그들이 자신의 언어로 발언할 수 있는 기회를 더 많이, 심지어 오로지 자신의 언어로만 표현하는 경우도 허용해야 한다고 주장한다. 롤스의 입장에 대한 하버마스의 이의는 다음의 두 가지로 요약된다. 첫째는 경험적 이의로, 많은 시민은 정치적 입장을 표명할 때 롤스의 '공적 이성'이 요구하는 바처럼 종교적 언어를 통한 발언과 세속적 언어를 통한 발언을 분리할 줄도 모르고 그럴 의지도 없다는 것이다. 둘째는 규범적 이의로, 종교적 생활형식이 보장된 자유주의적 헌법하에서 종교적 시민들에게 그렇게 부가적이고 비대칭적인 의무를 부과해선 안 된다는 것이다.(ND2, 252)

물론 하버마스가 국가의 세계관적 중립성 혹은 국가와 교회의 엄격한 분리라는 원리가 훼손되어도 좋다는 것은 아니다. 정치에 참여하는 한 종교적 시민들도 '이성의 공적 사용'에 의해 요구되는 바를 지켜야 한다. 가령 종교적 다원성의 인정, 세속적 지식에 관해 제도화된 과학의 권위 인정, 인권도덕의 수용 같은 것들이 그런 요구 사항이다(ND2, 254). 그런데 정치적 공론장에서 종교적 시민들이 자신의 언어로 발언해도 된다는 것은 이런 요구 사항들과 충돌하지 않는가? 하버마스는 그렇지 않다고 생각하는 것으로 보인다. 그는 정치적 공론장과 국가적으로 공식적 결정이 내려지는 절차를 구별하고 그 사이에 '번역 유보 조건'(Übersetzungsvorbehalt)이라는 '제도적 필터'

---

115) Rawls, 1997, 784쪽; Habermas, ZNR, 128쪽 참조.

를 두는 식으로 문제를 해결하고자 한다. 정치적 공론장에서는 특별히 정해진 절차 없이 현안들에 대해 논의가 이루어진다. 여기서는 종교적 시민들이, 만일 자신의 입장을 뒷받침할 적절한 세속적·정치적 언어를 사용할 수 없을 경우, 자신의 단일 언어로, 즉 종교적 언어로 발언할 수 있다. 그러니까 정치적 공론장에서 발언할 때 종교적 시민들이 이미 세계관적으로 중립적인 언어를 사용해야 하는 건 아니다. 한편 비종교적·세속적 시민들은 종교적 발언들을 단순히 무시하거나 처음부터 무의미한 것으로 치부해서는 안 된다. 동료 시민으로서 종교적 시민들의 기여도 마찬가지로 중요한 것으로 여겨야 하며 종교적 발언들을 세속적 언어로 번역하는 과정에서 협력해야 한다. 이렇게 정치적 공론장에서는 다양한 목소리로 발언되지만, 그러나 그런 발언들이 공식적 결정과정으로 넘어가려면 세계관적으로 중립적인 세속적 언어로 번역되어야 한다. 그러니까 하버마스는 정치적 정의 혹은 국가의 중립성 문제를 종교적 시민들에게 그들의 세계관에 따른 근거들과 적절한 정치적 근거들을 구별할 줄 알아야 한다고 무리하게 요구하는 식으로가 아니라 "번역 유보 조건의 제도화"((ND2, 253)를 통해서 해결하자는 것이다.

　하버마스가 이런 주장을 할 때는 종교적 시민들의 권리를 말하려는 측면도 있지만 무엇보다도 종교가 삶의 규범적 차원을 망각한 근대성의 흐름에 대항할 수 있는 의미론적 잠재력을, 그가 자주 쓰는 표현으로 하자면 "변제되지 않은 의미론적 잠재력"(unabgegoltene semantische Potentiale. ND2, 255, Auch2, 807))을 지니고 있을 것이라는 기대 때문이다.

　　"종교적 전승들은 오늘날까지도 결여되어 있는 것에 대한 의식을 표현해주는 역할을 한다. 종교적 전승들은 거부된 것에 대한 감수성을 생생하게 유지한다. 종교적 전승들은 문화적, 사회적 합리화가 진전되면서

심각하게 파괴된 우리의 사회적, 개인적 공동 삶의 차원들을 망각으로부

터 지켜준다."[116]

그래서 하버마스에겐 그런 의미론적 잠재력을 "이성적으로 만회하려는 시

도는, 효용극대화에 투철한 목적합리성의 지배권에 대한 저항진영을 형성한

다."(ND2, 255) 그런데 하버마스가 보기에 종교에 대해 그런 태도를 갖기 위

해선 "세속주의적으로 경화된 계몽의 자기이해"(ND2, 300)를 수정해야 하

고, 바로 이를 위해서 포스트형이상학적 사고에 대한 계보학이 필요하다.

"생생한 세계종교들이 어쩌면 억압된 혹은 미개발된 도덕적 직관들이

란 의미에서 '진리내용'을 지니고 있을지도 모른다는 통찰은 세속적 시

민들 측에 결코 자명하지 않기 때문이다. 이런 맥락에서 모두에 대한 동

등 존중이라는 이성도덕의 종교적 발생연관에 대한 계보학적 의식이 도

움이 된다."[117]

7. 결론을 대신하여

하버마스는 철학의 역할을 학문들과 지식체계들에게 "자리를 지정하는

자"(Platzanweiser)가 아니라 아직 충분히 굳건하게 뿌리를 내리지 못한 어

떤 지적 흐름을 위해 "자리를 지키는 자"(Platzhalter) 혹은 "해석자"로 규정

---

116) ZNR, 13쪽.
117) ND2, 254쪽.

한 바 있다.[118] 그 지적 흐름이란 특히 "유능하게 판단하고 행위하며 말하는 주체들의 선이론적 지식에, 또 전승된 지식체계들에 연결하여 경험과 판단, 행위와 언어적 상호이해의 합리성의 어떤 일반적인 토대를 밝히려는 강한 보편주의적 주장을 담고 있는 경험적 이론들"[119]이다. 이제 그의 잠정적인 최후의 대작이 나온 후 회고해보면, 하버마스는 철학에 대해 스스로 내린 규정에 가장 충실하게 작업을 했다고 말할 수 있을 것 같다. 의사소통행위이론이 보편주의적 도덕 혹은 실천적 합리성을 주체들의 선이론적 지식에 연결해서 설명하려 했던 것이라면, 포스트형이상학적 사고의 계보학은 전승된 지식체계들에 연결하여 설명하려 했기 때문이다.

스스로를 "종교적 음치"(ND2, 111)에 해당한다고 하면서도 종교가 간직하고 있을지도 모르는 의미론적 잠재력을 길어올려보려는 하버마스의 노력은 그 이론적 철저성과 실천적 진지성에서 존경심을 불러일으킨다. 하지만 그보다 더욱 심한 종교적 음치인 나는 몇 가지 의문을 지울 수 없다. 보편주의적 도덕이 서구의 길에서는 유대·기독교 전승들을 철학적으로 전유해서 생긴 것이라고 인정하더라도, 지금도 보편주의적 도덕을 위한 의미론적 자원을 종교에 기대해야 하는 것일까? 종교가 철학에 의미론적 자원을 제공할 수 있었던 것이 연대성과 정의에 대한 원초적 감각과 통찰을 봉인해 가지고 있었기 때문이라면, 이제 철학은 연대성과 정의의 문제를 종교를 거치지 않고 직접 대면할 수 있는 것 아닌가? 유대·기독교가 초기에는 보편주의적 도덕의 성립에 기여하였지만, 종교에서 지우기 어려운 권위적 사고가 오늘날은 보편주의적 도덕의 확산에 일부 걸림돌이 되지 않는가? 종교적 구심점도 없었고 근대화의 역사도 짧은 한국의 경우, 강력한 민주주의 운동으로 분출될

---

118) Habermas, 1983, 9쪽 이하.
119) 위의 책, 23쪽.

수 있을 만큼 강도 높은 보편주의적 도덕의식이 비교적 단기간에 형성되고 확산될 수 있었던 이유는 무엇인가?

나는 비이기적이고 수평적인 관계의 경험이 보편주의적 도덕의식의 형성을 위한 가장 중요한 기반이라고 생각한다. 비이기적 관계가 규범적 의식을, 수평적 관계가 보편주의적 의식을 가질 수 있게 하는 것이다. 이런 관점에서 볼 때 한국의 경우 보편주의적 도덕의식을 형성하는 데에는 지난 세기 중후반부터 인구의 상당수가 어린이부터 청년기까지 사회화 과정의 대부분 시간 동안 공교육체계 속에서 또래 집단과 수평적 교류를 경험한 것이 하나의 중요한 실질적 지반이 되었을 것이라고 추측할 수 있다. 그런 수평적 교류의 경험 속에서 하버마스가 말하는 이성적 자유, 즉 "모두와 각자를 상호주관적으로 공유되고 완전히 탈중심화된 상호적 관계들의 연관성 속에, 강제 없이 의사소통적으로 포함시키고자 하는 자유"[120]에 대한 지향성이 형성되고 강화되었을 것이다. 이런 추측이 맞는 것이라면, 경쟁논리와 사회적 차별이 교육체계 깊숙이 파고들어 사회화 과정이 동시에 수평적 교류를 체득하는 과정이 되지 못하게 하는 것이야말로 우리가 도덕의식의 발전과 관련하여 가장 염려해야 하는 부분이 될 것이다.

하버마스는 도덕을 "사회문화적 생활형식 자체에 내재하는 본질적인 위험을 보상하는 보호장치"[121]라든가 "각 개인의 통합성의 불가침성을 보장하고, 다른 한편으로 서로 의존하는 개인들이 상호 인정하는 사회적 공간을 설립하고 제한하는"(ND2, 284) 것으로 규정한 바 있다. 나는 도덕의 역할에 대한 이런 규정을 수긍하게 만드는 경험과 의미론적 자원이 비종교적 영역에도

---

120) Habermas, 2020, 23쪽.
121) Habermas, 1991, 223쪽.

충분히 많을 수 있다고 생각한다. 포스터(E. M. Forster)의 표현[122]에 기대어 말하자면, 단지 수평적으로 연결하라!

---

122) "단지 연결하라!"(Only connect!)

2부
루만

8장 니클라스 루만의 『사회의 사회』는 어떤 책인가
『사회의 사회』 옮긴이 서문

1. 루만이 사회학자로서 전 생애에 걸쳐 추구한 것은 사회이론, 그것도 근(현)대사회에 관한 이론이다. 1997년에 출간된 이 책은 그러한 작업의 결정체이다. 핵심적인 결과는 잘 알려져 있다. 근대사회는 돌이킬 수 없게 기능적으로 분화된 사회가 되었다는 것이다. 하지만 루만이 어떤 논지로 그러한 결론에 이르는지, 그로부터 나오는 귀결은 무엇인지는 별로 알려져 있지 않다. 혹시 알려져 있더라도 아주 피상적이거나 오해로 뒤범벅된 경우가 다반사다. 특히 루만이 근대사회를 그저 맹목적으로 자기보존만 추구하는 폐쇄된 기능체계들로 이루어진 것으로 보았다는 식의 단순화된 평가는 최악이다. 이런 평가에는 분명 진보적이라기보다는 보수적이라고 할 수 있을 그의 이론의 정치적 함의도 한몫했겠지만, 난해하고 방대한 그의 저작물을 읽어야 하는 고통이 그런 단순화를 통해 보상을 찾는 것인지도 모르겠다.

루만을 읽으려면 여러 학문 분야로부터 도입한, 그것도 각 학문 분야에서 표준적 지식이라고 할 수 없는 수많은 이론 조각들로 짜인 미로를 헤치고 나가야 한다. 수많은 역설적 표현들은 미로 속에 다시 미로를 만든다. 그런데 루만에게 이것은 현학적 취향이나 수사적 기술이 아니라 사회라는 특별한 대상에 대한 이론을 펼치기 위해 불가피한 것이다. 루만이 보기에 사회는 하나의 관찰자가 하나의 객체처럼 앞에 놓고 외부로부터 관찰할 수 있는 대상이 아니다. 사회는 '사회적'이라고 칭할 수 있는 것 가운데 가장 포괄적인 단위로, 사회에 관한 모든 커뮤니케이션도 그 안에 포함된다. 그러니까 사회학과 사회이론도 예외일 수 없다. 이 점을 진지하게 고려하는 사회이론은 자신의 대상을 규정하는 문제에서부터 만만치 않은 벽에 부딪힌다. 대상을 인식하면서 동시에 그 자신을 대상 속에 집어넣어 읽어내야 하기 때문이다. 더욱이 사회에 대한 기술(記述)이 사회 구조의 영향을 받고 역으로 사회에 대한 기술이 다시금 사회 구조에 영향을 미친다면, 그런 사회를 어떻게 기술할 수 있을까? **사회의 사회**는 사회의 구조와 사회에 대한 기술 사이의 이런 복잡한 관계를 나타내기 위한 표현이다. 오늘날 유행하는 말로 하자면 통섭적 학문의 극치를 보여준다고 할 루만의 작업은 바로 이렇게 통상적인 방법으로는 포착할 수 없는 대상에 적합한 이론적 수단들과 표현들을 찾아내기 위한 것이다. 이런 루만의 문제의식을 공유할 경우, 불필요하게 길지도 불필요하게 어렵지도 않게 쓰려 했으나 어쩔 수 없이 길고 어려워진 칸트의『순수이성비판』처럼, 이 책의 방대한 양도 꼭 필요한 것만 담고 있고 더 이상 간결해질 수 없는 텍스트로 보일 수도 있을 것이다.

　사회라는 특별한 대상을 포착하기 위해 루만이 선택하는 핵심적인 개념은 '자기지시적'이며 '자기생산적'인 '체계'이다. 사이버네틱스와 생물학에서 차용한 이 개념은 어떤 복잡한 구성체의 요소들이 서로 재귀적으로 관련을 맺으면서 생산되는 것을 가리킨다. 루만은 이러한 체계 개념에다 논리학, 언어이론, 의미이론, 커뮤니케이션이론, 매체이론 등을 결합해서, 의미를 사용하는 커뮤니케이션들로 이루어지는 자기지시적 체계인 '사회적 체계'란 개념을 형성한다. 특정한 종류의 커뮤니케이션들 사이에 혹은 특정한 전제를 바탕으로 하는 커뮤니케이션들 사이에서 그렇게 '자기지시적'인 연쇄가 이루어짐으로써 특정한 사회적 체계들이 형성되는데, 가령 참석자들 사이에 이루어지는 커뮤니케이션들의 연쇄로는 '상호작용체계'들이, 구성원 자격을 조건으로 하는 커뮤니케이션들의 연쇄로는 '조직체계'들이, 특정 기능과 연관된 커뮤니케이션들의 연쇄로는 '기능체계'들이 성립한다. '사회'는 이런 특정한 사회적 체계들 모두를 포괄하는 사회적 체계이다. 사회를 이렇게 커뮤니케이션체계로 정의함으로써 루만은 사회의 요소를 인간들로 보는 모든 인본주의적 사회 이해와, 또 사회를 지역적 경계에 따라 나누는 모든 지역주의적 사회 이해와 결별한다. 이렇게 사회를 포괄적인 커뮤니케이션체계로 규정하는 것이 제1장의 내용이다.

사회의 성격을 구체적으로 규정하려면 이제 커뮤니케이션들의 연쇄가 어떻게 이루어지는지를 분석해야 할 것이다. 제2장에서 바로 이런 분석이 이루어진다. 루만에게 커뮤니케이션은 정보, 전달, 이해로 구성되는 사건이다. 하나의 커뮤니케이션이 일단 이해로 종결되면, 커뮤니케이션의 수신자는 발신자의 기대에 호응하는 식으로 반응할 수도 있지만 기대에 반하거나 기대 범위를 벗어나는 커뮤니케이션으로 반응할 수도 있고 아예 커뮤니케이션을 중단할 수도 있다. 그러니까 확률적으로만 보자면 기대되는 후속 커뮤니케이션이 일어날 가능성은 낮은데, 하지만 그렇다면 발신자는 커뮤니케이션을 할 용기를 갖지 않게 될 것이고 커뮤니케이션의 연쇄라는 것은 아예 성립하지 않을 것이다. 그래서 기대하는 후속 커뮤니케이션이 일어나는 것이 비개연적인데도 어떻게 충분히 자주 그런 일이 일어나는지, 즉 비개연적인 것의 개연성이 어떻게 성립하는지가 커뮤니케이션과 관련된 루만의 핵심적인 물음이다. 하나의 복잡한 사회는 커뮤니케이션이 충분히 많은 사람들에게 전달될 수 있고, 수신자들로부터 — 언제나는 아니지만 — 후속 커뮤니케이션이 규칙적으로 기대될 수 있을 경우에 성립한다. 이를 위해서는 특별한 장치들이 발달해야 한다. 가령 문자와 인쇄는 시공간적으로 수신자 범위를 극적으로 확대하고, 화폐와 같은 상징적으로 일반화된 매체는 타인에게 재화를 넘겨주는 것과 같은 지극히 비개연적인 일도 아주 정상적으로 일어나게 한다. 루만에게는 권력, 진리, 사랑, 가치도 각각 비개연적인 커뮤니케이션들의 연쇄를 개연적으로 만드는 매체들이다.

그러면 사회는 어떻게 변화해가는가? 사회는 오직 커뮤니케이션의 연쇄속에서 구조들이 형성되고 그 구조들이 변형되어나가면서 변화한다. 점점 더많은 전제와 결부되고 그리하여 점점 더 비개연적인 구조들이 생겨나고 정상적인 것으로 여겨지는 과정인 것이다. 그 메커니즘은 이렇다. 어떤 커뮤니케이션에 대해 후속 커뮤니케이션은 기대에 부응할 수도 있고 부응하지 않을 수도 있는데, 전자의 경우에는 기대(=구조)의 응축이 일어나고 후자의 경우에는 '변이'가 발생한다. 변이는 적절치 못하거나 중요하지 않은 것으로 치부됨으로써 부정적으로 '선택'되거나 아니면 정상적인 커뮤니케이션으로서 긍정적으로 선택된다. 이렇게 긍정적으로 선택된 변이를 체계의 자기생산과 양립할 수 있게 조정하면, 이제 새로운 구조가 '안정화'된다. 변이, 선택, 안정화는 커뮤니케이션체계 안에서 일어나지만 모두 우연성을 배제할 수 없고, 그런 점에서 새로운 구조의 발생은 '창발'이며 '진화'이다. 이로써 루만은 이성이든 특정한 가치든 상호이해든, 사회의 본질적 목표를 상정하는 모든 목적론적인 사회 이해와 결별한다. 진화가 사회체계의 최적의 적응을 보장하는 방향으로 간다는 것도 루만의 사회진화 이론과 거리가 먼 이야기이다. 굳이이야기하자면 사회의 진화로 '복잡성'을 처리하는 능력과 방식이 달라진다고할 수 있을 것이다. 복잡성을 처리하는 데 결정적으로 중요한 장치들이 '진화적 성취'들이다. 그래서 진화는 필연적 과정도 아니고 반드시 바람직한 방향으로 간다고 할 수도 없지만, 그러나 진화적 성취들을 포기할 경우 사회의 당면한 복잡성을 처리할 수 없어 심각한 부작용에 시달릴 수 있다. 가령 화폐를 포기할 경우 복잡한 거래들을 처리할 수 없어 생기는 혼란을 생각해보면 된다. 이러한 진화의 문제가 제3장의 주제이다.

사회가 진화를 통해 변해간다고 할 때, 사회를 어떻게 분류할 것인가? 근대사회는 어떤 유형인가? 제4장에서 루만은 이 물음을 파고든다. 루만은 사회가 일차적으로 어떤 부분체계들로 분화되었는가에서 사회의 특징이 가장 잘 드러난다고 생각한다. 그는 분절적 분화, 중심·주변 분화, 계층적 분화, 기능적 분화라는 네 가지 '분화형식'을 제안한다. 루만이 특히 주목하는 것은 계층적 분화로부터 기능적 분화로의 이행 과정이다. 기능적 분화가 성립하면 각 기능체계는 오직 하나의 기능만을, 하지만 그 기능에 대해서는 보편적인 관할권을 갖는다. 기능들 사이에 서열도 없고 기능체계들을 조절하는 중심도 정점도 없다. 바람직한 균형을 말할 수도 없다. 기능체계들은 사회 내부의 환경(=다른 사회적 체계들)과 사회 외부의 환경으로부터 오는 신호들에 의해 교란되고 그 교란에 자신의 관점에 따라 반응할 따름이다. 각 기능체계는 기능 외에 다른 준거점을 갖지 않는다는 점에서 닫힌 체계이지만, 사회 내의 다른 체계들과 구조적으로 결합되어 있고 외부로부터 오는 신호에 의해 교란된다는 점에서 또한 열려 있는 체계이기도 하다. 또 기능적으로 분화된 사회에서는 개인들이 취급되는 방식이 근본적으로 달라진다. 이제는 개인들이 가령 계층화된 사회에서처럼 전체 인격으로서 하나의 부분체계에 '포함'되는 일은 성립하지 않는다. 개인들은 모든 기능체계에 접근할 수 있지만 어느 기능체계에도 완전히 포함되지는 않는다. 이렇게 사회분화형식의 변화를 추적하여 루만은 근대사회를 기능적으로 분화된 사회로 규정한다.

커뮤니케이션체계인 사회의 자기생산은 자신에 대한 '관찰'과 함께 수행되는데, 이때 사회의 구조는 자기관찰에 영향을 미치고 자기관찰은 또한 사회의 구조에 영향을 미친다. 사회의 자기관찰들 가운데 어떤 것들은 응축되고 확인되는 과정을 거쳐 후속 관찰들을 이끄는 중요한 틀로 고정되는데, 루만은 그런 자기관찰들을 '의미론'이라고 한다. 가령 존재론, 전체와 부분, 정치와 윤리 등으로 집약되는 구유럽의 의미론들은 계층적으로 분화된 사회에서 나온 의미론들로 파악된다. 이에 반해 주관, 개인, 보편적 도덕으로 표현되는 의미론들은 기능적으로 분화된 사회에서 나온 의미론들인데, 다만 기능적 분화로 인해 무엇이 달라졌는지를 정확히 파악하지 못하는 과도기적 의미론들이다. 한편 기능체계들의 자기관찰로 이루어지는 '반성이론'들이 점차 주도적 위치를 차지하는데, 다만 특정한 기능의 관점에 한정되어 있어 사회이론의 지위를 가질 수는 없다. '위험', '정보'에 초점을 맞추는 의미론들('정보사회', '위험사회')은 특정한 기능체계에 한정되지 않는다는 장점을 갖지만, 이러한 의미론들 역시 자신이 하나의 구별에 바탕하고 있다는 사실을 충분히 반성하지 못하고 있다. 이제 사회이론은 자신의 대상 속에 자신이 포함된다는 것을, 그리고 자신이 특정한 구별에 기초해 있다는 것을 고려하고 이론 자체에 반영하는 것이 되어야 한다. 이렇게 유럽에서 중요했던 의미론들을 사회의 구조변화와 연결해 해명하는 작업이 제5장의 내용이다.

사회의 모든 자기관찰이 특정한 구별에 기초하고 있고 스스로는 자신의 구별을 관찰할 수 없다고(관찰한다면, 그것은 새로운 구별을 바탕으로 한 것이다), 그런 점에서 모든 관찰이 각자의 '맹점'을 갖고 있다고 해보자. 이것이 이런 주장을 하는 이론에도 예외 없이 적용된다면, 사회이론은 결국 상대주의로 갈 수밖에 없는가? 루만은 사회의 관찰이 이차 관찰로 전환되어도, 즉 각 관찰이 다른 관찰들을 관찰하면서 성립하고 각 관찰이 사용하는 구별이 다른 관찰에 노출되어 다르게 관찰된다고 하더라도, 관찰들을 끌어들이고 관찰들의 출발점이 되는 어떤 안정적인 점이 형성될 수도 있을 것이라는 전망을 피력한다. 그것이 바로 근대사회의 '고유값'이 될 것인데, 루만은 그것을 '기능'으로 본다. 기능이 기능체계들의 관점으로서 취소될 가능성이 거의 없어 보이는 데다, 기능에 대한 관찰도 다시금 기능을 관점으로 택할 가능성이 크기 때문이다. 루만에게 기능의 기능은 기능이다.

2. 나는 이 난해하고 복잡한 책에 단 하나의 옮긴이 주도 달지 않았다. 그렇지 않아도 두꺼운 책을 더욱 두껍게 만드는 것도 두려웠거니와, 나는 역주에 대해 아주 조심스러운 태도를 갖고 있다. 책에 주를 가득 붙이는 것은 참고할 자료에 대한 접근이 어려운 시기의 산물이다. 입문서나 연구서에 수록될 내용을, 혹은 전자적으로 쉽게 접근할 수 있는 정보들을 굳이 덧붙이는 것은 특히 그 정보에 익숙한 독자에게는 매우 거추장스럽다. 나는 어려운 전문용어들과 지명, 인명, 사건들에 관련해서는 가급적 찾아보기 쉬운 역어를 선택하고 원어를 병기함으로써 필요한 독자가 스스로 참고사항을 찾는 데 불편을 줄이도록 했다.

역어 선택은 어떤 번역에서든 가장 어려운 문제다. 그런데 루만의 경우 사용하는 용어들의 출처가 워낙 다양해서 어려움은 더욱 특별하다. 그렇지만 이 책은 루만과 관련해 역어들을 정리할 수 있는 좋은 기회를 제공하기도 한다. 이 책에서 그가 사용하는 용어들이 거의 총망라되고, 그래서 역어들의 연결성을 제대로 테스트해볼 수 있을 것이기 때문이다. 기존의 역어들에 이미 친숙한 독자들이 여기서 새로운 역어를 만난다면, 전체 맥락에서 그 역어가 적절한 것인지 테스트해주길 바란다. 어떤 역어들을 선택했는지는 색인을 참고하기 바란다. 이 자리에서는 루만 특유의 전문 용어라고 할 수 없는, 그러나 이 책에서 큰 중요성을 갖고 또 워낙 자주 등장하기 때문에 역어에 이견이 있을 경우 매끄러운 독서에 방해가 될 수 있는 세 가지에 용어에 대해서만 짧게 언급해두고자 한다.

첫째, '근대', '근대성'과 '현대', '현대성'이 혼용되어 쓰이는데, 각 역어가 갖는 장단점이 있다. '근대'라고 하면 '근대성' 담론에서 문제가 되는 사회구조적, 문화적 현상들의 역사성을 부각시키고 '전근대', '탈근대'란 용어와 쉽게 연결될 수 있다는 장점이 있으나, '근대성'이 자칫 지나간 특정한 역사적 시기에 한정되는 것으로 이해될 위험이 있다. 반대로 '현대'는 '현대성' 담론이 현재와 대결하는 것이라는 점을 부각시키는 장점이 있지만 현재의 역사성을 드러내는 데는 부족하고 '탈현대'라는 다소 과도한 표현으로 이어진다는 문제점을 갖는다. '근현대'라고 하면 내용상 가장 좋을지 모르겠으나 이는 번거롭다. 나는 '근대'를 택했고 대신에 근대 초기를 나타내야 할 때는 '근세'라는 표현을 썼는데, 이는 순전히 선호의 문제이니 '현대'를 선호하는 독자는 '근대'를 문맥에 따라서 또는 아예 전체를 '현대'로 고쳐 읽기 바란다.

둘째, 보통 근대적 '주체' 내지 '주관'과 관련해 인식론적 맥락에서는 '주관', 실천철학 맥락에서는 '주체'라는 역어가 쓰인다. 이 책에서는 두 맥락이 섞여서 등장하는데, 맥락에 따라 구분해서 쓴다는 것은 가능하지도 않고 이해에 보탬이 되지도 않는다. 그래서 어느 한쪽으로 통일해야 하는데, 어떻게 해도 어색함은 계속 남는다. 나는 이 책에서 인식론적 맥락이 우세하다고 판단했다. 한편 실천철학의 맥락에서도 루만이 문제로 삼고 있는 것은 '주체'의 의지적 측면보다는 내면으로부터 스스로 보편성을 마련하는 측면이기 때문에, 이 경우에도 '주체' 대신 '주관'을 사용할 수 있을 것이다. 그래서 '주체'와 '주관' 가운데 한쪽으로 통일해야 하는 부담 속에서 '주관'을 택했는데, 이것 역시 선호의 문제이니 '주체'를 선호하는 독자는 '주관'을 맥락에 따라서 또는 아예 전체를 '주체'로 고쳐 읽기 바란다.

마지막으로, '커뮤니케이션'은 우리말로 번역하지 않고 사용했다. 선행 연구자들에 의해 이미 상당히 정착된 '소통'이라는 역어를 존중해야 한다는 부담이 있긴 했다. 하지만 현재 '소통'은 하버마스 식의 '의사소통'이나 '상호이해'의 의미로 이해되는 경향이 강하고, 다른 한편 전반적으로 '커뮤니케이션 이론'이나 '커뮤니케이션 연구' 같은 용어들이 확고하게 정착된 상태라서 번역하지 않고 사용하는 것이 오히려 여러 분야에서의 연구들과의 접속 가능성을 열어놓는 데 유리하다는 판단이다.

이 책에서 인용되는 문헌 가운데 한글 번역서가 있으면 그 번역본을 따르는 것을 원칙으로 했다. 하지만 역자가 번역본의 존재를 몰라서 빠진 것들도 있을 것이다. 참고할 수 있는 수준이 되지 못해서 고의적으로 뺀 것도 있다.

3. 스스로 갖고 있는 지적 자원이 너무 많은 루만은 이 대단한 저작을 쓰면서도 다른 사람들에게 특별히 감사의 인사를 표시할 필요를 느끼지 못한 것 같다. 하지만 단지 번역을 했을 뿐인 나는 감사해야 할 사람이 여럿 있다.

정성훈 교수는 초벌 번역본을 처음부터 끝까지 읽고 수많은 수정을 제의했다. 그는 몇 년 전 바로 이 책을 바탕으로 박사학위 논문을 작성했고 근래에 가장 활발하게 루만을 연구하는 학자라서 역어에 관해 최상의 감각을 갖고 있었다. 내가 역자임에도 불구하고 그가 제안한 것을 내가 수용한 것이 나의 제안을 받아들여 그가 자신의 역어를 수정한 것보다 훨씬 더 많다. 그의 도움이 아니었으면 이 번역본은 결코 지금의 수준으로 다듬어질 수 없었다. 루만을 읽는 데 어려움이 있는 사람들은 그가 루만과 관련하여 번역한 책들이나 논문들을 참고하길 강력히 권고한다. 원어를 병기한 이 책의 색인도 그가 마련한 것을 약간 수정한 것이다.

황수영 교수와 박승찬 교수에게도 특별한 감사를 드린다. 다양한 출처의 문헌들을 사용하는 이 책에는 종종 프랑스 문헌들이 언급되는데, 좀 긴 불어 문장이 나오면 언제나 황수영 교수의 도움을 받았다. 불어 인용문이 매끄럽게 번역되었다면 그것은 전적으로 황수영 교수 덕이다. 곳곳에서 라틴어로 된 문장들을 번역 없이 인용하는 루만의 심각한 불친절은 박승찬 교수의 도움으로 이겨낼 수 있었다. 그에게 얼마나 염치가 없었던지, 라틴어를 제대로 공부하지 않은 것을 정말 후회했다.

이 밖에도 독일어뿐만 아니라 거의 모든 문제에서 언제나 기꺼이 '두 분 토론'에 응해준 탁선미 교수, 초벌 번역본을 검토하는 작업을 한동안 정성훈 교수와 함께 해준 이병훈 선생, 스페인어로 된 몇 문장의 번역을 조달해준 강병호 박사, 그리고 용어와 인명, 지명 표기 등과 관련된 여러 질문에 답변해준 한림대 인문대학의 동료 교수들에게 감사드린다.

책의 가독성과 관련해서는 새물결 출판사의 조형준 주간께 특별히 감사를 표한다. 그는 방대한 지식과 출판인으로서의 노하우를 바탕으로 내가 여기저기서 저지른 잘못들을 교정할 수 있는 딱 맞는 처방전들을 다수 발급해주었다. 나의 번역은 그에 의해 치료를 받았다고 해도 과언이 아니다.

사실 '옮긴이 서문'은 원래 단 한 문장으로 쓰고 싶었으나 내가 의지하고 사는 사람의 만류로 그렇게 하지 못했다. 그 한 문장을 마지막 문장으로 쓴다.

여기 루만이 있다.

2012년 어느 봄날, 장춘익

9장 도덕의 반성이론으로서의 윤리학
루만의 도덕이론에 대하여

"도덕은 감염성이 아주 강한 대상이라서 장갑을 끼고 소독이 잘된 도구들을 가지고 건드려야 한다. 그렇지 않으면 (도덕을 다루는 자가) 스스로를 도덕으로 감염시키고 학문적으로 시작한 것을 도덕적으로 사용되게 할 수 있다."[123]

1. 들어가는 말

루만은 윤리학에게 도덕에 관한 도덕적 이론이 아니라 좋은·나쁜 혹은 선

---

123) N. Luhmann, "Ethik als Reflexionstheorie der Moral", in: N. Luhmann, *Gesellschaftsstruktur und Semantik*, 제3권, 359쪽. 도덕 문제를 다루는 루만의 주요 글로는 이외에도 "Soziologie der Moral"(1978), *Soziale Systeme(1984), Paradigm lost: Über die ethische Reflexion der Moral* (1989), *Die Gesellschaft der Gesellschaft*, 1997, 그리고 사후에 편집된 Die Moral der Gesellschaft, 2008 등이 있다. 이 글들은 내용이 상당 부분 중첩되는데, 하지만 이런저런 차이점을 보이기도 한다. 나의 판단으로는 "Ethik als Reflexionstheorie der Moral"에서 루만의 도덕이론이 가장 발전된 형태를 보여주며 풍부한 내용을 담고 있다. 후속논의를 유발하는 데 유리할 것이라는 판단에, 나는 주로 이 글에 집중해서 루만의 도덕이론을 검토하고자 한다.

·악 구별을 여러 구별 가운데 하나의 구별로 다루는 도덕의 반성이론이 되라고 주문한다. 도덕의 반성이론으로서의 윤리학에게도 도덕은 여전히 다른 무엇보다 중요하다. 그 점에서 윤리학은 도덕을 하나의 사회적 사실로만 다루는 도덕사회학과는 다르다. 하지만 윤리학은 도덕이 적정하게 문제 되는 영역에서만 우선적 중요성을 갖는다는 것을 함께 파악한다는 점에서는 도덕 자체와도 다르다. 루만은 윤리학이 그런 반성이론이 될 때 비로소 기능적으로 분화된 사회에서 한편으로 도덕을 대변하면서 다른 한편으로 사회의 요구를 도덕에게 번역해주는 일을 맡을 수 있을 것이라고 여긴다.[124] 루만이 보기에 윤리학의 그러한 변화는 이미 등장했어야 하는 것이다. 하지만 근대사회로의 이행기에, 구유럽적 전통의 도덕적 확실성은 흔들리고 아직 새로운 사회가 어떤 사회인지 분명하게 인식될 수 없었던 시기에, 윤리학이 도덕의 정초 문제로 방향을 설정함으로써 사회구조와 의미론 사이의 격차가 벌어지는 일종의 지적 지체현상이 생겨났다. 루만이 보기에 윤리학은 너무 오랫동안 도덕과 자신을 구분하지 못한 채 자신의 사명을 도덕에 근거를 제공하는 것으로 여겼다. 그런 까닭에 윤리학은 사회구조의 변화들에 반응하긴 하면서도 동시에 많은 반성의 가능성들을 놓쳤다. 이 과정을 재구성해서 보여줌으로써 윤리학에게 도덕의 정초이론이 아니라 반성이론이 되라고 촉구하는 것이 윤리학과 관련된 루만의 작업의 핵심이다.

이 글은 매우 다층적인 루만의 도덕이론을 정확히 규명해서 루만의 도덕이론에 관한 본격적인 논의의 발판을 마련하는 것을 주된 목표로 삼는다. 이를 위해 나는 먼저 루만이 도덕을 어떻게 규정하는지 살피고(2절). 그다음에는 루만이 자신의 방법론에 따라 윤리학적 의미론들을 재구성하는 방식을 살

---

124) 위의 책, 371쪽 참고.

펴볼 것이다(3절), 마지막에는 루만의 도덕이론과 관련된 국내의 선행연구 두 편을 비판적으로 검토하면서 루만의 논지들 가운데 오해되거나 혹은 중요함에도 제대로 조명되지 않은 부분들을 지적할 것이다(4절).

2. 커뮤니케이션으로서의 도덕

존중 · 무시의 표현으로서의 도덕

루만은 도덕을 "인간적 존중 혹은 무시를 표현하는" "특수한 종류의 커뮤니케이션"으로 규정한다.[125] 일견 평범해 보이는 도덕에 대한 이 규정을 루만은 도덕에 감염되지 않은[126] 자신의 용어들을 사용해 복잡한 형상으로 번역해낸다. 이런 번역 작업은 거꾸로 루만의 이론적 도구들의 견실성을 테스트하는 과정이기도 하다. 도덕처럼 중요한 사회적 현상을 제대로 다룰 수 없다면 사회이론을 세우는 도구로서 적합하다고 할 수 없을 것이기 때문이다.[127]

루만은 우선 인격과 존중 개념을 철저하게 커뮤니케이션과 연관시켜서 규정한다. 루만이 말하는 인격은 커뮤니케이션 전에 이미 뚜렷한 경계와 실체적 내용을 가진 주체가 아니라 커뮤니케이션 과정에서 기대가 향해지고 행위가 귀속됨으로써 성립한다. 더 정확히 말하자면, 그 자체로는 경계와 내용이

---

125) 위의 책, 361쪽.

126) 물론 보는 이에 따라서 루만의 용어들은 다른 방식으로 감염되었다고 할 수도 있을 것이다. 가령 하버마스는 루만의 체계이론에서 메타생물학의 모습을 본다. J. Habermas, *Der philosophische Diskurs der Moderne*, 430쪽 참고(이진우 역, 『현대성의 철학적 담론』, 428쪽 참고. 이진우는 'Metabiologie'를 '초생물학'이라고 번역하고 있다).

127) 실제로 자신의 도덕사회학을 처음으로 상세하게 제시하는 문헌에서 루만은 다른 이론들의 위치를 지정하는 최상이론(Supertheorie)에 대한 설명으로 논의를 시작하고 있다. N. Luhmann, "*Soziologie der Moral*", 9쪽 이하 참고.

다소 모호한 어떤 행태가 시작과 끝이 있고 그에 대해 책임을 물을 수 있는 것으로 규정됨으로써 행위가 되고, 그 행위의 귀속지점이 인격이 되는 것이다. 인격은 기대들이 모아진 것, "기대의 콜라주"[128]이다.[129]

존중은 타아가 사회적 관계를 지속해가는 데 전제되어야 할 기대들에 부응한다고 여기는 것으로, 무시는 그 반대의 경우로 파악된다.[130] 그러니까 루만은 도덕을 커뮤니케이션의 근본 문제인 이중 우연성 ─ 자아나 타아 모두 자신의 선택을 상대의 선택에 따라 선택하려는 태도 ─ 에 대한 하나의 중요한 해법으로 생각하는 것이다. 보통은 타아가 자아로부터 제안된 의미를 수용한다는 것은 비개연적인 일이다. 언어적 커뮤니케이션이 '예'와 마찬가지로 '아니오'의 가능성을 동등하게 열어놓는 데다가, 다른 할 일도 많을 타아를 자아와의 커뮤니케이션에 집중시키는 것 자체가 어려울 것이기 때문이다. 도덕은 자아와 타아를 존중·무시 표현을 통해 일반화된 기대에 구속시킴으로써 의미제안 수용의 비개연성을 개연성으로 바꾼다.

이때 존중·무시는 인격 전체에 향해진다. 어떤 행위에 대한 도덕적 판단은 곧 그 행위가 귀속되는 인격 전체에 대한 판단으로 이어진다. 그러니까 도덕적인 판단은 개별적인 공로나 특수한 능력에 향해지는 것이 아니다. 거꾸로, 후자의 비중이 커지게 되면 도덕의 중요성은 감소할 수 있다. 물론 도덕의 중요성을 고수하려면 후자의 중요성을 도덕의 하위에 두는 전략을 구사해야 할 것이다. 도덕적으로 문제가 있으면 다른 것은 볼 것도 없다는 식으로

---

128) N. Luhmann, *Soziale Systeme*, 178쪽. 이 책의 한글 번역본이 있으나 재번역에 대한 기대가 팽배해 있기에 번역본 쪽수는 표기하지 않는다.
129) 이렇게 행위와 인격이 모두 커뮤니케이션 과정에서 귀속을 통해 성립하는 것으로 보기 때문에 루만의 사회이론에서는 행위가 아니라 커뮤니케이션이 기본 개념이다. 그래서 그는 커뮤니케이션 행위라는 애매한 개념 조합도 피하고 있다. 이에 관해서는 N. Luhmann, *Soziale Systeme*, 191쪽 이하 참고.
130) N. Luhmann, *Soziale Systeme*, 318쪽.

말이다. 인격 전체에 대한 존중·무시라는 도덕의 이러한 특징은 전통사회, 특히 신분사회에서의 도덕의 중요성을 파악하는 열쇠가 된다. 개인이 특정 가계나 신분, 단체에 인격 전체로서 속하거나 혹은 그렇지 않은 상황에서, 인격 전체에 대한 판단으로서의 도덕은 사회에 개인이 포함되는 방식을 규제하는 기능을 맡기 때문이다.

한 가지 주의할 점은 루만이 도덕을 존중·무시의 표현 그 자체와 동일시하지 않는다는 점이다. 존중·무시가 ― 명시적으로 알려져 있든 그렇지 않든, 텍스트 형식을 갖추었든 그렇지 않든 ― 다소 일반화된 조건에 결부되어 표시될 때만 루만은 도덕이라고 한다.[131] 존중·무시의 표현이라는 도덕의 모습은 달라지지 않지만, 그런 표현의 조건들은 사회구조의 변화와 함께 달라질 수 있다. 도덕사회학은 존중·무시 표현의 조건을 하나의 변수로 보고 이 변수가 다른 변수들, 특히 사회구조의 변화와 어떤 상관관계를 갖는지를 탐색하는 것이다.

도덕의 구조적 특징으로서의 대칭성

존중·무시 표현의 조건은 자아·타아에게 동일하게 적용된다. 다른 사람을 도덕적으로 칭찬하거나 비난하는 자는 같은 기준을 자신에게도 적용해야 한다. 도덕적 판단에서 자기를 예외로 하는 것은 금지된다. 이 점에서 도덕은 종교와 구별된다. 좀 길지만, 도덕의 대칭성과 종교의 비대칭성을 재치 있게 대비시키는 구절을 인용해둔다.

---

131) 그래서 루만은 도덕을 개인과 개인 간의 상호침투와 개인과 사회 간의 상호침투가 서로를 조건으로 하는 관계로, 두 상호침투가 조정된 것으로, 관계들의 관계로 나타내기도 한다. *Soziale Systeme*, 318쪽 참고. 이 점을 잘 지적한 국내 문헌으로는 이철, 「기능 분화 사회의 도덕 연구를 위한 윤리학과 도덕사회학: 니클라스 루만의 사회학적 도덕 이론을 중심으로」, 7쪽 참고.

도덕은 항상 대칭화된 의미이다. 도덕은 자기예외의 금지 아래서 작동한다. 도덕을 요구하는 자는 도덕이 자기 자신의 행동에 대해서도 적용되게 해야 한다. 예외는 언제나 그렇듯이 신이다. 도덕적 명령에 대한 종교적 정초는 도덕의 이런 구성 규칙을 따르지 않는다. 종교적 정초는 자기 자신도 똑같이 도덕 아래 두지는 않음으로써 자신의 비밀을 보존한다. 종교적 정초는 비대칭성으로부터 출발한다. 간음한 자는 돌로 쳐서 처벌한다는 법칙을 수정할 때 예수는 다른 사람들에게는 보이지 않는 문서를 통해서, 그리고 새로운 규칙을 통해서 그렇게 한다. "너희 가운데 죄 없는 자가 먼저 저 여자에게 돌을 던져라." 이 규칙은 세워지기는 하지만, 그러나 커뮤니케이션에서 벗어난다. 이 규칙은 "우리 가운데 (……)"라고 하지 않는다. 그렇게 했다면 예수 자신이 제일 먼저 돌을 던졌어야 했을 것이기 때문이다.[132]

대칭성이라는 특징은 종교와 비교할 때만이 아니라 성취의 영역과 비교할 때도 도덕의 두드러진 특징에 속한다. 보통 성취의 영역에서는 대칭성이 요구되지 않는다. 해당 전문영역에 속하지 않은 사람이 가령 스포츠 선수만큼 기량을 발휘해야 한다든가 의사만큼 질병을 치료할 수 있어야 한다고 스스로에게 요구하지 않는다. 성취의 영역에서 비대칭성의 확대는 오히려 종종 환영된다. 사람들은 스포츠 스타에 열광하고 최고의 의사를 찾는다. 성취영역에서는 비대칭성이 문제 되지 않기 때문에 전문화, 역량의 상승, 영역의 분화와 독립이 상대적으로 수월하게 진행될 수 있다. 비대칭성이 문제 되었다면 선수·관객, 의사·환자 관계를 기초로 하는 스포츠체계나 의료체계는 발달할

---

132) N. Luhmann, *Die Gesellschaft der Gesellschaft*, 242쪽(장춘익 역, 2014, 289-290쪽).

수 없었을 것이다.

대칭성은 커뮤니케이션을 활성화시키는 요인이다. 그 점에서 도덕은 비밀에 의지하고 특정한 것에 관해 커뮤니케이션을 금지하는 종교와 결정적으로 다르다.[133] 하지만 곧 살펴보게 될 것처럼 대칭성은 도덕의 여러 문제점, 특히 분쟁적 성격의 한 원인이기도 하다.

도덕의 분쟁적 성격

존중·무시 표현의 대상이 된다는 것은 커뮤니케이션의 상대이며 그런 한에서 커뮤니케이션체계로서의 사회 안에 포함되어 있음을 뜻한다. 루만의 표현으로 하자면 도덕은 포함·배제를 규제하는 것이 아니라 포함을 규제한다.[134] 그렇다면 무시는 커뮤니케이션을 계속할 수 없는 자와 커뮤니케이션을 해야 하는 상황에 처해 있음을 뜻한다. 이렇게 함께 커뮤니케이션할 수 없는 자를 배제할 수 없는 상황이 도덕에 열성과 절박함을 부여하는데, 루만은 도덕이 배제 불가능성에 대한 보상을 경멸에서 찾는다고 한다. 배제할 수는 없고 오로지 평가할 수 있을 따름이기에, 격렬하게 평가하는 경향이 있다는 것이다. 그래서 루만은 도덕이 분쟁적 성격(polemogene Natur)을 갖는다고 말한다.

도덕이 분쟁적 성격을 갖게 되는 다른 하나의 원인은 도덕의 대칭적 성격에 있다. 타인에게 존중·무시를 표현하는 사람은 언제나 자신의 존중·무시 문제가 함께 걸려 있다는 것을 안다. 그래서 어떤 사안과 관련하여 도덕적 입장을 표명했는데 받아들여지지 않을 경우, 이는 곧 자신에 대한 무시로 해석

---

133) 위의 책, 230쪽 이하 참고.
134) 루만에게 '배제'란 차별적 대우가 아니라 아예 커뮤니케이션 상대자가 되지 못하는 것을 의미한다.

된다. 그래서 도덕적 이견이 생기면 사소한 사안이더라도 물러서기 어렵다. 또 문제는 언제나 상대편에 있다고 여겨지기에, 상대편의 저항은 더 격렬한 평가의 계기가 된다. 그래서 목동들의 사소한 싸움이 초원 전체에 불을 지르는 사건으로 발전할 수 있는 것이다.

> 도덕코드가 그것을 사용하는 사람들 서로에게 다시 적용되는 것, 그리고 도덕코드의 상징적 일반화는 극적인 결과를 낳는다. 한편으로 도덕적 요구들을 규율하는 문제와 관련해서 그렇고, 하지만 다른 한편으로는 또한 그 요구들이 일단 정해지고 난 후 그것들이 대변될 때의 고집스러움과 철두철미함과 관련해서 그러하며, 그 요구들 사이의 갈등의 불가피성과 관련해서 그렇다.[135]

루만은 이런 분쟁적 성격을 도덕의 아주 중요한 문제로 여긴다. 그가 보기에 종래의 윤리학의 한계도 바로 이 문제를 제대로 다루지 못하는 데서 극명하게 드러난다. 도덕적 선을 뒷받침하는 것을 자신의 과제로 삼았던 탓에, 도덕적 선을 추구할 때 생기는 문제는 다룰 수 없었던 것이다.

> 이것이 도덕의 하나의 문제, 아니 가장 중요한 문제라고 해보자. 윤리학은 여기에 대해 어떤 태도를 취했는가? 전체적으로 보자면, 이 문제를 고의적으로 무시하진 않았다 하더라도 건너뛰었다고 대답할 수 있을 것이다. 윤리학은, 일단 외전(外傳)들을 고려하지 않기로 한다면, 적어도 지배적인 조류에서는 도덕과 연대했다. 윤리학은 자신의 과제를 도덕을

---

135) *Die Gesellschaft der Gesellschaft*, 246쪽(장춘익 역, 2014, 294쪽).

위해, 그리고 그와 함께 자기 자신을 위해 좋은 근거를 마련하는 것으로 보았다. 등장하는 모든 의심은 정초와 관련된 의심으로 변모되었다.[136]

도덕의 자기지시성과 역설, 그리고 맹점

루만은 '자기지시'란 개념을 여러 의미로 사용하는데, 여기서는 그와 관련된 논의는 피하고 도덕과 관련된 의미만 다루기로 하자. 도덕의 자기지시성이란 도덕적 커뮤니케이션이 다시 도덕적 커뮤니케이션의 대상이 되는 것을 말한다. 가령 선의 기준으로 어떤 것이 제시되었을 때, 다시금 그것이 선한 것인지 물을 수 있다. 더 복잡하게 만들어보면, 선한 것으로 통용되는 어떤 행동을 선한 것으로 평가하는 것에 대해 다시금 그런 평가가 선한 것인지 물어볼 수도 있다. 도덕의 이러한 자기지시성은 도덕을 역설에 처하게 한다. 도덕적 선으로 규정된 것이 선이 아닐 수도 있게 만들기 때문이다.

도덕이 역설에 처하게 되면 도덕의 기능을 수행할 수 없다. 선을 선이라고 믿고 악을 악이라고 믿어야 자아와 타아가 존중·무시의 표현을 통해 서로를 구속할 수 있기 때문이다. 그런데 루만은 이런 역설을 완전히 제거될 수 있는 것으로 여기지 않는다. 오히려 루만은 역설의 '전개'에서, 즉 역설을 보이지 않게 만들거나 혹은 극복된 것처럼 보이게 만드는 식으로 잠정적으로 역설을 해소하는 데에서, 도덕의 발전의 내생적 요인을 본다. 가령 도덕을 신이나 자연, 본성으로부터 온 것으로 설정하는 것은 자기지시성을 차단해서 역설을 보이지 않게 하는 전략이다. 역설을 비가시화하는 그러한 전략들이 설득력을 상실한 후, 도덕을 이성이 스스로 내리는 명령으로, 혹은 도덕감정이나 심리학적, 인간학적 사실들로부터 도출될 수 있는 것으로 설명하는 것 역

---

136) "Ethik als Reflexionstheorie der Moral", 370-371쪽.

시 역설을 전개하는 또 다른 전략들이다. 앞으로 살펴볼 것처럼, 도덕과 관련된 루만의 주관심사는 도덕의 변화를 사회구조의 변화와 연관짓는 지식사회학적인 것이지만, 이렇게 도덕발전의 내생적 요인을 고려한다는 점에서는 보통의 지식사회학과 거리를 취한다. 아니, 루만은 최종적으로는 내생적 요인에 더 비중을 둔다고 해야 할지도 모른다. 외생적 요인들은 도덕으로 하여금 자기지시와 역설의 문제에 맞닥뜨리게 하고, 도덕은 그때마다 역설의 전개를 통해 자신을 변형해나간다는 식으로 그의 도덕사회학 논의가 전개되기 때문이다.[137]

　　이번에는 루만이 자신의 구별이론을 어떻게 도덕에 적용하는지 짧게 살펴보자. 루만에 따르면 관찰은 하나의 구별을 사용해서 구별의 한쪽 면을 표시하고 다른 쪽 면은 미표시 상태로 두는 식으로 이루어진다. 표시된 것에 대하여 미표시 상태의 것은 다른 것들 혹은 배경이 된다. 물론 미표시 상태의 것이 표시 상태로 전환될 수 있는데, 그러면 다시금 그렇게 표시된 것 외의 다른 것들이 미표시 상태에 들어가게 된다. 그런데 하나의 구별을 사용하는 관찰에서 그 구별 자체는 관찰될 수 없다. 관찰에서 사용되는 구별 자체는, 그리고 그 구별을 사용하는 관찰자는 그 관찰에서는 관찰될 수 없는 지점으로, 관찰의 맹점으로 남는다.

　　루만은 관찰의 맹점은 피할 수 없는 것으로 여긴다. 스스로 맹점이 없는 것 같은 외양을 띠는 보편주의조차도 어떤 "적소(適所)"로부터 주장되는 것이고, 그래서 아이러니하게도 여러 보편주의가 성립한다. 그렇다고 맹점이 관찰될 수 없는 것은 아닌데, 다만 다른 구별을 사용하는 다른 관찰을 통해서만, 소위 이차 관찰을 통해서만 그렇다. 일차 관찰자 자신이 이차 관찰자로

---

137) 사실 내생적 요인을 중시하는 루만의 이러한 파악은 도덕에만 한정되지 않는다. 루만은 '이념들의 진화' 전체에 대해서 같은 방식으로 접근한다고 할 수 있을 것이다.

전환할 수 있긴 한데, 그런 경우를 루만은 반성(Reflexion)이라고 한다. 루만이 윤리학 더러 도덕의 반성이론이 되라고 할 때는 바로 도덕이 사용하는 구별 자체를 관찰하라는 주문이다.

구별이 사용되는 것이 아니라 관찰되면, 그 구별은 우연적이고 비교될 수 있는 것으로 된다. 그러면 그 구별이 적정하게 적용될 수 있는 영역이 무엇인지, 그리고 다른 구별을 사용해 같은 기능을 충족할 수 있는지도 탐색해볼 수 있다. 루만이 윤리학 더러 선·악 구별을 하나의 구별로 관찰하라는 것은 이러한 주문이다.

3. 도덕의미론의 변화와 사회구조적 배경

도덕과 사회구조

루만의 도덕사회학이 도덕은 사회를 반영한다는 식의 단순한 주장에 그치는 것이라면 흥미로울 것이 없을 것이다. 앞서 언급한 것처럼, 루만은 도덕이 자기지시와 역설이라는 자체의 논리적 문제를 해결하려는 노력을 통해 발전해나가는 측면을 인정한다. 다만 루만은 존중·무시 표현의 조건이 장기적으로는 사회구조와 무관하게 갈 수 없을 것이라고 여긴다. 사회구조와 너무 거리가 멀 경우 존중·무시의 조건이 신빙성을 가질 수 없을 것이기 때문이다. 그러니까 사회구조의 변화는 도덕에 바로 반영되지는 않더라도 어떤 혼란을 야기할 것이고, 특히 아주 근본적인 사회구조의 변화는 결국 도덕의 변화를 가져올 수밖에 없을 것이라는 것이다. 이렇게 도덕에 대한 관찰에서 내생적 요인과 외생적 요인을 함께 고려하는 자신의 방식을 루만은 '변수' 개념을 통해 표현한다. 존중·무시의 조건을 하나의 변수로 보고 그 변수를 사회구조와 연관해서 살펴본다는 것이다. 존중·무시의 조건들이 어떻게 사회구조를 반영하고 또 사회구조의 변화와 함께 열린 반성의 기회를 윤리학이 어떻게 활용하거나 혹은 차단하는지를 살피는 것인데, 내가 보기에는 이것이 도덕과 관련된 루만의 작업의 가장 흥미로운 부분이다. 그 일면을 간략히 살펴보자.[138]

구유럽의 윤리학

루만이 말하는 구유럽이란 그리스 시대로부터 근대 이전까지의 유럽을 말한다. 루만은 구유럽 시기에 형성된 윤리학의 기본 틀이 근대사회에 들어와 크게 동요를 겪지만 도덕에 대한 반성이론으로까지 나가지는 못했다고 진단한다. 그 과정을 재구성해보임으로써 루만은 이미 일어났어야 하는 윤리학의 전환을 촉구한다.

그리스에서 윤리학은 처음에 도덕의 정초로 시작되지 않았다. 아리스토텔레스는 인간이 그저 선을 추구하고 악을 회피한다고 말한다. 에토스 개념은 상류층이 충족시켜야 할 특별한 자질(남성성, 관철력, 용기, 관용 등)을 부각시키는 데 사용되었고, 그 점에서 사회의 분화유형과 밀접하게 연결된 것이었다.[139] 당시의 사회는 일차적으로 도시·농촌(혹은 폴리스·오이코스, 중심·주변) 구별에 따라, 그리고 이차적으로 귀족·평민 구별에 따라 분화된 사회였다. 그러니까 에토스 개념은 사회에 속하되 본래적 의미에서 그렇지 못한 사람들에 대비해 특정한 자질을 칭송하는 데 쓰였다. "노예선 선원들의 에토

---

138) 3절의 내용은 상당 부분 "Ethik als Reflexionstheorie der Moral"을 정리한 것이다. 번거로움을 피하기 위해 일부는 인용표시를 하지 않았다.
139) "Ethik als Reflexionstheorie der Moral", 375쪽.

스에 대한 얘기는 없었다."[140)]

그런데 칭송은 타락의 가능성이 있을 때만 의미를 가질 수 있다. 이제 덕과 함께 타락의 가능성도 설명할 것이 요구되는데, 루만은 이를 도덕 자체에 대해 반성을 하게 할 수도 있었을 첫 번째 계기로 본다.

하지만 타락의 가능성은 악이 선·악 코드의 한쪽 면이라는 반성으로 이어지지 못했다. 그러한 반성 대신 인간이 완전성을 향해 가는 존재라는 설명이 자리를 잡는다. 이 믿음은 우주론의 뒷받침을 받는다. 자연 자체가, 인간을 포함한 우주 전체가 완전성을 향해 가는 규범적인 존재로 파악되고, 사회는 우주의 일부로, 인간은 사회의 일부로 역시 완전성을 향해 가는 존재라는 것이다. 전체·부분이라는 도식이 인간과 사회, 인간과 우주, 사회와 우주 사이의 관계에 적용된다. 그래서 윤리학, 경제학, 정치학이라는 특수 개념들이 성립하였어도 도덕코드 자체에 대한 반성으론 이어지지 못했다. 개별 인간은 가계의 부분이며 가계는 다시 정치적 사회의 부분으로 여겨지고, 그래서 세 학문의 차이가 일종의 도덕과학을 통해 결속되어 있었기 때문이다. 덕은 — 그 자체는 우주의 일부인 — 사회의 일부인 인간의 본성에 합당한 것인데, 다만 악은 인간이 완전성을 향해 가는 도정에 있는 존재이기 때문에 일어나는 것으로 해석된다. 또 악은 사라질 존재로 여겨짐으로써 선·악의 구별이 존재·비존재의 구별과 합쳐지는, 도덕의 존재론화도 진행되었다.

중세에는 이런 견해가 신학에 의해 뒷받침되는데 이를 루만은 아리스토텔레스주의와 창조신학의 신성동맹이라고 부른다. 타락 가능성 문제는 나중에 도덕에서 신학의 문제로 옮겨져, 전능한 신이 어떻게 악의 존재를 허용하는가 하는 문제로 변환된다. 인간학 역시 이런 흐름에 보조를 맞춘다. 가령 도

---

140) 위의 책, 375쪽.

덕적 잘못은 영혼이 신체에 구속되어서, 혹은 무지와 오류 때문인 것으로 설명된다. 그러면 도덕교육은 신체의존적인 정념을 순화시키거나 무지, 오류와의 싸움이 된다.

도덕적 구별이 그 자체로 반성되지 못한다는 것은 또한 도덕적 구별을 사용하는 관찰자도 관찰의 맹점으로 남아 있다는 것을 뜻한다. 그래서 구유럽의 윤리학은 도덕에 대해 관찰하면서 하나의 이성, 하나의 철학을 상정하였고, 이것은 다시금 하나의 도덕을 상정하는 것으로 이어졌다. 관찰자를 주제화할 때는 선·악을 구별하는 자로서가 아니라 선 혹은 악의 편에 선 자로서 분리되어 주제화되었다. 루만이 보기에 하나의 이성, 하나의 철학을 상정하는 것은 도전받지 않는 중심이나 정점이 있었던 시기의 산물이다. 하나의 이성, 하나의 철학은 스스로는 관찰하고 판단하면서 자신의 관찰과 판단은 다른 사람들의 관찰과 판단에 노출시키지 않을 수 있는 지점에서 주장될 수 있다는 것이다.

도덕 자체에 대한 반성의 계기가 될 수 있었을 두 번째 문제는 역설이다. 선의 추구가 나쁜 결과로, 악의 회피가 더 나쁜 악으로 이어지는 것은 종종 일어나는 일로서 경험적으로 부정하기 어렵다. 도덕의 이런 역설 역시 도덕적 구별이 하나의 구별이고 그 외에 다른 구별이 필요함을 보여주는 계기가 될 수도 있었다. 그런데 윤리학은 이를 중용 내지는 신중함의 문제로 회피해 간다. 너무 고지식하게 선을 고집하고 악을 회피하는 것이 아니라 상황에 따라 적절하게 대응해서 최선을 얻도록 하라는 것이다. 결국 선·악을 조절하는 것이 선이라는 것으로, 루만은 이를 도덕코드에 다시 도덕코드를 적용함으로써 문제를 해결하는 방식이라고 한다.

역설을 보다 진지하게 대했던 것은 수사학이다. 수사학은 사람들이 선으로 믿고 있는 것이 그렇지 않을 가능성을, 또 악으로 여기는 것이 그 반대일

가능성을 아주 진지하게 고려한다. 그런 점에서 수사학은 도덕과 어떤 거리 두기를 시도한 셈이다. 그러나 수사학은 덕을 칭송하고 악덕을 비난한다는 윤리학의 기본 틀을 건드리지는 않는다. 무엇이 덕이고 무엇이 악덕인지의 물음에서 여유를 만듦으로써 수사학은 사실상 윤리학의 부담을 더는 역할을 하였다. 수사학과 윤리학은 일종의 분업 관계에 있었으며 둘 다 우주와 사회와 개인의 근본적인 도덕성에 의문을 제기하지 않았다. 루만의 표현으로 하자면, 둘 다 중용을, 극단의 회피를 노래하였다.[141]

　　루만은 전통적 도덕의 이런 구조가 이런저런 동요에도 불구하고 근대사회로의 이행기까지 유지되었다고 본다. 그리고 근대사회에서 일어난 윤리학의 변형은 새로운 사회가 어떤 사회인지를 모르는 상황에서 전통적 윤리학을 바탕으로 방향을 제시해보려고 노력하는 과정에서 생긴 것으로, 사회의 변화를 제대로 반영하지 못한 과도기적 성격을 갖는 것으로 여긴다.

근대의 윤리학

　　루만은 16세기에 이르러 전통적 도덕의 확실성이 흔들리게 되었다고 한다. 역사적으로 보자면 여러 가지 우연들, 가령 신앙분열, 종교내전, 아메리카 발견, 세계관의 확대, 경제적, 정치적 관계의 확대, 고대 회의(懷疑)의 재발견, 특히 인쇄 등을 원인으로 거론할 수 있을 텐데, 루만은 그런 모든 것들에 의해 유발된 사회의 복잡성의 증가에 주목한다. 사회의 복잡성 증가란 커뮤니케이션의 양과 연결 가능성이 확대되는 것을 뜻한다. 이런 여건에서는 하나의 도덕으로 의견을 공고히 하는 것이 불가능해진다. 합의를 전제하기보다 이견을 가정하고, 도덕적 화합보다는 도덕적 다툼으로부터 출발하는 것이 현

---

141) 위의 책, 389쪽.

실적이게 된다. 이제 도덕을 상대화해서 관습으로 여기는 시각이 점차 두드러지고 관습들의 기술(記述), '도덕의 기술'이 윤리학의 관심 대상이 된다. 또 규범적 자연이나 불변의 질서가 아니라 자기를 주장하는 개인이 중요한 주제가 된다.[142]

이런 변화는 도덕 자체에 대한 반성으로 이어질 수도 있었을 텐데, 루만은 그 첫 번째 계기를 17세기에 도덕의 동기와 관련되어 제기된 논의에서 본다. 신학적 세계관도, 그리고 자연, 사회, 인간이 하나의 연속체를 이룬다는 믿음도 무너지면서 선을 신의 마음에 들기 위하여 행한다든가 도덕이 인간의 본성에 합당한 것이라고 쉽게 말할 수 없게 된다. 이제 도덕과 관련하여 목적과 동기가 구별되는데, 가령 선이 그 자체로 추구되는 것인지 아니면 명성을 얻고 비난을 피하기 위해 추구되는 것인지 묻는다. 그러나 이러한 심리학적 물음은 도덕코드의 우연성과 제한성을 살펴보는 데로 넘어가지 못한다. 도덕이 좋은 사회를 위해 필수적이라는 믿음은 흔들리지 않았고, 심리학적 물음은 신학과 우주론의 뒷받침이 사라진 여건에서 개인의 내적 태도를 통해 도덕을 확실하게 하려는 노력으로 수렴되었다. 같은 시기에 도덕의 커뮤니케이션 측면이, 특히 대화에서 도덕 문제에 대해 유연한 태도를 취하는 것이 중시되었다. 그러나 이것 역시 도덕의 지지점을 개인에게서 찾으려는 것이었을 뿐 도덕코드에 대한 반성으로 이어지지는 못했다.

루만이 보기에 주권국가의 성립 역시 도덕코드 자체에 대해 반성할 수 있는 기회가 될 수 있었다. 종교 교파들의 다툼의 결과 종교의 자유가 성립하고 가치문제에서 자의적 선택이 가능해지는데, 국가는 이로부터 귀결되는 사회적 문제들을 법을 통해 규제하면서 국가에만 예외적 지위를 인정하는 식으로

---

142) 위의 책, 391쪽 참고.

해법을 찾는다. 그러나 이때 사회는 여전히 도덕적 공동체로 이해되었고 국가의 사명은 그런 사회를 공고히 하는 것이었다. 사회적인 것(das Soziale)과 구별될 수 있는 도덕 개념이 성립하지 않았고, 그러다 보니 사회적인 것 모두가 도덕의 통제 아래 있어야 한다고 요구하게 된다. 종교, 법, 도덕의 코드가 분화되는 과정에 있다는 것은 제대로 파악되지 않았다.

18세기에는 윤리학의 중요한 변화가 생겨난다. 루만은 그 변화의 계기를 도덕의 역설과 사회적인 것의 자기지시성이 의식된 것으로 본다. 먼저 역설은 나쁜 의도가 좋은 결과로 혹은 좋은 의도가 나쁜 결과로 이어질 수 있음을 말한다. 맨더빌(B. Mandeville)의 꿀벌 우화와 마키아벨리(N. Machiavelli)의 군주론이 각각의 예를 제공한다.[143] 하지만 많은 사람이 사회적 사실로 받아들이는 이 역설마저 도덕코드 자체에 대한 반성으로 이어지지 못했는데, 가령 진정한·표면적인 같은 구별을 덕에 적용하여 진정한 덕과 표면적인 덕을 구별하는 식으로 역설에 대처해갔다. 많은 문헌들이 이런 식으로 도덕적 역설을 해소하고 비가시화하려고 하였는데, 하지만 루만이 보기에 그것은 "도덕에 감염된" 반성이었다.[144]

사회적인 것의 자기지시란 다음과 같은 것이다. 자아는 타아의 타아로, 타아는 자아의 타아로 여겨지면 실질적으로 자아와 타아의 구체적인 내용은 문제 되지 않는다. 자아와 타아의 관계는 두 블랙박스의 관계가 된다. 그러면 윤리적 관점은 구체적인 자아나 타아의 관점으로부터 얻을 수 없다. 도덕은 하나의 창발적 수준을 형성하고, 도덕이란 사회적인 것의 자기제한, 즉 사회 안에서 사회적인 것에 관해 가해지는 제한이 된다. 이제 도덕과 관련하여 자아와 타아의 관점을 넘어서는 새로운 객관성이 필요한데, 루만은 칸트의 윤

---

143) 위의 책, 408-409쪽.
144) 위의 책, 409쪽.

리학이나 공리주의를 그에 대해 학문적 대답을 제공하려는 시도로 본다.[145] 두 윤리학 모두, 법칙의 형식으로든 계산의 형식으로든, 보편적으로 실행될 수 있는 규칙을 찾으려고 한다.

그런데 루만은 두 입장의 차이보다는 공통성에 더 주목한다. 우선 두 윤리학 모두 사회적인 것의 자기지시성에 반응하는 것이면서도 그 자기지시성을 끊으려고 한다. 칸트에서는 선험성이, 그리고 공리주의에서는 결과가 더 이상 물음을 제기할 수 없는 도덕적 타당성의 기준이 된다. 또 두 윤리학 모두 도덕적 역설을, 즉 선의 추구가 나쁜 결과를 가져올 수 있고 나쁜 의도가 좋은 결과를 가져올 수 있다는 문제를 직시하지 않는다. 칸트는 결과를 도덕적 고려의 대상으로 삼지 않음으로써, 반대로 공리주의는 의도를 도덕적 고려의 대상으로 삼지 않음으로써 그렇게 한다. 마지막으로 가장 중요한 문제인데, 두 윤리학 모두 사람들이 도덕에 의지해서 서로를 대하면 어떤 일이 일어나는지를 보지 않는다. 두 윤리학 모두 도덕코드 전체를 반성의 대상으로 삼지 못하기 때문이다.

도덕의 기능의 변화

계층적 분화와 중심·주변 분화가 밀접하게 결합되어 있던 시기에, 개인들은 다기능적 기본제도, 특히 가계 혹은 그것의 기능적 등가물(수도원, 대학)들을 통해 사회 안에서 확고한 자리를 가졌다. 이때 도덕은 출신과 정착된 행동의 기준에 따라 존중과 무시를 배분함으로써 포함을 규제하는 일을 하였다. 기능적으로 분화된 사회로 넘어가면서 이 조건이 상실된다. 포함은 기능체계들에 대한 자유롭고 가능한 한 평등한 접근의 문제가 된다. 경제체계에,

---

145) 위의 책, 413쪽.

법체계에, 정치체계에, 교육체계에, 그 외의 다른 기능체계들에게 차별 없이 접근할 수 있는 것이 중요해지는 것이다. 인격 전체를 겨냥하는 도덕의 포함 기능은 공허해진다.

　루만은 중세 말기와 근세 초기의 도덕적 갈등의 격렬함은 오히려 도덕의 포함 기능이 공허해졌다는 자신의 명제를 뒷받침하는 것으로 여긴다. 사람들은 새로운 포함 문제들(새로운 상업적 부, 하류층의 구원 문제, 제국으로부터 독립적인 도시들과 영토국가들의 문제)을 도덕을 통해 해결하려고 하는데, 이것은 성공할 수 없었고 그래서 도덕적 통일성이 아니라 도덕적으로 자극된 갈등들로 이어졌다는 것이다. 루만은 이 시기 도덕의 요란한 자기주장을 도덕이 '공회전'하는 소리로 보는 것이다.

　새로운 포함 문제들을 도덕을 통해 해결하려는 시도들의 한계는 숱한 갈등에도 불구하고 직시되지 않는데, 루만이 보기에 이것은 도덕적 갈등의 고유한 특성에 기인하는 것이다. 도덕적 갈등에서 잘못은 언제나 다른 편에 있는 것으로 여겨지지 도덕 자체에 있는 것으로 여겨지지 않기 때문이다.

　루만이 보기에 법체계의 독립분화는 도덕코드 자체에 대해 반성할 수 있는 가장 결정적인 계기가 될 수 있었다. 도덕과 법의 분화가 점차 자리 잡으면서 심지어 도덕적 열망을 가진 자들 사이에도 평화가 가능해졌다. 법에 의해 도덕코드에 대한 제한이 이루어지는 것이다. 하지만 새로운 사회구조적 안정성의 원리는 여전히 인식되지 못했다. 방향을 모르는 시기에 사람들은 도덕에 기초해서 완전성을 향해 가는 인간들의 사회를 세운다는 과거의 발상을 거울로 삼았다. 18세기에 도덕이 그 어느 때보다 칭송되었던 것에서 루만은 윤리학의 위대함이 아니라 사회구조의 변화를 따라잡지 못해서 생긴 과도함을 본다.

　그런데 도덕코드에 대한 반성이 왜 어려웠을까? 원칙적으로 모든 코드와 관련해서 그 코드의 두 값에 제한됨으로써 배제되는 것이 무엇인가 하는 물음을 제기할 수 있다. 기능체계들의 코드들과 관련해서는 이 물음이 비교적 쉽게 제기된다. 기능체계들의 경계가 비교적 분명하기 때문이다. 그러니까 각 기능체계들의 코드들은 특정 기능체계를 긍정하고 다른 모든 코드들을 거부(Rejektion)함으로써 성립한다고 할 수 있다. 그런데 도덕은 하나의 특정한 기능체계를 형성하지 않는다. 선·악이라는 코드가 있긴 하지만 코드값을 배분하는 확고한 프로그램도 없고 화폐나 진리처럼 상징적으로 일반화된 매체도 없기 때문이다. 그래서 도덕은 기능체계들처럼 자신의 주 구별은 받아들이고 다른 주 구별들은 거부하는 식으로 자기주장을 하면서도 동시에 자기를 제한하는 게임에 참여하려 하지 않는다. 윤리학도 이런 도덕과 자신을 구별하지 못한다. "윤리학은 도덕이 무조건적으로 타당하다고 속삭인다."[146]

루만이 보기에 근대사회에서 도덕코드의 지배적 위상이 무너졌다는 것은 돌이킬 수 없는 사실이다. 이것이 도덕이 사이비종교처럼 되었다든가 참석자들 사이의 상호작용에서만 문제 된다는 것을 뜻하지는 않는다. 또 부도덕한 사회가 되었다는 말도 아니다. 단일 맥락을 가정하고 종교와 같은 것을 통해 그런 가정을 뒷받침할 수 없는 여건에서 과거처럼 사회의 통합 기능을 맡는 것이 불가능해졌다는 것이다.

> 하지만 이 도덕화는 종교 자신이 그런 것과 마찬가지로 더 이상 사회의 통합을 이루지 못한다. 선·악의 코드가 사용되지만, 말하자면 공회전하는 셈이다. 선이나 악의 가치를 할당할 때 따를 기준에 대한 합의가 없다 (……) 어떤 행동이 긍정적으로 내지 부정적으로 판정되어야 할지를

---

146) 위의 책, 421쪽.

규제하는 프로그램이 더 이상 종교를 통해서 규정되어 있지 않다. 그것을 대체할 것이 나오지도 않았다. 도덕적 커뮤니케이션은 아직도 사회를 위해서 말한다는 주장을 내세운다. 하지만 다맥락적 세계에서 그것은 한 목소리로 일어날 수 없다. 이것이 도덕을 희생으로 하여 부도덕이 증가한다는 말은 아니다. 도덕이 고수했던 형식들을 거부할 좋은 도덕적 근거들이 항상 다시금 있다는 말이다.[147]

그러면 기능적으로 분화된 사회에서 도덕은 구체적으로 어떤 역할을 할 수 있는가? 루만은 기능체계들 안에서 도덕이 아무런 역할도 하지 못하는 것은 아니라고 말한다. 다만 도덕이 더 이상 사회의 메타코드 역할을 하는 것이 아니라 각각의 기능체계들의 구조적 조건들에 따라 작용한다는 것이다. "박테리아가 몸속에서 어떤 역할을 하듯이" 도덕도 기능체계들 안에서 어떤 역할을 한다.[148]

가령 스포츠에서 승·패라는 코드는 존중·무시 또는 선·악이라는 도덕코드 아래서 움직이지 않는다. 하지만 도덕코드는 스포츠의 코드 자체에 대한 존중, 그리고 스포츠 규칙의 존중, 기타 규칙화되지 않은 행동조건들의 준수와 상관있다. 그래서 금지약물 사용처럼 스포츠 코드 자체를 건드리는 식의 위반은 격렬하게 비난받는다. 과학체계에서 데이터 조작이, 그리고 법체계에서 법관매수가 도덕적으로 비난받는 것도 같은 방식으로 설명된다. 루만은 이를 다음과 같은 가설로 요약한다. "기능코드들이 '비가시적' 방식으로 위반될 수 있는 곳에서, 그래서 신뢰에 의존하는 곳에서는 어디에서나 다시 도덕

147) *Die Gesellschaft der Gesellschaft*, 248쪽(장춘익 역, 2014, 296쪽).
148) "Ethik als Reflexionstheorie der Moral", 431쪽.

에 호소한다."[149] 하지만 루만은 곧바로 이로부터 기능체계들 자체가 도덕에 의존해 있다는 결론을 내려서는 안 된다고 경고한다. 오히려 반대로 도덕이라는 유동적 매체는 기능체계들이 어떤 기능을 부여할 수 있는 곳에서만 뚜렷한 역할을 할 수 있다고 한다.

도덕에 대한 반성

앞에서 살펴본 바처럼, 루만은 윤리학에게 선의 편에 서려고만 하지 말고 도덕의 선악코드 자체에 대해 반성하라고 촉구한다. 그렇다면 도덕코드 자체에 대한 반성을 통해 얻을 수 있는 새로운 인식에는 어떤 것들이 있을까? 루만이 그것을 체계적으로 정리해놓고 있진 않다. 윤리학을 자신의 과제로 생각하지 않기 때문이다. 하지만 종래의 윤리학이 제대로 조명하지 못한 문제들을 지적하는 대목들에서 그의 생각의 단면을 엿볼 수 있기는 하다.

첫째, 도덕이 도덕코드에서 배제된 제3항을 어떻게 처리하였는지에 주목한다. 배제된 제3항은 가령 도덕코드를 바탕으로 선 혹은 악 측으로 결정할 가능성을 갖지 못한 자들이 될 것이다. 루만에 따르면 도덕은 배제된 제3항을 다시 도덕 코드로 끌어들여, 그들을 도덕무능력자로 규정하고 감시, 낙인, 감금, 치료, 재교육 대상으로 삼았다. 그들을 무도덕 혹은 비도덕의 영역을 인정하는 계기로 삼는 것이 아니라 '억압'하는 식으로 해서 구별의 맹점을 피해간 것이다. 도덕코드의 보편적 적용으로 생기는 문제는 코드 자체의 문제가 아니라 선악을 배분하는 프로그램의 문제로 여겨졌고, 프로그램의 개선을 통해 모든 문제가 해결될 것이라고 기대되었다. 도덕코드 자체에 대한 반성은 무도덕 혹은 비도덕 영역을 보다 수월하게 인정할 수 있게 해줄 것이다.

---

149) 위의 책, 432쪽.

둘째, 자유에 대한 도덕의 양가적 관계에 주목한다. 오랫동안 윤리학은 자유를 도덕적 판단의 전제로 여겼다. 자유롭게 선택한 행동만이 도덕적 책임을 물을 수 있는 것으로 여겼기 때문이다. 하지만 루만은 이 견해를 수정할 것을 제안한다. 루만에 따르면 커뮤니케이션은 '예'와 '아니오'의 선택지를 열어놓는데, 그래서 자유는 커뮤니케이션의 전제가 아니라 결과다. 도덕적 커뮤니케이션도 기본적으로 수용과 거부의 가능성을 열어놓기에, 자유는 도덕의 전제가 아니라 결과다. 다만 도덕적 커뮤니케이션은 커뮤니케이션을 통해 열린 자유를 하나의 방향으로만 사용되도록 유도함으로써, 내지는 거부의 가능성을 최소화함으로써 다시 제한하려고 한다. 윤리학은 자유에 대한 도덕의 이런 양가적 관계에 유의해야 할 것이다. 자유를 제한하려는 시도가 기대의 자발적 수용이라는 선을 넘어서는 순간부터 억압수단이 될 가능성이 점점 커지기 때문이다.

셋째, 개별 인격에게 행위를 귀속시키는 도덕의 특성이 가진 이면에 주의한다. 도덕적 책임자를 찾는 것은 문제를 단순화하고 구조를 은폐하는 경우가 많은데, 특히 가족과 조직에서 그렇다.

> 그래서 다음과 같은 의심이 든다. 개별 인격에 책임을 귀속시키는 것은 일상생활에서 상황정의를 수월하게 하는데 쓰이거나, 혹은 좀 더 심하게 말하자면, 책임을 묻는 자 자신이 관여되어 있고 이해관심을 가지고 있는 구조들을 은폐하는 데 쓰일 수 있다.[150]

루만은 이런 의심을 사회에 대한 도덕적 요구로까지 확대한다. 분명 전통

---

150) 위의 책, 441쪽.

사회에서보다 근대사회에서 개인들의 가능성이 늘었는데, 하지만 실망의 정도도 커졌다. 루만은 사람들이 이 격차를 도덕 문제로 만들어, 자신이 한 약속을 지키지 못하는 행위자인 것처럼 사회를 비난하는 것은 문제를 잘못 파악하는 것이라고 본다. 심리적 체계들에 가령 자기실현과 같은 과도한 부담을 지우고 그런 부담이 개인들의 실망으로 표출되는 근대사회의 구조를 제대로 보지 못하게 하는 것이다. 그러면 도덕이 어떻게 달라져야 하는가? 루만은 도덕이 사회와 인간의 관계를 파악하는 문제에서 자신의 한계를 직시해야 하며 윤리학적 반성은 도덕이 그렇게 할 수 있도록 도와야 한다고 여긴다.

4. '문명화된 윤리학'으로서의 도덕의 반성이론

'책임윤리' 대 '문명화된 윤리'

루만이 윤리학에게 도덕의 반성이론이 되라고 촉구하지만, 그러나 도덕사회학이 되라고 촉구하는 것은 아니다. 루만이 원하는 것은 윤리학이 사회이론의 몇 가지 중요한 통찰을 수용해서 스스로를 변모시키라는 것이다.

루만은 자신의 사회이론에 의거해서 도덕사회학과 윤리학이 다음의 네 가지 사항에 대해 서로 양해할 수 있을 것이라고 한다.

첫째, 이차 관찰자의 관점을 가질 필요가 있다. 그러니까 도덕적 담론에 참여하는 사람들이 서로를 어떻게 관찰하는지를 관찰할 필요가 있다. 둘째, 이차 관찰자는 관찰되는 관찰자가 접근할 수 없는 구별들을 사용할 수 있다. 그러니까 관찰되는 것이 관찰자 자신의 도식을 구속하지 않는다. 셋째, (악이 아니라) 도덕에 경종을 울릴 수도 있을 것이다. 넷째, 도덕의 정초가 역설로 이어진다는 것, 즉 필연성을 추구하지만 우연성의 산출로 귀결된다는 것을

인식한다. 그래서 도덕의 정초를 단념하고 도덕에 대한 관찰로 방향을 전환한다.[151]

이러한 공통의 인식이 분명 중요하지만, 그러나 이를 대하는 방식에서 도덕사회학과 윤리학은 같지 않다고 한다. 도덕사회학은 도덕적 커뮤니케이션을 비교하는 것에 자신을 제한하지 않고 보다 추상적인 이론적 관심을 추구한다. 이에 반해 윤리학은 도덕적 커뮤니케이션의 문제들에 대해 고찰하면서 동시에 도덕에 어떤 기여를 하고자 한다. 이때 도덕에 기여한다는 것은 전통적인 윤리학처럼 단순히 선의 편에 선다는 것이 아니다. 도덕 자체가 가지고 있는 문제점들을 지적하고 도덕이 적합하게 적용될 수 있는 영역들을 구체화함으로써 도덕이 잘 기능할 수 있게 하는 것이다.

논의를 조금 확대해서, 루만이 일반적으로 '반성이론'으로 무엇을 말하는지를 살펴보면 도덕사회학과 도덕의 반성이론으로서의 윤리학의 차이를 보다 뚜렷하게 알 수 있을 것이다. 루만에게 반성이란 체계·환경 구별이 체계 안에서 체계의 구별로 등장하는 경우를 말한다. 체계·환경 구별이 지속적으로 사용됨으로써 체계가 형성되는데, 그런 체계·환경 구별이 체계 자신의 구별로 인지되는 경우인 것이다.[152] 이것을 루만은 구별이 구별된 것 속으로 '재진입'하는 것이라고도 표현한다. 이런 재진입의 가장 중요한 결과는 체계·환경 구별이 '하나의' 구별로 된다는 것이다. 여기서 '하나의' 구별로 된다는 것은 세계를 절개하는 다른 구별들이 있다는 것을 인지한다는 것을 뜻한다. 그렇지만 반성 단계에 이른 체계에게도 자신의 체계·환경 구별은 '자신에게는' 선택사항이 아니다. 그 구별을 버린다면 더 이상 그 체계 자체가 성립하지 않기 때문이다. 다만 다른 구별들이 있고 다른 체계들이 있음을 인지하기

---

151) 위의 책, 446쪽 참고.
152) N. Luhmann, *Soziale Systeme*, 601~602쪽 참고.

때문에, 자신의 작동이 (다른 체계들을 포함한) 환경에 일으키는 교란을 살펴가면서 자신의 작동을 수행해나간다는 것이 반성이 가져오는 차이일 뿐이다. 그리고 반성이론이란 그러한 반성이 이론의 형태를 갖춘 것을 말한다. 경제학, 정치학, 과학이론 등은 반성이론의 사례들이다.[153] 도덕의 반성이론으로서의 윤리학은 기본적으로 기능체계들의 반성이론들과 같은 위상을 갖는다. 그러니까 자신에게는 도덕의 구별이 가장 중요하지만, 그러나 다른 체계들과 다른 반성이론들에서는 다른 구별들이 가장 중요할 수 있다는 점을 인지하는 것이다. 사회에서 도덕을 대변하면서 도덕에게 사회의 요구를 번역하는 역할을 한다는 것은 그런 뜻이다.

도덕의 반성이론으로서의 윤리학은 소위 '책임윤리'와 같지 않다. 책임윤리 역시 도덕('신념윤리')의 분쟁적 성격과 역설에 대한 반성으로부터 나온 것이라고 할 수 있지만, 그러나 문제의 해결이라기보다는 회피라고 할 수 있다. 루만은 그런 책임윤리와 구별해서 도덕의 반성이론으로서의 윤리학을 — 아마도 슈펭글러에서 차용한 듯한 — '문명화된 윤리학'이란 다소 과도한 표현으로 칭한다.

다소 '비겁한' 윤리학은 문제를 회피하면서 결정하는 사람들에게 문제를 떠넘긴다. 그렇게 하면 자기 자신은 도덕적으로 흠잡을 데 없는 것으로 구제할 수 있기 때문이다. 하지만 문명화된 윤리학도 생각해볼 수 있을 것이다. 사회체계를 개관하면서 도덕의 유의미한 적용영역들을 구체화하고 도덕코드와 법코드의 분화의 귀결을 포착하려고 하는 윤리학이 그것이다. 그러면 윤리학은 도덕의 기대들로부터 벗어날 수 있게 해

---

153) 기능체계들의 반성이론에 대해서는 N. Luhmann, *Die Gesellschaft der Gesellschaft*, 제5장, 9절, 958쪽 이하 참고.

주는 위치들과 제도들에 대해서도 배려해야 할 것이다.[154]

여기까지 와서 보면, 루만이 말하는 '문명화된 윤리학'은 '포괄적 교의들'(comprehensive doctrines) 사이의 '중첩적 합의'를 제안하는 롤스의 '정치적 자유주의'나 법적 토의와 도덕적 토의를 구분하는 하버마스의 '토의이론'과 아주 멀리 떨어져 있지 않은 것으로 보인다. 전혀 다른 접근법들로부터 일견 유사한 결론에 이르게 된 것을 어떻게 해석할 것인가? 하지만 이 물음을 다루는 것은 다른 기회로 미루어야겠다. 이 글은 일단 루만이 말하는 도덕의 반성이론으로서의 윤리학이 정확히 무엇을 뜻하는지 밝히는 것을 목표로 하고 있다. 다음에서는 나는 루만의 도덕이론을 다룬 국내 문헌 두 가지를 비판적으로 검토하면서 지금까지 서술한 내용을 재확인하는 것으로 논의를 마무리하고자 한다.[155]

국내 문헌에 대한 비판적 검토

루만의 도덕이론을 본격적으로 다룬 국내 문헌으로는 서영조의 「루만의 '사회학적 도덕 이론'과 그 도덕철학적 의미」[156]와 이철의 「기능 분화 사회의 도덕 연구를 위한 윤리학과 도덕사회학: 니클라스 루만의 사회학적 도덕 이론을 중심으로」[157]를 들 수 있다.

국내의 윤리학자들이 거의 접근할 수 없었던 루만의 도덕이론을 체계적으로 정리하고 전달하려고 했다는 점에서, 그것도 국내에 루만에 대한 선행연

---

154) "Ethik als Reflexionstheorie der Moral", 436쪽.
155) 유감스럽게도 루만의 도덕이론에 대한 충분히 자세하고 수준 높은 국외 문헌들을 입수하지 못하였다. 그래서 국외 문헌들에 대한 검토는 다른 기회로 미루기로 한다.
156) 한국사회학 제36집 5호, 2002년, 1-27쪽.
157) 한국사회학 제45집 4호, 2011년, 1-26쪽.

구가 빈약한 여건에서 그렇게 했다는 점에서, 두 사회과학자의 공로는 높이 평가되어야 한다. 하지만 나는 두 논문 모두에서 몇 가지 아쉬운 점도 발견했다.

첫째, 도덕사회학과 도덕의 반성이론으로서의 윤리학을 제대로 구별하고 있지 않다. 가령 서영조는 "도덕의 성찰이론으로서의 윤리학은 인간행위의 보편규범을 찾고자 하는 도덕의 보편성을 추구하는 것이 아니라, 선과 악의 코드로서의 윤리학의 보편성을 회복하는 데 있다"[158]라고 하는데 문장의 전반부는 맞지만 후반부는 무엇을 뜻하는지 전혀 알 길이 없다. 한편 이철은 "도덕의 성찰 이론은 올바르고 가치 있는 것을 논리적으로 입증함으로써 도덕의 근거를 마련하려는 도덕의 논증이론과 달리, 보편적 윤리 규범에 따라 도덕을 성찰하고 건설적으로 발전시키고자 한다"[159]라고 한다. 이 문장 역시 전반부는 맞지만 후반부는 전혀 맞지 않는다. 보편적 윤리 규범을 세우고자 하는 것은 루만에게는 도덕 내지 도덕의 편에 선 전통적 윤리학의 모습이다. 앞서 언급한 것처럼, 이차 관찰자 관점에서 보면 보편주의조차 어떤 적소에서 주장되는 것이며, 그래서 여러 보편주의가 성립한다. 도덕의 반성이론으로서의 윤리학은 도덕의 코드를 여러 코드들 가운데 하나의 코드로 인식하고 그 코드가 적절하게 적용될 수 있는 영역들을 적시하는 것이다. 다른 말로 표현하면, 사회에서 도덕을 대변하면서 동시에 사회의 요구를 도덕에 번역해주는 일을 하는 것이다.

둘째, 두 논문 모두, 내가 보기에는 루만의 도덕이론의 가장 흥미로운 부분에 대해 거의 언급조차 하고 있지 않다. 도덕의 자기지시성과 역설이라는 내생적 요인과 사회구조의 변동이라는 외생적 요인이 만나면서 도덕의 반성이

---

158) 서영조, 앞의 글, 5쪽.
159) 이철, 잎의 글, 9쪽.

론으로 넘어갈 수 있는 기회들이 어떻게 생성되고 또 그 기회들이 어떻게 파편적으로만 활용되는지를 살피는 부분이 그것이다. 이는 루만의 도덕이론이 사회구조와 의미론 사이의 상관관계를 밝히려는 그의 거대한 프로젝트의 일부라는 것을 제대로 파악하지 못했기 때문인 것으로 보인다.

셋째, 기능적으로 분화된 사회에서 도덕이 어떤 역할을 할 수 있는지에 대한 구체적인 언급이 없다. 서영조는 루만이 "도덕은 점차 그 사회적 기능을 상실하고 개인 간의 커뮤니케이션으로 명맥을 유지할 가능성이 높다"[160]라고 진단했다고 한다. 그런데 루만 자신은 "근대사회에서 도덕코드의 (……) 지배적 위상은 무너졌다 (……) 하지만 이것은 결코 도덕이 (……) 참석자들 사이의 상호작용에서나 겨우 등장하며 그것을 넘어서는 기대는 감히 더 이상 품어보지도 않는다는 것을 뜻하지 않는다. 그런 주장은 금세 경험적으로 반박될 것이다"[161]라고 말하고 있다. 이철은 루만이 도덕 기능의 축소만을 말한 것처럼 해석하는 서영조를 비판하면서 루만이 도덕을 "전체 사회에 걸쳐 순환하는 커뮤니케이션 방식"으로 규정했다는 점을 강조한다.[162] 그러나 루만이 그 말을 한 맥락은 도덕코드 자체에 대한 반성이 왜 제대로 이루어지지 못했는지를 설명하는 것이었다. 기능체계들의 경우 경계가 뚜렷해서 자신의 코드를 하나의 코드로 관찰하기 수월했던 반면, 하나의 부분체계를 형성하지 못하고 사회 전반에 걸쳐 순환하는 커뮤니케이션인 도덕은 그렇지 못했다는 것이다.[163] 루만은 기능적으로 분화된 근대사회에서 도덕이 어떤 중요성을 갖는지를 아주 분명한 가설로 요약하고 있다. 그 가설을 다시 한번 인용한

---

160) 서영조, 앞의 글 25쪽.
161) "Ethik als Reflexionstheorie der Moral", 425쪽.
162) 이철, 앞의 글, 6쪽, 13쪽.
163) "Ethik als Reflexionstheorie der Moral", 434쪽.

다. "기능코드들이 '비가시적' 방식으로 위반될 수 있는 곳에서, 그래서 신뢰에 의존하는 곳에서는 어디에서나 다시 도덕에 호소한다."[164]

넷째, 두 논문 모두 윤리학이 도덕의 반성이론으로 전환되었을 때 열리는 새로운 연구관점들을 제대로 언급하고 있지 않다. 가령 도덕화가 구조를 은폐하는 효과를 낸다는 것은 나에게는 윤리학이 아프게 새겨들어야 할 내용으로 보인다.

5. 나가는 말

루만은 기능체계들 내에서 도덕이 중요성을 갖는다고 하면서도 이것이 기능체계들 자체가 도덕에 의존해 있다는 것을 뜻하는 것은 아니라고, 도덕이 기능체계들로부터 기능을 부여받는 것뿐이라고 설명한다. 그런데 기능체계들은 왜 도덕에 부여하는 기능을, 가령 법이 도덕의존적인 부분을 모두 법조문으로 만들거나 스포츠체계가 페어플레이에 해당하는 부분을 모두 경기규칙으로 만드는 식으로, 체계 안으로 완전히 흡수하지 못하는 것일까? 이 지점에서 우리는 설령 철학이 신학의 시녀라는 주장을 인정하더라도 "시녀로서의 철학이 횃불을 들고 귀부인 앞에서 가고 있는지, 아니면 뒤에서 귀부인의 옷자락을 들고 가고 있는지는 물어봐야 할 것"[165]이라는 칸트의 말을 새롭게 응용해볼 필요가 있다. 도덕이 미처 기능체계들의 코드로 흡수되지 못한 잔여 기능을 수행할 따름인지, 아니면 도덕이 기능체계들의 자유로운 작동을 가능하게 해주는 것인지, 다시 말해 수동적이고 부차적인 듯한 외양 아래 어

---

164) 위의 책, 432쪽.
165) I. Kant, "Der Streit der Fakultäten", 290-291쪽.

떤 주도적 역할을 하는 것은 아닌지 (혹은, 주도적 역할을 할 가능성을 가지고 있지는 않은지) 다시 따져봐야 할 것이다.

10장 현대사회에서의 합리성
루만의 사회 합리성 개념에 관하여

1. 루만과 사회 합리성 문제

하버마스가 『의사소통행위이론』을 쓰면서 합리성 개념에 대한 논의로 시작하는 것과는 달리,[166] 루만에게 합리성은 일견 부차적 중요성만을 갖는 것으로 보인다.[167] 하지만 사회 합리성[168] 개념은 그의 사회이론을 다른 사회

---

166) 『의사소통행위이론』 1권, 33쪽 이하 참고.

167) 이런 인상을 받게 되는 이유는 두 가지로 생각해볼 수 있다. 하나는 그가 대부분의 합리성 개념들을 지나간 사회들의 구조와 결부되었거나 혹은 근현대 사회의 구조를 제대로 파악되지 못한 상태에서 생겨난 '의미론들'로 취급하기 때문이다. 다른 하나는 그가 '비판' 개념을 상당 부분 '이차 관찰'로 대체하며, 그래서 그에게는 비판의 기준으로서의 합리성이 거의 필요 없게 되기 때문이다. 그렇다고 그가 합리성 개념을 용도폐기하거나 소홀히 취급하는 것은 전혀 아니다. 앞으로 볼 것처럼, 『사회적 체계들』(Soziale Systeme)과 『생태학적 커뮤니케이션』(Ökologische Kommunikation)의 말미에서, 그리고 『사회의 사회(Die Gesellschaft der Gesellschaft)』 등에서 합리성 개념을 다룰 때 루만은 합리성 개념의 재규정 문제를 자신의 이론에 대한 하나의 시금석으로 여기는 것처럼 보인다.

168) 여기서 '사회 합리성'이란 전체 사회 수준에서의 합리성을 말하는 것으로 독일어 'gesellschaftliche Rationalität'를 옮긴 것이다. '사회적 합리성'이라고 하지 않은 것은 주로 상호작용 수준에서의 합리성을 말하는 'soziale Rationalität'와 구별하기 위해서이다. 이는 현재 루만의 용어를 번역할 때 'sozial'과 'gesellschaftlich'를 구별하기 위하여 전자를 '사회적'으로, 후자는 가급적 '적'자를 빼고 '사회'로 번역하는 관례를 따른 것이다. 루만에서 보통 '사회적(sozial)'이란 용어는 '커뮤니케이션'과 거의 같은 의미로 쓰인다. 그리고 커뮤니케

이론들과 구별하고자 할 때, 그리고 그의 사회이론을 현대사회에 대한 이론적, 실천적 논의들과 접목시키고자 할 때 핵심이 되는 개념들 가운데 하나이다. 그럼에도 그 개념을 명확히 하고자 하는 노력은 많지 않은데,[169] 체계합리성으로 이해된 그의 사회 합리성 개념이 처음부터 극심한 논쟁적 맥락에 편입되어 기능체계들의 맹목적인 자기보존을 지향하는 것으로 폄하되어버린 것이 가장 큰 원인일 것이다.[170] 하지만 그런 단순하고 일방적인 이해방식이 쉽게 수정될 수 없었는데, 아주 복잡한 논의를 필요로 하는 그의 사회 합리성 개념에 쉽게 접근할 수 없었다는 것이 무시할 수 없는 요인이었다. 이글은 후자의 문제를 완화시키는 것을 목표로 하며, 이를 통해 루만의 사회이론에 대한 논의를 '정상화'하는 데 기여하고자 한다.[171]

이션들을 기초 요소로 하는 체계들이 '사회적 체계들'(soziale Systeme)이고 그런 사회적 체계들 모두를 포괄하는 '사회적 체계'가 '사회(Gesellschaft)'이다. 루만, 『사회의 사회』 104쪽. 그리고 크네어 · 낫세이, 『니클라스 루만으로의 초대』, 15~16쪽의 역자 정성훈의 설명을 참고.

169) 설명에 충실하면서도 루만을 넘어서려는 노력을 보이는 두 논문만 언급하자면: G. Kneer, "Bestandserhaltung und Reflexion. Zur kritischen Reformulierung gesellschaftlicher Rationalität", in: W. Krawietz · M. Welker 편, Kritik der Theorie sozialer Systeme, Frankfurt: M., 1992, 86-112쪽; K. Bendel, "Funktionale Differenzierung und gesellschaftliche Rationalität. Zu Niklas Luhmanns Konzeption des Verhältnisses von Selbstreferenz und Koordination in modernen Gesellschaften", Zeitschrift für Soziologie 22권 4호, 1993, 261-278쪽. 한편 최근에 루만의 합리성 개념에 대한 우리말 논문도 발표되었다. 정성훈, 「사회의 분화된 합리성과 개인의 유일무이한 비합리성」, 『2012 한국사회학 후기학술대회』, 737-752쪽.

170) 루만 자신은 사회 합리성 문제를 다루면서 "체계이론은 어떤 다른 사회이론보다 더 생태학적 문제를, 그리고 정확히 같은 의미에서 인간 문제를 이론적 구상의 중심에 놓는다"(『사회의 사회』, 223쪽)라고 말한다.

171) 본 논문에 대한 한 익명의 심사자는 "사회 합리성 개념이 루만의 이론 구성에서는 중요하지 않은데도 루만의 사회 합리성 개념을 부각시켜서 재구성하고 있다"라고 지적하였다. 그러면 앞선 주에서 인용한 것처럼 루만 자신이 체계이론이야말로 생태학적 문제와 인간 문제를 이론적 구상의 중심에 놓는다고 하는 말은 어떻게 이해해야 하는가? 이 문제를 다루는 것이야말로 루만 자신의 개념에 따르면 '사회 합리성'의 문제이지 않은가? 그는 또 루만 이론 안

사회 합리성 개념을 다룰 때 루만의 가장 중요한 관심사는 두 가지로 요약될 수 있다. 하나는 대화나 행위로부터 추출한 합리성을 사회로 확장하는 것이 아니라 정말 사회 수준에서 문제가 되는 합리성을 고찰하는 것이다. 이를 위해서 루만은 행위합리성과 체계합리성을 구별하고, (여러 유형의 체계들에 적용될 수 있는) 체계합리성 개념을 사회에 맞추어 구체화하는 식으로 사회 합리성 개념을 얻는다.[172] 다른 하나의 관심사는 기능적으로 분화되어 정점도 중심도 없는 근현대 사회에서 사회 합리성이 과연 가능한지, 가능하다면 어떤 식으로 가능한지를 탐색하는 것이다. 루만은 기능체계들의 '이중적 반성'에 희망을 거는데, 나중에 살펴보겠지만 루만은 이 지점에서 자신의 이론으로부터 나올 수 있는 비판적 잠재력을 스스로 제한하고 만다. 나는 체계이론의 '기능주의적' 버전이 아니라 '커뮤니케이션 이론적' 버전을 택하면 사회 합리성 개념과 관련하여 루만의 비판적 전망보다 좀 더 생산적이고 흥미로운 전망을 얻을 수 있다고 생각한다.

에서 '기능주의적 버전'과 '커뮤니케이션 이론적 버전'이 충돌하고 있으며 후자가 사회 합리성의 가능성에 보다 나은 전망을 제시할 것이라고 주장하는 본 논문이 루만 논의를 '정상화'하는 것이 아니라 '왜곡'하고 루만의 '하버마스 버전'으로서 "루만을 죽이는 것이 그 정점"이라고 말하였다. 루만이 근현대 사회 전체를 다루는 사회이론을 추구하면서도 막상 기능체계들의 독립분화에 대해서만 주로 말하고 기능체계들과 여타의 부분을 총괄하는 사회 전체에 대해서는 커뮤니케이션들의 전체라고 성겁게 말하고 만다는 점은 여러 학자들이 지적하였다 (대표적으로는 Th. Schwinn, "Funktion und Gesellschaft", *Zeitschrift für Soziologie* 24). 이런 지적에 머물지 않고 기능적 분화로 인해 사회의 여타 영역이 공동화(空洞化)되는 것이 아니라 전체 사회가 수준 높은 커뮤니케이션 연관으로 재편될 가능성도 있다고 말하는 본 논문의 주장이 왜 루만을 하버마스화 하는 것인지, 또 설령 하버마스와의 일부 공통성을 말한다고 한들 그것이 왜 루만을 죽이는 것인지 나에게는 그저 의아할 따름이다.

172) 그러니까 루만의 접근법은 하나의 기계나 생명체를 모델로 체계합리성 개념을 얻고 이를 사회에 적용하는 것이 아니라, (사이버네틱스와 생물학을 참조하여) 추상적인 체계합리성 개념을 구상하고 이를 개별 체계들에 맞추어 구체화하는 방식이다. 그래서 루만에게 생물학주의를 의심하기보다는 차라리 — 헤겔의 경우와 유사한 — 논리주의를 의심해볼 수 있을 것이다.

나는 다음에서 먼저 루만이 사회 합리성 문제에 어떤 이론적 전략에 따라 접근해가는지를 살피고자 한다(2절). 이것은 사회 합리성에 대한 루만의 복잡한 논의를 대할 때 미궁에 빠지지 않으려면 꼭 필요한 작업이다. 다음에는 루만이 행위합리성과 구별되는 체계합리성 개념을 어떻게 구상하는지를 간략히 살필 것이다(3절). 이어서 루만이 합리성과 관련된 서구의 '의미론'들을 재구성하면서, 특히 베버와 파슨스의 합리성 개념을 재구성하면서 사회 합리성을 체계합리성으로 재규정하는 작업을 살펴볼 것이다(4절). 그다음에는 루만이 기능적으로 분화된 근현대 사회의 조건에서 사회 합리성의 가능성을 어떻게 모색하는지 정리해볼 것이다. 이때 루만이 기능체계들의 '이중적 반성'으로 열린 가능성을 기능주의적으로 축소해 해석한다는 것이 지적될 것이다(5절). 이어 루만이 사회 합리성을 실질적으로 어떻게 구체화하는지 살펴보고(6절), 마지막으로 체계이론의 '커뮤니케이션 이론적' 버전으로 돌아갈 경우 사회는 독립분화된 기능체계들과 모호하고 빈약한 내용의 여타 영역으로 나뉘는 것이 아니라 전근대 사회보다 높은 수준의 커뮤니케이션 연관이 될 수도 있음이 지적될 것이다(7절).

2. 루만의 이론적 전략

근현대 사회에서의 합리성 문제를 다룰 때 루만은 아주 복잡한 이론적 전략을 구사한다. 그는 먼저 합리성 개념의 논리적 구조로서 자기지시성[173]에

---

173) 앞의 주 171에서 언급된 심사자는 'Selbstreferenz'를 '자기준거'로 번역하자고 제안하였다. 존중할 만한 역어고 또 널리 퍼져 있는 것도 사실이다. 하지만 이 역어는 'Fremdreferenz'를 번역할 때 '타자준거'라고 해야 하는 문제점을 갖는다. 루만 자신

주목하고, 체계이론에 의거하여 체계합리성 개념을 구상하며, 합리성과 관련된 의미론들을 분석하고, 사회분화이론을 통해 근현대 사회에서 합리성이 어떤 요건을 충족시켜야 하는지 살핀다. 이들 각각이 무엇을 의미하는지, 그리고 어떻게 맞물려서 근현대 사회에서의 합리성 문제를 해명하는 데 기여하는지를 간략히 살펴보자.

먼저 합리성 개념의 자기지시성이란 합리성에 대한 개념도 합리적이어야 한다는 것을 의미한다. 루만에 따르면 합리성 개념은 스스로를 감독한다. "빵 개념은 먹을 수 없고 미 개념이 아름다워야 하는 게 아닌데, 합리성 개념은 스스로를 올바름이라는 요구 아래 둔다."[174] 자기지시성이 과연 합리성 개념의 독특한 논리적 구조인지 의심스럽긴 하지만,[175] 어쨌거나 루만은 자기지시성을 합리성 개념의 변화를 추동해가는 내생적 요인으로 본다. 루만에 의하면 모든 자기지시성이 그렇듯이 합리성 개념의 자기지시성도 한편으로 내용이 없는 동어반복적 단락(短絡, Kurzschluss)이라는 논리적 불편함에 처하게 한다. "옳은 것의 개념은 그것이 옳은 것의 개념이기에

은 'Selbstreferenz'를 "자기 자신을 타자에 관련지으면서 이를 통해 자기 자신에 관련짓는 모든 작동"(*Ökologische Kommunikation*, 178쪽)이라고 정의하고 있다. 여기서 보면 Fremdreferenz는 Selbstreferenz의 이면인데, '타자준거'가 '자기준거'의 이면이라고 하기는 어려울 것이다. 이 글에서 논의되는 것처럼 합리성의 개념 자체가 다시 합리적인지 물을 수 있는 가능성을 합리성의 '자기준거성'이라고 하는 것 역시 무척 어색하다. 나의 생각으로는 '자기준거'는 '자기생산'(Autopoesis)과 '자기지시'를 뭉뚱그려 놓은 말이다.

174) N. Luhmann, "Rationalität in der modernen Gesellschaft", in: N. Luhmann(A. Kieserling 편), *Ideenevolution*, Frankfurt: M., 2008, 187쪽.

175) 빵 개념을 먹을 수 없고 미 개념이 아름다울 필요는 없지만, 그 규정들이 옳은가 하는 물음은 제기될 수 있을 것이고, 다시금 그 규정들에 대한 규정들이 옳은가 하는 물음이 제기될 수 있을 것이다. 그러니까 옳음에 대한 규정에서 보이는 자기지시성은 옳음의 문제가 설명과 정당화의 맥락 속에 편입되면서 생겨나는 구조이지, 개념의 구조는 아니라고 할 수 있을 것이다.

옳다"[176]의 형식이 될 수 있다는 것이다. 좀 더 단순하게 말하자면, 어떤 것을 옳은 것으로 규정하고, 그것이 왜 옳으냐고 물으면 옳으니까 옳다고 대답하는 꼴이다. 커뮤니케이션에서 이런 동어반복은 모두에게 옳은 것이 무엇인지 자명한 경우 외에는 견딜 수 없다. 그래서 어떤 것이 옳다고 할 때 왜, 그리고 어떤 의미에서 그러한지를 규정해야 하는데, 루만은 이것을 탈동어반복(Enttautologisierung)이라고 한다. 다른 한편 합리성 개념의 자기지시성은 합리성이 비합리성으로 귀착되는 역설에 처하게 한다. 옳은 것이 왜 옳은지에 대한 근거를 제시하려면 결국에 가서는 아직 옳은 것으로 규정되지 않은 어떤 것에 의지해서 설명해야 하기 때문이다. 이것 역시 합리성에 대한 자기관찰에서 견딜 수 없는 문제이고, 그래서 더 이상 근거를 따질 수 없는 절대적인 옳음의 기준이나 근원을 제시하거나, 아니면 절대적이지 않더라도 충분한 것으로 여겨지는 근거를 제시해야 한다. 이것을 루만은 탈역설화(Entparadoxierung)라고 한다. 루만은 자기지시성에 의해 강제되는 탈동어반복과 탈역설화라는 이런 내생적 요인 때문에 합리성 개념의 변화를 단지 사회변화를 반영하는 것으로만 볼 수는 없다고 여긴다.[177] 그렇다고 사회변화와 아주 무관할 수는 없다. 합리성 개념의 자기지시성은 그때그때의 합리성 개념이 신빙성을 갖게 하는 자연적, 사회적 조건들에 민감하게 만들기 때문이다. 그래서 루만은 합리성 개념의 변화를 파악할 때 내생적, 외생적 요인을 함께 고려하는 시각을 가질 것을 주문한다. "그래서 보다 생산적인 접근방법은 자기지시로부터 출발해서 합리성의 탈동어반복이라는 문제가 변화하

---

176) Luhmann, *Ideenevolution*, 187쪽.
177) 이렇게 합리성과 관련된 의미론들의 발달을 추적할 때 '내생적' 요인과 '외생적' 요인을 함께 고려한다는 점에서 루만은 그것들을 "사회관계들이나 특정한 이익들의 반영"으로 보는 통상적인 지식사회학과 거리를 취한다. *Ideenevolution*, 187쪽 참고.

는 사회 조건들 아래서 어떻게 해결되는가를 묻는 것이다."[178]

사회 합리성 문제를 다룰 때 루만의 이론적 전략의 두 번째 요소는 행위합리성을 체계합리성과 구별하는 것이다. 행위합리성은 목적 달성을 위해 유효한 수단을 선택하는 개별 행위를 모델로 해서 형성된 개념이다. 이런 행위합리성을 기초로 할 경우, 사회 합리성은 사회가 공통의 목적과 유효한 실현 수단을 가진 상태든가, (공통의 목적이 존재하지 않을 경우에는) 개별적인 합리적 행위들의 연쇄로 이해된다. 그러면 사회 합리성은 사회의 공통의 목적에 대한 암묵적 혹은 명시적 합의와 유효한 수단에 대한 과학적 인식의 문제가 되든가, 아니면 개별 행위들을 조절해서 최적의 상태가 되도록 만드는 일이 될 것이다. 루만이 보기에는 근현대 사회의 합리성 문제를 이런 식으로 파악하는 것은 처음부터 실패가 예견된 것이다. 인격들이 지극히 개인화된 여건에서 사회 전체의 공통의 목적을 말하기 어려워졌고, 자신의 삶에 대해 결정권을 갖는 개별 주체들의 행위들을 최적으로 조절한다는 것 역시 최적성의 기준이 없기에 공허하거나 실행의 측면에서 불가능한 일이기 때문이다.

이런 곤경에 직면해서 루만은 사회 합리성 개념을 체계이론을 기초로 새롭게 구성할 것을 제안한다. 체계이론은 합리성을 체계가 자신보다 월등히 복잡한 환경 속에서 자신의 통일성을 유지해나가는 문제와 관련된 것으로 본다. 여기서 통일성의 유지는 동일한 체계상태의 단순한 반복이 아니라 체계가 자신의 요소들을 교체하고 구조들을 형성하면서 자신의 통일성을 '재'생산해나가는 것을 의미한다.[179] 루만에게 이런 체계합리성은 사실 행위합리

---

178) Luhmann, *Ideenevolution*, 187-188쪽. 루만의 뜻을 더욱 잘 반영하자면 '탈동어반복'에 '탈역설화'도 추가해야 할 것이다.
179) 루만이 말하는 자지지시적·자기생산적 체계에서 체계요소들의 생산은 체계요소들을 통해 이루어진다. 그래서 요소들의 생산은 곧 요소들의 '재생산'이다. Luhmann, *Soziale Systeme*, 61쪽 참고.

성과 단순히 대립되는 개념이 아니라 행위합리성을 포괄하면서 그것의 제한적 성격을 함께 조명할 수 있게 해주는 개념이다. 행위합리성은 어떤 행태(Verhalten)를 인격에 귀속시킴으로써 행위(Handeln)를 성립시키는 사회적 체계들과 연관해서만 파악될 수 있기 때문이다.

사회 합리성 문제를 다룰 때 루만의 이론적 전략의 세 번째 요소는 사회분화이론이다. 루만은 사회의 유형들을 사회라는 체계가 어떤 지배적인 형식에 따라 부분체계들로 분화되었는지에 따라 나눌 수 있다고 생각한다. 그가 보기에 한 사회의 지배적인 분화형식은 그 사회의 실질적 진행에, 또 사회에 대한 이해방식에도 결정적인 영향을 미친다. 지배적인 분화형식은 "체계의 진화가능성들을 규정하며 체계의 규범들, 후속 분화들, 자기기술들 등의 형성에 영향을 미치는 사회구조"[180]이다. 그렇다면 합리성에 대한 기존의 이해방식들을 검토하기 위해서도, 또 신빙성을 갖춘 합리성 개념을 모색하기 위해서도 지배적인 분화형식들을 살펴보아야 한다. 루만은 사회들을 분절적으로 분화된 사회, 중심·주변으로 분화된 사회, 계층화된 사회, 그리고 기능적으로 분화된 사회로 나누는데,[181] 근현대 사회는 마지막 유형에 해당한다. 그래서 루만에게 기능적 분화라는 사실은 근현대 사회에서의 합리성을 구상할 때 조건이 된다. 기능적 분화 이전의 수준으로 돌아가지 않으면서 기능적 분화로 인해 생기는 문제들에 대처할 수 있어야 하는 것이다.

이론적 전략의 마지막 요소는 사회 합리성과 관련된 의미론들을 사회구조들과 연관해서 살피는 것이다. 루만이 말하는 의미론이란 보존가치가 있는

---

180) 『사회의 사회』, 709쪽. 루만은 분화형식이 사회진화에 대해 갖는 의의를 두 가지로 본다. 하나는 지배적인 분화형식이 제한된 발달 가능성만을 허용한다는 것이고, 다른 하나는 그 형식이 다른 형식들의 도입 가능성을 규제한다는 것이다. 『사회의 사회』, 709~710쪽 참고.
181) 『사회의 사회』, 710쪽 이하 참고.

응축된 의미 내용으로 보통 문화라고 말하는 것과 거의 같은 것이다.[182] 다만 루만은 의미론을 철저하게 커뮤니케이션과 연관해서 고찰한다. 의미론은 발생적으로 보자면 커뮤니케이션에서 반복과 응축을 통해 형성되는데, 기능적으로 보자면 주제나 의미선택의 기준으로 작용함으로써 커뮤니케이션의 방향을 정하는 데 기여한다. 의미론은 한편으로 독자적인 진화의 길을 걸을 수 있다. 커뮤니케이션에서는 항상 기존의 의미선택과 반대되는 의미선택의 가능성이 열려 있는데(변이), 부정의 커뮤니케이션이 받아들여지고(선택) 다른 의미선택들과의 조정을 거쳐 정착(안정화)되는 식으로 진화가 일어날 수 있는 것이다. 그렇다고 의미론의 진화가 사회구조의 변화와 아주 무관하게 일어날 수는 없다. 부정의 커뮤니케이션도 결국 수용되어야만 진화의 가능성을 열 수 있는데, 사회구조적 조건과 너무 동떨어질 경우 그런 신빙성을 가질 수 없기 때문이다. 그래서 의미론이 어느 정도 독자적인 진화를 통해 사회구조를 앞서 갈 수도 있고 뒤처질 수도 있지만, 사회 현실과 너무 유리된 의미론이 장기적으로 지속될 수는 없다. 그렇다고 의미론이 사회구조의 변화를 언제나 성공적으로 따라잡는다는 것은 아니다. 변화된 사회구조에 직면해서 기존의 의미론이 혼란을 겪으면서도 새로운 대안을 찾지는 못하는 상황이 오래 지속될 수도 있다. 루만은 근현대 사회에서 합리성의 의미론들이 그런 상태에 있는 것으로 보는 것 같다.[183]

---

182) 하지만 루만은 문화 개념을 체계이론의 기본 개념으로 삼는 데는 반대한다. 문화 개념이 한편으로는 18세기에 세계와 사회에 대한 기술들의 비교 가능성과 우연성, 상대성이 의식되면서 생겨났는데, 다른 한편으로는 문화 개념을 사용하는 사람들이 진정성이나 독창성을 숭배하는 경향이 있기 때문이다. 그래서 루만에게 문화 개념은 "가장 나쁜 개념들 가운데 하나"(Luhmann, *Die Kunst der Gesellschaft*, 398쪽)이다. 루만이 문화 개념을 불편하게 여기는 이유에 대해서는 Esposito, "Kulturbezug und Problembezug", Burkhart · Runkel(ed), *Luhmann und die Kulturtheorie*, 91~101쪽 참고.
183) "근대사회가 자신에게 해당하는 합리성의 형식을 아직 전혀 찾지 못했다고 추정하

3. 체계합리성

루만에게는 합리성 역시 체계이론의 가장 중요한 준거 문제, 즉 체계가 어떻게 자신보다 월등히 복잡한 환경 속에서 자신을 (재)생산해나가는가 하는 문제와 연관이 있다. 루만의 체계합리성 개념을 파악하려면 그가 합리성 문제를 어떻게 위치시키는지를 정확히 알 필요가 있다. 루만은 체계합리성을 체계의 자기지시성으로 소급될 수 있는 체계의 자기반성이 가장 높은 요구수준에서 표현된 것으로 여긴다.[184] 그러므로 일단 체계의 자기지시성이 어떤 단계를 거쳐 상승하는지를 살펴볼 필요가 있다.[185]

루만은 체계의 자기재생산에서 작용하는 자기지시를 세 가지로 나눈다. 첫째는 기초적 자기지시(basale Selbstreferenz)라고 부르는 것으로, 체계의 요소들이 자신과 자신이 관계를 맺을 다른 요소들을 구별하는 것이다. 루만은 이를 짧게 요소와 관계의 구별이라고 하는데, 이때 자기지시의 '자기'는 요소가 된다. 요소들이 요소들과 관계를 맺음으로써 체계가 형성되기 때문에, 이런 기초적 자기지시는 체계형성의 가장 근본적인 메커니즘이라고 할 수 있다. 두 번째는 반성성(Reflexivität)[186] 또는 과정적 자기지시

___

는 것이 더 옳다고 할 수 있을 것이다. 근대성의 고전은 아직 시야에 들어오지 않는다." *Ideenevolution*, 189쪽. 한편 '합리성'의 의미론들에 대한 이런 재구성은, '도덕'의 의미론에서와 달리, 단순히 합리성 개념을 제한하는 데 그치지 않고 새로운 합리성 개념을 구상하는 데로 나아간다. 루만의 도덕 의미론에 대해서는 Ideenevolution 안에 있는 "Ethik als Reflexionstheorie der Moral"을, 그리고 장춘익, 「도덕의 반성이론으로서의 윤리학-루만의 도덕이론에 관하여」, 『사회와 철학』 24, 2012 참고.
184) "합리성 개념은 하나의 체계의 자기반성의 가장 요구수준이 높은 관점을 정식화할 따름이다. 그것은 실제 체계들에 맞서는 어떤 규범도, 가치도, 이념도 뜻하지 않는다. (……) 그것은 자기지시적 체계들의 논리의 종결점을 나타낼 뿐이다." *Soziale Systeme*, 645-646쪽.
185) 자기지시의 단계에 대한 다음의 내용은 *Soziale Systeme*, 600-602쪽을 중심으로 정리한 것이다.
186) 'Reflexivität'는 보통 '성찰성' 또는 '재귀성'으로 번역되어야 하나 여기서는 두 역어 모

(prozessualer Selbstreferenz)라고 부르는 것이다. 과정은 기초적 사건들의 이전과 이후가 구별되고 이전과 이후의 사건들이 특정한 선택 방식에 의해 규정될 때 성립한다. 가령 커뮤니케이션들이 반응에 대한 기대와 기대에 대한 반응을 통해 규정되는 것이다. 과정적 자기지시에서 '자기'는 이런 과정이 된다. 커뮤니케이션과 관련지어 말하자면, 커뮤니케이션 과정에서 커뮤니케이션 과정에 대해 커뮤니케이션하는 것이다. 이 단계의 자기지시에서는 체계의 요소들 사이에 성립할 수 있는 관계 가능성들 가운데 특정한 가능성들이 선택되고 강화된다. 다시 커뮤니케이션과 관련지어 말하자면, 기초적 자기지시의 수준에서는 커뮤니케이션이 커뮤니케이션인 것과 커뮤니케이션이 아닌 것을 구별하고 커뮤니케이션에 연결됨으로써 커뮤니케이션 체계가 성립한다면, 과정적 자기지시의 수준에서는 커뮤니케이션이 선행 커뮤니케이션에 소급하고 후속 커뮤니케이션을 선취하면서 행해짐으로써 커뮤니케이션 과정이 스스로를 조절하고 통제하는 것을 뜻한다.[187] 세 번째는 반성(Reflexion)이라고 부르는 것으로, 체계가 체계와 환경의 구별을 '하나의' 구별로 표시하는 단계를 말한다. 이런 자기지시의 수준에 이르면 체계는 자기 자신에 대한 기술(記述)을 성립시키고 자신의 동일성(정체성)을 구상하며, 그러한 자기기술은 다시 체계의 작동에 영향을 미친다. 또 체계는 자신의 환경 속에 있는 다른 체계들에서는 다른 체계·환경 구별들이 사

두를 택할 수 없었다. 우선 루만은 'Reflexivität'를 체계의 자기지시성이 '반성'(Reflexion) 단계에 이르기 전의 상태를 나타내기 위해 사용하기 때문에 '성찰성'이라고 하기는 어렵다. '재귀성'은 'Rekursivität'라는 다른 단어가 있을뿐더러 자기지시의 모든 단계에 해당되기 때문에 자기지시의 특정 단계를 말하는 'Reflexivität'의 적절한 역어가 될 수 없다. 하지만 '반성성'과 '반성'이 고육지책으로 나온 어색한 역어임은 틀림없다. 루만 자신이 독일어로도 거의 구별되지 않는 'Reflexivität'와 'Reflexion'을 사용했고 두 단어의 형태상의 유사성을 역어에 반영했다는 것으로 위안을 삼을 따름이다.

187) *Soziale Systeme*, 616쪽 참고.

용될 수 있다는 것도 알 수 있다. 이런 반성이 이론의 형태를 갖추면, 즉 자신의 동일성을 표시하는 데 그치지 않고 비교의 관점을 갖게 되면, 반성이론(Reflexionstheorien)이 된다.[188] 루만은 정치학, 경제학, 법학, 교육학, 과학이론 등을 반성이론의 사례들로 든다. 그런데 루만은 체계합리성은 자기지시의 이러한 반성 수준으로부터 한 단계 더 나아가야 성립할 수 있는 것으로 여긴다. "따라서 합리성에는 반성을 통해서만 도달할 수 있지만, 그러나 모든 반성이 합리적이지는 않다."[189] 그렇다면 어떤 식으로 반성이 이루어질 때 합리성에 이를 수 있는가? 루만은 반성이 "이러한(=체계와 환경의) 차이의 통일성의 관점에서 일어날 때"[190]라고 다소 수수께끼같이 말한다. 루만의 체계합리성 개념을 파악하는 데는 이것이 정확히 무엇을 뜻하는지 밝히는 것이 관건일 텐데, 그 답을 잠시 미루어두고 루만이 체계합리성 개념을 자기지시 외에 어떤 다른 주요 개념들로 표현하는지 살펴보도록 하자.

루만은 체계합리성 개념을 작동, 관찰, 그리고 '재진입(re-entry)' 개념을 가지고도 표현한다. 자기지시적·자기생산적 체계는 자신을 환경과 구별하면서 요소들의 재귀적 연결망을 통해서 자신을 재생산한다. 이때 체계·환경 구별은 체계의 재생산의 필수요건이지만, 그러나 그 자체로는 체계의 작동일 따름이며 아직 합리성과는 무관하다. 체계합리성은 체계·환경 구별이 구별로서 사용되는 데 그치지 않고 구별로서 '관찰'될 때 성립한다. 그러니까 생명은 자기지시적·자기생산적 체계이지만 합리성과는 무관하고 자신의 구별을 관찰할 수 있는 의식체계들이나 사회적 체계들만이 합리성을 가질 수 있다. 루만은 이것을 체계·환경의 차이가 체계 속으로 재도입되는 것으로, 혹

---

188) 위의 책, 620쪽.
189) 위의 책, 617쪽.
190) 위의 책, 617쪽. 괄호는 필자.

은 추상화해서 구별이 구별된 것 속으로 재진입하는 것으로 표현한다. "모든 합리성의 선조건은 자기 자신 속에서 다시 등장하는 구별이다."[191] "여기서 일어나는 것은 구별을 통해 구별되는 것 속으로 구별 자체가 '재진입(re-entry)'하는 것이다. 체계·환경의 차이는 두 번 등장한다. 즉 체계를 통해서 산출된 차이로서, 그리고 체계 안에서 관찰된 차이로서 등장한다."[192] 이렇게 되면 체계·환경 구별이 체계 자신의 구별이라는 것이, 체계의 자기지시·타자지시라는 것이 체계 자신에게 파악된다.

이때 관찰은 자신의 관찰을 관찰하는 '이차관찰'이다. 인지, 행위, 커뮤니케이션 등 자기생산적 체계들의 모든 작동들은 언제나 특정한 구별을 기초로 하고 그런 점에서 관찰의 성격을 갖는데, 하지만 작동 수준에서는 구별의 한쪽 면만 주목되고(표시되고) 다른 쪽은 미표시 상태로 남는다. 그런 작동에 대한 관찰이 비로소 구별을 구별로 표시한다. 합리성은 그런 이차관찰이 자기 자신에 적용될 때, 즉 자신이 사용하는 구별을 '하나의' 구별로 구별할 때 성립한다. 체계합리성은 특히 체계·환경의 구별을 '하나의' 구별로 구별하는 자기관찰이 이루어질 때 성립한다.

루만의 체계합리성 개념은 또한 차이와 정보 개념을 가지고도 표현될 수 있다. 루만에게 정보는, "차이를 만드는 차이"라는 베이트슨(G. Bateson)의 말을 즐겨 인용해서 표현하듯이, 사물처럼 현존하는 것이 아니라 차이를 설정하는 구별로부터 비롯된다. 합리성도 정보를 처리하는 것과 상관이 있다면, 어떤 구별을 기초로 정보를 처리하는가에 따라 합리성 개념들을 나눌 수도 있을 것이다. 가령 목적합리성에서 주된 차이는 목적·수단이다. 이에 반해 체계합리성에서는 주된 차이가 체계·환경이다. 그런데 차이를 사용하는

---

191) Luhmann, *Beobachtung der Moderne*, 87쪽.
192) 『사회의 사회』, 65쪽.

것만으로는 아직 합리성을 갖춘 것이 아니다. 정보처리는 어차피 차이를 사용하는데, 모든 정보처리가 합리적인 것은 아니기 때문이다. 루만이 보기에 합리성은 차이가 '하나의' 차이로 사용될 때, 그러니까 다른 가능한 차이들 가운데 하나로서 사용될 때 성립한다. 이것은 하나의 차이로서 다른 차이들과 차이 나는 것으로서 구별된다는 것을, "차이가 차이 나는 것 속으로 재진입"[193]한다는 것을, 차이가 자기지시적으로 사용된다는 것을 의미한다. 이것을 루만은 "차이의 통일성에 대해 반성"[194]이 이루어지는 것이라고도 표현한다. 그에 따르면 합리성을 요구한다는 것은 체계가 "차이에 따르면서 차이의 개념적 자기지시에 유념하여 통제하고 그로부터 나오는 귀결을 도출"[195]하라는 것을 말한다. 아주 쉽게 말하자면, 차이에 따르되 차이를 하나의 구별에 의해 생성된 차이로 인지하면서 그렇게 하라는 것이다. 그렇다면 체계·환경의 차이를 주된 차이로 하는 체계합리성은 체계가 체계·환경의 차이를 하나의 차이로 사용하면서 정보를 획득하는 것을, "스스로를 환경에 대한 차이를 통하여 규정하고 그 자신 안에서 이러한 차이에 작동상의 의미를, 정보가치를, 연결가치를 부여"[196]하는 것을 뜻한다.

마지막으로 체계합리성을 체계·환경 사이의 인과관계와 관련해서 표현해 보자. 체계이론에서 수없이 반복해서 강조되는 바처럼, 자기지시적·자기생산적 체계라고 해서 환경과 인과적 영향을 주고받지 않는다는 것은 아니다. 다만 체계는 환경으로부터의 인과적 영향에 대해 내부적 처리를 통해 대응한다는 것뿐이다. 외부의 영향에 대해 가령 신경체계는 신경반응으로, 의식체

---

193) *Soziale Systeme*, 641쪽.
194) 위의 책, 640쪽.
195) 위의 책, 640쪽.
196) 위의 책, 641쪽.

계는 사고로, 커뮤니케이션체계는 커뮤니케이션으로 반응한다는 것이다. 체계의 이러한 대응은 다시금 환경에 인과적 영향을 미치고, 그렇게 영향을 받은 환경은 다시금 체계에 영향을 미칠 수 있다. 이때 체계는 환경의 모든 영향에 대해 일대일로 대응하지 않는다. 그것은 월등히 복잡한 환경과의 관계에서 불가능한 일이다. 그래서 체계는 대응할 영향들을 선택하고 유형화하며, 많은 것들에 대해서는 무차별적으로 대한다. 한편 체계가 환경에 미치는 영향이 곧바로 체계에 다시 영향을 미치는 것도 아니다. 환경에서 진행되는 인과관계의 긴 연속이 체계로 다시 오는 데는 매우 긴 시간이 걸릴 수 있고, 무엇보다도 환경 안에 있는 여러 종류의 수많은 체계들이 하나의 체계가 미친 영향을 상당 부분 흡수할 수도 있기 때문이다. 체계합리성이란 체계가 체계·환경 사이의 이러한 인과관계를 고려하면서 환경을 대하는 것을, 즉 체계가 환경에 대한 자신의 작용이 다시 자신에게 작용하는 것을 감안해서 자신의 작용을 통제하는 것을 말한다. 이것을 체계가 스스로를 계획하는 것이라고 말할 수도 있을 것이다. 다만 고도로 복잡한 체계의 경우 그 계획 자체가 다시 체계의 관찰에 노출될 수 있고, 그러면 계획 자체가 체계에게 우연적인 것으로 경험된다.[197]

이제 "차이의 통일성에 대해 반성"한다는 것의 의미를 정확히 살펴보도록 하자. 우선 그것은 차이 나는 것을 합치는 것이 아니다. 차이 나는 것을 합치는 것은 곧 구별 이전의 '세계'로 돌아가는 것이 될 것이다. 차이 나는 것의 공통성을 찾는 것과도 거리가 멀다. 그것은 체계와 환경의 경계를 흐리는 것이 될 것이기 때문이다. 마지막으로, 차이 나는 것을 넘어서서 그것을 포괄하는 상위의 것을 찾는 것일 수도 없다. 전체와 부분 혹은 유와 종의 질서에 따

197) 위의 책, 638쪽.

라 편성된 세계를 전제하는 것은 루만의 체계이론의 기본 전제와 양립할 수 없다. 어떤 차이의 통일성에 대해 반성한다는 것은 그 차이가 특정한 구별에 의해 생성된 것임을, '하나의' 구별로 인해 생긴 것임을, 세계를 절개하는 다른 구별들의 가능성을 감안하는 것을 뜻한다. 이것이 함축하는 것은 무엇보다도 체계가 자신의 구별의 우연성(Kontingenz)과 제한성을 인지하는 것이다.[198]

체계합리성의 이런 특징은 반성(이론)과 비교해보면 더욱 뚜렷해진다. 반성이론들도 체계·환경의 구별을 고려하고 그런 점에서 체계·환경 구별의 체계 내로의 재진입이 이루어진다. 하지만 반성이론들에서는 체계의 통일성을 파악하고 형성하는 데에 초점이 맞추어져 있다. 이에 반해 체계합리성에서는 통일성(또는 동일성)보다 차이에 초점이 맞추어져 있다. "그래서 하나의 체계는 체계와 환경의 차이를 체계 안으로 재도입하고, 이어서 (자신의) 동일성이 아니라 차이에 따름으로써 합리성에 도달한다."[199] 그러니까 체계합리성은 반성이론을 넘어 (반성이론을 포함한) 체계의 자기기술의 기능을 분석하고 체계의 자기기술과 체계 사이의 차이를 관찰하며, 이를 통해 체계가

198) 크네어(G. Kneer)는 체계·환경 차이의 통일성에 대해 반성한다는 것이 체계와 환경을 포괄하는 어떤 '최상위체계(Supersystem)'를 구성한다는 뜻이 아님은 제대로 지적하였다. 하지만 그러면 차이의 통일성에 대해 반성한다는 것이 무엇인지에 대해서는 명확히 말하지 않는다. 때때로 그는 차이의 통일성을 심지어 차이의 합으로 이해하고 있는 듯하다. 가령 "사회체계의 통일성은 경제체계의 관점에서는 이 기능체계와 사회내적 환경의 통일성으로 나타난다"(Kneer, 1992, 104쪽)라고 한다. 이렇게 차이의 통일성이 무엇을 뜻하는지 정확하게 파악하지 못한 까닭에 사회 합리성이 무엇을 뜻하는지도 계속 애매한 채로 남는다. 이에 반해 낫세이(A. Nassehi)는 차이의 통일성으로서의 합리성이 무엇을 뜻하는지를 비교적 정확히 파악하고 있다. 그에 의하면 "이러한 의미에서 **합리적**이라고 할 수 있는 경우는 자기기술과 자기관찰이 자신이 사용하는 구별의 우연성으로 인해 불가피하게 생기는 자신의 관점의 제한성을 ― "그것을 **목적합리적으로** 지양할 수 있을 것이라는 환상을 갖지 않은 채" ― 인지할 때이다. Nassehi, *Gesellschaft der Gegenwarten*, 227쪽 참고.

199) Luhmann, *Ökologische Kommunikation*, 246-247쪽.

자신과 환경의 관계를 다르게 설정할 가능성을 모색하는 것이다. 루만은 이렇게 체계의 자기기술의 기능을 분석하는 것을 기능적 재분석(funktionale Re-analyse)[200]이라고 부른다. 그런데 이런 기능적 재분석을 통해 얻을 수 있는 것은 정확히 무엇인가? 그리고 그런 기능적 재분석이 어떻게 가능한가?

하나의 체계가 스스로 기능적 재분석을 수행할 수 있다면 자신의 요구를 총체화하지 않을 수 있을 것이다. 다른 구별들이 가능하다는 것을, 그리고 그 구별들에서는 다른 요구들이 우선성을 가질 수 있다는 것을 인지할 수 있기 때문이다. 그래서 이런 반성능력을 갖춘 체계는 자신의 코드를 따르면서도 자신의 요구를 조절할 수 있을 것이다. 그런데 하나의 체계가 자신의 체계·환경 구별에 따른 작동연관들의 전체 외에 다른 것이 아니라면 이런 반성이 어떻게 가능할지는 분명치 않다. 앞으로 살펴보게 될 것처럼, 어떻게 기능체계들이 반성을 통해 스스로를 제한하고 사회 합리성으로 나아갈 수 있을지의 문제에서 루만의 체계이론의 '기능주의적' 버전과 '커뮤니케이션 이론적' 버전이 갈린다고 할 수 있다.

4. 사회 합리성의 의미론들: 베버와 파슨스

체계이론에 기초하여 구성한 체계합리성 개념이 현대사회에서의 사회 합리성을 구상할 때 가장 유력한 후보라는 것을 루만은 기존의 합리성 개념들에 대한 비판적 고찰을 통해서 밝힌다. 이때 가장 중요하게 고려되는 것은 베버와 파슨스의 합리성 개념이다.[201]

---

200) 위의 책, 255쪽.
201) 베버와 파슨스의 합리성 개념에 대한 다음의 서술은 *Ideenevolution*의 211-218쪽 내

합리성과 관련하여 베버가 남긴 수많은 개념들 가운데 루만은 세계지배와 계산가능성에 주목한다. 세계지배는 삶의 영역 전체에서 목적·수단의 결합이 철저히 이루어진 상태를 의미한다. 이에 반해 계산가능성은 행위들 상호 간의 관계와 관련된 것으로, 기대된 행위가 일어날 확실성을 의미한다. 합리성의 이 두 가지 양상은 물적, 인적 자원을 철저하게 효율적으로 활용하는 자본주의 경제와 권한이 체계적으로 조직화된 관료제에서 가장 전형적으로 구현된다. 그런데 베버에게는 합리성의 이 두 가지 양상이 어떻게 서로 관련되는지가 분명치 않다. 또 그것들은 합리성 개념에서 피할 수 없는 자기지시적 물음을, 그러니까 그 합리성 개념이 충분히 합리적인지의 물음을 견뎌내지 못한다. 가령 이렇다. 베버의 합리성 개념에 따르자면 사회 합리화의 끝은 세계지배와 계산가능성이 모두 극단에 이른 경우가 될 것이다. 그런데 잘 알려졌다시피 베버는 다른 한편에서 그런 합리성이 우리를 '철장'에 갇히게 할 것이라고 한다. 그렇다면 근대적 합리성은 충분히 합리적이지 못하다는 것인가? 형식적 합리성에 대비해 다소 모호한 개념인 실질적 합리성에 대해 말할 때는 보다 포괄적인 합리성 개념을 시사하는 듯하지만, 베버에게 그쪽으로 합리성 개념을 발전시키는 길은 막혀 있다.[202]

루만은 세계지배와 계산가능성을 사회체계의 내부·외부관계 개념으로 재해석한다. 사회체계는 환경을 다루면서 동시에 자신을 다루는데, 세계지배는 전자에 해당하고 계산가능성은 후자에 해당한다는 것이다. 그런데 체계·환경 개념을 사용하면 세계지배와 계산가능성이 베버가 생각하는 것처럼 극단으로까지 진행될 수 없고 언제나 제한적으로만 일어날 수 있다는 점이 드

용을 바탕으로 한 것이다.
202) 잘 알려졌다시피, 하버마스는 의사소통적 합리성 개념으로 그런 포괄적인 합리성 개념을 찾았다고 생각한다.

러난다. 환경은 언제나 체계에 비해 월등히 복잡하고, 그래서 환경에서 성립하는 상호의존 관계를 다 파악하고 제어하는 것은 불가능하다. 또 체계내부에서 행위들의 상호의존 관계를 계산될 수 있게 만드는 것도 커뮤니케이션에 언제나 내재되어 있는 부정적 반응의 가능성 때문에 이미 결코 완전할 수 없다. 따라서 세계지배와 계산가능성이라는 베버의 합리성 개념으로 하자면 결국 사회는 언제나 합리성의 과소 상태에 처하게 된다. 베버가 앞서 (형식적) 합리성의 과도함에 대해서 실질적 합리성에서 보완책을 찾았다면, 합리성의 과소함에 대해서는 책임윤리에서 보완책을 찾는다. 실제로 완전하게 지배하고 계산할 수 없더라도, 마치 그러할 수 있었던 것처럼 결과에 책임을 진다는 것이다. 루만이 보기에 베버의 합리성 이론의 이러한 비일관성은 기본적으로 행위이론 방식으로 접근한 데서, 수단·목적 차이를 주된 차이로 삼은 데서 비롯된다. 체계·환경 차이를 주된 차이로 삼으면 합리성의 문제는 더 이상 지배와 계산가능성이 아니라 환경의 복잡성 속에서 체계의 (자기)보존이 된다. 하지만 사회체계 수준에서의 합리성과 기능체계들 수준에서의 합리성은 구별되어야 하는데, 루만은 이 문제를 파슨스의 합리성 개념에 대한 비판적 고찰을 통해 부각시킨다.

잘 알려졌다시피 파슨스는 사회적 체계들을 적응(A: adaptation), 목표달성(G: goal attainment), 통합(I: integration), 잠재 유형 유지(L: latent pattern maintenance)라는 네 가지 기능에 따라 파악한다. 그의 파악 방식으로 하자면 사회 합리성은 이 네 가지 기능이 강화될수록 증가한다. 그에게는 과연 각 기능의 상승에 한계가 있는지, 경우에 따라 한계치를 넘지 않도록 체계 자체 안에서 인지되고 통제될 수 있는지의 물음은 제기되지 않는다. 파슨스는 각 기능들이 서로를 제약해서 어느 한 기능이 무작정 커지지 않게 할 것이라고 전망하는 것으로 보인다. 그러니까 파슨스에서는 네 가지 기능들 자체는 서로 양립하는 상태에 있지만 환경에는 과도한 부담이 가해지는 상태를 합리성의 관점에서 파악할 수 있는 길이 없다.

그런데 이 문제는 파슨스의 분화이론의 귀결이기도 하다. 파슨스의 분화이론에서 사회분화란 사회가 여러 부분체계들로 나누어지는 것을 말한다. 사회에서 어떤 부분체계도 전체 자체일 수 없다. 기껏해야 하나의 체계가 전체 체계를 대표할 수 있을 따름인데, 이것도 복잡성의 정도가 낮고 의문시되지 않는 중심 내지 정점이 성립되어 있는 사회에서나 가능한 일이다. 기능 위주로 분화된 사회에서는 더 이상 그런 중심이나 정점이 없다. 각 기능체계의 코드는 해당 기능영역에서는 우선성을 갖지만 다른 기능영역에서는 그렇지 못하다. 루만 식으로 표현하자면, "기능체계들은 불평등하다는 점에서 평등하다."[203] 이런 조건 아래에서는 사회에서 무엇이 옳은 것인지를 통제할 수 있는 준거점이 더 이상 없다. 파슨스는 분명 사회분화를 합리화로 파악하는데, 하지만 사회분화의 결과 사회에서 합리적인 것을 판정하고 실행할 수 있는 기관이 사라지는 역설적인 상황에 처하게 된다.

5. 기능체계들의 이중적 반성으로서의 사회 합리성

그런데 기능적으로 분화된 사회에서는 더 이상 사회 전체를 대표하는 중심도 정점도 없다면, 어떻게 사회체계 수준에서 합리성이 성립할 수 있는가? 사회의 합리성 문제가 더욱 절박해졌지만 동시에 더욱 해결하기 어려워진 상황[204]을 어떻게 헤쳐나갈 수 있는가? 루만은 기능체계들의 '이중적 반성'에

---

203) 『사회의 사회』, 224쪽.
204) *Soziale Systeme*, 645쪽.

희망을 건다. 루만의 이런 입장을 이해하려면 기능적으로 분화된 사회에서 반성이 어떤 형태로 이루어지는지를 살펴보아야 한다.[205]

우선 사회의 자기관찰이란 항상 자기단순화라는 점을 분명히 해둘 필요가 있다. 사회 전체를 파악하는 것이 아니라 어떤 중점에 주목하는 것이다. 그리스 전통에서는 정치가, 그리고 히브리 전통에서는 종교가 그런 중점 역할을 하였는데, 이것들은 다른 중점들을 압도하는 것이어서 오랫동안 사회전체를 대표하는 것으로 여겨졌다. '정치공동체'(koinonia politike), '시민사회'(societas civilis), '기독교 공동체'(corpus Christi) 같은 표현들은 그런 자기단순화의 산물이었다. 기능적 분화가 심화되고 특정한 기능들이 두드러진 상황에서는 특정 기능이나 세력을 중심으로 사회 전체를 파악하려는 움직임들이 있었는데, 루만은 가령 '자본주의사회', '산업사회', '부르주아사회' 등을 그런 경향의 산물들로 본다. 루만은 이런 모든 자기기술들이 더 이상 설득력을 가질 수 없다고 여긴다. 사회의 자기기술에서 단순화는 불가피하지만, 두드러진 특정 기능에 기대어 사회를 파악하는 것은 더 이상 가능하지 않다는 것이다.

한편 사회 전체를 표현하는 전통적인 공식들이 신빙성을 상실한 것과는 대조적으로, 독립분화되어 자율적으로 된 기능체계들이 자신을 관찰할 가능성들은 18세기 이래 크게 증가하였다. 각 기능체계들은 자신 안에서 자신의 사회적 기능을 해석한다. 그 결과 반성은 기능체계에 따라 분할된 형태로 나타나게 되는데, 그 대신 반성의 정교성은 높아진다. 가령 경제학, 정치학, 교육학처럼 고도의 이론적 성격을 갖는 반성이론들이 성립하는 것이다.

루만은 근현대 사회가 기능적으로 분화된 사회이며 이 모든 것이 다르게

---

205) 체계의 '반성'에 관한 다음의 서술은 *Ideenevolution*, 227쪽 이하 참고.

될 수 있었는지를 논하는 것은 한가한 일이라고 생각한다.[206] 그렇다면 사회 합리성 문제는 이 조건 아래서 생각해야 할 것이다. 그런데 전체를 대표할 수 있는 중심도 정점도 없는데 어떻게 사회에 대해 반성할 수 있는가? 루만은 이 지점에서 합리성 관점에서 사회를 보는 것을 포기하라는 조언으로 가지 않는다.

루만의 해법은 기능체계들의 자기관찰을 사회체계에 대한 관찰로 확장하는 것이다. 이 경우 기능체계들의 자기관찰은 두 가지 체계·환경 관계를 고려하게 된다. 하나는 자신과 사회 내 환경과의 관계를, 즉 자신이 수행하는 사회적 기능과 다른 체계들에 제공하는 성과(Leistung)를 고려하는 것이다. 다른 하나는 자신으로부터 출발해서 사회체계와 환경과의 관계를 고려하는 것이다. 기능의 최적화가 추구될 때 그것이 사회가 물리적·유기적·심리적 환경과 갖는 관계에 무엇을 의미하는가를 고려한다는 것이다. 이렇게 기능체계들이 자신을 두 가지 체계·환경 관계와 관련해서 관찰하는 것을 루만은 기능체계들의 "이중적 자기관찰"[207]이라고 부른다.

그런데 기능체계들의 이중적 자기관찰 내지 이중적 반성이 좀 더 구체적으로 무엇을 뜻하는가? 기능체계들이 사회와 그것의 환경과의 관계를 고려한다는 것은 무엇을 의미하는가? 루만이 주문하는 것은 기능체계들의 반성 이론들이 "각 기능체계에 대해서 사회를 대표"[208]하는 것, 즉 기능체계들의 자기기술들에 맞서서 전체 사회의 문제를 고려하는 것이다. 그런데 어떤 기능체계도 전체 사회를 대표할 수 없는 여건에서 기능체계들의 반성이론들에

---

206) *Ideenevolution*, 230쪽 참고.
207) *Ideenevolution*, 230쪽. 루만에게 체계의 자기관찰은 곧 반성이므로, 그리고 체계합리 성은 체계의 자기지시성이 단순한 반성 단계를 넘어설 때 성립한다는 점을 상기시키기 위해, 나는 '이중적 자기관찰'을 '이중적 반성'이라고 부르고자 한다.
208) Luhmann, *Ökologische Kommunikation*, 256쪽.

게 그것이 어떻게 가능한가? 그리고 가능하다면 그것은 어떻게 작동하는가? 합리성과 관련하여 가장 중요한 이 지점에서 루만은 이렇게 너무도 함축적인 이야기 이상의 발언을 하지 않는다. 그리고 그 함축성은 내 생각으로는 긴 설명이 필요 없어서가 아니라 루만 자신이 체계와 환경의 차이의 통일성으로서의 체계합리성 개념으로부터 이론적, 실천적 귀결을 끌어내는 데 어떤 불확실성에 처해 있기 때문이다.

우선 루만은 특정 기능체계가 사회·환경의 관계를 고려한다고 할 때 그것이 기능체계가 전체 사회의 관점을 갖는 것이 아니라는 점을 분명히 하고자 한다.[209] 루만의 체계이론에서 그것은 불가능하다. 기능체계란 바로 그 기능체계에 고유한 코드를 따르는 작동들의 재귀적 결합을 통해 형성되고 재생산되기 때문이다. 그래서 내가 체계이론의 '기능주의적 버전'이라고 부르고자 하는 것에 따르자면 사회 수준에서의 합리성은 사실상 불가능하다. 사회라는 체계가 자신의 체계·환경 구별을 관찰하고 이로부터 정보를 획득할 수 있어야 할 텐데, 사회를 대표할 수 있는 어떤 정점이나 중심, 기관이 없기 때문이다. "전체사회체계에서는 본래적 의미의, 즉 체계와 환경의 차이와 관련된 의미에서의 반성이론들이 윤곽을 드러내지 않는다. 그래서 앞으로 볼 것처럼 이런 사회의 합리성과 합리성의 결함을 표현해내기가 어렵다."[210] 만일 그러한 '본래적 의미의' 사회 합리성을 고수하려 한다면 사회 합리성은 유토피아가 될 것이다.[211]

그렇다면 그런 '본래적 의미의' 사회 합리성이 아니라 기능체계들로부터

---

209) 『사회의 사회』, 224쪽 참고.
210) *Soziale Systeme*, 622쪽.
211) 그런데 사회의 정점과 중심이 없는 조건이 사회 합리성의 형성을 어렵게 한다면, 위계적 질서를 가진 사회가 사회 합리성을 형성하기에 더 유리하다는 말이 될 것이다. 이런 문제점에 대한 지적은 Kneer, 111쪽 참고.

구상된 대체물을 생각해볼 수 있을 텐데, 실제로 루만의 생각은 이 방향으로 흘러가는 것으로 보인다.

> 사회의 합리성은 근대적 조건 아래서는 문자 그대로 유토피아다. 사회의 합리성을 위한 입지가 더 이상 사회 안에 존재하지 않는다. 하지만 우리는 최소한 이 점을 알 수는 있다. 그렇다고 해서 사회의 기능체계들이 전체사회의 환경을 더 강하게 고려하도록 촉구하는 것에 대해 반대하는 것은 물론 아니다. 아니, 바로 우리의 논지가 그러한 입장을 지지한다. 기능체계들 외에는 다른 누구도 그러한 고려를 할 수 없기 때문이다.[212]

그런데 기능체계들이 전체사회와 그 환경을 고려한다는 것은 어떤 것이 될 수 있는가? 그것이 어떻게 가능한가? 루만이 기능주의적으로 축소해 이해하는 체계이론을 따른다면 그것은 기능체계들이 사회 내 환경과 사회 외부 환경에 미치는 영향이 다시 자신들에 영향을 미칠 수 있는 가능성을 고려하는 것이 된다. 이 경우 각 기능체계는 부분체계의 합리성 안에 머물면서 사회와 사회의 환경을 고려하는 것이 된다. 그러나 이 경우 전체 사회 수준에서의 합리성이 어떻게 성립할 수 있을지는 미지수이다. 기능체계들의 관점이 아닌 전체 사회의 관점에서 체계·환경의 차이가 고찰될 수 없기 때문이다.

그런데 부분체계들의 독립분화가 진행될수록, 부분체계들의 합리성이 커질수록, 전체 사회 수준에서의 합리성은 더욱 불가능해질 수밖에 없는 것일까? 그렇다면 근현대 사회는 전근대 사회에 비해 불가피하게 덜 합리적일 수밖에 없다는 것일까? 내가 체계이론의 '커뮤니케이션이론적' 버전이라고 부

---

212) 『사회의 사회』, 224쪽.

르고자 하는 해석에 따르자면 이와는 상당히 다른 결론에 이를 수 있다.

내가 체계이론의 '커뮤니케이션이론적 버전'이라고 부르는 입장은 사회가 기능체계들로 분화되더라도 여전히 하나의 커뮤니케이션체계로 남는다는 사실에 주목한다. 사회가 하나의 커뮤니케이션체계라는 것은 사회 전반에 걸쳐 '이해'의 가능성이 열려 있다는 뜻이다. 그러니까 기능체계들이 코드에 따른 작동의 측면에서는 결코 섞일 수 없지만 다른 기능체계들의 코드와 작동방식을 '이해'할 수는 있어야 한다. 이 점은 루만 자신의 매체이론에 의지해서도 설명될 수 있다. 상징적으로 일반화된 매체들은 언어 매체로부터 분화되어 나온 것이다. 언어의 '예·아니오' 코드가 열어놓는 부정의 가능성을 최소화하도록 조건화가 이루어져야 하는데, 특정한 문제와 결부된 커뮤니케이션에서 일반성을 갖는 조건화가 정착되고 그것이 상징으로 표현되면 상징적으로 일반화된 매체가 성립하는 것이다. 가령 진리는 사실에 대한 의견을 받아들이도록 동기를 부여하는 방식이 일반화되고 상징화된 것이고, 화폐는 재화를 넘겨주도록 동기를 부여하는 방식이 일반화되고 상징화된 것이다. 일단 매체들과 코드들이 언어로부터 분화되어 나오면, 매체와 코드 수준에서, 혹은 코드를 사용하는 작동에서 기능체계들이 섞이는 법은 없다. 코드 수준에서 기능체계들은 닫혀 있는 체계들이다. 하지만 기능체계들이 서로의 코드를 '이해'하는 데는 원칙적으로 아무런 문제가 없다. 코드들이 언어로부터 분화되어 나온 것이기 때문이다. 언어를 통한 커뮤니케이션은 기능체계들의 코드에 따른 커뮤니케이션에 의해 단순히 대체되는 것이 아니라 배후에서 병행(mitlaufen)하면서 기능체계들 내에서 코드에 따른 커뮤니케이션에 문제가 생겼을 때, 기능체계들 자체의 동일성(정체성)에 대해 반성할 때, 그리고 사회 내 환경들과 커뮤니케이션할 때 전면에 나선다.[213] 그래서 하나의 기능체계에게 다른 기능체계들은 그 속을 전혀 알 수 없는 암흑상자가 아니다. 하나의 기능체계는 다른 기능체계들이 어떻게 작동하는지, 나아가 자신에게 어떤 요구를 하는지도 파악할 수 있다. 또 그러한 요구들을 자신의 작동에 반영할 수도 있다. 경제체계가 정치체계의 요구를 감안하여 투자를 늘리거나 환경에 부담이 적은 기술로 전환하는 것은 전혀 불가능한 일도 이상한 일도 아니다. 루만 자신도 독립분화된 부분체계들이 코드의 수준에서는 섞일 수 없지만 프로그램의 수준에서는 서로 영향을 주고받을 수 있다고 말하고 있다.

> 코드의 층위에서, 그러니까 자체변이의 메커니즘에서 체계들은 고윳값에 의해 규정된다. 이것이 다른 체계들과의 관계에서 차이를 정의하기 때문이다. 반면에 프로그램 층위에서는 적응이 가능하다. 이론들과 법률들, 혹은 계약들, 투자프로그램들이나 소비프로그램들, 정치적 어젠다들은 사회 환경과의 관계에서 많든 적든 감수성을 가진다. 여기서도 역시 체계들은 구조 결정되어 있으며 닫혀 있다. 체계들 자신만이 자신의 프로그램을 확정하고 적용할 수 있기 때문이다. 하지만 작동들의 선택에 쓰이는 프로그램들을 선택하는 데서는 체계들이 환경에 의해 교란되고 영향을 받을 수 있다.[214]

---

213) 여기서 상세한 논의를 펼칠 수는 없지만, 나는 코드에 따른 커뮤니케이션, 언어적 커뮤니케이션, 제스처 커뮤니케이션이 단순히 서로를 대체하는 것이 아니라 층위를 이루면서 상위 방향으로는 효율화 관계를, 그리고 하위 방향으로는 뒷받침의 관계를 형성한다고 생각한다. 후자의 측면만 말하자면, 상위층의 커뮤니케이션으로 다룰 수 없는 의미에 직면하거나 상위층의 커뮤니케이션에 장애가 발생할 경우 하위층이 뒷받침해주는 것이다. 가령 코드에 따른 커뮤니케이션에 문제가 생길 경우에는 언어적 커뮤니케이션으로, 그리고 언어적 커뮤니케이션에 문제가 생겼을 경우에는 제스처 커뮤니케이션으로 뒷받침하는 것이다.
214) 『사회의 사회』, 653-654쪽.

그런데 기능체계들이 서로 '교란'될 수 있다는 것은 커뮤니케이션체계로서의 사회가 커뮤니케이션이 아닌 물리·유기·심리적 환경에 의해 교란된다는 것과 같은 의미가 아니다. 기능체계들이 코드 수준에서는 섞일 수 없고 그래서 서로에 대해 기껏해야 간접적인 맥락조절을 통해서나 영향을 미칠 수 있지만, 그러나 이것은 기능체계들이 서로를 이해할 수 있고 경우에 따라 조직들을 통해 협의할 수도 있다는 것과 충돌하지 않는다. 작동은 고유의 코드에 따라서 행해지지만 이해는 그렇지 않기 때문이다. 기능체계들은 체계 내에서는 고유한 코드에 따라 커뮤니케이션하지만 다른 체계들과는 언어로 커뮤니케이션한다고 할 수 있을 것이다.

또 하나 강조되어야 할 점은, 기능체계들 외의 사회영역이 기능체계들이 독립분화하고 남은 다소 모호하고 중요하지 않은 커뮤니케이션 영역이 아닐 수 있다는 것이다. 물론 기능체계들 외의 사회영역이 그렇게 공동화(空洞化)될 수도 있다. 하지만 또한 특정 기능체계의 논리에 종속되지 않음으로써 기능체계들에게 대화와 협의를 촉구할 수 있고, 또 그런 대화와 협의의 결과들이 축적되는 영역이 될 수도 있다.[215] 이때 기능체계들 간의 대화와 협의가 합의를 지향하는 것으로 전제될 필요는 없다. 오히려 기능체계들 간의 협의에서는 서로의 차이를 확인하고 서로의 요구가 일치될 수 없음을 확인하는 것이 현실적일 뿐만 아니라 더 중요할 수도 있다. 기능체계들 사이에 활발한

---

215) 빌케(H. Wilke)는 사회의 부분체계들의 대표자들이 만나 하나의 문제에 대해 협의하는 상황을 상정하고 이를 '체계 대화'(systemischer Diskurs)라고 표현한다. Helmut Wilke, *Systemtheorie entwickelter Gesellschaften*, München 1989, 187쪽 참고. 벤델(K. Bendel)도 비슷한 발상을 하는데, 그는 '체계 간 대화'(intersystemische Diskurse)라는 표현을 사용한다. K. Bendel, "Funktionale Differenzierung und gesellschaftliche Rationalität. Zu Niklas Luhmanns Konzeption des Verhältnisses von Selbstreferenz und Koordination in modernen Gesellschaften", *Zeitschrift für Soziologie* 22(4호), 1993, 273쪽.

대화와 협의가 이루어지면 이제 사회 전반에 걸쳐 기능체계들이 독립분화되기 전보다 더 수준 높은 커뮤니케이션 연관이 성립할 수도 있다.[216] 그러니까 사회는 부분체계들이 독립분화하면서 오히려 새롭게 구조화될 수도 있는 것이다. 다시 말하지만, 그렇게 되지 않을 수도 있다. 만일 부분체계들이 자신들의 요구를 총체화하고 사회 내 환경 및 사회 외부 환경에 문제들을 떠넘기기만 한다면, 사회는 부분체계들의 독립분화의 부작용에 시달릴 것이다. 하버마스가 말하는 생활세계의 식민지화나 특정 기능체계들의 비대화 현상 같은 것이 일어나는 것이다. 이에 반해 기능체계들 사이의 대화와 조정이 정착되고 사회가 반성적 능력이 커진 커뮤니케이션 연관으로 재구조화되면, 기능적으로 향상되면서 부작용에 대한 감수성을 갖춘 사회가 형성될 수도 있을 것이다.

6. 현대사회에서의 합리성

앞서 말한 것처럼 루만에게 체계합리성은 체계가 체계·환경의 차이에 정보가치를 부여할 때 성립한다. 이것은 체계가 체계·환경의 차이가 자신의 구별임을, 그리고 자신과 환경에 대한 정보를 이 구별과 관련지어 획득하는 것을 말한다. 그렇다면 체계합리성의 정도는 어떤 시간적 지평에서, 얼마나 폭넓은 주제에 걸쳐서, 그리고 어떤 정도의 복잡성 수준에서 정보획득을 체계·환경 구별과 관련짓는가에서 드러난다고 할 수 있을 것이다.[217] 이런 기준을

---

216) K. Bendel, 위의 글 참고.
217) Luhmann, *Soziologische Aufklärung* 4, 117쪽 참고. 루만에서 체계합리성의 정도에 대한 분명한 발언을 거의 찾아볼 수 없는데, 이것이 현재까지 내가 찾은 유일한 경우이다.

정확히 반영했다고 할 수 있을지는 모르겠지만, 루만은 사회 수준에서 구체화될 수 있는 체계합리성을 다음의 세 가지로 정리한다.[218]

첫째, 환경에 대한 체계의 작용의 허용치에 유념하는 것이다. 체계가 환경에 미치는 영향이 모두 다시 체계에 영향을 미치는 것은 아니다. 만약 그렇다면 체계·환경의 차이가 아예 성립하지 않을 것이다. 각 체계의 환경 안에는 다시 여러 종류의 체계들이 있고 이것들이 체계의 영향을 상당 부분 흡수하고 중화한다. 체계와 환경 사이에 긴밀한 인과관계의 피드백이 성립하지 않는 것이다. 이를 루만은 '상호의존중단(Interdependenzunterbrechung)'이라고 표현한다. 상호의존중단 덕에 체계의 작용에는 상당한 허용치가 성립한다. 그런데 근현대 사회에서의 산업과 과학은 그런 허용치를 넘어설 가능성을 만들었다. 이런 조건 아래서는 환경에 대한 작용이 심각한 문제로 체계 자신에게 되돌아올 수 있다. 그래서 루만이 보기에 이제 합리성 문제는 과연 '자연적으로' 성립하는 상호의존중단에 해당하는 것을 사회가 자신 안에서 발전시킬 수 있느냐는 것이다. 좀 평범하게 표현하자면, 사회 스스로 허용치를 설정하고 그것이 준수될 수 있도록 조절해나갈 수 있느냐는 것이다.

루만은 이와 구조적으로 유사한 문제를 심리환경과의 관계에서도 본다. 근대 이전 사회에서는 교육의 영향이 별로 크지 않았다. 하지만 거의 모든 어린이가 장기간에 걸쳐 실제 삶과 유리된 학교에서 교육을 받는 여건에서는 사정이 근본적으로 달라졌다. 루만이 보기에 이제 교육이 생활세계의 통일성과 사회화에 미치는 영향은 자연적인 허용치를 넘어섰다. 학교 교육은 성장하는 어린이의 동기 구조에, 사회적 성향에, 인지적 주제의 설정에 구조적으로 영향을 미칠 것인데, 루만이 보기에 그것이 사회에 다시 미칠 영향은 아직

---

218) 다음의 서술은 *Ideenevolution*, 221쪽 이하의 내용을 정리하고 해설한 것이다.

제대로 측정하기조차 어렵다. 어쨌건 루만 식으로 하면 사회가 교육을 통하여 심리환경에 과도한 부담을 지우고 이를 통해 다시 사회가 과도한 부담을 지게 된 상황을 인지하고 이에 대한 대책을 강구하는 것도 사회 합리성이 구체화되는 하나의 방식이다.

사회가 자연환경과 심리환경에 미치는 작용의 허용치에 유념한다고 해서 곧 문제가 해결될 수 있는 것은 아니다. 가장 큰 난점은 원인을 제거하는 식으로 문제를 풀 수 없다는 것이다. 산업과 과학에서, 그리고 교육에서 하차할 수는 없기 때문이다. 결국 지속적인 관심, 지속적인 치료, 보상책을 강구하는 길밖에 없는데, 이것들은 다시 후속 문제들을 만든다. 그래서 사회 합리성은 진행형의 문제가 된다.

체계합리성을 사회 수준에서 구체화하는 두 번째 방식은 시간적 격차를 활용하는 것이다. 체계가 환경에 미치는 영향이 즉시 다시 체계에 영향을 미치지는 않는다. 가령 화석연료의 사용은 고갈이 임박해서야 체계에 중요한 문제가 된다. 시간적 격차는 이중의 의미를 갖는다. 하나는 환경에서의 문제가 점차적으로 축적되었다가 갑자기 주목된다는 것이다. 시간적 격차가 갖는 이런 가능성이 현실화될 경우 사회는 재난에 직면하게 된다. 시간적 격차의 다른 하나의 의미는 시간을 벌 수 있다는 것이다. 빛의 양이 감소하는 것을 신호로 다가올 추위에 대비하여 나무가 잎을 떨어뜨리듯이, 사회도 환경으로부터 오는 역작용 문제를 미리 감지하고 대비하는 인위적인 장치를 만드는 것이다.

루만은 이렇게 시간을 버는 것이 체계합리성의 가장 형식적이고 일반적인 표현일 것으로 본다. 하지만 시간을 버는 것이 문제들의 해결 가능성을 보장하는 것은 아니다. 또 문제를 해결할 가능성이 확실치 않다면, 예상하고 대비하는 장치들이 비용에 비해 얼마나 효과적인지도 물어야 할 것이다. 가령 금융위기의 예측이 금융위기를 가속화하듯이, 어떤 경우에는 너무 빨리 경종을 울리는 바람에 재난의 발생을 앞당기는 일도 생길 수 있을 것이다.

체계합리성을 사회 수준에서 구체화하는 마지막 방식은 진화적 발전의 여지를 충분히 남기는 것이다. 이 문제를 루만은 미규정성(혹은 저규정성)과 중복이라는 개념으로 표현한다. 하나의 체계의 미규정성이란 어떤 요소들이 어떤 시점에 어떤 식으로 결합되어 있을지가 체계의 구조에 의해 확정되어 있지 않은 상태를 의미한다. 중복이란 커뮤니케이션에서 동일한 정보가 다수에게 확산되는 것, 활용되지 않은 가능성들이 산출되는 것, 혹은 동일한 사태에 대해 다중적 관여가 이루어지는 것을 의미한다. 일반적으로 체계는 진화를 통해 자기조직화를 수행해나가면서 저규정성과 중복을 해소해나간다. 구조들의 발달은 요소들 사이의 가능한 관계들 가운데 특정한 관계들을 개연적으로 만들고 분화는 사태들에 따라 특화된 부분체계들이나 기관들을 발달시키기 때문이다. "저규정성과 중복의 포기"[219]가 일어나는 것이다. 그런데 저규정성과 중복이 줄어든다는 것은 동시에 기존의 해결책이 기능하지 않을 때 활용할 수 있는 잠재화된 가능성들이 줄어든다는 것을, 자기조직화의 잠재력이 줄어든다는 것을 의미한다. 그러므로 체계가 계속 자기조직화의 길을 걸으려면 다른 한편에서 요소들의 새로운 조합가능성들(=미규정성)과 활용되지 않은 가능성들이 생성될 수 있어야 한다. 미규정성과 중복은 소위 '잡음으로부터의 질서'라는 자기조직화를 위해서 소모되면서 동시에 재생산되어야 하는 조건인 것이다. 루만은 현대사회에서 중복이 대중매체의 확산기술에 의해 조달되는 것을 불가피하면서도 우려스러운 현상으로 본다. 대중매체는 동일한 정보를 접하는 사람들의 수를 극적으로 늘림으로써 새로운 것에 대한

---

219) *Ideenevolution*, 224쪽

커뮤니케이션을 자극하지만, 동시에 뉴스처럼 일시적이고 단속적인 정보들이 공유됨으로써 사회의 자기조직화의 가능성은 또한 제한된다. 루만은 교육의 확대가 어떤 결과를 가져올지 예측할 수 없는 만큼이나 대중매체에 의한 중복의 산출이 가져오는 결과도 예측하기 어렵다고 한다.

7. 루만 대 루만

앞에서 우리는 루만이 사회 합리성 개념을 구상하면서 자신의 체계이론이 가진 가능성을 스스로 제한하고 있음을 살펴보았다. '커뮤니케이션 이론적' 버전을 따르자면 현대사회는 독립분화된 기능체계들과 여타의 모호하고 별로 중요치 않은 내용을 가진 영역으로 나뉘는 것이 아니라 전근대 사회에서는 불가능했던 새로운 수준의 커뮤니케이션 연관으로 재구조화될 수도 있다. 어떤 가능성이 현실화될지는 경험적으로 확인되어야 할 문제이다. 만일 기능체계들이 자신들의 요구를 총체화한다면 사회의 나머지 영역은 공동화되고 기능체계들로부터 오는 부작용들에 시달릴 것이다. 하지만 부분체계들이 자신들의 구별과 코드의 제한성을 인지하고 다른 부분체계들과 협의할 줄 알게 되면 효율적이면서도 다면적 고찰이 이루어지는 사회가 될 수도 있을 것이다. 기능체계들이 스스로의 구별들의 우연성을 인지할 수 있고 자신들의 체계·환경 구별만이 아니라 사회의 체계·환경 구별도 반성의 대상으로 삼는 '이중적 반성'의 능력을 가질 수 있다고 인정하면서도, 루만은 그러한 가능성을 적극적으로 전개하지 않는다. 이것이 우리가 기능주의자 루만과 커뮤니케이션이론가 루만을 대조시켜야 하는 이유이다.

11장 '자기지시적 체계'에서 '자기지시'란 무엇을 뜻하는가
루만의 이론의 한 핵심어에 대하여

1. 역어와 해석

어떤 이론에 대한 해석의 차이가 반드시 핵심어들에 대한 역어의 차이로 이어지는 것은 아니다. 하지만 반대로 핵심어들에 대해 역어들이 경합하고 있다면, 그 배후에는 이론에 대한 해석의 차이가 자리하고 있다고 추정해도 좋을 것이다. 루만의 '자기지시'(Selbstreferenz)[220] 개념이 그런 경우다. 루만은 『사회적 체계들』[221]에서 자신의 이론적 구상이 폰 푀르스터(Heinz von Foerster)를 필두로 하는 소위 2차 사이버네틱스 진영에서 수행된 "자기지시적 체계들의 이론"으로의 패러다임 전환에 합류하는 것임을 밝히고 있다. 그러면서 자신이 수행하고자 하는 것은 "사회적 체계들의 영역에서의 작업들로 자기지시적 체계들의 일반 이론에 기여하는 것"이라고 말한다.[222] 그렇다면 '자기지시'는 루만의 이론의 가장 중요한 핵심어라고 해도 과언이 아닐 텐

---

220) 일단 '자기지시'라고 쓰지만, 논의의 초반부에서 '자기지시'는 그저 'Selbstreferenz'를 지칭하는 것으로 이해되길 바란다.
221) Luhmann, *Soziale Systeme, Grundriß einer allgemeinen Theorie*, Frankfurt: M., 1984.
222) 위의 책, 24쪽.

데,[223] 국내에는 이에 대해 '자기지시'와 '자기준거'가 역어로서 경합하고 있다.[224] 나는 '자기준거'라는 역어가 루만의 이론을 정확히 이해하는 데에 상당한 걸림돌이 된다고 생각한다. 바꾸어 말하자면, 나는 루만의 이론에 대한 다소 부정확한 이해가 '자기준거'라는 역어를 고수하게 만든다고 생각한다. 국내의 루만 연구에서 '자기준거'가 좀 더 널리 인정된 역어라는 점을 감안한다면,[225] 나의 이 주장은 무거운 증명 부담을 져야 한다. 본 논문의 일차적 목표는 '자기지시'에 대한 역어 문제를 발단으로 하여 루만이 이 개념을 어떻게 사용하는지를 정밀하게 살펴보는 것이다. 하지만 '자기지시'가 루만 이론에서 워낙 중요한 핵심어인 만큼, 이 작업은 또한 루만의 이론 전반을 정확히 파악하는 데에도 기여하게 될 것이다.

나의 주장은 다음과 같이 요약된다. 첫째, 루만의 이론에서 '자기지시'는 '자기관찰'의 뜻에 가깝다. 둘째, 자기지시는 체계 작동의 동반 요소이지 체계 작동의 전모가 아니다. 셋째, 자기지시는 타자지시와 함께 발생하는 작동현상으로서, 이 경우에도 '지시'는 '관찰'의 의미이다. 나는 나의 이런 주장이 루만 텍스트를 통해 문헌적으로 충분히 뒷받침될 수 있을 뿐만 아니라 루만 이론의 난해한 여러 개념들을 이해하는 데에도 길잡이가 될 수 있다고 생각한다. 논문의 말미에서 나는 그럼에도 불구하고 사람들이 '자기준거'라는 역어

---

223) 하지만 놀랍게도 *Luhmann-Handbuch*에서 다뤄진 20개의 핵심어에 '자기지시'는 빠져 있다. Jahr·Nassehi, 2012 참고.

224) '자기지시'는 장춘익, 2013과 정성훈, 2013 등이 주로 쓰고, 노진철, 2000, 서영조, 2013, 이철, 2011 등 훨씬 많은 경우가 '자기준거'를 쓴다. 일본에서는 '자기언급'을 비롯하여 '자기참조', '자기준거', '자기지시' 등 우리보다 더 다양한 역어가 쓰이고 있다. 『사회의 사회』의 일본어판은 '자기언급'으로 옮겼다. ルーマン, 2009 참고.

225) 가령 『사회의 법』을 번역한 윤재왕은 『사회의 사회』와 번역어를 통일하려 노력하였으나 모두 그럴 수는 없었으며, 대표적으로 'Selbstreferenz'에 대해서는 '자기준거'라는 역어를 고수하였다고 밝히고 있다. 루만, 2013, 13쪽을 참고.

에 끌리게 만든 요인들에 대해 간략히 설명할 것이다. 이때 — '자기지시'의 경우는 그럴 수 없지만 — 제한적으로 '지시' 대신 '준거'라는 역어를 쓸 수 있는 경우들이 있다는 점도 지적될 것이다.

2. '자기관찰'로서의 '자기지시'의 개념

'관찰'로서의 '지시'의 의미

루만 이론에서 자기지시 문제를 정확히 파악하려면, 자기지시의 '개념'과 자기지시의 '논리'를 구별하는 것이 중요하다. 가령 후기 루만이 즐겨 인용하는 스펜서 브라운(Spencer Brown)의 '재진입'(re-entry)은 자기지시의 '논리'와 연관된다. 자기지시의 '논리' 문제는 미루어 두고 일단 자기지시의 '개념'을 먼저 살펴보자. '자기지시' 개념에 대한 루만 자신의 가장 상세하고 체계적인 정의는 『사회적 체계들』에서 볼 수 있다. 논의의 집중도를 높이기 위해 다음에서 나는 가급적 이 텍스트를 전거로 삼고자 한다.

이 텍스트의 '자기지시' 개념을 다루는 부분[226]에서 루만은 '자기지시'(Selbstreferenz)의 '지시'(Referenz) 개념에 대해 짧게 언급한 후 '자기'가 무엇인지에 따라 '자기지시'의 의미를 세 가지로 나누어 비교적 길게 설명한다. 그런데 '자기지시'의 정확한 의미를 놓치는 것은 대부분 '지시'에 대한 저 짧은 설명을 간과하기 때문이다. '지시' 개념을 파악할 때 결정적으로 중요한 것은 루만이 그것을 '구별하고 지칭함'의 의미로, 다시 말해 '관찰'에 가까운 의미로 쓴다는 점이다.

---

226) Luhmann, 1984, 593쪽 이하.

'지시'의 개념은 그것을 관찰 개념에 근접시키는 방식으로 규정되어야 할 것이다. 우리는 그것으로 (스펜서 브라운이 말하는 distinction과 indication의 의미에서의) 구별과 지칭의 요소들로 이루어지는 작동을 나타내고자 한다. 즉 (마찬가지로 작동으로 도입되는) **다른 것과의 구별의 맥락에서 어떤 것을 지칭하는 것**이 문제인 것이다.[227]

'지시'의 이러한 의미는 '자기지시'에서의 '지시'의 경우도 마찬가지다. '자기지시'라고 해서 '지시'의 의미가 달라지는 것이 아니다. 다만 지시 대상, 즉 관찰 대상이 '자기'인 것이고, 관찰이 관찰되는 대상 안에 포함된다는 점에서 복잡한 논리적 문제가 발생할 따름이다. 루만은 이런 점을 다음과 같이 간략히 표현하고 있다.

> **'자기지시'도 엄격한 의미에서 지시다. 그러니까 하나의 구별에 따른 지칭이다.** 이 개념영역의 특수성은 지시작동이 이 작동에 의해 지칭되는 것 안에 포함되어 있다는 데에 있다.[228]

---

227) 논의에 아주 중요한 구절이라서 원문을 옮겨놓는다. "Der Begriff der "Referenz" soll in einer Weise bestimmt sein, die ihn in die Nähe des Begriffs der Beobachtung rückt. Wir wollen damit eine Operation bezeichnen, die aus den Elementen der Unterscheidung und der Bezeichnung (distinction, indication im Sinne von Spencer Brown) besteht. Es handelt sich also um die Bezeichnung von etwas im Kontext einer (ebenfalls operativ eingeführten) Unterscheidung von anderem." Luhmann, 1984, 596쪽. 번역문 강조는 필자.

228) "Auch 'Selbstreferenz' ist im strengen Sinne Referenz, also Bezeichnung nach Maßgabe einer Unterscheidung. Die Besonderheit dieses Begriffsbereichs liegt darin, daß die Operation der Referenz in das von ihr Bezeichnete eingeschlossen ist" Luhmann, 1984, 600쪽. 번역문 강조는 필자.

이렇게 '지시'가 '관찰', 즉 '하나의 구별에 따른 지칭'의 의미라면, 어떤 '자기'가 어떤 '구별'에 따라 스스로를 지칭하는지에 따라 자기지시의 의미를 규정할 수 있을 것이다. 정확히 이런 접근법에 따라 루만은 자기지시의 의미를 세 가지로 나눈다.

자기지시의 세 가지 의미

자기지시의 첫 번째 의미는 '자기'가 하나의 기초적 요소인 경우다. 그것은 가령 의식체계들의 경우라면 '사고(=생각)'이고 사회적 체계들의 경우라면 '커뮤니케이션'이다.[229] 여기서 매우 중요한 점은 하나의 요소가 직접적으로 자신과 관계하는 것이 아니라 다른 요소들과의 관계를 통해서 자신과 관계한다는 것이다.[230] 요소들 사이의 순환적 연관성으로서의 체계는 그렇게만 성립할 수 있다. 가령 생각들이 다른 생각들과의 연관성 속에서 형성됨으로써 의식체계가 성립하고 커뮤니케이션들이 다른 커뮤니케이션들과의 연관성 속에서 생성됨으로써 하나의 사회적 체계(=커뮤니케이션체계)가 성립하는 것이다. 대화 상황을 한번 생각해보자. 화자는 자신의 발언을 아무 맥락 없이 행하는 것이 아니라 자신과 청자의 선행 발언들을 고려하고 후속 반응을 기대하면서 행한다. 만일 화자가 청자의 반응을 전혀 기대하지 않은 채 말한다면, 그리고 상대의 반응을 자신의 발언에 대한 반응으로 이해하지 못한다면, 대화라는 상호작용체계가 성립할 수 없을 것이다.[231] 그래서 루만은 "사건이 다른 사건들과의 관계를 통하여 자기 자신에게 다시 관계함을 통해서만 체계

---

229) Luhmann, 1984, 600쪽.
230) '다른 요소들과의 관계를 통해 자신과 관계하는 것'은 루만에게는 '자기지시'에 대한 하나의 정의이자 사실 진술이다. 우리는 이것을 문제 삼지는 않기로 한다. 이 자리에서 중요한 것은 자기지시의 이 개념을 시야에서 놓치지 않는 것이다. Luhmann, 1984, 58쪽. 참고.
231) 그래서 화자나 청자 쪽에서 '뜬금없는' 이야기들이 반복되면 대화가 깨지고 만다.

형성에 함께 작용하는 경우"[232]를 기초적 자기지시(basale Selbstreferenz)
라고 부른다.

이번엔 이런 기초적 '자기지시'에서 '자기'가 아니라 '지시'의 측면에, 즉 어떤 구별에 따라 자신을 지칭하는가에 주목해보자. 기초적 자기지시에서 하나의 요소는 다른 요소들과의 관계 속에서 스스로를 설정하지만, 그러나 관계 그 자체만인 것이 아니라 또한 자기 자신이다. 그러니까 자신과 다른 요소들, 그리고 이들과의 관계를 구별할 수 있어야 기초적 자기지시가 성립한다. 루만은 이런 특징을 압축적으로 표현해서 "요소와 관계의 구별이 바탕이 될 때" 기초적 자기지시가 성립한다고 말한다. 대화의 예를 계속 사용하자면, 화자는 자신의 발언과 다른 발언들을, 그리고 이 발언들과의 관계를 구별할 수 있어야 한다. 루만은 이런 기초적 자기지시가 시간화된 체계들, 즉 사건들이 시간적 선후관계로 연결되는 체계들이 형성되기 위한 필수요건이라고 말한다. 다른 말로 하자면, 자기지시적 체계는 그런 특징을 갖는 요소들을 통해 비로소 (재)생산된다고 할 수 있다. 그래서 자신을 다른 요소들과 구별하면서 그것들과의 관계 속에서 설정하는 요소들이 없는 곳에서는 루만의 의미에서의 자기지시적 체계에 대해 말할 수 없다. 외부 관찰자에 의해 짜임새 있는 질서가 파악될 수 있다는 것과 루만이 말하는 자기지시적 체계의 성립은 별개의 이야기이다.

자기지시의 두 번째 의미는 '자기지시'의 '자기'가 과정인 경우다. 과정적 자기지시에 대한 루만의 설명은 다소 혼란스럽다. 루만은 과정적 자기지시가 "사건들이 상호적 선택을 통해 시간적 연속 속에서 과정들로 결합될 때"[233] 성립한다고 한다. 또 이를 압축적으로 표현하여 기초적 사건들의 '선·후' 구

---

232) Luhmann, 2008, 135쪽.
233) 위의 책, 135쪽.

별이 바탕이 될 때라고도 한다. 그런데 정확히 말하자면 선·후 관계의 성립은 과정의 성립이지 과정적 자기지시의 성립은 아니다. 과정적 자기지시는 과정 속에서 과정 자체가 관찰의 대상이 될 때 성립한다. 이는 루만이 "사고에 대한 사고", "인식에 대한 인식", "연구에 대한 연구"[234] "커뮤니케이션에 대한 커뮤니케이션", "관찰에 대한 관찰", "권력자에 대한 권력의 적용"[235]처럼, 과정적 자기지시의 예로 드는 것들을 보면 더욱 명확하다. 여기서도 과정에 대한 '지시'(Referenz)는 과정에 대한 '관찰'에 가까운 의미이며, '준거'와는 거리가 멀다. 가령 학습과정 속에서 학습과정이 관찰된다는 것이지, 학습과정이 기준과 근거가 된다는 이야기가 아닌 것이다. 루만은 이런 과정적 지시를 '재귀성'(Reflexivität)이라고 부른다.[236]

자기지시의 세 번째 의미는 '자기지시'의 '자기'가 체계인 경우이다. 루만은 이것을 "사건들과 과정들이 그 안에서 일어나는 체계 자체가 지시의 '자기'로 기능하는"[237] 경우라고 한다. 그런데 여기서 체계를 지시한다는 것, 즉 '체계지시'(Systemreferenz)는 무엇을 말하는가? 무엇이 체계를 지시하며, 이때 지시한다는 것은 무슨 뜻인가? 루만에게 이 '무엇'이 무엇인지는 분명하다. 그것은 체계이다. 체계가 자기 자신을 지시한다는 것이다. 그런데 이것은

---

234) 위의 책, 135-136쪽.

235) Luhmann, 1984, 601쪽.

236) 나는 『사회의 사회』에서 'Reflexivität'를 '반성성'으로 번역하였다. 이 어색한 역어를 사용한 이유는 자기지시의 층위 관계를 용어에 반영하기 위한 것이었다. 즉 과정적 자기지시를 체계지시로서의 '반성'(Reflexion)과 연관시켜 표현하기 위한 것이었다. 그러나 현재는 이 어색한 역어를 유지하기 어렵다고 판단한다. 과정적 자기지시와 체계지시를 각각 '성찰성'과 '성찰'로 번역하는 것이 하나의 대안일 수 있을 것이다. 그러나 자기지시의 층위 관계를 역어에 반영하는 것을 단념하면 '재귀성'이 가장 무난해 보인다. 단, 루만에게 세 가지 자기지시는 모두 재귀적 성격을 갖는 것이라서 과정적 자기지시만을 '재귀성'이라고 번역하면 자기지시의 세 층위 사이의 구별이 흐려진다는 점은 감안해야 한다.

237) Luhmann, 2008, 136쪽.

무슨 뜻인가? 체계가 마치 거대 주체처럼 작용하면서 자기 자신을 지시한다는 것인가? 내가 생각하기에 체계가 자신을 지시한다는 것은 축약된 표현이다. 그것은 체계 속에 위치한 사건(들)이 체계 자체를 지시의 대상으로 삼는 경우를 말한다. 여기서도 체계를 '지시한다'(referieren)는 것은 물론 체계를 '관찰'한다는 의미에 가깝고, 체계에 '준거'한다는 것과는 거리가 멀다. 체계 지시로서의 이 '자기지시'에서도 '자기'의 측면이 아니라 '지시'의 측면에 주목해보면, 즉 어떤 구별에 따라 자기가 관찰되는지에 주목해보면, 이 자기지시는 체계와 환경의 구별에 따라 행해진다고 할 수 있다. "따라서 '체계지시'는 체계와 환경의 도움으로 하나의 체계를 지칭하는 작동이다."[238] 이렇게 체계와 환경을 구별하고 체계 자체를 관찰의 대상으로 삼는 경우를 루만은 반성(Reflexion)이라고 부른다.

이때 주의해야 할 것은 반성이 체계의 초보적인(rudimentär) 자기관찰과는 다르다는 점이다. 체계의 초보적인 자기관찰은 이미 기초적 자기지시에서도 실행된다. 기초적 자기지시에서도 체계에 속하는 사건들과 그 외의 것들이 구별되기 때문이다. 가령 상호작용체계인 대화는 기본적으로 그 대화에 속하는 발언들과 그렇지 않은 것들이 구별될 수 있어야 성립한다. 체계의 이런 초보적인 자기관찰과 달리, 반성은 체계 자체가 '명시적으로' 관찰되고 지칭되는 경우에 성립한다. 반성으로서의 자기지시에 대해서는 뒤에서 다시 좀 더 자세하게 다룰 것이다.

여기서 자기지시의 세 가지 의미들은 어떤 관계에 있는가? 위에서 나는 세 가지 자기지시가 각각 사건들, 과정들, 그리고 체계 자체를 관찰의 대상으

---

238) ""Systemreferenz" ist dementsprechend eine Operation, die mit Hilfe der Unterscheidung von System und Umwelt ein System bezeichnet." Luhmann, 1984, 599쪽.

로 삼는 경우로 해석하였다. 만일 이 해석이 맞다면 세 가지 자기지시는 체계 안에서 일어나는 관찰의 세 층위를 뜻한다고 말할 수 있을 것이다. 자기지시의 세 가지 의미를 다음과 같이 표로 정리해볼 수 있다.

<표-10> 자기지시의 세 가지 의미

관찰 층위	구별	관찰 단위	자기지시의 의미
1	요소/관계	사건들	기초적 자기지시
2	선/후	과정들	재귀성
3	체계/환경	체계 자체	반성

'자기관찰'로서의 '자기지시'

나는 자기지시의 세 가지 의미를 다루면서 '지시'가 '관찰'의 의미에 가까운[239] 것으로 해석하였다. 이때 나는 기초적 자기지시는 사건들에 대한 관찰이고 과정적 자기지시는 과정들에 대한 관찰이며 체계지시는 체계 자체에 대한 관찰로 해석하였다. 이것이 모두 자기지시인 것은 그런 관찰이 체계 안에서 일어나는 사건이기 때문이다. 만일 이런 해석대로 '지시'가 '관찰'의 의미라면, '자기준거'라는 번역을 지지하기는 매우 어렵다.

앞서 언급한 것처럼 루만은 '지시'(Referenz)를 명백히 관찰(Beobachtung)에 가까운 개념으로, 즉 어떤 것을 다른 것과 구별하면서 지칭(Bezeichnung)하는 것으로 설명하고 있다. 다른 곳에서는 '지시'를 관

---

239) 여기서 '지시'가 '관찰'의 의미에 가깝다는 것은 '지시'가 관찰보다 좀 더 포괄적인 의미를 갖는다는 뜻이다. '지시'는 보다 구체적인 구별들을 사용해서 정보를 얻고자 하는 관심과 결부될 때 '관찰'이 된다. 이런 차이가 있지만, 의식체계들이나 커뮤니케이션체계들에서는 거의 의미가 겹친다고 말할 수 있다. "지시와 관찰의 개념은, 그러니까 또한 자기지시와 자기관찰의 개념은 작동에서 하나의 구별을 사용하는 것과 관련하여 도입된다." Luhmann, 1984, 597쪽.

찰에 가까운 개념 정도가 아니라 아예 그것과 다르지 않은 것으로 말하기도
한다.

> 자기지시와 관찰 사이에는 아무런 차이가 없다. 어떤 것을 관찰하는
> 자는 자기가 관찰하는 것과 자기 자신을 구별해야 하기 때문이다. 자신
> 을 구별할 수 있기 위해서는 이미 자기 자신에 대해 어떤 관계를 가져야
> 한다.[240]

여기서 루만이 말하는 자기지시는 관찰의 아주 기본적인 특징이다. 어떤
것을 관찰하려면 도대체 그것을 관찰자 자신과 구별할 수 있어야 한다. 그런
점에서 어떤 것에 대한 관찰은 언제나 자기관찰을 포함한다. 자기지시는 그
런 자기관찰, 곧 자기를 다른 것과 구별하여 지칭하는 것을 뜻한다. 그리고
이때 관찰되는 '자기'가 요소들인지, 과정들인지, 체계 자신인지에 따라 자기
지시의 세 가지 층위가 성립하는 것이다. 이렇게 루만 자신이 명백하게 '지
시'의 의미를 '관찰'의 의미와 가까운 것으로 규정하고 있는데도 왜 '자기준
거'가 주요 역어로 자리 잡게 되었을까? 그리고 '자기준거'를 역어로 택했을
때 루만의 이론을 이해하는 데 어떤 문제가 발생할까? 이 문제는 나중에 다
시 언급하기로 하자.
　'자기지시'를 '자기준거'로 번역하기 어려운 순전히 언어적인 문제도 있다. 루
만은 '지시 'Referenz'(reference)를 독일어로 표현할 때는 'Verweisung'으
로 쓴다. 가령 'Selbstreferenz'를 'Selbstverweisung'으로, 'Fremdreferenz'

---

240) Luhmann, 2004, 73쪽. '지시'를 '관찰'의 의미로 규정하는 또 다른 곳으로는 다음을 참
고: Luhmann, 1993, 141쪽.

는 'Fremdverweisung'으로 쓰는 식이다.[241] 이때 'verweisen'의 표준적인 의미는 '어떤 것을 가리키다'(auf etwas hinweisen), '어떤 것에 주의를 환기시키다'(auf etwas aufmerksam machen)의 의미이다. 그러니까 자기지시는 자기를 가리키는 것, 자기의 주의를 환기시키는 것이다. 자기를 기준과 근거로 삼는다는 이야기와는 좀 거리가 멀다.

'자기지시'를 '자기준거'로 번역하기 어려운 또 하나의 이유는 '자기지시'(Selbstreferenz)가 '타자지시'(Fremdreferenz)와 함께 발생하는 작동 현상이라는 사실이다. 루만에게 체계의 작동은 "자기지시와 타자자시의 병행"[242] 혹은 "자기지시와 타자지시의 동시적 처리"[243]이다. 앞서 인용한 구절에서 루만은 '지시'(Referenz) 개념을 '하나의 구별에 따른 지칭'으로 규정하면서 '자기지시'에서의 '지시'도 정확히 같은 의미라고 강조하였다. 그런 '지시'의 의미는 '타자지시'에서도 마찬가지다. 그러니까 '자기지시와 타자지시의 병행'은 어떤 것에 대한 관찰이 언제나 자기와 타자의 구별을 전제로 한다는 것, 그런 점에서 자기관찰과 타자관찰을 동시에 수행한다는 것 외에 다른 이야기를 하는 것이 아니다. 이에 반해 '자기지시'(Selbstreferenz)에서의 '지시'(Referenz)를 '준거'로 해석하는 경우, 아마도 '타자지시'(Fremdreferenz)에서의 '지시'(Referenz)는 그와 다른 의미인 것으로 해석해야 할 것이다. 그렇지 않으면 자기를 기준과 근거로 삼는 것과 타자를 기준과 근거로 삼는 것이 동시에 발생한다는 아주 혼란스러운 이야기

---

241) Luhmann, 1984, 607쪽. *Soziale Systeme*의 영역판은 'Selbstverweisung'을 'referring to self'로, 'Fremdreferenz'를 'referring to something other'로 옮기고 있다. J. Bednarz, Jr가 번역한 *Social Systems*, 1995, 447~448쪽 참고.
242) "Gleichlauf von Selbstreferenz und Fremdreferenz", Luhmann, 1984, 607쪽.
243) "ein Simultanprozessieren von Selbst-und Fremdreferenz", Luhmann, 1984, 627쪽.

가 될 것이기 때문이다. 다시 강조하거니와, 루만은 '지시', '자기지시', '타자지시'에서 '지시' 개념을 모두 동일한 것으로 쓴다. 만일 이런 일관성을 '지시'(Referenz)의 역어에 대한 하나의 테스트 기준으로 삼는다면, 내가 보기에 '자기준거'라는 역어는 이 테스트를 견뎌내지 못한다.

자기지시와 타자지시, 그리고 '동반하는' 자기지시

자기지시의 세 가지 의미에 대해 설명한 후, 곧이어 루만은 다음과 같이 다소 수수께끼 같은 말을 한다.

> 이런 고찰의 하나의 중요한 귀결은 모든 자기생산에서 필요한 자기지시가 **항상 동반하는 자기지시**일 뿐이라는 것이다. '오직 자기 자신에만 관계한다'는 의미에서의 순수한 자기지시는 불가능하다.[244]

앞서 우리는 자기지시의 세 층위를 요소들에 대한 관찰, 과정들에 대한 관찰, 그리고 체계 자체에 대한 관찰로 파악하였다. 그런데 루만이 '자기지시적'이라고 칭하는 체계들은 실제로는 이런 자기지시적 관계들로만 이루어지지는 않는다. 체계의 작동들은 자기 연관성만이 아니라 동시에 환경 연관성을 갖는다. 환경 연관성은 체계의 작동에서 타자지시로 나타난다. 대화를 예로 들자면, 대화의 (기초적) 자기지시성은 하나의 발언이 선행하는 발언들을 고려하고 후속하는 반응을 기대하면서 행해진다는 점에서 성립한다. 그러나 하

---

244) "Eine wichtige Konsequenz dieser Überlegung ist, daß die bei aller Autopoiesis benötigte Selbstreferenz immer mitlaufende Selbstreferenz ist. Reine Selbstreferenz im Sinne "nur und ausschließlich sich auf sich selbst Beziehens" ist unmöglich." Luhmann, 1984, 604쪽.

나의 발언은 다른 발언들과의 관련성만 갖는 것이 아니라 기본적으로 어떤 것에 대한 발언이다. 그러니까 하나의 발언은 자신과 자신의 대상의 구별을, 즉 자기지시와 타자지시의 구별을 전제로 한다. 그런데 하나의 발언이 관계하는 다른 발언들도 동일한 성격을 갖는다. 즉 다른 발언들 역시 자기지시와 타자지시를 구별하는 것이다. 그러면 대화의 구조는 매우 복잡해진다. 다른 발언들을 관찰한다는 것은 그 발언들의 자기지시와 타자지시를 관찰한다는 것이며, 하나의 발언의 자기지시는 그런 관찰을 하면서 자기관찰을 한다는 것을 뜻한다. 하나의 발언은 그렇게 다른 발언들과의 관계 속에서 자기관찰을 행하면서 동시에 타자관찰을, 즉 환경의 사태들에 대한 관찰을 행한다.[245] 구조적으로는 무척 복잡하지만, 실제 대화상황에서 이것은 아주 자연스럽게 일어나는 일이다. 우리는 어떤 것에 대해 발언하면서 동시에 선행 발언들을 고려하고 후속 반응들을 기대한다. 후자의 측면이 없다면 발언들은 하나의 대화를, 하나의 (상호작용)체계를 형성하지 못할 것이다. 하지만 대화가 그저 대화를 위한 대화가 아니라 어떤 것에 대한 대화라면, 즉 정보를 담고 있는 발언들로 이루어진 대화라면, 자기지시성은 대화의 한 측면일 따름이다. 발언이 기본적으로 어떤 것에 대한 발언이고 그래서 타자지시적이지만, 동시에 자기지시적으로, 즉 다른 발언들을 고려하고 기대하면서 행해진다는 점에서 자기지시는 발언이라는 사건에 '동반하는' 자기지시(mitlaufende Selbstreferenz)이다.

자기지시가 '동반적' 성격을 갖는다는 것은 과정적 자기지시의 경우도 마찬가지다. 과정이 관찰의 대상이 될 때, 일단 작동의 사태연관성은 뒤로 밀려난다. 가령 대화에서 주제는 미루어지고 대화 과정이 관찰되는 것이다. 학습

---

245) 여기서 '다른 발언들'과 '타자'가 같은 것이 아님에 유의하라. '다른 발언들'은 (대화)체계에 속하는 요소들이고 '타자'는 체계의 환경에 속하는 요소들이다.

의 학습, 연구의 연구 등도 그렇다. 하지만 이때도 이런 자기지시성은 완전히 자기목적적인 것은 아니다. 학습의 학습도 학습을 위한 것이고 연구의 연구도 연구를 위한 것이다. 반성으로서의 자기지시도 마찬가지다. 체계 자체를 관찰의 대상으로 삼는 것 역시 작동들의 방향을 정하고 계획을 세우기 위한 것이다. 루만은 이런 생각을 다음의 구절로 요약하고 있다.

> 그래서 사실상 자기지시는 다른 지시계기들 가운데 하나로서만 등장한다. 자기를 지시하는 것은 요소들, 과정들, 체계들의 작동 행태에서 하나의 계기이지, 그것들의 총체성을 이루지 않는다.[246]

자기지시, 반성, 합리성

앞에서 우리는 자기지시의 세 번째 단계인 체계 자체에 대한 관찰을 말하면서 '반성'으로서의 이러한 체계지시와 이미 기초적 자기지시에서도 작용하는 '초보적인 체계지시'[247]를 구별해야 한다고 하였다. 그러면서 또한 반성으로서의 자기지시도 기초적 자기지시나 과정적 자기지시와 마찬가지로 '동반하는' 자기지시라고 하였다. 이 점을 상세히 살펴보면 자기지시 개념이 루만의 사회이론에서 어떤 의미를 갖는지를 보다 정확히 파악할 수 있다.

'반성' 개념을 정확히 파악하기 위해서는 '자기관찰', '자기기술' 개념에서 출발해야 한다. 초보적인 자기관찰은 적어도 의미를 사용하는 체계들에서는 정도야 어떻든 언제나 일어난다. 체계에 속하는 것과 체계에 속하지 않는 것을, 대화의 예로 하자면 대화에 속하는 발언들과 그 외의 것들을 구별할 수 있어야 하나의 상호작용체계가 성립할 수 있을 것이기 때문이다. 체계의 자

---

246) Luhmann, 1984, 605쪽.
247) 위의 책, 618쪽.

기관찰이 문자 등의 도움으로 의미론적 형상으로 표현된 것을 루만은 체계의 '자기기술'(Selbstbeschreibung)이라고 한다. 그런데 체계의 자기기술은 체계 전체를 포괄할 수 없다. 체계 자체를 관찰하는 관찰 역시 체계 안의 작동일 따름인데, 그 관찰이 자기 자신을 관찰할 수 없다는 점에서 이미 그렇다. 그래서 체계의 자기기술은 언제나 '자기단순화'(Selbstsimplifikation)[248]이다. 또 체계의 자기관찰이 반드시 단 하나의 자기기술로 귀결되는 것도 아니다. 체계 자체를 관찰하는 작동이 체계 안에서 여럿일 수 있기 때문이다. 다만 그러한 관찰들은 체계 안에서의 작동들로서 다른 관찰들에 노출되기에 어떤 신빙성을 가져야만, 즉 체계의 구체적 작동들과 부합될 수 있어야만 유지될 수 있다. 그래서 체계의 자기기술로 기능하는 것이 아주 여럿이기도 어렵다.

'반성'은 체계의 자기관찰과 자기기술이 보다 높은 수준에 이르렀을 경우를, 즉 "체계와 환경의 관계를 체계 내에서 대표할 수 있는 의미론"이 형성되었을 경우[249]를 말한다. 이 말이 무슨 뜻일까? 그것은 체계가 자신과 환경을 구별하면서 행하는 자기기술을 '자신의' 자기기술로 파악한다는 것이다. 이 어려운 이야기를 쉽게 이해할 수 있게 해주는 좋은 예는 루만 자신이 제공한다. 루만에 의하면 가령 '그리스인·야만인'이나 '기독교도·이교도' 같은 구별들은 반성의 공식이 될 수 없다. 이런 구별들에는 그것이 그리스인이나 기독교인들이 행하는 구별일 따름이라는 의식이, 즉 다른 편에서는 자신들을 야만인나 이교도로 여기지 않는다는 의식이 결여되어 있기 때문이다. 그러니까 체계가 자신을 관찰하면서, 동시에 이 관찰이 '체계의 자기관찰로 관찰될 때' 반성으로서의 자기지시 단계에 이르는 것이다.

---

248) 위의 책, 624쪽.
249) 위의 책, 619쪽.

앞서 언급된 것처럼, 루만에게 반성으로서의 자기지시도 체계의 작동들에 '동반하는' 자기지시다. 그러면 반성이 이렇게 체계의 작동들에 동반하면서 행하는 기능은 무엇인가? 그것은 체계의 작동들의 방향을 설정하는 것이다. 과도하게 많은 가능성에 직면해 있는 체계들, 특히 의미를 사용하는 체계들에게는 이런 식으로 복잡성을 처리하는 것이 불가피하다. 마치 한 개인의 자기이해가 그의 행위 선택의 방향에 영향을 미치듯이, 사회적 체계들의 자기기술들도 체계 작동의 방향에 영향을 미친다. 다만 여기서 주의할 것은 사회적 체계들마저 마치 하나의 주체인 것처럼 생각해서는 안 된다는 점이다. 사회적 체계들이 자기기술들에 따라 선택한다는 것은 체계 내의 어떤 작동들이 체계 전체를 고려하면서 선택한다는 것에 대한 축약된 표현으로 보아야 할 것이다.

반성 수준에서 행해지는 체계의 자기기술이 체계의 작동들의 선택에 어떻게 작용하는지를 보여주는 예들로 루만이 드는 것 가운데 나에게 가장 인상적인 것은 '국가'이다. 루만에게 국가는 정치체계 그 자체 또는 정치체계 전체가 아니라 어쩔 수 없이 단순화된 "정치체계의 자기기술"이며 하나의 "의미론적 인공물"[250]이다. 그래서 정치체계의 작동들이 모두 국가'의' 활동일 수는 없지만, 그러나 국가의 활동, 국가 밖의 활동, 국가를 위하는 활동, 국가에 반하는 활동 등 모두 국가와 '관련된' 활동들이 정치체계의 요소로 확인된다. 정치체계의 자기기술로서의 '국가'의 이런 기능 덕에 정치체계의 작동들이 작동상의 폐쇄성을, 즉 체계의 작동들이 체계의 작동들로 이어지는 순환적 관계를 형성할 수 있다.

사건들(작동들)에서 그것들이 특정 체계에 속하는지 여부가 보다 명확하

---

250) 위의 책, 627쪽.

게 구별될 수 있는 경우에는, 즉 체계와 환경의 경계가 사건들 자체에서 뚜렷하게 구별될 경우에는, 정치체계에서처럼 '국가'로 귀결되는 반성 수준의 자기지시가 크게 필요하지 않을 수도 있다. 가령 화폐를 매체로 사용하는 경제체계의 경우가 그렇다. 화폐를 사용하는 한 어떤 사건이 지불·미지불이라는 코드를 따른다는 것이, 그리고 그런 한에서 경제체계에 속한다는 것이 분명하기 때문이다. 이에 반해 '권력'이라는 매체는 화폐처럼 단위 구별이 쉽지도 않으며 어떤 사건이 권력우위·권력열세라는 코드에 따르는지도 분명치 않다. 그래도 '권력'이나 '진리'처럼 상징적으로 일반화된 매체를 사용하는 경우들은 사건들이 특정 체계에 속하는지 여부를 상대적으로 쉽게 구별할 수 있다. 그에 반해 코드가 불명확한 경우에는 반성 수준의 자기지시를 통해 형성되는 다소간 안정적인 자기기술이 없으면 체계의 (재)생산이 이루어질 수 없다. 가령 '교양'(Bildung)을 이념으로 하는 교육체계가 그렇다. 루만에게는 '자본'(자본주의), '국가', '교양' 등은 모두 반성 수준에서 행해지는 사회의 부분체계들의 자기기술이다.[251]

여기서 주의할 것은 작동상의 폐쇄성이 체계가 자신만을 위해 작동한다는 것을 뜻하지 않는다는 점이다. 체계의 작동은 어디까지나 환경에 대한 정보를 얻고 환경 속에서 작용하기 위한 것이다. 그러니까 타자관찰과 타자연관적 작용, 즉 타자지시는 체계의 작동의 필수적인 계기이다. 가령 정치체계의 작동들은 집단적 구속력을 갖는 결정을 통해 사회의 여러 이해관계를 규제하기 위한 것이다. 자기지시적이라 함은 다만 그러한 작동들이 체계의 다른 작동들과의 순환적 연관 속에서 수행된다는 것을 뜻할 따름이다. 체계의 작동은 말하자면 "자기지시와 타자지시의 동시적 처리"[252]이다. 물론 여기서도

251) 위의 책, 629쪽.
252) 위의 책, 627쪽.

'지시'의 의미는 '관찰'에 가까운 것이지, '준거'의 의미가 아니다.

루만은 합리성 문제도 자기지시와 관련지어 파악한다. 그에게 합리성은 체계에 부과되는 규범이나 가치 혹은 이념의 문제가 아니라 체계의 자기지시가 반성으로부터 한 단계 더 진전된 형태, 자기지시로서의 반성의 가장 높은 단계, 혹은 자기지시의 종국적 형태이다.

> 합리성 개념은 하나의 체계가 행하는 최고 수준의 자기반성을 정식화할 따름이다. 그것은 실제 체계들에 맞서는 (……) 어떤 규범이나 가치나 이념을 뜻하지 않는다. 그것은 자기지시적 체계들의 논리의 종결점을 나타낼 따름이다.[253]

그런데 합리성으로서의 이러한 자기지시는 반성으로서의 자기지시와 구체적으로 어떻게 다른가? 아주 줄여서 말하자면 이렇다. 반성은 체계와 환경의 구별을 기초로 하여 체계를 지칭하는 것이다. 이에 반해 합리성은 이 체계와 환경의 '구별 자체를 지칭'하는 것이다. 만일 이 구별 자체가 관찰될 수 있다면 이 구별 자체가 우연성을 갖는 것으로, 그리고 이 구별에 기초한 모든 선택들 또한 우연성을 갖는 것으로 관찰될 수 있을 것이다. 그런데 (체계의 외부에서가 아니라) 체계와 환경의 구별을 기초로 하는 작동들의 연관성 속에서 이 구별 자체가 관찰의 대상이 된다는 것은 매우 비개연적 일이다. 아니, 어떤 관찰에서 그 관찰의 기초가 되는 구별은 관찰의 맹점으로 남는다는 관찰이론에 의거하자면 불가능한 일이다. 그래서 합리성은 원칙적으로 불가능하거나, 아니면 언제나 불완전하다는 (그런 의미에서 비합리적이라는) 역

---

253) 위의 책, 645-646쪽.

설에서 자유롭지 못하다.

> 합리성 개념을 자기관찰의 관련점으로서 체계 안에 도입하면, 합리성
> 개념은 특유의 방식으로 양가적이게 된다. 그것은 모든 선택들에 대한
> 비판의 관점으로서, 그리고 자신의 비개연성의 척도로서 작용한다.[254]

3. 자기지시의 논리

순환성과 탈대칭화, 혹은 동어반복과 탈동어반복

자기지시는 기본적으로 순환성을 갖는다. 체계의 요소들은 다른 요소들과의 관련성을 통해 자기 자신과 관계하는데, 다른 요소들 역시 같은 방식으로 작동하기 때문이다. 만일 이렇게 순수한 자기지시만 있다면 체계는 동어반복 상태에 처하게 된다. 이것을 루만은 종종 "A=A"라는 일반적인 동어반복 공식으로 표현한다. 그런데 이 공식은, 의식체계들의 동어반복의 경우와 달리, 사회적 체계들의 동어반복을 나타내기 위해서는 적절한 변형이 필요하다. 사회적 체계들의 경우, 즉 커뮤니케이션들의 연쇄로 이루어지는 체계들의 경우, 저 동어반복 공식은 "A → B, 그리고 B → A"(A이면 B이고 B이면 A)의 축약된 형태로 보아야 할 것이다. 기초적 자기지시만 고려할 경우, 가령 다음과 같은 대화상태인 것이다.

---

254) 위의 책, 646쪽. 합리성의 이런 의미에 대해서는, 그리고 이런 합리성 개념을 견지할 때 현대사회에서 합리성의 문제를 어떻게 구상할 수 있는지의 문제에 대해서는 장춘익(2013), 정성훈(2013)을 참고.

a: 무엇을 먹을까?

b: 네가 좋은 것.

a: 나도 네가 좋은 것.

b: 나도 네가 좋은 것.

a: 나도 네가 좋은 것.

(……)

이렇게 무한한 순환관계가 되면 체계는 실질적으로 작동하길 멈춘다. 그래서 a나 b는 다른 요소들과의 순환적 관계 외에 하나의 부가적 의미(Zusatzsinn)를, 즉 하나의 고정점 내지 준거점을 필요로 한다. 위의 예에서 a나 b 중 적어도 하나가 자신의 선호를 확정해서 말하면 무한한 순환은 중단된다. 이것을 루만은 '탈대칭화'(Asymmetrisierung) 또는 '상호의존의 중단'이라고 표현한다.[255]

탈대칭화는 여러 가지 형식으로 등장할 수 있는데, 언어적 차원에서는 무엇보다도 코드화에 조건화가 결합되는 방식으로 나타난다. 언어의 '예·아니오' 코드화는 커뮤니케이션의 자기지시성을 형성하는 데 결정적으로 중요하다. 하나의 커뮤니케이션에 대한 '예' 또는 '아니오'의 반응은, 그리고 다시금 이 반응에 대한 반응은 커뮤니케이션들이 순환적 연관성을 갖게 하기 때문이다. 하지만 이런 코드화는 그 자체로는 자기지시의 동어반복적 순환성 문제를 해결하지 못한다. '아니오'는 예의 부정이고, '예'는 '아니오'의 부정으로, 즉 각각은 자신의 부정의 부정으로 성립되기 때문이다. 그러나 여기에 조건화가 결합되면 다르다. '예'로부터 '아니오'로의, 또는 그 역방향의 이행이 단

---

255) 위의 책, 631쪽.

순한 자기부정을 통해서가 아니라 어떤 조건에 따라서만, 예를 들어 반증 과정을 통해서만 행해지는 것이다. 바로 이런 조건화를 루만은 '프로그램화'라고 한다. 그러니까 언어의 코드화와 프로그램화가 함께 기능함으로써 한편으로는 커뮤니케이션의 자기지시성이 성립하면서 다른 한편으로 동어반복에서 벗어날 수 있는 것이다. 언어적 커뮤니케이션에 일반적으로 적용되는 코드화와 프로그램화의 이런 기능은 이항코드를 사용하는 사회의 부분체계들에도 그대로 적용된다.

> 자기생산적 체계, 즉 자기지시적 체계는 자신의 자기지시성을 상징화하면서 동시에 — 자기지시성을 구성하는 — 순환성의 중단이 가능하도록 하기 위해 그러한 코드를 필요로 한다. 긍정값은 부정값으로, 부정값은 긍정값으로 바꿔 놓을 수 있다. 부정하기 위해서는 체계의 긍정적 작동이 필요하고, 긍정은 논리적으로는 부정의 부정과 같은 값이기 때문이다. 하지만 동시에 이런 동어반복적 구조는 잠재적인 중단 태세를 함축하고 있다. 그 구조는 체계를 긍정이 적합할지 아니면 부정이 적합할지에 대한 단서를 제공해주는 것으로서 먼저 우연들에, 그다음에는 자기조직화에 민감하게 만든다. 그러니까 사회는 언어에 내재해 있는 대칭성이 중단되고 거기에 조건화들이 연결될 수 있게 됨으로써 비로소 성립하는 것이다.[256]

탈대칭화는 의미론, 즉 체계의 자기기술 차원에서도 중요한 문제이다. 가령 사회에 대한 기술이 관찰의 산물이고 다시금 관찰의 산물인 이 기술에 의

---

256) 루만, 2014, 268쪽; Luhmann, 1997, 223-224쪽. 『사회의 사회』 한글 번역판은 제2판임에 주의하라.

지해 관찰이 수행된다면 사회의 (자기)기술은 동어반복적 순환성을 벗어나지 못할 것이다. 그래서 어떤 고정점이나 '준거점'이 설정되어야 하는데, 동시에 그런 고정점이나 준거점이 그런 기능을 위해 설정된 것이라 점은 통상적으로 감추어져야 한다.

루만은 의미론적 차원에서 탈대칭화가 이루어지는 방식을 세 가지 유형으로 정리한다. 하나는 시간 차원과 관련되는 것으로, 불변적 과거에 의지하거나 아니면 반대로 미래의 목적에 의지하는 것이다. 이미 일어났고 변할 수 없는 과거에 비추어, 혹은 반드시 실현되어야 할 이념에 비추어 현재를 기술하는 것이다. 두 번째는 사태 차원과 관련되는 것으로, 가령 체계와 환경의 차이에 의지하거나 혹은 통제 가능한 환경변수들과 통제 불가능한 변수들의 구별에 의지하는 것이다. 하나의 체계로서는 넘거나 지울 수 없는 환경과의 차이로부터 출발하거나 혹은 통제가능한 변수들의 제한성으로부터 출발함으로써 체계 내부의 질서를 형성하는 것이다. 마지막으로 사회적 차원과 관련되는 것으로, 신분적 위계 관념에 의지하거나 반대로 근대사회에서처럼 최종 결정자로서의 개인을 준거점으로 삼는 것이다.[257]

물론 이런 고정점 내지 준거점들이 다시 관찰의 대상이 될 수 있다. 그러면 전통사회들의 자기기술들이 가령 '자연(본성)'에 의지해 그렇게 할 수 있었던 것처럼 더 이상 의심 불가능한 것, 최종적으로 확실한 것에 의지하여 탈대칭화할 수 없다. 더 높은 반성수준에 이른 근대사회에서는 그러한 준거점들이 탈대칭화의 기능 관점에서 관찰의 대상이 된다. 이렇게 불변적 준거점으로 작용하였던 것들이 탈대칭화의 기능의 측면에서 관찰된다고 해서, 더 이상 어떤 준거점도 불가능하고 탈대칭화의 기능 자체도 사라지는 것은 아니

---

257) Luhmann, 1984, 632-633쪽.

다. 다만 단수가 아닌 복수의, 관찰자로부터 독립적인 것이 아니라 관찰자 의
존적인, 불변적인 것이 아니라 가변적인 준거점들이 형성될 수 있다. 가령 변
화에 열려 있는 '가치들'이 그런 것일 수 있다.

역설

자기지시가 역설로 귀착된다는 것은 논리학과 언어학에서는 아주 오래된
이야기이다. 전형적인 예로는 "이 말은 거짓이다"를 들 수 있다. 이 말이 참이
면 '이 말'은 거짓일 것이고, 이 말이 거짓이라면 '이 말'은 참일 것이기 때문
이다. 자기지시로 인한 이런 역설을 피하기 위한 해법으로 제시된 것은 대상
언어와 메타언어를 나누거나 혹은 유형을 나누는 것이었다. 루만이 보기에
이런 해법은 자기지시를 회피하라고 추천하는 것이다.[258]

그런데 루만에게 자기지시와 역설은 이렇게 처리해버릴 수 있는 것이 아
니다. 루만에게 자기지시와 역설은 현실의 도처에서 실제로 일어나는 현상이
다. 가령 목적·수단 관계에서 목적의 목적을 묻게 되면 (앞의) 목적은 수단이
되어 역설적 상황이 된다. 또 도덕이 과연 도덕적인지, 심지어 합리성이 합리
적인지 물을 수 있는데, 그러면 도덕이 비도덕적이라거나 합리성이 비합리적
이라는 결론도 가능하기에 역시 역설적 상황이 발생한다. 그런데 이렇게 물
을 수 있다는 것은 무엇을 뜻하는가? 그것은 하나의 관찰이 다시 관찰될 수
있다는 것이다. 역설은 언제나 관찰과 연관이 있다.[259] 그래서 자기지시에서
'지시'를 '관찰'에 가까운 것으로 이해하는 것은 자기지시의 역설적 논리를
파악하는 데도 무척 중요하다.

자기지시의 역설은 기본적으로 자기관찰이 동어반복적 순환성을 가져서

---

258) 위의 책, 31쪽 참고.
259) "하나의 역설은 언제나 하나의 관찰자의 문제이다." Luhmann, 1990, 123쪽.

도 안 되고 그렇다고 순환성이 완전히 중단되어버려서도 안 된다는 데서 비롯된다. 가령 "나는 나다"라는 자기관찰의 경우, 앞의 나와 뒤의 나는 동일할 수도 없고 다를 수도 없다. 동일하다면 저 관찰은 그저 동어반복일 따름일 것이고, 다르다면 나는 내가 아니게 된다. 형식적으로 말하자면 저 명제는 A=A도 아니고 A≠A도 아니라는 의미에서, 또는 둘 다라는 의미에서 역설적이다.

자기관찰의 이런 역설은 정보를 처리하는 항(프로세서)이 복수인 사회적 체계들에서는 더욱 극명하게 드러난다. 이 경우 체계에 대한 하나의 관찰은 다른 편에서 다시 관찰될 수 있고, 그래서 처음의 관찰과 다르게 관찰될 수 있다. 가령 한편에서 이념인 것이 다른 편에서는 이익관심의 표현일 수 있는 것이다. 만일 두 관찰 모두 체계 내에서 이루어지는 관찰이고 그런 한에서 체계의 자기관찰이라고 한다면, 체계는 대립적인 자기관찰을 동시에 포함하고 있고, 그런 점에서 역설적이다. 루만에게는 자신을 관찰하는 체계들이 이런 역설에도 불구하고 어떻게 스스로를 (재)생산해가는지가 관심사이다. 앞서 언급한 것처럼 현실적인 체계들은 고정점이나 준거점을 설정하는 탈대칭화를 통해 잠정적으로 자기지시성과 탈동어반복을 동시에 실현한다. 이것은 말하자면 "문제를 당분간 견딜 수 있는 좀 덜 아픈 장소를 찾는"[260] 것이지 문제의 완전한 해결이 아니다. 이것을 적극적으로 표현하자면 역설의 '전개'이고 부정적으로 표현하자면 역설의 '비가시화'이다. 그래서 자기지시적 체계들과 관련한 루만의 관심사를 후자의 표현을 사용해서 정식화하자면, "자기 자신을 관찰할 수 있는 체계들이 이때 발생하는 역설들을 어떻게 비가시화하는지"[261]가 문제이다.

그런데 자기관찰로 인하여 생기는 이런 역설은 '조심스러운' 관찰을 통해,

---

260) 위의 책, 121쪽.
261) 위의 책, 122쪽.

또는 관찰자들의 합의를 통해 해소될 수 있는 것 아닌가?

　루만은 자기지시를 '의미'의 논리와 연결시킴으로써 그럴 가능성을 배제한다. 루만에 의하면 의미 자체가 자기지시와 역설의 구조를 갖는다. 이때 의미의 자기지시성은 앞서 우리가 대화를 예로 들어 말한 자기지시성과 다르지 않다. 하나의 발언이 다른 발언들과의 관계 속에서 선택되는 것처럼, 하나의 의미핵심(Sinnkern)은 언제나 다른 의미 가능성들과의 연관성 속에서 그것들이 아닌 것으로서 선택된다. "의미는 자기 자신과 다른 것을 지시하는 것으로서 주어져 있다."[262] 이때 배제된 다른 의미들은 소멸되는 것이 아니라 의미 속에 가능성들로서, '잉여지시'(Verweisungsüberschuß)[263]로서, 또는 맥락으로서 포함된다. 그리고 이런 다른 의미 가능성들은 현재는 가능성들로서만 있지만, 계기가 있으면 언제든지 현행화될 수 있다.[264] 그래서 루만은 의미를 "현행성과 가능성의 차이"[265]로, 역설적으로 표현할 때는 "배제된 것의 현존"[266]으로, 더욱 역설적으로는 "배제의 포함"[267]이라고 규정한다. 루만에게 의미는 이렇게 이미 자체로 자기지시적이고 역설적이며,[268] 그래

---

262) "Sinn ist gegeben als etwas, das auf sich selbst und anderes verweist." Luhmann, "Sinn, Selbstreferenz und soziokulturelle Evolution", in: Luhmann, 2008, 12쪽.

263) 루만, 2014, 68쪽; Luhmann, 1997, 49쪽.

264) 하나의 예를 들어보자. "나는 딸의 졸업식에 들고 갈 장미를 사기 위해 화원에 들렀다. 향긋하고 화사한 장미가 포장되는 동안, 아직까지 한 번도 아내에게 장미 꽃다발을 선물한 적이 없었다는 생각이 떠올랐다. 그러고 보니 장미만이 아니라 도대체 아내에게 기념이 될 만한 선물을 한 적이 없었다." 이 예에서 보면, 처음에는 딸과 졸업식, 장미가 의미핵심이었다가 나중에는 아내와 결혼생활이 의미핵심으로 등장한다. 이렇게 가능성들로만 있던 의미가 현행화되는 것은 복수의 참여자가 관여되는 커뮤니케이션에서는 더욱 일상적으로 경험되는 현상이다. 아니, 의미 있는 대화라면 언제나 그렇다고 할 수 있다.

265) 루만, 2014, 68쪽; Luhmann, 1997, 50쪽.

266) 루만, 2014, 67쪽; Luhmann, 1997, 69쪽.

267) 루만, 2014, 34쪽; Luhmann, 1997, 20쪽.

268) "의미를 기반으로 하는 모든 작동에는 오직 역설로만 파악될 수 있는, 작동에서 작용하

서 의미를 사용하는 체계들 역시 자기지시적이고 역설적 성격을 가질 수밖에 없다.

> 의미를 사용하는 체계는, 이미 자신의 매체 때문에, 자신과 자신의 환
> 경을 의미의 형식으로만, 즉 형식의 형식 안으로의 재진입을 통해서만
> 관찰하고 기술할 수 있는 체계이다.[269]

　루만은 자기지시가 갖는 이 역설을 관찰이론을 통해 아주 간명하게 표현하기도 한다. 관찰은 하나의 구별을 기초로 행해진다. 관찰은 하나의 구별을 수행하고 구별된 두 면 중 한 면을 지칭하는 것이다. 만일 이런 관찰이 순수하게 객체에 대한 관찰이라면, 즉 관찰 대상에 관찰자 자신이 전혀 포함되지 않는다면, 아무런 역설도 발생하지 않는다. 내가 어떤 것과 다른 것들을 구별하고 그 어떤 것을 가령 '사과'로 지칭하는 데 무슨 역설이 생긴단 말인가? 하지만 관찰이 자기관찰이면, 혹은 관찰하는 대상에 관찰자 자신이 포함된다면, 사정은 달라진다. 자기를 관찰하려면 그런 관찰을 할 때 기초가 되는 구별 자체도 관찰될 수 있어야 할 것이다. 그런데 관찰의 기초가 되는 구별 자체는 관찰의 순간에 사용되긴 하지만 관찰되진 않는다. 구별이 관찰을 가능하게 하지만, 그러나 그 구별 자체는 관찰의 순간에는 말하자면 관찰의 맹점으로 남는다. 그러니까 자기관찰은 그런 관찰을 하는 자기, 구별을 사용하는 자기를 관찰할 수 없다. 그렇다면 관찰된 자기는 어떤 면에서 관찰하는 자기 그 자체가 아니라고 말할 수도 있다. 그래서 자기관찰은 역설로 귀착된다.
　그러면 어떻게 자기지시의 이런 역설을 벗어날 수 있을까? 하나의 관찰의

기는 하지만 관찰될 수는 없는, 구별된 것의 통일성이 선행한다." 루만, 2014, 75쪽.
269) 위의 책, 69쪽.

기초가 된 구별을 다시 관찰하고, 다시금 이 구별의 관찰에 기초가 된 구별을 관찰하는 식으로 무한히 소급하는 것은 해법이 될 수 없다. 그런 관찰의 종결점에 이른다는 보장이 없기 때문이다. 원초적 통일성을 가정하는 것 역시 해법이 될 수 없을 것이다. 그런 통일성을 확인할 수 있는 방법이 없기 때문이다. 두 가지를 합친 것, 즉 구별들에 대한 관찰이 계속되면서 언젠가 모든 구별이 순환적 완결성을 이룰 것이라는 믿음 역시 해법이 될 수 없다. 헤겔이 모범이 될 이러한 해법은 얼핏 그럴듯해 보이지만, 실상은 앞의 두 가지 문제를 모두 안고 있을 따름이다.

그러면 역설을 벗어날 새로운 답이 루만에게는 있는가? 루만의 새로운 점은 역설 극복을 위한 새로운 방안을 제시한 것이 아니라 역설을 실제 체계들의 추동 논리로서 파악한 것이다. 그에게 역설은 전개되어야 하는 것이지 제거되어야 하는 것이 아니다. 이것은 단지 역설을 극복할 수 없으니 수용하자는 이야기가 아니다. 앞서 우리는 자기지시가 '동반하는' 자기지시라는 점을 길게 설명하였다. 자기지시는 고립되어 수행되는 것이 아니라 구체적 작동들에 동반되어 수행된다. 그래서 구체적 작동들과 상관없이 자기지시가 무한 소급적으로 내지 무한 전진적으로 진행된다든가 혹은 이미 통일성을 이루고 있을 수 없다. 가령 의식체계의 경우, "나는 누구인가", "이렇게 묻는 나는 누구인가", "이렇게 묻는 나는 누구인가라고 묻는 나는 누구인가"로 무한히 물어 나가지 않는다. "나는 누구인가"라고 묻는 것은 체험과 행위에서 방향을 설정하기 위한 것이다. 그러니까 잠정적으로 어떤 정체성이 구상되고, 다시금 체험들과 행위들과의 연관성 속에서 정체성이 새롭게 구상되는 식인 것이다. 사회적 체계들에서도 마찬가지다. 커뮤니케이션들을 이끄는 어떤 정체성(들)이 (반성 수준의) 자기지시를 통해 구상되고, 커뮤니케이션들과의 연관성 속에서 다시금 자기관찰을 통해 새로운 정체성(들)이 구상되는 것이다.

그러니까 역설은 (완전히) 해소되는 것이 아니라 전개되는 것이다.

후기 루만은 자기지시의 역설이 전개되는 양상에 대한 근사한 표현을 발견하였다. 바로 스펜서 브라운의 '재진입'(re-entry)이 그것이다. 자기지시는 자기와 타자를 구별하고 자기를 지칭하는 것이다. 그런데 이 구별이 자기가 행하는 구별이라면, 그 구별은 구별의 한쪽 면에서 수행되는 셈이다. 이를 루만은 간략히 "구별의 구별된 것 속으로의 재진입"이라고 표현한다. 체계의 자기관찰에 대하여 루만은 다음과 같이 말한다.

> 추상적으로 보자면, 여기서 일어나는 것은 하나의 구별이 그 구별 자체를 통해 구별되는 것 속으로 '재진입'하는 것이다. 체계·환경의 차이는 두 번 등장한다. 즉 체계를 **통해서 산출된** 차이로서, 그리고 체계 **안에서 관찰된** 차이로서 등장한다.[270]

루만에게 '재진입'은 자기지시의 모든 경우를 포괄하는 추상적인 표현이다. 그에게는 의미에서의 현행성과 잠재성의 차이도,[271] 체계에 의한 체계·환경 구별도, 매체·형식의 구별도,[272] 보편성 주장을 담는 이론, 즉 다른 이론들과의 관계 속에서 자신의 위치를 정하는 이론도[273] 모두 재진입의 논리를 보이고 있다.[274]

---

270) 루만, 2014, 63쪽; Luhmann, 1997, 45쪽.
271) 루만, 2014, 78쪽; Luhmann, 1997, 58쪽.
272) 루만, 2014, 79쪽; Luhmann, 1997, 59쪽.
273) Luhmann, 1984, 660쪽.
274) 그러니까 '재진입'은 루만이 자기지시의 논리에 대한 가장 추상적인 표현으로 사용하고 있는 것이다. '재진입'을 가령 자기지시의 다음 단계에 일어나는 것으로 해석하는 것은 자기지시의 개념과 자기지시의 논리를 구별하지 못해서 생긴 오해이다. 이철, 2010, 91쪽의 경우가 그렇다.

4. 다시 한번: '자기지시'인가 '자기준거'인가

위에서 우리는 루만의 '지시'(Referenz) 개념을 '관찰'의 의미에 가까운 것으로 해석하였다. 그러나 사실 '자기지시'가 안성맞춤의 역어라고 할 수는 없다. 우선 '지시'라는 말이 쉽게 '관찰'의 뜻으로 읽히지 않는다. '지시'라는 역어는 가령 자신 스스로를 포함하는 집합을 '자기지시적'이라고 할 경우에 더 잘 어울린다.[275] 그래서 '관찰'의 뜻을 살리려면 차라리 일본어 번역에서처럼 '언급'이나 '참조'가 더 나을 수도 있다. 다만 이 경우 논리학과 언어학 등에서 일반적으로 쓰이는 '지시'라는 역어와 잘 연결되지 않는다는 단점이 있다. 이렇게 '자기지시'가 안성맞춤의 역어가 아닌 것은 맞지만, 나의 생각으로 '자기준거'는 받아들이기 더욱 어려운 역어다. 그런데 도대체 왜 이 역어가 가장 널리 받아들여지게 되었을까? 세 가지 정도의 이유를 생각해볼 수 있을 것 같다.

첫 번째이자 가장 중요한 이유는 '자기지시'(Selbstreferenz)와 '자기생산'(Autopoesis) 개념을 구별하지 않기 때문인 것으로 보인다. 사실 여기에는 루만 자신이 기여한 바가 없지 않다. 루만 자신이 종종 두 개념을 마치 동일한 것처럼 사용하기 때문이다. 만일 '자기지시'와 '자기생산'이 동일한 것이라면, '자기준거'라는 역어도 그럴듯하다고 할 수 있다. 아니, 자신의 요소들을 스스로 생산하는 체계를 '자기지시적'이라기보다는 '자기준거적'이라고 칭하는 것이 더 낫다고 할 수 있다. 그런데 두 개념을 동일시하면 결정적인 문제가 생긴다. '타자지시'는 '타자생산'(Allopoiesis)과 동일한 것으로 놓아야 할 것이기 때문이다. 이렇게 되면 앞서 언급했던 것과 같은 '자기지시와

---

275) 이런 '지시' 개념에 대해서는 Luhmann, 1984, 59쪽을 참고.

타자자시의 병행' 혹은 '자기지시와 타자지시의 동시적 처리' 같은 말은 도무지 이해할 수 없게 된다. '자기생산과 타자생산의 병행'이란 말은 성립하지 않기 때문이다. 그렇다면 루만의 이론에서 '자기지시'와 '자기생산' 개념은 어떤 관계에 있는가? 루만에게 '자기지시'는 '자기생산'의 방식이다. 그러니까 루만의 관심사는 자기지시적으로 (그리고 동시에 타자지시적으로) 자신을 (재)생산하는 체계인 것이다. 루만 자신이 이것을 줄여서 표현할 때 '자기지시적 체계'란 용어와 '자기생산적 체계'란 용어를 혼용해서 쓰니, 그래서 '자기지시'와 '자기생산' 개념의 차이를 놓치다 보니 '자기준거'란 역어가 그럴듯해 보인 것이다.

두 번째 이유는, 좀 자유롭게 해석하자면, 루만의 이론을 파슨스의 이론과 제대로 구분하지 못했기 때문이다. 잘 알려졌다시피 루만은 파슨스의 체계이론을 '구조기능적'(strukturell-funktional)이라고 칭하면서 자신의 입장을 '기능구조적'(funktional-strukturell)인 체계이론이라고 구별하였다.[276] 루만이 자신의 이론을 이렇게 파슨스의 이론과 구별했다는 사실 자체는 잘 알려져 있으나, 막상 이 사실이 루만의 이론을 해석할 때 많은 경우 철저하게 적용되지는 않는 것으로 보인다. 구조기능주의에서 체계는 논리적으로 정해진 구조들을 유지하는 방식으로 작동한다. 구조의 유지는 말하자면 체계 작동의 기준이고 근거인 셈이다. 이 경우 체계는 '자기준거적'이라고 말할 수 있을 것이다. 그러나 루만의 경우엔 구조보다 기능이, 그리고 기능보다 문제가 먼저다. 구조는 문제를 해결하는 기능을 하는 것이고, 문제들은 체계의 역사적 상태를 통해 설정되는 것이지 체계에 선험적으로 주어진 것이 아니다. 동일한 문제의 해결을 위한 것이라면, 상이한 구조들은 기능적으로 등가적이

---

276) Luhmann, 2009b, 144쪽 이하 참고.

라고 할 수 있다. 체계들은 자신과 환경을 관찰하면서, 즉 자기지시와 타자지시를 수행하면서, 문제들에 대처하는 선택을 해나간다. 이 과정에서 구조들은 기준과 근거가 아니라 작동들과의 연관성 속에서 유지될 수도 있고 대체될 수 있다.

세 번째 이유는 체계의 '자기연관성'(Selbstbezug)에 대한 해석에서 찾을 수 있다. 루만의 자기지시적 체계들에서 자기지시와 타자지시를 구별하는 것도 체계 자신이고, 그런 구별을 바탕으로 어떤 선택을 하는 것도 체계 자신이다. 그렇다면 체계는 '자기준거적으로' 작동한다고 말할 수 있지 않은가? 하지만 '자기연관성'은 언제나 '동반하는' 자기지시를 뜻한다. 그러니까 체계의 자기연관성은 체계의 작동의 전모가 아니다. 작동들은 자기연관성뿐만 아니라 환경연관성도 갖는다. 자기연관성은 다만 작동들이 다른 작동들과의 연관성 속에서 선택된다는 것을 뜻하는 것일 뿐, 체계 자신이 기준과 근거가 된다는 이야기는 아니다. 오히려 기준과 근거가 자기연관성이 아니라 타자연관성인 경우가 더 통상적이라고 말할 수 있다. 가령 청자가 화자의 발언에 대해 어떤 사실(=정보)에 의거해서 찬성하거나 반대하는 경우를 생각해보자. 이때 청자가 화자의 발언에 반응하는 것이고 이 반응이 발언으로 귀착된다는 점에서 발언들은 자기연관성을 갖는다. 하지만 청자가 자신의 발언의 근거로 삼는 것은 사실들, 즉 타자연관성이다.

마지막으로 언어적인 이유 하나를 들 수 있다. 'Referenz'는 지시작동을 뜻하기도 하지만 '지시체'를 뜻하기도 한다. 'Selbstreferenz'에서의 'Referenz'는 전자의 경우이고 'empirische Referenz'에서의 'Referenz'는 후자의 경우이다. 후자의 경우는 '경험적 지시'라고 하기보다는 '경험적 지시체'로, 때로 '경험적 준거'라고 번역해도 좋을 것이다. 그런데 루만은 심지어 하나의 동일한 단어에서도, 그것도 매우 중요한 용어에서도, 'Referenz'

의 이 두 가지 의미를 혼용해서 쓴다. 바로 'Systemreferenz'가 그런 경우다. 앞서 본 것처럼 루만은 이 용어를 자기지시의 세 번째 층위인 '반성'의 의미로도 쓰지만, 종종 — 아니 대부분의 경우 — 지시되는 체계가 무엇인지를 말할 때도 이 용어를 쓴다.[277] 후자의 경우 '체계지시'라고 번역하긴 어려울 것이고 '지시되는 체계', '관련체계', 혹은 '준거체계'라고도 번역할 수 있을 것이다. 하지만 이때도 'Referenz'의 기본 의미는 '관찰'이다. 다만 전자의 경우는 체계가 스스로를 '관찰'하는 것을 말하고 후자의 경우는 (우리의) 관찰 대상으로서의 체계를 말하는 것이다. 오직 후자의 경우만 'Referenz'가 '준거'로 번역되어도 무방하다고 할 수 있다. 그러나 이때도 '우리의 관찰 대상으로서의 체계'란 의미이지 체계가 스스로를 기준과 근거로 삼는다는 뜻은 분명 아니다.[278] 이에 반해 '자기지시'(Selbstreferenz)에서의 'Referenz'는 '관찰'에 가까운 의미에서의 지시'작동'을 뜻하는 것이고, 이 경우 '준거'로 번역되는 것은 적절치 않다.

이 모든 것에도 불구하고 법률들과 선례들에 따라 판단이 내려지는 법체계에서만은 자기연관성이 곧 자기준거성을 뜻한다고 할 수 있지 않을까?[279] 나는 이 경우도 그렇게 생각하지 않는다. 법체계의 자기관련성은 법과 법이

---

277) 가령 『사회적 체계들』에서 루만은 서로 다른 체계들을 구별하는 것이 중요하다는 이야기를 하면서 'Systemreferenzen'을 구별해야 한다고 말한다. 이 경우 'Systemreferenzen'은 '지시되는 체계들'의 의미이다. Luhmann, 1984, 32쪽 참고. 루만은 'Systemreferenz'를 대부분 이런 의미로 쓴다. 하지만 이것과 '반성' 수준의 자기지시의 의미로서의 'Systemreferenz'는 분명하게 구별되어야 한다. 이런 용어상의 문제점을 의식했던지, 루만은 『사회의 사회』의 한 곳에서는 'Systemreferenz'란 단어에 특별한 표기를 덧붙이고 있다: "(……) 우리 연구가 대상으로 삼는 체계(우리 연구의 '관련체계(Systemreferenz)')는 여전히 사회체계이다." ("(……) bleibt der Gegenstand unserer Untersuchungen (ihre "Systemreferenz") das Gesellschaftssystem.") 루만, 2014, 104쪽; Luhmann, 1997, 80쪽.
278) 그래서 나는 후자의 경우조차도 역어로서 '준거체계'보다는 '관련체계'를 선호한다.
279) 그래서 법학자들이 '자기준거'라는 역어를 고수하는 것은 우연이 아니다. 앞의 주 225 참고.

아닌 것을 구별하고(자기지시·타자지시) 하나의 법적 커뮤니케이션이 언제나 다른 법적 커뮤니케이션들과의 순환적 연관성 속에서 선택된다는 것을 뜻할 따름이다. 그래서 나는 이 경우도 자기관련성은 자기관찰의 의미로 해석해도 좋다고 생각한다.

이 모든 것을 커뮤니케이션 개념과 관련지어 요약해볼 수 있다. 루만에 의하면 하나의 커뮤니케이션은 정보, 전달, 이해의 세 요소로 이루어져 있다. 여기에 이어지는 후속 커뮤니케이션은 선행 커뮤니케이션의 정보와 전달을 구별하고 정보에 주목하거나 전달에 주목한다. 정보에 동의하거나 동의하지 않는 방식으로 반응할 수 있고, 전달(방식)에 대해 입장을 표명할 수 있다. 그런데 무엇을 근거로 그렇게 하는가? 바로 청자 자신이 정확한 정보라고 생각하는 것을 근거로, 또는 청자 자신이 화자의 전달방식이라고 판단한 것을 근거로 그렇게 한다. 자신을 기준과 근거로 그렇게 하는 것이 아닌 것이다. 그러니까 하나의 커뮤니케이션의 자기연관성은 다른 커뮤니케이션들과의 순환적 연관성을 뜻할 따름이다. 그것은 앞에서 언급한 '동반하는 자기지시' 외의 다른 것이 아니다.

12장 체계이론과 여론
루만의 여론 개념의 재구성에 관하여

1. 체계이론과 여론이라는 문제

하나의 최상위이론(Supertheorie)[280]을 지향하는 체계이론으로서의 루만의 사회이론은 사회와 관련되어 형성된 주요 개념들 및 이론들을 자신에 맞추어 재해석, 재구성, 재배치해야 한다. 여론[281] 개념은 그런 대상들 중 하

---

280) 보편주의적 요구를 가지며, 그래서 자신의 구상 안에서 다른 이론들의 위치를 지정하는 이론을 말한다. 이 뜻을 살리려면 보통 역어로 사용되는 '거대이론'보다 '최상위이론'이나 '최상이론'이 더 나을 것이다. 이런 최상위이론이 단 하나일 필요는 없다. 최상위이론 개념에 대해서는 N. Luhmann, "Soziologie der Moral", 9쪽 이하, Luhmann, *Soziale Systeme*, 19쪽 등을 참고.

281) 나는 'öffentliche Meinung'(public opinion)에 대해 '여론'을, 'Öffentlichkeit'(public sphere)에 대해선 '공론장'을 역어로 택하였다. '여론' 대신 '공론'을 쓰면 '공론장', '공중'(Publikum) 등과 호용하여 용어들의 연관성을 보여주는 데 유리하다. 학술적 논의에서는 그렇게 하는 것이 좋을 것이라는 생각도 든다. 그럼에도 내가 '여론'을 선호하는 것은 이미 일상어로 통용되는 말을 사용하고 싶기 때문이다. 사실 순전히 역어로만 보자면 '공론'도 아니고 '공적 의견'이 가장 정확할 것이다(이 역어는 박영도가 하버마스의 『사실성과 타당성』을 번역하면서 사용하고 있다). 또 '공론장'이란 역어도 그 자체로 문제가 없는 것은 아니다. 여러 역어를 검토한 끝에 한길석은 '공영역'이란 역어를 제안한다(한길석, 『공영역과 다원사회의 도전−하버마스의 공영역 이론에 대한 비판적 연구』, 특히 40쪽 이하를 참고). 이 역어를 사용하면, 제안의 이유로 거론된 것처럼, 'Öffentlichkeit'가 정치 영역에 한정되는 것을 막을 수 있는지는 의문이다. 하지만 번역의 정확성이란 점에서 볼 때는 분

나이다. 루만 자신이 큰 비중을 두어 다루지 않았음에도 내가 이 개념에 특히 주목하는 이유는 다음의 세 가지이다.

첫째, 이 개념의 재구성에서 루만의 인지주의적이고 탈규범주의적인 이론적 경향이 매우 잘 드러난다. 하버마스가 여론에 대한 규범주의적인 해석을 통해 자신의 비판적 사회이론의 실질적 기초를 찾았던 것을 상기한다면, 규범주의에 강한 의심의 눈길을 보내는 루만에게 이 개념의 재해석과 재구성은 피해갈 수 없는 과제라는 점이 분명해질 것이다.

둘째, 이 개념의 재구성은 루만의 사회이론, 조금 더 좁게는 그의 정치 이론의 설명력에 대한 하나의 시금석이 될 수 있다. 여론에 대한 규범주의적 해석이 우세한 여건에서, 관련 현상들을 탈규범주의적 입장에서 성공적으로 번역해낼 수 있다면, 나아가 규범주의가 놓치는 측면들까지 성공적으로 담아낸다면, 그의 사회이론은 그만큼 더 설득력을 가질 것이다. 물론 반대의 위험이 있다. 바로 여론과 같이 다른 진영에서 매우 중시하는 개념을 재해석하고 재구성하는 과정에서 그의 이론의 설명력의 한계가 드러날 수도 있다.[282]

셋째, 루만의 이론이 정치적 실천의 문제와 관련하여 갖는 함의의 한 중요한 측면을 볼 수 있다. 여론에 대한 견해는 민주주의에 대한 견해와 불가분의 관계에 있기 때문이다.

이 글의 목적은 이런 세 가지 사항을 염두에 두면서 루만이 여론 개념을 어떻게 재구성하는지를 충실히 살펴보고, 나아가 이론적, 실천적으로 쟁점이 될 부분들을 표시해두는 데 있다. 나는 이것을 훨씬 더 널리 알려진 비판이론

명 좋은 역어라고 생각한다. 그럼에도 내가 '공론장'을 택한 것은 널리 사용되고 있다는 한 가지 이유뿐이다.

282) 공론장과 여론에 대한 루만의 논의가 매우 소략한 것은 그 주제가 체계이론적 구상에 맞지 않아서일 것이라는 의심이 피력되기도 한다. J. Gehards · F. Neidhardt, "Strukturen und Funktionen moderner Öffentlichkeit. Fragestellungen und Ansätze", 5쪽.

진영에서의 여론 개념과의 본격적인 비교를 위한 준비 작업으로 이해하고 있다. 그리고 이 글이 단념하고 싶지 않은 하나의 부수적 효과는, 도무지 체계이론으로 포섭하기 어려울 것 같은 개념들을 체계이론의 틀로 번역하고 재구성해내는 루만의 솜씨를 경험하는 것이다.

2. 체계이론적 고찰이란 무엇인가

이 글이 이 물음에 대한 답을 길게 제시할 수는 없다. 그러나 체계이론의 입장[283]에서 여론 개념을 재구성한다고 할 때 그것이 어떤 작업이 될 것인지 예상할 수는 있어야 할 것이다. 나는 그것이 대략 다음의 세 가지 사항으로 요약될 수 있다고 생각한다. 그리고 이 세 가지 사항은 루만이 여론 개념을 재구성한 것을 다시금 재구성하는 이 글의 세 가지 기준점이기도 하다. 첫째, 체계·환경의 구별이란 관점에서 바라본다는 것을 뜻한다. 그리고 이것은 어떤 현상을 바라볼 때 무엇보다도 그것의 체계연관성을, 즉 그것이 어떤 (부분)체계와 관련된 현상인지, 그 체계의 내부에 속하는지 외부에 속하는지를 구별한다는 것을 뜻한다. 여론이 커뮤니케이션 현상인 한, 가장 포괄적인 사회적 체계로서의 사회에 속한다는 것은 분명하다. 그런데 부분체계들로 분화된 사회를 가정할 경우 여론은 그 가운데 어떤 부분체계에 속하는가? 여론 또는 여론이 생성되는 공론장은 하나의 독자적인 부분체계인가? 아니면 정치체계와 관련된 현상인가? 정치체계와 관련이 있다고 할 때도, 이것이 정치체계에 속하는 것으로서 그렇다는 것인가 아니면 정치체계 밖의 사회현상으

---

283) 나는 여기서 체계이론을 일반체계이론이 아니라 루만이 말하는 사회적 체계들의 이론의 의미로 사용하고 있다.

로서 정치체계에 대하여 큰 영향력을 갖는다는 것인가?

　둘째, 기능의 관점에서 바라본다는 것을 뜻한다. 기능적 관점이란 어떤 현상을 관찰할 때 그것을 체계의 어떤 문제에 대한 하나의 해법으로 바라보는 것이다. 그러니까 기능적 관점이 구체화되려면 우선 체계 문제가 무엇인지를 정해야 하고, 그 현상을 그 문제에 대한 가능한 해법들 가운데 하나로 설명해내야 한다. 이것이 바로 루만이 '등가기능주의'로 표현하는 체계이론의 방법이다.[284] 이 기능의 관점은 첫 번째의 체계·환경 구별의 관점과 긴밀하게 연관된다. 어떤 현상이 어떤 체계와 관련되는지 알아야 그 체계의 문제가 무엇인지, 그리고 그것이 하나의 해법일 수 있는지를 고찰해볼 수 있기 때문이다. 여론과 관련해서 말하자면 기능적 관점이란 여론이 ─ 어떤 사회적 체계에 속하는지가 정해졌다고 했을 때 ─ 그 특수한 사회적 체계의 특정 문제에 대한 해법일 수 있는지를 묻는 것이다. 이때 동일한 체계 내에서 다른 해법이 가능한지를, 그리고 다른 사회적 체계들에서 동일한 종류의 문제가 어떻게 해결되는지 살펴보는 것은 등가기능주의의 주요한 기법이다.

　셋째, 커뮤니케이션 문제로서 바라본다는 것을 뜻한다. 이젠 잘 알려졌다시피, 루만에게 커뮤니케이션이란 정보, 전달, 이해라는 세 가지 선택을 통해 성립한다. 화자(발신자)가 많은 정보들 가운데 어떤 특정 정보를 선택하고, 그 정보를 특정한 방식으로 전달하기로 선택하고, 청자(수신자)는 그 정보와 전달을 구별하는 특정한 방식의 이해를 선택함으로써 하나의 커뮤니케이션이 성립하는 것이다. 각 선택이 많은 가능성들 가운데의 선택이라면, 세 가지 선택의 조합으로서의 하나의 커뮤니케이션의 성립은 매우 비개연적인 일이 될 것이다. 그런데 이렇게 단위 커뮤니케이션들의 성립이 비개연적이라면,

---

284) 기능적 방법에 대해서는 특히 Luhmann, *Soziale Systeme*, 83-84쪽을, 또 정성훈, 「구별, 일반화, 기능적 분석-체계이론의 비교 연구 방법에 관한 고찰」, 403쪽을 참고.

수많은 단위 커뮤니케이션들의 순환적, 재귀적 연관들로서의 사회적 체계들의 성립은 더욱더 비개연적일 수밖에 없다. 그럼에도 불구하고 커뮤니케이션들이, 그리고 사회적 체계들이, 심지어 단순한 에피소드적 상호작용이 아니라 매우 복잡한 사회적 체계들이 성립한다는 것은 저 비개연성을 줄여주는 메커니즘들이 발달할 수 있었음을 암시한다. 사회적 체계들에 대한 이론의 입장에서 어떤 현상을 바라본다는 것은 항상 이런 식으로 커뮤니케이션 문제들과 연관해서 바라본다는 것을 뜻한다. 그렇다면 체계이론적 관점에서 여론 개념을 재구성한다는 것은 그것이 커뮤니케이션체계의 성립에 어떤 기여를 하는지를 밝히는 것이 될 것이다. 다음에서 나는 이 세 가지 관점에 따라 루만이 여론 개념을 어떻게 재구성하는지를 살펴보고자 한다.

3. 여론 개념의 체계이론적 재구성

'정치체계 내 환경'으로서의 여론

정치적 커뮤니케이션과 관련된 용어들을 다루는 한 개념어 사전의 아주 무난한 정의를 인용하자면, (정치적) 공론장(politische Öffentlichkeit)은 "원칙적으로 그에 대한 접근이 개방적이며 구성원 조건과 결부되어 있지 않은, 그 안에서 개별적, 집단적 행위자들이 폭넓은 공중(Publikum) 앞에서 정치적 주제들에 관해 의견을 표명하는 수많은 커뮤니케이션 포럼들"로 이루어지며 여론(politische Meinung)은 "공론장 안에서의 커뮤니케이션들의 산물"이다.[285] 이 정의를 보자면 여론은, 공론장이 보통 중간적 체계

---

285) O. Jarren, U. Sarcinelli · U. Saxer, *Politische Kommunikation in der demokratischen Gesellschaft, Ein Handbuch mit Lexikonteil*, 694쪽.

(intermediäres System)로 불리는 것에 비추어 볼 때,[286] 정치체계와 사회의 여타 영역 사이의 어딘가에 위치해야 할 것처럼 보인다. 그런데 이렇게 '사이에' 위치해 있는 것은 체계이론에게는 항상 골칫거리이다. 체계·환경 구별을 기본 구별로 삼는 체계이론의 관점에서 보자면, 어떤 것은 언제나 체계 안쪽에 있든가 체계 밖의 환경에 있는 것이지 체계와 환경의 경계에 있는 것은 없기 때문이다. 경계는 구별선일 뿐 거기엔 아무것도 없다. 그렇다면 여론은 정치체계의 안에 있는가 아니면 정치체계의 환경에 속하는가?

만일 여론이 정치적 커뮤니케이션이라고 한다면, 여론은 정치체계에 속한다고 해야 할 것이다. 자기지시적 커뮤니케이션체계로서의 정치체계 개념에 따르자면, 정치체계 밖에서의 정치적 커뮤니케이션이란 없기 때문이다. 그러나 이 경우 난점은, 보통 여론은 정치체계 밖에서 형성된 선호들과 의견들이 정치체계 안으로 반영되는 채널로 이해된다는 사실이다. 만일 여론이 정치체계에 속한다면 여론의 그런 기능은 다 사라져버리는 것 아닌가? 그것은 공중의 선호와 의견들이라는 것이 실상은 정치체계에 의해 만들어지고 유도된 경향성들이란 것을 뜻하지 않는가? 그렇다고 여론을 정치체계의 밖에, 정치체계의 환경에 위치시킬 수도 없다. 그렇게 할 경우 여론은 이미 정의상 정치적 커뮤니케이션이 아닐 것이며, 그래서 굳이 다른 종류의 커뮤니케이션들, 가령 예술적 커뮤니케이션들에 비해 정치체계에 대해 특별한 의미를 가질 이유가 없을 것이다.

여론의 체계이론적 위치에 관한 이런 문제를 루만은 '정치체계 내 환경 (politiksysteminterne Umwelt)'[287]이라는 독특한 개념으로 해결하고자

---

286) 가령 Gehards · Neidhardt, "Strukturen und Funktionen moderner Öffentlichkeit. Fragestellungen und Ansätze", 6쪽.
287) Luhmann, *Die Realität der Massenmedien*, 185쪽.

한다. 이 개념은 매우 조심스럽게 이해되어야 한다. 이것이 무엇을 뜻하는지 파악하기 위해서는 먼저 그가 공론장(Öffentlichkeit) 개념을 어떻게 재구성하는지 살펴볼 필요가 있다.

공론장에 대한 통상적인 이해가 일반적 접근 가능성과 행위, 그리고 공간적 의미에 초점을 맞추고 있음에 반해,[288] 루만은 관찰 개념에 초점을 맞추어 공론장 개념을 새롭게 정의한다.[289] 체계의 작동은 정의상 체계 밖에선 실행될 수 없다. 그렇지만 체계는 자신의 외부가 있다는 것은 알 수 있고, 경우에 따라 자신이 외부로부터 관찰된다는 사실까지도 알 수 있다. "체계는 ─ 누구에 의해 어떻게 관찰되는지는 정해져 있지 않은 채 ─ 외부로부터 관찰된다는 것을 반성할 때, 자기 자신을 공론장을 매체로 해서 관찰될 수 있는 것으로 파악한다."[290] 공론장은 이렇게 체계의 경계에 대해서, 그리고 체계 외부로부터의 관찰 가능성에 대해서 체계 내에서 반성이 이루어질 때의 관찰 구도이다. "각각의 사회 내 체계경계에 대한 반성"[291]으로서의 공론장이란 그런 뜻이다. 이해를 수월하게 하기 위해 체계를 하나의 의식적 행위자로 바꾸

---

288) 위에서 인용한 공론장의 정의에 '개방적', '행위자', '포럼'이란 단어들이 핵심어로 들어 있음을 상기해보라.

289) '자기지시적 체계'에서 '지시'가 '관찰'의 의미에 가까운 것이라는 점을 고려한다면, 루만이 공론장 개념을 체계이론적으로 재구성하면서 관찰 개념에 초점을 맞추는 것은 당연한 일이다. '자기지시'의 개념에 대해서는 장춘익, "'자기지시적 체계'에서 '자기지시'(Selbstreferenz)란 무엇을 뜻하는가?: 루만의 이론의 한 핵심어에 대하여"를 참고.

290) Luhmann, *Die Realität der Massenmedien*, 185쪽.

291) "Reflexion jeder gesellschaftsinternen Systemgrenze." 루만은 공론장에 대한 이 규정이 배커(Dirk Baecker)의 제안을 따른 것이라고 밝히고 있다. Luhmann, *Die Realität der Massenmedien*, 184쪽 참고. 하지만 경계(Grenze) 개념에 초점을 맞춘 점에서만 그러할 뿐, 이 둘의 공론장 개념이 지향하는 바는 상당히 다르다. 배커는 경계에 대한 관찰이 경계설정의 우연성과 인위성을 보게 한다는 점을 강조하는 반면, 루만에게 공론장은 주로 이차 관찰의 매체로서 관심 대상이다. 가령 정치체계와 관련해서 말하자면, 배커의 관심사는 정치체계'의' 경계에 대한 관찰이 주요 관심사라면, 루만의 경우는 정치체계 '내'의 이차 관찰이 주요 관심사인 것이다. Baecker, "Oszillierende Öffentlichkeit", 97쪽 참고.

어 말하자면, 자신이 도대체 누군가에 의해 관찰된다는 사실을 알고 있을 때, 그리고 이때 관찰자도 그의 관찰 방식도 특정되어 있지 않았을 때, 그는 자신이 공론장 속에서 관찰된다고 여긴다는 것이다. 공론장을 이런 식으로 파악하면, 공론장은 "정치, 경제, 예술, 학문, 교육 체계 같은 사회의 모든 기능체계들을 관련지을 수 있다."[292] 가령 나의 논문을 누군가 읽을 수 있다고 생각한다면 나는 학문적 공론장 속에 있는 것이며, 나의 작품을 누군가 감상하고 비평할 수 있다고 생각한다면 나는 예술적 공론장에 있는 것이다. 루만에게 정치적 공론장은 여러 공론장들 가운데 하나이며, 그는 여론을 정치적 공론장과 같은 개념으로 사용한다.[293]

체계경계에 대한 반성으로서의 공론장에 대한 규정도 이미 충분히 어렵지만, 더 난제는 그다음이다. 루만은 위의 규정에 바로 이어서 공론장을 '사회의 부분체계들의, 즉 모든 상호작용들과 조직들, 또한 사회의 기능체계들과 사회운동들의 사회 내 환경'[294]으로 규정한다. 그리고 다시 그에 곧이어 여론을 '정치체계 내 환경'이라고 규정한다. 정치체계 '내'라고 함으로써 공론장을 정치체계 안쪽에 위치시키고, '환경'이라고 함으로써 공론장이 정치에 대해 갖는 민주주의적 통제 기능을 반영하고 있다는 것은 금세 짐작할 수 있다. 그런데 '사회 내 환경'으로서의 공론장과 '정치체계 내 환경'으로서의 여론이란 무슨 뜻일 수 있는가? 혹시 '사회 내 환경'이란 말과 '체계 내 환경'이란 말은

---

292) 베르크하우스(이철 역), 『쉽게 읽는 루만』, 376쪽.
293) Luhmann, *Die Politik der Gesellschaft*, 284쪽 참고.
294) "gesellschaftsinterne Umwelt der gesellschaftlichen Teilsysteme, also aller Interaktionen und Organisationen, aber auch der gesellschaftlichen Funktionssysteme und der sozialen Bewegungen." Luhmann, *Die Realität der Massenmedien*, 184-185쪽. 『사회의 정치Die Politik der Gesellschaft』에서는 "모든 사회 내 사회적 체계들의 일반화된 다른 쪽 면"(generalisierte andere Seite aller innergesellschaftlichen Sozialsysteme)이라고 표현되기도 한다. 285쪽 참고.

서로 충돌하지 않는가? 공론장을 '사회 내 환경'으로 이해하면, 얼핏 정치적 공론장 혹은 여론은 정치체계에 대한 여타 사회 영역으로부터의 관찰과 관련될 것으로 보인다. 그렇다면 정치적 공론장은 정치체계 내의 환경이 아니라 정치체계 밖의 — 그러나 사회 안의 — 환경이지 않는가? 그렇다면 여론(정치적 공론장)이 '정치체계 내 환경'이란 것은 무슨 말인가?

공론장이 하나의 부분체계의 환경이라면, 일단 그것은 그 부분체계의 밖에, 그러나 사회의 안에 있다. 이것이 루만이 '사회 내 환경'으로 표현하는 부분이다. 그러나 이것으로는 아직 공론장에 대한 의미로 부족하다. 더 정확하게 표현하자면 공론장은 **부분체계들이 속하는 상위 체계 내의 환경**으로 이해되어야 할 것이다. 그러니까 기능체계들의 경우, 공론장은 기능체계들이 속하는 상위 체계인 전체 사회체계 안의 환경이 될 것이고, 각 기능체계 안의 부분체계들에 공론장은 그 기능체계 안의 환경이 된다. 루만에게 정치적 공론장으로서의 여론은 후자의 경우다. 그러니까 루만에게 여론은 정치체계 '내'의 부분체계들의 상호관찰과 관련되며, 바로 그런 부분체계들의 정치체계 내 환경이다. 정치적 공론장으로서의 여론은 정치체계 밖의 현상이 아니라 정치체계 내의 현상이며, 정치체계 밖에서의 관찰이 아니라 정치체계 내에서의 관찰이다. "여론은 외부와의 접촉을 산출하는 데 기여하는 것이 아니라 정치체계의 자기지시적 폐쇄에, 정치를 다시 정치에 관련시키는 데에 기여한다."295) 여론이 정치체계 내 환경이란 것은 그런 뜻이다.296)

---

295) Luhmann, "Gesellschaftliche Komplexität und öffentliche Meinung", 172쪽.
296) 공론장이 항상 부분체계들을 기준으로 해서 그것들의 상위체계 내의 환경이란 점을 파악하지 못하면, 루만의 여론 개념의 핵심을 놓치게 된다. 루만은 분명 여론을 정치체계 '내'의 환경으로 규정하고 있다. 그러므로 여론은 정치체계의 부분체계들(정치체계의 참여자들)의 정치체계 내 환경이며 정치체계 내에서의 상호관찰과 관련되지, 정치체계 외부로부터의 정치체계에 대한 관찰과 관련된 것이 아니다. 정치체계 외부로부터의 관찰은 물론 가능하다. 가령 문학이 정치를 소재로 삼을 수 있다. 또 정치체계 전체에 대해 반성(성찰)하면서 정치체

이 어려운 내용을 파악하는 데는 다른 기능체계에서 정치체계에서의 여론과 비슷한 역할을 하는 것을 살펴보는 것이 도움이 된다. 경제체계에서의 '시장'이 그것이다. 루만은 시장을 '경제 내 환경'(witrtschaftsinterne Umwelt)[297]이란 특유의 개념으로 파악한다. 여기서 경제체계 '내'의 환경이 경제체계'의' 환경과 같은 말은 아니다. 만일 그렇다면 그것은 체계가 자기 안에 자기의 환경을 가지고 있다는 말이 되어 모순일 것이다. 저 말을 이해하기 위해서는 하나의 기능체계 내의 분화를, 즉 하나의 기능체계 안에서 다시 실행되는 체계·환경 구별들을 상기해야 한다. 그러니까 하나의 기능체계로서의 경제체계 안에는 경제 커뮤니케이션을 수행하는 다양한 체계들(개별 경제주체들, 조직들)이 있다. 시장이 경제체계 내의 환경이라 함은, 경제커뮤니케이션에 참여하는 각 부분체계들에게 자신과 (자신을 제외한) 경제체계의 나머지가 체계·환경의 관계로 편성된다는 것을 뜻한다. 그러니까 경제체계 내에서 경제활동을 수행하는 부분체계들은 경제체계 내의 환경과 경제체계 밖의 환경을 갖는 것이며, 후자는 다시금 사회 내 환경과 사회 밖의 환경으로, 이것의 후자는 다시금 인간환경과 자연환경으로 나뉘는 것이다. 시장은 이 가운데서 경제체계 내의 환경이다.

환경은 언제나 체계의 상관물이므로, 경제체계 내의 환경으로서의 시장은 한편으로 경제활동에 참여하는 각 체계마다 다르다. 가령 골동품 시장과 축

계 외부로부터의 그러한 관찰들이 참조될 수도 있다. 하지만 루만에게 그것은 정치적 공론장 혹은 여론이 아니다. 그러니까 정치체계가 여론이라는 매체로 자신이 "외부에서 관찰된다는 것을 성찰한다"(베르크하우스(이철 역), 『쉽게 읽는 루만』, 376-377 참고)라는 식의 이야기는 루만의 여론 개념에 대한 틀린 혹은 모호한 해석이다. 여론을 정치체계 '밖'으로부터의 관찰로 여기면 다음과 같은 구절을 도저히 해석할 수 없게 된다. "그러니까 여론은 어딘가 다른 곳에서도 나타나는 어떤 것이 아니다. 여론은 정치 자체의 자폐적 세계이다."(Luhmann, *Die Politik der Gesellschaft*, 290쪽).
297) Luhmann, *Die Wirtschaft der Gesellschaft*, 94쪽.

산물 시장이 다르며, 생산시장과 소비시장이 다르고, 생산시장 안에서도 다시금 어떤 생산물을 생산하는가에 따라 시장이 다르다. 그러나 다른 한편 모든 시장은 경제체계에 속한다는 점에서는 동일하다. 이것을 표현하기 위해 루만은 시장이 다수의 기업들이 활동하는 다중심적 체계(poly-zentrisches System)라는 일반적 표현 대신, 각 경제활동 참여자의 관점에서 볼 때 참여자 각자와 그의 시장으로 나타나는 다맥락적 체계(poly-kontexturales System)라는 표현을 제안한다.[298] 물론 다맥락적 체계로서의 시장은 사회학적 관찰자 관점에서의 시장이다.

경제체계 내의 환경으로서의 시장은 루만에 따르면 일종의 거울과 같은 역할을 한다. 사람들은 시장을 통해서, 구체적으로는 시장에서의 가격을 통해서, 다른 관찰자들이 시장을 어떻게 관찰하는지를 관찰하고 또한 자신을 다른 관찰자들의 관찰에 노출시킨다.[299] 가격은 한편으로 시장 참여자들의 필요와 지불의사에 대한 정보를, 다른 한편으로 희소재화의 양도의사에 관한 정보를 제공해준다. 그러니까 시장 참여자들은 가격에 비추어 다른 참여자들의 관찰과 선택에 대한 정보를 얻고, 여기에 자신의 관찰과 선택을 연결시킨다.[300]

루만은 이런 이차 관찰이 기능체계들에 보편화되어 있다고 생각한다. 그렇다면 경제체계의 시장에 해당하는 것들, 즉 이차관찰을 촉진하는 장치들을 다른 체계들에서도 생각해볼 수 있을 것이다. 가령 학문체계에서는 출판이 그렇다. 다른 사람들의 출판물을 통해서 그들이 어떻게 관찰하는지를 관찰하고, 나의 출판물을 통해서 내가 다른 사람들의 출판물을 관찰했음을 보여주

---

298) 위의 책, 96쪽 참고.
299) 위의 책, 18쪽 참고.
300) 위의 책, 18쪽 참고.

면서 또한 나 자신을 관찰에 노출시키는 것이다. 법체계에서는 입법과 선례들이 그렇다. 어떤 사안에 관련하여 어떤 입법과 선례들이 있었는지를 살핌으로써 그 사안과 관련하여 어떤 결정들이 있었는지를 관찰하고, 이 맥락 속에서 자신의 결정을 내리는 것이다. 루만에 따르면 현대사회에서는 심지어 가족도 이런 이차 관찰에 익숙해져 있다. 더 이상 고정된 역할이 아니라 사랑이 관건이 되면서, 각 가족 구성원은 자신이 다른 구성원들에 의해 어떻게 관찰되는지에 따라 자신의 태도를 취한다는 것이다.[301]

루만에게는 정치적 공론장으로서의 여론도 정확히 시장처럼 이렇게 정치체계 내의 커뮤니케이션이 이차 관찰의 형식으로 수행되게 하는 장치이다. 그래서 시장이 경제체계 내 환경인 것처럼 여론은 정치체계 내 환경인 것이고, 시장이 경제체계 내의 거울인 것처럼 여론도 정치체계 내의 거울, 즉 정치적 커뮤니케이션들이 스스로를 비춰보는 거울이다.[302] 단, 여론을 통해서 관찰자들이 서로의 관찰들을 관찰하지만, 그렇다고 관찰자들 내부까지 관찰할 수 있는 것은 아니다. 그러니까 여론은 상호관찰의 매체라는 의미에서 이쪽에서도 저쪽에서도 볼 수 있는 양면 거울이지만,[303] 그러나 거울 자체는 불투명하다. 여론은 정치적 커뮤니케이션들의 상호관찰 구도로서, 순간적 모습으로 보자면 "운동하는 체계가 사진으로 포착된 상태"이며, "과정으로 보자면 공개적 커뮤니케이션으로부터 나와서 다시 공개적 커뮤니케이션에서 사용될 수 있게 제시되는 것"이다.[304]

---

301) Luhmann, *Die Politik der Gesellschaft,* 312-313쪽; Luhmann, "Die Beobachtung der Beobachter im politischen System: Zur Theorie der Öffentlichen Meinung", 81쪽 이하를 참고.
302) Luhmann, *Die Politik der Gesellschaft,* 286쪽; Luhmann, "Gesellschaftliche Komplexität und öffentliche Meinung", 172쪽 참고.
303) 루만(장춘익 역), 『사회의 사회』, 1259쪽 참고.
304) Luhmann, *Die Politik der Gesellschaft,* 287쪽; Luhmann, "Die Beobachtung der

제도화된 주제구조로서의 여론

자기지시적·자기생산적 체계들의 이론에서는 언제나 하나의 체계가 과도하게 복잡한 환경에 직면해서 이 복잡성을 어떻게 적절히 축소해나가는가가 문제이다. 사회적 체계들의 경우도 이 기본 문제는 마찬가지다. 다만 사회적 체계들은 복잡성을 의미에 따라 파악하고 축소한다는 점이 다를 따름이다. 여기서 의미에 따라 파악한다는 것은 체험과 행위에서 가능성들의 차이를 인지하면서 그 가운데 어떤 것을 선택하고 나머지 것들은 잠재화한다는 것을 뜻한다. 가령 대화상황에서, 화자가 말할 수도 있는 것은 여러 가지이지만 청자의 반응을 기대하면서 그중의 어떤 가능성을 현실화하며, 청자도 반응할 수 있는 방식은 여러 가지인데 다시금 화자의 반응을 기대하면서 그중의 어떤 가능성을 현실화한다.[305] 이런 선택 과정을 통해 기대가 어느 정도 안정화되고 이를 통해 커뮤니케이션들이 다소 지속성을 가질 수 있게 되면 구조가 성립하였다고 한다. 역으로, 이미 성립된 구조는 기대를 안정화함으로써 후속 선택 과정을 이끌고 커뮤니케이션의 가능성을 높인다. 물론 구조는 불변

Beobachter im politischen System: Zur Theorie der Öffentlichen Meinung", 81쪽.

305) 그런데 대화라는 상호작용체계에서 과도하게 복잡한 환경이란 무엇일까? 무엇보다도 의식(상대의 의식뿐만 아니라 나의 의식)을 생각할 수 있을 것이다. 대화는 화자와 청자가 단순히 의식 속에 떠오르는 생각을 토로하는 것이 아니다. 한 시점에 수많은 생각들이 떠오를 수 있다는 점을 감안하면 그것은 자체로 불가능할 뿐만 아니라, 그렇게 한다고 해도 대화가 될 수는 없다. 그 가운데 어떤 생각을 선택해서 커뮤니케이션해야 하는데, 그것도 청자가 반응할 수 있는 것이어야 한다. 청자 역시, 화자의 발언에 직면해서 수많은 생각이 떠오를 수 있는데, 그 가운데 화자의 반응을 고려해서 어떤 것을 선택해 커뮤니케이션해야 한다. 그러니까 과도하게 많은 제안 가능성들과 과도하게 많은 반응 가능성들을 적절히 축소해야만 대화가 성립할 수 있는 것이다. 이때 화자와 청자가 선택하지 않은 가능성들은 사라지는 것이 아니라 잠재화된다. 잠재화된 가능성들은 선택된 가능성이 대화 기대를 실현시키지 못하거나 혹은 관심유발 능력을 다 소진하여 더 이상 대화를 성립시키지 못할 때, 다시 선택될 수 있다. 어떤 이야기를 꺼냈는데 상대가 반응이 없으면 다른 이야기를 시도할 수 있는 것이며, 어떤 이야기로 상대의 반응을 얻어냈더라도 계속 같은 이야기를 할 수는 없는 것이다.

적일 수 없고 항상 임시적 성격만을 갖는다. 구조는 커뮤니케이션 과정을 성공적으로 이끎으로써 확인되기도 하고, 반대로 커뮤니케이션 과정을 통해 새롭게 형성되기도 한다.

하나의 사회적 체계로서의 정치체계도 과도하게 복잡한 환경과의 관계에서 복잡성을 적절히 축소할 수 있어야 한다. 정치체계가 사회에서 일어나는 모든 일들에 대응할 수는 없기 때문이다. 그러니까 정치체계가 작동하려면 사회 환경에서 일어나는 수많은 필요들 가운데 일부만이 정치적 결정을 요구하는 문제들로, 즉 집단적 구속력을 갖는 결정을 필요로 하는 문제들로 선택되고 번역되어야 한다. 정보 개념을 사용해서 말하자면, 정치와 유관한 정보를 획득하고 정치와 무관한 정보는 버릴 수 있어야 하는 것이다. 루만에게 여론은 바로 공개적 커뮤니케이션을 통해 정치적 주제들이 설정되고 그 주제들에 대해 의견들이 제시되는 과정이며 또한 그 결과물이다. 공개적 커뮤니케이션을 통한 주제 설정과 논의가 제도화되었다는 점에서 루만은 여론을 '사회의 커뮤니케이션 과정의 제도화된 주제구조'[306]라고 한다. 이렇게 선택된 주제들과 관련하여 커뮤니케이션들이 시도되고 또한 같은 종류의 커뮤니케이션들이 이어지면서 정치적 커뮤니케이션들의 자기지시적 연관이 이루어진다. 그래서 루만은 "여론의 주제구조에서 최종적으로 또한 정치체계의 독립분화와 기능적 독자화의 토대를 찾아야 할 것"[307]이라고 말한다.

이런 루만의 여론 개념이 통상적인 여론 개념과 아주 동떨어지기만 한 것은 아니다. 여론은 보통 사회의 필요들을 정치에 전달하는 것으로 여겨지는데, 루만 자신도 여론의 매개 기능(Vermittlungsfunktion)을 인정하고 있

---

306) "institutionalisierte Themenstruktur des gesellschaftlichen Kommunikationsprozesses", Luhmann, "Öffentliche Meinung", 29쪽.
307) Luhmann, "Öffentliche Meinung", 28쪽.

다.[308] 그렇지만 루만의 강조점은 이에 못지않게, 아니 그보다 훨씬 더, 여론의 선택성에 놓여 있다. 사회의 필요들을 모두 정치적 문제들로 번역하는 것은 실행될 수도 없고 실행되어서도 안 된다. 그렇게 과도한 복잡성이 적절히 축소되지 않고는, 그러니까 정치적 문제로 인지될 수 있는 적정한 수의 주제들로 축소되지 않고는, 자기지시적 사회적 체계로서의 정치체계가 성립할 수 없기 때문이다. 그래서 루만은 "문제는 진화적으로 증가하는 사회의 복잡성으로부터 나오는 수많은 가능성들에 비해 이렇게 생겨나는 주제들의 선택성에 있다"[309]라고 말한다.

앞에서 언급한 것처럼, 루만은 정치체계에서의 여론이 경제체계에서의 시장과 유사한 기능을 하는 것으로 여긴다. 경제체계의 참여자들이 시장을 통해서 다른 참여자들을 관찰하고 자신을 관찰에 노출시키듯이, 정치체계의 참여자들 또한 여론을 통해서 다른 참여자들을 관찰하고 자신을 관찰에 노출시킨다. 바로 주제들에 대응하는 방식을 통해서 관찰하는 것이다. 그런데 이때 정치체계에서의 이차 관찰은 경제체계에서의 이차 관찰만큼 효과적으로 이루어지지는 못한다. 시장의 '가격'과 같은 메커니즘이 여론에는 없기 때문이다. 가격은 한편으로 지불의사 및 재화의 양도의사와 관련한 정보를 획득하게 해주는데, 다른 한편 그 외의 정보는 필요치 않게 만든다. 돈을 받고 재화를 파는 사람은 재화를 사는 사람이 세부적으로 어떤 사람인지, 어떤 이력을 가지고 있고 어떤 사회적 관계들을 가지고 있는지 탐색하지 않아도 된다. 물론 판매의 기회를 늘리기 위해 그런 탐색을 시도할 수는 있으나, 그런 경우에도 그것을 거래의 조건으로 삼지는 않는다. 가격 지불 여부에 따라 판매를 결정하는 것이지 어떤 사람에게는 팔고 어떤 사람에게는 팔지 않겠다는 것은

---

308) 위의 책, 28쪽.
309) 위의 책, 28쪽.

경제적으로 비합리적인 태도이다.[310] 재화를 구입하는 사람도 판매자가 대가로 받은 돈으로 무엇을 할지 탐색하고 그것을 재화 구입의 조건으로 삼지는 않는다. 그러니까 가격은 한편으로 거래에 필요한 정보를 획득하게 하면서 다른 한편으로 거래와 무관한 무수한 정보는 탈락시킨다. '정보획득과 정보축소'(Informationsbeschaffung und -verkürzung)[311]가 동시에 일어나는 것이다. 이렇게 지불의사 및 재화의 양도의사와 관련된 정보는 획득하면서 동시에 커뮤니케이션 참여자들의 개별적인 특징들이나 다른 사회적 관계들은 유관한 정보가 되지 않게 함으로써 지불·비지불 코드에 따른 커뮤니케이션들의 연쇄가 수월하고 광범위하게 작동할 수 있고, 그래서 경제체계의 독립분화가 일어날 수 있다.

이렇게 가격처럼 관찰자들에 대한 관찰을 수월하게 해주는 효과적인 메커니즘이 여론에는 없지만, 그러나 유사한 기능을 하는 것이 없지는 않다. 가령 정치적 주제들에 대응해온 이력, 특히 도덕성이 그렇다.[312] 다른 정치적 참여자들을 관찰할 때 ― 다른 정보들은 탈락시키고 ― 이력과 도덕성이 어떠한지를 관찰하는 것이다.[313] 하지만 이력이나 도덕성은 쉽게 파악하기도 어렵고 양적으로 확정하기도 어렵다. 정치체계가 경제체계에 비해 커뮤니케이션의 효율성과 신속성이 떨어지고 지역성을 벗어나기 어려운 하나의 중요한 이유가 여기에 있다고 할 수 있을 것이다.

어쨌건 루만에게 제도화된 주제구조로서의 여론의 일차적 기능은 합리적 의견으로 결집된 정치적 의견을 통해 지배권력을 비판하고 통제하는 데 있지

---

310) Luhmann, *Die Wirtschaft der Gesellschaft*, 19쪽.
311) 위의 책, 19쪽.
312) 위의 책, 292쪽 참고.
313) 정치가를 대상으로 하는 청문회에서 주로 이력과 도덕성이 문제 되는 것은 이런 관찰 방식을 반영하는 것이라고 할 수 있을 것이다.

않다. 그보다 더 중요한 기능은 정치적 주제들을 형성함으로써 지속적인 정치적 커뮤니케이션을 가능하게 하는 것이다. 이런 관점에서 보면 여론의 불확실성이나 불안정, 심지어 모순적인 성격까지도 여론의 결점이 아니다. 분명한 결정을 내리는 일은 다른 장치들에 의해 수행될 수 있기 때문이다.

루만이 여론의 합리성과 비판 및 통제 기능에 주목하는 입장과 어떻게 대결을 벌이는지에 대해서는 뒤에서 더 언급될 것이다. 일단 지금까지 논의한 것을 루만의 언어로 잘 확인할 수 있는 구절을 옮겨놓는다.

> "사회들과 그것들의 정치적 기능연관들을 체계들로 볼 경우, 문제의
> 식의 중심이 이동한다. 체계들이 그것들의 과도하게 복잡한 환경과 갖는
> 관계 쪽으로 향하며, 어떤 구조들과 과정들을 통해 이 복잡성을 의미에
> 따라 파악하고 축소할 수 있는지 설명하고자 하는 것이다. 구조들은 세
> 계 안에서 가능한 것의 복잡성을 체계가 실행할 수 있는 언어로 번역한
> 다. 여론을 사회의 커뮤니케이션 과정의 제도화된 주제구조로 보면, 그
> 것은 이중의 의미에서 문제가 된다. 압축적 의견을 통해 결정권자들에게
> 압력을 행사하는 것뿐만 아니라 주제로서 구조의 역량을 발휘하는 것이
> 다. 여기서부터 보자면 여론이 보이는 불확실성, 해석의 필요성, 모순성,
> 불안정성은 결점이 아니라 여론의 기능의 요소이다. 그것의 교정은 여론
> 자체에서가 아니라 사회와 사회의 정치체계의 다른 장치들에서, 즉 정치
> 체계의 결정능력에서 확보되어야 한다."[314]

---

314) Luhmann, "Öffentliche Meinung", 29쪽.

주제와 의견

정치적 커뮤니케이션의 주제를 형성하는 것으로서의 여론의 기능이 왜 그토록 중요한지를 제대로 파악하기 위해서는 커뮤니케이션체계 형성의 일반적인 문제로 돌아가 살펴볼 필요가 있다.

단발적으로 끝나는, 즉 단 한 번 화자가 정보를 전달하고 청자가 이해하는 것으로 종결되는 커뮤니케이션은 구체적인 맥락에 의지해 이해될 수 있고 종종 아예 언어가 필요치 않을 수도 있다. 가령 도움을 요청하는 외마디 소리라든가, 정찰 가격표가 붙은 물건을 구입하는 행위가 그렇다.[315] 그렇지만 많은 수의 단위 커뮤니케이션들이 서로 연결되려면, 순간에만 성립하는 구체적 맥락에 의지하는 방식을 벗어나야 한다. 화자와 청자가 이후 시점에 이전 시점의 자신들의 커뮤니케이션들에 연결할 수 있어야 하는 것은 물론이고, 다른 화자와 청자들도 그 커뮤니케이션들에 연결할 수 있어야 한다. 이런 연결이 가능하려면 커뮤니케이션들 간에 어떤 조건적 관계가 성립되어야 한다. 여기서 조건적 관계라 함은 인과적 관계와 같은 뜻이 아니다. 그러니까 하나의 커뮤니케이션이 후속 커뮤니케이션을 결정한다는 것은 아니다. 그것은 하나의 커뮤니케이션이 후속 커뮤니케이션을 예상하면서 행해지고 또한 후속 커뮤니케이션의 가능성을 제한한다는 것을, 동시에 후속 커뮤니케이션을 감안하기 때문에 이미 후속 커뮤니케이션에 의해 제한된다는 것을 뜻한다. 이런 관계를 루만은 '상호적 조건화'라고 표현하며, 이럴 경우 커뮤니케이션들이 하나의 '과정'으로 연결되었다고 한다.[316] 이렇게 커뮤니케이션이 하나의 과정으로 됨으로써 하나의 자기지시적 커뮤니케이션 연관이 성립한다.[317]

---

315) Luhmann, *Soziale Systeme*, 212쪽 참고.

316) 'wechselseitige Konditionierung', Luhmann, *Soziale Systeme*, 213쪽.

317) 체계의 (기초적) 자기지시성이란 하나의 요소가 다른 요소들과의 관련 속에서 설정되

그런데 커뮤니케이션이 도대체 어떻게 과정이 될 수 있는가? 이 물음은 루만 스스로 던지는 물음이며, 여기에 대해 그는 **주제와 의견의 차이**(Differenz von Themen und Beiträgen)[318]를 가지고 답한다. 커뮤니케이션들의 연관성을 성립시키는 것은 주제들이며, 주제들과 관련하여 의견들이 제시된다는 것이다. 가령 대화의 경우, 어떤 주제에 대해 발언을 주고받으면서 하나의 상호작용체계가 성립한다. 이때 주제는 의견들을 결정하진 않는다. 의견들은 서로 다를 수 있고 심지어 대립할 수도 있다. 하지만 주제는 의견들에 질서를 부여한다. 그 주제에 대한 의견들이 되게 함으로써, 그리고 의견이 될 수 있는 것을 제한함으로써 그렇게 하는 것이다.

원칙적으로 주제들에 대한 제한은 없으나, 주제들의 일반적인 특성이 없지는 않다. 루만은 이것을 사태적, 시간적, 사회적 측면으로 나누어 설명한다.

사태적 측면에서, 주제는 어떤 실질적 내용을 가져야 한다. 커뮤니케이션을 지속할 관심을 갖게 하는 내용이어야 하는 것이다. 시간적 측면에서 보자면 주제는 낡거나 새롭거나, 단기적이거나 상대적으로 지속적일 수 있다. 어떤 주제들은 다소 오래 지속되고, 낡은 주제들이 새로운 주제들로 교체되고, 지나간 주제들이 되살아나기도 하면서 커뮤니케이션 연관들이 생성되고 변화하며 확장된다. 사회적 측면에서 주제는 커뮤니케이션 참여자들에게 구속효과를 낳는다. 여기서 구속 효과란 특정한 의견을 강제한다는 의미가 아니다. 의견은 상대와 다를 수 있지만, 일단 어떤 의견을 제시하면 그것에 참여자 스스로가 구속된다는 것이다. 의견을 통해서 표현된 자신의 생각과 입장

는 것을 뜻한다. 가령 대화라는 상호작용체계의 경우, 하나의 발언이 선행 발언들을 고려하고 후속 발언들을 예상하면서 행해질 때 (기초적) 자기지시성이 성립한다. 이에 대해서는 장춘익, "'자기지시적 체계'에서 '자기지시'(Selbstreferenz)란 무엇을 뜻하는가?: 루만의 이론의 한 핵심어에 대하여", 특히 145쪽을 참고.
318) Luhmann, *Soziale Systeme*, 213쪽.

을 어느 정도 일관성 있게 유지해야 하고 그에 맞게 행동해야 하기 때문이다. 마음에 없이 한 약속도 결국 지켜야 한다.

의견들은 주제에 따라 사태적, 시간적, 사회적 측면에서 배치된다. 이런 점에서 루만은 주제가 커뮤니케이션 과정의 구조 역할을 한다고 한다. 주제가 이렇게 구조로서 의견들을 규정하긴 하지만, 그러나 어떤 의견이 언제, 누구에 의해서 제시될지를 결정하진 않는다. 이런 점에서 루만은 주제가 일반화의 기능을 행한다고 한다.

이제 체계이론의 기본적인 문제와 연결해서 말하자면, 주제는 복잡성 축소의 기능을 행한다. 언어적 커뮤니케이션에 한정해서 말하더라도, 언어 규칙에 맞는 표현 가능성은 무수히 많다. 이 가능성들이 다 고려되어야 한다면 커뮤니케이션은 성립할 수 없다. 주제에 따른 기대 구조가 성립함으로써, 그리고 주제에 맞는지 여부에 따라 의견들이 걸러짐으로써 비로소 실제적인 커뮤니케이션이 성립할 수 있다. 그래서 루만은, 언어 자체만으로 안 되고 주제들이 있어야 커뮤니케이션이 실행될 수 있다는 의미에서, 주제들이 "언어의 행위프로그램"[319)]과 같다고 말한다.

루만은 복잡한 내용의 핵심을 유쾌한 예로 간결하게 보여주는 자신의 재능을 주제와 의견의 차이 문제와 관련해서도 유감없이 발휘한다. 쥐덫으로 쥐를 잡은 최선의 방식에 대해 논의할 경우, 여전히 많은 방법이 제안될 수 있지만, 그러나 아무것이나 제안될 수는 없다. 사람들은 자신과 다른 사람들의 제안들이 도대체 쥐를 잡을 수 있는 방법인지에 따라 재빨리 선별하고 통제한다(=사태적 측면). 여기에 더하여, 가령 쥐를 잡는 방법 가운데서도 어떤 것이 덜 잔혹한지에 대해 말할 수도 있다. 이 주제와 관련하여 참여자들의 도

---

319) 'die Handlungsprogramme der Sprache'. Luhmann, *Soziale Systeme*, 216쪽.

덕적 감수성이 문제 될 수 있는 것이다(=사회적 측면). 또 이 주제에 관해 충분히 논의되고 나올 만한 제안들이 다 소진되고 나면, 이 주제는 더 이상 관심을 끌지 못하고 새로운 주제에 자리를 내주어야 한다(=시간적 측면).[320]

도식으로서의 여론

정치적 커뮤니케이션의 주제구조로서의 여론 개념은 '도식'(Schema) 개념을 통해 보다 구체화된다. 루만이 인지심리학으로부터 받아들이는 도식이란 기억과 관련되는 문제이다. 의미를 사용하는 체계들, 즉 심리적 체계들이나 사회적 체계들은 자신의 수많은 작동들을 거의 망각하지만 그 가운데 일부는 정형화된 형식으로 보존하고 재사용할 수 있게 기억한다. 도식은 체계에 망각과 기억을 가능하게 해주는 의미조합을 나타낸다. 도식들은 어떤 것의 명칭이나 개념 혹은 물건 사용법과 같은 아주 단순한 것들로부터 좋은·나쁜, 참인·참이 아닌, 소유·비소유 등의 선호코드들, 그리고 여러 도식들의 결합을 통한 복잡한 도식들에 이르기까지 아주 다양하다. 도식들 가운데 시간적 성격을 가지며 행위에 대한 요구를 포함하고 있는 것을 스크립트(Skript)라고 부른다.[321]

도식들이 다시 사용될 경우를 대비해 기억된 것인 반면, 도식들을 학습할 수 있게 한 원래의 상황들은 보통 잊힌다. 도식들의 의의는 그것의 원천이 아니라 재사용 가능성에 있기 때문이다. "도식은 원천을 통해서가 아니라 입증을 통해서, 사용을 통해서, 그리고 무엇보다도 상이한 관찰자들의 상이한 관

---

320) 이 예는 Luhmann, *Soziale Systeme*, 216쪽을 참고.
321) 도식에 대한 설명은 루만(장춘익 역), 『사회의 사회』, 137–138쪽; Luhmann, *Die Politik der Gesellschaft*, 299쪽을 참고.

찰들을 통합할 수 있음으로써 정당화된다."[322]

루만은 여론이 도식의 기능을 하는 것으로, 즉 '공적 기억'을 형성하는 것으로 해석한다. 달리 표현하자면 그것은 사람들이 언급할 수도 있을 무수히 많은 다른 측면들을 차단하고 특정한 주제들에 주목하게 하는 '공적 망각'의 기능이기도 하다. 이때 중요한 것은, 도식들이 커뮤니케이션들의 연결점을 제공하는 것이지 구체적인 의견들까지 결정하는 것은 아니라는 점이다. 가령 '개혁'(Reform)이란 도식은, 개혁을 지지하는 입장과 개혁을 반대하는 입장 모두를 가능하게 한다. 개혁을 지지하는 사람들이 개혁의 당위성을 역설한다면, 개혁을 반대하는 사람들은 부작용이나 비용을 이유로 반대할 수도 있는 것이다. 이렇게 주제에 대한 구체적인 제안들의 가능성을 열어놓는 것, 찬성과 반대의 가능성 모두를 열어놓는 것이 도식의 중요한 기능이다. 루만에 따르면 "여기에, 대화를 통한 이성적 해법들의 형성이 아니라 바로 여기에, 여론과 민주주의의 연관성의 근거가 놓여 있다."[323]

루만은 도식이 문제들에 대해 주의를 환기시키는 기능을 갖는 것으로도 설명한다. 루만에겐 여론과 관련된 개인들의 선호들과 감정들은 상당 부분 여론의 원인이 아니라 여론의 부산물이다. 여론이 특정 주제들에 주의를 환기시켰기 때문에 생긴 결과라는 것이다. 가령 '인권'도 루만에겐 하나의 도식인데, 인권과 관련된 열정적 논의는 이 도식이 주의를 환기시킨 결과이지 그 역이 아니다. 실업, 환경파괴, 과도한 외국인 유입 문제 등과 같은 주요 쟁점들과 관련하여 개인들이 보이는 적극적 행동들도 루만에게는 도식들의 주의 환기 기능에 뒤따라 나오는 것이다.[324] 그래서 루만은 여론과 관련된 선

---

322) Luhmann, *Die Politik der Gesellschaft*, 299쪽.
323) 위의 책, 301-302쪽. 강조는 루만.
324) 위의 책, 301쪽.

호, 염려, 두려움 등 개인들의 동기들을 "여론에서 순환되는 도식들의 액세서리"[325]라고 말한다.

여론이 특정 주제에 주의를 환기시키지만, 그러나 주의 환기가 곧 특정한 해법의 제시는 아니다. 여론(politische Meinung)이 단수로 표기된다고 해도, 그것은 유일하게 옳은 의견이 있음을 암시하는 것이 아니라 하나의 도식의 고정을 뜻하는 것일 따름이다. 가령 복지를 둘러싼 논쟁에서 일반적으로 받아들여진 것으로 전제될 수 있는 것은 주제 도식뿐이지, 구체적 입장들이 아니다. 도식으로서의 여론은 특정 주제에 대해 여러 입장의 가능성을 열어놓고, 다른 참여자들이 어떻게 관찰하는지 관찰할 수 있게 해준다.

4. 여론, 합리성, 규범, 민주주의

보통 '비판이론'이라 칭해지는 입장은 여론의 합리성과 규범적 우선성을, 그리고 민주주의적 기능을 강조한다. 이런 입장이 여론에 관한 가장 잘 알려진 견해라고 한다면, 여론을 정치적 커뮤니케이션의 주제구조로서 해석하는 루만의 입장의 특징은 그것과 대비될 때 잘 드러날 것이다. 먼저 간략히 요약해서 말하자면, 루만은 여론에서 합리성의 이점을 보지 않으며 정치적 커뮤니케이션에서 여론이 규범적 우선성을 갖는다고 여기지도 않는다. 그러면서도 여론의 민주주의적 기능은 비판이론 못지않게 높이 인정하는데, 다만 규범적 측면에서가 아니라 인지적 측면에서 그렇게 한다. 비판이론의 입장을 포함해서 여론의 합리성과 규범적 우선성을 강조하는 입장을 루만은 자유주

---

325) "Aber diese individuellen Motive sind Akzessorien der Schemata, die in der öffentlichen Meinung kursieren." 위의 책, 302쪽.

의적 입장으로 칭하는데, 루만에게 자유주의적 입장은 특정한 역사적 시기에 형성된 하나의 의미론으로서, 변화된 사회구조적 현실과 더 이상 호응하지 않는다. 이러한 점들을 조금 더 상세히 살펴보자.

루만은 정치적 커뮤니케이션의 주제구조로서의 여론의 기능을 강조하면서, 의견으로서의 여론, 즉 개별 의견들은 불안정하며 심지어 서로 모순적일 수 있음을 충분히 인정한다. 물론 여론의 이러한 성격을 여론의 현실적 모습으로서 부정하는 이론가는 거의 없을 것이다. 그런데 루만은 합의를 바람직한 것으로 여기면서 혼란스러운 모습을 단지 어쩔 수 없는 현실로 인정하는 것이 아니다. 그는 의견의 옳음과 옳은 의견에 대한 합의는 아예 여론의 핵심적인 기능이 아니라고 여기며, 심지어 여론의 기능에 대한 위협이라고 생각한다. 루만이 그렇게 생각하는 이유는 두 가지로 나누어 생각할 수 있다. 하나는, 주제와 의견의 차이가 유지되는 한, 이견의 가능성이 항상 열려 있다는 사실이다. 하나의 옳은 의견과 그에 대한 합의가 바람직한 목표로 추구된다는 것은 루만에게는 주제와 의견의 차이가 소멸된다는 것을 뜻한다. 그리고 그에게 주제와 의견의 차이의 소멸은 — 그것이 대중매체를 통해 기술적으로 야기되는 일방성에 의한 것이든, 교묘한 심리기술적 장치를 이용한 것이든, 커뮤니케이션의 도덕화에 의한 것이든 — 곧 여론이 조작되고 여론의 기능이 위협받고 있다는 징표이다.[326] 다른 하나의 이유는, 결정은 여론의 몫이 아니라 좁은 의미에서의 정치, 즉 결정권한을 가진 부분체계들의 몫이라는 것이다. 근대사회의 정치체계는 집단적 구속력을 갖는 결정을 내리고 집행하는 영역을 '국가'라는 이름으로 독립분화시켰다. 루만에게 여론의 기능은 결정들을 주제적으로 구속하는 것이지 의견으로서 구속하는 것은 아니다. 루만에

---

326) Luhmann, "Öffentliche Meinung", 13-14쪽.

게 여론의 기능은 논의의 과정에서 성취되는 더 높은 수준의 합리성에 있지 않다.

물론 루만이 여론이 갖는 규율 효과마저 부정하는 것은 아니다. 이차 관찰의 조건에서, 즉 다른 사람들의 관찰들을 관찰하고 자신의 관찰이 다른 사람들에 의해 관찰될 수 있음을 감안하는 조건에서, 사람들은 가급적 사안에 충실하다는 인상을 주기 위해 노력한다. 그러나 루만은 이로부터 이성적 의견에 대한 합의로 나아갈 것이라는 기대는 하지 않는다.[327] 사실적으로도 그런 합의가 이루어지지 않을 뿐만 아니라, 그래야 하는 것도 아니다. 단 하나의 이성적 의견에 대한 합의가 이루어지지 않아 고통스러워한다면, 그것은 실제 가능하지도 않고 필요하지도 않은 것 때문에 겪는, 계몽주의 스스로에게 원인이 있는 "일종의 환영적 고통"[328]이다.

루만은 여론의 규범적 우선성에 대해서도 회의적이다. 루만이 규범을 반사실적 기대로 정의한 것은 잘 알려져 있다. 실망에 처했을 때 기대를 수정하는 것이 아니라 현실을 예외나 일탈로 처리해서 기대를 유지하는 태도라는 것이다. 그런데 루만이 여론의 규범적 우선성에 대해 회의적이라고 할 때는 규범적 태도의 반학습적 경향에 대한 불신만을 말하는 것이 아니다. 무엇보다도 그것은 여론이 결정 및 집행 권한을 갖는 공식적 정치영역에 대해 규범적 우위에 있지 않다는 이야기다. 가령 하버마스도 여론이 공식적(형식적) 정치영역의 결정을 인과적으로 구속하는 것에는 반대한다. 공론장에서 정치적 문제가 다루어지더라도, 그 문제에 대한 전문적인 가공처리는 공식적 정치영역의 몫이다.[329] 하지만 그에게는 여론이 공식적 정치영역에 대해, 생활

---

327) Luhmann, *Die Politik der Gesellschaft*, 291쪽.
328) "eine Art Phantomschmerz", Luhmann, *Die Politik der Gesellschaft*, 298쪽.
329) 하버마스(한상진, 박영도 역), 『사실성과 타당성』, 479쪽 참고.

세계가 체계에 대해 규범적 우선성을 갖는다. 정당성의 최종 원천은 생활세계에 있기 때문이다. 그러나 루만에게 여론과 공식적 정치영역은 오직 기능적 측면에서 분화되어 있을 뿐이다. 앞서 말한 것처럼 그에게 여론은 이차 관찰을 위한 거울이고 정치적 커뮤니케이션의 주제구조이다. 거울이 곧 이상이 아니고 주제가 곧 가치가 아니듯이, 여론도 공식적 정치영역에 대해 어떤 규범적 우선성을 갖는 것이 아니다.

루만이 여론의 규범적 우선성을 부정하긴 하지만, 민주주의적 기능마저 부정하는 것은 아니다. 아니, 여론 없이는 민주주의가 불가능하다고 여긴다. "다시 강조하거니와, 여론 없이는 반대 문화가 불가능할 것이고 그와 함께 민주주의도 불가능할 것"[330]이라는 말은 다름 아닌 루만의 말이다. 다만 이 경우도 철저하게 탈규범주의적 시각이 유지된다. 루만에게는 민주주의가 갖는 장점 자체가 규범적인 것이 아니라 인지적인 것이다. 그것은 지속적으로 결정을 내리면서도 새로운 결정들을 위해 가능한 한 넓은 선택범위를 유지하는데 있다.[331] 민주주의의 이런 장점이 실현되려면 두 가지 요건이 필요하다. 하나는 집단적 구속력을 갖는 결정들이 — 설령 정당하게 내려진 결정이더라도 — 고착되어 버리지 않게 하는 장치들이 공식적 정치 내에 있어야 한다. 가령 정당 간의 경쟁과 권력 수임기간의 제한 같은 것이 그런 것들이다.[332] 다른 하나는 공식적 정치영역이 정치적 결정을 요하는 사회의 문제들에 폭넓게 열려 있어야 한다. 소위 반응성(Responsivität)을 가질 수 있어야 하는 것이다. 사회의 무수한 필요들로부터 비롯되는 불확실성과 복잡성을 줄여주면서

---

330) Luhmann, *Die Politik der Gesellschaft*, 302쪽.

331) Luhmann, "Öffentliche Meinung", 40쪽.

332) 그렇지만 루만이 정당 간 경쟁을 민주주의의 불가결한 요소로 본 것은 아니다. 일당제든 다당제든 관건은 대안적 가능성들이 구성될 수 있느냐이다. Luhmann, "Komplexität und Demokratie", 42-43쪽 참고.

도 동시에 정치가 사회의 문제들로부터 유리되지 않게 해주는 것이 바로 정치적 커뮤니케이션의 주제구조로서의 여론이다. 그래서 루만이 여론에 거는 기대는 사람들이 무제한의 공개적 커뮤니케이션을 통해 이성적 해법에 이르게 될 것이라는 것이 아니다. 그에 의하면 여론의 기능을 위해서는 "모든 정치적 커뮤니케이션의 (도달 불가능한) 공개성이 아니라 — 비공개적인 정치적 커뮤니케이션들도 포함하여 — 모든 정치적 커뮤니케이션들이 제도화된 주제들에 의해 구조화되는 것이 결정적"[333]이다.

마지막으로 루만은 여론에 관한 자유주의적 입장을 특정한 사회구조적 조건에 상응하는 하나의 의미론으로 격하시킨다. 그에 의하면 여론은 18세기 말경, 그러니까 군주들의 권위가 약화된 후, 군주의 자의에 대한 제한이라는 예전의 의미를 넘어 새로운 최고권(Oberhoheit)의 의미를 갖게 된다.[334] 자유주의적 여론관은 말하자면 정치체계의 새로운 "불가침 수준"(inviolate level)을 찾는 과정에서 생겨났다는 것이다.[335] 정치를 지배 관점에서 파악하는 방식은 유지된 채 여론이 지배의 새로운 기초로서 구상되면서, 여론의 이성적 성격과 보편타당성이 강조된다. 그런 여론은, 설령 공식적 결정권을 갖지는 못하더라도, 공식적 정치영역에 대해 비판하고 통제하는 기능을 가져야 하는 것으로 여겨진다.[336] 그래서 자유주의적 입장은 여론의 불안정성을 목격하면서도 여론의 기능을 설명할 때 이를 제대로 반영하지 못한다. 여론의 불안정성은 진보에 대한 믿음을 통해, 보다 많은 논의를 거쳐 보다 이성적인 견해로 나아갈 것이라는 희망을 통해 처리된다. 자유주의적 입장과 구별

---

333) Luhmann, "Öffentliche Meinung", 22쪽.
334) Luhmann, *Die Politik der Gesellschaft*, 277-278쪽.
335) 위의 책, 282쪽.
336) Luhmann, "Öffentliche Meinung", 19-20쪽.

되는 루만의 견해는 다음의 구절에 잘 요약되어 있다.

> "여론의 기능은 의견들의 형식 — 그것들의 일반성과 비판적 토론 가
> 능성, 그것의 이성적 성격과 합의 가능성, 공적인 대변 가능성 — 에서가
> 아니라 정치적 커뮤니케이션들의 주제들의 형식에서, 주제들이 커뮤니
> 케이션 과정들의 구조로서 갖는 적합성에서 독해할 수 있다. 그리고 이
> 기능은 의견들의 옳음에 있는 것이 아니라 주제들이 불확실성을 흡수하
> 고 구조를 부여하는 데 있다. 그래서 또한 관건은 개별적 의견들을 모두
> 가 받아들일 수 있는 보편적 정식들로 일반화하는 것이 아니라 정치적
> 커뮤니케이션 과정의 주제 구조를 그때그때 사회와 사회의 정치체계의
> 결정 필요에 적합하게 만드는 것이다."[337]

5. 다시 한번: 체계이론과 여론이라는 문제

지금까지 살펴본 것처럼, 루만은 '여론' 개념을 체계이론의 언어로 번역하
여 '정치체계 내 환경', '제도화된 주제구조', '도식' 등으로 재구성해낸다. 이
런 재구성은 매우 강하게 인지주의적이며 탈규범주의적 경향을 띤다. 그런데
이런 루만의 작업은 얼마나 성공적인 것으로 평가될 수 있을까?

나는 지금 이 물음에 대해 어떤 확실한 답을 가지고 있지 않다. 한편으로
분명한 것은, 루만의 작업이 급진민주주의 진영으로 하여금 — 기본 입장을
포기하진 않더라도 — 이론적으로 훨씬 조심스러운 태도를 취하도록 만들었

---

337) 위의 책, 14-15쪽.

다는 사실이다. 하버마스의 『사실성과 타당성』에서 체계이론의 강한 영향을 볼 수 있음은 물론이고, 열렬한 시민사회론자로 널리 알려진 아라토는 "내키지 않아 하는" 루만으로부터 이론적 도움을 끌어내려 하였을 정도다.[338] 다른 한편으로 나는 주제 설정의 기능에만 주목하는 루만의 여론 개념이 주제들과 의견들의 질에 대해서는 해줄 이야기가 별로 없지 않은가 하는 의문을 가지고 있다. 주제들은 그저 널리 받아들여져 있으면 되는 것인가? 어떤 주제들이 어떻게 설정되고 일반화되었는지가 마찬가지로, 혹은 더, 중요한 문제 아닌가? 루만이 부각시킨 여론의 기능은 정치를 위한 복잡성 축소, 즉 사회의 필요들 가운데 일부를 선택적으로 정치적 문제로 번역해내는 데 있었다. 하지만 정치의 반응성 측면, 즉 사회의 필요들에 적절히 호응해야 한다는 측면 역시 여론 외에 다른 경로를 통해서 확보될 수 없지 않은가? 루만이 지극히 주변적으로 취급하는 이 반응성 측면에 주목할 경우, 다시금 사회의 필요들이 어떻게 정치적 주제들로 선택되는지가 중요하지 않은가? 또 사회적 필요들의 고른 반영도 중요한 문제라면, 복잡성 축소의 측면만이 아니라 복잡성 유지 내지 **확대**의 측면도 마찬가지로 중요하지 않은가? 아니, 이런 문제들이 과연 체계이론의 틀로 제대로 다루어질 수 있을까? 이런 물음들을 더 구체화하고 그에 대한 어떤 답을 얻는 것은 아마도 비판이론 진영의 여론 개념과의 본격적인 비교를 통해서나 기대할 수 있을 것이다.

---

338) A. Arato, "Civil Society and Political Theory in the Work of Luhmann and Beyond", 특히 140쪽 이하.

13장 루만 안의 겔렌, 루만 너머의 겔렌

1. 루만으로부터 겔렌으로

겔렌―루만의 투명한 그림자

"외부 세계와의 접촉 지점들을 규제하는 하나의 닫힌 체계를 구성하
는 것이 관건이다. 그러한 접촉 모두는 정보로 처리될 수 있어야 한다. 그
리고 닫힌 체계는 자신 안에서 재귀적 성격을 갖는 하나의 정보체계여야
한다."

루만의 이론과 용어에 다소간 친숙한 독자가 이 구절을 루만이 저자로 표
기된 어떤 책에서 만났을 때 뭔가 루만과 맞지 않는다는 느낌을 받을 수 있
을까? 아마 거의 없을 것이다. 그런데 이 구절은 고트하르트 귄터(Gotthard
Günther)의 책에 나오는 것이다.[339] 그리고 그것도 귄터가 자신의 생각
을 표현한 것이 아니라 ― 의식의 발생에 관한 ― 아르놀트 겔렌(Arnold

---

339) Günther, 1963, 202쪽.

Gelen)의 생각을 사이버네틱스의 용어를 사용하여 재정식화한 것이다. 루만 독자에게는 잘 알려졌다시피, 귄터의 다치 논리학 및 다맥락이론은 루만이 구유럽적 전통과 결별하면서 자신의 사회이론을 전개할 때 의지하는 가장 중요한 이론적 자원들 가운데 하나이다. 그리고 귄터가 사회학자로서의 루만의 경력을 결정적으로 도운 셸스키(Helmut Schelsky)와 함께 겔렌의 주요 제자 가운데 하나였음을 감안한다면, 루만에서 귄터로 이어지는 선은 그대로 겔렌으로까지 연장되어야 하는 것 아닐까? 혹은 귄터를 경유할 것 없이 겔렌과 루만을 직접 이어야 하는 것 아닐까? 실제로 "슈파이어[340]에 모인 사회학자들 사이에선 루만의 유명한 체계이론은 몇몇 개인적 고유성을 제외하면 겔렌의 행위이론을 미국 사회학의 전문 용어로 번역한 것일 뿐이라는 건 모두가 아는 공공연한 비밀인 것 같았다"[341]라는 증언도 있다.

루만에서 겔렌을 연상시키는 것은 이론 내용의 유사성만이 아니다. 사실의 강제(Sachzwang)를 강조하는 정치적 태도로부터 글쓰기 스타일에 이르기까지 유사하다. 고전과 문학작품을 적재적소에 활용하고 역설적 표현을 애호하며 독특한 유머를 구사하는 루만의 글쓰기 스타일에서 "고대적 명랑성과 자유"가 보인다고 하면 많은 루만 독자가 수긍할 텐데, "고대적 명랑성과 자유"는 바로 겔렌이 『원인간과 후기문화』의 마지막 문장에서 철학에 ─ 그리고 자기 자신에게 ─ 주문하는 스타일이었다.[342]

그런데도 루만이 자신의 이론에서 겔렌에게 빚진 것으로 인정하는 부분

---

340) 슈파이어(Speyer)는 독일 서부 라이란트팔츠 주의 도시다. 겔렌은 슈파이어의 고등 행정학교에서 1947-1961년까지 심리학 및 사회학 교수직을 맡았다. 겔렌이 아헨(Aachen) 공대의 사회학 교수직으로 옮겨가는 1962년에 루만이 슈파이어대학교에 연구원으로 오며 (1962-1965), 여기서 겔렌과 루만의 조우가 이루어진다.
341) Mohler, 1994; Wöhrle, 2010, 301쪽에서 재인용.
342) Gehlen, 2016b, 308쪽.

은 매우 적으며, 그나마 거의 초기 저작에 한정되어 있다. 심지어 루만은 한 인터뷰에서 "나는 독일의 철학적 인간학을 좋아한 적이 없다"라고까지 말한다.[343] 여기서 '철학적 인간학'은, 막스 셸러(Max Scheler)와 헬무트 플레스너(Helmuth Plessner)도 겔렌 못지않게 중요한 독일의 철학적 인간학의 대표자이지만, 실질적으로 겔렌의 이론을 뜻한다. 루만의 이런 자기이해 내지 자기서술을 어떻게 이해해야 할까? 루만 자신에게 겔렌은 왜 투명한 그림자처럼 있는 것일까?

겔렌, 루만의 너무 진한 그림자

사실 겔렌은 루만에게 투명한 그림자이기 전에는 너무 진한 그림자였다. 바로 하버마스 때문이었다. 하버마스는 『사회이론인가 사회공학인가』란 제목의 책으로 엮어 나온 루만과의 유명한 논쟁에서 루만의 체계이론이 겔렌의 철학적 인간학에 의지하고 있다고 지적하였다.[344] 이때 하버마스가 겨냥하는 바는 명백하였다. 겔렌과 연결시킴으로써 루만의 체계이론을 이론적으로도 정치적으로도 극적으로 평가절하 하는 것이었다. 나치에 적극 협력했던 전력을 가졌고 카를 슈미트(Carl Schmitt), 에른스트 포르스트호프(Ernst Forsthoff)를 잇는 가장 대표적인 보수적 학자로 통한 겔렌은 1968년의 격렬한 논쟁 속에서 적어도 좌파 지식인들에게는 철저하게 배척된 사회학자였기 때문이다. 그러므로 하버마스의 지적에 대해 루만이 겔렌을 생산적으로

---

343) Luhmann, 1987, 132쪽.

344) Habermas · Luhmann, 1971. 여기서 하버마스는 루만에 대한 공격의 시작과 끝을 겔렌과의 비교를 통해 한다고 해도 과언이 아니다. "루만의 복잡성 축소는 겔렌의 중심 개념인 '부담 경감'과 일치"(157쪽)하며, 루만도 겔렌처럼 "반계몽주의 의도를 고수"(161쪽)하는데, 겔렌이 비판적 지식인들의 무책임한 태도를 "개탄하는" 정도였다면 루만은 "성공을 약속하는 대항 이데올로기를 구축"(265쪽, 주 25)한다는 것이다. 말하자면 루만의 이론은 하버마스에게 반계몽주의의 완성이었다.

재해석하고 겔렌을 적극 수용하는 방식으로 대응할 수 있는 길은 원천적으로 차단되어 있었다. 그건 학문적 자살 행위나 마찬가지였을 것이기 때문이다. 루만에게 남은 선택지는 하버마스가 자신의 이론을 겔렌의 이론과 연결한 것이 오해임을 밝히거나, 연결점이 남아 있다면 ─ 남에게만이 아니라 자신에게도 ─ 보이지 않게 만드는 것뿐이었다. 루만은 이 두 가지 선택지를 다 사용한 것으로 보인다.

아래에서 보겠지만, 루만은 자신의 이론을 겔렌과 연결시키는 해석에 대해 초기에는 겔렌과의 연관성을 형태상의 공통점에만 제한하는 방식으로 대응하였다. 그러다가 후기에 이르면, 즉『사회적 체계들』[345] 이후부터는 대응하지 않는 방식으로 대응한다. 그렇다면 겔렌의 영향은, 설령 있었더라도, 루만의 초기 저작에 한정되는 것일까?『사회적 체계들』이전의 저작들을 스스로 평가절하하여 '제로 시리즈'(Nullserie)라고 한 루만의 말[346]을 그대로 받아들인다면, 그런 해석이 설득력을 가질 수도 있을 것이다. 루만이 겔렌의 용어와 아이디어를 빈번히 사용하는 것은 실제로 초기 저작들에서이고『사회적 체계들』이후의 저작들에선 거의 등장하지 않기 때문이다. 그런데 이 글의 서두에서 인용된 구절은 루만의 후기 저작 어디에서 만나도 이상하지 않을 듯하지 않은가? 게다가 루만의 자기이해와 달리『사회적 체계들』이전과 이후가 그렇게 분명히 나뉠 수 있는지도 매우 의심스럽다. 현재 루만의 체계이론의 가장 중요한 계승자 중 한 사람이며 루만의 유고를 발굴하고 편집하는 프로젝트의 책임자이기도 한 키절링(André Kieserling)은 사회학적으로 흥미로운 주제의 대부분은 이미 루만의 초기 저작들에서 다루어지고 있다고 평가한다. 또 루만이『사회적 체계들』이전과 이후를 극적으로 나누는 것은 루

---

345) Luhmann, 1984.
346) Luhmann, 1987, 142쪽.

만의 '자기연출' 내지 '광고'일 뿐이라고까지 말한다.[347) 만일 키절링의 이러한 평가가 맞는다면, 사회학자로서의 루만에 대한 겔렌의 영향의 정도는 루만 자신이 인정하는 것보다 훨씬 클 것이라고 예상할 수 있다.

그러니까 다음과 같은 추정이 그럴듯한 것이다. 감정적 부하가 실린 정치적 논쟁에 휘말리는 것을 극히 싫어했던 루만은 겔렌이란 이름과 엮이는 것을 회피했고, 그래서 루만의 저술에서 외견상 겔렌의 부재는 '이론적' 내용 때문이 아니라 '이론정책적' 고려 때문이었다는 것이다. 그렇다면 겔렌은 루만에게 사소해서 부재하는 것이 아니라 프로이트적 의미에서의 '억압'을 통해 투명한 그림자로 만들어진 것이라고 할 수 있을 것이다. 이런 설명에 반해서, 혹은 이런 설명을 보완해서, 루만이 사회 구성의 기본 단위를 행위로부터 커뮤니케이션으로 전환하고 인간을 사회적 체계의 환경에 위치시킨 이른바 '방법적 반인본주의'[348)로 나아간 점을 강조할 수 있을 것이다. 그러니까 '이론정책적' 이유에서가 아니라 '이론적' 이유에서 겔렌의 인간학과 선을 긋는 것이 루만에게 중요했다는 것이다.

그런데 루만은 정말 겔렌과 이론적으로 완전히 단절하는 데 성공했을까? 설령 이론적 단절 자체에는 어느 정도 성공했다 하더라도, 바로 그로 인해 오히려 루만의 이론에 어떤 중요한 이론적 공백이 생기지는 않았을까?

---

347) Kieserling, "Philosophisches Gespräch: Niklas Luhmann. Die unwahrscheinliche Gesellschaft", 2017. https://www.youtube.com/watch?v=Bg7ijbjvcm 8&t=1234s. 1시간 32분 지점부터 참고.

348) 루만의 사회이론에 대한 ― 루만 추종자들에게 널리 받아들여지고 있으며 루만 자신도 싫어하지 않았을 것 같은 ― 이 유명한 표현은 하버마스로부터 온 것이다. 그런데 이 말을 할 때도 하버마스는 루만을 겔렌과 연결시키고 있다. 루만에게는 겔렌의 저작에서 보이는 바와 같은 "규범적 반인본주의"의 정서는 전혀 없다는 것이다. Habermas, 1985, 436쪽 참고.

겔렌, 루만의 그림자가 아닌

이 글에서 루만을 겔렌과 연결시킬 때 나의 의도는 하버마스와 다르다. 나는 루만에서 보이는 겔렌의 흥미로운 흔적에 우선 주목하고자 한다. 루만의 '복잡성 축소'(Komplexitätsreduktion) 개념이 내용상 겔렌의 '부담 경감'(Entlastung)[349] 개념과 거의 동형이라고 할 만큼 흡사하다는 비교적 잘 알려진 사실 말고도, 개념적 도구의 혁신으로부터 도덕사회학을 거쳐 사회분화 이론에 이르기까지 겔렌의 흔적은 루만의 이론 곳곳에서 확인될 수 있다. 나는 이것을 루만 이론의 문제점으로가 아니라 겔렌 이론의 선구적 성격으로 보려고 한다. 이것이 내가 '루만 안의 겔렌'으로 밝히고자 하는 것이다. 그런데 이를 넘어서 나는, 어쩌면 루만이 겔렌과 거리를 두어야 하는 상황에 내몰리면서 일어난 일일 것인데, 루만의 사회이론에 제대로 수용되지 못한 겔렌의 사회이론의 강점을 지적하고자 한다.

나는 겔렌의 사회이론이 루만의 사회이론에 비해 상대적으로 두 가지 강점을 갖는다고 생각한다. 하나는 현대사회의 구조에 대한 설명이다. 겔렌은 현대사회를 루만처럼 고유법칙에 따르는 부분(체계)들로 분화된 것으로 보면서도, 기술, 과학, (자본주의적) 경제의 상호 의존과 상호 강화라는 '거대구조'(Superstruktur)가 사회 전체를 지배하는 것으로 본다. 나는 이런 설명이 기능체계들의 자율성을 극단적으로 강조하며 현대사회를 정점도 중심도 없이 부분체계들로 분화된 사회로 보는 루만의 입장에 비해 더 설득력이 있다고 생각한다. 다른 하나는 인격(성) 문제와 관련해서이다. 나는 인간 개인을 한편으로 사회적 체계들 안에서 귀속되고 지정된 것으로서의 인격과 다른

---

349) 박만준, 1998, 140쪽은 '해방'으로, 임채광, 2001, 359쪽, 이상엽, 2009, 260쪽 등은 '탈부담'으로 옮긴다. 나는 이 역어들이 너무 의미가 강한 것 같아 다소 번잡하지만 '부담 경감'으로 옮겨본다.

한편으로 사회적 체계들 밖의 개체적인 것으로 분리하는 데 그치는 루만의 이론보다 사회적 구조와 개인의 심리 사이의 상관관계를 고려하는 겔렌의 입장이 더 설득력이 있다고 생각한다. 한마디로 겔렌에게는 사회심리학이 있고 루만에게는 없다. 나는 이것이 실천의 문제와 관련하여 중대한 귀결을 가져온다고 생각한다. 사회분화와 '사실의 강제'를 강조한다는 점은 공통이지만, 겔렌은 인격으로부터 비롯될 수 있는 매우 흥미로운 실천의 가능성을 제시한다. 이것이 내가 '루만 너머의 겔렌'으로 밝히고자 하는 것이다.

'루만 안의 겔렌'과 '루만 너머의 겔렌'을 말한다고 해서 루만의 이론이 모두 또는 대부분 겔렌에 빚지고 있으며, 전체적으로 평가할 때 겔렌의 이론이 루만의 것보다 우월하다는 것은 결코 아니다. 내가 지적하고자 하는 것은 다만 루만의 이론적 자원의 일부가 겔렌으로부터 왔으며 겔렌의 이론의 일부가 루만의 이론의 어떤 부분에 비해 강점을 갖는다는 사실 뿐이다. 그러니까 이 글은 사실 루만과 겔렌을 전반적으로 비교하려는 것이 아니라 루만을 통해 겔렌을 재발견하는 것이다.

다음에서 나는 먼저 '루만 안의 겔렌'에 대해 말할 것인데, 겔렌의 '부담 경감' 개념과 루만의 '복잡성 축소' 개념 사이의 관련성을 다루는 것에만 한정한다. 나의 관심은 '루만 너머의 겔렌'에 더 놓여 있는데, 루만의 '기능적 분화' 이론과 겔렌의 '거대 구조' 이론의 비교를 통해, 그리고 인격이론의 비교를 통해 그 작업을 수행한다. 특히 인격이론에 가장 큰 비중이 할애된다. 마지막에는 겔렌 연구에서 잘 주목되지 않는 그의 '금욕' 이론을 실천 문제와 관련하여 조명한다.

2. 루만 안의 겔렌 : '부담 경감'과 '복잡성 축소'

루만이 '복잡성 축소' 개념을 매우 광범위하게 사용하지만, 핵심적으로는 체계와 환경의 복잡성 격차와 체계의 자기생산 개념으로부터 파악할 수 있을 것으로 보인다. 루만이 복잡성 축소 개념을 처음 도입할 때는 체계와 환경의 복잡성 격차로부터 출발하였다. 루만의 체계 개념에 따르자면 체계는 경계를 통해 환경과 분리되어 있으면서 동시에 결합되어 있는데, 이때 체계는 자신에 비해 과도하게 복잡한 환경과의 관계에서 항상 실제 실현할 수 있는 가능성보다 훨씬 많은 가능성에 직면해 있고, 그래서 항상 선택의 압박 아래 있다는 것이다. 나중에 자기생산 개념이 도입되면서, 복잡성 축소 개념은 체계 내 선택에 더 초점을 두어 파악된다. 체계는 자신의 요소들을 통해 요소들을 (재)생산하는데, 이때 요소들 사이에서 실제 실현될 수 있는 관계는 가능한 모든 관계들보다 항상 적고, 그래서 요소들의 관계는 항상 선택적으로 이루어진다는 것이다. 사회적 체계로 말하자면, 하나의 커뮤니케이션에 하나의 다른 커뮤니케이션이 연결될 수 있는 가능성은, 아예 호응이 이루어지지 않을 가능성으로부터 긍정과 부정, 또는 새로운 내용의 커뮤니케이션 제안에 이르기까지, 매우 다양하다. 커뮤니케이션이 계속되어 하나의 사회적 체계가 (재)생산된다는 것은 하나의 커뮤니케이션이 호응 가능성들을 열어놓았고, 하나의 특정한 가능성이 선택적으로 실현되었다는 뜻이다. 얼핏 두 버전의 복잡성 축소 개념은 서로 충돌하는 것처럼 보인다. 즉 전자는 환경과의 관계에서 복잡성을 줄이는 것이고 후자는 체계 내의 복잡성을 줄이는 것처럼 보인다. 그러나 둘을 결합할 때 루만의 복잡성 축소 개념이 제대로 이해될 수 있다. 체계는 과도하게 복잡한 환경과의 관계를 자신의 자기생산을 통해서만 규제하기 때문이다.

인간학과 행위이론의 개념을 사용하긴 하지만, 루만의 복잡성 축소 개념의 첫 번째 버전, 즉 체계와 환경 사이의 복잡성 격차에 대한 체계의 대응으로서의 복잡성 축소 개념과 놀랍도록 유사한 내용을 겔렌도 이야기하고 있다. 겔렌에 따르면 인간은 특정 유인(誘因)에 특정 방식으로 반응하게 하는 본능이 부족한 '결핍 존재'(Mängelwesen) 내지 "확정되지 않은 존재"(ein nicht-festgestelltes Wesen)이며, 그래서 '세계 개방성'(Weltoffenheit)을 갖는다.[350] 여기서 세계 개방성은 이중의 의미를 갖는데, 인간은 세계에 어떻게 대응해야 할지 모르는 상태로 태어나지만, 또한 대응 방식의 가능성이 열려 있기도 하다는 것이다.[351] 세계는 인간이 한편으로 어떻게 대응해야 할지 모르는 생존 조건으로서, 다른 한편 "자극의 홍수"(Reizüberflutung)로서 다가오는데, '행위'를 통해 특정한 대응 방식들이 시험되고 그 가운데 어떤 것들이 안정화되는 방식으로만 인간은 그런 부담을 덜 수 있다.

'부담 경감'의 필요성(필연성)을 '세계 개방성'으로부터 도출하는 겔렌의 설명과 '복잡성 축소'의 필요성(필연성)을 체계와 환경의 복잡성 격차로부터 도출하는 루만의 설명과의 유사성은 사실 루만 자신에 의해서도 분명하게 인지되고 인정된 바 있다.

> "여기서 개략적으로 그린 사회적 체계들의 이론은 인간의 '세계 개방성'과 그에 상응하는 불확실성을 (최종적으로 기능적인) 분석의 준거점으로 삼는 인간학적 사회학과 만난다."[352]

---

350) Gehlen, 2016a, 16쪽, 35쪽, 427쪽 등 참고.
351) '세계 개방성'은 막스 셸러에서 온 개념이나, 셸러에서와는 다소 다른 의미로 쓰인다. 겔렌의 세계 개방성의 이중적 의미에 관해서는 박만준, 1998, 141쪽, 143쪽을 참고.
352) Luhmann, 1970, 131쪽.

그러나 앞서 언급한 것처럼 하버마스와의 논쟁을 거치면서 겔렌에 대한 루만의 태도는 급격히 달라져서, 처음에는 형태상에서의 공통성을 마지못해 인정하다가[353] '자기생산적 전회' 이후에는 점차 아예 언급하지 않는 쪽으로 나아간다.

그런데 루만의 복잡성 축소 개념의 두 번째 버전, 즉 체계의 자기생산 개념으로부터 구상된 복잡성 축소 개념도 내용상 겔렌의 '제도' 개념에 의해 상당 부분 선취되었다. 루만은 어떻게 '이중 우연성' 상황이 해소되어 사회적인 것이 성립할 수 있는지의 문제를 다루면서, 파슨스보다 더 급진적으로 문제 상황을 설정하고 파슨스와 다른 해법을 제시한다. 자아와 타아를 각각 닫힌 자기지시적 (심리)체계로, 서로에 대해 철저하게 불투명한 암흑 상자로 설정하자는 것이고, 그러면 이중 우연성이 상호이해나 공유된 가치를 통해 해소될 수 있는 것으로 볼 수는 없다는 것이다. 루만의 해법은, 각 체계(심리체계)가 다른 체계를 관찰하면서 피드백을 통해 학습하고, 이를 통해 기대의 안정화가 일어나면 어떤 창발적 질서가 생겨나는 것으로 보는 것이다.[354] 사회적

---

353) "여기서 지적해둘 것은, 하버마스 등에게 눈에 띈 '복잡성 축소'와 겔렌의 '부담 경감' 사이의 평행선은 겔렌의 개념을 맥락과 무관하게 사용할 때만 타당하다는 점이다. 겔렌의 맥락은 아직 인간을 동물과의 차이로부터 규정하려는 구유럽적 시도이다. 다만 겔렌의 맥락에서는 평가가 역전된다는 점이 다를 뿐이다. 겔렌은 더 이상 이성이라는 구별 특징을 칭송하지 않으며, 인간이 동물일 수 없고 동물을 숭배할 수 있을 따름이라는 점을 개탄하는 것으로 보인다." Habermas · Luhmann(1971), 308. 주 29 참고. 덧붙여 말하자면, 루만의 이 말에서 마지막 두 문장(원문: "(……) nur daß in diesem Kontext die Bewertung umgekehrt wird. Gehlen feiert nicht mehr das Unterscheidungsmerkmal der Vernunft, sondern scheint zu bedauern, daß der Mensch nicht mehr ein Tier sein, sondern es nur noch verehren kann")은 나에게는 도무지 납득되지 않는다. 겔렌이 인간을 '결핍 존재'로 규정한 것을 이렇게 해석한 것이라면, 믿을 수 없을 만큼 단순한 — 그리고 틀린 — 해석이다. 어쩌면 이런 무리한 해석도 루만이 겔렌과 거리를 취해야 하는 압박감에서 비롯된 것인지도 모르겠다.

354) Luhmann, 1984, 157쪽.

질서는 이중 우연성에서 비롯되는 불확실성을 해소하고 복잡성을 축소함으로써 생겨난다.

그런데 사회적인 것의 발생에 관한 겔렌의 설명의 장점도 바로 처음부터 사람들 사이의 직접적인 상호이해 가능성이나 합의, 또는 공통의 가치를 전제하지 않는다는 것이다. 겔렌은 사회적인 것이 오직 간접성을 통해서만 가능하다고 여긴다. 다른 것과의 동일시를 통해서만 자기의식을 갖게 된다는 의식 이론에 기초하여, 특정한 사물과 동일시하는 사람이 역시 같은 사물과 동일시하는 다른 사람과 이 사물을 통하여 어떤 공통성을 형성한다는 것이다. 그러한 특정 사물은 상징으로 변모되고, 나중에는 더욱 추상화되어 가치의 형식을 가질 수 있다. 그 자체는 행위로 인하여 생겨났지만, 행위에 대해서 독자적인 존재 가치(Selbstwert im Dasein)[355]를 가지면서 특정 행위를 다소간 강제하는 행위연관들이 겔렌이 말하는 제도이다. 그래서 겔렌의 제도 개념은 도구로부터 국가에 이르기까지 포괄적이다. 이미 도구도 특정한 방식으로 사용하도록 강제하는데, 국가도 사람들이 특정한 방식으로 행동하도록 강제한다. 사회적인 것의 발생을 겔렌처럼 이렇게 개체의 행태가 제도와 같은 것에 의해 외적으로 조절됨으로써 가능해지는 것으로 보는 것이 더 설득력이 있을까, 아니면 루만처럼 개체의 '관찰'과 '학습', '피드백'[356]을 통해 발생하는 것으로 설명하는 것이 더 설득력이 있을까? 어쨌건『사회적 체계들』에서는 '기대의 안정화'를 '제도' 개념 없이 관찰과 학습, 피드백 개념만으로 설명했던 루만은 그전에는 다음과 같이 말한 적이 있다.

"제도들은 시간적으로, 사실적으로, 사회적으로 일반화된 행동기대들

---

355) Gehlen, 2016b, 15쪽.
356) Luhmann, 1984, 157쪽.

이며, 그 자체로 사회적 체계들의 구조를 형성한다."[357]

3. 루만 너머의 겔렌

기능적 분화 대 거대 구조

잘 알려졌다시피 루만은 사회의 구조변화를 분화형식을 통해 규정한다. 분화형식은 사회의 부분체계들과 사회 내의 환경 사이에 어떻게 경계가 설정되는지, 그리고 부분체계들 사이의 관계가 평등한지 아니면 불평등한지에 따라 나뉜다. 루만은 사회의 진화과정에서 네 가지 분화형식이 등장한 것으로 보는데, 첫째는 동일한 원리에 따른 동등한 부분체계들(씨족, 부족, 가문, 마을 등)로 분화된 분절적 분화, 둘째와 셋째는 동등하지 않은 부분체계들 사이에 중심과 주변(도시·농촌), 위계(계층화) 관계로 분화되는 경우, 그리고 넷째는 각각의 특수한 기능을 수행하는 부분체계들로 나누어진 기능적 분화이다. 기능적 분화의 경우, 하나의 특수한 기능의 측면에서 보자면, 그 기능에 특화된 부분체계가 다른 부분체계들에 비해 절대적인 우위를 갖는다. 그렇지만 각각의 기능이 모두 그렇다는 점에서 기능체계들은 동등하다. 그래서 루만은 기능적으로 분화된 현대사회는 "정점도 중심도 없이"[358] 작동한다고 한다.

겔렌도 현대사회의 특징으로 "부분 측면들의 해방"을 들며,[359] 각 부분 영

---

357) "Institutionen sind zeitlich, sachlich und sozial generalisierte Verhaltenserwartungen und bilden als solche die Struktur sozialer Systeme". Luhmann, 1974, 13쪽.
358) 루만, 2014, 918쪽.
359) Rehberg, 2010, 37-38쪽.

역의 "고유법칙"에 대해 말한다. 하지만 동시에 그는 "기술, 산업, 자연과학의 상호적 전제를 통해 등장하는 막강한 거대 구조"[360]가 성립하였다고 한다. 이 구조는 "그 자체로 자동화되어 있으며 윤리와 완전히 무관하다." 겔렌에게는 이 "문명의 거대 구조"를 탐구하고 기술하는 것이 사회학의 과제이다.

겔렌처럼 현대사회를 자율적인 기능체계들의 수평적 분화가 아니라 분화 속에서도 거대 구조가 지배하는 것으로 보면, 이로부터 흥미로운 시각이 열릴 수 있다. 겔렌은 이 거대 구조로부터 사회의 다른 영역에, 특히 문화와 개인들의 의식에 어떤 심대한 변화가 야기되는지를 추적한다.

문화에서는 무엇보다도 탈감각화(Entsinnlichung)와 지성화(Intelletulalisierung, Verbegrifflichung)[361] 경향이 자리 잡는다. 겔렌은 이 개념을 사용해서 현대 문학과 회화, 음악에서 일어난 중요한 변화들을 설명한다. 겔렌은 전체를 묶어서 다음과 같이 표현한다. "미리 정의될 수 있는 목적을 위한 기술적 생산 수단을 찾는 것, 미리 주어진 대상 영역에 최선의 인식 방법을 찾는 것, 혹은 일반적인 익숙한 세계내용을 예술적으로 처리하는 것은 점점 덜 중요하다. 반대로 표현 수단, 사유 수단, 절차 방식 자체를 변주해 보고, 모든 가능성이 소진될 때까지 철저히 시험해보았을 때 무엇이 나오는지를 보는 것이 중요하다."[362] 겔렌은 가령 "현대 회화의 전체 역사는 화학자의 실험 시리즈처럼 온갖 가능성을 변주해온 모습을 보여준다"[363]라고 한다. 겔렌은 또 전문가 문화와 초심자 문화 사이의 괴리가 벌어지는 것, 즉 하버마스가 '생활세계의 빈곤화'로 명명했던 문제도 문화의 탈감각화와 지성

---

360) Gehlen, 2007, 39쪽. 거대 구조에 대한 자세한 설명은 이상엽, 2009, 270쪽 이하 참고.
361) Gehlen, 2007, 24-25쪽.
362) 위의 책, 29-30쪽.
363) 위의 책, 31쪽.

화로부터 설명한다.

겔렌은 현대인의 의식도 거대 구조에 의해 결정적 변화를 겪는 것으로 본다. 사람들이 현실을 파악하는 방식에 **내적** 변형(**innere** Transformation)을 가져온다는 것이다. 이때 겔렌이 일차적으로 말하고자 하는 것은 의식 내용의 변화가 아니라 '의식 구조'의 변화, 즉 "현실이 **어떻게** 파악되는지, 그리고 어떤 연관성 속에서 해석되는지"를 규정하는 의식의 "**형식들**"의 변화이다.[364] 특히 겔렌이 지적하는 것은 '기술적 원리'가 비기술적 영역에, 가령 사회적 관계에도 침투하는 현상이다. '최적 효과', '계획' 등의 원리는 기술적 생산에서만이 아니라 인간관계에 깊숙이 침투해서 개인들의 내면에서 강제력을 발휘하는 단계에 이르렀다. 겔렌의 이런 시각에서 보면 '표준직무능력' 같은 개념은 물론이고 개인들이 매일매일 스스로에게 하는 "최선을 다하겠다"라는 다짐마저도 어쩌면 그 기원이 순수하게 도덕적인 것이 아니라 기술적인 것인지도 모른다.

개인의 유일무이성 대 질적 비범함

사회적 체계들과 심리적 체계들을 각각의 고유한 작동에 따른 닫힌 자기지시적 체계로 파악하는 루만은 개인을 두 방향에서 고찰한다. 하나는 커뮤니케이션에서 송신자와 수신자 역할이 귀속되는 '인격'(Person)으로서이고, 다른 하나는 커뮤니케이션에 노출되거나 커뮤니케이션을 통해 표현되지 않은 채 의식의 흐름을 이어가는 순수히 개체적인 존재로서이다. 순수히 개체적인 인간을 사회적 체계의 바깥에 위치시키면, 물리적 강제력으로 의식을 파괴하지 않는 한 개인의 유일무이성은 원리적으로 보장되어 있다. 그래서

---

364) 위의 책, 39쪽.

루만의 방법적 반인본주의는 역설적이게도 개인의 개별성을 가장 강하게 인정한다는 해석이 나올 수도 있는 것이다.[365]

그런데 나에게는 루만의 이런 견해가 경험적 기반을 가질 수 있을지 의문이다. 보통 커뮤니케이션은 어떤 몰입을 요구하고 여기에는 동인 내지 정서(Antrieb, Affektion)가 수반되는데, 그러면 개인의 심리가 커뮤니케이션에 의해 영향을 받지 않을 수 없다. 개인적인 것이 아예 성립하지 않는다는 것이 아니라, 항상 커뮤니케이션에 의해 채색되고 굴절된 채로 있다는 것이다. 그럼에도 주관적으로는 마치 개인적인 것이 사회적인 것과 깨끗이 분리될 수 있는 것처럼 여겨질 수도 있다. 하지만 이것은 겔렌 식으로 하자면 원리적으로 언제나 있는 일이 아니라 특정한 사회구조하에서 생기는 일이다. 개인이 사회의 거대 구조에 압도되고 더 이상 그것 전체를 조망하고 바꿔볼 능력이 없는 여건에서 적극적 참여 의지를 상실함으로써, 즉 동인이 사회적인 것에서 빠져나와 개인적인 것으로 옮겨짐으로써 생기는 일인 것이다. 그러니까 겔렌 식으로 보면 루만은 산업 시대의 인격의 특정 상황을 인간의 보편적 모델로 삼아버린 셈이다.[366]

루만처럼 인간을 사회적 체계의 안과 밖으로 원리적으로 나눠버리고 말면, 사회가 개인의 의식에 어떤 영향을 미치고 거꾸로 의식으로부터 사회에

---

365) 이런 해석을 하는 국내 논문으로는 정성훈, 2013을 참고. 호르스터(Detlef Horster)는 루만 사후 가상으로 루만과 하버마스를 초청하여 인터뷰를 하는데, 루만이 다음과 같이 말하는 상황을 설정한다. "그에 반해 나는 체계이론만이 주체 혹은 개인이란 개념하에 전통적으로 요구된 것, 즉 사회의 구성요소나 입자가 아니라 자기동일적이며 자율적이고 진정성을 갖는 개인을 정말로 진지하게 받아들인다고 주장합니다. 내 개념으로 하자면, 개인은 자기생산적인 심리체계로서 자신의 환경과 안정적인 경계를 유지합니다." Frankfurter Rundschau Nr. 271. 1998년 11월 21일, 21쪽. 또는 http://sammelpunkt.philo.at: 8080/302/1/JH%2BNL.pdf 참고.

366) 사회적 체계들을 다루는 사회학자로서의 루만에게 인간은 사회적 체계들의 환경에 속하기에, 그리고 일반체계이론가로서의 루만에게 인간은 그 전체로는 하나의 체계가 아

어떤 개입이 이루어질 수 있는지를 알 길이 없다. 개인은 커뮤니케이션 참여자로서 사회적 체계 속에 들어왔을 때는 '이미' 사회적 체계 내에 있고, 그렇지 않을 때는 '아직' 밖에 있는 것이다. 앞서 언급한 것처럼 개인적인 것, 개인의 유일무이함이 원리적으로 보장되어 있다는 데에서 비판적 잠재력을 찾아보려 해볼 수도 있겠으나, 나에게는 그 가능성이 별로 커 보이지 않는다. 또 루만 자신도 그런 방향으로 이론을 진척시킬 생각은 전혀 없었던 듯하다. 개별성, 주체성, 자기실현 등의 기치를 내걸고 사회를 비판하는 사람들에게 현실성 부족을 지적하는 정도를 넘어 가차 없이 조소를 퍼붓는 것을 보면 그렇다.[367]

이에 반해 겔렌에게 사회심리학은 사회학의 중요한 분야다. 사회구조와 연관 지어 '의식구조의 변화'를 고찰함으로써, 겔렌은 역으로 인격으로부터 사회에 영향을 미칠 수 있는 실천의 방식도 생각해볼 수 있게 한다. 겔렌은 인격을, 현대사회의 구조에 과도하게 적응하여 완전히 몰개성적으로 된 경우[368]를 제외하면, 세 유형으로 나눈다.

첫째는 그가 '신주관주의'라고 부르는 것으로서, 자신의 정체성을 사적 영역에서 찾는 경우를 말한다. 이런 개인들은 자신의 체험을 표현하고 비형식적 그룹을 형성하는 데 큰 관심을 가진다. 겔렌이 보기에 현대 대중사회는 개인들이 실종된 사회가 아니라 바로 개인들의 주관성 표현에 대한 요구가 폭발한 사회다. 마치 오늘날의 SNS 세상을 예상이나 했다는 듯이 겔렌은 다음

니기 때문에, 인간은 루만의 관심사가 아닐 수 있고 루만 자신도 그렇게 천명한다. 그러나 루만의 사회적 체계들의 이론도 최소한의 인간학을 필요로 한다는 점은 부정하기 어렵다. Schimank, 2005, 268쪽 참고.

367) Luhmann, 1984, 특히 464-465쪽 참고.

368) 이런 경우를 겔렌은 Riesman의 개념을 받아들여 과잉 적응자(der Überangepaßte)라고 한다.

과 같이 말한다.

> "그렇게 많은 사람이 최고로 예민한 안테나를 장착하고 있던 적은 없었을 것이다. 대중 시대는 다른 측면에서 보자면, 주관성의 가장 방종한 우연성이 공적 타당성과 존중을 요구하는 시대로 입증된다 — 그것도 성공적으로 말이다."[369]

> "즉, 대중 시대는 사람들이 소규모 특수 집단들에 진력하는 시대이기도 하다."[370]

둘째, 그가 초관행적 인물(das Überroutinierte)이라고 부르는 유형으로, 중요한 관행과 기술에 숙달해 있으면서도 동시에 그것을 넘어설 줄 아는 자이다. 초관행적 인물은 "경제, 정치, 행정에서 강하게 요구되는 인물로, 그 '이상형'은 생동성, 노동능력, 지성, 넓은 시야, 결단력, 주도 능력, 풍부한 상상력, 신의를 지닌 사람 — 한마디로 개인의 모습을 한 성공이다."[371] 이런 유형의 인격은 현대사회에서 요구되기도 하고 동시에 현대사회의 산물이기도 하다. "현대사회는 끊임없이 자신의 전통을 부수며 돌진하는 열린 사회인데, 동시에 특수화된 활동들로 해체되어 기능함으로써 관행의 고착에 빠질 위험이 있기" 때문이다. 그래서 "관행을 지배하면서도 관행을 넘어서고 뚫고 나가는" 자가 현대사회의 핵심적 역할을 하는 인물이다. 바로 슘페터가 '창조적 파괴자'라고 부르는 유형인 것이다.

---

369) Gehlen, 2007, 68쪽.
370) 위의 책, 128쪽.
371) 위의 책, 129쪽.

내가 가장 주목하고자 하는 것은 셋째 유형이다. 겔렌은, 이 유형의 특징을, 마땅한 표현을 찾기 어려워하면서, "질적 비범함의 관철"(Geltung des qualitativ Ungewöhnlichen)이라고 칭한다. 이 유형은, 아리스토텔레스 식으로 말하자면, 결정적 결함이 있는 두 극단 사이의 중용이다. 하나의 극단은 "사회적 삶의 견고한 장치들"에서 벗어나 자신을 "문화적 가치"를 보존하기 위한 기관(Organ)으로 삼는 경우다. 문화적 가치의 실현에 절대적 우위를 두고 다른 사회적 조건들은 외면하는 경우를 말한다. 겔렌은 이 유형에 대해 거의 적대적 태도를 보인다. 그것은 '성찰'이라는 이름으로 야만을 행하는 경우(Barbarei der Reflexion)라는 것이다. 다른 하나의 극단은 전문가 관점에 매여 있는 상태다. 철저하게 합리화된 현대사회에서 전문가는 꼭 필요하긴 하지만 최종 심급은 아니라는 것이다. 전문가들의 지배도 "야만으로 도로 추락하는 것"[372]을 방지하지 못한다. 전문가가 지배할 뿐인 사회에 대해 평가할 때 겔렌은 거의 아도르노와 구별되지 않는다. 그런 사회에서 "인간은 내면에 이르기까지 관리된다"라는 것이다.[373]

겔렌에게 문화는 장치들 '곁에서' 보존될 수 있는 것이 아니라 장치들 '안으로만' 구제될 수 있는 것이다.[374] 그러니까 '질적 비범함의 관철'이란 기술적 합리성 너머의 가치들을 "합리적 기능 자체 속에서" 관철하는 개인의 역량을 말한다. 정치가 특별한 중요성을 가지는 이유도 "사람들이 의문시하길 거부하는 가치가 가시적인 규범과 규약으로서 합목적적인 것 안에서 유효성을 지닌다는 암묵적 합의" 때문이다. 루만과 대비하기 위해 루만의 개념을 사용해서 말하자면, '질적 비범함의 관철'이란 인격의 역량으로 기능체계들 안

---

372) 위의 책, 127쪽.
373) 위의 책, 130쪽.
374) 위의 책, 131쪽.

에서 최소 도덕을 실현하는 것을 말한다. 겔렌의 말로 하자면 그것은 "정신의 수준 높은 경향성을 장치 자체 안에서 관철"하는 것, "섬세하고 다치기 쉬운 가치들이 일상 속에서 굳건하게 뒷받침"되도록 하는 것, "상황들 속에서, 바로 일상적인 상황들 속에서 가치도 지켜내는 것, 상황의 모든 특질에 귀를 기울이는 것"이다.[375]

　인격에 대한 겔렌의 이런 이론은 제도 개념에도 반영되지 않을 수 없다. 루만은 기능적으로 분화된 사회로 전환되면서 다기능적 제도들의 쇠퇴가 불가피한 것으로 진단한다. "**중복의 단념**과 함께, 즉 다기능성에 대한 단념과 함께, 상당한 정도의 **복잡성 증가**가 실현될 수"[376] 있기 때문이다. 겔렌은 그렇게 단선적으로 파악하지 않는다. 겔렌은 '다목적적 제도'(Mehrzweck-Institute)는 동시에 '목적 이상의 제도'(Mehr-als-Zweck-Institute)라고 한다.[377] 겔렌은 지속성을 갖는 제도는 본질적으로 중층결정되어 있다고 여긴다. 합목적적이고 유용해야 할 뿐만 아니라 보다 고차적인 관심을 뒷받침하고 고상한 동기가 자리 잡을 수 있게 해야 한다는 것이다. 그래서 겔렌은

---

375) "die Situationen, gerade die alltäglichen, auch auszuwerten, sie in allen ihren Qualitäten zu vernehmen". Gehlen, 2007, 133쪽. 그래서 나는 겔렌의 이론 전반에 대해 잘 정리한 이상엽의 논문, 2002에서 다음의 평가에는 동의하지 않는다. "겔렌은 '역사의 종말'을 '이념 역사'의 종말, 즉 '이데올로기'의 종말로 간주한다. 여기에는 오직 이미 주어진 상황을 완전하게 하는 것만이 있을 뿐이다. 왜냐하면 새로운 정치적 이념 체계는 더 이상 불가능하기 때문이고, 기술과 학문과 자본주의의 연합체 속에서, 이런 지구화된 '슈퍼 구조' 속에서 실제로 새로운 것은 더 이상 없기 때문이다. 아무런 놀라운 것이 없는 이런 세계 속에서 인간에게 남은 것은 단지 자신을 주어진 기능 연관에 삽입시키고 체계와 조직에 적응하는 일뿐이다." 이상엽, 2002, 180쪽. 이상엽은 이후의 논문에선 겔렌의 '인격성' 개념을 언급하긴 하나, 상세한 고찰은 하지 않는다. 이상엽, 2009, 278쪽 참고. 겔렌이 신주관주의자, 좌파 지식인들의 사회비판을 비판한다고 해서 현대사회에 대해 어떤 비판도 불가능한 것으로 여기는 것은 아니다.
376) 루만, 2014, 872-873쪽.
377) Gehlen, 2007, 130쪽.

이러한 제도와 임의적 결정을 통해 만들어질 수 있는 '조직'을 구별하는 것이다. 루만이 특화와 전문화의 필연적 결과로 파악한 것이 겔렌에게는 제도들이 조직들로 대체되어 가는 '문제적' 상황이다.

루만을 넘어서: 실천의 출발점으로서의 금욕

겔렌 연구에서 거의 주목되지 않았지만, 겔렌이 현대사회를 사회심리학적으로 진단하고 실천의 가능성을 찾을 때 단서로 삼는 핵심적인 개념이 '금욕'이다. 겔렌이 보기에 현대사회는 모든 금욕의 부재를 특징으로 한다.[378] 이전의 모든 사회는, 심지어 과도한 사치 욕구를 보일 때조차도, 금욕을 '대항 규범'(Gegennorm)으로서는 부정하지 않았다. 그래서 자발적으로 재화를 포기하는 자는 어떤 도덕적 권위를 지닐 수 있었다. 하지만 현대사회에서 그런 사람은 몰이해에 부딪힐 따름이다.

겔렌은 금욕의 완전한 부재를 산업 시대의 결과로 설명한다. 요구 수준이 더욱 높아지는 더욱 많은 사람에게 더욱 많은 재화를 공급하는 데 성공한 산업사회는 "풍요로운 삶에 대한 권리"를 전제하는 것을 넘어서, **"풍요로운 삶을 포기할 권리"**[379]를 불가능하게 하는 경향이 있다는 것이다. **"소비 욕구 자체를 생산하고 자동화"**[380]하기 때문이다. 겔렌은 이것이 새로운 종류의 부자유의 원인이라고 생각한다. 풍요로운 삶 자체가 부자유라기보다는, 풍요로운 삶을 포기할 수 없기에 수반되는 부자유를 말하는 것이리라.

현대사회의 사회심리학적 특징을 '금욕의 부재'에서 진단했다면, 겔렌은 실천의 단서도 금욕의 회복에서 찾는다. 소비 재화를 자발적으로 포기할 수

---

378) 위의 책, 87쪽.
379) 위의 책, 89쪽.
380) 위의 책, 89쪽.

있을 때 비로소 산업사회가 부과하는 것에서 부분적으로라도 벗어날 수 있을 것이기 때문이다. 이때 겔렌이 말하는 소비 재화는 보통의 물질적 재화에 한정되지 않는다. 그것은 편안하게 취미와 교양을 즐기는 것, 제법 복잡한 시사 지식을 즐기는 것 같은 것도 포함한다.

그런데 왜 금욕이 실천의 단초가 될 수 있는가? "금욕은 내부 감정의 연관성을 강화하고, 인격의 통합성과 포용성을 높여주며, 동시에 사회적 동인들을 강화하고, 정신적 각성을 높이는 효과를 내기"[381] 때문이다. 이때 주목할 것은, 겔렌이 금욕을 단지 무언가를 포기하는 소극적인 태도로 보지 않는다는 것이다. 겔렌은 금욕적 태도의 세 가지 측면을 다음과 같이 말한다.

첫째, '고무'(stimulans)로서의 금욕이다. 이것은 막스 베버가 신교의 세속적 금욕으로 또는 칸트가 내적 자유의 조건으로서 파악한 무욕과 유사한 것으로, 편의와 안락함, 주의를 흩뜨리는 자극들을 멀리하는 것이다. 이런 금욕을 통해 인격은 단순명료한 의무에 집중할 수 있는 능력을 강화한다. 푸코(Michel Foucault)가 말하는 고대인의 자기배려와도 유사한 것이다.

둘째, '규율'(disciplina)로서의 금욕이다. '고무'로서의 금욕이 인격의 집중성을 높인다면, '규율'로서의 금욕은 초개인적인 목적에 봉사하게 만드는 금욕이다. 겔렌은 이를 인격이 "자신을 제도에 의해 소비되게 하는"[382] 것이라고 표현한다. 이 표현은 두고두고 논란거리가 되는데, 여기서 '소비'라는 말은 '금욕'과 호응해서 쓰인 표현이고 제도는 꼭 '국가' 같은 것으로 한정되는 게 아니라는 점만 지적해둔다. 겔렌에게 저 표현의 의미는 "주관을 넘어선 가치들에 충실할 의무"[383]를 뜻한다.

---

381) 위의 책, 87쪽.
382) Gehlen, 2016c, 71쪽.
383) 위의 책, 71쪽.

셋째, 희생(sacrificium)으로서의 금욕이다. 이것은 고통과의 접촉을 견디고 유지하는 능력을 말한다. 그런데 겔렌은 막스 베버가 금욕에 대한 해석에서 가져온 반전에 못지않게 흥미로운 반전을 이 희생으로서의 금욕에 대한 해석에서 보여준다. 희생으로서의 금욕은 고통을 직시하고 인내하면서 그것을 삶의 본질적 부분으로서 수용하는 능력이며, 그런 점에서 그것은 삶 '전체'를 보는 능력이라는 것이다. 말하자면 '존재'와 함께 '무'를 봄으로써 현존재 전체를 조망하는 것이다. 겔렌은 종교에서 '희생'의 의미도 이와 무관치 않다고 보며, 이것을 '맹점' 개념을 사용해서 다음과 같이 표현한다.

> "뒤집어 보면 다른 측면이 드러난다. 정신적으로 보자면 위대한 구원
> 종교들은 부정적인 것이 — 중심적인 구성요소는 아니더라도 — 본질적
> 인 구성요소로서 빠지지 않는 '전체에 대한 조망'을 전제했다. 시신경 입
> 구 자리에 보지 못하는 맹점이 있는 것처럼, 정신에도 하나의 맹점이 있
> 다. 하지만 정신의 맹점은 무를 본다."[384]

이 세 번째 의미에서 비로소 겔렌이 왜 금욕을 새로운 실천 가능성의 출발점으로 삼는지가 분명히 드러난다. 새로운 실천이란 전체를 조망할 수 있어야 하고, 전체를 조망할 수 있는 능력은 '금욕'에서 나오기 때문이다.

그렇다고 해서 겔렌이 거대 구조 전체를 의문시하고 완전히 새로운 구조를 세워야 한다고 주장한다는 것은 물론 아니다. 그의 '문화적 결정화'(文化的 結晶化, kulturelle Kristallisation) 명제에 따르면 현대사회는 기

---

384) "So wie es im Auge an der Eintrittsstelle des Sehnervs einen blinden Fleck gibt, der nicht sieht, so gibt es auch im Geiste einen blinden Fleck: aber hier sieht er das Nichts." Gehlen, 2016c, 72쪽.

본 가능성들을 모두 펼쳐 보았다. 대항적 가능성들과 반명제까지 발견하고 수용했기 때문에, 기본적 관점에 변화가 있으리라는 것은 점점 비개연적으로 된다는 것이다.[385] 그래서 과거 철학자들의 "대가적 태도"(große Schlüsselattitüde), 즉 "전체에 대한 조망으로부터 하나의 세계 해석과 하나의 분명한 행동 지침을 주려고 하는 시도"[386]는 불가능하게 되었다. 하지만 이 거대 구조 속에서 가치들이 고사해버릴 수 있으므로, 겔렌이 보기에 결과적으로 순응밖에 모르는 정적주의(靜寂主義, Quietismus)는 답이 아니다. 일상적 상황 속에서 가치를 실현하는 것, 즉 문화를 사회적 장치 안으로 구제하는 것은 인격의 각별한 노력을 요구한다. 그리고 겔렌은 그러한 인격의 능력을 자신이 무엇을 알고자 하는지, 그리고 무엇을 소비하고자 하는지에 대해 성찰하는 태도에서 찾았다. 현대사회의 거대 구조가 과학기술 지식으로 시작해 대중의 소비주의로 이어지는 식으로 작동한다면, 무엇을 알고자 하는지를 성찰하는 것은 거대 구조의 시작점에서, 그리고 무엇을 소비하고자 하는지를 성찰하는 것은 거대 구조의 끝점에서 변화의 가능성을 모색하는 것이다. 그래서 '문화적 결정화' 내지 '역사 이후'(posthistoire)를 말했던 겔렌이 놀랍게도 다음과 같이 말한다.

> "두 경우에 **금욕**은, 어디서든 등장한다면, **새로운 시대**의 신호일 것이다."[387]

---

385) Gehlen, 1988, "Über kulturelle Kristallisation", 140쪽.
386) 위의 책, 134쪽.
387) Gehlen, 2007, 60쪽. 두 경우란 위에서 말한 시작점과 끝점, 즉 무엇을 알고자 하는가와 무엇을 소비하고자 하는가의 문제를 말한다. 인용문에서 앞의 강조는 겔렌, 뒤의 강조는 필자.

물론 '금욕'에서 실천의 단초를 찾는 것은 지극히 엘리트주의적 발상이다. 겔렌의 표현으로 하자면, "자기를 훈육하고, 자기를 통제하고, 자신에 대해 거리를 취하고, 어떻게 자신을 넘어서 성장할지에 대해 어떤 식으로든가 생각하는 자는 모두 엘리트에 속하기" 때문이다.[388] 그래서 겔렌의 실천 개념은 민주주의적 실천과 거리가 멀고 일반화될 수 있는 것도 아니다. 하지만 오늘날 '거대한 후퇴', 특히 (대의)민주주의의 위기를 초래한 원인들 가운데 하나는 겔렌이 말하는 엘리트적 실천의 부재가 아니었을까? 자유주의 엘리트들이 스스로 글로벌 신자유주의의 수혜자이기만 하고 신자유주의의 피해자들에 주의를 기울이지 않은 데서 현재 자유민주주의의 위기가 비롯된 것은 아닐까? 이런 추정이 그럴듯하다면,[389] 겔렌의 '금욕' 개념은 바로 오늘날 재조명될 가치가 있다.

4. 결론을 대신하여: 계몽의 재계몽 대 계몽 이후

"계몽의 재계몽"(Abklärung der Aufklärung)[390]은 루만이 자신의 사회학 프로젝트를 논쟁적 맥락을 고려하면서 집약적으로 표현한 말이다. 이것은 일차적으로 계몽의 한계를 분명히 하는 것을 뜻한다. 이때 루만은 예전 스타일의 소박한 계몽주의, 즉 각 개인이 모두 이성 능력을 가지고 있으며 이

---

388) 위의 책, 90쪽.
389) 『거대한 후퇴』(바우만 외, 2017)에서 여러 사상가의 현시대 진단은 대체로 이 방향으로 향하고 있다.
390) 정성훈은 'Abklärung'을 '끊어 밝힘'이라고 번역하였다. 정성훈, 2009, 131쪽 참고. 이렇게 풀어 번역하는 놀이에 동참해보자면, 'Abklärung'의 'Ab'을 'Aufklärung'의 'Auf'와 대비해, 그러니까 이성으로 '올려' 밝히는 것에 대비해 사회적 구속성으로 '내려' 밝히는 것이라고 번역해볼 수도 있을 것 같다.

에 기초한 공통성으로부터 실천적 규칙을 산출할 수 있다는 이성계몽주의(Vernunftaufklärung)의 비현실성을 지적하는 데 그치지 않는다. 그보다는 그런 이성계몽주의의 이론적 문제점을 수정하면서 새로운 방식으로 계몽주의를 계승하려는 입장들, 즉 프랑크푸르트학파를 비롯한 당대의 시도들도 사회학적 검토를 견뎌내지 못한다는 것을 보여주려 하는 것이다. 그런데 처음 재계몽 프로젝트를 선언할 때 루만은 재계몽을 이런 폭로에 제한하지 않았다. 이를 넘어 기능적 등가물을 제시하는 것이 사회학의 책임이라는 것이다.

> "이성계몽으로부터 폭로하는 계몽을 거쳐 사회학적 계몽으로의 진보
> 는 문제의식에서의 진보이며 계몽의 자기 자신에 대한 거리 취하기에서
> 의 진보이다."[391]

그러나 후기로 갈수록 이런 기능적 등가물 제시라는 과제는 루만의 시야에서 사라지고 현존하는 것의 비개연성에 놀라는 것[392]이 전부인 것처럼 보인다.

겔렌은 현대사회를 '계몽 이후'의 시대로 본다. 그런데 그의 '계몽 이후'란 개념은 루만의 '재계몽'의 경우와 달리 논쟁적 개념이 아니라 차분한 현실 진단을 나타내고 있다.

> "우리는 오늘날 인간의 사유가 계몽 이후의 상태에서 작동하고 있는
> 것을 본다. 인간의 사유가 계몽이 그 안에 부어 넣었다고 믿었던 도덕에

---

391) "Der Fortschritt von der Vernunftaufklärung über die entlarvende Aufklärung zur soziologischen Aufklärung ist ein Fortschritt im Problembewußtsein und in der Distanz der Aufklärung zu sich selbst." Luhmann, 1970, 86쪽.
392) "Staunen darüber, daß überhaupt etwas zustandekommt." Luhmann, 1991, 151쪽.

서 벗어나 작동하고 있는 것이다."[393]

　　이런 계몽 이후 사회에서 도덕은 "효과적인 것, 만들 수 있는 것, 합목적적인 것"을 통제하려고 끊임없이 — 그러나 헛되게 — 시도하는 절망적인 역할로 내몰린다.[394] 그러니까 겔렌식으로 하자면 역설적이게도 계몽주의의 후예를 자처하는 철학자들이 도덕적 관점에서 거대 구조를 치열하게 비판하는 — 그러나 거대 구조에 별다른 영향을 미치지 못하는 — 당시가 바로 계몽 이후의 시대다. 앞서 말했지만, 겔렌은 이런 '계몽 이후'를 사실로서 지적하는 것이지, 규범적으로 정당화하는 것은 아니다. 그는 "이성의 전능한 힘"에 대한 확신과 "이승의 행복"에 대한 긍정이라는 계몽주의의 원리가 산업 시대에 와서 생산과 계획, 조직화에 대한 무제한의 낙관과 소비 욕구의 팽창으로 귀착된 것을 결코 긍정적으로만 보지 않는다. 그래서 그는, 도덕적 비판의 무력함을 알면서도, 그런 비판이 있는 상황을 그렇지 않은 상황보다 차라리 더 희망적이라고 보는 듯하다.

　　"충족되지 않았으나 포기될 수 없는 이상적 필요를 말해주기에 종종 환상적이고 유토피아적인 것에 도덕적 위엄을 부정할 수 없다는 것, 반면에 합리적으로 행동하는 사람들이 항상 다시금 스스로 야기한 혼란들에 의해 부정당하는 것은 거꾸로 된 슬픈 세계를 잘 나타내주는 특징이다."[395]

---

393) Gehlen, 2007, 27쪽.
394) 위의 책, 27쪽.
395) 위의 책, 48쪽.

루만, 특히 후기 루만에게는 이런 아쉬움조차 없는 것으로 보인다. 사회를 가르치려 드는 것이 아니라 사회로부터 배우겠다는 자세는 질서의 비개연성에 대한 설명에 주력하는 것으로 구체화되었고, 이는 다시 사실에 대한 설명을 넘어 비판적 실천에 대한 지극히 부정적인 태도로 이어졌다. 그래서 루만에게 "질서의 기본적인 '비개연성'은 이론의 배후에서 지속적으로 함께 작용하는 위협 잠재력"[396]이 되었다. 겔렌도 질서를 중시하고 질서 비판에 대해 부정적이긴 하지만, 그러나 그것은 제도와 질서의 중요성을 모를 뿐만 아니라 기존 특권의 비판을 통해 자신들의 특권적 지위를 추구하는 지식인들의 소위 '대항적 귀족지배'(Gegen-Aristokratie)에 대한 비판이었지, 모든 질서 비판에 대한 비판은 아니었다.

그래서 겔렌이 말하는 '계몽 이후'(Nachaufklärung)를 '반계몽'(Gegenaufklärung)과 완전히 등치시킬 수는 없다. 그런 점에서 "반계몽적 제도주의의 가장 일관된 사상가"[397]라는 하버마스의 겔렌 평가는 과도하다. 그보다는, 겔렌의 흔적을 억누른 루만의 사회이론만이 아니라 겔렌을 그렇게 혹독하게 비판하는 하버마스 자신의 사회이론마저 겔렌으로부터 지대한 영향을 받았음을 감안해보면,[398] "독일 전후(戰後) 사회학의 배후 사상가"[399]라는 평가가 적절할 것이다.

---

396) Gebhard · Meißner · Schröter, 2006, 281쪽.

397) "der konsequenteste Denker eines gegenaufklärerischen Institutionalismus". Habermas, 1987, 107쪽.

398) 여기서 다루진 못했으나, 나는 겔렌을 치열하게 비판한 하버마스가 — 그럼에도 혹은 바로 그 때문에, 즉 겔렌과 동일시될 염려가 없었기에 — 겔렌과 힘겹게 거리를 취하려 했던 루만보다 오히려 겔렌을 더 수월하게 수용할 수 있었을 것이라고 생각한다. 하버마스는 사회를 생활세계와 체계라는 2단계로 구상하면서 체계에는 생활세계를 위한 '부담 경감' 기능을 할당했는데, 이는 루만의 체계이론을 겔렌의 인간학의 핵심 개념을 통해 받아들인 것이다.

399) "Hintergrunddenker der deutchen Nachkriegssoziologie" Delitz, 2006, 412쪽.

3부
철학사적 지평

14장 자율적 주관성과 이성적 사회

한 사회철학적 이념의 이론적 논증과
실천적 구현의 노력들의 분석적, 비판적 재구성

1.

17세기부터 명백히 탈전통화의 길을 걸어온 근대문화의 한 흐름은 18세기 후반에 이르면 주관의 자율성을 실천의 제일원리로 자리 잡게 한다. 주관의 자율성의 실질적인 의미는 한 주관이 맺는 사회적 관계에서 그가 스스로에게 부과한 강제 외에는 원칙적으로 어떤 강제도 받아들이지 않는 상태이다. 이런 주관들을 바탕으로 안정적인 사회적 질서가 성립하기 위해서는 개별 주관들이 일반화될 수 있는 규칙들에 따라 자신의 자의적 측면을 강제할 수 있어야 할 것이다. 그런데 자율적 주관들에게 일반화될 수 있는 규칙들은, 자율적 주관들이 자신들이 동의하지 않은 어떤 외적 강제도 거부하는 주관이라면, 한 가지 원칙하에 서 있을 수밖에 없다. 즉 그 규칙들은 바로 각 주관들의 자유로운 자기결정을 동등하게 보장해주는 원칙이 구체화된 것으로서만 정당성을 갖는다. 자율적 주관에 바탕한 사회의 조직 방식을 찾으려는 시도는 칸트에서 인상적인 정형화에 이른다: "따라서 법은 그 아래서 한 사람의 자의가 다른 사람의 자의와 자유의 일반적 법칙에 따라 함께 결합될 수 있는 조건들의 총화이다."(Metaphysik der Sitten B33)

그러나 전통사회의 질서의 급속한 와해는 근대문화의 덕분만이 아니다.

그것의 물적 기반은 산업과 시장경제의 발달에 있었다. 교환가치 창출에 초점이 맞추어진 경제는 정치권력의 무원칙한 개입에 반발하게 되고, 이것은 통치권이 피통치자들에 의해 정당성을 인정받은 법을 통해 규제받아야 한다는 요구로 구체화된다. 이 요구는 이미 17세기 로크(John Locke)의 사회이론에서 정형화된다. 로크는 사회의 기원을, 개인들이 자신들의 이해관계가 걸린 문제에 관하여 스스로 재판관이 될 경우 불편부당(不偏不黨)할 수 없고 또 타인의 부당한 권리침범에 대해 자신을 방어할 만한 충분한 힘도 가지고 있지 않은, 자연 상태의 불안정성에서 찾는다. 사회는 로크에 의하면 개인들이 권리분쟁 시에 공정한 판정과 판정의 집행을 가능하게 하기 위해 자신들의 자기보호권의 일부를 양도함으로써 성립된다.[400] 이러한 사회이해에 따르자면 정치적 질서는 사회 전체의 차원에서 보면 경제적 행위들 사이에 자연스럽게 성립하는 역학이 마찰 없이 작용하게 하는 보조적 기능을 갖는다. 경제적 행위들 사이의 역학이 상당히 안정화되면서 이러한 사회이해는 애덤 스미스(A. Smith)의 "보이지 않는 손"의 테제로 발전된다. 스미스에 따르면 "각 개인은(……)보이지 않는 손에 인도되어 그가 결코 의도하지 않았던 목표(＝공익 내지 국부: 필자)를 진작시킨다."[401]

자율적 주관성에 입각한 요구이든 경제의 자체 안정화역학에 기초한 요구이든 모두 사회조직의 탈전통화를 가속화하는 데에 기여하였다. 그러나 자율적 주관성에 기초한 사회조직 원리는 개인들이 자신의 행위의 동기와 연관에 관해 반성할 수 있음을 전제로 한다. 이런 점에서 그것은 이기적 행위들 사이의 역학으로서의 사회조직의 원리와는 쉽게 양립될 수 없다. 반전통주의적이라는 공통점의 배후에서 드러나지 않았던 이러한 차이는 프랑스 혁명과 함

---

400) The Second Treatise of Government(1689), Chap. IX.
401) An Inquiry into the Nature and Causes of the Wealth of Nations, 4.book, 2.chap.

께 전통적 정치질서가 결정적으로 흔들리고 난 뒤 새로운 사회관계를 조직해야 하는 과제 앞에서는 숨길 수 없는 것이 되었다. 두 사회조직의 원리 사이에 어느 한쪽으로의 선택을 어렵게 만든 것은, 각각의 원리가 서로 배타적인 것처럼 보이면서, 이성적이고 안정적인 사회의 질서가 어느 한쪽의 원리로만 가능해 보이지 않았기 때문이다. 자율적 주관성에 입각해 사회를 조직하려는 입장은 개인들이 동의할 수 있는 **이성적** 사회를 지향하고, 그런 한에서 분명히 규범적 측면에서는 강점을 갖는다. 그렇지만 이 입장은 그런 사회가 성립되기 위한 실질적인 인성학적, 경험적 토대를 제시하는 데 어려움을 보인다. 반면에 국민경제학자들의 사회이론들은 **안정적**인 사회질서의 가능성은 설명하지만 시장경제가 수반하는 부정적인 사회적 현상에 대한 처방을 제시하지 못함으로써 사적 재산을 소유한 자들의 정당화이데올로기라는 의심을 면하기 어렵다.

헤겔, 마르크스, 그리고 오늘날 하버마스는 전자의 입장에 서면서 후자의 입장에서 성취된 이론적 성과들을, 서로 다른 정도로기는 하지만, 통합하여 자율적 주관성을 전사회적 내지 — 이것이 불가능하다고 판명될 경우 — 부분사회적 차원에서 인간관계의 조직원리로 정당화하려고 하는 점에서 기본적인 공통점을 보인다. 다른 한편 이들은 각자의 시대적 경험, 특수한 철학 내적 및 철학과 타 학문과의 작용관계하에서 다음의 세 가지 물음들 중의 하나와 집중적인 대결을 한다:

· 어떻게 개인이 자신의 개별성을 넘어 일반성을 획득하고 자신의 일반성에 대해 성찰할 수 있으며, 그리하여 자신의 행위에 합당한 일반적 사회관계를 자신의 행위목적으로 삼을 수 있는가.

· 거의 자연법칙과 같은 필연성을 갖는 상품생산, 교환의 역학을 고려할

때 주체들의 자유로운 연합으로서의 이성적 사회의 이념의 객관적 실현가능
성이 어떻게 확보될 수 있는가.

　• 형이상학이 적어도 학문적 논증의 영역에서 돌이킬 수 없이 쇠퇴하였
음을 전제할 때, 행위주체의 자율성은 새로이 어떻게 정당화될 수 있으며, 이
것은 자율성의 사회조직의 원리로서의 유효성의 범위를 어떻게 달리 규정하
게 하는가.

　본 논문은 자율적 주관성의 이념과 이와 불가분적인 이성적 사회의 이념
을 견지하면서 그것의 실현조건을 탐색했던 근대 이후의 한 사회철학의 흐름
의 물음과 답을 헤겔, 마르크스, 하버마스의 사회철학을 통해 비판적으로 재
구성해봄으로써 저 이념의 현대적 위상을 검토하는 데에 기여하고자 한다.
나는 이 논문에서 헤겔, 마르크스, 하버마스의 사회철학적 주장들을 뒷받침
하는 철학적 전제 및 방법론들을 검토하는 데 주력하였다. 논문의 주제가 충
분한 논거를 가지고 다루어지기 위해서 고려되어야 할 또 하나의 중요한 요
소인 각 사상가의 역사적 경험은 암묵적으로만 고려되었다.

　2.
　헤겔의 사회철학은 나의 생각으로는 **안정적이고 동시에 이성적인** 사회질
서의 가능성을 모색하는 최초의 체계적 시도이다. 그의 시도는 교환사회에서
의 상호의존 관계를 자율적 주관성을 불가능하게 하는 것이 아니라 오히려
가능하게 하는 현실적 조건으로 파악하고, 그리하여 사실적인 **상호의존** 관계
를 **상호인정** 관계하에 포괄시킬 수 있음을 보이는 데에 집약된다. 그의 이러
한 시도는 **존재론적-발생론적**이라 불릴 수 있을 방법에 의해 뒷받침되어 있
는데, 이를 『정신현상학』과 『법철학』을 바탕으로 간략히 살펴보기로 하자.

『정신현상학』에서 헤겔은 주관성의 단계를 의식사적, 행위사적인 재구성을 통하여 서술한다. 단계적으로 등장하는 주관성의 형태들은, 물론 헤겔이 관찰하는 것이긴 하지만, 방법상 주관의 자기이해로 서술된다. 이때 특징적인 것은 주관의 자기이해란 이미 주관 자신의 이론적, 실천적 행위를 통하여 이룩된 것이 의식된 것이라는 점이다. 이것을 자율적 주관성 문제와 연결시키자면, 주관이 자신을 자율적 존재로 이해하는 것은 비경험적인 선의지의 추상적 자기결단에 의해서가 아니라 이미 세계의 객관적, 규범적 질서에 대해 파악하고 있으며 자신의 행동을 세계에 대한 자신의 해석에 따라 조절하는 능력을 갖추고 있는 자신의 상태가 의식되는 것이다. 이렇게 행위사적 관점과 의식사적 관점이 결합됨으로써 헤겔 특유의 실천개념이 나온다.

『정신현상학』에서 서술되는 자각적 개인들의 사회는 한편으로는 자신의 자율성을 자각하고 있는 개인들의 사회이면서 다른 한편 교환사회로서 각 개인들의 행위목적의 실현이 타인들의 행위들에 의존적인 사회이다. 이런 사회의 갈등구조는 앞선 논의에 따르자면 자율성에 대한 요구가 바로 행위들의 사실적, 물적 연관에 의해 개인들의 자율적인 행위결정이 불가능하게 보이는 상황에서 제기된다는 데에 있었다. 그런데 헤겔은 이 모순을 개인들의 새로운 의식, 실천 형태가 나타날 수 있는 기회로 이해하고 있다. 만일 개인들이 자기의 행위가 실제로 타인들의 행위와 불가분적으로 연관을 맺고 있음을 자각한다면 개인들은 자신이 동의할 수 있는 일반적인 사회적 관계가 성립하거나 그것이 유지되는 것에 대한 관심을 가질 것이다. 즉 개인의 직접적인 이해관계를 넘어서 있는 사회적 관계도 의식적인 실천의 대상이 될 수 있다는 것이다. 개인적 이익을 위한 행위에서조차 이미 일반적인 행위연관이 고려되고 있다는 점에서 개인들이 이미 일반적 행위를 의도하지 않은 체하고 있다고 한다면, 동의할 수 있는 일반적 사회관계의 성립 또는 유지를 목표로 삼는 행위는 의식된 일반적 활동(bewuβte allgemeine Tätigkeit)이라고 특징지을 수 있겠다.

이런 헤겔의 실천개념의 위상은 그의 노동개념의 위상과 비교해보면 분명해진다. 노동은 헤겔에서 일반성을 갖는 사회적 관계가 의도되지 않은 결과로 생겨나는 과정에서의 중심적인 활동형태이다. 그렇게 성립된 사회관계가 의식의 대상이 되고 그것의 유지 또는 개선이 행위의 목적이 될 경우의 실천은 노동과 구별되는 의식된 일반적 행위이다. 그러니까 노동의 상호연관성에 의해 **보편적인 상호의존** 관계가 성립한다면 의식된 일반적 활동이란 보편적 상호의존의 관계를 **보편적 상호인정** 관계로 바꾸는 실천이다.

> 자신의 필요를 위한 개인의 **노동**은 자기 자신의 필요의 충족일 뿐 아니라 동시에 타인들의 필요의 충족이기도 하다. 그리고 자신의 필요의 충족은 오로지 타인의 노동을 통해서 이를 수 있다. 개별주관이 그의 개별적 노동에서 이미 **일반적** 노동을 **무의식적으로** 수행하듯이, 개인은 다시금 일반적 노동을 자신의 **의식된** 대상으로서 수행한다: 전체는 **전체로서** 그의 작품이 되고, 이것을 위해서 그는 자신을 희생하며, 바로 이를 통해서 그것으로부터 자기 자신을 되돌려 받는다.(Hegel Werke 3, 265. 강조는 원문의 강조)

이러한 헤겔의 생각은 그의 『법철학』에서 더욱 체계화된다. 그가 그리는 시민사회(bürgerliche Gesellschaft)는 도덕, 실천적 측면에서는 자율적 주관으로서의 개인들 사이의 관계이고 경제적 측면에서는 필요들의 체계(System der Bedürfnisse)이다. 헤겔은 시민사회가 이러한 자기모순을 가지고 있으며 어느 하나의 사회조직원리만으로도 이성적이고 안정적인 사회

질서의 가능성이 설명될 수 없음을 파악하였다. 그는 이러한 문제를 한편으로는 물질적 토대로서의 시민사회의 자체논리는 손상시키지 않되, 다른 한편 개별적인 자율적 주관들을 일반정신으로 발전시켜 시민사회보다 우위에 있는 사회질서 ― 그의 용어로 하자면 국가(Staat) ― 를 성립시킴으로써 해결할 수 있다고 믿었다. 일반정신으로 고양된 자율적 주관은, 개별 주관의 측면에서 보면, 더 이상 물질적 토대에 대해 추상적으로 맞서 있는 주관이 아니라 자신들의 행위의 상호연관성을 인식하고, 그럼으로써 자신의 개별적 이익을 추구하는 이외에도 일반성을 가질 가치가 있는 행위연관을 산출하거나 유지하는 것을 자신의 행위의 목적으로 삼는 주관이다. 국민경제학적 관점에서는 행위들의 상호연관은 개별행위들 사이의 역학을 통해 **결과**로 나오는 것이지 개별행위들의 **목적**일 수는 없었다.

그러나 헤겔의 이러한 흥미로운 사회철학적 시도는 후대의 사람들이 공유하기 어려운 전제를 바탕으로 해서만 가능한 것이다. 이를 방법적인 측면에서 분명히 하기 위하여 『논리학』을 살펴보기로 하자. 『논리학』에서 규정성의 운동과정을 보면 특별한 구조를 갖는다. 처음에 서로에 대해 자립성을 갖는 한 단계의 대립적 규정성(들)(Gegensätze)이 그것들 사이의 작용관계에 의하여 상호 간의 자립성을 상실하고 그것들을 계기(Momente)로 갖는 고차적인 규정성으로 통합되어간다. 그런데 새로이 등장하는 규정성의 관점에서 보면 이 규정성은 **결과**로서 생겨난 것이고, 그런 한에서 그것의 존재는 그것 이전의 규정성들의 존재에 의존하는 셈이다. 이러한 불합리한 점을 헤겔은 저 운동을 반복시킴으로써, 그러나 이번에는 이미 발생한 고차적 규정성이 그 이전의 규정성들을 자기의 계기들로 만드는 과정으로서 반복시킴으로써 해결하려 한다. 즉 각 규정성들로 하여금 자신의 발생사(Entstehungsgeschichte)를 자신의 자기규정의 과정

(Selbstbestimmungsprozeβ)에 편입되게 한다. 이것이 **나**에게는 논리학에서의 규정성들의 전개과정이 무전제적인 자기완결성을 갖는 것처럼 보이게 하는 방법적 특징으로 여겨진다.

이 구조, 즉 어떤 규정성의 발생 과정이 그것의 자기규정과정으로 반복되는 구조가 이미 『정신현상학』에서도 보인다. 처음에는 개인들이 자신들의 행위를 통해서 자신들의 행위의 목적 연관에 없던 일반적 관계를 결과로서 산출한다. 헤겔은 결과로서 생겨난 이 **일반성**을 운동의 **주체**로 삼아 개인들의 행위 사이의 역학을 이 일반성의 자기규정과정으로서 반복시킨다. 그러니까 개인들의 행위들이 일반적 연관을 만드는 것은 실상은 개인들보다 더 규모가 큰 일반성, 곧 정신(Geist), 유(Gattung)의 자기실현과정이라는 것이다. 『법철학』에 오면 이러한 방법적 구조는 더욱 두드러져서, 헤겔은 『법철학』의 목표를 아예 서두부터 일반의지(der allgemeine Wille)의 자기실현과정을 서술하려는 것이라고 규정한다.

헤겔의 이러한 발생적 방법은, 여기에서 자세히 논의할 수는 없지만, 피히테(Johann G. Fichte)와 셸링(Friedrich W. J. Schelling)을 거치면서 선험철학적 문제의 해결책으로서 등장한 것이었다. 그리고 이 방법은 특정한 존재론적 전제를 바탕으로 해서만 성립할 수 있다. 그런데 그러한 존재론적 전제를 공유하지 않는다면 의지의 일반적 성격이나 **주관성**을 운동의 **주체**로 삼는 것은 불합리하기 짝이 없어 보인다. 경험적 관점에서 보자면 **주관성**은 주관의 성격으로서만 인정될 수 있다.

헤겔이 일반정신의 자기실현력을 신뢰할 수 있었던 것은 그의 존재론적 전제 외에 그의 불충분한 시민사회 관찰과도 연관이 있다. 그의 시민사회 개념은 주관의 자율성에 대한 보편적 요구와 시민사회의 물질적 토대 사이에 갈등의 구조가 있음을 파악하였다는 점에서 획기적인 것이긴 하였다. 그는 자율적 주관들의 자유로운 관계가 사회조직의 원리가 되지 못하게 하는 원인이 단순히 이기심과 같은 인성론적인 사실 때문이 아니라 교환경제에서 생산행위들의 연결이 주관성과 무관한 논리에 따라 이루어지기 때문이라는 것을 파악하였다. 그러나 그는 시민사회의 물적 토대를 보편적인 상호의존성을 갖는 생산활동으로 파악함으로써 물적 토대의 성격을 중립화하고 있다. 그렇기 때문에 그는 주관들이 반성을 통하여 자신들의 무의식적인 상호의존 관계를 의식적인 상호인정 관계로 바꿀 수 있으리라고 기대할 수 있었다. 그러나 시민사회에서의 상호의존은 평등한 상호의존이 아니라 **불평등한 상호의존**이다. 그런 한에서 자율적 주관성에 기초한 사회조직이 실제로 얼마만큼 가능한지, 이런 불평등한 상호의존이 반성을 통하여 평등한 상호인정으로 바뀔 수 있을지는 의문이다. 이제 다음과 같은 과제가 제기된다. 자율적 주관성의 이념과 그에 바탕한 이성적 사회의 이념이 헤겔의 철학적 전제와 시민사회의 현실에 대한 진단이 공유되지 않을 때 어떻게 사회조직의 원리로 구체화될 수 있을까?

3.

마르크스는 역사적 현상으로서의 계몽주의를 자본주의화 과정에서 대토지소유자에 대항하는 산업 자본 측의 이데올로기로 파악한다. 그러나 그의 사회철학이 규범적 체계로서의 계몽주의를 받아들이고 있음은, 특히 그의 사회비판이 자율적 주관성과 이성적 사회의 이념에 기초하고 있음은 부정할 수 없는 사실이다. 초기 저술에서부터 줄곧 그는 부정되어야 할 사회의 특징을 사회관계들이 개인들에 대해 낯선 힘이나 맹목적인 법칙으로서 지배하는 상황에서 찾으며, 다가올 사회에서는 사회관계가 개인들의 의식적인 조절의 대상이 되어야 한다고 말한다.

이 사회이념과 함께, 마르크스가 자신의 사회이론을 구체화해나가는 방향에 또 하나의 결정적인 요인으로 작용하는 것은 그의 경험적, 비판적 태도이다. 헤겔철학과 국민경제학자들의 사회이론에 대한 그의 비판은 언제나 경험적 토대의 문제와 다소간 숨겨진 현실정당화적 이데올로기에 향해 있다.『독일 이데올로기』에서 정형화되기 시작하는 그의 유물론적 역사이해나 이후에『자본』에서 전개되는 자본주의사회에 대한 체계적 비판은 그의 초기 저작부터 보이는 이러한 경험적, 비판적 관점에서의 대결에 의해 준비된다. 이 논문이 마르크스 부분에서 겨냥하는 것은 마르크스의 사회이론의 특징을 그의 이성적 사회의 이념과 확고한 경험적, 비판적 관점의 교호작용으로부터 설명하는 것이다.

초기 저술에서부터 줄곧 마르크스의 이론적 작업은 주로 헤겔의 철학과 청년헤겔주의자들, 그리고 국민경제학자들의 이론에 대한 비판으로 이루어진다. 이 세 방향의 비판은 마르크스의 유물론적 역사파악과 자본주의 체제에 대한 체계적 비판에로 발전되어간다. 그러므로 마르크스의 이론의 성격을 구명하기 위해서는 그가 헤겔의 철학 및 자기시대의 이론과 벌이는 대결을 살펴볼 필요가 있다.

마르크스가 헤겔의 철학에 대해서, 사실들의 논리(Logik der Sache)를 서술하는 것이 아니라 논리의 사실(Sache der Logik)을 서술하고 있다고 비판하거나 그의 현실수용적 태도를 신랄하게 꼬집었던 것은 잘 알려져 있다. 그러나 헤겔의 철학에 대한 그의 비판 중에서, 비록 별 주목을 받지는 못하였지만, 더욱 중요한 것은 그가 헤겔의 철학의 위대성과 한계를 철학의 매체로서의 비경험적, 보편적 사고에서 찾은 점이다. 그에 의하면 보편적 이성, 합리성의 측면에서 사회를 관찰하는 헤겔의 관점이 선진적인 측면을 가질 수 있었던 것은 아직 시민사회가 발달하지 못한, 즉 보편적인 교환관계가 성립하지 못한 독일과 같은 후진 사회를 배경으로 해서만 이해될 수 있다. 사회 전체에 교환의 논리가 관철되면 보편적 관점이란 현실의 정당화 이상의 논리를 발전시킬 수 없으며, 그런 한에서 마르크스는 헤겔의 철학이 국민경제학의 관점에 서 있다고 말한다. 자유의 문제와 연관해보자면, 헤겔식의 보편적 관점에서는 추상적, 정치적 자유(politische Freiheit)만이 정당화될 뿐이다. 마르크스는 사적 소유에 바탕한 교환경제가 수반하는 각종의 부작용들은 인간적 사회의 성립을 위해서는 추상적인 정치적 자유가 아니라 사회적 자유(soziale Freiheit)가 사회조직의 원리가 되어야 함을 보여준다는 생각이고, 이를 위해 헤겔의 철학은 더 이상 적절한 수단을 제공하지 못한다고 여긴다. **"철학의 실현 없이는 철학의 지양이 없고 철학의 지양이 없으면 철학의 실현이 없다"**는 잘 알려진 구절은 일반적으로 해석되는 것과는 달리 보편적 이성을 매체로 하는 철학의 유효성의 조건을 명시하는 말이다.

청년 헤겔주의자들에 대한 마르크스의 비판은 열한 번째 포이어바흐 테제(Feuerbach-These)에 대한 오랫동안의 일면적 해석 때문에 잘못 이해되어 왔다. 마르크스가 비판하는 청년헤겔주의자들의 대부분은 소위 순수철학자들이 아니라 사회비판과 개혁에 대한 의지가 분명하였던 사람들이다. 이들에게서 마르크스가 비판하는 점은 세계를 바꾸겠다는 의지의 부재가 아니라 사회의 부정적 현상들의 원인에 대한 잘못된 진단과 실천적 노력의 방향이다. 대부분의 청년헤겔주의자들은 사회적 지배의 원인을 일반 대중들의 미성숙된 의식에서 찾았으며, 이에 따라 그들의 실천적 노력은 주로 대중들이 자신과 사회에 대해 종전과 달리 이해하도록 하게 하는 계몽적 교육에 집중되었다. 마르크스가 열한 번째 포이어바흐 테제에서 비판하는 점은 바로 청년헤겔주의자들이 세계를 바꾸려 한다는 실천적 목표를 천명하면서 실제로는 세계를 상이하게 해석하고만 있는, 즉 실천적 목표에 합당한 이론을 발전시키지 못함으로써 결국은 보이지 않게 주어진 현실을 수용하고 마는 상태이다. 저 테제가 유물론적 역사이해가 정형화되는 시점에 나온 것임을 고려하면, 그것의 의미는 순수철학자들로 하여금 실천을 촉구하는 데에 있는 것이 아님이 더욱 분명해질 것이다. 저 테제는 마르크스가, 자신도 어느 정도 공유했었던 청년헤겔주의자들의 입장과 결별하면서, 자신의 사회비판을 더 이상 철학의 매체가 아니라 포괄적인 역사, 사회이론의 토대에 세우려 함을 보여준다.

국민경제학자들의 이론에 대한 마르크스의 비판은 그들이 사적 소유에 기반한 교환경제의 논리를, 그것이 특정한 역사적 조건하에서만 성립할 수 있음에도 불구하고, 모든 사회에 적용할 수 있다고 믿는 비역사적 태도에 향해진다. 그런데 마르크스에서는 국민경제학이론의 역사적 조건을 밝히는 것은 곧 국민경제학이론에 대한 비판이 된다. 사적 소유에 바탕하며 이윤추구를 목적으로 수행되는 교환경제는 국민경제학자들이 추상적으로 가정하는 것처럼 사적 소유가 있는 자들만의 사회에서가 아니라 역사적으로 유산자와 무산자로 갈린 사회적 조건하에서 전개되었다. 마르크스가 보기에 사적 소유를 바탕으로 한 교환경제에서 이윤의 정체는 사적 소유를 갖지 못한 자들의 노동력에 대한 착취이며, 그러므로 교환경제의 전개는 그것의 역사적 조건, 즉 유산자와 무산자계층의 분리를 더욱 첨예화된 형태로 재생한다. 사적 소유에 바탕한 교환경제의 이러한 역사적 특수성을 도외시한 채 그것의 보편성에서 출발하는 국민경제학자들의 이론은 바로 임금노동에 대한 착취를 정당화하는 이데올로기의 역할을 한다. 국민경제학의 이론에 대한 마르크스의 이러한 비판은 그의 자본주의사회에 대한 비판으로 발전된다. 합리적이며 거의 자연적 필연성을 갖는 것처럼 보이는 자본주의경제는 마르크스에 의하면 실상은 특정한 역사적 조건, 즉 한편에서는 소수의 손에 부가 축적되고 다른 한편에서는 자신의 노동력을 상품으로 팔아야 하는 대량의 임금노동자가 출현했던 상황에 의해 가능하였으며, 자본주의적 경제의 전개과정은, 이 사회적 조건을 자신의 존립기반으로서 계속 재생할 따름이다. 자본주의경제에서 분리될 수 없는 이 사회적 요소(soziales Element)가 바로 자본주의경제에 대한 비판을 가능하게 해준다.

지금까지의 논의에 따르자면 마르크스가 규범적으로는 이성적 사회의 이념을 견지하며 이론적으로는 확고한 경험적, 비판적 태도를 가졌음이 분명하다. 그런데 그가 경험적 관점의 견지를 통해서, 그가 얻은 통찰 중의 하나는 사람들이 상황을 만들기도 하지만 마찬가지로 상황이 사람을 만들며, 개인들이 주어진 조건을 변형하기보다는 주어진 조건에 적응하면서 산다는 사실이다. 만일 마르크스가 이 통찰에 충실하려 한다면, 그가 생각하는 사회주의사회는 청년헤겔주의자들이 생각한 것처럼 개인들의 반성적 능력이나 도덕적 행위를 통해서 실현될 수는 없을 것이다. 그렇다고 헤겔처럼 이념의 자기실현력에 의존할 수도 없는 마르크스에게는 사회주의사회의 실현은 자본주의사회 스스로 자기지양의 객관적 조건과 주체적 조건을 만들어낼 때에만 생각될 수 있을 것이다. 이 가능성을 마르크스는 생산양식의 변화 과정에 초점을 맞춘 유물론적 역사파악 및 자본주의경제의 자기모순적 구조에 대한 분석을 통하여 뒷받침한다. 그는 자본주의경제가 한편에서는 그것의 기능적 위기를 피할 수 없고, 다른 한편 잉여노동의 효율적 착취를 위한 자본주의경제의 대규모 노동력조직 방식이 결국 자본주의경제에 대해 적대적인, 잘 조직된 노동자계급을 산출한다는 것을 보임으로써 해결하려 하였다.

지금까지의 고찰에 따르면 마르크스의 자본주의 이론은 순수한 이론으로서의 정치경제학이 아니라 자율적 개인들의 자유로운 관계로서의 규범적 사회이념과 정치경제학적 분석의 교호작용에 의한 산물이다. 마르크스가 도대체 왜 자본주의경제의 모순에 주목하였는가는 바로 그의 사회이념과 경험적,

비판적 태도를 함께 고려할 때에만 설명될 수 있다. 이 점이 분명해지면 다음과 같은 물음이 제기될 수 있다. 사회적 관계가 자율적 개인들의 자유로운 관계이어야 한다는 규범적 관점과, 그런 사회는 자기실현력을 가진 이념이나 개인들의 도덕적 결단을 통해서가 아니라 자본주의경제의 객관적 조건 자신의 운동에 의해서만 가능할 것이라는 인식은 자본주의경제의 모순을, 그에 대한 경험적 서술을 넘어서서, 어느 정도 결정론적으로 규정하게 하지 않았을까? 이 물음은 더 구체적인 물음으로 발전될 수 있다. 만일 자율적 주관성이 특정한 심리적, 문화적, 사회적 조건에서 형성되었으며 유지, 발전될 수 있는 것이라면 이성적 사회의 이념의 실현은 자본주의적 경제의 극복으로만 성취될 수는 없을 것이다. 도대체 자율적 주관성의 성립조건은 무엇이며 그에 기원하는 사회이념의 유효성의 범위는 어디까지인가? 하버마스는 이 물음과 집중적인 대결을 벌인다.

4.

하버마스의 철학적, 사회학적 노력은 **비판적 사회이론**의 확립에 모아진다. 그가 비판적 사회이론의 확립을 위해 그렇게 광범위하고 밀도 있는 노력을 쏟아온 이유는 마르크스주의적인 철학 전통이 소위 제1세대 프랑크푸르트학파의 철학자들에 이르러 나타내게 된 이론적, 실천적 곤경을 배경으로 해서만 이해될 수 있다. 마르크스주의적 이론과 실천은 여러 도전을 받으면서도 루카치(György Lukács)까지는 사회주의로의 이행의 전망을 공통분모로 하였다. 같은 전망을 바탕으로 결집되었던 초기 프랑크푸르트학파의 학자들은 그들의 역사적 경험, 특히 선거를 통해 집권한 나치에 의한 2차대전의 발발, 스탈린 독재, 그리고 망명지에서 목격한 문화산업의 양상 앞에서 참담할 정도의 당혹감에 빠진다. 그들에게는 사회주의사회로의 전망은 그만두고라도 사회주의사회의 이념이 가졌던 이론적, 실천적 지향점으로서의 성격마저 불확실하게 되었다. 이러한 경험은 그들로 하여금 자본주의체제에 대한 비판을 넘어서, 계몽적 이성조차 그로부터 자유롭지 못한 근본적인 맹목성, 즉 이성의 도구적 성격에 대한 비판으로 나아가게 한다.

그런데 이성의 도구적 성격에 대한 그들의 비판이 철저해지면 철저해질수록 그것은 실천적인 측면에서의 곤경을 가져왔다. 만일 사회개혁을 지향하는 정치적 행위조차도 지배의 논리와 맹목성에서 자유롭지 못하다면 사회개선을 위한 어떠한 실천이 생각될 수 있다는 것인가? 아도르노의 경우 지배논리와 손잡고 있는 동일화논리에 의해 손상되지 않은 경험에 대해 말하고 그에 의존한 반성의 가능성을 지적하지만 그로부터 어떻게 영향력 있는 정치적 실천으로 나아갈 수 있는지는 매우 의심스럽다. 1960년대 말 유럽에서의 사회변혁운동이 고조되었을 때 아도르노가 진보주의적 정치행위에 대해 심하게 비관적이었고 그런 맥락에서 맹목화(Verblendung) 테제를 내놓은 것은 이런 의문을 더욱 강화시켜준다. 결국 초기프랑크푸르트학파의 대표적 사상가들이 자본주의사회의 부정적 성격에 대해 내린 진단은 그것의 개선을 위한 행위전략으로 이어지지 않는다.

초기 프랑크푸르트학파의 사상을 계승하려는 사람들에게 호르크하이머와 아도르노 등이 보여주는 실천적 곤경 못지않게 부담을 준 것은 그들의 이론적 곤경이었다. 그들은 사실 그들의 이론적 곤경을 처음부터 분명히 의식하고 있었다. 그들은 계몽적 이성의 자기파괴적인 맹목성을 지적하지만 또한 자유로운 사회의 건설이 계몽적 이성을 버리고는 가능하지 않다는 것을 의심하지 않았다. 그들에게는 맹목적인 계몽적 이성에 대한 대안이 문명비판과 같은 비합리적인 관점들, 그들의 표현대로 하자면 '진보의 적들'의 반계몽적인 관점일 수는 없었다. 그러므로 『계몽의 변증법』에서의 호르크하이머와 아도르노의 시도의 성패는 자기 스스로에 대해 반성할 줄 아는, 도구적 이성보다 포괄적인 이성의 가능성 여부에 달린 셈이다. 그러나 그들은 다른 한편 헤겔적인 사변적 이성의 분해과정을 불가피한 것으로 보았고, 헤겔 이후에 그런 포괄적인 이성이 어떻게 확보될 수 있는지를 알지 못하였다. 이런 이론적 곤경에서 그들이 택한 방식은 도구적 이성과 동일화논리에 대한 내재적 비판이었다. 그러나 내재적 비판이란, 자신의 독단적 관점을 전제하지 않는다는 장점이 있지만, 비판될 것을 바로 그것을 무기로 하여 비판해야 한다는 점에서 매우 불안정한 지반에 서 있는 것이다. 경직된 개념적 사고를 개념을 통해 자기반성으로 유도하려는 의도를 가진 아도르노의 철학적 사고가 보여주는 극단의 난해함과 역설적인 모습은 상당부분 바로 내재적 비판의 불안정성에 기인한다.

루카치에서 아도르노에 이르는 마르크스주의에 대한 반성이 빠지게 된 이런 이론적, 실천적 곤경에 접하여 하버마스는 후기자본주의사회에 대해 정당화될 수 있는 비판적 관점을 확보해내고 사회개선의 행위로 구체화될 수 있는 비판적 사회이론의 가능성을 제시하려 한다. 의사소통행위 이론으로 알려진 하버마스의 철학적, 사회학적 이론은 비판적 사회이론의 가능성을 확보하려는 그의 시도가 초기에 가졌었던 여러 가지 문제점을 해결하려는 과정에서 정형화되었다.

하버마스에서 의사소통적 행위(kommunikatives Handeln)는 상대에게 영향력을 행사하여 목적을 수행하려는 전략적 행위(strategisches Handeln)와 달리 언어적 상호이해를 통한 합의가 그 수행의 조건이 되는 행위를 말한다. 행위수행의 조건으로서의 합의를 이루기 위한 담화(Diskurs)의 핵심적인 성격은 담화참여자들이 서로 상대방의 주장을 비판할 수 있으며, 각자는 자기의 주장의 타당성을 논지를 통해서만 획득할 수 있고, 그렇게 해서 도달된 합의는 행위에 구속력을 가지며, 행위자에게 합리적 동기를 부여한다는 데에 있다.

하버마스가 마르크스와 함께 개인들의 자율성에 바탕한 이성적 사회의 이념을 공유하면서도 마르크스와는 다른 실천적 방향을 제시하는 이유는 그의 언어철학적, 행위이론적 고찰이 사회학적 차원으로 번역된 모습을 살펴보아야 비로소 이해될 수 있다. 하버마스는 현상학적 사회학과 체계이론의 개념들을 사용하여 사회가 생활세계와 체계로 분화되는 과정에 대해 말한다. 그는 체계를 비언어적인 매체인 권력이나 화폐에 의해 행위가 연결되는 영역으로 규정하고 생활세계는 언어적 의사소통을 매체로 행위가 연결되는 영역으로 규정한다. 하버마스에 의하면 동의에 바탕한 사회관계에 대한 요구는 생활세계로부터 체계가 분리되면서 언어적 의사소통이 생활세계에서의 행위 연결의 고유한 논리로 발전된 것에 기인한다. 같은 주장을 하버마스는 베버의 사회분화이론에 의지하여 강화한다. 그는 베버를 따라 근대사회는 행정, 경제, 문화의 영역 등으로 되돌이킬 수 없게 분화된 것으로 확인한다. 하버마스는 사회분화와 함께 분명해지는 근대문화의 독자적 논리, 특히 보편주의적 도덕의 관점은 사회적 관계를 개인들의 동의에 바탕을 둔 것이어야 한다는 정당성 요구로 표출되었다고 주장한다.

이런 사회분화이론을 바탕으로 하버마스는 근대사회의 기본적인 갈등구조를 비언어적 매체에 의해 행위가 연결되는 체계의 논리가 생활세계를 침범하는 데에서 찾는다. 그러나 하버마스는, 많은 마르크스주의자들에게 불만스럽게도, 이 갈등구조 자체는 제거될 수 없는 것으로 여긴다. 그에 따르면 생활세계의 고유한 매체로 언어적 의사소통이 자리 잡은 것은 바로 비언어적 매체에 의해 행위가 연결되는 영역이 독자화된 결과이기 때문에 생활세계의 논리를 부작용 없이 체계영역의 자립성을 해치는 방식으로 확장할 수는 없다. 이런 하버마스의 입장은 다시 그의 베버 수용에 의해 강화된다. 하버마스는 앞에서 언급된 사회분화과정을 그 자체로는 사회의 **합리화** 과정이라고 파악한다. 그러므로 사회분화를 해치는 방식으로 자본주의사회를 변혁하려는 시도는 사회구성의 합리성 수준의 손상을 가져온다. 하버마스 식으로 하자면, 자본주의사회의 변혁은 독자적 논리에 따르는 경제나 행정영역의 자립성을 손상시키는 방식으로써가 아니라 경제나 행정의 논리의 월권현상을 방지하는 방식으로 이루어져야 한다. 그래서 그는 실천의 문제를 자본주의사회의 구조 자체에 의해 결정지으려고 하지 않고, 경제와 행정영역과 생활세계사이의 ― 실천적 역량에 따라 양상이 달라질 수 있는 ― 경계설정문제(Grenzproblem)로 규정한다.

하버마스에 의하면 체계와 생활세계 사이의 경계설정의 노력은 돈이나 권력의 매체에 의해 행위가 연결되는 **체계**로부터 올 수 없다. 그것은 언어적 의사소통을 자기재생산의 논리로 갖기 때문에 반성능력을 갖춘 **생활세계**로부터 나와야 한다. 그러므로 하버마스 식으로 하자면 자본주의사회가 가져오는 사물화 경향 등에 대한 저항의 원천은 구성원 간의 활발한 의사소통이 진행되어, 체계의 논리의 침입을 감지해내고 거부할 수 있는 생활세계이다. 진보적 실천의 주체를 자본주의경제에서 구조적인 피해를 입는 특정한 계급에 두는 것은 하버마스의 시각에서 보자면 너무 좁게 잡힌 것이며 또 소위 계급적 관점은 노동자계층의 상당 부분이 복지국가의 행정과 문화산업의 소비자가 된 현실에서 대규모의 실천적 힘으로 전화될 가능성이 별로 없다.

하버마스는 실천의 문제를 생활세계와 체계 사이의 경계설정의 문제로 추상적으로 규정하는 데에서 머무는 것은 아니다. 실천에 관한 그의 논의는 여론형성기제(Öffentlichkeit)와 시민사회(Zivilgesellschaft)의 이론, 그리고 국가의 정당성 논의를 통해 구체화된다. 생활세계의 구성원들은 자신들의 필요, 또는 그들이 감지한 체계로부터의 피해 등을 의사소통의 과정을 거쳐 일반의 이익에 관련된 형태로 여론화한다. 많은 경우 여론은 정보와 조직의 면에서 월등하게 앞선 정책결정자편의 전문가들에 의해 조종되는 것이 사실이다. 그러나 여론은, 이렇게 평소 분산되고 쉽게 조종되는 것으로 보이지만, 적어도 지난 시기의 몇몇 정치적 위기상황들에서처럼, 급속히 집중화되어 그것의 커다란 위력을 보여주기도 한다. 국가가 경제의 문제를 포함한 거의 모든 사회적 문제에 대해 책임자로 등장한 오늘날의 사회적 조건에서 실천의 핵심은 생활세계에서 감지된 문제를 정치적 여론화 과정을 거쳐 정책에 반영시키는 일이 된다.

하버마스가 의사소통을 강조한다고 해서 대화를 통해 모든 사회적 문제가 해결될 수 있다고 믿은 것은 아니다. 왜곡되지 않은 의사소통과정을 통해 형성된 여론은 기존의 정책에 대해 단순히 무력한 대안으로가 아니라 **정당화된** 힘으로 맞선다. 실천의 문제는 힘의 문제로부터 자유로울 수 없다. 하버마스의 실천개념은 권력 대 정당성의 대결로가 아니라 권력 대 정당화된 권력의 대결로 귀결된다. 하버마스의 실천개념은 또 생활세계에 의한 체계의 정복을 지향하는 것도 아니다. 생활세계의 건전한 존립은 언어적 의사소통뿐 아니라 성공적인 물질적 재생산에도 의존적이다. 그렇기 때문에, 자본주의적 경제와 행정국가가 문제를 만드는 구조를 가지고 있다고 해서 그것들의 효율성의 논리를 전적으로 손상시켜서는 안 된다. 하버마스가 지향하는 체계와 생활세계의 관계는 체계와 생활세계 간의 교환이 반성 능력을 갖춘 생활세계에 의해 조종되는, 매우 유동적이며 일시적 행위로 종결될 수 없는 상태이다.

여러 부분이론의 결합과 조율로 이루어진 하버마스의 이론은 그만큼 다양한 비판의 대상이 되어왔다. 세부적인 사항에 대한 비판은 미루고 나의 입장에서 종합적 비판을 하자면, 하버마스는 사회적 실천의 문제를 너무 논리화하고 있다. 자율적 주관성을 준거점으로 삼는 비판적 사회이론의 가능성은 현대사회에서 새롭게 등장하는 필요들 사이의 비중관계(Relevanzverhältnis)의 만족스러운 충족이 차단되고 이 차단의 원인이 자율적 주관성의 침해로 귀결될 수 있는가 하는, 더 이상 어떤 한 이념이나 원칙, 또는 구조로부터 연역적으로 답이 주어질 수 없는 물음의 해결에 의존한다. 가령 마르크스의 사회주의사회의 이념의 한계도 우리가 가지고 있는 필요의 구조와 현재 동원될 수 있는 이론, 실천적 역량에 비추어 볼 때 그어지는 역사적 한계이지 하버마스에서 눈에 띄는 것처럼 원칙적, 구조적 한계는 아니다. 앞으로의 사회가 해결해야 할 문제들의 성격과 행위 주체들의 역량, 사용가능한 수단 등에 따라 마르크스가 생각했던 것과 유사한 사회조직의 원리가 요청되고 구현될 수 있을지도 모른다. 국가, 계층, 민족, 성 간의 불균등 관계, 환경의 파괴와 의미상실이 주는 위협 등은 분명 한편에서 하버마스가 말하는 것처럼 활발한 의사소통을 요청하지만, 다른 한편 교환가치에 바탕을 둔 경제체제에서 사용가치에 초점을 맞춘 경제체제로의 전환 외에는 최종적인 해결책이 없을 것으로 생각되게 한다. 지금 이런 경제체제를 현실성 있게 그려낼 수 없는 상황에서 마르크스의 공산주의 **이념**에 비추어 하버마스의 이론을 비판하는 것도 독단이지만, 또한 그런 경제체제는 원칙적으로 불가능하다고 말하는 것도 피해야 할 독단이다.

5.

자율적 인간들의 자유로운 관계를 제약하지 않으면서 자본주의적 경제만큼 효율적인 사회적 물질재생산의 체계를 제시하는 것이 우리가 지금 동원할 수 있는 역사적 가능성에 속하지 않는다면, 자율적 주관성과 이성적 사회의 이념을 견지하는 사회철학이 오늘날 할 수 있는 일은 경제의 효율성의 논리의 월권을 막는 문화적 저항에 기여하는 일이다. 사회철학의 역할에 대한 이 진단은 물론 진보적 사회운동을 문화운동으로 축소시켜야 한다는 것은 아니다. 이 진단은 한편에서 노동계와 정치계의 전문성이 심화되어가고 다른 한편 사회철학적 논의가 실질적으로 대학을 위시한 문화창출과 전달의 공간에서 이루어지는 상황에 토대를 둔 것이다. 자본주의경제는 물질의 확대재생산을 절대적 당위로 만들고 있지만, 이 당위는 역사적으로 형성된, 그리고 새롭게 대두되는 사회의 필요구조에 연계시켜 상대화될 수 있어야 한다. 이를 위해서는 자신의 필요를 어느 정도라도 자립적으로 결정하고 자신의 필요 가운데 중요한 일부가 상품경제와 문화산업의 제공품에 의해 대체만족이 되지 않도록 할 줄 아는 자율적 주관이 요청된다. 그런 자율적 주관은 효율성의 논리의 월권을 감지하고 그에 저항하는 작은 항체들로서 기능할 수 있을 것이다. 이 병리학적 비유를 계속 사용하자면, 개별 항체들은 각각 그리 강한 것도 아니고 계속 소모되지만 항체가 다수이면 병에 대한 지속적인 저항이 가능하다 — 그리고 경우에 따라 지속적 저항은 병의 극복으로 이어진다. 자율적 주관성의 이념에 바탕을 둔 사회철학은 이러한 작은 항체들의 형성에 기여해야 한다. 자율적 주관성과 이성적 사회의 이념의 이론적 논증과 사회적 실현을 추구해왔던 사회철학의 과제는 상실된 것이 아니라 그것이 개인들의 속성으로 전제하였던 자율적 주관성을 실질적으로 확보해야 하는 재출발의 단계에 있다.

15장 역사유물론과 역사유물론의 재구성
마르크스와 하버마스를 비교하는 한 관점

1. 들어가는 말

하버마스가 역사유물론을 재구성하려 했던 시도는 마르크스의 역사유물론을 얼마나 생산적으로 계승한 것인가? 많은 논란의 대상이 되어왔음에도 불구하고 이 물음에 대한 대답으로 제시된 견해들이 어떤 수렴점 없이 서로 부딪쳐 왔던 것은 전혀 놀랄 일이 아니다. 마르크스의 사상에서 역사유물론이 차지하는 위상에 대한 인식이 다른 만큼이나 저 물음에 대한 대답들은 서로 다를 것이기 때문이다. 물론 역사유물론에 대한 이해가 하나로 될 가능성이 없다고 해서 위의 물음에 관해 생산적 논의를 펼칠 수 있는 길이 아예 차단되어 있다는 것은 아니다. 필요한 것은 논자들이 자신이 이해하는 역사유물론의 위상을 분명히 밝히고 논의를 시작하는 것이다.

논자들이 역사유물론에 대한 자신들의 이해방식을 독단적으로 전제하고서 위의 물음을 다루었다는 점 이외에도 생산적인 논의를 하는 데에 장애가 되었던 또 하나의 이유가 있다. 그것은 '재구성'이 역사유물론과 통상 너무 '직접적으로' 비교되었다는 점이다. 우리에게 잘 알려진 대조 — 가령 하버마스는 노동을 상호행위 내지 언어적 의사소통으로 대치했다든가 또는 생산 패러다임을 의사소통 패러다임으로 바꾸었다는 식의 대조 — 는 이런 직접적인 비교의 결과물이다.[402] 그러나 앞으로 논의되겠지만, 마르크스의 역사유물론을 수정하려는 것은 결코 '재구성'의 목적 전체가 아니며 또 가장 중요한 목적인지조차 분명하지 않다. 그렇다면 위에서 언급된 직접적인 비교의 결과를 주저 없이 마르크스와 하버마스의 사상의 차이점에 대한 표징으로 삼을 수 있는 것은 아니다. 만일 역사유물론에 이르는 마르크스의 지적 발전과정과 인식동기, 그리고 '재구성'을 꾀하는 하버마스의 사상적 발전과정과 인식동기를 같이 고려할 경우 우리는 다른 결론을 내려야 할지도 모른다. 좀 역설적으로 말하자면, '재구성'은 다른 점에서가 아니라 바로 역사유물론을 수정하려고 시도하는 점에서 역사유물론과 유사한 인식동기를 보여준다.

이 글에서는 논의의 준비로서 우선 마르크스의 사상적 발전과정에서 역사유물론이 갖는 위상을 간략히 살피고자 한다(2절). 다음에는 '재구성'으로 가는 하버마스의 사상적 발전과정을 살핀 후(3절), '재구성'의 논지를 간략히 정리한다(4절). 이어서 '재구성'이 현재까지의 하버마스의 이론체계의 발전과정에서 차지하는 위상을 점검하고(5절), 마지막으로 하버마스의 비판적 사회이론이 마르크스의 역사유물론의 대안이 될 수 있는지를 간략히 검토한다(6절).

---

402) 국내 학자들이 패러다임의 전환에 대해 논의한 것 중 부정적 서술로는 최종욱, 「하버마스의 '의사소통행위이론'」, 한국철학사상연구회 편, 『현대사회와 마르크스주의철학』, 동녘, 1992 등을, 긍정적인 서술로는 장은주, 「하버마스의 생산 패러다임 비판과 비판사회이론의 새로운 정초」, 차인석 외, 『사회철학대계』, 민음사, 1993을 참고.

2. '역사유물론'의 인식관심

역사유물론 — 나는 역사유물론을 일단 '생산력 수준의 발전과 이에 조응하여 일어나는 생산관계의 변화를 토대로 하여 사회형태의 변화 과정을 서술하며 그를 통해 사회주의사회의 도래 가능성을 강하게 뒷받침하는 '역사이론'으로 규정하고자 한다 — 이 가장 뚜렷하게 명제화되어 표현된 곳은 잘 알려져 있듯이 『정치경제학 비판을 위하여』(1859)의 서문이다. 그렇지만 유물론적 역사 파악이 처음 구체화된 형태로 등장하는 것은 마르크스 자신도 말하듯이 『독일이데올로기』(1845/6)에서이다.[403] 『정치경제학 비판을 위하여』의 서문에서 마르크스는 『독일이데올로기』에서 엥겔스와 함께 유물론적 역사 파악을 주창하게 되기까지 자신들의 지적 성장 과정을 회고하면서, 『독일이데올로기』를 쓴 목적을 이전의 자신들의 '철학적 양심'과 결별하기 위한 것이었다고 말하고 있다.[404] 그들은 왜 '철학적 양심'을 벗어나려 하였는가? 도대체 그들이 말하는 '철학적 양심'은 무엇이고 어떤 문제점을 갖는다는 말인가?

『독일이데올로기』까지의 마르크스의 사상적 발전과정은 자신의 토대가 불확실한 세 방향의 '비판'으로 특징지을 수 있다. 우선 헤겔철학과의 이율배반적인 관계가 눈에 띈다. 한편에서 마르크스는 헤겔의 국가이론, 그리고 나아가서 변증법으로 칭해지는 그의 철학적 방법 전체에 대해 신랄한 비판을 가하고 있다. 마르크스가 헤겔의 변증법을 현실에 토대를 두지 않은 거꾸로 선 것으로 본 것은 결코 『자본』에서가 처음이 아니다. 그러나 다른 한편 마르

---

403) 그러나 『독일이데올로기』는 1932년에나 편집되어 일반에게 접근 가능하였으므로 그 전까지는 역사유물론의 이해에 『정치경제학 비판을 위하여』가 결정적인 영향을 미쳤다.
404) K. Marx, *Zur Kritik der Politischen Ökonomie*, MEW 13권, 10쪽.

크스는 헤겔철학 이외에 자신이 의존할 다른 이론적 틀을 명시적으로 가지고 있지도 않았다. 이런 사정은 그로 하여금 헤겔철학을 바탕으로 하여 헤겔철학을 비판함으로써 자신의 생각을 표현토록 하였다. 마르크스가 사용하는 수많은 역설적 표현은 수사학의 문제가 아니라 이런 곤경의 표시로 보아야 할 것이다. "철학의 지양은 철학의 실현 없이 불가능"하고 "철학의 실현은 철학의 지양 없이는 불가능"[405] 하다는 그의 잘 알려진 말도 헤겔과 다른 생각을 헤겔의 용어로 표현해야 하는 상황에서 나온 표현 방식이다.

청년 마르크스의 '비판'의 또 한 가지 방향은 국민경제학자들의 이론에 향해 있다. 마르크스는 부의 근원을 교환이익에서 찾는 중상주의, 이에 반해 농업노동에서 찾는 중농주의를 거쳐 마침내 노동 일반에서 찾기에 이르는 국민경제학 이론의 발전과정을 재구성한다. 이를 통해 그는 국민경제학 스스로 노동이 모든 부의 근원임을 말하고 있음을 보여준다. 그러나 그가 보기에 국민경제학은 모든 부의 근원인 노동을 행하는 자, 즉 생산 노동자가 점점 빈곤해지는 역설적인 상황에 대한 적절한 설명을 제시하지 못하고 있다. 마르크스가 보기에 이 역설적인 상황은 사적 소유라는 사회적 조건으로 노동이 이루어지기 때문이다. 국민경제학자들의 이론적 결함은 그들이 사적 소유에 대해 몰역사적이고 무비판적인 태도를 갖고 있기 때문에 생겨난다.[406] 그러나 국민경제학 이론에 대한 마르크스의 날카로운 비판은 아직 규범적 차원에만 머무를 뿐, 사적 소유라는 사회적 조건이 어떻게 형성되었고 어떻게 극복될 수 있을지에 관한 역사이론으로까지 구체화되지 못하였다.

역사유물론으로 가는 마르크스 사상의 발전과정에서 또 하나의 이정표는

---

405) K. Marx, *Zur Kritik der Hegelschen Rechtsphilosophie*, MEW 1권, 384쪽 참고.
406) 국민경제학자들에 대한 청년 마르크스의 이러한 비판은 『경제학-철학 초고』(MEW, 보충 1권)의 두 번째와 세 번째 초고 참고.

마르크스가 국민경제학자들과 정반대에 서 있는 입장, 즉 초기공산주의자들과 자신의 입장을 구별함으로써 마련된다. 마르크스도 사적 소유의 철폐를 인간적인 사회의 조건으로 보는 점에서 대부분의 초기공산주의자들의 입장을 공유하였다. 그러나 마르크스가 보기에 대부분의 초기공산주의자들은 사적 소유의 원인을 인간의 이기적 욕심에서 찾는 등 사적 소유가 발생하게 된 역사적, 사회적 조건을 간과하였다. 그 결과 그들이 실천적 전략으로 내놓은 것은 역사적으로 형성된 욕구나 문화수준을 무시한 채 물질의 추상적인 균등분배만을 요구하는 수준을 넘지 못하였다. 그런 물질의 균등분배가 다시 사적 소유가 지배하는 사회로 나아갈 수도 있다는 점에 대해서 그들은 균등분배에 반하는 행위를 막는 강제적 장치를 고안해보든가 아니면 ― 그들이 사적 소유의 발생을 설명할 때 이미 부정했던 ― 인간의 선의에 의존할 수밖에 없었다.[407)]

헤겔의 관념론적 역사철학과 국민경제학자들의 몰역사적인 태도, 그리고 초기공산주의자들의 비현실적인 생각에 대한 '비판'을 통해 표현되어온 마르크스의 생각의 정당성은 한 가지 길을 통해서만 확보될 수 있을 것이다. 그것은 공산주의로까지 가는 사회형태의 변화 과정의 실질적 역학을 찾아내는 일이다. 『독일이데올로기』에서 처음 구체화되는 역사유물론에서 마르크스는 바로 이런 요청에 어느 정도 부응하는 이론을 처음 제시하고 있다.

마르크스가 말하는 '철학적 양심'은 바로 사회형태의 변화 과정에 대한 이론적 토대 없이 인간상이나 어떤 이념에만 의지하는 사회비판의 태도를 말한다. 그것은 기껏해야 잘못된 사고를 바꿈으로써 현실을 바꾸려 하는 시도일 따름이다. '철학적 양심'의 문제점은 사회에 대한 규범적 비판만 행할 뿐 대

---

407) 초기공산주의자들에 대한 청년 마르크스의 이러한 비판은 『경제학-철학 초고』의 세 번째 초고 참고.

변되는 사회이념의 구체적인 실현가능성을 제시하지 못한다는 데에 있다. 이런 '철학적 양심'과 결별한다는 것은 사회변혁의 가능성을 사회형태의 변화 과정의 역학에 기초하여 구체적으로 탐구한다는 의미이다. 그러므로 그것이 철학이나 비판적 정신을 버린 것을 의미하지 않음은 두말할 나위도 없다.

『독일이데올로기』 이전으로부터 보자면 역사유물론은 헤겔철학 비판, 국민경제학 비판, 그리고 초기공산주의에 대한 비판이 생산적으로 결합된 이론이다. 그러나 『독일이데올로기』 이후로부터 보자면 『독일이데올로기』에서 형태를 드러낸 역사유물론의 위상은 달리 평가될 수 있다. 역사유물론은 생산양식에 따라 사회형태를 구별하는 것, 그리고 생산력과 생산관계 사이의 역학에 따라 사회형태들의 변화 과정을 설명한다. 이런 역사유물론은 바로 자본주의적 사회형태를 한 생산양식으로 특정화하고, 생산력과 생산관계 사이의 역학에 초점을 둘 경우 자본주의사회의 발전과 자기지양의 과정을 파악해 낼 수 있으리라는 기대를 갖게 한다. 이런 기대는 물론 자본주의사회에 대한 실질적 분석과 실천을 통해서 충족되어야 하는 것이긴 하다. 그러나 실질적 분석과 실천 이전에 마르크스가 그런 기대를 갖는 것이나 그런 기대를 공유하고 그의 분석을 따라가보는 사람이 그 기대에 대해서 갖는 신뢰는 사회형태의 변화 과정에 대한 일반이론으로부터 온다.

이 일반이론으로서의 역사유물론을 강한 의미로 이해하느냐 아니면 약한 의미로 이해하느냐는 그야말로 해석의 문제이다. 강하게 해석하자면 역사유물론은 보편이론이고 자본주의사회에 대한 분석은 사회형태들의 발전과정에서의 한 중요한 단계에 대한 부분이론으로 위치지워진다.[408] 약하게 해석

---

408) 하버마스도 역사유물론의 일반이론적 성격을 강하게 해석한다. 그는 역사유물론을 사회진화에 관한 일반이론으로서 파악하고 『정치경제학 비판을 위한 강요』와 『자본』에서 전개되는 자본주의이론은 그것의 한 부분이론(Teiltheorie)으로 이해하려 한다. J. Habermas,

하자면 그것은 위에서처럼 자본주의사회라는 대상의 기본적 성격을 규정해주고 생산력과 생산관계에 초점을 맞추어 자본주의사회를 분석하려는 시도의 출발을 강화시켜주는 역할을 한다. 나는 약하게 해석하는 쪽으로 기우는데, 이것은 단순히 마르크스가 자본주의 이전의 사회형태들에 대해 자세한 연구를 하지 않았다는 점을 변호하기 위한 이유에서는 아니다. 개인들 사이의 자유로운 결합에 따라 조직되는 사회의 구체적 실현을 추구하는 마르크스의 실천적 관심에 비추어 볼 때 자본주의사회는 단지 그가 변화 과정을 관찰하려 하는 여러 사회형태 가운데 하나뿐일 수는 없다. 오히려 자본주의사회의 발전과 지양과정에 대한 강한 관심이 자본주의 이전의 사회형태들의 변화과정의 역학에 대한 인식 전체를 강하게 채색하고 있다고 보는 것이 좀 더 실상에 맞는 이해일 것이다.

3. '역사유물론의 재구성'의 인식관심

역사유물론의 재구성을 시도하는 하버마스에게서도 유물론적 역사이해파악을 구상했던 마르크스가 자신의 '철학적 양심'과 결별하려 했던 것과 유사한 동기를 볼 수 있다. 『독일이데올로기』까지 마르크스의 사상적 발전과정이 헤겔철학과 국민경제학이론, 그리고 초기공산주의자들에 대한 '비판'으로 이루어졌음을 상기해보자. '재구성'까지 하버마스의 사상의 발전과정에서도 이와 비교될 만한 세 요소가 보인다.

첫째는 마르크스의 철학과 사회이론, 그 가운데 특히 소위 정통마르크스

Zur Rekonstruktion des Historischen Materialismus, Frankfurt: M., 1976, 144쪽 참고.

주의로 갈 수 있었던 측면에 대한 '비판'이다. 하버마스가 보기엔 19세기 말 이래 마르크스의 역사유물론을 그대로 받아들일 수 없게 하는 중요한 역사적 경험들이 있어 왔다. 우선 엄청난 생산력의 발전이 이루어졌음에도 불구하고 사회형태의 질적인 발전은 이루어지지 않았다. 또 국가의 관리기능이 강화됨으로써 무정부적인 생산이 유발하는 주기적인 경제위기에 대해 말하기 어렵게 되었다. 거기에다 유럽에서의 사회·정치운동은 노동자계층과 혁명적 세력의 직접적인 일치를 보여주지도 않았다. 더욱이 2차대전 이후에는 경제적 갈등으로만 그 원인을 돌릴 수 없는 다양한 사회운동이 출현하였다. 여기에다 엄청나게 증가한 사회의 복합성 수준은 — 전면적 변혁이 거의 가능하지도 않지만 — 전면적 변혁의 부작용을 예측하기 어렵게 만들었다. 이런 상황들은 마르크스가 가졌던 이론적 자기확신(theoretical self-confidence)과 혁명적 자기확신(revolutionary self-confidence)을 유지하기 어렵게 만들었다.[409] 그럼에도 불구하고 정통마르크스주의는 역사유물론을 역사와 사회에 관한 보편이론으로서 교정이 필요 없는 것으로 여긴다.

둘째는 기술지배적 사고와 그것의 학문적 대변자로 지목된 논리실증주의적 학문이론에 대한 비판이다. 실증주의논쟁에 참여하여 하버마스는 논리실증주의자들이 일면적인 합리성 개념에 의존하여 과학성을 논하고 있다고 비판하였다.[410] 실증주의 논쟁이 수그러든 후 하버마스의 비판은 주로 논리실증주의 자체보다는 탈규범적 사회이론인 체계이론에 대한 비판으로 향한다.

앞에 언급된 두 가지 요소는 하버마스가 앞선 비판이론가들로부터 물려받

409) J. Habermas, "A Reply to my Critics", Thompson · Held 편, *Habermas. Critical Debates*, London and Basingstoke, 1982, 222쪽 참고.
410) J. Habermas, "Gegen einen positivistisch halbierten Rationalismus", 1964, in: Adorno 외 편, *Der Positivismusstreit in der Soziologie*, Darmstadt · Neuwied, 1969.

은 것이었다. 이에 반해 세 번째 요소는 자기 자신과 지향점을 공유하고 있는 비판이론가들에 대한 비판적 거리에서 찾을 수 있다. 호르크하이머와 아도르노, 마르쿠제 같은 비판이론가들은 자본주의적 현실과 현실 수긍적 이론에 대해 철저한 비판을 가하였다. 그러나 하버마스가 보기에 그들은 자신들의 논지의 준거점을 개념이 불확실한 포괄적인 이성이나 예술적 경험 혹은 충동 등에 둠으로써 자신들의 비판을 합리적 논증의 영역으로 구체화하지 못하였다.[411]

이런 하버마스의 관심은 언어, 사회적 현상, 그리고 실천에 관련된 지식들의 독자적 위상을 확보하기 위한 집중적인 노력으로 구체화되었다. 그 노력의 성과는 지식들의 형태를 인간학적으로 확인할 수 있는 기본적인 관심(Interesse)에 결부시켰던 것과 행위이론적으로 상호행위(Interaktion)를 전략적 행위 및 노동으로부터 구별해내었던 점에 집약된다. 이렇게 상호행위를 철학적·행위이론적으로 독자적 범주로 확립함으로써 그는 한편으로 소위 정통마르크스주의자들의 변증법적유물론에 대해서, 그리고 다른 한편 실증주의와 — 그에게 점차 실증주의보다 더 큰 비중을 갖게 되는 — 체계이론적 사회이해의 부당한 환원주의적 경향에 대해 학문적 논증의 토대를 떠나지 않으면서 '비판'할 수 있었다.

그러나 행위들의 유형적 구별에 의존한 '비판'의 한계는 분명한 것이었다. 그런 비판은 상호행위의 논리가 구체적으로 실현될 가능성의 문제에 아무런 답을 내릴 수 없다. 이것은 『독일이데올로기』까지 마르크스의 '비판'이 주로 그의 노동개념에 의존하였으나 그런 비판이 생산자의 자기실현적인 노동이

---

411) 초기의 비판이론가들에 대한 하버마스의 이러한 비판은 이미 Technik und Wissenschaft als Ideologie(Frankfurt: M., 1969, 특히 54쪽 이하 참고)에서 분명히 드러난다.

전체 사회에서 구현될 수 있는 구체적 가능성에 대해 아무런 답을 줄 수 없었던 것에 비교될 수 있다.

'재구성'은 바로 철학적, 행위이론적 차원에서 이루어진 '비판'을 사회이론의 차원으로 확장해내려는 시도이다. '재구성'에서 하버마스는 상호행위에 내재한 규범적 요소의 제도적 구현 수준에 따라 사회형태를 구별하고, 나아가 규범의 제도화 수준이 단지 사회형태를 도덕적으로 평가하는 기준에 그치는 것이 아니라 사회형태들의 변화 과정에서 생산력의 문제와 함께 결정적 역할을 하고 있음을 밝히려 한다. 그의 '재구성'은 그래서 사회문화적 수준의 변화와 그것의 제도적 구현에 초점이 맞추어져 있는 '사회문화적 진화이론'(Theorie soziokultureller Evolution)이다.

4. 재구성의 주요 논지

하버마스는 역사유물론을 사회형태의 진화과정을 서술하는 일반이론으로 보고, 일반이론으로서 부족한 점을 한편으로 방법론적 측면에서, 다른 한편 마르크스 이후에 발전된 인류학적·역사적 인식을 바탕으로 비판한다.

방법론적 차원에서 하버마스는 우선 마르크스의 역사유물론이 자신의 규범적 토대를 분명히 규명하고 있지 못하다고 비판한다. 하버마스가 보기에 마르크스의 역사유물론은 분명히 '비판적'인 사회이론이다. 역사유물론은 사회형태들의 단순한 '변화'가 아니라 '발전'에 관해 말하려 한다. 그렇다면 사회형태들의 수준을 규정할 수 있는 규범적 기준이 있어야 할 것이다. 마르크스 자신은 자본주의적 현실과 현실수용적 이데올로기 사이의 불일치를 지적하는 일종의 내재적 비판을 함으로써 자본주의 비판을 위하여 어떤 규범적 기준을 별도로 제시할 필요를 못 느꼈던 것으로 보인다. 이것은 역사유물론으로 하여금 생산력과 생산관계의 연관에 의해 규정되는 생산양식만으로 사회형태의 발전과정을 서술할 수 있다는 객관주의적 외양을 띠게 한다. 그러나 하버마스가 보기엔 생산력의 수준은 그 자체로 사회형태의 수준을 나누는 기준이 될 수 없다. 마르크스 자신도 생산력보다는 생산관계를 사회형태의 수준을 나누는 기준으로서 더 중요시하는 것으로 보이는데, 그렇지만 그는 생산관계들 사이의 수준을 나누는 규범적 기준에 대해 세밀한 숙고를 하지 않았다. 하버마스가 마르크스의 역사유물론에서 분명히 작용하고 있지만 숙고되지 않은 규범적 토대의 문제를 지적하는 의도는 마르크스 비판에만 있는 것이 아니다. 더 중요한 의도는 그것을 통해 탈규범적이고 객관주의적으로 경화된 '변증법적유물론'으로부터 역사유물론을 구별해내려는 것이다.

둘째, 하버마스는 마르크스가 역사유물론에서 발전의 역학(Entwicklungsdynamik)과 발전의 논리(Entwicklungslogik)를 명확히 구별하지 않았다고 비판한다. 마르크스는 사회형태의 발전과정을 생산력 수준의 발전과 그에 조응하여 생산관계가 변화하는 것을 통해 객관적으로 설명해내려 하였다. 그런데 하버마스에 따르자면 한 사회가 위기에 봉착했다는 것은 관찰자적 관점에서 객관적인 사실들의 관계로 확인될 수 있는 것이 아니다. 한 사회형태의 위기는 사회구성원들의 문제 해결 능력과 관련시켜서만 이해될 수 있는 것이다. 또 생산력과 생산관계 사이의 불일치에 의해 야기되는 사회적 위기는 그 자체로 반드시 새로운 사회형태로의 진화를 가져오는 것은 아니다. 한 사회형태는 위기를 맞아 혼란과 퇴행을 반복할 수도 있다. 하버마스가 보기에 마르크스의 역사유물론은 어떻게 사회체계의 문제가 발생하는지만을 서술할 뿐이다. 사회체계의 문제를 새로운 차원에서 해결하는 사회조직의 원리가 어떻게 등장하는가에 관하여 마르크스는 뚜렷한 설명을 제시하지 않고 있다.

이런 방법론적 문제 이외에도[412] 하버마스는 구조주의적 인류학에 의해 성취된 인식들이 마르크스의 역사유물론을 수정하는 것을 불가피하게 만든다고 생각한다. 마르크스는 노동을 인간과 동물을 구별하는 기준으로 삼고 모든 사회적 관계를 노동의 발달로부터 설명하려 하였다. 그러나 구조주의적 인류학은 호모 사피엔스(homo sapience)로서의 인간 이전에 이미 노동이 있었으며, 또 호모 사피엔스의 생활 영위방식은 사냥의 경제방식과 — 그것의 발생원인을 경제방식에 환원할 수 없는 — 가족관계의 결합에 의해 가능해졌음을 밝혀냈다. 이런 인류학적 인식에 따르자면 인류사회의 발달은 처음부터 노동만을 통해서가 아니라 한 주관이 서로 다른 사회적 역할들을 결합하여 수행할 수 있게 됨으로써 가능해졌다. 그런데 서로 다른 사회적 역할을 결합할 수 있다는 것은 하버마스가 보기에는 언어 없이는 불가능하다. 그래서 하버마스는 "노동과 언어는 인간과 사회보다 오래되었다"[413]라고 한다. 이로써 하버마스는 사회관계의 발전과정에서 노동의 발전 외에 언어적 의사소통에 내재하는 논리의 점차적인 발현이 처음부터 필수적이었음을 시사한다.

이제 하버마스가 제시하는 대안을 간략히 살펴보자. 하버마스는 비판적 사회이론이 자신의 규범적 토대를 분명히 해야 한다고 하였다. 이 주장으로 하버마스는 자신의 비판적 사회이론의 미덕이 겨우 자신의 주관적인 가치관적 입장을 분명히 고백하는 점에 있다고 말하려는 것이 아니다. 하버마스는

---

412) 하버마스는 마르크스의 역사유물론이 위에서 언급된 방법론적 문제 이외에도 사회 전체를 하나의 통일된 대규모 주관(Makrosubjekt)으로 상정한다든가 등의 여러 가지 비판을 제기하나 여기서는 논의하지 않기로 한다.
413) Habermas, 1976, 151쪽.

사회과학자가 비판적 관점을 취하면서도 단순히 주관적인 관점에 빠지지 않을 가능성을 두 가지 고찰을 바탕으로 정당화한다. 그는 한편에서 사회관계의 재생산과정에서 언어적 의사소통이 필수적임을 사회학적으로 밝히고, 다른 한편 언어철학적 고찰을 통해 언어적 의사소통에는 상호비판의 구조가 내재함을 밝힌다. 언어적 의사소통에 내재한 상호비판의 구조는 각 대화 당사자로 하여금 자신의 주장을 타인의 입장에서 볼 수 있도록, 즉 원칙적으로 자신에 대해 관찰자의 입장을 취할 수 있도록 한다. 하버마스는 사회과학자가 언어적 의사소통에 내재한 상호비판의 구조를 방법적으로 사용함으로써 관찰자적 입장과 참여자의 입장을 동시에 가질 수 있으며, 또 비판적 관점을 가지면서도 단순히 주관적 가치평가에 빠지지 않을 수 있다고 생각한다.

하버마스는 마르크스가 사회형태의 발전과정을 생산양식의 발전과정으로 설명하면서 발전의 역학과 발전의 논리를 구별하지 않았다고 비판하였다. 또 그에 따르면 역사유물론은 사회체계의 위기만을 말할 뿐 한 사회형태에서 다른 사회형태로의 진화가 구체적으로 어떻게 이루어지는지를 설명하지 못한다. 이 문제를 하버마스는 발달심리학 이론을 사회이론으로 확장해냄으로써 해결하려 한다. 피아제에 따르면 지적 능력의 발달과정은 지식의 양적 팽창만이 아니라 수준의 발달과정을 보여준다. 지적 능력의 발달과정에서 주관은 한 수준의 지적 능력으로써는 행위에 필요한 문제 해결을 더 이상 얻지 못하는 지적 위기에 봉착하게 되고, 이 위기는 새로운 수준의 지적 능력을 획득함으로써 해소된다. 이때 지적 능력의 발달단계는 뒤바뀔 수 없는 일정한 순서를 따른다. 이미 피아제도 그랬지만 특히 콜버그는 도덕의식의 발달과정도 일정한 논리를 따른다는 주장을 편다. 이때 발전의 논리는 발전의 필연성을 보장하지도 않고 발전이 역행하는 것에 대한 안전장치도 아니다. 그것은 발전과정에서 한 지적, 도덕적 능력의 수준이 그 전의 지적, 도덕적 능력의 수준을 거치지 않고는 도달될 수 없다는 것을 의미할 뿐이다. 발달심리학의 이론에서 하버마스가 취하는 것은 지적, 도덕적 능력의 발전과정에 일정한 논리가 있다는 주장뿐만이 아니다. 그는 도덕의식의 발달과정이 지적 능력의 진화에 대해 갖는 우선성에 대한 주장, 즉 도덕의식의 발달 없이는 지적 능력의 진화가 이루어지지 않는다는 주장도 받아들인다.

하버마스는 한 사회형태가 위기에 처했다는 것을 기존의 지적 능력의 수준으로는 그 사회의 문제를 해결할 수 없게 되었다는 것으로 해석한다. 그 사회가 위기에서 벗어날 수 있는가의 여부는 기존의 사회형태에 사는 사람들의 일부분이 습득한 한 단계 높은 수준의 지적 능력이 문제 해결에 동원될 수 있는가의 여부에 달려 있다. 한 단계 높은 수준의 지적 능력을 동원하고 확산시키는 것은 새로운 수준의 사회통합을 통해서만 가능하다. 결국 위기에 처한 한 사회형태가 다른 사회형태로 진화하는 것은 수준 높은 규범적 원리가 사회조직원리로서 구속력을 가지고 등장함으로써 이루어진다. 그래서 하버마스는 새로운 수준의 규범이 제도화되는 것이 사회형태의 진화과정에서 우선성을 갖는다고까지 주장한다.

하버마스는 사회통합을 위하여 제도화되는 규범들의 수준이 일정한 논리를 따름으로써 사회형태의 '발전'에 대해 말할 수 있게 한다고 주장한다. 이때 새로운 수준의 규범이 기존의 사회조직 원리를 제치고 새로운 사회조직 원리로 등장하는지, 그리고 어느 시점에 그러할지는 여러 가지 우연적 조건에 의존한다. 하버마스가 말하는 것은 다만 한 사회형태의 진화가 일어나려면 한 단계 높은 수준에 있는 규범의 제도화가 일어나야 한다는 것이다.

'재구성'에서 하버마스가 이 이론을 가지고 설명하고자 하는 시기는 주로 근대사회의 등장 시기이다. 하버마스가 주목하는 것이 근대법임은 놀랄 바가 못 된다. 근대법을 하버마스는 보편주의적 규범이 사회조직의 원리로 등장하게 된 현상으로 본다. 여기서 사회형태의 발전과정에 대한 마르크스와 하버마스의 견해 차이가 뚜렷이 드러난다. 하버마스는 마르크스처럼 근대법을 자본주의화 경향에 맞춘 상부구조의 변화로 보지 않는다. 근대법의 보편정신은 상품의 보편성의 정신적 표현이 아니다. 하버마스는 오히려 근대법이 자본주의적 발전에 결정적인 기여를 했다고 생각한다.

이제까지의 고찰에 따르자면 '재구성'에서 하버마스가 내세우는 주장은 두 가지이다. 첫째, 비판적 사회이론은 단순히 주관적이지 않은 규범적 토대를 가질 수 있다. 둘째, 사회형태의 진화를 설명하기 위해서는 발전의 논리와 발전의 역학을 구별할 수 있어야 하는데, 이 문제는 지적, 도덕적 능력의 발달과 규범의 제도화, 그리고 제도화된 규범의 수준과 연관해서만 해결될 수 있다.

마르크스의 역사유물론에 대한 비판은 위의 두 주장들을 강화하기 위하여 이루어진 것이다. 그러나 '재구성'을 통하여 하버마스가 비판하고 싶어 하는 입장은 마르크스 자신의 역사유물론 자체가 아니다. 그가 '재구성'을 통해 대결을 벌이는 입장은 객관주의적 역사철학으로 경화된 소위 정통마르크스주의의 역사유물론, 그리고 더욱 중요하게는 체계이론적 사회진화이론이다. 전자의 경우 하버마스는 '재구성' 훨씬 이전부터 더 이상 진지한 학문적 대결을 벌일 수준을 갖추지 못한 것으로 본다. 그러므로 그가 '재구성'을 통해 대결을 벌이는 가장 중요한 대상은 탈규범적 사회진화이론의 대표 격인 체계이론적 사회이론인 셈이다.

체계이론적 사회진화론은 생물학적 체계론을 모델로 삼는다. 이에 따르면 자기지시적인 체계[414]로서의 생물의 행태의 가장 기본적인 구조는 자기보다

---

414) 자기지시성(Selbstreferenz)이란 체계를 구성하는 요소들이 이미 언제나 체계의 통일성에 연관된 상태를 말한다. 체계의 요소들은 체계로부터 독자성을 가질 수 없고 언제

큰 복잡성을 갖는 환경과의 교류에서 자신의 존립을 지키기 위해 환경의 복잡성을 줄여나가는 데에 있다고 본다. 환경의 복잡성을 줄이는 길은 자신의 복잡성을 높이는 방식을 통해서 이루어지는데, 이것은 대응방식의 종류가 늘어나고, 그 가운데 효과적인 것이 선택되어 코드화되고 안정화됨으로써 이루어진다. 루만 등은 이렇게 체계로서의 생물에서 보이는 변화, 선택, 안정화의 역학에 따라 사회의 진화과정을 설명하려 한다.[415] 이런 식으로 보면 사회형태의 발전과정은 변화하는 환경 속에서 존립의 가능성을 높이기 위하여 사회의 복잡성이 증가되는 과정이다. 그러므로 체계이론에서는 사회의 복잡성이 사회진보의 척도다.[416] 사회의 복잡성의 증가는 사회가 특수화된 부분체계들로 분화됨을 통해 일어난다. 그런데 부분체계들로의 분화는 기능의 증가를 가져오지만 동시에 부분체계들 사이의 조정의 문제 등 새로운 문제발생의 가능성을 증가시키기도 한다. 그래서 체계는 체계의 분화와 함께 생겨나는 문제들을 다루는 기능체계를 발달시키는데, 루만은 법체계를 그런 기능체계의 하나로 본다.[417]

나 체계의 기능적 단위로 작용한다. 체계의 모든 작용(Operation)은 이미 언제나 체계 자신의 통일성과 연관되어 있기 때문에, 대상과의 접촉이나 대상에 대한 인식도 순수한 대상접촉만이 아니라 이미 언제나 체계의 자기접촉이다. 체계의 자기지시성에 관한 루만의 근래의 정의로는 N. Luhmann, *Soziale Systeme,* Frankfurt: M., 1987, 59쪽 참고. 나로서는 'Selbstreferenz'를 '자기지시성'과 '자기준거성'으로 번역하는 것 중 어느 것이 더 합당한지 확신이 서지 않는다. 다만 '자기준거성'은 자기 이외의 토대를 갖지 않는다는 어감을 준다는 점이 부적절하게 여겨진다. 체계는 분명히 그 존립에서 환경의존적이다.

415) N. Luhmann, "Moderne Systemtheorie als Form gesamtgesellschaftlicher Analyse", in: Habermas · Luhmann 편, *Theorie der Gesellschaft oder Sozialtechnologie,* Frankfurt: M., 1971; Luhmann, *Soziologische Aufklärung* 2, Opladen, 1975의 "Evolution und Geschichte"절 등을 참고.

416) Luhmann, 1971, 20쪽.

417) 루만의 이런 주장의 최근의 형태로는 Luhmann, *Die Wissenschaft der Gesellschaft,* Frankfurt: M., 1992, 138쪽부터 참고.

하버마스는 체계이론의 설명력을 부분적으로만 인정하고자 한다. 그에 의하자면 체계이론은 체계문제의 발생만을, 즉 한 사회형태가 자신의 문제를 해결하지 못해 위기에 이르는 것까지만 설명할 수 있을 뿐이다. 체계이론은 체계문제로부터 어떤 과정을 통해 새로운 사회형태가 등장하는지에 관해 설명을 제시하지 못한다. 또 하버마스는 체계의 복잡성의 증가가 사회의 발달수준의 척도가 되기도 어렵다고 비판한다. 복잡성의 개념이 불분명할 뿐 아니라 복잡성의 증가가 사회의 생존능력을 향상시킨다는 보장도 없다는 것이다.[418] 게다가 도대체 사회의 생존능력을 평가한다는 것이 생물의 생존능력을 평가한다는 것과는 같을 수 없다.[419] 하버마스는 사회의 정체성(identity)은 사회구성원들의 자기이해와 공유되는 규범을 배제한 채 생각될 수 없다는 입장이다.

역사유물론과 마찬가지로 '재구성'도 하나의 일반이론인데, 그것의 일반성을 강하게 이해하는가 약하게 이해하는가는 역시 해석의 문제이다. 이 경우에도 나는 — 하버마스의 자기이해와는 어느 정도 어긋나게 — '재구성'의 일반성을 약하게 해석하는 쪽으로 기운다. '재구성'은 체계의 문제와 사회적 상호행위를 조정하는 규범의 제도화 수준의 두 가지 축으로 사회형태의 변화과정을 보는 것이 어느 정도 일반성을 가짐을 보여줌으로써 후기 자본주의 사회를 분석하는 틀을 제공한다. 사실 하버마스는, 그 자신도 말하고 있듯이, '재구성'이 자신의 사회이론의 중요한 주장들, 특히 시대 진단과 관련된 주장

---

418) 체계가 자신의 존립 가능성을 높이기 위하여 복잡성을 증가시키지만 그것이 반드시 체계의 존립 가능성을 높이는 것은 아니다. 복잡성의 증가 후에 그 전에 없던 새로운 문제가 발생할 수 있기 때문이다. 루만도 복잡성의 증가를 사회진보의 척도로 삼을 때 그것이 반드시 실제로 사회존립의 가능성을 높이기 때문에 선택한 것이 아님을 일찍부터 분명히 하고 있다. Luhmann, 1971, 22쪽 참고.
419) Habermas, 1976, 156쪽 참고.

들을 강화해줄 것으로 기대한다. 하버마스가 드는 두 가지의 예는 다음과 같다.[420]

첫째, 후기 자본주의국가는 국가가 능동적으로 개입하는 새로운 형태의 자본주의인가 아니면 전체 사회가 자본주의화되는 과정에 국가가 수단으로 쓰이는 것인가? 이 물음에 대한 논쟁에서 '재구성'은 전자의 입장을 강화한다. '재구성'에 따르자면 근대 이후 국가는 보편주의적 규범의 제도화로 인하여 정당성의 요구에 지속적으로 직면하게 된다. 사회적 갈등의 조정을 위하여 국가가 경제에 개입하거나 복지국가적 장치를 마련하는 것은 자본주의경제의 기만적 술책만이 아니라 정당성 확보의 차원에서 이루어지는 것이다.

둘째, '재구성'은 관료주의적 사회주의의 사회유형을 어떻게 규정할 것인가에 대해 시사해주는 바가 있다. 정통 마르크스주의자들이 주장했던 바와 달리 하버마스는 관료적 사회주의는 발전된 자본주의보다 한 단계 진화된 사회형태가 아니라 같은 사회조직 원리가 다른 역사적 형태를 띠고 나타난 것으로 보는 입장에 선다. '재구성'에 의하면 근대 이후 언어적 매체를 통해 재생산되는 생활세계의 영역과 비언어적 매체를 통해 재생산이 이루어지는 체계 사이의 분화가 두드러지게 일어난다. 체계영역은 다시 화폐를 매체로 하는 경제영역과 권력을 매체로 하는 행정영역으로 분화된다. 자본주의사회는 화폐라는 매체가 다른 매체에 비해 우위에 서 있는 사회형태라면 관료적 사회주의사회는 권력이 주도적인 매체로 작용하는 사회이다.

위의 고찰을 바탕으로 하버마스는 '재구성'의 실천적 함의를 도출한다. 자본주의사회나 관료적 사회주의사회가 근대사회의 합리성의 일면적 실현이라면, 그것은 근대사회의 합리성의 잠재력이 아직 다 발휘된 것이 아님을 나

---

420) 위의 책, 42쪽부터 참고.

타내준다. 그래서 하버마스는 자본주의의 전복을 통해서만 인간적인 사회에 도달할 수 있다고 주장하는 혁명주의나, 자본주의사회가 이미 반체제적 요소까지 자신의 논리에 흡수해 총체적으로 관리된 사회로 되었다고 주장하는 비관주의의 양극단에 대해 반대하여왔다. 전자의 입장은 분화된 사회로서의 자본주의사회가 갖는 합리성의 수준을 손상시킬 수 있고, 후자의 입장은 체계의 논리에 쉽게 그리고 흔적 없이 흡수되지 않는 근대문화의 저항적 잠재력을 과소평가하고 있다. '재구성'은 활성화된 여론형성기제를 바탕으로 한 정치적 실천에 거는 긍정적 기대를 뒷받침한다.

'재구성'은 하버마스의 사상적 발전과정에서 가장 중요한 분기점 가운데 하나를 형성하는 것으로 보인다. 여기서부터 그의 이론은 여러 부분이론의 조정을 통해 짜인 일반이론의 모습을 갖춘다. 하버마스의 사상이 가장 체계적으로 집약된 『의사소통행위이론』의 상당 부분은 이미 『재구성』에서 어느 정도 체계화된 주장을 상세화한 것이다. 또 『의사소통행위이론』 이후 10여 년 만에 나온 그의 체계적인 저서인 『사실성과 타당성』(Faktizität und Geltung, Frankfurt: M., 1992)에서 하버마스는 근대법을 사회적 측면, 인격발달의 측면, 탈관습적 도덕의식의 형성 등과 연결하여 상세히 다루고 있는데, 이 방향으로의 집중적 연구도 '재구성'에서 이미 그 궤도가 놓였다. '재구성'은 하버마스가 근대사회의 발전과정에서 근대법이 차지하는 역할을 가장 중시한다는 것을 명백하게 드러냈다. '재구성'의 성패의 상당 부분은 바로 근대법의 등장을 보편주의적 규범의 제도화로 설명해내고 근대법이 근대사회로의 발전과정에서 차지하는 진화적 우선성을 지적해내는 데에 달려 있었다.

5. 비판적 평가

'재구성'에 관해서는 많은 이의가 제기되어왔다. 마르크스적인 입장이나 해석학적 전통에서는 하버마스가 체계론적 사회이론에 너무 많은 양보를 하고 있다고 비판한다. 하버마스는 불필요하게 체계이론을 많이 수용함으로써 결국 경제와 국가영역에 대한 민주적 통제, 그리고 해석적 작업과 의사소통적 합리성에 따르는 문제 해결의 가능성을 미리부터 너무 제한한다는 것이다.[421] 체계이론적 입장에서는 하버마스가 사회진화를 규범적 관점과 연결시키려 하는 점이 비판된다. 체계이론의 입장에서 보자면 사회진화론은 도덕적으로 더 나은 사회로 가는 과정을 서술하는 것을 목표로 삼을 필요가 없다. 사회진화론은 다만 사회형태의 변화 과정이 일정한 논리를 따르고 있음을 보여주기만 하면 된다.[422] 이외에도 하버마스는 사회 발전과정에서 권력의 역할을 불충분하게 고려했다는 비판도 받았으며,[423] 또 발달심리학을 사회이론으로 확장한 점에 대한 비판도 받았다.[424] 여기서는 이런 비판들에 대해 논의하지 않고 '재구성'이 갖는 실천적 함의의 두 가지 측면에 대해서만 비판적으로 고찰하고자 한다.

---

421) 여러 비판 중에 대표적으로 Th. McCarthy, *The Critical Theory of Jürgen Habermas*, Cambridge, Mass. 1978을 참고. 후에 『의사소통행위이론』에 관련하여 제기되는 유사한 비판으로는 H. Joas, "Die unglückliche Ehe von Hermeneutik und Funktionalismus", in: Honneth · Joas 편, '*Kommunikatives Handeln. Beiträge zu Jürgen Habermas*', '*Theorie des kommunikativen Handelns*', Frankfurt: M., 1986; Th. McCarthy, "Komplexität und Demokratie die Versuchungen der Systemtheorie", in: Honneth · Joas 편, 1986.
422) 가령 M. Schmid, "Habermas's Theory of Social Evolution", in: Thompson · Held 편, 1982.
423) A. Honneth, *Kritik der Macht*, Frankfurt: M., 1989, 295쪽 이하 참고.
424) 가령 Schmid, 1982 참고.

하버마스는 수준 높은 규범을 사회조직 원리로 택하는 것이 동시에 체계의 문제 해결에도 유리하다는 점을 지적하고 있다. 이 주장의 경험적 토대를 근대화 초기의 상황에서 찾을 경우에는 문제가 없다. 근대적 법제도는 실제로 개인들을 전통적인 신분 질서로부터 해방시킴으로써 개인들의 지적 능력이 발휘되는 것을 도왔고, 그것은 다시 사회의 문제 해결 능력을 높이는 결과를 가져왔다. 그런데 경제체제와 행정의 전략이 과학과 기술의 발전에 치중되어 있는 오늘날의 상황에서 저 주장이 갖는 실천적 함축은 무엇일 수 있는가?

하버마스는 사회적 통합이 안 될 경우 개인들이 가지고 있는 지적 능력을 생산으로 끌어들일 수 없다는 막연한 가정을 하는 것 같다. 보편주의적 규범의식을 가진 개인들을 좌절시킬 경우 규범적, 문화적 차원에서 손상된 개인들은 성취감 상실로 인하여 자신들의 지적 능력을 발휘하지 못할 것이라는 것이다. 그러나 고도의 지식과 기술의 중요성이 경제적 생산성에서 차지하는 비중이 커질수록 지식과 기술의 보유수준에 따른 차별적 사회통합이 경제적 측면에서는 더 생산적일지도 모른다.

높은 수준의 규범의 제도화는 분명 규범의 영역에서는 더 만족스러운 갈등 해결을 가져올 것이다. 그러나 수준 높은 규범의 제도화가 '체계의 영역'의 문제에 더 나은 해결을 가져오리라는 것은 경험적으로 확인될 문제이다. 나에게는 하버마스가 체계의 논리의 옹호자들에게 보편규범을 제도적 차원에서 구체화하는 것이 결국 사회체계의 측면에서도 좋으리라고 회유하는 것은 불필요한 것으로 보인다. 보편주의적 규범의 사회적 관철은 그 자체의 규범적 정당성 때문만으로도 요구될 수 있다. 지적 발달이 사회적 상호행위의 발달을 토대로 해서 일어난다는 발달심리학의 주장을 사회이론적으로 직접 번역하는 것은 무리한 것으로 보인다.

하버마스의 비판적 사회이론은 실천적 측면에서 볼 때 결국 근대문화에서 등장한 보편주의적 규범을 사회적 차원에서 구체화하려는 노력으로 볼 수 있다. 제도적 차원에서는 보편주의적 규범이 사회조직의 원리가 되고 생활세계에서는 언어적 의사소통에 의한 문제 해결 방식이 활성화되어야 한다는 것이다. 그런데 강제 없는 대화로 문제를 해결하는 것은 대화 이외의 방법으로 문제를 해결하지 못하도록 강제할 수 있는 힘이 바탕이 되어야 한다. 하버마스는 권력의 문제를 주로 언어적 의사소통에 반대되는 개념만으로 설정하는 까닭에 권력이 언어적 의사소통과 상보관계의 측면을 가질 수 있다는 점을 간과하고 있다.

하버마스의 사회이론은 비판의 측면에서 가장 철저한 것도 아니며 '경험적' 토대의 측면에서도 보완의 여지가 많은 이론이다. 그러나 비판적 관점을 논증적 담론으로 만들어내는 '비판적 사회이론'으로서는 오늘날 가장 존중할 만한 이론이라고 할 수 있다.

16장 변증법적 사회파악

신화인가 이상인가

1. 들어가는 말

변증법에 대한 견해들이 다양하였음은 주지의 사실이다. 견해들 사이의 차이는 같은 악보에 대하여 연주자마다 다른 해석을 하는 경우에 비견되기에는 너무 큰 것이었다. 그것은 오히려 같은 이름을 가진 서로 다른 악보들이거나, 아니면 악보의 미완성성이나 불완전성을 추론할 만하기에 충분한 정도였다.

변증법의 타당성에 관한 논의는 지칠 만한 선을 넘어선 지 오래이다. 실증주의 논쟁 이후로는 변증법 진영과 비변증법 진영 사이의 날카로운 대립은 더 이상 보기 어려워졌다. 근래에 사회주의권의 붕괴를 철학적으로 수용하는 방식으로서 변증법에 관한 논의가 잠시 일었으나, 주로 과거의 독단적 입장에 대한 자성적 정리 이상의 것이 아니었다.

그런데 변증법이 이렇게 아무에게도 더 이상 진지한 고려 대상이 되지 않는 이 시점이야말로 변증법에 대한 단순한 옹호나 비판이 아닌 새로운 물음을 던지기에 적합한 기회이기도 하다. 말하자면 자기 탄식에 빠져 있는 전통적 형이상학에 대해 칸트가 접근했던 방식을 변증법에 대한 고찰에서도 응용해볼 때가 된 것으로 보인다.

칸트의 모범을 따르자면 변증법에 대해 다음과 같은 물음을 제기해볼 수 있다. 변증법은 왜 수없이 논의되었으면서도 뚜렷한 진전이 없었을까? 변증법의 이론적 성격이 불확실한데도 왜 변증법은 쉽게 포기되지 않았을까? 변증법 진영에 그토록 자기확신을 준 것은 무엇이었을까? 변증법은 어떻게 다른 이론 및 실천의 형태와 생산적인 결합을 할 수 있을까?

더 논의를 전개하기에 앞서 이 글에서 문제 되는 변증법을 한정하기로 하자. 이 글이 다루는 변증법은 일차적으로 헤겔의 변증법, 특히 사회·역사철학적 차원에서의 변증법이다. 헤겔 이후 변증법의 발전과정에 대해서는 아주 간략하게 다루었다. 변증법의 일반적 구조를 파악하는 데는 인식론적·존재론적 고찰이 큰 도움이 되지만 두 가지 이유에서 의도적으로 배제하였다. 첫째는 논의의 복잡성을 피하려는 단순한 이유에서이다. 둘째는 변증법의 발생과 구조를 살필 때 일반적으로 헤겔의 『정신현상학』에서 서술되는 '의식'의 경험과정과 『논리학』에서의 '개념의 운동'에 지나치게 의존함으로써 변증법의 사회·역사철학적 성격이 흐려진다는 이유에서이다.[425] 또 나는 헤겔과 그 이후의 변증법을 다룰 때 근대 이전의 변증법과의 연속성보다는 단절성을, 즉 철저하게 근대적인 사회·역사철학적 배경을 부각시키는 데에 강조점을 두었다.

사조(思潮)의 측면에서 볼 때, 변증법은 합리적(이성적)인 사회를 지향하

---

425) 『정신현상학』과 『논리학』을 중심으로 헤겔 변증법의 기본 구조와 철학적 전제를 밝히려는 시도들을 모은 논문집으로는 R. P. Horstmann편, *Seminar: Dialeklik in der Philosophie Hegels*, Frankfurt: M., 1978(stw. 234) 참고. 나도 헤겔 변증법의 인식론적·존재론적 전제를 분명히 해보려는 시도를 했다. Chun-Ik Jang, Selbstreflexiv-selbstbestimmende Subjektivität und durchsichtig-vernünftige Gesellschaft. Theorie und Praxis bei Hegel, Marx und Habermas, Frankfurt: M., et. al. 1994, 18쪽 이하.

는 규범적 사회이해와 자연과학의 학문성을 모범으로 하여 사회관계를 파악하려는 탈규범적 사회파악 방식의 한 특수한 결합방식으로 생겨났다. **변증법으로 불리는 사회이해는 바로 사회현상들의 객관적 역학에서 합리적 사회의 실현을 위한 사실적 토대를 찾는 입장이다.** 방법적 측면에서 변증법은 합리적인 사회의 실현가능성을 사회계약론자들처럼 논리적·구성주의적 방법[426]을 통해서가 아니라 발생적·재구성적[427] 방법으로 모색하는 시도이다. 이로써 나는 변증법적 사회파악이 가져왔던 매력과 불안정성을 동시에 이해해보려고 한다. 합리적인 사회관계를 모색하는 것은 더 이상 아무런 의문 없이 혈통이나 전통 혹은 종교적 유대로부터 사회조직원리를 끌어낼 수 없는 근대인에게는 지속적인 과제이다. 한편 사회관계의 객관적 역학, 특히 자본주의적 경제의 사실논리를 인지한 사람들은 어떠한 규범도 그것이 옳기 때문에 곧 실현될 수 있을 것이라고 생각하기 어렵다. 그러므로 사회를 합리적으로 재조

---

426) 나는 논리적·구성주의적 방법을 다음과 같이 정의하고자 한다. 주어진 조건을 C, 부정할 수 없는 사실이나 도달해야 하는 목표를 P라 할 때, 증명할 사실이나 필요한 조치 F를 "C의 조건에서 P가 가능하기 위한 필수 불가결한 조건"으로서 정당화하는 것이다. 예를 들어 인식의 재료로서 주어진 것이 감각적 소여뿐이라는 조건(C)에서 인식이 성립하기 위해서는 (P) 인식 주관의 선험적 능력(F)이 필수 불가결하다는 식의 증명이 이에 해당한다. 또 자연상태의 조건에서 출발할 때 개인의 권리가 가장 잘 보장되기 위해서는 자유민주주의적 정치제도에 대한 합의와 복종이 필수적이라는 증명도 이에 해당한다.

427) 나는 발생적·재구성적 방법을 다음과 같이 정의하고자 한다. 발생적 방법이란 증명하거나 정당화할 사실을 그것의 불가피한 생성과정을 통해서 밝히는 것이다. 단순한 발생적 방법과 구별되는 '발생적·재구성적'방법이란 어떤 사실이나 원리의 생성과정을 단순히 시간적 순서에 따라서만 서술하는 것이 아니라 동시에 '발전'의 순서에 따라 서술하는 경우를 말한다. 서술 대상을 어떤 사태(Sache)의 발전과정의 한 특수한 단계로 규정함으로써 발전과정 전체에서 그 대상이 갖는 상대적인 권리와 한계에 대한 평가를 내린다. 사회·역사철학에서 사회 수준의 발달과정을 토대로 하여 사회 변화 과정을 서술하려 할 때에 사회 수준의 발달과정의 순서와 각 수준에 해당하는 사회형태의 시간적 발생 순서가 반드시 일치하는 것은 아니다. 흔히 비판되듯이 발전사관은 역사의 퇴행을 배제하는 것이 아니다. 오히려 역으로 역사의 '퇴행'을 말하려 해도 발생적·재구성적 방법에 바탕을 둔 발전 사관이 필요하다.

직하려는 실천적 요구를 버릴 수 없는 한, 변증법적 사회파악은 매력적이다. 그러나 합리적 사회를 어떻게 구상하는지, 그 합리성의 연원을 어디서 찾는지, 사회의 객관적 역학은 어떻게 규정하는지, 주체가 사회의 객관적 역학에 얼마나 실천적으로 개입해 들어갈 수 있는지 등의 물음에 관하여 이른바 변증법적 입장들이 어떤 일치점을 보여온 것은 아니었다. 변증법적 사회이해는 이렇게 철학적·사회이론적 이론·실천적인 면에서 불안정하고 애매하다. 그러나 이런 애매함을 근거로 하여 변증법적 사회이해의 폐기를 주장하려는 것이 이 논문의 의도는 아니다. 변증법적 사회이해의 매력과 불안정성을 동시에 지적하는 것은 변증법적 사회이해의 전통에 선 사회철학이 문화, 사회, 그리고 정치이론들을 경직됨 없이 새롭게 결합해야 하는 과제를 안고 있음을 말하고 그 과제의 해결에 작은 기여를 하려는 준비이다.

2. 변증법적 사회이해의 기원

'변증법적'이라는 말에서 연상되는 의미는 보통 '모순', '대립', '모순과 대립을 통한 발전', '의도되지 않은, 때로 의도에 반하는, 그러나 필연적인 사건의 진행과정', '발전의 필연성' 등이다. '변증법'의 이런 언어적 의미는 그것이 한 번의 정의나 약속으로 만들어진 것이 아니라면, 변증법적 사회이해가 특정한 역사적 경험과 전망을 바탕으로 하여 발생하였을 것이라는 점을 시사한다. 즉 변증법적 사회이해는 1) 개인들에 의해 거의 통제될 수 없이 관철되는 사회적 현상들 사이의 객관적 역학이 가시화되고, 2) 그것에 의해 사회적 혼란과 고통이 야기되며, 3) 그러나 바로 이 과정을 통해 사회적 진보의 토대가 마련될 수 있을 것이라는 희망을 가졌던 사람들에 의해 발전되고 지지되었을 것이라고 추정된다. 이 추정은 변증법적 사회이해가 발생하고 발전하는 과정을 살펴보면 단순한 추정이 아닌 것으로 밝혀진다.

  자연과학의 발전과 자본주의적 경제의 전개로 인해 신학적·전통적 세계관이 강하게 의문시되면서, 근대화 과정이 비교적 빨랐던 서구의 일부 국가에서는 17세기 후반부터 종래와는 다른 두 가지 사회이해방식이 자리 잡는다. 첫 번째는 홉스에서 시작하여 정치경제학으로 발전되어가는 사회이론의 경향이 보여주듯이, 사회에 대해서도 자연과 마찬가지로 탈규범적인 방법을 적용하는 기계론적 사회관이다. 자연과학자들이 자연을 탐구할 때 사실 사이의 수학적 관계를 밝혀내려 했듯이 정치경제학자들은 사회현상을 경제적 욕구 사이의 기계적 결합을 통해서 설명해내려 한다. 근대사회에서 가능해진 또 하나의 사회이해방식은 전통적인 사회이해방식처럼 규범주의적 관점을 견지하기는 한다. 그러나 그것은 사회조직 원리로 작용하는 규범을 전통이나 종교에서 가져오지 않고 철저히 합리성에 바탕을 두고 구성주의적으로 정당화하려고 한다. 인간의 기본권리를 가장 잘 보호하는 사회체계를 구상하려는 자연권이론이 이 경향을 대표한다. 기계론적 사회관이 주로 반(反)철학적인 경향을 띠며 새로이 등장하는 초기 사회과학으로 발전해가는 반면, 철학은 그 전통과 성격상 근대적 상황에 대해 규범주의적·구성주의적으로 대응하였다. 그러나 자본주의가 진행되면서 어느 정도 객관주의적·기계론적 사회이해는 불가피한 것이 되었다. 사회의 객관적 역학을 부정할 수 없게 되면서, 철학 진영에서는 규범주의적 입장에서 정치경제학적 사회이해와 규범주의적 사회이해를 결합하려는 시도들이 나타난다. 변증법으로 불리는 사회이해는 바로 사회현상의 객관적 역학에서 합리적 사회의 실현을 위한 사실적

토대를 찾는 입장으로서 생겨난다.[428]

변증법적 사회이해의 이러한 기본 특징은 변증법 역사에서 다양한 입장들 사이의 최소한의 공통성을 이루어왔다. 합리적 사회의 이념의 당위성과 그것의 실현을 위한 실천에 대한 강조, 그리고 사회의 객관적 역학과 합리적 사회의 실현 가능성 사이의 상관관계를 파악해내는 방식에 따라 변증법적 사회이해는 규범주의와 객관주의 사이에서 여러 가지 유형들로 나타났다. 변증법적 사회이해의 대표적인 경우들은 대부분 바로 규범주의와 객관주의를 결합하려는 시도의 유형들로 해석될 수 있다. 이것을 단순화된 도식으로 표시하면 다음과 같다.[429]

<표-11>

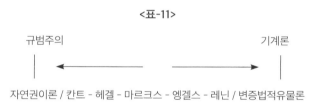

규범주의   기계론

자연권이론 / 칸트 - 헤겔 - 마르크스 - 엥겔스 - 레닌 / 변증법적유물론

이렇게 보면 사조(思潮)의 측면에서 변증법적 사회이해는 규범주의적 사회이해와 탈규범주의적·객관주의적 사회이해의 특수한 결합방식의 하나로

---

428) 헤겔 변증법이 형성되는 시기에 정치경제학이 미친 커다란 영향에 관해서는 이미 루카치가 헤겔 해석의 중요한 유형을 제시한 『청년 헤겔』(김재기 외 옮김, 동녘, 1986)에서 상세히 지적하였다.
429) 이 표에는 변증법적 사회이해의 중요한 입장 가운데 하나인 비판철학의 입장이 빠져 있다. 비판철학은 이전의 변증법적 사회이해와는 달리 자본주의경제가 내적인 모순에도 불구하고 그 모순을 체제 보호적으로 배출하는 경제적·정치적·심리학적 장치들을 가지고 있다는 사실에 주목한다. 또 합리적 사회의 이념이 규범적 차원에서조차 이율배반적일 수 있음을 지적하기도 한다. 이처럼 자기성찰적이 된 변증법적 입장으로서의 비판철학은 단순화된 도식으로 분류하기 어렵다.

서 생겨난 것이다. 이것을 이해하기 위해서는 인식론에서의 경향을 참고하면 된다. 자연과학의 발달과 함께 신학적 세계관이 의문시되었을 때, 신학적 세계관이 단번에 효력을 상실한 것은 아니었다. 철학의 흥미로운 경향 중의 하나는 신학적 세계관과 기계론적 세계관을 결합함으로써 자연과학을 수용하려는 것이었다. 데카르트(René Descartes)나 스피노자(Baruch Spinoza) 그리고 라이프니츠(Gottfried Wilhelm Leibniz) 모두 물질세계에 대해서는 철저한 기계론적 이해를 견지하면서도 기계론적 세계관과 조화될 수 있는 신의 개념과 존재를 논증하려고 노력하였다. 그런데 이러한 인식론에서의 흐름과 비교하여 변증법적 사회이해의 기원을 설명하는 것은 오해를 유발할 수 있을 것 같다. 신학적 세계관을 기계론적 세계관과 결합하려는 시도는 역사적으로 흥미로운 것이긴 하지만, 오늘날 거의 효력을 잃은 전통철학의 반작용 가운데 하나였다. 이에 반해 사회파악에서 규범주의적 관점을 구출해내려는 것은 오늘날에도 여전히 시도되고 있다. 그리고 우리에게 의도하고 선택하며 결정하는 실천적 주체의 측면이 남아 있는 한, 규범주의적 사회이해는 약화된 형태로라도 앞으로도 거의 불가피할 것으로 보인다.

변증법적 사회이해는 철학자들이 자본주의의 사실논리와 탈규범적인 사회파악 방식을 접하면서 가질 수 있는 반응방식이다. 철학자들, 특히 전통철학을 공부한 이들이 규범주의적 입장에 서서 경험적 이론을 받아들인 것은 자연스러운 일이다. 변증법적 사회이해가 규범주의적 사회이해가 강하게 지배하고 있는 지적 풍토를 가진 곳에서 나타났던 것도 단순한 우연은 아니다.

그런데 변증법적 사회이해가 설득력 있는 모습을 띨 수 있었던 것은 무엇보다도 변증법적 방법 때문이다. 나는 변증법적 방법을 발생적·재구성적 방법이라고 규정하려 한다. 변증법적 방법은 그것이 인식론 차원이든 존재론 차원이든 아니면 사회, 역사이론의 차원이든, 철학자에게 파악된 목적이나 결과가 행위자들에게는 의도되지 않은 채, 때로는 의도와 반하여, 그러나 바로 개인들의 의식과 행위를 통해서 실현되는 과정을 서술한다. 이것을 나는 변증법의 발생적 측면으로 이해한다. 그런데 변증법적 서술은 단순히 역사적·연대기적 서술이 아니다. 변증법적 서술은 그것이 의식의 경험에 관계되든 사회의 발전과정에 관계되든, 발전의 수준을 나누고 평가한다. 변증법적 방법의 이 측면을 나는 재구성적 측면으로 이해한다.

위에서 나는 변증법적 사회이해의 기본 특징을 사조와 방법의 측면에서 대략 개관해보았다. 이제 헤겔 철학을 단서로 하여 변증법적 사회이해의 특징을 구체적으로 살펴보고자 한다.

3. 변증법의 발생과 구조: 헤겔의 사회철학

헤겔에서 변증법적 사회이해의 태동을 도운 것은 자연권이론과의 비판적 대결이다. 이 점은 변증법적 사회이해가 최초로 체계적으로 등장하는 헤겔의 『법철학』을 살펴보면 분명해진다.

『법철학』이라고 줄여서 불리는 헤겔 저서의 원제목은 『법철학의 기본윤곽 혹은 자연권과 국가학 개요』[430]이다. 줄이지 않은 이 제목은 두 가지 사실을 암시한다. 첫째, 헤겔의 『법철학』은 자연권이론과 중요한 하나의 원칙을 공유하면서 동시에 비판적 거리를 취하고 있다. 둘째, 헤겔이 자연권이론과의 비판적 대결을 통해서 의도하는 것은 국가의 위상에 관한 새로운 이론이다.

---

430) *Grundlinien der Philosophie des Rechts oder Naturrecht und Staatswissenschaft im Grundrisse.* 대본은 Theorie Werksausgabe, Suhrkamp Verlag, Frankfurt: M., 1970을 사용하였다.

헤겔과 루소, 칸트, 피히테 등의 자연권이론가들은 자유 실현을 사회의 목적으로 삼는다는 점에서 공통점을 가진다. 자유 실현은 헤겔의 사회·역사철학에서 거의 '선험적'(a priori)인 전제이다.[431] 헤겔 『법철학』에서의 '법'(Recht)도 좁은 의미에서의 법이 아니라 '자유의지의 현존태'(Dasein des freien Willens)(RPh §29)[432]이다. 그러나 헤겔은 ── 역사주의적 경향에 영향을 받아 ── 자연권이론가들이 구속력 있는 사회적 유대가 없는 상태를 사회의 발생이 시작되어야 하는 자연 상태로 여기는 것에 반대한다.[433] 무엇보다도 그는 자연권이론가들이 개인들의 자의(Willkür)를 움직일 수 없는 사실로 여기고 자의들 사이의 충돌과 결합이 평화롭고 공정하게 이루어지도록 규제하는 장치로서 사회제도를 구상하려는 논리적·구성주의적 접근방식에 반대한다. 칸트 법철학의 기본원칙 ── "법은 한편의 자의가 다른 편의 자의와 자유의 일반적 법칙에 따라 함께 결합될 수 있는 조건들의 총화이다."[434] ── 은 그러한 접근방식의 대표격이다. 헤겔은 칸트의 이 원칙을 '형식주의'라고 강하게 비판한다(RPh §30). 헤겔은 칸트에서 일반적 규칙이란 자

---

431) 초기의 헤겔은 고대 폴리스적인 사회형태를 모델로 하여, 공동체에서 유리된 개인을 실체화시키는 계몽주의적 사회관과 자연권이론에 적대적이었다. 이에 반해 『법철학』에서 헤겔은 자연권이론을 생산적으로 수용한다. 자연권이론에 대한 헤겔 입장의 변화에 대해서는 M. Riedel, "Hegeis Kritik des Naturrechts", Hegel·Studien 4, 1971 참고.
432) 'RPh'는 헤겔의 위의 책인 『법철학』을 그리고 '§'는 그 책 안의 작은 절을 나타낸다.
433) 자연권이론의 논리적·구성주의적 경향에 대해 비판한 것은 헤겔이 처음이 아니다. 몽테스키외가 법규정의 발생과 타당성을 자연적·사회적·문화적 조건 등과 연관하여 고찰하였던 점은 헤겔에게도 잘 알려져 있었다. RPh §3 참고. 헤겔에게 끼친 영향의 정도가 제대로 확인되지는 않지만, 비코도 헤겔이 자연권이론가들에게 하는 비판의 중요한 점을 이미 선취하고 있다. 비코는 자연권이론가들을 비판하면서 "이론은 그것이 다루는 소재의 발생점에서 출발하여야 한다(Doctrines must take their beginning from that of the matters of which they treat)"라고 하였다. G. Vico, The New Science of Giambattista, Vico, Th. G. Bergin·M. H. Fisch 옮김, New York 1984, §314, 92쪽 참고.
434) I. Kant, "Die Metaphysik der Sitten", W. Weischedel편, Kant Werke in zehn Bänden, Darmstadt 1983의 제7권.

의를 제한하는 소극적 의미를 가지며, 적극적 의미를 갖는다면 기껏해야 자의가 발휘되는 형식에만 관련되는 형식적 동일률 또는 모순율 이상의 의미를 갖지 못한다는 것이다(RPh §29).

물론 오늘날 칸트에 대한 이러한 비판이 모두 정당하다고 할 수는 없다. 자의를 제한하는 일반적 규칙이 사회적으로 관철되는 것은 논리상에서 모순율이 관철되는 것처럼 자연스럽고 쉬운 것은 결코 아니다. 그런 한 칸트가 말하는 일반적 법칙은 단순한 형식일 수는 없다. 그러나 여기서는 칸트에 대한 헤겔의 비판의 정당성 여부를 논외로 하고 헤겔의 『법철학』이 이런 비판을 통하여 채택하게 되는 방법에 주목하여보자.

헤겔은 한편에서 의지가 자기형성(Bildung)을 통해서 좀 더 일반성을 갖는 의지로 스스로를 발전시켜나가며, 이에 따라 사회적 규칙도 형식 면에서뿐만 아니라 내용 면에서도 보편적 성격을 띤다고 생각한다. 물론 헤겔은 발전하는 사회적 관계가 역으로 의지의 자기형성에 미치는 영향도 서술하려고 한다. 헤겔이 의지의 자기형성과정과 사회적 규범의 발전과정을 동적으로 연결시킬 수 있었던 것은 서로 대립되어 있는 개인의 관계를 자연권이론가들처럼 사회구성의 출발점으로 보지 않고 인륜의 분열상태, 즉 개인을 공동체로 통합시키는 가치의 분열상태로 파악한 덕분이다. 개인 사이의 대립적 관계는 사회성립을 위한 최초의 사실이 아니라 다만 공동체의 유대가 와해된 상태일 따름이라는 것이다. 자연권이론가들이 자연 상태로 파악한 상황은 실상은 공동체규범의 발전과정의 한 단계일 뿐이다. 그러므로 문제가 되는 것은 와해된 공동체규범이 어떻게 다시 회복될 수 있는가 하는 것이다.

『법철학』에서 헤겔은 공동체 윤리의 회복은 단순히 과거로의 회귀를 통해서 이루어질 수 없다는 생각을 분명히 하고 있다. 잘 알려졌듯이 헤겔은 자신이 동의할 수 없는 것은 주관성의 권리를 거부하는 것이다. 헤겔은 주관성의 권리가 한번 자각되기만 하면 더 이상 취소될 수 없는 것으로 본다. 고대 폴리스적인 공동체는 바로 개인의 주관성을 포괄해내는 규범수준을 갖지 못하여 와해된 것이다. 그러므로 문제가 되는 것은 개인의 주관성을 포괄할 수 있는 수준 높은 공동체의 구현이다.

주관성의 취소될 수 없는 권리를 인정하게 되면 공동체규범은 이런 주관성의 '배후에서'이런 주관성의 요구와 무관하게 만들어질 수는 없다. 헤겔은 "개인이 행하는 모든 것과 그의 의지에 의해서 매개되어야 하는 것은 근대적인 국가의 원칙에 속한다"(RPh §299 Zusatz)라고 말하고 있다. 그렇다면 수준 높은 공동체 실현은 결국 분열된 공동체 속에서 일반이익과 자신의 이익을 대립적으로 파악하고 있는 개인 이외의 다른 주체에 의해서 실현될 수 없을 것이다. 그렇지만 이미 분열된 공동체 속에 있는 개인이 수준 높은 공동체 실현을 자신의 행위의 의도된 목표로 삼는다는 것은 기대할 수 없다. 오히려 만인의 만인에 대한 대립 속에서 타인의 이익은, 도대체 고려의 대상이 된다면, 오로지 자신의 이익과 관련해서만 고려될 수 있다. 그렇다면 수준 높은 공동체가 어떻게 개인의 행위를 통해서 실현될 수 있을까? 이 문제를 헤겔은 상호인정의 과정을 통해 해결하려 한다. 상호인정과정은 헤겔의 사회철학에서 발생적 · 재구성적 방법이 구체화되는 중요한 경우의 하나이다.

상호인정과정이란 서로 대립하는 개인들의 요구가 적대적인 관계를 통해 마모되며 마침내 새로운 차원의 공동체를 형성해가는 과정이다. 분업과 교환이 일반적으로 이루어지는 시민사회에서 개인은 바로 자신의 이익을 위해서 타인의 필요를 충족시킬 수 있는 물품을 생산해야 한다. 필요의 충족을 위한 행위들이 거의 필연적으로 만들어내는 실제의 상호의존성과 상호연관은 개인으로 하여금 개인적 필요를 넘어서, 사람 사이의 상호 관계를 규정하는 일반성을 가질 수 있는 규범에 대한 사회적 필요를 갖게 한다. 이를 통해서 비로소 보편적 규범이 "일반적으로 인정된 것, 인지된 것, 그리고 의욕된 것 (allgemein Anerkanntes, Gewußtes, und Gewolltes)"(RPh §209)으로 될 수 있다.

일반적으로 자각된 것으로서의 보편적 규범에 도달한 것은 개인의 관점에서 보면 그들 스스로 자신의 자유와 권리를 보장하는 사회를 만드는 것이다. 그러나 그런 사회는 처음부터 개인에 의해 의도된 것이 아니었다. 그래서 헤겔은 개인의지가 아닌 일반의지의 관점에서 이 과정을 서술하는 것이 더 옳다고 여기는 것으로 보인다. 일반의지의 관점에서 보면 이 과정은 일반의지가 개인의 요구를 포괄할 수 있도록 자신을 변형시킨 것이며, 개인의 행위를 매개로 하여 자각적인 모습을 갖춘 것이다. 그래서 헤겔은 사회관계의 발전 과정을, 오늘날 볼 때는 다소 위험한 표현방식일 텐데, 일반의지의 자기실현으로 표현한다.

그런데 위에서 짧게 언급한 사회관계의 발전과정에 대한 헤겔의 발생적 서술을 역사적 서술방식과 구별해야 한다. 이것은 헤겔이 법이론에 관련하여 몽테스키외의 방법과 자신의 방법을 구별하는 데에서 분명히 드러난다. 몽테스키외는 법체계들을 고립시켜 추상적으로 관찰하는 것이 아니라 그것들이 어떤 자연적·사회적 조건하에서 생겨났는지를 서술하려 하였다. 그럼으로써 법규정들을 총체적 연관의 한 요소로서 파악하고 정당화하려고 하였다. 헤겔은 몽테스키외의 이러한 공로를 높이 평가하지만, 이렇게 "시간 속에서 현상하는 법규정들의 등장과 발전"(das in der Zeit erscheinende Hervortreten und Entwickeln von Rechtsbestimmungen)을 관찰하는 "순수히 역사적인 노고"(rein geschichtliche Bemühung)(RPh §35)를 철학적 관찰과 혼동하지 말아야 한다고 한다. 법의 발생과 발전을 역사적으로 설명하는 것과 철학적으로 관찰하는 것은 서로 다른 영역의 일이라는 것이다

(RPh §37).

혜겔이 철학적 관찰이라고 하는 것은 "개념으로부터의 전개"(RPh §35) 또는 "개념적 파악"(begreifen)이다. 개념적 파악이란 같은 무리의 현상들의 공통성을 '개념'으로 이해하는 일반적인 인식방식과 다른 목표를 추구한다. 그것은 자기실현력을 가진, 그러나 아직 실현되지 않은 '개념'이 자신의 현존태를 얻고, 자신의 현존태를 자신에게 합당하게 전개시키고 규정해나가는 운동과정을 서술하려 한다. 이렇게 개념의 자기규정(Selbstbestimmung) 또는 자기실현(Selbstverwirklichung)과정을 서술하는 것이 바로 '논리적' 차원에서의 헤겔 변증법이다.

개념으로부터의 전개로서의 변증법은 오늘날 우리가 공유하기 어려운 존재론적 전제를 가지고 있다. 이 점은 여기서 논외로 하자. 다만 여기서 헤겔의 변증법과 관련해서 주목할 만한 것은 그것이 재구성의 방법을 보여주고 있다는 점이다. 개념적 파악을 헤겔은 "이미 그 자체로 이성적인 내용에 또한 이성적인 형식을 얻는 것"(dem schon an sich vernünftigen Inhalt auch die vernünftige Form zu gewinnen)(RPh §14)이라고 말한다. 이것은 법 자체가 합리적인 것이고, 법철학자가 할 일은 법규정의 발달을 합리적으로 서술한다는 이야기일 것이다. 법규정의 발전과정을 합리적으로 서술한다는 것은 법규정의 발생을 시대순으로가 아니라 수준에 따라 서술하는 일이고, 이것은 법규정의 수준을 나눌 수 있는 기준이 있음을 전제로 한다. 개념으로부터의 전개란 현대적으로 해석하자면 바로 시간적 순서와 어느 정도 무관하게 결정될 수 있는 법의 수준을 결정하고, 그에 따라 법의 발전과정을 서술해나간다는 것이다. 개념으로부터 파악된 법규정의 순서와 법규정의 실제 시간적 순서가 부분적으로 서로 다르다는 헤겔의 지적(RPh §32 Zusatz)은 이렇게 이해할 수 있다.

헤겔에게 법의 수준을 나누는 데 거의 선험적인 기준이 되는 것은 자유 이념이다. 법철학이 목표로 하는 것은 자유 이념의 실현과정의 각 단계(Stufe)를 서술하는 것이다.(RPh §30 참고)『법철학』에서 자유의 최종 단계는 일반의지의 자각적 구현이다. 이것은 내용상으로는 공동체가 의욕하는 것과 개인이 의욕하는 것의 합치이며 형식상으로는 일반적 법칙과 원칙에 따라 자기를 규제하는 행위방식이다. 헤겔에 따르면 이것이 바로 철학이 파악해내는 합리성(Vernünftigkeit)이다.(RPh §257) 헤겔이『법철학』에서 사회관계의 발전과정을 서술할 때 이 목표에 이르는 정도가 기준이 되고 있다. 헤겔의『법철학』이 이 목표를 기준으로 발생적 · 재구성적 방법으로 구성되어 있다는 사실은『법철학』의 전체 서술과정을 개관해보면 분명히 드러난다. 간략하게 정리해보면『법철학』은 다음과 같은 구성을 갖는다.

1) 자유의지의 추상적 형태. 자신의 현존태(Dasein)를 외적인 사물에서 갖는 소유권으로서의 자유의지. 추상적 또는 형식적 법의 단계.

2) 자신의 현존태를 외적인 것에서가 아니라 자기내면의 판단과 원칙에서 갖는 의지의 단계. 현상적으로 보면 일반의지와 개별의지가 분리된 상태이다. 그러나 운동의 전 과정을 염두에 두고 보면 일반의지가 가져야 할 자각적 요소가, 비록 일반의지에 대해 대립적으로 있는 개별의지에서이기는 하지만, 현상적으로 나타난 상태이다. 도덕성(Moralität)의 단계.

3) 상호대립하는 개별의지끼리의 마모과정과 상호인정과정을 거쳐 일반적으로 구속력 있는 규범을 만든다. 개별의지의 입장에서 보면 자신의 것으로 여길 수 있는 공동체에 스스로 도달한 것이고, 일반의지의 측면에서 보면 자각적 개인들의 요구를 포괄할 수 있는 수준으로 발전함으로써 자각적 측면을 획득하게 된 것이다. 이렇게 개별의지와 일반의지가 합쳐져 자각적인 공동체규범이 이루어진 상태가 인륜의 상태이다. 인륜성(Sittlichkeit)의 단계.

① 헤겔은 구성원의 자발적 동참과 신뢰를 바탕으로 결속된 최초의 구체적인 관계를 가족에서 본다. 그러나 가족관계는 개인들의 주관성 요구를 수용하지 못하고, 공동체와 자각적 개인들이 분리되는 시민사회로 이행된다.

② 시민사회에서 정치적 투쟁과 노동의 상호연관의 발달 등을 통하여 상호인정이 이루어지고, 이를 통해 일반적으로 인정된 것, 일반적으로 구속력 있는 사회적 규범이 발달하게 된다.

③ 일반이익과 개별이익의 합치 상태, 또는 일반성을 갖는 규범이 동시에 개인들의 행위규범인 상태를 헤겔은 국가라고 부른다.

『법철학』의 이러한 구성은 그것의 서술방식을 발생적·재구성적인 방법으로 보지 않을 경우 납득하기 어렵다. 헤겔 스스로 지적하듯이, 시간 순서로 보면 소유권이 가족관계보다 먼저 생겨났을 리 없다.(RPh §32 Zusatz) 그런데도 가족관계보다 소유권을 먼저 서술하는 것은 자유의지가 자신의 현존태를 소유권에서는 단지 외적인 사물에서 갖는 반면, 가족관계에서는 비록 낮은 단계라 하더라도 공통의지 또는 일반정신에서 갖기 때문이다. 또 '도덕성'에서 서술하는 의지는 자기의식이 강한 의지이다. 이런 의지의 형태가 가족관계에서의 의지의 형태보다 발생적으로 먼저 생겨났을 리 없다. 그렇지만 '도덕성'에서의 의지가 자신의 현존태를 고립된 자기 내면에서 가지고 있을 뿐이라는 점에서 가족관계보다 낮은 단계로 서술되는 것이다. 그 밖에도 헤겔이 서술하는 시민사회의 모습은 분업이 고도화된 사회이다. 이런 사회가 초보적인 단계의 국가보다 발생상 앞선 것일 수 없는데도 먼저 서술되는 것은 개별이익과 일반이익의 합치를 사회발전의 최고 단계로 보는 헤겔의 재구성적 관심 때문이다.

여기서 '국가학'으로서의 헤겔의 『법철학』이 의도하는 것이 무엇인지를 분명히 해두고 『법철학』에 관한 고찰을 맺기로 하자. 헤겔은 국가를 일반의지와 개별의지가 통일된 사회수준으로 규정하려 한다. 구체적인 국가가 이러한 이념에 얼마나 맞는지, 그리고 역사적으로 어떤 과정을 거쳐서 탄생하는지는 그에 의하면 역사적인 문제로서 철학적 관찰에는 부차적인 문제이다. 『법철학』이 '국가'를 '법'의 내적 규정에 가장 적합한 현존태로서 규정하는 것으로 끝을 맺는다면, 바로 이런 '국가', 즉 자각적인 자유의 실질적 실현형태로서의 국가의 발전과정이 헤겔 역사철학에서의 서술대상이다.

4. 변증법의 발생과 구조: 헤겔의 역사철학

역사철학적 측면에서도 역시 헤겔 변증법은 자유 실현을 논리적·구성적 방법으로써가 아니라 발생적·재구성적 방법으로 정당화하려고 노력한다. 이점은 헤겔의 역사철학을 칸트의 역사철학과 비교해보면 뚜렷이 드러난다.

칸트의 역사철학은 주요한 점에서 헤겔의 역사철학을 거의 선취하고 있다고 해도 과언이 아니다. 칸트는 이성을 인간의 자연적 소질로 여기며, 역사의 최종 목표는 이성에 맞는 질서, 즉 완전히 정의로운 시민적 사회구성(bürgerliche Verfassung)의 실현에 있다고 한다. 정의로운 시민적 사회구성으로서 칸트가 의미하는 것은 개인이 자유로우면서 동시에 자유를 지켜줄 수 있는 불가항력적인 권력이 있는 사회이다.(IG[435] 39쪽) 칸트에 따르면 이런 사회로 가는 역사과정은 '완전히 되돌이킬 수는 없는'[436] 진보의 과정이다. 이런 진보과정의 수단은 적대적 관계(Antagonismus)이

---

435) I. Kant, "Idee zu einer allgemeinen Geschichte in weltbürgerlicher Absicht", W. Weischedel 편, Kant Werke in zehn Bänden, Darmstadt 1983의 제9권.
436) I. Kant, "Der Streit der Fakultäten", 위의 책, 361쪽.

다. 적대적 관계를 칸트는 사람들이 사회의 성원이고자 하면서 동시에 이기적 욕구 때문에 사회적 유대를 깨뜨리려는 경향, 즉 '불화스러운 화목(ungesellige Geselligkeit)'(IG 37쪽)으로 규정한다. 바로 명예욕, 지배욕, 소유욕 등의 불화적 요소들이 개인의 소질을 계발시키도록 자극하며, 이를 통해 인간은 조야한 상태에서 벗어나 문화의 상태로 발전해간다. 그리하여 비이성적·강권적인 사회적 유대가 마침내 도덕적 전체로 바뀌게[437] 된다는 것이다. 이런 역사의 과정은 개인에 의해 의도되지 않은 것이므로, 역사가 어떤 섭리 또는 "자연의 감추어진 계획"(IG 45쪽)에 따라 움직인다고 할 수 있다고 한다.

잘 알려져 있듯이 헤겔도 역사는 개인에 의해 의도되지 않은 어떤 계획에 따르고 있다고 한다. 역사철학의 과제는 바로 숨겨진 역사의 계획, '신의 섭리'를 합리적으로 서술하는 것이다. 그런데 이것을 단순히 중세적 세계관의 잔재로 보아서는 안 된다. 오히려 역사 속의 섭리를 찾는 것은, 이미 칸트가 말했듯이 케플러(Johannes Kepler)가 정원(正圓)궤도를 돌지 않는 행성들의 움직임을 설명해주는 특정한 법칙을 찾았던 일이나, 뉴턴(Isaac Newton)이 이 법칙을 더 일반적인 자연적 원인으로부터 설명해냈던 일에 비견된다.(IG 34쪽) 신의 섭리를 합리적으로 서술하려는 역사철학은 개인의 행위를 통해서 이루어지지만 개인에 의해 의도된 것은 아닌, 그러나 일정한 방향성을 갖는 역사적 과정을 서술하는 것을 목표로 삼고 있다.

헤겔이 생각하는 역사의 숨겨진 계획은 자유 실현이다. 그리고 이 목적을 실현하는 수단은 자유의 확대를 의도적으로 추구하는 사람들의 행위가 아니라 바로 자신의 이해관계에 따르는 개인의 행위이다. 여기까지 칸트의 역사

---

437) "so eine pathologisch-abgedrungene Zusammenstimmung zu einer Gesellschaft endlich in ein moralisches Ganze verwandeln", IG 38쪽.

철학과 헤겔의 역사철학은 거의 용어까지도 특별히 다른 점이 없다.

헤겔의 역사철학이 칸트의 것과 크게 다른 점은 나의 생각으로는 헤겔이 사회의 발전 수준을 구체적으로 나누려 한다는 점이다. 칸트도 역사의 진행과정을 발전과정으로 파악하였다. 그러나 헤겔은 인간이 가지고 있는 자연적 소질인 이성이 좀 더 완벽하게 발휘되게 되어 있으며(ein Trieb der Perfektibilität, GPh[438] 74쪽) 따라서 인류의 역사는 좀 더 나은 상태로의 전진(Fortgang zum Besseren)이라는 칸트 식의 역사철학의 추상성을 지적한다. 역사 발전을 파악하기 위해서는 발전의 기본 원칙을 제시하고 발전의 단계와 각 단계간의 이행과정을 명시할 수 있어야 한다. 그에 의하면 "역사를 이해하고 개념적으로 파악하는 데에 가장 중요한 것은 이 이행을 생각하고 아는 것"(GPh 104쪽)이다.

헤겔은 역사의 원칙과 단계를 철학적으로 구성한 후 역사를 관찰한다는 것이 사실로서의 역사에 대한 무지이거나 폭력이라고 생각하지 않는다. 그의 비유에 따르면 케플러가 타원, 제곱, 세제곱 등의 개념과 그것들 사이의 관계에 대해 이미 친숙해 있지 않았다면, 경험적 자료들로부터 이런 개념의 관계로 표현되는 영속적인 법칙을 끌어내지 못하였을 것이다. 마찬가지로 각 사회의 수준을 나눌 수 있는 기본적인 역사발전의 원칙을 미리 숙지할 때에야 비로소 역사의 단순한 변화(Veränderung)가 아닌 발전(Entwicklung)과정도 포착될 수 있다는 것이다. 헤겔은 바로 발전의 수준을 나누는 기준을 제시할 수 있다는 점에서 철학적 역사 서술이 가질 수 있는 학문적 권리를 찾는다.

사회발전의 수준을 나누려는 헤겔의 시도는 역사서술의 방식을 구별하는

---

438) G. W. F. Hegel, *Vorlesungen über die Philosophie der Geschichte* (헤겔 저작 제12권).

그의 방법론적 고찰과 맞물려 있다. 잘 알려져 있듯이 그는 역사서술의 방식을 크게 초기형태의 역사서술, 반성적 역사서술, 그리고 철학적 역사서술로 나눈다. 헤겔의 이 분류는 서술자가 서 있는 문화 수준(Bildung)과 서술대상의 배경이 되는 문화 수준 사이의 관계에 따른 것이다. 초기형태의 역사서술은 주로 서술자가 목격했거나 전해 들은 것을 서술하는 것으로서, 서술자와 서술대상이 같은 문화 수준에 서 있다. 이와 달리 반성적 역사서술에서는 서술자가 한 단계 높은 문화 수준에서 대상을 서술하는 방식으로서, 일반사, 실용적 역사서술, 비판적 역사서술, 그리고 특정부문사 등 대부분의 역사서술 방식을 포괄한다. 그런데 반성적 역사는 자신의 문화 수준을 전제할 뿐 그것을 정당화하지는 못한다는 점에서 한계를 가진다. 헤겔은 진정으로 발전사를 서술하려면 서술자의 관점이 최종적인 정당성을 갖는다는 점이 입증될 수 있어야 한다고 생각하며, 그것은 철학에 의해서만 가능하다고 말한다.(GPh 11쪽부터 참조)

그런데 철학은 어떻게 최종적으로 정당화된 관점을 가질 수 있는가? 이 물음에 답하는 과정에서 헤겔의 방법이 발생적·재구성적이라는 점이 다시 한번 확인된다. 헤겔은 처음 보면 의아스럽게도, 정당화되지 않은 어떤 전제도 끌어들이지 말아야 하는 철학이 처음부터 가져도 좋은 전제가 있다고 한다. 그것은 그에 의하면 "이성이 세계를 지배하며, 따라서 세계사는 합리적으로 진행된다"(GPh 20쪽)라는 생각이다. 물론 헤겔은 이 전제를 단순한 전제로 생각하지는 않는다. 그는 이 전제가 우선 『논리학』을 통해서 이미 정당화되었다고 여기고 있다. 그러나 이 전제는 무엇보다도 실제 역사서술을 통해서 정당화될 수 있어야 한다. 즉 이 전제는 철학적 역사서술의 출발점을 이루지만, 또한 역사가 실제로 합리적으로 진행된다는 것을 보여줌으로써 비로소 정당화된다. 철학적 역사서술의 정당성은 역사를 합리적인 발전과정으로 재구성할 수 있는지의 여부에 달린 것이다.

헤겔이 생각하는 역사발전의 가장 기본적인 원칙은 일반정신의 자기실현이며, 그것은 자유의식의 진보로 나타난다. 이것이 왜 역사파악의 '선험적'(a priori)전제인지는 여기서 일단 논외로 하기로 하고, 헤겔이 역사의 발전과정을 사회의 수준에 따라 단계적으로 서술하려 한다는 점만 분명히 부각시키도록 하자. 역사발전의 기본원칙을 정신의 자기실현이라고 한 헤겔은 역사의 각 단계들을 일반정신의 자기실현 정도에 따라 나눈다. 일반정신의 실현 정도를 관찰할 수 있는 단서는 개인의 자유를 포괄해내는 사회구성(Verfassung)의 실현 정도이다. 역사는 자유를 구체화하는 일련의 규정들이며 이 규정들은 일정한 단계를 이룬다.(GPh 86쪽 참조) 이렇게 철학적으로 구성된 틀을 가지고 헤겔은 세계사를 재구성하려 한다. 그는 구체적 형태의 민족정신을 일반정신의 각 단계로 규정하려 한다. 결국 그에게 철학적으로 파악된 세계사는 일반정신이 각 단계의 민족정신의 발전과정을 거쳐 자기실현으로 가는 과정이다. "필연적인 연속단계를 이루는 민족정신의 여러 원칙은 단 하나의 일반정신의 여러 계기일 뿐이다. 이 일반정신은 그것들을 통하여 역사에서 자신을 파악하는 '총체성'으로 자신을 고양하며 완결한다."(GPh 104쪽부터)

케플러의 비유를 들 때 헤겔은 정신의 자기실현 과정을 하나의 철학적 구성물로, 즉 역사가 과연 '발전'과정인지를 파악해내는 데에 쓰이는 합리적 틀로 여기는 것처럼 보이기도 한다. 그러나 그가 정신이 자기실현으로 나아가는 실제적 힘을 가지고 있다고 여긴다는 사실은 부정할 수 없다. 그리고 그의 이러한 견해는 이성적 질서의 자기실현력을 지지하는 특정한 존재론에 의존해 있다. 그의 재구성적 방법은 형이상학에서 자유롭지 못하다. 또 정신의 자기실현력을 가정하게 되면 역사의 각 단계 사이의 이행을 유발하는, 또는 경우에 따라 어렵게 할 수도 있을 구체적인 역학을 찾지 않게 한다. 이성의 간지를 말하는 것은 여러 가지 의미가 있지만, 사회변화의 구체적인 역학을 진지하게 고려하지 않은 결과이기도 하다.

5. 헤겔 이후의 변증법의 발전과정

마르크스

변증법에 관하여 치열한 논쟁이 일었던 것은 무엇보다도 마르크스 사회이론과 관련해서이다. 변증법은 마르크스주의 진영에서나 그 반대 진영에서 모두 마르크스 사회이론의 방법으로 여겼다. 마르크스가 변증법의 방법적 구조에 관하여 구체적이고 체계적인 서술을 하고 있지 않으면서, 자신의 변증법을 유물론적으로 전환된 헤겔 변증법이라고 고백했기 때문에, 마르크스 변증법에 관련된 논의의 가장 큰 부분은 마르크스 변증법과 헤겔 변증법의 관계에 관련되었다. 나는 여기서 헤겔 변증법이 유물론적으로 전환될 수 있는 것인가, 전환된 모습은 어떤 것이고 그것의 정당성은 어떻게 확보될 수 있는가 하는 물음에 관련된 오래된 논쟁에 다시 관여하지 않으려 한다. 내가 하고자 하는 것은 다만 다음의 주장을 뒷받침할 수 있는 최소한의 근거를 제시하는 것이다. **마르크스에서 변증법의 핵심으로 남는 것은 자유로운 사회의 실현을 가능케 하는 객관적 역학에 대한 탐구이다.**

초기 마르크스는 헤겔의 노동개념을 높이 사지만 헤겔 변증법에 대해서는 지극히 비판적이었다. 그에게는 변증법적 사회이해는 관념적이고 현실수용적인 사회이해의 대표 격이었다. 그런데 잘 알려졌듯이 후기 마르크스는 헤겔 변증법을 유물론적으로 전환시켜 자신의 방법으로 삼았다고 말한다. 헤겔 변증법의 관념성을 비판해왔던 마르크스가 역설적이게도 그의 유물론적·역사적 사회파악이 확고해진 후에야 비로소 헤겔 변증법을 긍정적으로 평가하는 것이다. 이 사실이 의미하는 것은 무엇인가?

헤겔에게 '개념의 운동'으로서의 변증법은 어떤 본질적인 관계가 자신의 현존태를 획득하고 자신의 현존태를 자신의 본질에 맞게 규정해나가는 자기규정(Selbstbestimmung) 또는 자기실현(Selbstverwirklichung)의 과정이었다. 마르크스는 흔히 『자본론』의 초고라 불리는 『정치경제학비판 개요』[439]에서 바로 이런 변증법의 한계를 분명히 하고 있다.[440] 발달된 자본주의사회는 자본의 본원적 축적 시기에서와 달리 어떤 역사적·사회적 조건에 의해 '주어진' 임금노동자를 이용하여 생산하는 것이 아니다. 자본주의경제는 그 착취의 구조상 상품의 생산과 함께 임금노동을 재생산해낸다. 그러므로 자본주의경제는 비록 역사적으로 출현한 한 생산양식이지만, 자신의 존재 조건을 스스로 산출하는 자기규정의 단계에 이르게 된다. 그러므로 변증법의 방법을 헤겔에서처럼 개념의 자기규정에 둘 경우, 자본주의사회에 대해서 비판적 관점을 확보해낼 수 없다. 이렇게 개념의 운동으로서의 변증법이 자본주의사회에 대해 수용적 태도를 갖게 할 수 있다는 점에서 마르크스는 변증법의 한계를 지적하고 있다. 변증법의 이런 한계를 극복하기 위해서 마르크스는 역사적, 비판적 작업을 부각시킨다. 이 작업을 통해서 마르크스는 자본주의사회가 그 역사적 발생에서부터 적대적인 사회관계를 바탕으로 하고 있으며, 그런 적대적인 사회관계는 자본주의적 생산양식하에서는 끊임없이 재생산될 뿐 제거될 수 없다는 사실을 지적한다.

---

439) K. Marx, *Grundrisse der Kritik der politischen Ökonomie 1857~1858,* Berlin 1953(초판: Moskau 1939~1941).
440) 위의 책, 945쪽 참고.

변증법에 대한 마르크스의 이러한 견해를 염두에 두는 것은 『자본론』의 방법적 구조를 파악하는 데 도움이 된다. 『자본론』에서 마르크스는 상품의 분석을 통해 가치관계를 포착해내고 이 가치관계의 전개를 통해 자본주의적 생산양식을 서술한다. 비유적으로 말하면, 상품이라는 한 세포에서 상품생산 경제의 유전자 지도를 포착해낸 후 상품생산으로서의 자본주의적 경제양식을 그 유전자 배열의 전개된 모습으로 설명한다고 말할 수 있다. 이런 면에서 자본의 서술방식은 헤겔이 말하는 개념의 운동으로서의 변증법과 유사하다. 그러나 『자본론』에서의 서술은 무엇보다도 두 가지 점에서 헤겔 변증법과 크게 다르다. 첫째, 마르크스에 따르면 자기규정의 단계로 가는 자본은, 헤겔에서 자기실현으로 가는 정신이나 개념과 달리 자기부정의 조건을 동시에 만든다. 자본주의적 생산방식은 한편으로 주기적인 기능적 위기에 어쩔 수 없이 처하게 될 뿐 아니라, 다른 한편 자본주의체제에 대해 잘 조직된 적대적인 계급을 만든다는 것이다. 둘째, 마르크스는 자본주의경제에 대한 체계적 서술을 상품의 물신성에 대한 비판, 자본의 본원적 축적과정에 대한 역사적 고찰, 그리고 자본주의경제 발달과정에서의 정치적, 사회적 조치들과 계급투쟁 등에 대한 실천함축적인 서술을 통해서 보완하고 있다.

그런데 자본주의사회에 대한 이런 역사적·비판적·실천함축적 서술은 체계적·논리적 서술에 단순히 덧붙여진 것이 아니다. 오히려 비판적 서술이 체계적 서술의 방향을 인도하고 있다고 말할 수 있다. 체계적 서술 부분은 자본주의사회에서 왜 자유로운 사회가 구조적으로 불가능한지를 서술한다. 또 체계적 서술은 자본주의경제가 한편 생산력의 발전을 가속화함으로써 자유로운 사회의 물질적 조건을 만들고 다른 한편 자신의 모순에 의하여 자유로운 사회로의 이행까지도 준비한다는 점을 보여준다. 비판적 서술은 자본주의하에서 발달된 생산력과 생산의 사회적 성격에 마침내 소유의 사회적 성격이 결합하면 진정한 자유로운 사회가 될 것이라는 점을 보여준다. 이제 자본주의사회에 대한 마르크스의 두 가지 서술방식, 즉 체계적 서술과 역사적·비판적·실천함축적 서술을 결합하면 다음과 같이 요약할 수 있다. 이것은 곧 마르크스의 역사적 유물론으로 알려진 기본 주장이기도 하다.

1) 자본주의사회에 이르기까지 사회형태의 변화 과정은 생산력의 발달에 조응하는 생산관계의 변화 과정이었다.

2) 이 법칙은 생산수단에 대한 사적소유를 바탕으로 하는 자본주의사회에서도 관철된다. 자본주의경제하에서 발달되는 생산의 사회적 성격은 생산수단의 사적 소유에서 비롯되는 부의 분배방식과 모순을 일으킨다.

3) 자본주의경제가 발달시킨 생산력은 사회주의사회의 물질적 조건을, 그리고 자본주의적 생산양식의 모순은 사회주의사회로의 이행을 준비한다. 자유로운 사회를 향한 실천은 자본주의사회의 이런 객관적 역학에 맞춘 것이어야 한다.

이제 마르크스에서 변증법이 무엇인가 하는 물음으로 돌아가도록 하자. 마르크스가 변증법을 역사와 자연 모두에 적용될 수 있는 보편적인 방법으로 이해하고 있음을 보여주는 마르크스 자신의 몇 가지 단편적인 언급들이 없지는 않다.[441] 그렇지만 마르크스 변증법을 그의 사회파악 방식 전체를 일컫는 용어로 사용하기로 해보자. 앞에서 간략히 살펴보았듯이 그의 사회이론은 자본주의경제에 대한 비판적·체계적·실천함축적 서술이었다. 그리고 그의 비판적 관점은 명백히 개인들 사이의 자유로운 결합으로서의 이성적 사회에 대

---

441) 루카치의 『역사와 계급의식』 이래, 변증법의 적용 영역을 자연에까지 확장함으로써 변증법을 보편적인 방법으로 만든 오류의 시작은 흔히 엥겔스의 탓으로 돌린다. 그러나 마르크스 자신도 그러한 유혹에 섰던 것은 명백하다. 예를 들어 마르크스는 『자본론』에서 천체 사이의 역학관계를 변증법적인 것으로 말하기도 한다(*Kapital 1*, Marx-Engels-Werke 23권, 118쪽 참고).

한 이념에 의해 인도되고 있었다. 이렇게 보면 마르크스에서 변증법적 사회 이해의 핵심은 여전히 자유로운 사회의 실현을 가능케 하는 객관적 역학에 대한 탐구라고 할 수 있다.

　이로써 나는 마르크스 변증법을 헤겔의 것과 유사하게 만들려고 하는 것은 아니다. 헤겔의 사회철학에서는 규범적 관점과 체계적·경험적 관점이 제대로 분리되지 않았다. 헤겔은 자유를 사회관계에서 실현되어야 할 선험적인 목표로 설정하고 의지가 그런 목표를 실현할 힘을 가진 것으로 설정하였다. 이것은 바로 '개념의 운동'으로서의 그의 변증법 이해에서 잘 드러난다. 개념이 의지의 자기규정, 곧 자유로 이해됨으로써 헤겔의 사회철학에서 자유는 규범적 성격과 동시에 자기실현력을 갖는 이념으로서 작용한다. 바로 이렇게 규범적 관점과 체계적, 경험적 관점이 충분히 분리되지 않은 까닭에 헤겔에서는 자유의 개념도 의지의 자기규정이라는 추상적 규정에 머물렀고, 다른 한편 자유로운 사회의 실현을 가능하게 하거나 또는 어렵게 하는 사회의 객관적 역학에 대한 탐구도 부수적인 데 머물렀다. 초기 마르크스의 말대로라면 헤겔에서 문제 되는 것은 '정치적 자유'였지 '사회적 자유'가 아니었다.[442] 이념의 자기실현력을 부정하고, 자본주의사회의 객관적 역학을 체계적이며 역사적·비판적·실천함축적으로 서술하려 하는 마르크스의 시도는 어떤 경우에도 헤겔 변증법과 같은 것으로 취급될 수 없다.

　그러나 마르크스가 그의 비판적 관점의 유래를 철저하게 탐구하지 않았다는 점은 인정되어야 한다. 또 『자본론』의 체계적 서술 부분도 모델적인 성격이 강하기 때문에 그에 의존해서 구체적인 자본주의사회의 발생과 발전, 소멸을 예견하기는 어렵다. 과연 그가 예견한 대로 자본주의가 사회주의사회의

---

442) K. Marx, *Kritik des Hegelschen Staatsrechts*, MEW 1, 390쪽.

물질적·주체적 조건을 만들 수 있을지는 매우 의심스럽다. 그러나 이것을 변증법적 사회이해의 불가피한 오류라고 통틀어 말하는 것은 변증법의 무오류성을 말하는 것과 마찬가지로 변증법을 신화화하는 것이다. 변증법적 사회이해의 불안정성은 그것의 규범적 측면, 체계적 측면, 경험이론적 측면, 그리고 이런 요소들 사이의 관계를 설정하는 측면 등으로 나누어 검토해야 한다. 그럼으로써 변증법적 사회이해가 개선 가능한 것으로 파악되고, 변증법의 불안정성과 함께 그것의 매력도 동시에 이해할 수 있을 것이다.

마르크스 이후

마르크스 이후 변증법적 사회이해를 시도하는 사람들은, 변증법적유물론자들을 제외하고는 자유로운 사회의 가능성을 사회의 객관적 역학이 직접적으로 뒷받침해줄 것이라는 낙관론을 아주 어렵게 유지하든가 포기하게 된다. 심지어 객관적 역학이 자유로운 사회를 거의 불가능하게 할 것이라는 전망을 하기도 한다.

루카치의 경우 자본주의사회가 내부적으로는 철저히 합리적으로 조직되지만 전체적으로는 비합리성과 맞닿아 있으며, 결국 이 때문에 자본주의사회의 외피가 폭발하고 말 것이라는 점을 지적하고 있다. 그러나 그는 자본주의사회 내부의 구체적인 기능적 모순에 대해 상당한 정도로 자기관리 능력을 가지고 있음을 인정한다. 그래서 루카치에게는 자각된 계급의 실천이 마르크스에서보다 훨씬 중요하게 부각된다. 그는 변증법을 아예 혁명적 방법으로 규정한다.[443]

자유로운 사회의 실현이 사회의 객관적 역학에 의해 가능해질 것이라는

---

443) G. 루카치, 『역사와 계급의식』, 박정호 외 옮김, 거름, 1986, 56쪽부터 참고.

낙관론은 2차 세계대전 이후에 거의 주장되지 않는다. 마르크스의 전통에 선 많은 이론가들은 오히려 자본주의사회가 그것의 기본 모순에도 불구하고 그토록 안정적일 수 있는 이유에 대해서 궁금해한다. 변증법 진영의 사람들은 이성이 결국 자신을 실현할 어떤 능력을 가지고 있다고 할 수도 없으며 객관적 역학이 이성적 사회의 실현을 크게 도와주지도 않는다는 고통스러운 인식을 마주하여야 했다. 이런 인식과 함께 변증법적 사회이해의 방향은 다양화되었다. 그것은 자본주의사회의 발생과 발전과정에 대한 새로운 역사적 연구에서부터 자본주의경제의 자기관리능력에 대한 경제학적 연구, 자본주의 체제에 대한 저항을 예방하는 각종 욕망 관리방식에 대한 심리학적, 문화 이론적 연구, 그리고 자본주의사회를 포괄하는 지배체제 전체의 배후에 있는 사유방식에 대한 철학적 비판에 이르기까지 다양하였다.

여러 지류로 갈려 소멸해버릴 듯하던 변증법적 사회이해의 전통은 하버마스의 사회이론에서 다시 한번 새로운 가능성을 보이고 있다.[444] 하버마스는 한편에서 의사소통행위의 개념을 토대로 헤겔적인 형이상학이나 마르크스의 노동개념 및 가치이론의 도움 없이 정초된, 규범적 사회이해('생활세계')를 확보한다. 다른 한편 그는 탈규범적 사회파악 방식인 체계이론을 수용하여 생활세계와 체계의 이원적 사회이론을 제시한다.[445] 이 이원적 사회이론

444) 하버마스는 마르크스 사회이론의 계승자이고자 하지만, 자기 자신의 이론에 변증법적이라는 수식어를 붙이기를 꺼린다. 이것은 개방된 학문적 담론을 중시하는 그가 이른바 변증법적유물론이 가져왔던 독단적인 모습, 그리고 변증법의 학문적 불확실성을 자신의 부담으로 갖지 않으려고 하기 때문이다. 그렇지만 자율적인 사람 사이의 자유로운 관계라는 규범적 사회이해를 바탕으로 탈규범적 사회이해를 통합하려는 그의 시도가 바로 다름 아닌 변증법적 사회이해의 전통에 서 있는 것이다.
445) 하버마스의 사회이론에 관한 최근 논문으로는 다음을 참고. 장은주,「하버마스의 생산 패러다임 비판과 비판사회이론의 새로운 정초」, 차인석 외,『사회철학대계』제3권, 민음사, 1993. 장춘익,「하버마스─비판적 사회이론의 정립과 정치적 실천의 회복을 위한 노력」,『사회비평』11호. 정호근,「근대성의 변증법과 비판적 이성의 기능 및 가능성」,『철학』43, 1995.

은 하나의 분석틀이지 그 자체가 현실의 기술은 아니다. 그러므로 흔히 비판되듯이 이 이원적 사회구조가 사회의 현실에 그대로 맞느냐 하는 것이 문제가 아니다. 현실의 사실들에서 순수하게 체계적인 것, 또는 순수하게 생활세계적인 것은 없다고 말할 수 있다. 이 이원적 사회이론의 장점은 그것이 현재의 사회적 현실을 생활세계와 체계가 맺을 수 있는 여러 가지 가능성들 가운데 하나로 규정해내려는 것이다. 이렇게 함으로써 하버마스가 의도하는 것은 생활세계와 체계 사이에는 바로 현실의 모습과는, 그것이 어느 정도이든, 다른 결합의 가능성이 있음을 보이는 것이다. 그럼으로써 그는 결정론이나 주의주의적 극단에 빠지지 않으면서 정치적 실천의 여지와 방향을 제시하는 것이다.

6. 나가는 말

최근에야 처음 볼 수 있는 전혀 새로운 현상은 아니지만, 진보의 개념에 대하여 여기저기서 회의적으로 이야기하고 있다. 의심의 눈길은 진보적 이념의 바탕인 이성과 합리성의 개념에까지 미친다. 이런 지적 분위기는 진보적인 사회·역사이론의 대표적인 경우인 변증법적 사회이해를 더 이상 진지한 논의의 대상일 수 없는 것처럼 보이게 한다. 사실 변증법적 사회이해는 위에서 비판적으로 고찰하였듯이 자신의 규범적 토대를 밝히는 점에서도, 그리고 사회의 객관적 역학을 분석하는 데에서도 완전치 못하였다. 그러나 변증법적 사회이해를 단순히 폐기하는 것은 변증법적 사회이해에 대한 대안일 수 없다. 그러므로 생산적인 대안은 한편으로 우리의 규범적 사회이해의 근원을 분명히 하고, 다른 한편 탈규범적 사회파악을 정교하게 함으로써 가급적 독단적이지 않은 이론과 실천을 확보하는 일이다. 좀 역설적으로 말하면, 철학과 사회과학들이 어느 정도 탈독단화한 오늘날의 상황은 변증법적 사회이해를 폐기하는 것이 아니라 오히려—그것이 변증법의 이름을 걸지 않더라도—새로운 차원으로 높일 수 있는 기회이다. 변증법은 아직 무효화되지 않은 사회파악 방식의 이상이다. 다만 그것이 이상인 것이 망각되었을 때 변증법은 자기정당화의 요구에서 벗어난 신화로서 기능하였다.

17장 칸트의 정언명령에 대한 짐멜의 비판적 재구성
청년 짐멜의 도덕사회학 시론에 관한 연구

1. 들어가는 말: 짐멜의 『도덕과학입문』이란 책

이 글의 주 목적은 국내외 철학계에서 거의 수용된 바 없는 청년 짐멜 (Georg Simmel)의 '철학적 윤리학' 비판을 '정언명령'에 대한 그의 논의 를 중심으로 소개하는 것이다.[446] 구체적 분석의 대상이 되는 텍스트는

---

446) 짐멜은 사회학자로서 고전적 이론가의 반열에 이름을 올렸지만, 철학자로서는 그리 널 리 알려지지 않았다. 또 철학자로서 알려졌다 하더라도 대개 중후반의 짐멜, 즉 '돈의 철학'과 '개인법칙'이라는 키워드하에 요약될 수 있는 내용이 주를 이룬다. 청년 짐멜의 철학, 특히 이 논문에서 다루고 있는『도덕과학입문』은 사실상 본격적으로 수용된 바가 없다. 1권이 출간된 해 저명한 윤리학자 시지윅(Henry Sidgwick)은 짧은 서평에서 짐멜의 생각을 흥미롭지만 설득력 있지는 않은 것으로 치부하였다. 그러한 평가가 2권에 대한 다른 학자의 서평에서도 반복되고 난 후 이 책은 영어권에서는 일찌감치 잊혔다[Sidgwick, 1892; Mackenzie, 1894 참조]. 독일에서는 바로 짐멜 자신이 이 책으로부터 거리를 취하였고 심지어 '젊은 시절의 죄 악'(Jugendsünde) [Helle, 2001, 60쪽]이라고까지 폄하함으로써 수용을 어렵게 하였다. 이 런 정황에 더하여, 텍스트 자체의 난삽함과 철학적 윤리학에 대해 거의 '해체적'이라고 할 만 큼 비판적이면서 스스로 어떤 적극적 대안도 제시하지 않으려 하는 논조로 인해 이 책은 오 랫동안 호의적 독자를 찾지 못하였다. 그래서 이 책에 대한 상세한 분석은 찾아보기 힘든데, 드문 사례로 그리고 가장 근래의 것으로 퀸케[Köhnke, 1996]의 연구를 들 수 있다. 하지만 퀸케의 연구는 텍스트의 발생사에 초점을 맞춘 것으로 짐멜의 윤리학적 논의를 세부적으로 다루지는 않는다. 국내 문헌으로 보자면 짐멜의 1902/03년 칸트 강의를 다룬 논문은 있으나 [최성환, 지경진, 2013 참조]『도덕과학입문』을 중심으로 청년 짐멜의 윤리학 논의를 본격적

1892년과 1893년, 그러니까 1858년생인 짐멜이 34세와 35세 때 각각 내놓은 『도덕과학입문. 윤리학의 기본개념들에 대한 비판』(*Einleitung in die Moralwissenschaft. Eine Kritik der ethischen Grundbegriffe*) 1, 2권이다. 부차적으로 나는 그가 말하는 '기술적 윤리학' 내지 '실증적 윤리학'(positive Ethik)이 훗날 루만이 내놓는 도덕사회학적 명제를 이미 상당 부분 선취하고 있음을 시사하고자 한다.[447]

짐멜이 '정언명령'에 대해서 비판적 고찰을 한다고 해서 그가 예를 들면 공리주의처럼 다른 편의 윤리학적 입장에 서 있는 건 아니다. 그는 공리주의에 대해서도 똑같이 치열한 비판을 가한다. 아니, 더 근본적으로 들어가 철학적 윤리학이 사용하는 기본개념들, 가령 '당위', '이기주의와 이타주의', '도덕적 공로와 과실', '행복' 같은 개념들[448]이 "의미와 경계가 불확실하고, 완전히 상반된 원리들과 결합"[449]될 수 있음을 밝히고자 한다. 짐멜이 보기에 윤

으로 다룬 논문은 전무하다.

447) 서로 한없이 이질적일 것처럼 보이는 짐멜과 루만의 한 가지 중요한 공통점은 사회학 내지 사회이론에서 자신의 주 저작을 내놓기 전에 철학적 윤리학에 대한 강력한 비판을 거쳐 갔다는 사실이다. 짐멜의 경우『돈의 철학』(*Philosophie des Geldes*, 1900) 이전에『도덕과학입문』, 1892/3이 있었던 것처럼, 루만의 경우엔『사회적 체계들』(*Soziale Systeme*, 1984) 이전에『이론기술과 도덕』(*Theorietechnik und Moral*, 1978)이 있었다. 루만은 이 책에서 윤리학에 대해 스스로 도덕의 일부가 되지 말 것을, 도덕 참여자가 아니라 도덕 관찰자가 될 것을, 도덕의 제한성을 성찰하는 도덕의 '반성이론'이 될 것을 주문한다[장춘익, 2012 참조]. 형태와 집중도는 다르지만, 이것은 바로 짐멜이 『도덕과학입문』에서 시도하는 작업이라고 할 수 있다. 더 나아가 짐멜의 미덕은 그가 루만처럼 윤리학을 윤리학 외부에서 관찰하면서 '고차적 탈도덕성'['höhere Amoralität', 루만, 2014, 862쪽 참조]을 추천하는 데 그치지 않고 윤리학을 윤리학 내부로부터 해체하고 나온다는 사실, 그리고 철학적 윤리학의 학문적 가능성에 대해 그토록 부정적이었다가 훗날 새로운 윤리적 사고를 정립하려 치열하게 노력한다는 사실이다.

448) 이 개념들 각각이 총 4장으로 구성된 1권의 각 장의 제목이 된다. 왜 이 개념들을 윤리학의 기본개념들로 선택했는지에 대한 짐멜의 해명은 없다. 2권은 총 3장으로 구성되어 있는데, '정언명령', '자유', '목적들의 통일성과 충돌'이 각각의 제목이다.

449) Simmel, 1989, 11쪽.

리적 기본개념들의 이런 치명적 결함은 철학적 윤리학이 근대적 학문 수준에 이르지 못하게 된 결정적 이유이기도 하다. 따라서 윤리학의 기본개념들에 대해 비판하고 도덕 현상에 대한 하나의 과학을 예비하겠다는 것이 짐멜의 목표인데,『도덕과학입문. 윤리학의 기본개념들에 대한 비판』이란 제목은 바로 이런 목표를 암시하고 있다.

내가 이 책을 분석하면서 '정언명령'에 대한 짐멜의 비판적 고찰에 논의를 한정한 것은 난삽하고 방대한[450] 책의 논의를 한 가지 문제에 집중함으로써 그가 논의하는 방식의 특징을 보다 분명하게 드러내고자 하는 의도에서이다. 나는 그가 어떻게 철학적 윤리학 **내부로부터의** 해체작업을 거쳐 철학적 윤리학 **외부**로 나아가는지를 세밀하게 살펴보고 싶다. 다만 정언명령에 대한 짐멜의 비판적 논의가 과연 정언명령에 대한 '올바른' 이해에 기초한 것이냐는 문제는 본격적으로 천착하지 않고자 한다. 그것은 나의 능력을 넘어서는 것이고, 또한 짐멜을 좁은 의미에서 칸트 연구자로 다루는 것은 이 글의 취지도 아니기 때문이다.[451]

칸트는 정언명령을 몇 가지 정식으로 표현하는데, 보통 '보편법 정식',

---

450) 1, 2권을 합치면 900쪽 가까이 되는데, 전체 내용에 대한 개관을 도울 목차는 매우 부실하고 본문에는 출처를 밝히거나 이해를 돕는 단 하나의 주석도 달려 있지 않다. 두 책을 짐멜 전집의 3, 4권으로 편집한 쾬케마저 다음과 같이 말하고 있다. "(짐멜의 이 저작은) 가장 분량이 많은 저작들 중 하나인데 목차도 거의 없다. 명제가 무엇인지는 알아볼 수 없는데 주장은 가득하다. 스스로를 '입문'이라 칭하지만 무엇보다 비판적이다. 아니 파괴적이기까지 하다. 그러면서 최소한으로 절충적이고 내적으로 모순적이다. 한마디로 결코 하나의 **통일체가 아니며** 통일체로 이해될 **수도 없다**. 저자 자신도 그것을 통일체로 볼 수 없었다."[Köhnke, 1996, 167쪽 참조].

451) 하지만 청년 짐멜이 칸트 연구자였던 것은 사실이다. 그의 박사학위논문과 교수자격취득논문은 모두 칸트 철학에 대한 것이다. 또 그는『도덕과학입문』출간 전후 수학기 동안 베를린대학교에서 칸트 철학에 대해 강의하였다. 1902/03 겨울학기에 행한 칸트의 인식론, 윤리학, 미학에 대한 총 16개의 강의는 칸트 철학에 대한 결산이라고 할 수 있는데, 1904년에 출간된다. 이 텍스트에 대한 분석은 최성환, 지경진, 2013을 참조.

즉 "그 준칙이 보편적 법칙이 될 것을, 그 준칙을 통해 네가 동시에 의욕할 수 있는, 오직 그런 준칙에 따라서만 행위하라"[452](Handle nur nach derjenigen Maxime, durch die du zugleich wollen kannst, dass sie ein allgemeines Gesetz werde)가 기본적인 정식으로 여겨진다.[453] 짐멜은 정언명령에 대해 고찰할 때 이 정식에 집중한다. 이 정식으로부터 직접적으로 '일반화(보편화) 가능성', '법칙', '명령', '의욕할 수 있음' 같은 정언명령의 특성들이 도출될 수 있는데, 짐멜은 여기에 칸트가 그토록 강조하는 '의무를 위한 의무'(Pflicht um der Pflicht willen)[454]를 더해 정언명령을 파악한다.

정언명령에 대한 짐멜의 논의 방식은 매우 독특하다. 짐멜은 정언명령의 각 요소가 칸트가 생각하는 의미를 고수하면 도덕을 설명하는 데 부족하지만, 오히려 칸트가 생각하지 못한 의미에서는 어떤 의의를 가질 수 있는 것으로 재해석해낸다. 정언명령에 대해 철학적, 심리학적, 사회학적, 역사적 관점을 자유롭게 오가며 비판을 하고 나서는, 정언명령이 또한 도덕에 대한 하나의 중요한 관점일 수 있음을 보여주는 것이다. 내가 칸트의 정언명령에 대한 짐멜의 논의를 '비판적 재구성'이라고 한 것은 이런 이유에서이다. 짐멜은

---

452) 칸트, 2005, 132쪽.
453) 칸트 해석가들 사이에서는 심지어 정식의 수에 관해서조차 의견이 일치하지 않는다. 하지만 대체적으로 '보편법 정식', '목적 그 자체 정식', '자율성 정식', '자연법 정식', '목적의 나라 정식'이 있다고 보는 것이 무난한 독법이 될 것 같다. [강병호, 2014, 56-57쪽 참조].
454) 칸트 자신은 '의무에 맞게'(pflichtmäßig) 일어난 행위와 구별할 때 '의무로부터'(aus der Pflicht) 일어난 행위라는 표현을 주로 쓴다[칸트, 2005, 84쪽 이하 참조]. 내가 알기론 '의무를 위한 의무'라는 표현은 칸트 자신의 것이 아니라 헤겔이 칸트의 윤리학을 '공허한 형식주의'로 평가절하하면서 쓴 것이다. 헤겔은 칸트가 의지의 무조건적 자기결정을 의무의 근원으로 부각시킨 것의 의미를 인정하면서도, 도덕적 관점에 머물고 인륜(Sittlichkeit)의 개념으로 이행하지 않음으로써 도덕학을 "의무를 위한 의무에 관한 설교"(eine Rednerei von der Pflicht um der Pflicht willen)로 전락시켰다고 비판한다. [헤겔, 2008, 262-263쪽, Hegel, 1970, 252쪽 참조].

정언명령을 윤리적 합리주의의 정점의 표현이며 최종적으로는 칸트라는 인격의 세계관적, 성격적 특성에 기인한 것으로 본다. 이렇게 정언명령을 최종적으로 하나의 세계관과 성격적 특성으로 소급함으로써 짐멜은 윤리적 합리주의가 도덕을 설명하는 유력한 이론이지만 유일한 이론일 수 없음을 보여준다. 정언명령에 대한 짐멜의 이런 비판적 재구성은 '윤리적 단일주의'(der ethische Monismus), 즉 단 하나의 원리나 하나의 최종목적에 의해 도덕을 설명할 수 있다고 믿는 입장을 극복하려는 그의 노력의 일부이다.

2. 일반화 가능성 요구의 제한적 타당성

일반화 가능성 요구의 제한적 타당성: 사회적 분화와 진화의 관점에서

앞에서 인용한 정언명령의 정식에서 보면 일반화 가능성은 어떤 행위의 도덕성을 규정하는 결정적 요소이다. 그런데 이런 정식의 내용은 도덕적인 것은 당위(Sollen)이고, 당위는 법칙(Gesetz)이며, 법칙은 필연성(Notwendigkeit)을 갖는다는[455] 추론에서 비롯되었다고 짐멜은 생각한다. 이 추론을 당연시할 때만 일반화 가능성은 도덕성의 시금석이 된다는 것이다. 자연법칙이 동일한 자연적 조건하에서 언제나 타당하듯이, 도덕법칙도 법칙인 한에서는 동일한 윤리적 조건하에서 언제나 타당해야 하는 것이다.[456]

---

455) Simmel, 1991, 33쪽 참조.
456) 실제로 칸트는 실천법칙도 법칙인 한 보편성을 가져야 한다는 것을 당연시했던 것으로 보인다. 칸트는 실천법칙이 보편적 법칙 수립을 위한 자격을 갖추어야 한다고 말하면서 그것은 하나의 '동일성 명제'(ein identischer Satz)라고 한다. [칸트, 2009, 79쪽 참조].

그런데 짐멜이 보기에 칸트가 도덕적 명령을 법칙으로 본 것은 자의적 규정이다. 또 설령 법칙으로 본다고 하더라도 일반성(보편성)을 가져야 한다고 본 것 역시 자의적 규정이다. 즉 어떤 사람이 자신에게는 특정한 도덕적 의무를 부과하면서 동일한 조건하에서 타인에게는 그런 의무를 부과할 생각이 전혀 없을 수 있다. 자기 개인에게만 의무를 부여하고 자기 개인에게만 법칙화하는 윤리적 개인주의(Individualismus des Ethischen)도 가능하다는 것이다.[457] 그래서 짐멜은 "칸트가 법칙의 두 요소, 즉 명령 형식 내지 당위 요구와 일반성 내지 모두에 대한 타당성을 충분히 날카롭게 분리하지 않았고, 그리하여 후자가 전자로부터 분석적으로 도출될 수 있는 것으로 생각했다"[458]라고 지적한다.

그런데 짐멜은 일반화 가능성 문제에 대해 고찰할 때 이렇게 윤리학 내에만 머무르지 않고 일종의 도덕사회학적 관점에서도 바라본다. 도덕성과 일반화 가능성 사이에 필연적 연결성이 없음에도 왜 그런 연결성이 칸트만의 특이한 발상이 아니라 널리 공유되는 의견인지를 그는 묻는다. 그리고 그 원인을 도덕적 명령의 '사회적 기원'에서 찾는다. 원시적 집단에서는 각 개인이 무엇을 해야 하는지가 집단 다수의 행태에 의해 결정되었다. 그래서 당위의 요구는 원래 사회적 수준 이상의 것을 포함하지 않았다. 개인은 정확히 사회적 수준에 머물면 되었고 다른 사람들이 행위하는 대로 행위해야 했다. 짐멜은 어떤 행위의 도덕성에 대해 판단할 때 '모두가 그렇게 행위할 경우 받아들일 수 있겠는가'라는 물음을 기준으로 삼으라는 건 바로 그러한 사회적 조건의 윤리적 표현이라고 해석한다. "일찍이 행위방식의 일반성이 개인에게 윤

---

457) 이런 점에서 후기 짐멜의 '개인법칙' 이론은 이미 청년 짐멜에서 준비되고 있었다고 할 수 있다. 짐멜의 '개인법칙' 개념에 대해선 짐멜, 2014; 홍경자, 2016 참조.
458) Simmel, 1991, 34쪽.

리적 규범이었기에, 나중에도 행위방식의 관념적 일반화가 도덕적 위엄을 재는 척도로 남는다."[459] 그러니까 도덕성의 척도로서의 일반화 가능성은 짐멜에게는 덜 발달된 사회의 관념적 흔적이다. 사회적 관계들의 분화가 더욱 높은 수준에서 진행되고 개인에 대한 요구 수준도 높아져 저 기준이 더 이상 정당화되기 어려운 현실에서 여전히 남아 있는 관념적 흔적, 즉 지체된 윤리적 의식인 것이다.[460]

이에 반해 분화의 수준이 높아진, 혹은 동적으로 변화하는 사회의 여건에서 일반화 가능성은 도덕성을 결정하는 유일한 기준이 되기 어렵다. 물론 일반화 가능성이란 기준이 아주 무효화되는 건 아니다. 다만 사회적 분화가 진행될수록 동일한 상황에서 모두가 동일하게 행위해야 하는 부분은 법의 영역으로 옮겨지고 가치와 도덕 영역에서는 개인주의적 특성이 더욱 부각된다는 것이다. 후자의 영역에서는 사람들은 동일한 상황에서 다른 사람들과 다르게 행동하는 데 가치를 두는데, 이는 다시금 사회적 분화를 촉진한다. 그리고 분화된 사회가 그렇지 않은 사회보다 집단의 행복, 질서, 조화에 더 유리하다면, 아니 원칙적으로 더 불리한 것만 아니라면, 일반화 가능성을 기준으로 하는 보편주의적 윤리는 개인주의적 윤리에 비해 제한적 타당성만을 갖는다고 할 수 있을 것이다.

짐멜은 진화론적 가치관에서 보면 일반화 가능성이란 기준은 더욱 설득력이 없다고 말한다. 새로운 시대를 여는 혁신적인 행위의 경우, '모두가 그렇게 행위한다면 어떻겠는가'란 질문을 던지는 것은 전혀 적절치 않다. 물론

---

459) Simmel, 1991, 34쪽.
460) 일반화 가능성 요구에 대한 짐멜의 이런 해석을 내가 모두 지지하는 것은 아니다. 칸트 윤리학에서 일반화 가능성 요구는 미분화된 사회의 관념적 흔적이라기보다는 오히려 수평적으로 분화된 사회에서 가능한, 차원 높은 보편주의적 윤리의식의 정식화로 보는 것이 더 설득력 있을 것이다.

역사적으로 결정적인 변화가 단 한 번 실행되는 것으로 끝난다면 진화적 상황이 특별한 예외라고 할 수 있을 것이다. 하지만 짐멜의 생각으론 친밀성의 영역에서나 공적 도덕의 영역에서나 끊임없이 관계와 요구의 변혁이 일어나고 있다. 그런 변혁적 행위는 정언명령의 정식을 충족시킬 수 없다. "왜냐하면 그것은 사회의 현 상태를 보장하는 정언명령의 법칙성을 깨부수고 자기편에서 처음으로 법(권리)을 창출하기 때문"[461]이다. 짐멜은 여기서 합리주의 및 안정주의와 현실주의적이고 발전사적인 시각 사이의 대립에 주목하면서 칸트를 전자 쪽에 위치시킨다. 후자의 입장에서 보면 "우리의 행동은, 끊임없이 변화하는 유기체의 한 지절(肢節)과 마찬가지로, 항상 이미 지나간 상태와 아직 현실적이지 않은 상태 사이의 갈림길에 서 있다."[462] 짐멜이 보기에 일반화 요구는 공시적 차원에서(für das Nebeneinander)는 개인들의 차이를 충분히 반영하지 못했다면, 통시적 차원에서(für das Nacheinander))는 변혁이 모두의 균등한 행동에 의해 단 한 번에 일어나는 것이 아니라 개별 행위에 의해 점진적으로 일어날 수밖에 없다는 사실을 충분히 반영하지 못한다.[463]

인식 보조 수단으로서의 일반화 가능성

일반화 가능성을 도덕성의 기준으로 삼는 입장에 대해 이렇게 거의 초토화하는 비판을 가한 후에, 짐멜은 이번엔 방향을 바꿔 일반화가 도덕성 판단에서 가질 수 있는 긍정적 기능을 탐색한다. 일반화 가능성 테스트가 정말로 다른 사람들 모두가 동일한 행위를 할 거라고 기대하는 건 아니라면, 어떤 다

461) Simmel, 1991, 43-44쪽.
462) 위의 책, 45쪽.
463) 위의 책, 45쪽 참조.

른 목적을 갖는 것은 아닐까 추정해보는 것이다. 짐멜은 일반화 가능성 테스트를 쉽게 눈에 들어오지 않는 행위의 성격을 파악하기 위한 일종의 "인식 보조 수단"(ein erkenntnistheoretisches Hülfsmittel)[464]으로 여긴다. 개별 행위는 여건에 따라서 매우 다른 결과에 이를 수 있고, 그래서 매번 결과만을 기준으로 하면 동일한 행위에 대한 윤리적 평가가 매우 상이할 수 있다. 이때 동일한 행위를 인위적으로 여러 상황에서 반복해보고 그 결과 모두를 합한 후 다시 반복 횟수로 나누면, 개별행위가 가져올 결과에 대한 어떤 안정적인 기대치를 얻을 수 있다. 이렇게 하면 어떤 행위를 평가할 때 단지 우연적인 요소들은 가려내고 순수하게 그 행위에서 비롯되는 결과를 확인할 수 있다는 것이다. 여기서 '순수한' 결과란 행위로부터 외부 여건에 상관없이 나오는 귀결이란 뜻이 아니다. 그것은 개별 데이터들로부터 통계적으로 얻어낸 평균치와 비슷한 것이다. 그것도 어떤 행위와 관련해 과거의 사례를 다 조사할 수도 없고 미래의 경우들을 다 예측할 수도 없어 실제 그런 통계 계산을 실행할 수 없으니, 일반화라는 간편한 사고실험을 통해 얻어진 평균치 대체물인 것이다. 이렇게 볼 경우, 정언명령이 어떤 행위를 그것의 결과와 무관하게 도덕성에 대한 평가를 요구한다고 해석하는 것은 완전한 오해이다. 행위는 매번 특정한 여건에서 행해질 수밖에 없는데, 하지만 어떤 행위를 평가할 때 그 특정 여건에서 생겨난 결과에 의존해서 평가하지 않는다는 걸 뜻할 따름이다. 즉 어떤 행위의 도덕성을 규정하는 것은 어디까지나 그 행위의 평균적 결과이고, 일반화는 그 평균적 결과를 주관적으로 간편하게 파악하게 하는 인식 보조 수단인 것이다. 일반화 가능성 요구를 이렇게 파악한다면 칸트의 윤리학을 규칙공리주의에 가깝게 해석하는 셈이 될 것인데, 짐멜은 이런 함의에 개

---

464) 위의 책, 38-39쪽.

의치 않는 것으로 보인다. 짐멜에게 그러한 해석은 일반화 가능성 요구의 의미를 파악해보는 다양한 사고실험 중의 하나일 뿐 칸트의 진의가 무엇이냐는 그의 중요한 관심사가 아니다.

일반화 가능성: 도덕적으로 유의미한 조건과 무의미한 조건의 구별

짐멜은 일반화 가능성을 인식 보조 수단으로 보는 사고실험을 해놓고는 또다시 다른 사고실험으로 옮겨간다. 이때 짐멜은 정언명령의 취약점으로 종종 지적되는 문제, 즉 예외의 문제로부터 출발한다. 짐멜이 보기에 그런 문제점은 일단 칸트가 자초했다. 짐멜이 보기에 칸트는, 인식론은 아니지만 적어도 윤리학에서는, 일반적인 것, 개념적인 것을 본질적으로 것으로 보고 개별적 요소들을 부차적이고 비본질적인 것으로 보는 개념실재론(Begriffsrealismus)적 경향에서 벗어나지 못했다. 짐멜은 구체적 상황들을 제대로 고려하지 못하는 정언명령의 약점이 바로 이러한 개념실재론적 경향에서 비롯된 것으로 생각한다. 아주 줄여서 말하자면, '거짓말은 거짓말'이라는 식의 사고가 갖는 약점이다. 하지만 짐멜은 이미 부유한 어떤 사람이 자신의 부를 증가시키기 위하여 거짓말을 하는 것과, 이 부자 때문에 파산 위기에 몰린 사람이 가족의 생계를 위해 그에게 거짓말을 하는 것을 같은 행위로 볼 수는 없다고 한다. 짐멜의 말을 옮기자면, "누구도 단적으로 거짓말하지 않으며, 누구도 그저 무색의 거짓말 개념을 실현하지 않는다."[465]

그래서 짐멜은 이번에는 개별 상황을 진지하게 고려하는 일반화의 가능성을 생각해본다. 그러면 "타인의 음모에 의해 파산 위기에 몰렸을 경우 가족의 생계를 위해선 거짓말을 해도 좋다"라는 식으로 일반화를 해야 할 것이다. 그

---

465) 위의 책, 1991, 46쪽.

런데 이런 조건부 일반화도 쉽게 대안이 되진 않는다. 정말로 구체적 상황을 중시한다면 모든 개별적 요소들을 다 진지하게 고려해야 할 것이다. 하지만 그럴 경우엔, 짐멜의 역설적 표현을 옮기자면, "절대적 개별화만이 절대적 일반화를 허용한다."[466] 그리고 이렇게 명령 속에 개별 상황을 모두 반영하면 그 명령은 윤리적 지침의 역할을 할 수도 없다. 엄밀하게 동일한 상황이 또 발생하지는 않을 것이기 때문이다. 결국 일반화는 다음과 같은 딜레마에 처하게 된다. "일반화는 한편으로 개인의 모든 특성과 행위의 모든 갈래를 포함해야 한다면 공허하거나 생각해볼 수조차 없다. 다른 한편 일반적이거나 본질적인 부분에만 해당되고 여타의 부분들을 제외한다면, 그 일반화는 구속력을 갖지 못한다."[467]

그런데 일반화 원리가 이렇게 딜레마 상황으로 귀착된다는 것이 짐멜의 최종 결론은 아니다. 짐멜은 이런 딜레마로부터 벗어나는 논리적인 해법은 없지만 실천적 해법은 있다고 믿으며, 그 해법으로부터 정언명령의 의미를 다시 해석한다. 이를 위해 짐멜은 관성법칙을 비유로 끌어들인다. 관성법칙은 예외를 허용하지 않는다. 하지만 동시에 관성법칙이 그 추상적 공식 모습 그대로 직접적이고 무조건적으로 확인되지도 않는다. 어떤 순간에 작용하는 힘은 항상 저항 혹은 가속화에 의해 이미 변형되어 있는 것이다. 그래서 힘은 언제나 개별적 현상으로 나타나는데, 하지만 그렇다고 해서 개별적 상황이 법칙을 어긴다는 것은 아니다. 개별적 상황의 요소들은 그저 개별적이어서가 아니라 저항 혹은 가속화하는 힘으로서 작용할 때만, 즉 관성법칙에 유의미하게 영향을 미칠 때만 고려된다. 이제 이를 윤리적 문제에 적용해서 짐멜은 다음과 같이 말한다. "하나의 상황이 어떤 특징들에 따라 하나의 도덕적

---

466) 위의 책, 52쪽.
467) 위의 책, 58쪽.

요구하에 놓인다면, 그 상황을 개별화하는 특성들을 보여준다는 사실로 이미 그 요구에서 벗어나진 못한다. 저 의무를 벗어나게 하는 **적극적** 근거가 있어야 하고 **그 근거를 댈 수 있어야** 한다. 그렇지 않은 경우 저 의무는 계속 작용한다."[468] 그러니까 짐멜이 보기에 정언명령의 일반화 원리가 말하는 것은 결국 다음과 같다. 개별 상황을 구성하는 수많은 요소들 가운데 어떤 특정 부분만이 도덕적으로 유의미하며, 그 외의 개별화하는 요소들은 의무를 면제하거나 경감하는 것과는 무관하다. 결국 일반화 요구는 실제 도덕적으로 유의미하지 않은 개별 요소들을 고려하지 말라는 요구라는 것이다.

> "정언명령이 말하는 법칙성의 의미는 이것이다. 모든 행위 요구에서 한 종류의 행위를 다른 종류의 행위보다 더 의무로 만드는 조건들의 총체를 찾을 수 있어야 한다. 이 조건들 전부가 발견되면, 그것이 누구에게서 발견되든, 그에게는 저 행위에 대한 의무가 생겨난다. 여타의 점에서 그가 누구이고 무엇이든 간에 그렇다."[469]

개별 상황에서 의무 발생에 유의미한 조건들과 그렇지 않은 조건들을 가리라는 요구는 논리적으로만 보면 일종의 동어반복 문장이다. 하지만 짐멜은 그런 구별이 현실에서는 실제로 행해지고 있다고 생각한다. "모든 의무에 대하여, 특정 인격에서 발견되면 그 인격에 상관없이 의무이행 요구를 유효하게 만드는 일군의 요인들을 확인할 수 있다는 것은 논리적으로는 분명 증명할 수 없지만 최고로 중요한 종합적 사실이다."[470] 이러한 짐멜의 해석에 따

---

468) 위의 책, 58-59쪽. 강조는 필자.
469) 위의 책, 60쪽.
470) 위의 책, 60쪽.

르면, 칸트의 정언명령의 일반화 요구는 그저 이러저러한 법칙에 따르라고 단순하게 명령하는 게 아니다. 그것은 자신의 상황에서 도덕적으로 유의미한 조건들과 그렇지 않은 조건들을 가리라는 요구이고, 그 요구의 충족이 실천적으로 가능하지만 언제나 확실한 것은 아니라는 점까지 고려하라는 세심한 요구이다. 그래서 정언명령이 말하는 것은 자신이 어떤 원리에 따를 때 "그것이 어떤 이유에선가 아직 법칙으로 선포되지 않았더라도, 적어도 법칙**일 수 있는 것처럼** 행동하라"[471]라는 것이다.

3. 의무를 위한 의무: 도덕의 존재근거와 인식근거

짐멜은 정언명령이 두 가지 목적 내지 기능을 갖는다고 본다. 하나는 어떤 행위가 도덕적인 것으로 판정되기 위해서 외적, 객관적으로 보여야 하는 **형식**을 규정하는 것으로, 지금까지 우리가 다루었던 '일반화 가능성'이 그것이다. 다른 하나는 윤리적 행위의 내적, 주관적 **동기**와 관련된다. 어떤 행위가 객관적으로 옳으냐 그르냐의 문제와 그 행위를 수행할 동기를 갖느냐 아니냐는 다른 문제이다. 짐멜이 보기에 칸트는 동기 문제에 대한 답을 '의무를 위한 의무', 즉 단순히 의무에 맞게 행동하는 것이 아니라 의무이기 때문에 행하는 것[472]에서 찾는다.

짐멜은 일단 '동기'를 심리적 의미로 해석하고 그 효과 측면에 주목해본다.

---

471) "Man soll also so handeln, wie es wenigstens Gesetz sein könnte, wenngleich es aus irgend welchen Gründen noch nicht als Gesetz ausgesprochen ist." Simmel, 1991, 61쪽.
472) 위의 책, 15쪽.

'의무를 위한 의무'는 언제나 의무를 수행하게 할 것처럼 보인다. 의무 수행에서 의무 외에 다른 이유가 없으니, 의무 수행의 의지가 흔들릴 이유가 없을 것이기 때문이다. 이에 반해 의무에 맞게 행동하지만 실제 동기는 의무와는 다르다면, 가령 의무에 맞게 행동하는 것이 더 큰 이익을 가져와서 하는 것이라면, 이해타산에 맞지 않을 경우에는 의무에 맞게 행동하지 않을 것이다. 하지만 짐멜은 이런 쉬운 해석을 곧바로 뒤집는다. 정말 의무에 맞는 행위가 틀림없이 수행되는 것이 중요한 점이라면, '의무에 맞게' 행위하는 것이 동기인 경우가 '의무를 위한 의무'가 동기인 경우보다 부족할 이유는 없다는 것이다. 법에 비교해보면 짐멜의 이야기가 좀 더 수월하게 이해될 수 있을 것 같다. 준법실천의 관점에서만 보자면, 법에 맞게 행동하려는 동기가 법 자체를 위해서 행동하고자 하는 동기에 비해 효과가 덜할 것이라 단정할 이유가 없다.

이 지점에서 짐멜은 칸트의 '의무를 위한 의무'가 도덕적 행위와 관련하여 갖는 기능을 다시 한번 새롭게 해석해본다. 첫째는, 의무를 위한 의무가 윤리적 행위의 **실행**을 보증하는 것이 아니라, 어떤 행위가 윤리적 행위**임**을 보증하는 근거라는 것이다. 도대체 도덕적 행위라는 게 있느냐는 질문에 대하여, 적어도 의무가 동기인 행위는 도덕적 행위라고 말할 수 있을 것이다. 이렇게 보면 칸트가 도덕적 행위의 동기로서 행복추구를 왜 그렇게 철저하게 배제하는지에 대한 이해도 완전히 달라진다. 어떤 행위가 보통 행위의 가장 강력한 동기로 작용하는 행복을 위해서가 아니라 오직 의무감에서 행해졌다면, 우리는 그 행위가 도덕적 행위라는 걸 확실하게 **알 수** 있다는 것이다. 의무를 위한 의무가 도덕적 행위의 **존재근거**라면, 행복과의 대립은 도덕적 행위의 **인식근거**이다.

"의무 행위를 의무 때문에 행하고자 하는 것이 의무 행위를 보증하는

존재근거이듯이, 도덕 개념을 행복관심에 대립시키고 행복관심을 극복해야 도덕이 성립하는 것으로 보는 칸트 이론의 금욕적 외양은 우리가 행위의 동기를 완전히 알 수 없는 상황에서 어떤 행위가 실제 도덕적 행위임을 보증하는 **인식근거**일 따름이다."⁴⁷³⁾

'의무를 위한 의무'의 두 번째 기능을 짐멜은 근대인의 내면적 상황에서 비롯되는 필요와 연관시킨다. 짐멜은 근대인의 상황을 다음과 같이 묘사한다.

> "내용적으로나 형식적으로나 우리에겐 부동의 삶의 가치들, 확실한 목표점을 보장하는 이상들이 상실되었다. 그렇게 된 것은 내용적으로는 신앙이 점차 사멸하고 비판이 전통적인 정치적, 종교적, 인격적 종류의 이상들에 대한 순진한 헌신을 파괴하기 때문이다. 형식적으로는 근대적 삶의 빠른 템포와 불안정한 리듬이 어떤 의미에선 근대적 삶으로 하여금 그러한 이상들의 확고한 집적 상태에 이르지 못하게 하기 때문이다."⁴⁷⁴⁾

이렇게 절대적인 최종 목적은 무너졌지만, 짐멜이 보기에 그에 대한 필요가 사라진 것은 아니다. 짐멜은 과거 최종 목적의 존재를 전제로 하여 형성된 심리적 성향들이 장애와 실망을 겪고 있으며 그런 상황은 분명하게 의식되든 그렇지 않든 최종 목적에 대한 채워지지 않은 동경으로 반영된다고 진단한다. 짐멜은 바로 이 지점에서 '의무를 위한 의무'가 행하는 기능을 찾는다. '의무를 위한 의무'는 분명한 최종 목적이 부재하는데 그에 대한

---

473) 위의 책, 17쪽. (강조는 필자).
474) 위의 책, 30쪽.

필요는 남아 있어 비관주의와 불만으로 표출되는 상황에서 최소한 '임시방책'(Provisorium)으로 유효할 수 있다는 것이다.[475] 말하자면 '의무를 위한 의무'는 최종 목적 없는 최종 목적으로 기능한다는 것이다.

짐멜이 보기에 '의무를 위한 의무'가 그러한 기능을 담당할 수 있는 것은 한편으로 그 형식적 성격 때문에 아주 다양한 내용과 결합될 수 있고, 다른 한편 어떤 특정한 내용에 고정되지 않음으로써 근대의 비판적 정신의 물음을 피해갈 수 있게 해주기 때문이다. 그렇다고 '의무를 위한 의무'가 그러한 물음에 최종적인 답을 준다는 건 아니다. 짐멜은 개별 의무에 대해 그것이 왜 의무인지, 그 의무가 의지하는 더 높은 가치는 어디에 있는지 계속 묻게 되면 칸트의 의무 개념도 더 이상 답을 제시할 수 없는 것으로 본다. 다만 어떤 행위가 의무라는 것이 인정되면, 또 의무를 그 자체로 충분한 동기로 볼 가능성이 있으면, 그러한 끊임없는 물음에 잠정적으로 한계를 설정할 수 있을 것이며, 그리하여 삶의 내용들이 유동적이고 모든 고정적인 것, 자족적인 것이 불가능해 보이는 상황에서도 어떤 "심리적 자기목적"(ein psychologischer Selbstzweck)을, "행위를 위한 하나의 이상"(ein Ideal für das Handeln)을 발견할 수 있으리라고 생각한다.[476] 끝없는 물음으로 인하여 행위 불가능성의 상황에 처하는 게 아니라, 물음에 제한을 가함으로써, 혹은 다른 물음으로 옮겨놓음으로써 행위 가능성을 회복하는 것이다. 훗날 루만이 관찰에 내재하는 역설 해소의 한 방법으로 말하는 '비가시화'[477]와 거의 같은 이야기를 이미 당시의 짐멜이 '의무를 위한 의무'의 한 기능으로 말하고 있는 것이다.

---

475) 위의 책, 31쪽 참조.
476) 위의 책, 31쪽 참조.
477) 루만에 따르면 사회 안에서 행해지는 사회에 대한 관찰은 역설을 피할 수 없다. 그럼에도 역설에 부딪혀 관찰 작동이 중단되지 않게 하려면 역설을 전개하거나 역설을 보이지 않게 해야 한다. '비가시화'(Invisibilisierung) 개념에 대해서는 루만, 2014, 1247쪽 이하를 참조.

4. 윤리적 합리주의의 극단적 표현으로서의 정언명령

정언명령과 무모순성 요구 혹은 '의욕할 수 있음'(Wollen können)의 문제

지금까지 짐멜이 정언명령의 구성 요소들 중 '일반화 가능성' 요구와 '의무를 위한 의무'를 어떻게 재해석하는지 살펴보았다. 이제 마지막으로 '의욕할 수 있음'에 대한 짐멜의 해석을 살펴보자. 얼핏 중요할 것 같지 않은 이 구성 요소에 대해 짐멜은 매우 긴 논의를 펼치며, 그에 바탕하여 칸트의 윤리학 전체를 최종적으로 평가하는 관점을 얻는다.

'의욕할 수 있음'에 대해서도 짐멜은 또다시 통상적으로 내릴 수 있는 해석을 내놓고는 다시 그걸 부정하는 식으로 사고실험을 해나간다. 우선 어떤 행위를 일반적인 것으로 의욕할 수 있는지 물으라고 할 때, 짐멜은 그 물음을 일반화의 결과를 의욕할 수 있는가의 의미로 해석해본다. 이 경우 일반화 요구는 어떤 최종 목적을 전제하는 것일 수 있다. 그런 해석에 대해서 짐멜은 '의욕할 수 있음'이란 측면에서 문제를 제기한다. 어떤 최종목적을 이미 받아들였다고 전제할 경우에는 그 목적에 수단으로서 부합하는 행위는 의욕할 것이고 부합하지 않는 행위는 의욕하지 않을 것이다. 그런데, 그런 최종목적을 부정할 수도 있다면, 정언명령은 더 이상 무조건적 명령이 아니게 된다. 그래서 '의욕할 수 있음'이 부정될 수도 있는 최종목적의 설정에 의존해선 안 된다는 것이다.[478] 그러니까 정언명령이 무조건적이려면 실상 '의욕할 수 있음'은 선택적인 것이 아니라 유일하게 의욕할 수 있음이어야 한다는 것이다.

어떤 최종적인 목적도 원칙적으로 부정될 수 있는 것이라면, 부정될 수 없는 요구는 무엇일까? 짐멜은 칸트가 드는 예들에 대한 해석을 통해 답을 모

---

478) Simmel, 1991, 71 참조.

색해본다. 첫 번째 예는 위탁품의 경우이다. 나에게 하나의 위탁품이 있고 원소유자가 아무런 문서도 남기지 않고 사망했을 때 그 물건을 가져도 좋은지를 판단하기 위해서 칸트는 "나는 나의 준칙에 의거해 동시에, 사람은 누구나 위탁품 맡긴 것을 아무도 증명할 수 없는 위탁품에 대해서는 그 위탁을 부정해도 좋다는 그런 법칙을 수립할 수 있겠는가 어떤가를"[479] 물어보라고 한다. 물론 답은 부정적이다. 그럴 경우 위탁물 자체가 존재하지 않을 것이니 그런 법칙은 자기파괴적이라는 것이다.[480] 거짓말의 예에서도 칸트의 답은 똑같다. 곤경에 처했을 때 거짓말을 해도 좋다는 것을 법칙으로 만들어보면 도대체 약속이란 것이 성립할 수 없게 된다는 것이다.[481] 그런데 여기서 짐멜은 위탁 사실의 부정이나 거짓말을 일반 법칙으로서 '의욕할 수 없다'는 것이 무엇을 뜻하는 것인지 묻는다. 만일 '의욕할 수 없음'이 순전히 심리적 의미라면, 그건 틀린 이야기일 것이다. 심리적으로는 어떤 위대한 것도 또한 어떤 부조리한 것도 의욕할 수 있기 때문이다. 따라서 어떤 단서를 붙여야 하는데, 그건 아마도 '논리적으로 사고하는 한'이 될 것이다. 우리는 논리적으로 사고하는 한 사고의 논리적 형식들을 부정할 수 없다. 그리고 무모순성 요구는 사고의 가장 기본적인 규칙 중 하나이다. 이제 위탁 사실 부정이나 거짓말을 일반 법칙으로 만들 경우 논리적 모순을 범하는 것이라고 한다면, 그것을 의욕할 수 없다는 건 매우 그럴 듯한 결론이 된다.

이번에도 짐멜은 이렇게 매우 그럴듯한 해석을 내놓자마자 곧바로 다시 이의를 제기한다. 논리적 무모순성 혹은 개념의 일관성에 따라 행위를 규제하라는 요구로부터 어떤 것을 해야 한다는 **적극적인** 당위를 도출할 수 없다

479) 칸트, 2009, 79 참조.
480) 위의 책, 79 참조.
481) 위의 책, 96 참조.

고 그는 지적한다. 짐멜은 그러한 도출은 스피노자적 합리주의를 전제할 때만 가능할 것이라고 한다. 스피노자에 의하면 일어나는 모든 것은, '영원성의 관점'(sub specie aeterni)에서 보면, 필연적으로 일어난다. 우연으로 보이는 것은 존재의 불완전성이 아니라 인식의 불완전성에 기인할 따름이다. 우연이 아예 없다면 무모순성은 곧 필연을 의미한다. 스피노자에겐 인식만이 아니라 감정과 의지도 이런 존재론적 필연성에 맞추어져야 한다. 이런 필연성의 세계에서는 올바른 개념은 곧 규범을 함축한다고 할 수 있을 것이다.

하지만 스피노자적 존재론에서 벗어나면 무모순성의 요구를 받아들인다 하더라도 그로부터 적극적인 당위를 도출하는 건 짐멜이 보기엔 불가능하다. 위탁된 물건을 돌려주지 않아도 된다는 것이 일반 법칙이 되면 위탁 자체가 성립하지 않는다는 논리적 추론이, 또는 거짓말할 수 있을 가능성이 일반 법칙이 되면 약속 자체가 성립하지 않는다는 논리적 추론이 도덕적 구속력을 발휘하려면, 이미 위탁이나 약속 같은 것이 지속되길 원한다는 것이 전제되어야 한다. 그래서 칸트가 드는 저 형식적 기준마저도 결국 내용적 가치설정에 의존하며, 윤리적 당위를 최종 가치감정의 우연성에서 독립시켜 합리적 필연성에 결부시키려는 시도는 결국 실패라는 것이 짐멜의 결론이다.[482] 짐멜이 보기에 형식적, 논리적 사고만으로는 기껏해야 부정적 성격의 당위, 즉 금지에 이를 뿐이다. 윤리에 대해 논리가 할 수 있는 건 어떤 관념을 배제하는 것뿐이지 새로운 관념을 얻게 하진 못하기 때문이다. 실제로 칸트가 정언명령을 설명하기 위해 드는 대표적인 예들은 대부분 금지이다. "정언명령의

---

482) Simmel, 1991, 75-76쪽 참조. 분명 칸트 윤리학에 대한 헤겔의 비판을 염두에 둔 것으로 보이는데, 짐멜은 출처를 언급하지 않고 있다[헤겔, 2008, 263쪽 참조]. 코스가드(Christine Marion Korsgaard)는 이런 종류의 비판을 헤겔적 반론으로 명명한다. Korsgaard, 1985, 31쪽 참조.

정식은, 단지 논리적으로만 해석하면, 금지로(zu Verboten) 이끌지 명령으로(zu Geboten) 이끌지 않는다."[483]

여기서 짐멜은 칸트 윤리학의 한계를 지적하기 위하여 다시 한번 사회학적·역사학적 고찰을 끌어들인다. 도덕적으로 규제해야 하는 상황이 단순하고 원시적일수록 금지적 성격의 윤리법칙으로 충분하다. 짐멜이 보기에 가장 초기의 윤리법칙인 십계명이 대부분 금지로 이루어진 것은 그런 이유에서이다. 하지만 사회가 분화되고 개인에 대한 요구 수준이 높아질수록 그런 금지 규정만으로 사회적 관계들을 규제할 수 없다. 이런 관점에서 볼 때 칸트가 자신의 원리를 예시하기 위하여 가장 단순한 윤리적 상황들만을 거론하고 분화된 사회에서 불가피한 온갖 의무 충돌을 제대로 고려하지 않은 것은 그의 윤리학의 큰 약점이다. 짐멜이 보기에 사실 이 약점은 칸트 윤리학만의 약점이 아니다. 그것은 근대적 학문 수준에 걸맞은 '도덕과학'(Moralwissenschaft)에 이르지 못한 철학적 윤리학 일반의 한계이다.

"윤리적인 것이라는 권리를 칭하며 개인에게 제기되는 지속적으로 교차하는 요구들을 고려할 때, 윤리적 감정이 심화되면 (……) 갈등들을 오히려 훨씬 더 의식하게 되지 않을까 하는 정당한 의심을 고려할 때, 이런 상황을 고려할 때 의무 갈등들의 원리적 해결 가능성을 전제하는 것은 현실이 철학으로부터 경험한 가장 열악한 폭력 가운데 하나이다."[484]

정언명령 윤리학의 동기와 전제

짐멜은 이제 행위에 대한 도덕적 평가를 논리적 무모순성 요구에 연결시

---

483) Simmel, 1991, 76쪽.
484) 위의 책, 373쪽.

키려는 칸트 윤리학의 동기와 전제에 주목한다. 동기의 측면에서 보자면, 칸트 윤리학은 "가능한 한 의심의 여지가 없으며 일반적으로 전달 가능한 내용과 어디서나 적용될 수 있는 윤리 기준을 획득할 필요"[485]에서 나온 것이다. 좀 더 정확히 말하자면, "파괴적인 혹은 파괴적이라고 여겨진 흐름들에 직면해서 도덕을 온전히 지키는 것이 문제인 상황에서, 초험적(transzendent) 근거에 의지하지 않으면서 윤리적 규범을 가능한 한 공고히 세우려는 필요"[486]서 비롯된 것이다. 도덕을 지키기 위해 공략 불가능한 요새를 세우려 했다는 점에서 짐멜은 칸트를 소크라테스로 소급되고 헤겔로 계승되는 전통 속에 세운다.

짐멜은 합리주의적 윤리학이, 칸트의 윤리학도 포함해서, 하나의 근본적인 전제에 기초하고 있다고 여긴다. 그것은 윤리적인 것의 영역이 미리 형성되어 있고 개인은 그것을 인식하기만 하면 된다는 믿음이다. 말하자면 일종의 '윤리 예정설'(Prästabilismus des Sittlichen)[487]이다. 모든 상황에서 논리적 절차를 통해 윤리적으로 필연적인 것을 인식할 수 있다고 생각하는 건 그런 전제 위에서만 가능한 것이다. 짐멜이 보기에 칸트의 정언명령은 그런 전제의 가장 단호한 표현이다.[488] 그리고 짐멜이 보기에 이런 점에서 칸트 윤리학은 종교윤리학과 닮았다. "윤리적인 것이 개인에게 의식되기 전에 개념적 연관성 속에서 (……) 이념적으로 존재하든, 아니면 신의 정신 속에서 (……) 실제적으로 존재하든, 윤리적인 것이 이미 형성되어 있다"[489]라고 믿는다는 것이다.

---

485) 위의 책, 79쪽.
486) 위의 책, 81쪽.
487) 위의 책, 82쪽.
488) 위의 책, 82쪽.
489) 위의 책, 83쪽.

이렇게 정언명령을 윤리적 합리주의의 표현으로, 심지어 플라톤의 이데아론에 맞닿아 있는 개념실재론으로 폭로해놓고는, 짐멜은 이번엔 방향을 바꿔 개념분석적 방법이 가질 수 있는 중요한 의의에 대해 지적한다. 앞에서 정언명령의 일반화 요구를 철저히 비판한 후 그것이 가질 수 있는 의의를 새롭게 규정한 것과 마찬가지의 반전을 꾀하는 것이다. 짐멜에 의하면 개념 안에는 직관들이 응축되어 있다. 이때 개별 직관들 전체가 아니라 각 직관들의 일부가 공통점으로 **선택되어** 개념으로 집약된다. 그런 점에서 "개념은 다양한 대상들에서 동일한 것을 보다 심층적으로 구별하는 근거 없이 기계적으로 포괄하는 단지 형식적이고 논리적인 요약이 결코 아니다."[490] 짐멜이 드는 인상적인 예들 중 하나는 '임금노동자' 개념이다. 대공업 시대가 도래하기 전까지는 노동자들의 직업적, 지역적, 민족적 분리성이 너무 강하게 의식을 사로잡아서, 임금노동자 그 자체에만 해당하는 특징들을 포함하는 개념의 형성에 이르지 못했다는 것이다.[491] 그러니까 하나의 일반개념은 "중요한 판단들의 응축"(Verdichtung bedeutsamer Urtheile)[492]이기도 한 것이다. 그렇다면 짐멜이 보기에 개념에 주목하는 것 자체가 잘못이 아니라 개념을 단지 논리적 형상물로 보는 것이 잘못이다. "일반개념은 그 자체로도 심리적 효과에서도 단순히 논리적 형상물로서의 일반개념이 보이는 것보다 훨씬 더 의미와 내용이 풍부"[493]하기 때문이다. 이 지점에서 윤리적 합리주의와 칸트의 정언명령을 돌이켜 보면, 이제 그 평가가 좀 달라진다.

"인류의 발전이 개념들 속에 축적해놓은 측정할 수 없을 정도의 경험

---

490) 위의 책, 86쪽.
491) 위의 책, 88쪽 참조.
492) 위의 책, 90쪽.
493) 위의 책, 91쪽.

들과 합목적성들에 대한 어떤 막연한 본능이 합리주의적·연역적 윤리학을 인도했을 것인데, 이 윤리학이 여기서 논의된 정언명령의 입장에서 마침내 정점에 이르렀다."[494]

그렇다면 이제 윤리적 합리주의는 비판되어 폐기되어야 하는 것이 아니다. 개념을 단순히 논리적 형상물로 보는 것이 아니라 그 속에 직관들과 판단들이 응축되어 있음을 보는 것이 중요하다. "실천을 이론으로부터 도출하고자 하는 합리주의는 이론을 실천의 결과로 보여주는 역사주의에 의해 보완"[495]되어야 한다는 것이 짐멜의 통찰이다.

5. 나가는 말: 짐멜의 '기술적 윤리학' 구상

짐멜은 윤리적 합리주의와 반합리주의, 개념실재론과 명목론 같은 근본적인 입장들의 차이가 논리적으로 해소될 수 있는 것이 아니라고 본다. 어떤 대상이 소수의 속성만 보여도 특정 개념(범주)에 속하는 것으로 분류하고 그 개념의 나머지 특성(Habitus)을 갖추도록 요구하는지, 아니면 그것의 개별성이 한참 전개되고 난 후에 비로소 그것의 경향과 잠재력에 대한 평가로 나아가는지[496] 이런 차이는 짐멜이 보기엔 실천적, 이론적, 미학적 방향에

---

494) 위의 책, 92쪽.
495) 위의 책, 93쪽.
496) 이해를 돕기 위하여 '인간' 개념을 예로 들자면, 배아 초기 상태부터 이미 인간으로 규정하고 인간의 지위를 부여할 것인지, 아니면 태아 상태부터 그렇게 할지, 아니면 출생부터 그렇게 할지, 아니면 상당 부분 더 심신의 발달이 이루어진 후에 그렇게 할지의 문제이다.

서 세계관과 성격의 거대한 대립을 표시한다.[497] 그래서 짐멜은 윤리관의 차이가 결국 근본적인 세계관의 차이, 또는 "성격적 차이"(charakterologische Unterschiede),[498] 나아가 보수적 경향과 진보적 경향의 차이에 기인하는 것으로 본다. 짐멜에 의하면 칸트의 정언명령 정식은 칸트라는 인격이 대표하는 어떤 심층적이고 포괄적인 성격 경향의 아주 힘찬 표현이다. 개별적인 것의 절대적 자주성을 한쪽 끝으로 하고 개별적인 것의 절대적 구속성, 즉 개별적인 것을 그저 단적으로 일반적인 것의 한 케이스로 보는 입장을 다른 쪽 끝으로 하는 하나의 계열을 생각해 본다면, 짐멜이 보기에 칸트의 정언명령은 후자의 가장 끝점에 위치한다.[499]

이렇게 정언명령을 최종적으로 하나의 세계관과 성격적 특성으로 소급함으로써 짐멜은 윤리적 합리주의가 도덕을 설명하는 유력한 이론이지만 유일한 이론일 수 없음을 보여준다. 이 작업은 '윤리적 단일주의'(der ethische Monismus), 즉 단 하나의 원리나 하나의 최종목적에 의해 도덕을 설명할 수 있다고 믿는 입장을 극복하려는 그의 노력의 일부이다. 이 논문에서는 다룰 수 없었지만, '행복' 개념으로 도덕을 모두 설명할 수 없다는 것을 입증하는 것이 그 노력의 다른 일부이며 『도덕과학입문』의 주요 내용 중 하나이다.

짐멜이 윤리적 단일주의에 대한 비판을 통해서 주문하는 바를 나는 크게 두 가지라고 생각한다. 하나는 윤리학 내부로 향하는 주문인데, 도덕적 의무들의 기원이 단일하지 않음을 깨닫고 윤리적 입장들의 제한성을 받아들이라는 것이다. 그렇다고 짐멜이 ― 상대주의자인 건 맞지만 ― 무책임한 윤리적 상대주의로 빠지는 건 아니다. 한 윤리적 입장의 제한성을 받아들이는 것은

---

497) Simmel, 1991, 101쪽 참조.
498) 위의 책, 84쪽.
499) 위의 책, 101-102쪽 참조.

도덕현상의 복잡성과 다양성에 보다 충실할 수 있는 출발점이 될 수 있기 때문이다. 정언명령에 대한 비판 후에 내놓는 자신의 '개인법칙' 윤리학에 대해서도 짐멜은 조심스럽게 그런 제한적 타당성만을 요구한다. 그의 또 다른 주문은 윤리학 외부로 향하는 것으로, 루만의 표현으로 하자면 관찰자적 관점을 취하라는 것이다. 윤리학 외부에서 보자면, 당위 자체는 사회적 기원을 갖는다. 다만 구체적인 당위 형성에 미치는 사회적 관계들이 '길이'(Länge)와 '폭'(Breite)이 너무 커서,[500] 루만 식으로 말하자면 너무 복잡해서, 그 기원을 알기 어려울 뿐이다. 그리고 짐멜은 바로 그런 기원의 불투명성이 당위의 신성함과 위엄으로 변모되었다고 생각한다.[501] 짐멜은 윤리학을 향해 이제 그런 도덕현상의 일부가 되지 말라고, "선뿐만 아니라 악도 마찬가지로 동등하게 유효한 발생적 인식의 대상"으로 삼는 "실증적 윤리학"(positive Ethik)이 되라고,[502] 현실 묘사와 소망을 섞지 말고 도덕 현상에 대한 '기술적 윤리학'(deskriptive Ethik)이 되라고 주문한다. 짐멜은 바로 루만이 말하는 것과 같은 의미에서 도덕에 대한 반성이론으로서의 윤리학을 주문하는 것이다.

---

500) Simmel, 1989, 29쪽.
501) Simmel, 1989, 30쪽 참조.
502) Simmel, 1989, 11쪽 참조.

18장 '규제적 원리'로서의 사회주의

짐멜의 사회주의론

1. 들어가는 말

짐멜은 사회주의자가 아니었고 사회주의에 대해 체계적인 저술을 내놓지도 않았다. 스스로 자신을 표현하는 바에 따르자면 그는 오히려 개인주의자, 그것도 "극단적 개인주의자"(5권, 247)[503]에 가깝다. 하지만 우리는 짐멜의 저술 곳곳에서, 때로는 다루어지는 주제에 비춰볼 때 전혀 예기치 않게, 사회주의에 대한 언급을 만날 수 있다. 마치 짐멜은 어떤 주제를 천착하면서 획득한 철학적, 사회학적 인식이 사회주의의 어떤 단면을 조명하는 데 유용한가 테스트해봄으로써 그 설득력을 확인하려는 것이 아닌가 하는 인상마저 준다. 이 논문은 이처럼 상이하고 다양한 논의의 맥락에서 곳곳에 흩어져 있는 사회주의에 대한 짐멜의 단편적 언급들을 보다 정합적인 하나의 형상으로 맞추어봄으로써 그의 사회주의론을 제대로 평가하려는 목적을 갖는다. 짐멜은

---

503) 괄호 안의 숫자는 Georg Simmel Gesamtausgabe의 권수와 면수를 가리킨다. 이 논문에서 주로 참고되는 각 권은 다음과 같다. 3권: *Einleitung in die Moralwissenschaft* 제1권, 5권: *Aufsätze und Abhandlungen 1894-1900*, 6권: *Philosophie des Geldes*, 11권: *Soziologie*.

일찍부터 사회주의를 하나의 '규제적 원리'(3권, 327)로 규정하였다. 청년기의 이 규정은 이후에도 비교적 일관성 있게 유지되는데, 나는 이 개념이 사회주의에 대한 짐멜의 입장을 설명하는 가장 유용한 통로가 될 수 있다고 판단한다.

짐멜에게 '사회주의'는 일차적으로 '개인주의'와 함께 서로 대척적이기도 하고 상보적이기도 한 인간 삶의 근본적인 경향들 중 하나이다.[504] 이런 의미에서의 사회주의는 짐멜에게는 비판의 대상이 아니다. 다른 한편 짐멜은 '사회주의'를 '자본주의'에 반대되는 개념으로도, 즉 하나의 통일적인 계획에 따라 생산과 분배가 이루어지는 경제체제의 의미로도 쓰는데, 그가 비판의 대상으로 삼는 것은 이런 의미의 사회주의이다. 짐멜은 두 개념을 분리해서 사용하지 않는데, 전자 의미의 사회주의가 필연적으로는 아니지만 현실적으로는 후자 의미의 사회주의로 구체화되는 것으로 여기기 때문인 것으로 보인다.[505]

짐멜에게는 사회적 삶이 개인주의적 경향과 사회주의적 경향 사이에서 움직이면서 상황에 따라 때로는 이편으로 때로는 저편으로 치우치는 건 어쩔 수 없는 일이며 누구도 어떤 이상적인 균형점을 말할 수 없다. 만일 개인주의적 경향으로 인한 폐해가 커지면 문제를 해결하기 위하여 사회주의적 경향을 강화할 수 있을 것이고, 반대로 사회주의적 경향의 폐해가 크다면 개인주의적 경향을 강화할 수 있을 따름이다. 이렇게 개인주의적 경향의 폐해를 시정하기 위한 지향점으로서의 사회주의는 유효하지만, 사회주의를 전체 사회의

---

504) 이에 대해서는 짐멜, 『돈의 철학』, 856쪽, 역주 85를 참조.
505) 짐멜이 사회주의를 비판할 때 구체적으로 누구의 이론을 염두에 두는지, 또 어떤 논쟁을 배경으로 하는지에 대해서는 알려진 바가 없다. 나는 짐멜이 마르크스의 저작들 일부를 읽었고 제2인터내셔널(1889)을 전후한 논쟁들을 관찰하면서 자신의 견해를 형성했을 것임은 틀림없다고 추정하나, 현재로선 그 이상 자세한 사항을 밝힐 전거를 찾지 못하였다.

조직원리로 관철하려 할 경우 개인주의적 경향 아래서 이루어진 정신적, 물질적 성취들은 훼손하게 될 것이라고 짐멜은 진단한다. 그래서 짐멜은 규제적 원리로서의 사회주의만을 지지하는 것이다.

사회주의를 하나의 규제적 원리로 제한하려는 짐멜의 논증 전략은 매우 특이하다. 짐멜은 사회주의를 곧바로 비판하지 않는다. 그는 우선 사회주의 이론을 매력적이게 만드는 논거들을 보여주고, 그다음에 비로소 사회주의 이론이 그럼에도 완결성에 이를 수 없음을 밝힌다. 짐멜이 보기에 사회주의 이론의 가장 큰 문제점은 이론적 완결성이 불가능한 사안에 완결성을 주장하는 데서 나온다. 짐멜이 보기에 사회주의의 이론적 완결성을 고수하려면 인간과 사회를 그에 맞게, 하지만 많은 대가를 치르면서, 바꾸는 길밖에 없다. 그렇지 않으면서 사회주의의 이론적 완결성에 대해 확신한다면, 그것은 그 이론을 구성하는 지식의 타당성 때문이 아니라 개인주의적 경향이 가져올 이점이 제대로 실현되지 못한 후진적 사회와 그에 기인하는 정신적 후진성 때문이다. 짐멜이 보기에 사회주의는 한편으로 "삶의 합리화, 즉 이성의 법칙성과 계산에 의해 삶의 우연적이고 특이한 요소들을 통제하는 것을 지향"하고, 다른 한편으로는 "아득히 지나간 시대의 유산으로서 여전히 영혼의 깊은 구석에서 잠자고 있는 저 곰팡내 나는 공산주의적 본능과 선택적 친화성"을 가지고 있다. 그런 점에서 그에게 사회주의는 "합리주의이면서 합리주의에 대한 반작용"이다.[506]

다음에서 나는 사회주의에 대해 이런 평가를 내리게 만든 짐멜의 사고의 단편들 몇 가지를 살펴볼 것이다. 사회주의를 공리주의적으로 정당화할 가능성, 노동가치론과 노동화폐이론, 사회주의와 경쟁의 문제, 사회주의의 미학

---

506) 『돈의 철학』, 595쪽.

적 동기 등이 그것이다. 그리고 마지막에는 짐멜 자신의 대안, 즉 '연속성의 이상'에 대해 살펴보고 그것이 오늘날에도 사회적 평등 문제를 설명하는 데 매우 흥미롭고 상당한 설득력을 갖는다는 점을 밝히고자 한다.

2. 사회주의에 대한 공리주의적 정당화와 그 문제점

최대 행복의 증진과 평등한 분배

최대다수의 최대행복을 원리로 삼는 공리주의는 개인들 간 행복량의 평등 자체에 가치를 두진 않는다. 공리주의는 단순히 평등과 무관한 것이 아니라 오히려 불평등을 대가로 한다는 비판도 종종 제기된다. 그럼에도 짐멜은 공리주의적 입장에서 평등한 분배를 정당화할 수 있을 것처럼 보이는 하나의 방법을 언급한다. 물론 나중에 거꾸로 그것의 문제점을 이야기하기 위해서이다.

짐멜은 한계효용법칙을 원용해서 사람들 사이에 행복량의 차이가 있을 때 추가적인 행복수단을 보다 불행한 사람에게 배분하는 것이 보다 큰 행복 효과를 낸다는 데서 출발해본다. 그에 따르면 이로부터 점점 더 평등한 분배는 점점 더 큰 행복을 가져올 것이라는 추론이 가능하다. 그리고 이런 추론을 연장해서, 완전히 평등한 분배가 가장 큰 행복을 가져온다는 결론을 내릴 수도 있을 것처럼 보인다. 짐멜은 추가적 행복수단을 보다 불행한 사람에게 배분하는 것이 행복총량을 늘리는 경향을 어느 정도 인정한다. 하지만 그는 그 경향이 무한정 계속될 것이라고 믿지는 않는다. 그 경향이 어디까지 유효한지를 정확히 말할 순 없지만, 적어도 완전한 평등이 가장 큰 행복량을 가져올 것이라는 얼핏 그럴듯한 추론은 완전히 틀렸다고 생각한다.

보다 평등한 분배가 보다 큰 행복량을 가져올 것이라는 추론은 차이에 대한 의식이 행복량에 큰 영향을 미친다는 걸 전제하고 있다. 보다 불행한 자에게 배분되는 추가적 행복수단은 보다 행복한 자에게 배분되었을 때보다 그의 처지를 더욱 개선시킬 것이고, 이전 처지와 이후 처지 사이의 그런 큰 차이 때문에 그의 행복량이, 그리고 전체의 행복량도 커진다는 것이다. 짐멜은 이처럼 차이 의식이 행복감에 영향을 미친다는 데는 동의한다. 그런데 짐멜이 보기에 저 추론이 간과한 것이 있다. 짐멜은 행복감을 갖기 위해서는 "차이가 이전과 이후의 주관적 상태들에 대해서만이 아니라 다른 주체들에 대해서도 요구된다"(3권, 322)라고 한다. 자신의 이전 상태와의 차이만이 아니라 자신의 주변과의 차이도 의식할 수 있어야 한다는 것이다. 이때 주변은 꼭 가까운 사람들일 필요는 없다. 가까운 사람들의 경우엔 그들의 행복이 커지면 오히려 나의 행복도 커질 수 있다. 짐멜은 차이를 느끼는 비교 대상이 아주 넓게는 "일반적인 인간 운명"(3권, 322)이 될 수도 있다고 말한다. 사람들은 일반적인 인간 운명의 수준보다 처지가 나으면 행복하다고 느낀다는 것이다.

여기서 한 걸음 더 나아가 짐멜은 사회 집단 내에서 사람들 간의 관계가 수평화되면 감정과 사고의 반응을 유발하는 자극들이 사라지고 그에 따라 큰 행복 감정도 사라지게 될 것이라고 말한다. '사회주의적 수평화'(das sozialistische Nivellement)(3권, 322)가 '내적 수평화'(das innere Nivellement)(3권, 323)를 가져오면서 행복감의 조건 자체가 무너진다는 것이다. 왜냐면 인간이 "차이 존재"(Unterschiedswesen)(3권, 323)라서, 즉 "삶의 자극의 절대적 크기가 아니라 기존의 감정상태에 대한 개별 감정상태의 차이를 느끼는 존재"(5권, 554)라서 어쩔 수 없이 그렇다는 것이다. 짐멜은 사회주의 유토피아가 바로 이 점을 간과했다고 비판한다.

"사회주의적 유토피아들은 전면적인 정치적 평등이 전면적인 심리적인 평등을 반대 짝으로 가질 수밖에 없다는 것을, 외적 평등을 통해 행복감을 마련해주고자 하지만 차이 존재인 인간에게 바로 그 의식적 행복감을 위한 조건이 사라진다는 것을 생각하지 못하는 경향이 있다"(3권, 323).

사회주의의 수단-목적 이율배반

짐멜은 사회주의에 대한 공리주의적 정당화가 역설에 처하게 된다는 것을 지적하는 데 그치지 않고 그 역설의 원인을 탐색한다. 짐멜이 보기에 그 역설은 하나의 심층적인 심리적 경향에 뿌리를 내린 것인데, 그로부터 오류추론이 비롯된다. 그가 주목하는 심리적 경향이란 바로 최종목적을 상정하는 경향이다. 인간은 삶의 특성상 목적·수단의 범주를 사용할 수밖에 없는데, 출발은 특정 목적·수단 관계에서 하지만 항상 그 너머 목적을, 나아가 최종목적을 상정하는 경향이 있다는 것이다. 그렇게 최종목적을 설정하면, 이번엔 그 전 단계들은 이 최종목적을 위한 수단이 된다. 처음에 구체적인 목적·수단 관계가 그 자체로 가치가 있어서 추구되었더라도, 최종목적이 설정되고 나면 수단적 의미만 갖게 되는 것이다. 그런데 짐멜은 그런 최종목적은 대개 구체적인 목적·수단 관계의 어떤 긍정적 일면이 분리되어 절대화되는 방식으로 형성된다고 한다. "그러한 최종목적은 가까이서 볼 수 있는 바람직한 상태들의 어떤 측면들이 강화되고 절대화됨으로써 생겨난다."(3권, 325) 짐멜은 거의 모든 이상이 그런 식으로 형성된다고 본다. 이를 사회주의 이상에 적용하자면, 보다 불리한 처지에 있는 사람에게 추가적 행복수단을 배분하는 것이 실제로 보다 큰 행복을 가져오고 또 그렇게 하는 것이 윤리적으로 바람직하다고 판단한 후, 그런 분배방식을 분리해내고 강화해서 완전한 평등을 최종 목표로 삼게 되었다는 것이다. 행복을 최대화하기 위한 수단이었던 평등이 그 자체 최종 목표가 됨으로써 오히려 행복감의 소멸로 귀착되는 사회주의의 역설, 즉 "수단과 목적 사이의, 과정과 목표 사이의 이율배반"(3권, 325)은 짐멜에 따르면 그렇게 생겨났다. 다른 요소들과 함께 작용할 때만 긍정적 효과를 냈던 점을 망각하고 하나의 요소를 분리해 절대화한 오류가 문제라고 짐멜은 지적한다.

사회주의의 역설, 혹은 수단과 목적 사이의 이율배반이 이렇게 잘못된 추론에서 비롯되었다고 생각하기에, 짐멜은 계획경제의 문제점에 대한 소위 이행기론적 설명에도 반대한다. 즉 계획경제는 아직 개인주의적 경제의 과도한 영향력이 남아 있는 여건하에서 실행되기 때문에 그 문제점들이 생겨나는 것일 뿐, 그것이 경제 전체를 지배하는 유일한 경제원리가 되면 그런 문제점들이 사라질 것이라는 설명에 그는 반대하는 것이다(3권, 326-327). 사회주의적 이상은 완전한데 비우호적 조건에서 실행되어서 잠정적으로 문제가 생기는 것이 아니라, 사회주의 이상 자체, 정확히 말하자면 "사회주의 이상의 주관적, 일면적 발생"(3권, 326)이 문제라는 것이 짐멜의 생각이다.

이렇게 사회주의 이상의 문제점을 지적한다고 해서 짐멜이 사회주의 이상을 적대시하는 건 아니다. 이 점에서 짐멜은 소위 자유지상주의자들과는 완전히 다르다. 짐멜은 불리한 처지에 있는 사람에게 추가적 행복수단을 배분하는 것이 행복량을 증가시킨다는 사실을 인정하는 동시에 현실적 차이가 줄어들면서 감각이 무디어진다는 사실을 함께 지적함으로써 사회주의적 이상을 '하나의 규제적 원리'(3권, 327)로 여길 것을 제안한다. 즉 기존의 개인주의적 질서들과 함께 작용하면서 행복량을 늘리는 한에서 사회주의적 요소를 강화하되, 그것을 그 자체로 실현되어야 할 절대적 이상으로 승격시키지는 않아야 한다는 것이다.

사회주의와 비관주의

사실 공리주의적으로 사회주의를 정당화할 수도 있을 방법은 하나 더 남아 있다. 앞에서 공리주의적 정당화가 이율배반에 빠진다고 한다면 이때, 전제된 공리주의는 소위 적극적 공리주의였다. 그러나 소극적 공리주의를 전제하면, 즉 행복의 증가가 아니라 고통의 감소를 목표로 삼으면 이야기는 달라진다. 완전히 평등한 상태에서 행복감은 사라질지 모르지만 차이로 인한 고통도 사라질 것이기 때문이다. 만일 차이와 불평등이 있는 상태에선 언제나 그로 인해 발생하는 고통량이 그로 인해 발생하는 행복량보다 크다는 걸 입증할 수 있다면, 완전히 평등한 상태가 가장 바람직하다고 결론을 내릴 수 있을 거라고 짐멜은 이야기한다(5권, 556).

물론 차이로 인한 고통이 그로 인한 행복을 언제나 능가한다는 걸 객관적으로 입증할 방법은 없다. 짐멜에겐 "기쁨과 고통 사이의 **정당한** 비율"(*eine gerechte Proportion zwischen Freuden und Schmerzen*)(5권, 552)이 있을 수 있다는 발상 자체가 오류 추론의 결과이다. 그러나 정서적으로 혹은 세계관적으로는 그런 경향을 가질 수는 있을 것이다. 여기서 짐멜은 뜻밖에 사회주의를 비관주의와 연결시킨다. 그게 뜻밖인 것은, 짐멜 스스로 말하듯이, "사회주의는 출발점에서도 목표점에서도 오히려 전적으로 낙관주의적"(5권, 557)이기 때문이다. 사회주의는 기본적으로 긍정적 인간상, 즉 행복과 도덕을 지향하는 인간으로부터 출발한다. 사회주의는 인류가 그런 인간성의 실현을 방해하는 사회적, 역사적 조건들을 극복하고, 마침내 강제로부터 자유롭고 "일과 동료 인간에 대한 사랑 때문에"(um die Liebe zur Sache und zu den Mitmenschen willen)(5권, 557) 일하게 되는 상태로 갈 것이라고 믿기 때문이다. 사회주의의 이런 낙관주의적 경향은 워낙 강해서, 사회주의가 비관주의로 될 수는 없다. 그런데 짐멜은 반대로 비관주의가 사회주의적으로 될 수는 있다고 생각한다. 비관주의와 사회주의가 결합된다면 그 결합의 방향은 "사회주의가 비관주의적으로 되기보다는 비관주의가 사회주의적으로 된다"(5권, 557)라는 것이다.

짐멜에 따르면 비관주의가 사회주의적으로 되는 방식은 다음과 같다. 비관주의의 전제를 따르면 삶이 요구하는 고통은 삶이 주는 성과에 비해 항상 너무 크다. 그런데 이런 전제는 "자아 과잉"(Hypertrophie des Ichs)(5권, 558)에서 비롯된 것으로 해석될 수 있다. 자아의 요구와 세상이 줄 수 있는 것 사이의 불균형은 후자가 너무 적어서가 아니라 전자가 너무 과도해서 생긴다는 것이다. 그래서 전자를 낮춤으로써 균형을 회복할 수 있는데, 짐멜은 종교를 사람들에게 자기의 욕구를 제한하도록 가르치는 가장 대표적인 장치로 본다. 자아가 이렇게 요구 수준을 낮추는 방식으로 비관주의적 경향으로부터 스스로를 치유하면, 모두가 평등한 사회를 목표로 삼고 현재의 자신을 전체 삶의 일부로 또는 "역사적 발전과정의 단순한 통과지점"(ein bloßer Durchgangspunkt historischer Entwicklung)으로 보는 데 아무 문제가 없게 된다. 비관주의가 사회주의적 사유로 나아갈 수 있는 이런 논리적 가능성으로부터 짐멜은 당시 러시아에 강했던 사회주의적 경향에 대한 독특한 해석을 내놓는다. 바로 러시아의 허무주의가 비관주의를 기초로 하는 사회주의적 경향을 보인다는 것이다(3권, 328). 그런 경향에 대해 짐멜은 허무주의가 추구하는 "완전 무형성"(Allgestaltlosigkeit)과 모든 특수한 차이들이 사라지는 공산주의의 "완전 죽"(Urbrei)(3권, 328)은 서로 닮았다고 냉소적으로 평가한다.

사회주의의 심리학적 이율배반

사회주의에 대한 공리주의적 정당화, 즉 불리한 처지에 있는 사람에게 추가적 행복수단을 배분하는 것이 행복량을 더 크게 하는 방법이고, 그 방향을 계속 따라가면 완전히 평등한 분배의 상태에 이를 것이라는 입장에 대해 짐멜은 다른 반론을 하나 더 제시한다. 그가 '심리학적 이율배반'(eine psychologische Antinomie)(3권, 329)이라 부르는 것인데, 한편으로는 동일한 행복수단에 대한 감수성이 사람마다 다르기에 동일량의 행복을 위해선 행복수단을 차별적으로 배분해야 하며, 다른 한편으론 행복수단이 차별적으로 배분되면 새로운 불행감이 생겨난다는 모순이다. 자신의 외적 조건이 다른 사람에 비해 양적으로 모자랄 경우 자신의 행복도 그 사람보다 못하다고 생각하는 건 짐멜이 보기엔 자연스러운 심리다. 실제 맞든 틀리든 행복의 크기가 돈과 재화, 명예와 지위, 소유와 온갖 외적 원인들에 의존한다는 의식이 너무 확고해져서, 적게 가진 사람은, 설령 더 적은 자극에도 다른 사람과 동일한 행복을 느낄 수 있는 감수성을 가졌거나 혹은 일부 자극을 늘려도 행복의 증가를 경험하지 못하는 둔감한 경우에도, 자신의 처지를 여전히 불만스럽게 여긴다는 것이다.

그렇게 되는 원인을 짐멜은 사람들이 시기심에 쉽게 노출된다는 사실에서 찾는다. 자기 자신의 감수성에 대해서 잘 알지 못하고 더욱이 타인의 감수성과 비교할 수 없음에도, 자기의 행복의 부족한 점은 더 행복해 보이는 사람들과의 비교를 통해 더욱 두드러져 보이고 그럴수록 사람들은 행복의 차이를 외적 행복조건의 차이에 기인한 것으로 여긴다는 것이다(3권, 330). 여기서 짐멜은 심리학적 이율배반의 원인이 각 행복수단이 서로 조화될 수 없는 두 가지 가치를 갖기 때문이라고 한다. 그 하나는 각 재화가 그 자체로 갖는 가치로, 다른 재화들과의 비교에 의해 그 크기가 결정된다. 다른 하나는 주체에 대한 효과로서의 가치인데, 이 가치의 크기는 그 재화에 대한 주체의 감수성에 따라 결정된다. 객체의 관점에서 보면 첫 번째 가치가 절대적 가치이고 두 번째 가치는 상대적이다. 그리고 주체의 관점에서 보면 두 번째 가치가 절대적이고 첫 번째 가치가 오히려 상대적이다. 그런데 현실적 행복감은 두 번째 가치에 의존하고, 행복의 정도에 대한 만족은 첫 번째 가치에 의존한다. 다시 말해, 어떤 재화가 얼마만큼 행복감을 주는가는 그 재화에 대한 감수성에 달려 있지만, 그 정도 행복에 만족하는가는 다른 사람에 비해 그 재화를 얼마만큼 가졌는가에 달려 있다는 것이다. 이로부터 짐멜은 외적 재화를 어떻게 배분하더라도 보편적으로 만족시키는 행복상태에 이를 수 없다는 결론에 이른다. 행복감을 같게 하려면 재화를 감수성에 따라 다르게 분배해야 하는데, 행복의 정도에 대한 만족도를 같게 하려면 균등하게 분배해야 하기 때문이다.[507]

이러한 이율배반에서 벗어나는 길로 짐멜은 두 가지를 꼽는데, 그러는 동시에 그는 둘 다 거의 현실성이 없을 것으로 판단한다. 하나는 감수성이 높아서 그렇지 않은 사람에 비해 적은 양의 재화로도 같은 크기 행복을 느끼는 사람에게 재화의 양적 차이에서 오는 고통을 줄여주기 위해 약간의 보상을 해주는 것이다. 즉 감수성이 높은 A가 n만큼의 재화로, 감수성이 무딘 B는 n+m만큼의 재화로 동일한 크기의 행복을 누린다면, A가 m만큼의 차이 때문에 이차적 고통을 당하지 않도록 m에서 일정 부분을 떼어 A에게 보상하는 것이다. 그러나 이런 보상은 얼핏 형식적으로는 그럴듯해 보이지만 어느 정도 복잡한 사회에서 그런 계산을 실행할 수 있을 가능성은 거의 없다. 또 A가

---

507) "인간관계 전체를 좌지우지할 수 있는 권력이 있다면 다음과 같은 선택 앞에 서게 될 것이다. 행복조건들을 할당량의 외적 균일성이란 도식에 따라 배분하는 것이다. 이 경우 시기와 불만의 여지는 더 이상 없을 것인데, 하지만 감수성 정도의 차이 때문에 매우 불균등한 행복감으로 귀결될 것이다. 아니면 이 점을 고려해서 가용한 양을 각자가 정확히 다른 사람만큼 행복을 느낄 수 있도록 배분하는 것이다. 그런데 그렇게 하면 외부적으로 보이는 불균등한 몫은 다시 모든 시기와 질투를, 그리하여 무수한 이차적 고통을 풀어놓게 될 것이다."(3권, 331쪽)

격차로 인하여 받는 고통은 B와의 비교로 인하여 생기는 이차적 고통인데, 여전히 남아 있는 격차로 인한 이 고통이 해소될지는 미지수이다(3권, 331-332).

다른 하나의 방법은 감수성의 차이로 인하여 생기는 문제를 근원적으로 해결하는 것이다. 즉 행복조건은 동등하게 배분하되, 감수성이 낮은 사람은 높이고 높은 사람은 낮추는 식으로 감수성을 그 조건에 적응시키는 것이다. 그러면 동일한 행복조건에 동일한 크기의 행복을 느낄 것이다. 게다가 평준화된 감수성이 절대 수준에서 높기까지 하다면, 최대다수의 최대행복과 완전한 평등은 조화될 수 있을 것이다. 짐멜이 보기엔 현실성 없어 보이는 이런 논리가 사회주의의 미래 전망에서 종종 나타난다. 예를 들면 사회주의에서는 개인들이 격차로 인해 고통받지 않고 경쟁으로 인해 노력을 낭비하지 않기에 자신의 능력을 최대로 발휘할 수 있고, 또 수준 높은 사회주의는 그런 사람들에 의해 지탱된다는 식의 전망이 그렇다.

3. 삶의 기술로서의 사회주의: 사회주의와 경쟁의 문제

앞서 말한 것처럼 짐멜에게 사회주의는 일차적으로 개인주의에 대립되는 개념이며, 삶을 이해하고 조직하는 하나의 방식이다. 보통의 경제적, 정치적 의미로 이해되는 사회주의, 즉 사회 전체의 노동을 사회의 필요를 고려하는 하나의 통일적이고 합리적인 계획에 따라 조직하는 체제는 그런 근본적인 사회주의적 경향이 구체화된 하나의 형태이다. 그것도 사회주의 경향이 다른 요소들과 분리되고 절대화되어 그 자체만으로 사회 전체의 유일한 조직원리로 된 것이다. 하지만 보통의 경우 사회주의적 경향은 그와 반대되는 경향과 함께 작용하며 상대적 위치만을 갖는다. 사회주의를 이렇게 이해할 때 비로소 한편으로 완전히 물리칠 수 없는 사회주의의 매력을, 그리고 다른 한편으로 사회주의의 인식 오류도 이해할 수 있다.

짐멜에겐 사회주의가 무조건적 믿음이 아니라면, 하나의 '삶의 기술'(Lebenstechnik)(11권, 339)이다. "사회주의적 생산 형식은 행복과 문화, 정의와 완전성이라는 내용적 목적에 이르기 위한 하나의 기술 외의 것이 아니다."(11권, 338) 그런데 사회주의를 이렇게 특정 목적을 달성하기 위한 하나의 기술로 보면 동일한 목적을 달성하는 데 쓰일 수 있는 다른 기술 내지 방법과 비교될 수 있다. 이렇게 해서 짐멜은 사회주의를 바로 사회주의가 배제하는 경쟁 논리와 비교하는 관점을 획득한다. 이때 경쟁 논리는 물론 하나의 삶의 기술로서의 사회주의와 동일한 목적에 기여하는 한에서의 경쟁이다. 경쟁 논리가 개인의 이익을 절대화하는 원리에 그친다면, 즉 사회주의 논리와 전혀 다른 목적을 지향하는 기술일 뿐이라면, 양자 사이의 객관적 비교는 불가능할 것이고 당파적 믿음에 따라 선호가 갈릴 것이다. 사회주의와 비교되는 경쟁은, 개인들이 자신의 이익을 추구하기 위하여 노력할 따름이지만 부수적으로 사회에 유익한 결과를 가져오는 것을 고려해서, '사회적 관심'에서 허용되고 장려되는 경쟁을 말한다.[508] 사회적 관심에서 경쟁을 허용한다면, 이제 그런 경쟁은 동일한 사회적 관심을 추구하되 경쟁을 배제하는 사회주의와 수단 내지 기술의 측면에서 비교될 수 있다. 그런 경쟁은

"최종목적에 대한 물음에서는 모든 단순한 기술처럼 무차별적이다.

---

508) 짐멜은 사회주의와 경쟁 논리가 '사회적 관심'의 실현을 위한 수단으로서 비교할 수도 있다고 말하는 데 그치지 않고 반대로 개인의 완전한 발전이란 측면에서도 비교될 수 있다고도 말한다. "개인들의 완전한 발전을 위한 조건을 니체처럼 개체들의 무자비한 투쟁에서 볼 수도 있겠고 바로 경쟁의 억압에서 볼 수도 있다"(5권, 116쪽)라는 것이다.

그러니까 경쟁의 대립물과 경쟁의 부정은 사회적 관심이 유일하게 지배한다는 원리가 아니라 이 원리를 구현하는 다른 기술, 사람들이 좁은 의미에서 사회주의라 칭하는 기술에서 찾을 수 있다."(11권, 337)

사회주의가 이렇게 경쟁 원리와 기술로서 비교되면, 사회주의는 "자기 스스로를 정당화하는 목표로서의, 최종 가치심급으로서"(3권, 339)의 지위를 포기하고 경쟁 원리와 효율성을 두고 다투어야 한다. 그리고 사회주의 원리가 경쟁 원리와 효율성 경쟁을 해야 한다면 "자유로운 경쟁이 더 적합한 수단으로 나타나는 곳 모두에서 사회주의는 자유 경쟁 뒤로 물러서야"(3권, 338)할 것이다. 그런데 사회주의에 대한 짐멜의 고찰을 더욱 흥미롭게 만드는 것은 사회주의자들이 왜 그런 비교의 관점을 갖지 못하는지를 단순히 이데올로기적 측면만이 아니라 인식적 측면에서도 설명한다는 점이다. 짐멜의 설명은 다음과 같다.

원래 목적 설정 자체는 본능이나 성향에 따라 행해진다. 그래서 목적 자체에 대해서는 그것이 상위 목적을 위한 수단이 아닌 한 합리성을 따질 수 없다. 그런 점에서 '사회적 관심'을 제일 목적으로 삼는 것 자체를 객관적 관점에서 문제로 삼을 수는 없다. 사회주의가 객관적 판단의 대상이 된다면 그것은 수단의 측면, 즉 경쟁을 배제하고 하나의 통일적 계획에 따라 생산을 통제하는 방식이 그 목적에 이르는 최선의 길인가 하는 물음일 것이다. 그런데 짐멜에 따르면 실제로는 그런 생산 방식의 합리성을 충분히 검토하는 것이 불가능에 가깝고, 그에 더해 이론적 통찰은 주관적 충동 앞에서 쉽게 무력해진다. 그렇기 때문에 사회주의적 생산 방식의 선택은 그것이 발휘하는 어떤 직접적인 매력에 대한 본능적 성향에서 행해진 것으로 판단할 수 있다. "통일적으로 조직된, 내적으로 균형 잡힌, 모든 마찰을 배제하는 생산의 집단 형식

(Gruppenform)이 (……) 경쟁 형식(Konkurrenzform)의 즉흥성, 노동력 낭비, 다양성, 우연성에 대해 승리"(11권, 339)하는 것은 과학적 사회주의의 자기이해와는 달리 전혀 합리적 정당화를 통한 것이 아닌 셈이다. 짐멜이 보기에 사회주의가 내용상 경쟁 원리와 충돌할 것 같지 않은 영역들에서도 경쟁을 배제하는 것은 바로 집단 형식에 부여된 결정적 우위가 합리적 계산에 의해 정해진 것이 아니라는 반증이다.(11권, 339)

4. 노동가치론과 노동화폐에 대한 비판적 고찰

짐멜이 보기에 노동가치론[509]은, 노동에서 "인간의 신체성과 정신성, 지성과 의지가 하나의 통일성을 이룬다"는 점에서, "적어도 철학적으로는 가장 흥미 있는 이론"[510]이다. 하지만 짐멜은 노동가치론이 경제적 가치에 대한 이론으로서는 결정적인 결함이 있다고 여긴다. 그의 비판적 논증이 늘 그러하듯이, 짐멜은 노동가치론을 바로 공격하지 않고 먼저 노동가치론에 대해서 통상적으로 제기될 수 있는 비판들에 맞서 오히려 노동가치론을 최대한 정당화하는 식으로 시작한다. 노동을 가치의 근원이자 가치의 척도로 삼는 유물론적 가치이론이 정신노동을 육체노동으로, 고급노동을 저급노동으로, 노동의 질적 차이를 양적 차이로 환원하는 것에 대해서 짐멜은, 물론 그 자신이 동의하지는 않지만, 이론적으로 해볼 수 있는 시도라고 생각한다. 그는 심

---

509) 노동가치론이란 노동을 가치를 창조하는 유일한 요소로 보는 입장이고, 노동화폐 이론은 화폐 단위를 일정 노동량의 상징으로 만들려는 입장이다. 노동가치론에 따르면 수행된 노동의 가치는 동일 가치의 다른 노동에 대한 청구권을 발생시키는데, 노동화폐는 그 청구권을 매개하는 기능을 한다. 『돈의 철학』, 712쪽을 참조.
510) 위의 책, 714쪽.

리학적 관점과 진화론적 관점에서 그런 시도를 보완할 수 있는 방법도 모색해본다. 짐멜은 심지어 얼핏 유물론과 완전히 대립되는 것으로 보이는 입장, 즉 가치는 언제나 "노력에 따르는 불쾌함의 극복"이나 "의지력의 발휘"(5권, 440) 같은 심적 요소를 기반으로 한다는 이론까지도 유물론적 가치이론의 보완책으로 끌어들인다.[511] 육체노동이 언제나 심적 요소를 가지고 있다면, 거꾸로 정신노동을 육체노동으로 환원하는 것이 아주 부조리하지만은 않을 수 있으리라고 확언한다. 외적인 것, 즉 육체노동을 내적인 것, 즉 정신노동과 완전히 대립적인 것으로 볼 필요가 없기 때문이다.

하지만 짐멜이 보기에 노동가치론이 아무리 노력해도 극복하기 어려운 문제가 있다. 무가치하고 불필요한 노동이 있다는 단순한 사실이 그것이다.(5권, 441) 이에 대해 가치 근원으로서의 노동은 합목적적인 노동만을 뜻한다는 반박은 짐멜이 보기엔 무용지물일 뿐이다. 이런 반박 자체가 노동의 가치는 그 양에 의해서가 아니라 그 결과에 의해서, 즉 노동의 유용성에 의해서 정해진다는 이야기가 되기 때문이다. 한마디로 말해 "모든 가치는 노동"이라는 걸 증명할 수 있다 하더라도, 이로부터 "모든 노동이 가치, 다시 말해 **똑같이 가치**"라는 것이 나오지는 않는다고 짐멜은 지적한다.[512] 무가치한 노동이 있는 한, 즉 노동들의 가치의 차이가 노동시간의 차이처럼 노동 내적으로가 아니라 유용성의 차이와 같이 노동 외적으로 정해지는 측면이 있다면, 노동시간으로 가치량을 표시하는 노동화폐도 공정한 가치교환을 매개하는 기능을 할 수 없다. 실제 노동시간이 아니라 "사회적으로 필요한 노동시간"(5권, 429)이 기준이라는 주장도 짐멜 식으로 보자면 도움이 되지 않는다. 그것 역시 무용한 노동이 있다는 사실을, 그리고 유용한 노동들 사이에서도 그 유용

---

511) 위의 책, 737쪽도 참조.
512) 위의 책, 741쪽.

성 정도에 수많은 편차가 있다는 사실을 전제하는 것이기 때문이다. 그래서 '사회적으로 필요한 노동시간'은 실상 노동시간에 따라 가치량을 정한 것이 아니라, 가치량에 따라 노동시간을 정한 것에 불과하다.

짐멜이 보기에 노동가치론이 이런 한계를 벗어날 수 있는 길은 유일하게 하나이다. "노동의 유용성의 크기와 양적 크기 사이의 부조화를 배제하는 장치들"(5권, 429)의 도움을 받는 것이다. 그러니까 노동가치론은 "모든 노동이 계획에 맞춰 수행되고 전체의 조직과 목적에 필요하지 않은 노동은 허용되지 않는 완전히 합리화된 경제 질서"(5권, 443)를, "완전히 합리화된 섭리적 경제 질서"[513]를 전제해야 하는 것이다. 말하자면 노동가치론이 이론적 타당성을 기반으로 사회주의를 뒷받침하는 것이 아니라, 반대로 사회주의적 실천이 노동가치론에 이론적 타당성의 외연을 부여하는 것이다. 짐멜이 볼 때 노동가치론에 맞는 노동체제의 현실화는 "문화수준의 후퇴를 통해서도 전진을 통해서도" 가능하다.

> "필요들을 아주 단순화하고 낮추어서 동일한 정도의 유용한 노동만으로도 충족되게 하는 것이다. 필수 불가결한 것만을 생산할 경우, 모든 노동은 다른 노동과 똑같이 필요하고 유용하다. 아니면 반대로 최고의 문화적 상승을 통해서 정신이 모든 생산 조건을 지배하고 정의에 대한 의지가 노동의 유용성에 대한 사회적 평가를 완전히 지배해서 노동의 유용성과 노동의 양 사이에 완전한 비례가 성립하게 할 수 있다."(5권, 443)

평등을 무조건적인 절대적 가치로 여기지 않는 한 전자의 가능성을 선택

---

513) 위의 책, 744쪽.

하긴 어려울 것이다. 후자의 가능성은 철저히 합리적으로 조직된 생산만이 아니라, 주관적 태도의 근본적인 변화도 필요로 한다. 노동의 유용성과 노동의 크기가 객관적으로는 일치하지 않더라도, "주체에 미치는 실질적 결과"(5권, 444) 측면에서는 일치하도록 받아들이는 것이다. 즉 모든 사회구성원이 타인의 동일한 노동량의 유용성이 자신의 동일량 노동의 유용성과 객관적으로 차이가 나더라도, 동일량의 노동에 대해 동일한 보상을 받는 것이 정당하다는 윤리적 심성을 갖는 것이다. 짐멜은 사회주의의 반대자는 전자의 길을, 사회주의의 추종자는 후자의 길을 사회주의의 필연적 귀결로 각각 서로 다르게 판단할 것이라고 지적한다.(5권, 444)[514]

5. 사회주의의 미학적 동기: 사회주의의 문화적 토대

짐멜은 『돈의 철학』의 서문에서 자신의 방법론에 대해 "사적 유물론의 토대를 보강하는 것"(dem historischen Materialismus ein Stockwerk unterzubauen)[515]이라고 말한다. 여기서 '보강하는'으로 번역된 부분은 직역하자면 '아래층을 건설하는'이라고 할 수 있을 것이다. 이는 명백히 사적 유물론의 토대·상부구조론을 염두에 둔 표현이다. 즉 짐멜은 사적 유물론이 토대로 삼은 것, 즉 경제적 삶에 대해 다시 그것의 토대를 찾아보겠다는 의도

---

514) 때로 마르크스는 노동의 유용성과 노동의 크기를 일치시키는 문제 자체를 회피하려는 것처럼 보인다. 그 문제는 아직 상품교환의 논리에서 완전히 벗어나지 못한 공산주의 단계에서 생기는 것으로, "노동이 생활을 위한 수단일 뿐만 아니라 그 자체가 일차적인 생활 욕구로" 되며 "각자는 능력에 따라, 각자는 필요에 따라"가 구호가 되는 차원 높은 공산주의 사회에서는 아예 발생하지 않을 문제라는 것이다. 마르크스, 1995, 377쪽, 참조.
515) 『돈의 철학』, 23쪽.

를 표현하고 있다. 이때 짐멜이 염두에 두는 것은 경제적 삶 전체를 떠받치는 더 심층적인 물질적인 조건들이 아니다. 그의 의도는 사적 유물론이 관념론적으로 전도된 사회관을 전도시켜 만든 토대와 상부구조론을 다시 한번 전도시키고, 그렇게 해서 이념적 요소와 물질적 요소 사이의 상호적 영향관계를 파악하는 것이다. "경제적 구조를 통해서 이념적 구조를 해석하는 모든 경우에 경제적 구조 자체는 이념적 심층 구조로부터 파악되어야 한다는 요구가 반드시 뒤따라야 한다. 그리고 다시금 이념적 심층 구조를 설명해주는 경제적 하부구조를 찾아내야 한다. 이러한 과정은 무한히 계속되어야 한다."[516] 이념적 요소와 물질적 요소 사이의 상호적 영향관계를 파악하려 한다지만, 실제 짐멜이 하는 작업은 경제적 삶의 심리적, 이념적, 문화적 토대를 밝히는 데 기울어 있는 편이다. 그런 구체적 예를 하나만 들자면, 사회주의에 대한 선호가 미학적 관점에 의해서도 영향을 받는다는 점을 지적하는 대목이다.

"사회적 사실들에 대한 미학적 힘의 영향이 가장 결정적으로 드러나는 것은 사회주의적 경향과 개인주의적 경향 사이의 현대적 갈등에서이다. 사회 전체가 하나의 예술작품이 되어, 각 부분이 전체에 대한 기여를 통해 의미를 획득할 수 있게 할 것, (……) 하나의 통일적 지휘부가 모든 생산을 합목적적으로 규정해서 힘을 낭비하는 경쟁과 개인 대 개인의 투쟁 대신 노동들의 절대적 조화가 등장하도록 할 것, 이런 사회주의의 이념은 의심의 여지없이 미학적 관심들에 호소한다. (……) 이것은 사회주의가 오직 먹고사는 문제로부터 나왔고 오직 이 문제로 귀착된다는 통속적 견해를 반박한다. 사회적 문제는 윤리적 문제만이 아니고 미학적 문

516) 위의 책, 23쪽.

제이기도 하다."(5권, 204-205)

그래서 짐멜이 보기에 사회주의가 가장 합리적으로 조직된 사회를 기획하면서 조화와 대칭에 관심을 기울이는 것은 우연이 아니다. 예를 들어 초기 사회주의자들이 유토피아를 설계하면서 도시를 원형이나 사각형 형식으로 그리고 시민들의 삶을 수학적 질서에 맞게 편성했던 것도 짐멜이 보기엔 대칭과 조화가 심층에서 발휘하는 미학적 매력이 거칠게 표현된 것이다. "인간의 행위를 비합리적 개성의 모든 저항을 극복하고 조화롭게, 내적으로 균형 있게 조직한다는 생각, 이 관심은 물질적으로 포착할 수 있는 그런 조직화의 결과들과는 완전히 상관없이, 사회관계를 형성할 때 순수하게 형식미적인 관심으로서도 결코 완전히 사라지지 않는 한 요인이다."(5권, 206) 짐멜에게는 심지어 절대적 합리주의를 추구한다는 점에서 기계 및 공장조직과 사회주의적 이상 사이에, 그리고 대칭적이고 체계적인 중앙집권화를 추구한다는 점에서 절대주의 국가와 사회주의국가 사이에 선택적 친화성이 있다.[517]

대칭과 조화에 대한 미학적 관심이 사회주의의 구상에 얼마나 큰 영향을 미치는지 설명하는 과정에서 짐멜은 사회주의의 세계혁명론, 즉 사회주의는 하나의 국가에서가 아니라 세계 차원에서만 실현될 수 있다는 주장에 대해 매우 흥미로운 지적을 한다. 대칭과 조화를 지향할 경우, 전체의 각 요소는 다른 모든 요소들과의 상호작용에 의존해 있고, 그런 한에서 전체는 하나의 원과 같은 폐쇄성(Abgeschlossenheit)을 갖는다. 그런 점에서 짐멜에게 폐쇄성은 사회주의국가들의 정치적 특성뿐만 아니라 미학적 특성이기도 하다. 한편 외부적 요인들로부터의 영향은 그런 폐쇄성을 위태롭게 하는데, 다

---

517) 김덕영, 2007, 596쪽, 이하 참조.

른 한편 현실적으로 국제적 교류를 없앨 방법은 없다. 짐멜이 보기에 사회주의가 개별 국가 안에서가 아니라 문명세계 전체에서 실현되어야 한다는 요구는 이런 딜레마로부터 나오는 것이다.(5권, 207) 즉 사회주의의 국제주의적 개방성은 사회주의사회의 폐쇄된 완전성 원리의 변주된 표현이다.

짐멜에 따르면 사회주의 이념에 근접하는 질서가 무리 없이 실현될 수 있는 것은 원래 소규모 집단에서이다. 노동과 향유의 공정한 분배를 위해서는 개인들의 모든 활동이 개관되고 통제될 수 있어야 하는데, 이는 보통 작은 규모의 집단에서나 가능하다. 이에 반해 집단의 규모가 커지고 그에 따라 어쩔 수 없이 분업이 고도화되면 전체에 대한 개인들의 기여를 정확히 비교하고 그에 맞춰 적절하게 보상하는 일은 극도로 어려워진다.(11권, 64) 작은 집단에서나 무리 없이 가능한 사회주의가 세계혁명을 자신의 실현 조건으로 삼은 것은 역설적인 귀결인데, 사회주의가 그런 역설에 빠지게 되는 데는 짐멜 식으로 보자면 사회주의의 심층적 매력, 특히 이상주의적 미학의 매력이 한몫을 하였다.

6. 연속성의 이상

서두에서 나는 사회주의를 구성적 원리가 아니라 규제적 원리로 여기자는 짐멜의 주장을 강조하였다. '행복과 문화, 정의와 완전성' 같은 사회적 관심의 실현에 기여하는 한에서 사회주의적 경향을 강화하되, 사회주의를 유일한 사회조직 원리로 삼을 필요는 없다는 것이다. 짐멜이 보기에 사회주의를 규제적 원리가 아니라 구성적 원리로 여기게 된 것은 근본적인 삶의 경향의 하나로서의 사회주의 이념이 발휘하는 매력에 인식적 오류가 더해져서 일어난 일이었다. 사회주의를 구성적 원리로 사용하면 이론과 현실은 서로를 왜곡한다.

> "그리하여 독립적으로 확립되어 있던 사적 유물론으로부터 사회주의
> 이론을 논리적으로 추론해낸 것이 아니라, 실천적으로 확고부동한 사회
> 주의적·공산주의적 경향이 오로지 사회주의 이론만을 위해 가능한 하
> 부구조를 사후적으로 창작해냈던 것이다. 다시 말하자면 경제적인 이해
> 관계가 다른 모든 이해관계들의 근원이자 공통분모라고 선언했던 것이
> 다."[518]

그런데 짐멜이 이렇게 사회주의를 비판적으로 바라보았다고 해서 그가 사회주의를 통째로 부정하는 것은 결코 아니다. 사회주의가 삶의 한 근본적 경향의 반영이라면, 그런 한에서 사회주의적 요소의 실현 없이 인간의 삶이 결코 만족스러울 수 없을 것이다. 그렇다면 그의 대안은 무엇인가?

짐멜이 아주 뚜렷한 대안을 내놓는 것은 아니다. 사안을 끝까지 좇아서 단호한 결론을 내리는 것은 그의 사유 스타일도 아니다.[519] 나는 개인주의적 경향과 사회주의적 경향 사이를 오가는 수밖에 없다는 정도보다 좀 더 구체적인 대안이 짐멜의 사회주의에 대한 사유에 숨어 있다고 생각한다. 그리고 그

---

518) 『돈의 철학』, 719쪽.
519) G. 루카치는 짐멜이 사망한 1918년에 쓴 한 글에서 짐멜을 "사안을 종결짓는 사람이
아니"고 "궁극적, 절대적 결정을 내리는 능력이 없"는 철학자로, 한마디로 "진정한 인상주의
철학자"(the genuine philosopher of Impressionism)로 묘사하였다. Lukács, 1991, 98쪽
참조. 같은 해 만하임(Karl Mannheim)도 짐멜에 대해 거의 동일한 평가를 하였다고 한다.
Gluck, 1991, 147쪽 참조. 한편 루카치는 짐멜의 탁월성에 대한 찬사도 아끼지 않는데, 그에
의하면 짐멜은 "우리 시대의 가장 위대한 이행기적 철학자"[(Lukács, 1991, 98쪽] 이다.

대안은 그의 '연속성의 이상'(das Ideal der Kontinuität)(3권, 355)[520]에 대한 고찰에서 표현되고 있다.

짐멜은 불평등 그 자체가 아니라 너무 큰 불평등이 고통을 준다고 생각한다.(3권, 350) 그렇다면 불평등으로 인한 문제를 해결하기 위해서는 불평등이 너무 크지 않게 하는 것, 또는 불평등이 "근본적 불평등"(fundamentale Ungleichheit)(3권, 350)이 되지 않게 하는 것, "한 사람이 전체적으로 다른 사람의 하위에 있더라도 항상 그리고 모든 측면에서 그의 하위에 있는 것이 아니라 (……) 많은 측면에서 그와 동등하거나 그에 비해 우월하다고 느끼"게 하는 것이 중요하다고 본다.(3권, 350) 훗날 왈저(Michael Walzer)의 '다원적 평등'(complex equality) 개념[521]을 연상시키는 이 목표는 짐멜에 따르면 위와 아래 사이의 차이를 없애지 않더라도 간격을 촘촘히 채움으로써 달성할 수 있다. 더 정확히 말하자면, 짐멜에겐 가장 위와 가장 아래 사이의 간격이 좁혀질 필요는 없다. 전체의 수평화는 필요치 않다는 것이다. 다만 그 사이가 아주 미세한 차이밖에 갖지 않는 수많은 중간단계로 채워지면 된다.(3권, 351) 즉 개인에 따른 처지의 차이가 사라지지는 않지만 바로 위의 처지와 바로 아래 처지 사이의 차이가 무한히 작아지게 하는 것이다. 동시에 다른 한편에서는 과거 하나의 계급이 지녔던 내적 동등성은 이제 그 안에 생겨나는 수많은 중간적 위치들을 통해 무수히 많은 차이로 바뀐다. 짐멜은 이것을 다음과 같이 역설적으로 표현한다. "그렇게 평등한 것은 더 불평등해지고 불평등한 것은 더 평등해지며, 이를 통해 상호 공속성과 그에 대한 만족이

---

520) '연속성의 이상'은 처음에는 "사회적 연속성과 행복 연속성의 이상"(das Ideal der sozial-eudämonistischen Kontinuität)(3권, 352쪽)으로, 그다음에는 "처지들의 연속성의 이상"(das Ideal der Kontinuität der Lagen)(3권, 354쪽)으로 표현되었다.
521) 이 개념에 대해서는 왈저, 1999, 제1장을 참조.

커진다."(3권, 352)[522] 짐멜에 의하면 연속성의 이상은 "개별 인간을 특정한 개념으로 규정하고는 한편으로 그 개념하에서 무수히 많은 사람들과 통째로 같이 취급하고 다른 한편으로 다른 무수한 사람들과는 완전히 분리하는"(3권, 354) 방식, 즉 계급적, 당파적 방식을 지양하는 삶의 양식을 요구한다.

짐멜은 이런 입장이 막상 논쟁 상황에서 보통 중도적 입장이 그렇듯이 양쪽 극단 모두에서 환영받지 못할 거라는 걸 잘 알고 있었다.(3권, 352) 그런 중도적 입장에서 개인주의자들은 사회주의적 요소를, 사회주의자들은 개인주의적 요소를 알아보고 격퇴하려 할 것이기 때문이다.(3권, 352) "최종 원칙이 문제가 될 때, 대부분의 사람들은 (……) 다른 사람들과의 동일성보다는 차이를 강조하며, 부분적인 일탈을 완전한 일탈로 만든다."(3권, 352) 그래서 연속성의 이상이 실현되려면 "행복총량과 삶의 가치의 극대치를 차이의 균등화에서 보거나 차이의 확대에서 보는 현대의 당파적 경향에 맞서"(3권, 354)야 한다고까지 말한다. 하지만 그 실현 가능성에 대해선 별로 희망적이지 않다. 심지어 짐멜은 연속성의 이상이 사회주의와 개인주의에 비해 더 타당한 입장이라고 확정적으로 말하는 것조차 주저한다. 다만 그는 연속성의 이상으로부터 나오는 세계관이 사회주의나 개인주의와 마찬가지로 독자적 가치를 가질 수 있다는 입장이다.(3권, 355)

---

522) "Das Gleiche wird so ungleicher, das Ungleiche gleicher werden und dadurch die gegeseitige Zusammengehörigkeit und die Zufriedenheit mit derselben wachsen."

7. 나가는 말

자유주의자 밀(J. S. Mill)이 1848년 유럽 대륙에서의 혁명 이후 사회주의에 대해 강하게 호감을 보인 것을 두고[523] 마르크스는 자본론 2판 후기에서 "천박한 혼합주의"(ein geistloser Synkretismus)[524]라고 혹평한다. 그런 밀을 따르는 사람들은 "화해불가능한 것을 화해시키려는"(Unversöhnbares zu versöhnen)[525] 시도를 하는 것이라고 그는 강하게 비난한다. 밀에 대한 마르크스의 이러한 비난은 아마 자유주의적 개인주의자로 평가될 수 있는 짐멜의 사회주의 이론에 대해서도 그대로 적용될 것이다. 하지만 현실 사회주의국가들의 극적인 부침의 역사를 목격하고 난 오늘날에도 밀에 대한 마르크스의 저 평가를 짐멜이 사회주의를 수용하는 방식에 대해서 그대로 적용시킬 수 있을까? "화해불가능한 것을 화해시키려는" 시도라는 평을 듣는다면, 어쩌면 짐멜은 자신의 입장에 대한 치명적 비판으로가 아니라 오히려 상당히 정확한 평가로 받아들일지도 모르겠다. 짐멜에게 개인주의와 사회주의는 각기 삶의 근본적 경향으로서 서로 대립적이며, 대립의 해소란 의미에서의 화해는 불가능하다. 하지만 짐멜에겐 화해불가능성 자체는 문제가 아니며 비극은 더욱 아니다. 그가 보기에 문제는 오히려 두 원리의 화해불가능성을 망각하는 데서, 단 하나의 사회조직 원리가 지배해야 한다는 믿음에서 생겨난다. 짐멜의 생각에 따르면 두 원리가 화해될 수는 없지만 절대성 요구만 하지 않는다

---

523) 사회주의에 대한 밀의 입장은 밀 사후 1879년에 출간된 Mill, 1987을 참조. 밀이 사회주의적 사고를 발전시키는 과정에 대해서는 Sarvasy, 1985를 참조.

524) 마르크스, 2001, 13쪽.

525) *Kapital*, MEW23, 21쪽. 이 부분을 김수행은 "타협불가능한 것을 타협시키려는"으로, 강신준은 "서로 합칠 수 없는 것을 합치려고"로 번역하였다.『자본』1권, 김수행 옮김, 13쪽;『지본』, 1-1, 강신준 옮김, 55쪽 참조.

면 공존할 수 있고 또 공존해야 한다. 어느 한 가지 원리의 결정적 승리가 아니라 '행복과 문화, 정의와 완전성' 같은 사회적 관심에 따라 두 원리가 그때그때 서로 대립하고 보완하면서 어떤 잠정적인 구도를 형성하는 것이다. 그가 말하는 '연속성의 이상'은 바로 '화해할 수 없는' 두 원리가 서로 결합하는 방식에 대한 하나의 예시이다. 짐멜은 더 구체화된 사회적 프로그램을 제시하진 않았다. 하지만 더 이상의 구체화는 어쩌면 그 홀로 또는 이론만으로 해결할 수 있는 문제가 아니며 실천과의 상호작용 속에서만 가능할 것이다.

참고 문헌

1장

루카치, 박정호·조만영 역, 『역사와 계급의식』, 거름, 1986.

마르크스, 김영민 역, 『자본 Ⅰ-1』(개역판), 1993.

문현병, 『프랑크푸르트학파의 사회비판이론』, 동녘, 1993.

설헌영, 「역사변증법과 비판이론」, 『시대와 철학』 6호, 1993.

이국배, 「하버마스에게 마르크스주의란 무엇인가?」, 『시대와 철학』 3호 9, 1991.

최종욱, 「하버마스의 '의사소통행위론'」, 한국철학사상연구회 편, 『현대사회와 마르크스주의철학』, 동녘, 1992.

하버마스, 강영계 역, 『인식과 관심』, 고려원, 1983.

황태연·엄명숙, 『포스트사회론과 비판이론』, 푸른산, 1992.

Adorno, T. W., *Negative Dialektik* (『부정변증법』), Frankfurt: M., 1966.

Arnason, J. P., "Marx und Habermas," Honneth & Jaeggi (ed.), *Kommunikatives Handeln. Beiträge zu Jürgen Habermas'Theorie des kommunikativen Handelns'*, Frankfurt: M., 1980.

Bernstein, R. J. (ed.), *Habermas and Modernity,* Cambridge, 1985.

Dubiel, H., *Wissenschaftsorganisation und politische Erfahrung,* Frankfurt: M., 1978.

Giddens, A., "Labour and Interaction", Held & Thompson (ed.) 1982.

Habermas, *Strukturwandel der Öffentlichkeit. Untersuchungen zu einer Kategorie der bürgerlichen Gesellschaft* (『공론장의 구조변동』), Darmstadt: Neuwied, 1962.

Habermas, *Zur Rekonstruktion des Historischen Materialismus,* Frankfurt: M., 1971.

Habermas, *Erkenntnis und Interesse.* Mit einem neuen Nachwort, Frankfurt: M., 1973(초판: 1968).

Habermas, *Legitimationsprobleme im Spätkapitalismus,* Frankfurt: M., 1981a,

Habermas, "Die Philosophie als Platzhalter und Interpret", *Moralbewußtsein und* kommunikatives Handeln, Frankfurt: M., 1983.

Habermas, "Die Modeme, ein unvollendetes Projekt", *Kleine Politische Schriften I -IV*, Frankfurt: M., 1985.

Habermas, *Faktizität und Geltung*(『사실성과 타당성』), Frankfurt: M., 1992.

Held, D. · Thompson, J. B. (ed.), *Habermas. Critical Debates*, London: Basingstoke, 1982.

Honneth, A. "Arbeit und instrumentales Handeln," Honneth & Jaeggi (ed.), 1980.

Honneth, A. · Joas, H.(ed.), *Kommunikatives Handeln. Beiträge zu Jürgen Habermas' 'Theorie des kommunikativen Handelns'*, Frankfurt: M., 1988.

Honneth et al. (ed.), *Zwischenbetrachtungen. Im Prozeßder Aufklärung*, Frankfurt: M., 1989.

Horkheimer, *Zur Kritik der instrumentellen Vernunft*(『도구적 이성비판』), Frankfurt: M., 1967.

Horkheimer · Adorno, "Dialektik der Aufklárung", Adorno GS 3, Frankfurt: M., 1984.

Jay, M., *The Dialectical Imagination*(『변증법적 상상력』), Boston-Toronto, 1973.

Kolakowski, L., *Die Hauptströmungen des Marxismus*, Bd. 2., 1978.

Marx, K., *Das Kapital 1*, MEW 23, Berlin, 1968.

Marx, K., Engels, F., "Die deutsche Ideologie", MEW 3.

McCarthy, Th., "Komplexität und Demokratie", *Kritik der Verständigungs verhältnisse*, Frankfurt: M., 1983.

Weiß, C. J., "Verständigungsorientierung und Kritik", *Kölner Zeitschrift für Soziologie und Sozialpsychologie*, 1983.

Wellmer, A., "Kommunikation und Emanzipation. Überlegungen zur 'sprachanalytischen Wende' der kritischen Theorie," U. Jaeggi · A. Honneth (ed.), *Theorie des Historischen Materialismus*, Frankfurt: M., 1977.

2장

하버마스, 장춘익 역, 『의사소통행위이론』, 전 2권, 나남, 2006.

Habermas, J., *Theorie des kommunikativen Handelns,* 2 Bd. Frankfurt: M., 1981.

3장

벨(D. Bell), 김진욱 역, 『자본주의의 문화적 모순』, 문학세계사, 1990.

장춘익, 「하버마스: 비판적 사회이론의 정립과 정치적 실천의 회복을 위한 노력」, 『사회비
    평』 11호, 1994. (이 책의 1권 1장)

프롬(E. Fromm), 이상두 역, 『자유에서의 도피』, 범우사, 1975.

하버마스(J. Habermas), 장춘익 역, 『의사소통행위이론2』, 나남, 2006[1981].

하비(D. Harvey), 구동희·박영민 역, 『포스트모더니티의 조건』, 한울, 1994.

Gehlen, G., "Über kulturelle Kristalisation." W. Welsch(ed.), *Wege aus der
    Moderne,* Weinheim, 1988.

Habermas, J., "Die Moderne-ein unvollendetes Projekt." *Kleine Politische
    Schriften,* Ⅰ~Ⅳ. Frankfurt: M., 1981 [이진우 편, 『포스트모더니즘의 철학적 이
    해』, 서광사, 1993.]

Habermas, J., *Moralbewußtsein und kommunikatives Handeln,* Frankfurt: M.,
    1983.

Habermas, J., *Der philosophische Diskurs der Moderne.* Frankfurt: M., 1985. [이
    진우 역, 『현대성의 철학적 담론』, 문예출판사, 1994.]

Jameson, F., "The Cultural Logic of Late Capitalism.", *Postmodernism, Or, The
    Cultural Logic of Late Capitalism,* Durham, 1991.

Jay, M., "Habermas and Modernism.", R. Bernstein(ed.), *Habermas and Modernity.*
    Oxford, 1985.

4장

하버마스, 장춘익 역, 『의사소통행위이론』, 전 2권, 나남, 2006.

Habermas, J., *Theorie des kommunikativen Handelns,* 2 Bd. Frankfurt: M., 1981.

5장

김영환, 「법적 논증이론의 전개과정과 그 실천적 의의」, 한국법철학회 편, 『현대 법철학의

흐름』, 법문사, 1996.

이상돈, 「하버마스의 법이론: *Faktizität und Geltung*(1992)에서 바라본 합리적 법적 결
정의 이론으로서의 대화이론」, 장춘익 외, 『하버마스의 사상』, 나남, 1996.

크릴레, 홍성방 역, 『법과 실천 이성』, 한림대학교 출판부, 1992.

하버마스, 장춘익 역, 『의사소통행위이론 2』, 나남, 2006.

한국법철학회 편, 『현대법철학의 흐름』, 법문사, 1996.

홍윤기, 「하버마스의 법철학」, 『철학과 현실』, 1996년 봄호.

Alexy, R., *Theorie der juristischen Argumentation,* 2판, Frankfurt: M.(stw 436),
1991.

Alexy, R., "Normenbegründung und Normenanwendung," A. Aarnio 외(Hg.),
Rechtsnorm und Rechtswirklichkeit, Berlin, 1993.

Alexy, R., *Recht, Vernunft, Diskurs,* Frankfurt: M., 1995.

Günther, K., *Der Sinn für Angemessenheit. Anwendungsdiskurse in Moral und
Recht,* Frankfurt: M., 1988.

Habermas, J., *Faktizität und Geltung,* Frankfurt: M(FG로 약칭), 1992a.

Habermas, J., *Erläuterungen zur Diskursethik,* 2판, Frankfurt: M., 1992b.

Parsons, T., *The System of Modern Societies,* Englewood Cliffs, 1971.

Parsons, T., *The Structure of Social Action,* 2권, New York, 1988.

Weber, M., *Wirtschaft und Gesellschaft,* 7판, München, 1968.

Weber, M., *Wirtschaft und Gesellschaft,* 5판, München, 1980.

Weber, M., *Gesammelte Aufsätze zur Wissenschaftslehre,* 7판, Tübingen (UTB
1492), 1988.

6장

장춘익, 「법과 실천적 합리성. 하버마스의 법 대화 이론」, 정호근 외, 『하버마스 이성적 사
회의 기획, 그 논리와 윤리』, 나남, 1997.

정호근, 「의사 소통적 규범 정초 기획의 한계」, 정호근 외, 『하버마스 이성적 사회의 기획,
그 논리와 윤리』, 나남, 1997.

주동률, 「좋은 삶이란 어떤 것인가」, 『철학연구』 제43집, 1998.

칸트, 최재희 역, 『실천이성비판』, 중판, 박영사, 1995.

하버마스, 황태연 역, 『도덕 의식과 소통적 행위』, 나남, 1997a.

하버마스, 이진우 역, 『담론 윤리의 해명』, 문예출판사, 1997b.

하버마스, 장춘익 역, 『의사소통행위이론』, 나남, 2006.

Benhabib, S., *Situating the Self*, Cambridge, 1992.

Cohen, J. · Arato, A., *Civil Society and Political Theory*, Cambridge. et. al., 1992.

Dean, J., "Discourse in Different Voices", in: J. Meehan(ed.), *Feminists Read
    Habermas*, New York et. al., 1995.

Eckersley, R., "Habermas and Green Political Thought", *Theory and Society* 19/6,
    1990.

Habermas, J., Theorie des kommunikativen Handeln, Frankfurt: M., 1981.

Habermas, J., *Moralbewußtsein und kommunikatives Handeln*, stw.422,
    Frankfurt: M., 1983. (하버마스, 1997a)

Habermas, J., *Erläuterungen zur Diskursethik*, 2판, Frankfurt: M., 1992a.

Habermas, J., *Faktizität und Geltung*, Frankfurt: M., 1992b.

Habermas, J., *Die Einbeziehung des Anderen*, Frankfurt: M., 1996.

Hare, R., *Freedom and Reason*, Oxford, 1963.

McCarthy, Th., "Kantian Constructivism and Reconstructivism: Rawls and
    Haberms in Dialogue", *Ethics* 105, 1994.

Parsons, T., *The System of Modern Society*, Englewood Cliffs, 1971.

Rehg, W., *Insight and Solidarity*, California Univ. Press, 1994.

Sandel, M., *Liberalism and the Limits of Justice*, Cambridge Univ. Press, 1982.

Scanlon, T. M., "Contractualism and Utilitarianism", A. Sen · B. Williams,
    Utilitarianism and Beyond, Cambridge Univ. Press, 1982.

Wellmer, A., *Ethik und Dialog*, stw.578, Frankfurt: M., 1986.

7장

루만, 장춘익 역, 『사회의 사회 2』, 새물결, 2014.

정대성, 「세속사회에서 포스트세속사회로. 헤겔과 하버마스 철학에서 '신앙과 지식'의 관

　　계」, 『철학연구』 119집, 대한철학회, 2011. 323-345쪽.

토마셀로, 이현진 역, 『인간의 의사소통 기원』, 영남대학교 출판부, 2015.

하버마스, 장은주 역, 『인간이라는 자연의 미래』, 나남, 2003.

하버마스, 장춘익 역, 『의사소통행위이론 1, 2』, 나남, 2006.

하버마스, 윤형식 역, 『진리와 정당화』, 나남, 2008.

Amy, A., "Having One's Cake and Eating It Too. Habermas's Genealogy of Postsecular Reason", In: Calhoun, C. 외, 2013. 234-272쪽.

Calhoun, C. 외, *Habermas and Religion.* Cambridge: Polity Press, 2013.

Habermas, J., *Theorie des kommunikativen Handelns* Ⅰ, Ⅱ, Frankfurt am Main: Suhrkamp, 1981.

Habermas, J., *Moralbewusstsein und kommunikatives Handeln,* Frankfurt am Main: Suhrkamp, 1983.

Habermas, J., *Nachmetaphysisches Denken. Philosophische Aufsätze,* Frankfurt am Main: Suhrkamp, 1988.

Habermas, J., *Erläuterungen zur Diskursethik,* Frankfurt am Main: Suhrkamp, 1991.

Habermas, J., *Die Einbeziehung des Anderen, Studien zur politischen Theorie.* Frankfurt am Main: Suhrkamp, 1996.

Habermas, J., *Wahrheit und Rechtfertigung. Philosophische Aufsätze,* Frankfurt am Main: Suhrkamp, 1999.

Habermas, J., *Zwischen Naturalismus und Religion. Philoso-phische Aufsätze.* Frankfurt am Main: Suhrkamp, 2005.

Habermas, J., *Nachmetaphysisches Denken II. Aufsätze und Repliken,* Berlin: Suhrkamp, 2012.

Habermas, J., *Auch eine Geschichte der Philosophie* Ⅰ, Ⅱ, Berlin: Suhrkamp, 2019.

Habermas, J., "Moralischer Universalismus in Zeiten politischer Regression. Jürgen Habermas im Gespräch über die Gegenwart und sein Lebenswerk", *Leviathan* 48(1/2020), 7-28, 2020.

Koopman, C., *Genealogy as Critique: Foucault and the Problems of Modernity*, Bloomington: Indiana University Press, 2013.

Luhmann, N., *Soziale Systeme*, Frankfurt am Main: Suhrkamp, 1984.

Luhmann, N., *Die Gesellschaft der Gesellschaft Ⅱ*, Frankfurt am Main: Suhrkamp, 1997.

Rawls, J., "The Idea of Public Reason Revisited", *The University of Chicago Law Review*, Summer, 1997, Vol. 64, No. 3, 1997. 765-807쪽.

* 자주 인용된 하버마스 저작 약어표

『또 하나』:『또 하나의 철학사』

『의사소통』:『의사소통행위이론』

Auch1: *Auch eine Geschichte der Philosophie Ⅰ*.

Auch2: *Auch eine Geschichte der Philosophie Ⅱ*.

EA: *Die Einbeziehung des Anderen*.

ND2: *Nachmetaphysisches Denken II*.

TKH: *Theorie des kommunikativen Handelns*.

ZNR: *Zwischen Naturalismus und Religion*.

8장

루만, 장춘익 역,『사회의 사회』, 전 2권, 새물결, 2014(2012).

Luhmann, N., *Die Gesellschaft der Gesellschaft*, Frankfurt a. M., 1997.

9장

루만, 장춘익 역,『사회의 사회』, 제2판, 새물결, 2014.

서영조,「루만의 '사회학적 도덕 이론'과 그 도덕철학적 의미」,『한국사회학』제36집 5호, 2002. 1-27쪽.

이철,「기능 분화 사회의 도덕 연구를 위한 윤리학과 도덕사회학: 니클라스 루만의 사회학적 도덕 이론을 중심으로」,『한국사회학』제45집 4호, 2011년. 1-26쪽.

Habermas, J., *Der phiolosophische Diskurs der Moderne*, Frankfurt, 1985. [이진우

역, 『현대성의 철학적 담론』, 서울, 1994.]

Kant, I., "Der Streit der Fakultäten", Kant, Werke, Weischedel 편, Darmstadt 제11권, 1983.

Luhmann, N., "Soziologie der Moral", N. Luhmann · S. H. Pfürner 편, *Theorietechnik und Moral,* Frankfurt, 1978.

Luhmann, N., *Soziale Systeme,* Frankfurt, 1984.

Luhmann, N., "Ethik als Reflexionstheorie der Moral", N. Luhmann, *Gesellschaftsstruktur und Semantik,* 제3권, Frankfurt, 1989.

Luhmann, N., *Paradigm lost: Über die ethische Reflexion der Moral,* Frankfurt, 1989.

Luhmann, N., *Die Gesellschaft der Gesellschaft, Frankfurt,* 1997. [장춘익 역, 『사회의 사회』, 새물결, 2014.]

Luhmann, N., *Die Moral der Gesellschaft,* D. Horster 편, Frankfurt, 2008.

10장

루만, 장춘익 역, 『사회의 사회』, 전 2권, 새물결, 2012.

장춘익, 「도덕의 반성이론으로서의 윤리학: 루만의 도덕이론에 관하여」, 『사회와 철학』 24, 2012.

정성훈, 「사회의 분화된 합리성과 개인의 유일무이한 비합리성」, 『2012 한국사회학 후기 학술대회』, 737-752쪽.

크네어 나세이, 정성훈 역, 『니클라스 루만으로의 초대』, 갈무리, 2008.

하버마스, 장춘익 역, 『의사소통행위이론』, 전 2권, 나남, 2006.

Bendel, K., "Funktionale Differenzierung und gesellschaftliche Rationalität. Zu Niklas Luhmanns Konzeption des Verhältnisses von Selbstreferenz und Koordination in modernen Gesellschaften", *Zeitschrift für Soziologie* 22권 4호, 1993.

Esposito, E., "Kulturbezug und Problembezug", Burkhart · Runkel 편, *Luhmann und die Kulturtheorie,* Frankfurt: M., 2004.

Kneer, G., "Bestandserhaltung und Reflexion. Zur kritischen Reformulierung gesellschaftlicher Rationalität", W. Krawietz · M. Welker 편, *Kritik der Theorie sozialer Systeme*, Frankfurt: M., 1992. 86-112쪽.

Luhmann, N., *Soziale Systeme*, Frankfurt: M., 1984.

Luhmann, N., *Ökologische Kommunikation. Kann die moderne Gesellschaft sich auf die ökologische Gefährdungen einstellen?*, Wiesbaden, 1986.

Luhmann, N., *Beobachtung der Moderne*, Opladen, 1992.

Luhmann, N., *Die Gesellschaft der Gesellschaft*, Frankfurt: M., 1997.

Luhmann, N., *Die Kunst der Gesellschaft*, Frankfurt: M., 1997.

Luhmann, N., "Rationalität in der modernen Gesellschaft", N. Luhmann, *Ideenevolution*, Frankfurt: M., 2008.

Luhmann, N., A. Kieserling 편, *Ideenevolution*, Frankfurt: M., 2008.

Luhmann, N., *Soziologische Aufklärung 4*, 제4판, Wiesbaden, 2009.

Nassehi, A., *Gesellschaft der Gegenwarten. Studien zur Theorie der modernen Gesellschaft II*, Frankfurt: M., 2011.

Schwinn, Th., "Funktion und Gesellschaft", *Zeitschrift für Soziologie* 24, 1995.

Wilke, H., *Systemtheorie entwickelter Gesellschaften*, München, 1989.

11장

노진철, 「루만의 자기준거적 체계이론과 성찰적 현실진단」, 『과학사상』 35호, 2000. 195-218쪽.

루만, 윤재왕 역, 『사회의 법』, 새물결, 2013.

루만, 장춘익 역, 『사회의 사회』, 제2판, 새물결, 2014.

서영조, 「자기생산체계로서의 정치체계: 루만의 새로운 정치이해」, 『사회와 철학』 제25집, 2013. 263-304쪽.

이철, 「루만의 자기생산 체계 개념과 그 사회이론사적 의의」, 『담론 201』 13(3), 2010. 81-106쪽.

이철, 「구조 행위 대립 극복으로서 루만의 커뮤니케이션 체계」, 『한국사회학』 45(5), 2011. 143-167쪽.

장춘익, 「현대사회에서의 합리성: 루만의 사회 합리성 개념에 관하여」, 『사회와 철학』 25

호, 2013. 169-202쪽.

정성훈, 「사회의 분화된 합리성과 개인의 유일무이한 비합리성」, 『사회와 철학』 25호, 2013. 35-168쪽.

Jahr, O. · Nassehi, A. u.a.(Hrsg.), *Luhmann-Handbuch. Leben-Werk-Wirkung.* Stuttgart: Metzler, 2012.

Luhmann, N., *Soziale Systeme,* Frankfurt: M., Suhrkamp, 1984.

Luhmann, N., "Die Ausdifferenzierung der Religion", Luhmann, *Gesellschaftsstruktur und Semantik.* Bd. 3. Frankfurt: M., Suhrkamp, 1989.

Luhmann, N., "Sthenographie." in: N. Luhmann u.a.(Hrsg.). *Beobachter. Konvergenz der Erkenntnistheorie?,* München: Fink, 1990.

Luhmann, N., "Bemerkungen zu 'Selbstreferenz' und zu 'Differenzierung' aus Anlaß von Beiträgen im Heft 6, 1992, der Zeitschrift für Soziologie", *Zeitschrift für Soziologie* 22(2), 1993.

Luhmann, N., *Social Systems.* tr. by J. Bednarz Jr. California: Stanford Uni, 1995.

Luhmann, N., *Die Gesellschaft der Gesellschaft,* Frankfurt: M., Suhrkamp, 1997.

Luhmann, N., *Einführung in die Systemtheorie,* 2. Aufl. Heidelberg: Carl-Auer, 2004.

Luhmann, N., *Ideenevolution,* Frankfurt: M., Suhrkamp, 2008.

Luhmann, N., "Reflexive Mechanismen", Luhmann, *Soziologische Aufklärung 1.* 8. Aufl. Wiesbaden: VS Verlag, 2009a.

Luhmann, N., "Soziologie als Theorie sozialer Systeme", Luhmann, *Soziologische Aufklärung 1.* 8. Aufl. Wiesbaden: VS Verlag, 2009b.

ルーマン, 馬場靖雄 [ほか] 訳, 社会の社会 1·2, 東京: 法政大学出版局, 2009.

12장

루만, 장춘익 역, 『사회의 사회』, 전 2권, 개역수정판, 새물결, 2014.

베르크하우스, 이철 역, 『쉽게 읽는 루만』, 한울, 2011.

서영조, 「자기생산체계로서의 정치체계: 루만의 새로운 정치이해」, 『사회와 철학』 제25집, 사회와철학연구회, 2013.

장춘익, 「'자기지시적 체계'에서 자기지시(Selbstreferenz)'란 무엇을 뜻하는가?: 루만의 이론의 한 핵심어에 대하여」, 『철학연구』 107, 철학연구회, 2014.

정성훈, 「구별, 일반화, 기능적 분석: 체계이론의 비교 연구 방법에 관한 고찰」, 『철학사상』 31, 서울대학교 철학사상연구소, 2008.

하버마스, 한상진·박영도 역, 『사실성과 타당성』, 제2판, 나남, 2007.

한길석, 「공영역과 다원사회의 도전: 하버마스의 공영역 이론에 대한 비판적 연구」, 한양 대학교 박사학위논문, 2013.

Arato, A., "Civil Society and Political Theory in the Work of Luhmann and Beyond", *New German Critique*, No. 61, 1994.

Baecker, D., "Oszillierende Öffentlichkeit", Maresch, R. 편, *Medien und Öffentlichkeit*, München, 1996.

Gehards·Neidhardt, F., "Strukturen und Funktionen moderner Öffentlichkeit. Fragestellungen und Ansätze", Wissenschaftszentrum Berlin für Sozialforschung, 1990.

Jarren, O.·Sarcinelli, U.·Saxer, U. 편, *Politische Kommunikation in der demokratischen Gesellschaft, Ein Handbuch mit Lexikonteil*, Opladen·Wiesbaden, 1998.

Luhmann, N., "Soziologie der Moral", Luhmann, N.·Pfürtner, S. H. 편, *Theorietechnik und Moral*, Frankfurt: M., 1978.

Luhmann, N., *Soziale Systeme, Grundriß einer allgemeinen Theorie*, Frankfurt: M., 1984.

Luhmann, N., "Die Beobachtung der Beobachter im politischen System: Zur Theorie der Öffentlichen Meinung", Wilke, J. 편, *Öffentliche Meinung. Theorie, Methoden, Befunde*, Freiburg: München, 1994.

Luhmann, N., *Die Wirtschaft der Gesellschaft*, Frankfurt: M., 1994.

Luhmann, N., *Die Realität der Massenmedien*, 제2판, Opladen, 1996.

Luhmann, N., *Die Gesellschaft der Gesellschaft*, Frankfurt: M., 1997.

Luhmann, N., Kieserling A. 편, *Die Politik der Gesellschaft*, Frankfurt: M., 2002.

Luhmann, N., "Komplexität und Demokratie", N. Luhmann, *Politische Planung.*

Aufsätze zur Soziologie von Politik und Verwaltung, 제5판, Wiesbaden, 2007.

Luhmann, N., "Öffentliche Meinung", N. Luhmann, *Politische Planung. Aufsätze zur Soziologie von Politik und Verwaltung,* 제5판, Wiesbaden, 2007.

Luhmann, N., "Gesellschaftliche Komplexität und öffentliche Meinung", N. Luhmann, *Soziologische Aufklärung 5,* 제4판, Wiesbaden, 2009.

13장

루만, 장춘익 역, 『사회의 사회』 제2권, 새물결, 2014.

바우만 외, 박지영 외 역, 『거대한 후퇴』, 살림, 2017.

박만준, 「겔렌의 행위 이론: 문화의 기원을 찾아가는 물음」, 『철학논총』 15집, 1998. 137-154쪽.

이상엽, 「아놀드 겔렌의 기술지배적 보수주의에 대한 연구」, 『사회와 철학』 4집, 2002. 161-191쪽.

이상엽, 「겔렌의 기술철학」, 『사회와 철학』 17집, 2009.

정성훈, 「사회의 분화된 합리성과 개인의 유일무이한 비합리성」, 『사회와 철학』 25집, 2013. 135-168쪽.

Delitz, H., ""Arnold Gehlen – Zur Genese und Aktualität seines Werkes", Internaltionale Konferenz in Dresden, 26.-28. 01. 2006", *Kölner Zeitschrift für Soziologie und Sozialpsy chologie,* 58, 2006.

Gehlen, A., "Über kulturelle Kristallisation". W. Welsch (ed.), *Wege aus der Moderne, Schlüsseeltexte der Postmo dernediskussion,* Weinheim: VCH, Acta Humaniora, 1988.

Gehlen, A., *Die Seele im technischen Zeitalter. Sozialpsychologische Probleme in den industriellen Gesellschaft,* Frankfurt: M., Klostermann, 2007.

Gehlen, A., *Der Mensch. Seine Natur und seine Stellung in der Welt,* Frankfurt: M, Klostermann, 2016a.

Gehlen, A., *Urmensch und Spätkultur. Philosophische Ergebnisse und Aussagen,* 제7판, Frankfurt: M., Klostermann, 2016b.

Gehlen, A., *Moral und Hypermoral,* Frankfurt: M, Klostermann, 2016c.

Gebhard, G. · Meißner, S. · Schröter, S., "Kritik der Gesellschaft? Anschlüsse bei Luhmann und Foucault", *Zeitschrift für Soziologie 35,* 2006.

Günther, G., *Das Bewußtsein der Maschinen. Eine Metaphysik der Kybernetik,* Baden-Baden: Agis-Verlag, 1963.

Habermas, J., *Der philosophische Diskurs der Moderne,* Frankfurt: M., Suhrkamp, 1985.

Habermas, J., *Philosophisch-politische Profile,* Frankfurt: M, Suhrkamp, 1987.

Habermas, J. · Luhmann, N., *Theorie der Gesellschaft oder Sozialtechnologie. Was leistet die Systemforschung?* Frankfurt, Suhrkamp, 1971.

Kieserling, A., "Philosophisches Gespräch: Niklas Luhmann. Die unwahrscheinliche Gesellschaft", https://www.youtube.com/watch?v=Bg7ijbjvcm8&t=1234s, 2017.

Luhmann, N., *Soziologische Aufklärung 1.* Opladen: Westdeutscher Verlag, 1970.

Luhmann, N., *Grundrechte als Institution.* Berlin: Duncker · Humblot, 1974.

Luhmann, N., *Soziale Systeme,* Frankfurt, Suhrkamp, 1984.

Luhmann, N., *Archimedes und wir. Interwies.* ed. by Dirk Baecker · Georg Stanitzek. Berlin: Merve Verlag, 1987.

Luhmann, N., "Am Ende der kritischen Soziologie", *Zeitschrift für Soziologie 20,* 1991.

Mohler, A., "Arnold Gehlen und die Malerei", H. Klages · H. Quaritsch, ed. *Zur geisteswissenschaftlichen Bedeutung Arnold Gehlens. Vorträge und Diskussionsbeiträge des Sonderseminars 1989 der Hochschule für Verwaltungswissenschaften Speyer,* Berlin: Duncker und Humblot, 1994. 671-706쪽.

14장

Habermas, J., *Theorie des kommunikativen Handelns* Ⅰ, Ⅱ, Frankfurt am Main: Suhrkamp, 1981.

Hegel, *Phänomenologie des Geistes* (『정신 현상학』), Hegel Werke 3, Frankfurt a.M. 1982.

Hegel, *Grundlinien der Philosophie des Rechts* (『법철학』), Hegel Werke 7, Frankfurt a.M. 1980.

Hegel, *Wissenschaft der Logik I, II,* (『논리학』), Hegel Werke 5, 6, Frankfurt a.M. 1981.

Horkheimer · Adorno, *Dialektik der Aufklärung.*

Kant, I. Kant, "Die Metaphysik der Sitten", W. Weischedel편, *Kant Werke in zehn Bänden,* Darmstadt 1983의 제7권.

Marx, K., *Das Kapital,* MEW 3, 1984.

Marx, K., *Deutsche Ideologie,* MEW 23, 1984.

Smith, A., *An Inquiry into the Nature and Causes of the Wealth of Nations,* 4. book.

15장

마르크스, 『경제학-철학 초고』(MEW, 보충 1권).

장은주, 「하버마스의 생산 패러다임 비판과 비판사회이론의 새로운 정초」, 출처: 차인석 외, 『사회철학대계』 제3권, 민음사, 1993. 204-240쪽.

최종욱, 「하버마스의 '의사소통행위이론'」, 한국철학사상연구회 편, 『현대사회와 마르크스주의철학』, 동녘, 1992.

Habermas, J., "Gegen einen positivistisch halbierten Rationalismus"(1964), in: Adorno 외 편, *Der Positivismusstreit in der Soziologie,* Darmstadt: Neuwied, 1969.

Habermas, J., *Zur Rekonstruktion des Historischen Materialismus,* Frankfurt: M., 1976.

Habermas, J., "A Reply to my Critics", Thompson · Held 편, *Habermas. Critical Debates,* London and Basingstoke, 1982.

Honneth, A., *Kritik der Macht,* Frankfurt: M., 1989.

Joas, H., "Die unglückliche Ehe von Hermeneutik und Funktionalismus", in: Honneth · Joas 편, *Kommunikatives Handeln. Beiträge zu Jürgen Habermas' Theorie des kommunikativen Handelns*, Frankfurt: M., 1986.

Luhmann, N., "Moderne Systemtheorie als Form gesamtgesellschaftlicher Analyse", in: Habermas · Luhmann 편, *Theorie der Gesellschaft oder Sozialtechnologie*, Frankfurt: M., 1971.

Luhmann, N., *Soziologische Aufklärung 2*, Opladen, 1975.

Luhmann, N., *Die Wissenschaft der Gesellschaft*, Frankfurt: M., 1992.

Marx, K., *Zur Kritik der Politischenö konomie*, MEW 13권, 10쪽.

Marx, K., *Zur Kritik der Hegelschen Rechtsphilosophie*, MEW 1권, 384쪽 참고.

McCarthy, Th., *The Critical Theory of Jürgen Habermas*, Cambridge, Mass. 1978.

McCarthy, Th., "KompIexität und Demokratie die Versuchungen der Systemtheorie", in: Honneth · Joas 편, 1986.

Schmid, M., "Habermas's Theory of Social Evolution", in: Thompson · Held 편, 1982.

16장

장은주, 「하버마스의 생산패러다임 비판과 비판사회이론의 새로운 정초」, 차인석 외, 『사회철학대계』 제3권, 민음사, 1993. 204-240쪽.

장춘익, 「하버마스: 비판적 사회이론의 정립과 정치적 실천의 회복을 위한 노력」, 『사회비평』 11호, 나남, 1994.(이 책 1권 1장)

정호근, 「근대성의 변증법과 비판적 이성의 기능 및 가능성」, 『철학』 43호, 1995.

루카치, 김재기 외 역, 『청년 헤겔』 1, 2, 동녘, 1986.

Hegel, G. W. F., *Grundlinien der Philosophie des Rechts oder Naturrecht und Staatswissenschaft im Grundrisse.* 대본은 Theorie Werksausgabe, Suhrkamp Verlag, Frankfurt: M., 1970.

Hegel, G. W. F., *Vorlesungen über die Philosophie der Geschichte Hegel Werke 12.*

Horstmann, R. P. 편, *Seminar: Dialeklik in der Philosophie Hegels*, Frankfurt: M., 1978(stw. 234)

Jang, Chun-Ik, *Selbstreflexiv-selbstbestimmende Subjektivität und durchsichtig-vernünftige Gesellschaft: Theorie und Praxis bei Hegel, Marx und Habermas*, Frankfurt: M., et. al. 1994.

Kant, I., "Die Metaphysik der Sitten", W. Weischedel 편, *Kant Werke in zehn Bänden*, Darmstadt 1983의 제7권.

Kant, I., "Idee zu einer allgemeinen Geschichte in weltbürgerlicher Absicht", W. Weischedel 편, *Kant Werke in zehn Bänden*, Darmstadt 1983의 제9권.

Marx, K., *Grundrisse der Kritik der politischen Ökonomie* 1857-1858, Berlin 1953.

Marx, K., *Kritik des Hegelschen Staatsrechts*, MEW 1.

Riedel, M., "Hegeis Kritik des Naturrechts", Hegel-Studien 4, 1971.

Vico, G., *The New Science of Giambattista Vico*, Th. G. Bergin · M. H. Fisch 역, New York, 1984.

17장

강병호, 「정언명령의 세 주요 정식들의 관계」, 『철학』 120, 2014. 53-74쪽.

루만, 장춘익 역, 『사회의 사회』 제2권, 새물결, 2014.

장춘익, 「도덕의 반성이론으로서의 윤리학」, 『사회와 철학』 24, 2012. 161-190쪽.

짐멜, 김덕영 역, 『개인법칙』, 길, 2014.

최성환, 지경진, 「칸트는 우리에게 무엇인가: 짐멜의 칸트 해석-베를린 강의록 칸트(WS 1902/03)를 중심으로」, 『철학탐구』 33, 2013. 57-86쪽.

칸트, 백종현 역, 『윤리형이상학 정초』, 아카넷, 2005.

칸트, 백종현 역, 『실천이성비판』, 아카넷, 2009.

헤겔, 임석진 역, 『법철학』, 한길사, 2008.

홍경자, 「불행을 극복하는 '삶의 예술의 철학'과 '개인법칙': 짐멜의 생철학을 중심으로」, 『철학논집』 46, 2016. 69-98쪽.

Hegel, G., *Grundlinien der Philosophie des Rechts*. Theorie Werksausgabe Bd. 7. Frankfurt am Main: Suhrkamp, 1970.

Helle, H., Georg Simmel: *Einführung in seine Theorie und Methode-Introduction to His Theory and Method,* Oldenbourg: Walter de Gruyter, 2001.

Köhnke · Klaus Christian, *Der junge Simmel in Theoriebeziehungen und sozialen Bewegungen,* Frankfurt am Main: Suhrkamp, 1996.

Korsgaard · Christine, M., "Kant's Formula of Universal Law", *Pacific Philosophical Quarterly 66,* 1985. 24–47쪽.

Luhmann, N. 외, *Theorietechnik und Moral,* Frankfurt am Main: Suhrkamp, 1978.

Luhmann, N., *Die Gesellschaft der Gesellschaft,* 제2권, Frankfurt am Main: Suhrkamp, 1997.

Mackenzie, J. S., "G. Simmel, Einleitung in die Moralwissenschaft", Book Review, Mind 3, 1894. 242쪽.

Sidgwick, H., "Review of Simmel, Einleitung in die Moralwissenschaft", *Mind* 1, 1892. 434쪽.

Simmel, G., *Einleitung in die Moralwissenschaft,* 제1권, Georg Simmel Gesammtausgabe 제3권, Frankfurt am Main: Suhrkamp, (1892)1989.

Simmel, G., *Einleitung in die Moralwissenschaft,* 제2권, Georg Simmel Gesammtausgabe 제4권, Frankfurt am Main: Suhrkamp, (1893)1991.

18장

김덕영, 『게오르그 짐멜의 모더니티 풍경 11가지』, 길, 2007.

마르크스, 「고타강령비판」, 『칼 맑스 프리드리히 엥겔스 저작선집』 제4권, 박종철출판사, 1997.

마르크스, 김수행 역, 『자본』 1, 제2개역판, 비봉출판, 2001.

마르크스, 강신준 역, 『자본』 1-1, 길, 2008.

왈저, 정원섭 외 역, 『정의와 다원적 평등: 정의의 영역들』, 철학과현실사, 1999.

짐멜, 김덕영 역, 『돈의 철학』, 길, 2013.

Gluck, M., *Georg Lukács and His Generation,* 1900–1918, Havard University Press, 1991.

Köhnke, K., *Der junge Simmel in Theoriebeziehungen und sozialen Bewegungen,* Frankfurt am Main, 1996.

Lukács, G., "Georg Simmel", *Theory, Culture & Society,* 1991. vol 8, 145-150쪽, *Georg Simmel Critical Assesments,* vol. 1, ed. by David Frisby, London and New York: Routledge, 1994.

Marx, K., "Kritik des Gothaer Programs", MEW 19, Dietz Verlag Berlin, 1962.

Marx, K., *Das Kapital* 1, MEW 23, Dietz Verlag Berlin, 1968.

Mill, J. S., *On Socialism,* New York: Prometheus Books, 1987.

Sarvasy, W., "A Reconstruction of the Developement and Structure of John Stuart Mill's Socialism", *The Western Political Quarterly,* Vol. 38, No. 2, 1985, 312-333쪽.

Simmel, G., *Einleitung in die Moralwissenschaft,* 제1권, Georg Simmel Gesammtausgabe, 제3권, Frankfurt am Main: Suhrkamp, 1989.

Simmel, G., *Einleitung in die Moralwissenschaft.* 제2권. Georg Simmel Gesammtausgabe 제4권. Frankfurt am Main: Suhrkamp, 1991.

Simmel, G., *Aufsätze und Abhandlungen 1894-1900,* Georg Simmel Gesammtausgabe, 제5권, Frankfurt am Main: Suhrkamp, 1989.

Simmel, G., *Philosophie des Geldes. Georg Simmel,* Georg Simmel Gesammtausgabe, 제6권, Frankfurt am Main: Suhrkamp, 1989.

Simmel, G., *Soziologie,* Georg Simmel Gesammtausgabe, 제11권, Frankfurt am Main: Suhrkamp, 1992.

용어 색인

ㄱ

계몽(계몽의 기획) 24-26, 67-70, 112, 181, 204, 340, 347, 368-371, 382, 388

계몽의 변증법 24-26, 70, 388

계몽의 재계몽 368

계몽 이후 368-371

계보학 153, 177-184, 186, 192-200, 204-205

공동체주의 134-135, 170-171

공론장(여론형성기제) 202-203, 316-318, 320, 322-325, 327, 340, 391, 413

과학주의 178, 182, 197-198, 201

규범적 사회이해 419, 443-444

규제적 원리 471-473, 477, 491

근대문화론 74, 76-77, 80, 86

기능적 분화 214-215, 253, 258, 271, 351, 356

기능주의적 이성 50, 59, 65-66

기능체계 114, 192, 212, 214-216, 237-241, 245, 248-249, 252-254, 269-278, 282, 323-326, 350, 356-357, 362, 410

기술적 윤리학 447, 468, 470

기술지배 402

ㄴ

노동가치론 473, 485-487

ㄷ

다맥락적 체계 326

담론윤리학(담화윤리학, 토의윤리학) 139-142, 145, 149, 151, 153-163, 167-176, 178, 195

도덕사회학 221-222, 224, 229-230, 243-244, 246-247, 350, 446-447, 451

ㅁ

맹목화 25, 71, 388

문명화된 윤리 243, 245-246

물화 37, 39, 57, 63, 65-70, 83-84, 391

민주적 제도 105

민주주의 44, 71, 77, 123-125, 132, 162, 178, 205, 317, 323, 337-338, 341, 343, 368, 419

ㅂ

반성이론 215, 220-221, 230-231, 243-247, 249, 260, 262, 266, 271-273, 447, 470

반인본주의 349, 359

법적 대화(토의) 120-125, 128, 246

변증법 23-26, 59, 93, 397, 403, 417-424, 429, 432, 437-445

변증법적 사회이해(사회파악) 417, 419-424, 437, 441-445

보편화 원칙 122-125, 141, 147, 153, 157-159, 162-163, 173, 175, 185

복잡성 축소 335, 344, 347, 350-354

부담 경감 347, 350-354, 371

비판적 사회이론 18-19, 27-30, 33-34, 42, 44, 49, 70, 73-77, 79-81, 90, 111-112, 139-140, 142, 149, 174-175, 317, 387, 389, 393, 396, 406, 409, 416, 443

논문 출처

1부 하버마스

1장 「하버마스: 비판적 사회이론의 정립과 정치적 실천의 회복을 위한 노력」, 『사회비평』 11호, 나남 1994년 7월, 279-302쪽. (1993년 4월 한림대학교 인문학연구소 집담회 및 같은 해 5월 강원대 철학과 주최의 세미나 발표논문을 바탕으로 작성)

2장 「포괄적 합리성과 사회 비판: 하버마스의 『의사소통행위이론』 읽기」, 『문화의 안과 밖. 고전강연 4. 근대정신과 비판』, 민음사, 2018년 3월, 217-245쪽. (네이버 TV 열린 연단, 문화의 안과 밖 27강, 2015년 8월 8일)

3장 「하버마스의 근대성이론: 진보적 실천의 가능성과 한계에 대한 모색」, 장춘익 외, 『하버마스의 사상: 주요 주제와 쟁점들』, 나남(나남신서 457), 2001년 3쇄, 1996년 1쇄, 259-280쪽. (『철학과 현실』 1996년 봄호에 실린 「계몽의 옹호: 하버마스의 근대문화론」을 수정, 보완한 것으로, 한림대학 인문학연구소 『인문학연구』 1995 6 합본호 (1996년 2월)에 먼저 실렸음)

4장 「하버마스의 의사소통행위이론에 관한 몇가지 비판적 고찰」, 사회와철학연구회 월례 학술 모임 발표논문, 1995년 7월 8일.

5장 「법과 실천적 합리성: 하버마스의 법 대화이론」, 정호근 외, 『하버마스: 이성적 사회의 기획, 그 논리와 윤리』, 나남(나남신서 561), 1997년 9월, 219-242쪽. (한국철학회 『철학』 제51집(1997 여름)호, 247-271쪽에 게재된 논문을 일부 수정한 논문)

6장 「동의와 당위: 하버마스의 담론윤리학」, 홍윤기 편집, 『철학의 변혁을 향하여: 아펠철학의 쟁점』, 철학과현실사, 1998년 10월, 283-321쪽.

7장 「실천이성의 계보학: 하버마스 후기 철학의 방법론적 변화에 관하여」, 『철학연구』 131집, 철학연구회, 2020년 겨울, 79-107쪽.

2부 루만

8장 「니클라스 루만의 『사회의 사회』는 어떤 책인가」, 『사회의 사회』 옮긴이 서문, 니클라스 루만, 장춘익 역, 『사회의 사회』 1권, 새물결, 2014년 10월 2판(2012년 11월 1판), 10-19쪽.

9장 「도덕의 반성이론으로서의 윤리학: 루만의 도덕이론에 대하여」, 『사회와 철학』 제24집, 사회와철학연구회, 2012년 10월, 161-190쪽.

10장 「현대사회에서의 합리성: 루만의 사회 합리성 개념에 관하여」, 『사회와 철학』 제25집, 사회와철학연구회, 2013년 4월, 169-202쪽.

11장 「'자기지시적 체계'에서 '자기지시'란 무엇을 뜻하는가: 루만의 이론의 한 핵심어에 대하여」, 『철학연구』 제107집, 철학연구회, 2014년 겨울, 141-172쪽.

12장 「체계이론과 여론: 루만의 여론 개념의 재구성에 관하여」, 『사회와 철학』 제29집, 사회와철학연구회, 2015년 4월, 243-272쪽.

13장 「루만 안의 겔렌, 루만 너머의 겔렌」, 『철학연구』 제119집, 철학연구회, 2017년 겨울, 185-210쪽.

3부 철학사적 지평

14장 「자율적 주관성과 이성적 사회: 한 사회철학적 이념의 이론적 논증과 실천적 구현의 노력들의 분석적, 비판적 재구성」, 1998. (박사학위논문의 핵심 내용을 정리한 미출판 논문)

15장 「역사유물론과 역사유물론의 재구성: 마르크스와 하버마스를 비교하는 한 관점」, 『시대와 철학』 제8호, 한국철학사상연구회, 1994년 4월, 67-85쪽.

16장 「변증법적 사회파악: 신화인가 이상인가」, 『시대와 철학』 제9호, 한국철학사상연구회, 1994년 10월, 189-209쪽.

17장 「칸트의 정언명령에 대한 짐멜의 비판적 재구성: 청년 짐멜의 도덕사회학 시론에 관한 연구」, 『철학연구』 제127집, 철학연구회, 2019년 겨울, 181-205쪽.

18장 「'규제적 원리'로서의 사회주의: 짐멜의 사회주의론」, 『시대와 철학』 제30권 4호(통권 89호), 한국철학사상연구회, 2019년 겨울, 123-154쪽.

장춘익의 사회철학1
비판과 체계: 하버마스와 루만

1판 1쇄 발행 2022년 2월 11일
1판 2쇄 발행 2025년 2월 25일

지은이 장춘익
펴낸이 김영곤
펴낸곳 ㈜북이십일 21세기북스

책임편집 김지영
표지·본문디자인 박숙희
기획편집 장미희 최윤지
마케팅 남정한 나은경 최명열 한경화 권채영
영업 변유경 한충희 장철용 강경남 황성진 김도연
제작 이영민 권경민

출판등록 2000년 5월 6일 제406-2003-061호
주소 (우 10881) 경기도 파주시 회동길 201(문발동)
대표전화 031-955-2100 **팩스** 031-955-2151 이메일 book21@book21.co.kr

(주)북이십일 경계를 허무는 콘텐츠 리더

21세기북스 채널에서 도서 정보와 다양한 영상자료, 이벤트를 만나세요!

인스타그램 instagram.com/21_arte
　　　　　　 instagram.com/jiinpill21
포스트 post.naver.com/staubin
　　　　　 post.naver.com/21c_editors

페이스북 facebook.com/21arte
　　　　　　 facebook.com/jiinpill21
홈페이지 arte.book21.com
　　　　　　 book21.com

ISBN 978-89-509-9916-2 (94330)
ISBN 978-89-509-9915-5 세트